Wolfram Kurz

Philosophie für helfende Berufe

Wolfram Kurz

Philosophie

für helfende Berufe

Verlag Lebenskunst

Verlag: Institut für Logotherapie und Existenzanalyse Tübingen/Wien,
Verlag Lebenskunst

Umschlag: Winkler_Design, W. Winkler, Tübingen
Druck: Druckerei Deile GmbH, Tübingen
ISBN 3-9803664-7-2
Tübingen 2005

Für Boglarka

und für alle, die lange auf dieses Buch gewartet haben

„In jedem lebt ein Bild, des der er werden soll.
Solang er das nicht ist, ist nicht sein Friede voll.“

Angelus Silesius

„Klarheit ist die Höflichkeit des Philosophen.“

Ortega y Gasset

„Leben bedeutet immer den Versuch, sinnvoll zu leben. So wenig philosophisch ein Mensch auch immer veranlagt sein mag, ist es ihm doch durch sein Menschsein in die Wiege gelegt, sich der philosophischen Grundfrage nach dem Sinn des Lebens mit dem ganzen Entwurf seiner Existenz zu stellen.
Handlungslogisch kann man diese Art von Sinn als Aufgabenstellung, Zielsetzung oder Problemdefinition bezeichnen, denn es geht um die Frage, wozu man eigentlich da ist.“

Gerhard Schulze

„Jetzt sehen wir noch wie durch einen Spiegel auf ein Rätselbild, dann aber von Angesicht zu Angesicht. Jetzt erkenne ich noch ein Stückwerk, dann aber werde ich es ganz erkennen, so wie Gott mich erkannt hat.“

Paulus

„Weiters hat sich immer wieder ergeben, daß die Neurose selbst in letzter Sicht im Geistigen wurzelt, will heißen, durch bestimmte weltanschauliche Positionen entstanden ist oder aufrechterhalten wird ... Die Frage, ob nicht ... die Neurose die Praktizierung einer verfehlten Philosophie darstellt, wird außer acht gelassen.“

Viktor Frankl

Vorwort

Leben ist ein knappes Gut. Leben ist ein faszinierendes Gut. Knappheit und Faszination machen es zu einem überaus wertvollen Gut. Die Knappheit dieses Gutes hat ihren Grund in der zeitlichen Begrenzung, die Faszination in der Vielfalt seiner Spielarten, in der Fülle seiner Möglichkeiten. Ein Gut im gewöhnlichen Sinne will erworben, bezahlt, besessen und genossen werden. Leben ist in dieser Hinsicht kein gewöhnliches Gut. Wir erwerben es nicht. Es wird uns eines geheimnisvollen Tages geschenkt und eines fremden Tages genommen. Zwischen Anfang und Ende aber machen wir die Erfahrung, daß die Anmerkung F. Nietzsches zum Leben immer wieder einleuchtet: „Gekonnt hat's keiner"; daß wir es deshalb immerzu lernen und in diesem Sinne erwerben müssen. Daß wir es weder mit Geld noch mit Gold bezahlen können, daß Leben vielmehr mit Leben bezahlt wird. Daß wir es so gerne besitzen möchten: im Blick auf den Körper ein möglichst gesundes Leben; im Blick auf die Seele ein möglichst erlebnisreiches Leben; im Blick auf den Geist ein möglichst sinnvolles Leben. Aber die Vergötzung der Gesundheit, die Vergötzung der Erlebnisorientierung führen den Menschen in eine Krise, die in der Frage nach dem Sinn des je eigenen Lebens gipfelt. Wer diese Frage stellt, fragt im Prinzip nach zweierlei: wie sein Leben verstanden werden muß, damit es bestanden werden kann. Das Ringen um ein angemessenes Selbstverständnis ist ein Grundmotiv jeder menschlichen Existenz. Lebenspraktische Philosophie kann dabei helfen, daß dieses Ringen zum Erfolg führt, weil sie zeigt, was es heißt, Leben zu verstehen. Weil sie weiß – um es gefährlich einfach zu formulieren –, wie „Leben geht". Aus diesem Grunde ist es wünschenswert, daß ein Vertreter eines helfenden Berufes mit dem Menschen, der sich ihm anvertraut, zu philosophieren lernt. Und dies, damit der Klient auf die Spur eines stimmigen Selbstverständnisses geführt wird; stimmig zur Person, die er ist, und stimmig zur Situation, mit der er verwoben und für die er verantwortlich ist. Diese Kompetenz Vertretern helfender Berufe zu vermitteln, ist das Anliegen dieses Buches; und das im Gespräch auf der Grenze von Philosophie, Psychologie, Psychotherapie und Theologie.

Ursprünglich sollte das Buch den Titel tragen: „Der Therapeut als Philosoph". Im Verlauf der Arbeit hat sich jedoch herausgestellt, daß die philosophischen Erkenntnisse, die behandelt werden, nicht nur für Psychotherapeuten, vielmehr für Vertreter aller helfenden Berufe bedeutsam sind. Der neue Titel bringt dies zum Ausdruck. Im übrigen war es mir ein besonderes Anliegen, so zu formulieren, daß auch bei Menschen Interesse für Philosophie und Theologie geweckt wird, die bisher kaum Berührung mit diesen Wissenschaften hatten.

Um ein Buch fertigzustellen, bedarf man der Hilfe. Frau Edeltraud Kuhl und Herr Mark Seidel haben das Typoskript erstellt. Frau Manuela Heuthaler und Frau Anneliese Stork haben das Buch korrigiert. Herr Wolfgang Winkler hat es als Graphiker in Form gebracht. Herr Frank Deile hat es gedruckt. Alle diese Arbeiten bedürfen des Sachverstandes, des Engagements und sind mit großer Mühe verbunden. Aus diesem Grunde gilt mein besonderer Dank diesen Menschen. Fertiggestellt wurde das Buch in dem Monat, in dem Viktor Frankl 100 Jahre alt geworden wäre. Ich erwähne das, weil er zu denjenigen Denkern zählt, die mir besonders wichtig geworden sind.

Tübingen, im März 2005 Wolfram Kurz

Inhaltsverzeichnis

Kapitel I
Philosophie und Therapie

1. Ein vorläufiger Begriff von Philosophie

Um die Bedeutung der Philosophie für die Therapie zu bestimmen, bedarf es zweierlei: eines Begriffs von Philosophie zum einen, eines Begriffs von Therapie zum anderen. Nichts ist jedoch unter Philosophen strittiger als die Frage, was Philosophie sei. Und so mancher unter ihnen erweckt den Eindruck, als sei die Frage, was man unter Philosophie zu verstehen habe, die Mitte der Philosophie. Ähnlich verhält es sich mit der Therapie. Auch unter Therapeuten gibt es immerwährenden Streit darüber, was Therapie ihrem Wesen nach sei. Mehrere hundert psychotherapeutische Schulen und Schülchen soll es geben. Und natürlich gibt es sie zunächst nur in gegenseitiger Abgrenzung. Abgrenzung aber zeigt sich im psychotherapeutischen Feld als Behauptung der je eigenen Wirksamkeit; und dies im Blick auf andere Schulen, denen man die Wirksamkeit abspricht, den Nachweis ihrer Wirksamkeit fordert oder sie zumindest als weniger wirksam erachtet als die je eigene psychotherapeutische Intervention. Es geht demnach im Streit der psychotherapeutischen Schulen um die „wahre Psychotherapie", soll heißen: um die wirklich wirksame Psychotherapie. Was aber ist die „wahre Psychotherapie"? Was ist die „wahre Philosophie"?

Da es unter Philosophen keine Übereinstimmung bzgl. dessen gibt, was Philosophie sei, und da es unter Therapeuten keine Übereinstimmung bzgl. dessen gibt, was Therapie sei, ist die vorgegebene Thematik nur zu behandeln, indem man selbst sagt, was man unter Philosophie versteht. Selbst sagt, worin man das Wesen der Therapie begreift. Dabei geht es nicht darum, einen bestimmten Begriff von Philosophie und einen bestimmten Begriff von Therapie vorauszusetzen. Es geht vielmehr darum, im Verlauf der Argumentation Schritt für Schritt herauskommen zu lassen, was unter Philosophie zu verstehen sei, was unter Therapie, und worin die wechselseitige Bedeutung der beiden Phänomene entdeckt werden könne.

Will man eine philosophische oder therapeutische Konzeption verstehen, dann ist es immer hilfreich, sich folgendes klarzumachen: Therapeutische und philosophische Entwürfe fallen nicht vom Himmel. Sie werden erfunden. Philosophen und Therapeuten erfinden sie. Was aber motiviert diese Menschen, einen bestimmten philosophischen Entwurf, eine bestimmte therapeutische Konzeption zu formulieren? Was bringt ihr philosophisches bzw. therapeutisches Denken auf den Weg? Ganz offensichtlich hat das Besondere eines Entwurfs, sei er nun philosophischer oder therapeutischer Natur, etwas mit der Besonderheit des Menschen zu tun, der ihn aus sich heraussetzt. Der ihn formuliert. Der ihn in Sprache faßt. Und natürlich wäre hier auf eine Vielfalt persönlicher Besonderheiten aufmerksam zu machen: auf den Denkstil, den Sprachstil, den Stil der Wahrnehmung zum Beispiel. Entscheidend aber sind in der Reihe der Besonderheiten die Schlüsselerlebnisse, die ein Mensch im Verlauf seines Lebens gehabt hat. Schlüsselerlebnisse, die seine besondere Art wahrzunehmen, das Wahrgenommene zu bedenken, das Bedachte zum Ausdruck zu bringen auf den Weg gebracht haben.

Viktor Frankl, der philosophierende Therapeut, ist, um ein Beispiel zu geben, nicht zu verstehen, wenn man nicht die Schlüsselsituationen verstanden hat, die sein besonderes Denken angestoßen haben. Im Zentrum seines therapeutisch-philosophischen Denkens steht die Frage nach dem Sinn des Lebens.[1] Und natürlich ist er schon als junger Mann in der Auseinandersetzung mit materialistischem Denken auf diese Frage gestoßen. Aber erst von zwei Schlüsselsituationen her wird die Wucht der geistigen Konzentration auf die Mitte seines Denkens, auf die Frage nach dem Sinn des Lebens, einsichtig. Frankl war bekanntlich Jude und mehrere Jahre in verschiedenen Konzentrationslagern. Und er war bekanntlich Arzt und hatte es, wie jeder Arzt, immer wieder mit sterbenden Menschen zu tun. Die Situation im KZ und die Situation am Sterbebett wurden ihm zu Schlüsselsituationen.[2] Sie haben sein therapeutisch-philosophisches und philosophisch-therapeutisches Denken auf den Weg gebracht. Sie haben ihn motiviert, sich von der Frage bewegen zu lassen, ob Leben in der Situation an der Grenze seinen Sinn verliert. Ob es Möglichkeiten gibt, dem Leben auch in Grenzsituationen Sinn abzugewinnen: wenn man leiden muß, wenn man kämpfen muß, wenn man sterben muß. Die ausweglose Situation der Gefangenschaft in einem Todeslager bringt das Denken Frankls auf den Weg. Zu erleben, daß die Kunst des Arztes beschränkt ist, daß Tod stärker ist als Medizin fordert das Denken Frankls heraus. In beiden Fällen besteht die Herausforderung in der Bedrohung durch den Tod: einmal in Gefangenschaft, ein anderes Mal in der Situation des Arztes, der den Sterbenden sterben lassen muß und fragt, ob auch im Sterben Sinn zu vermitteln sei: auf der Seite des Sterbenden ebenso wie auf der Seite dessen, der als Arzt das Sterben eines anderen nicht verhindern kann. Schlüssel-

---

1 Vgl. dazu V.E. Frankl, Ärztliche Seelsorge, Wien 1971.

2 Vgl. dazu Frankls Bericht über seinen KZ-Aufenthalt ... trotzdem ja zum Leben sagen – Ein Psychologe erlebt das Konzentrationslager, München 1979.

situationen fordern den Menschen heraus, und sie reizen ihn zur Antwort. Mit Schlüsselsituationen findet man sich nicht ab. Sie sind gleichsam bittere Provokation. Sie verlangen eine angemessene Reaktion. Sie bilden einen Stachel im Fleisch. Der durch sie erregte Schmerz will überwunden werden.

Will man einen Menschen verstehen, will man einen philosophischen Entwurf verstehen, will man ein therapeutisches Konzept verstehen, dann sollte man zweierlei verstanden haben: die Situationen, die einen Menschen herausfordern. Das ist das eine. Und die Antworten, die er den Herausforderungen gegenüber ins Feld führt. Das ist das andere. Will man wissen, wes Geistes Kind ein Mensch ist, sollte man wissen, wovon er sich herausfordern läßt. Das ist das eine. Und man sollte wissen, auf welche Weise er die Herausforderung bewältigt. Das ist das andere. Frankl hat die benannten Situationen, die ihm zu Schlüsselsituationen wurden, erlebt, durchlebt, durchlitten. Er hat sich gefragt, ob Leben seinen Sinn verliert, wenn es extrem bedroht ist. Und er hat Antwort gegeben. Eine merk-würdige Antwort: gerade dem leidenden Menschen, dem homo patiens, ist es vergönnt, den höchstmöglichen Sinn zu realisieren, nämlich in der Weise, *wie* er eine extreme Situation durchlebt. Ist ein Geschick äußerlich nicht mehr zu bewältigen, so kann es immer noch innerlich bewältigt werden: durch Haltung, durch Einstellung. Der Mensch ist frei, im Mittel einer menschlichen Einstellung auch extremen Leidenssituationen Sinn abzugewinnen. Trotz allem. Was hier angesprochen wird ist die Trotzmacht des Geistes. Sie zeigt sich im Willen, auch in der Gefangenschaft ein freier Mensch zu bleiben: nämlich in der Weise, wie ich mich zur Situation des Gefangenseins verhalte. Handle es sich nun um die Gefangenschaft in einem Todeslager oder um die Gefangenschaft auf dem Sterbebett.

Auch Frankl bewegt sich im Blick auf die Schlüsselsituationen seines Lebens im Spannungsfeld von Herausforderung und Antwort. Und natürlich ist seine Antwort nicht unumstritten. Aber sie ist merk-würdig. Sie ist originell. Und sie ist provokant. Sie fordert das Denken heraus. Es ist schwer, ihr gegenüber gleichgültig zu bleiben. Man muß Stellung beziehen. Zum anderen ist diese Antwort gleichsam die Mitte seines psychotherapeutischen Entwurfs, der Logotherapie, der sinnzentrierten Psychotherapie. Diese Mitte muß man kennen, um das Prinzip dieses Entwurfs zu verstehen. Der Entwurf aber ist gleichsam die ausgeführte Antwort auf die Herausforderung von Schlüsselsituationen.

Um einen therapeutischen oder philosophischen Entwurf zu verstehen, muß man die Gründe verstanden haben, die einen Entwerfer bewegen. Es geht um Motiv-Forschung im ursprünglichen Sinne des Wortes. Was einen Menschen jedoch in der Tiefe bewegt, gründet in den Schlüsselsituationen seines Lebens. Die uns zunächst bewegende Frage, was Philosophie ist, was Therapie ist, kann vielleicht unter *der* Bedingung Schritt für Schritt entfaltet werden, daß man das Phänomen der Schlüsselsituation bedenkt. Und dies, indem man den Blick vom Phänomen der individuellen Schlüsselsituation weg auf das Phänomen der existentiellen Schlüsselsituation hinlenkt. Was es heißt, ein Philosoph zu sein, was es heißt, zu philosophieren, kann vielleicht klarer erkannt werden, wenn man die Schlüsselsituationen bedenkt, die Menschen überhaupt motivieren, zu philosophieren. Und ebenso verhält es sich mit der anderen Seite. Was es heißt, ein Therapeut zu sein, was es heißt, zu therapieren, kann sich u.U. gerade auch im Blick auf die Schlüsselsituationen erschließen, die Menschen überhaupt veranlassen, als Therapeuten tätig zu werden.

Zunächst gilt es, das Problem in der Perspektive der Frage, was Philosophie sei, zu erörtern. Das heißt: die Schlüsselsituationen zu benennen, die Menschen bewegen, zu philosophieren. Natürlich wird jeder um Philosophie bemühte Mensch rückblikkend auf Situationen verweisen, die ihn bewogen haben, sich der Philosophie zu widmen. Der eine wird sich an einen anregenden Lehrer der Philosophie, der andere an eine spannende philosophische Problematik, der Dritte an ein extrem schmerzliches oder extrem beglückendes Ereignis seines Lebens erinnern, die ihn veranlaßt haben, sich Gedanken zu machen. Philosophische Gedanken. Es handelt sich um individuelle Schlüsselsituationen. Allerdings ist zu beachten: Die besonderen Schlüsselsituationen individueller Art mögen einen Menschen bewogen haben, sich philosophische Gedanken zu machen. Aber über die zum Philosophieren anregende Situation hinaus, die individuelle Schlüsselsituation überschreitend, ist dies festzuhalten: Die Situation des Menschen als solche hat den Charakter dessen, was ich Schlüsselsituation nenne. Und zwar existentielle Schlüsselsituation. Existenz, menschliche Existenz in ihrer Eigenart ist damit immer gemeint, ist die Schlüsselsituation schlechthin, die Menschen herausfordert, zu philosophieren. Denn: Menschliche Existenz ist philosophische Existenz. Überspitzt formuliert: Der Mensch kommt als Philosoph zur Welt. Zumindest als möglicher. Der Mensch hat in seiner spezifischen Geist-Seele-Leib-Verschränkung nicht nur die Anlage zu philosophieren. Er stünde im Widerspruch zu sich selbst, sollte er die Möglichkeit zu philosophieren nicht Wirklichkeit werden lassen. Ja, man muß fragen, ob er die Möglichkeit überhaupt hat, nicht zu philosophieren. Nicht zu philosophieren würde bedeuten, die in der Existenz mitgesetzte Herausforderung nicht anzunehmen. Man imaginiere einen Menschen, der zum Bewußtsein seiner selbst erwacht ist und im Blick auf sich und die Welt lakonisch konstatiert: Dies alles interessiert mich nicht. Die Feststellung impliziert den Willen, sich aus *allem* herauszuhalten. Genau dies aber ist nicht möglich. Möglich ist, sich aus diesem oder jenem herauszuhalten. Prinzip dieses Heraushaltens ist der partielle Verzicht in Form von Rückzug. So kann ich entscheiden, den Trubel der Stadt zu meiden, gemütlich auf dem Lande zu leben. Ich ziehe mich zurück. Von einem Raum in einen qualitativ anderen. Oder ich entscheide mich, die Einsamkeit in der Zweisamkeit einer ausgetrockneten Ehe zu beenden, um alleine zu leben. Ich ziehe mich aus dem Raum der Einsamkeit mit einem anderen in den qualitativ anderen Raum der Einsamkeit mit mir selbst zurück. Oder ich entscheide mich gegen mein Leben überhaupt und nehme es mir. Ich ziehe mich aus dem Leben endgültig zurück in den vermeintlich besseren Raum des Todes. In allen Fällen wird eine spezifische Lebenssituation als anstößig erlebt. Gestoßen zu werden schmerzt. Schmerz impliziert den Imperativ der Überwindung seiner selbst. Die Situation des Lebens wirkt in ihrer Schmerzhaftigkeit als Herausforderung, ihr Antwort zuteil werden zu lassen. Motiv der Antwort ist die Überwindung des Schmerzes. Ziel der Antwort ist es, ein Leben zu schaffen, das als sinnvoll erlebt wird. Sich prinzipiell aus allem und jedem herauszuhalten ist nicht möglich. Man muß sich entscheiden. Das Leben zwingt uns, Stellung zu beziehen. Es nötigt den Menschen zu antworten. Die an den Menschen gerichtete Herausforderung ist im Prinzip Nötigung. Sie bereitet dem Menschen die Not, die mit der Notwendigkeit zu antworten verbunden ist. Der Mensch muß antworten. So oder so. Antwortet er menschlich, dann wird er eine Antwort geben, die verantwortlich ist.

Philosophie hat es mit der Grundsituation des Menschen zu tun. Diese Situation kann als Schlüsselsituation ausgelegt werden. Sie bietet gleichsam den Schlüssel zum Verständnis dessen, was Existenz bedeutet. Als Mensch dazusein heißt: zu existieren.

Unter Existenz versteht der Philosoph die spezifische Weise des Menschen dazusein. Kern der Existenz ist die Notwendigkeit und Möglichkeit, auf die Herausforderung des Lebens zu antworten. *Daß* er antwortet, wird der Mensch genötigt. *Wie* er antwortet steht ihm frei. Oder anders: Existenz ist durch zweierlei gekennzeichnet. Durch Notwendigkeit einerseits, durch Freiheit andererseits. Zu philosophieren beginnt der Mensch, wenn er den Raum der Notwendigkeit überschreitet und das Reich der Freiheit entdeckt. Dieses Reich zu entdecken bedeutet, das Leben im allgemeinen, je mein Leben im besonderen unter dem Gesichtspunkt seiner vielfältigen Möglichkeiten zu entdecken. Zu entdecken, daß es potentiell eine unübersehbare Fülle von Möglichkeiten gibt, sich zum Leben in Beziehung zu setzen und ihm Form zu geben. Soll heißen: Leben zu verstehen und Leben zu gestalten.

Die Fähigkeit, Leben in einem gewissen Maße zu verstehen, ist jedem Menschen mitgegeben. Ebenso der Impuls, dies in eigenwilliger Weise zu tun. Unverdorbene Menschen philosophieren deshalb wie von selbst. Kinder zum Beispiel. Jedenfalls sofern man sie läßt. Werkzeug ihres Philosophierens ist die Frage. Nicht selten handelt es sich um sehr originelle Fragen. „Ein Kind fragt seine Mutter: Was für ein Tag ist heute? Die Mutter sagt: Heute ist Mittwoch. Was wäre, wenn Donnerstag wäre? fragt das Kind; und die Mutter sagt: Frag nicht so saudumm.“[3] Die Szene verdeutlicht zweierlei: Der Mensch philosophiert von klein auf, sofern man ihn läßt. Aber wir lassen ihn nicht. Statt dessen zwängen wir ihn ins Korsett der Kinderführung, Pädagogik genannt. In der Mühle der Sozialisation wird seine philosophische Substanz nicht selten kleingemahlen bis zur Unkennt-

---

3 P. Bichsel, Schulmeistereien, Frankfurt a.M. 1989, S. 7.

lichkeit. Im Prozeß der Sozialisation gewöhnen wir ihm das Fragen systematisch ab. Wir tun es, indem wir das Kind mit unseren Antworten füttern, bis ihm seine eigenen Fragen im Halse stekken bleiben. Kinder leben in einer wundervollen Welt. Diese Welt voller Wunder bringt sie zum Staunen. Beide Fähigkeiten, sich zu wundern und zu staunen angesichts der Wunder der Welt, sind Voraussetzungen dafür, daß Menschen anfangen, philosophische Fragen zu stellen. Sie wollen sich einen Reim auf das machen, was sie mit großen Augen betrachten. Wollen es verstehen. Wollen es in ihren Erkenntnishorizont einzeichnen. Müssen entdecken, daß der bisherige Erkenntnishorizont nicht ausreicht, um ein Phänomen zu verstehen. Geraten in kognitive Dissonanz. Gleichsam in einen Erkenntnisschmerz: in eine Disharmonie aufgrund mangelnder Einsicht. Die zwingt sie, ihren Horizont so zu erweitern, daß das neue Phänomen darin untergebracht werden kann. Und so stellen sie ihre Fragen und wissen noch nicht, daß es häufig nicht nur erste Fragen, vielmehr auch letzte Fragen sind, die sie stellen und die sie hoffentlich ein Leben lang begleiten:

Wer bin ich? Wieso bin ich so, wie ich bin? Wenn es mich nicht gäbe, würde es keiner merken? Warum verstehen die Jungen die Mädchen nicht? Wenn Gott stärker als der Tod ist, warum schafft er den Tod nicht ab? Wo kommen wir hin, wenn wir tot sind? Woher kommt das Glück? Ist ein Traum wahr? Wie sehen und denken Tiere? Bin ich wirklich ich? Warum gibt es die Erde? Kommt man im All an ein Ende? Wann ist die Zeit entstanden? Wie sieht Zeit aus? Warum gibt es eigentlich Wörter? Ist alles vorherbestimmt, oder geschieht alles zufällig? Warum gibt es Leiden und das Böse auf der Welt? Aber was geschieht, ist so wichtig, wie kann es denn Zufall sein?

Im Lande der Kinder werden solche Frage gestellt, ein Land, das „lange zögert eh‘ es untergeht“, wie R. M. Rilke formulierte.

Und nicht selten spielen die sozialisierenden Institutionen beim Untergang dieses Landes eine entscheidende Rolle. Kinder leben vorrangig im Reich der Frage. Lehrer und Eltern leben vorrangig im Reich der Antwort. Allerdings handelt es sich häufig nicht um Antworten auf die Fragen der Kinder. Vielmehr um Antworten auf Fragen der Gesellschaft, der Wissenschaft, der Kultur und Zivilisation, in die man verwoben ist. Und natürlich stellen auch Lehrer Fragen. Zuweilen ist es sogar ihr wichtigstes Instrument, Lernprozesse in Gang zu bringen. Aber es sind meist nicht die Fragen der Kinder. Vielmehr sind es Fragen, auf die sie die Antwort wissen. Und sie stellen sie, um das Kind ins Reich der Antworten der es umgebenden Kultur einzuführen. Im Grunde handelt es sich um mißbrauchte Fragen. Was sind schon Fragen, auf die man die Antwort weiß? Natürlich ist es nicht die Aufgabe von Lehrern und Eltern, ausschließlich die Fragen der Kinder und Jugendlichen aufzunehmen. Bildung zeigt sich als wechselseitiger Erschließungsprozeß. Das Kind soll der Welt erschlossen werden. Die Welt soll dem Kind erschlossen werden. Dieser Erschließungsprozeß ist nicht allein auf der Schiene kindlichen Fragens zu leisten. Vielmehr sind die Erkenntnisse bzgl. des natürlichen und künstlichen Kosmos so differenziert, daß das Kind angeregt werden sollte, immer differenzierter zu fragen. Tatsache ist jedoch: Je älter Kinder werden, desto weniger fragen sie. Und je mehr sie sich dem jungen Erwachsenenalter nähern, desto mehr beherrschen Fragen und Antwort der Lehrperson den Unterricht. Im Blick auf die Schüler der Oberstufe der Gymnasien kann man dies beobachten: Keiner staunt mehr. Keiner wundert sich mehr. Alle konsumieren mehr oder weniger die vom Lehrer vorgekaute Kost. Und alle zusammen langweilen sich. Die Schüler offen, die Lehrer verdeckt. Und ich denke, der Grund ist völlig offensichtlich. Schule schafft es nur selten, die philosophische Kraft der Kinder zu erhalten. Sie führt aus der Welt der Wunder, die staunen macht, in eine Welt der Plausibilitäten, die man hinnehmen muß. Sie verzahnt das Kind mit einem sozialen Biotop, in welchem die nahtlose Korrespondenz von sozialem Reiz und sozialer Reaktion herrscht. Sie sagt dem Kind, was richtig und was falsch ist. Sie vermittelt kognitive und soziale Kompetenzen und umgibt sie mit der Aura der Selbstverständlichkeit. Sie führt das Kind in eine mit dem Heiligenschein der Plausibilität umgebene Welt der gültigen Antworten ein. Sie stilisiert sich selbst zur allergewöhnlichsten Plausibilität hoch und tut so, als sei es das Allerselbstverständlichste, das zu lernen, *was* sie vorgibt und so zu lernen, *wie* sie es vorgibt. Tatsache aber ist, daß die allermeisten jungen Menschen die Fähigkeit, über das Leben zu staunen, sich über das menschliche Dasein zu wundern, die Vitalität, originelle Fragen zu stellen und auf die Spur origineller Antworten zu kommen, Zug um Zug verlieren. Und dies ausgerechnet in der Schule. Die pädagogische Kunst aber besteht darin, die Welt dem Kinde so zu erschließen, daß es nach und nach zu erkennen lernt, daß das Instrument der Erschließung die Frage ist. Die Phänomene, seien sie nun geisteswissenschaftlicher, naturwissenschaftlicher, sozialwissenschaftlicher oder künstlerisch-handwerklicher Art erschließen sich im Horizont von Fragen. Die aufs Phänomen gerichtete Frage aber ist immer perspektivischer Art. Sie erschließt das Objekt der Erkenntnis in einer spezifischen Hinsicht. Weil das so ist, erschließen die Antworten ein Phänomen immer nur perspektivisch. Es verhält sich wie mit dem Schnitt des Pathologen. Je nachdem, wo er den Schnitt ansetzt, erhält er Einblick in den Körper. Einen spezifischen Einblick. Er sieht niemals alles. Das im Horizont einer Frage eröffnete Phänomen gewährt Einblick. Aber es handelt sich jeweils um *einen* Blick, nicht um ein Pan-orama im ursprünglichen Sinne des Wortes. Aus diesem Grunde ist Erkenntnis relativ zur Frage. Wer andere Fragen stellt, erhält andere Einblicke. Das Bewußtsein zu vermitteln, daß die Welt der Antworten relativ ist, ist pädagogisch fundamental. Nämlich bezogen auf das Skalpell der Frage, das die Wirklichkeit an einer bestimmten Stelle öffnet.

Dabei geht es nicht darum, dem jungen Menschen ein relativistisches Lebensgefühl zu vermitteln. Ein Gefühl, das ihn u.U. veranlaßt, Unverbindlichkeit zum Prinzip seines Selbstverständnisses zu machen. Bindungsunfähigkeit, Verantwortungslosigkeit wären die fatalen Folgen. Es geht vielmehr darum, ein Bewußtsein dafür zu schaffen, daß die Lebensverhältnisse, wie sie sind, konkrete Antworten darstellen, die Menschen vor uns gegeben haben, um der Herausforderung ihres Lebens zu genügen. Daß sie geantwortet haben war notwendig. Wie sie geantwortet haben war Folge ihrer Weise, ihre Welt zu befragen und zu betrachten. Jede Generation, jedes Individuum einer Generation hat das Recht, die Verbindlichkeit der Antworten derer, die vormals waren, in Frage zu stellen. Verhältnisse, die Leben fördern, bleiben verbindlich. Verhältnisse, die das Spiel des Lebens verderben, verlieren ihre Verbindlichkeit. Der Streit über das, was Leben fördert, muß demokratisch geführt werden. Die Streitenden aber sind auf Ideen angewiesen, wie erstarrte Verhältnisse verflüssigt werden. Wie lahmendes Leben verlebendigt wird. Welche neuen Strukturen zu etablieren sind, in denen das Spiel des Lebens geistvoller, sozialer, erfreulicher für möglichst alle gespielt werden kann. Die Entdeckung entsprechender Ideen aber macht der Mensch als Philosoph.

Welche Fähigkeit ist angesprochen im Blick auf das, was ich Entdeckung entsprechender Ideen genannt habe? Es ist die Fähigkeit zum utopischen Denken. Der Begriff der Utopie hat im allgemeinen Sprachgebrauch keinen guten Ruf. Dies hängt damit zusammen, daß man Utopie mit Illusion verwechselt, also mit Täuschung, Einbildung oder Wahn. Wer sich Illusionen macht, will, was er niemals kann. Hegt Wünsche, die er niemals verwirklichen wird. Hegt Hoffnungen, die keinen Anhalt an der Realität haben. Aber es gibt auch ein realitätsbezogenes Hoffen, Wünschen und Wollen. Sofern man vom ursprünglichen Wortsinn ausgeht, so ist dieses mit dem Begriff der Utopie zu verbinden. Utopie ist Vorstellung desjenigen, was noch keinen Topos, keinen Ort in dieser Welt hat, aber sinnvollerweise einen Ort in dieser Welt haben sollte und haben könnte. Utopie ist genuiner Ausdruck des unruhig gewordenen Geistes. Der Mensch, der es leid ist, sich mit den Gegebenheiten abzufinden, beginnt, utopisch zu denken. Den Menschen zum utopischen Denken zu befreien bedeutet, ihm eine bestimmte Kompetenz zu vermitteln, nämlich die Kompetenz, die Verhältnisse zu durchschauen. Durchblick ist das Herz der Utopie. Menschen stellen sich ihr Leben immer wieder anders vor als es ist. Solche Vorstellung muß nicht utopisch sein. Sie kann durchaus illusionäre Züge tragen. In diesem Falle kann sie befristete Labsal für eine geschundene Seele bedeuten. Menschen die sie hegen, sind klein und träumen von Größe. Sie bewirken nichts und träumen von Macht. Sie dienen mürrisch und träumen von Herrschaft. Aber sie träumen nur. Sie tun nichts, um Größe, in welcher Hinsicht auch immer, zu gewinnen, oder Einfluß oder weitgefächerte Kontrolle über ihr Leben. Es bleibt bei den in illusionären Dunst gehüllten Vorstellungen. Diese verpacken eine gekränkte Seele gleichsam in Watte. Die innere Realität wird eine Zeitlang erträglich. An den Verhältnissen draußen ändert sich nichts. Im Gegensatz dazu ist utopisches Denken zunächst nicht an der inneren Realität orientiert sondern an der äußeren. Nicht vorrangig interessiert, inneren Schmerz zu lindern, sondern die äußeren Verhältnisse zu ändern. Utopisches Denken ist realitätsorientiert. Der utopische Blick durchschaut die Verhältnisse. Er durchschaut den vorgegebenen, zur Verantwortung anheim gegebenen Ausschnitt der Welt auf diejenigen sinnvollen Möglichkeiten hin, die in ihm gefangengehalten werden. Für das utopische Denken ist die Welt gleichsam der Kerker, in dem die besseren Möglichkeiten gefangengehalten werden. Sie gilt es zu entdecken. Sie gilt es zu befreien. Sie sind innerlich. Sie sollen äußerlich werden. Sie sind potentiell. Sie sollten aktuell werden. Die Welt unter dem Aspekt ihrer besseren Möglichkeit zu entdecken ist die Lust der Utopie. Die Welt unter dem Aspekt ihrer besseren Möglichkeit zu verändern liefert den Beweis dafür, daß es sich um einen utopischen Vorgang handelt, nicht um einen illusionären.

An dieser Stelle ist auf zwei mögliche Mißverständnisse aufmerksam zu machen. Das eine betrifft gewissermaßen die Quantität, das andere die Qualität von Utopie. Viele meinen, utopisch zu denken, sei Sache großer Theoretiker. Sache derer, die die *ganze* Welt anders denken als sie ist. Ihre Entwürfe, die die Verhältnisse nicht sein lassen können, wie sie sind, bezögen sich auf die Weltgesellschaft, zumindest auf eine Teilgesellschaft oder die industriellen Gesellschaften z.B., die es zum Besseren zu verwandeln gelte. Ganz ohne Zweifel: Utopien dieser Größe gibt es. Die dahinter stehenden Denker sind nicht selten Gesellschaftstheoretiker mit philosophischer Substanz.[4] Aber entscheidend ist, das utopische Denken als Mitte jeder menschlichen Existenz wahrzunehmen. Und die Freisetzung zum utopischen Denken als Mitte der Pädagogik zu entdecken. Nicht nur die Welt, vielmehr je meine Welt anders zu denken als sie ist, ist Ausdruck menschlicher Würde. Wenn der Mensch so in die Verhältnisse eingepaßt wird, daß sie ihm sakrosankt erscheinen, entwürdigt man ihn. Die Kunst der Pädagogik besteht darin, ihn in die Realität einzuführen und über die Realität hinauszuführen.

---

[4] Vgl. dazu beispielsweise A. Neusüss, Utopie – Begriff und Phänomen des Utopischen, Neuwied 1968.

Auch an die Realität anzupassen und zugleich den Schmerz und die Wut derer, die im Geschirr gehen, zuzulassen. Ausbruch zu ermöglichen. Aufbruch. Und dabei geht es nur selten darum, die ganze Welt anders zu denken als sie ist. Es geht vielmehr in den allermeisten Fällen um die Utopie im kleinen Kontext. Anstoß zu nehmen an der Arbeit, die ich seit Jahrzehnten verrichte: Arbeit, die mich langweilt und die ich lediglich als den Dieb meiner Zeit erlebe. Anstoß zu nehmen an einer Familie, die mich als Goldesel mißbraucht und in der die Balance von Geben und Nehmen zutiefst gestört ist. Anstoß zu nehmen an einer Ehe, in der bestenfalls einer die Einsamkeit des anderen bewahrt. Anstoß zu nehmen an sich selbst, der ich nicht mutig genug bin, das Korsett eingeschliffener Erwartungen zu sprengen: das Mitmachen bis zum bitteren Ende vor Augen. Unfähig zum Aufbruch. Unfähig zum Ausbruch. Anstoß zu nehmen ist das erste. Gleichsam Stachel der Utopie. Im Netz Leben lähmender Verhältnisse gefangen zu sein reizt, Leben anders zu denken als es ist. Die entsprechenden Gedanken entlasten. Aber sie erlösen nicht. Deshalb gehört zur Utopie nicht nur der Gegenentwurf, vielmehr auch die Überführung des Gedankens aus der Welt der Möglichkeit in die Welt der Wirklichkeit. Schritt für Schritt. Utopien wollen wahr werden. Arbeit zu finden, die etwas zum Glükken des je eigenen und fremden Lebens beiträgt. Bezüge zu anderen, die erfüllen. Einen Bezug zu sich selbst, den man akzeptieren kann. Wichtig: Utopisches Denken beginnt immer im kleinen. Das ist das eine.

Zum anderen betrifft das utopische Denken natürlich nicht nur die äußere, vielmehr auch die innere Welt. Wenn ich die vorgegebenen Verhältnisse verändere: meine berufliche, familiale, eheliche Situation z.B., dann verändern sich natürlich auch die inneren. Die Verhältnisse draußen spiegeln sich in der Seele des Menschen. Außenweltverschmutzung spiegelt sich im Innern als

Verschmutzung der Innenwelt. Bereinigung der Verhältnisse draußen führt zur Bereinigung der Verhältnisse drinnen. Unter dem Aspekt der affektiven Spiegelung drinnen mag man von affektivem Nachhall reden. Unsere innere Verfassung ist anders, sofern die äußeren Verhältnisse in eine andere Verfassung überführt sind. Wir begleiten das Geschehen draußen mit unseren Gefühlen. Sie bewerten den Fluß des objektiven Geschehens ständig. So entsteht aus der Permanenz der Bewertung ein innerer Fluß der Gefühle, der einen wesentlichen Teil unseres seelischen Lebens ausmacht. Dem Fluß des objektiven Geschehens korrespondiert der Fluß der Affektivität. An der Weise der Korrespondenz hängt unser Wohlbefinden; zu verstehen als Ergebnis des Zusammenspiels von äußerem und innerem Wohlbefinden. Wichtig: Utopisches Denken denkt sich vorrangig die vorgegebene Welt anders als sie ist. Wird der Gedanke Realität, spiegelt sie sich im Innern. Der Mensch wird auch in sich anders. Das ist das andere.

Werkzeug der Philosophie ist die Frage. Motiv der Frage ist das Staunen. Woran liegt es, daß dem Menschen das Staunen so schnell vergeht? Ganz offensichtlich am pseudopädagogischen Transport aus einer wunder-vollen Welt in eine Welt der Selbstverständlichkeiten. Man kann alles erklären, sagt ein Schüler am Ende seiner Gymnasialzeit, also unmittelbar vor dem Zeitpunkt, da er „reif" gesprochen wird. Was man jetzt nicht erklären kann, kann man morgen oder übermorgen erklären. Alles ist durchschaubar. Aktuell oder potentiell. Abgesehen von der Dummheit des Standpunkts und der Frage, wie sich ein Standpunkt dieser Art trotz Schule hat bilden können, sollte man bedenken, in welcher Welt und in welchem Weltgefühl Menschen dieser Meinung existieren. Solche Menschen stehen immer in Gefahr, von den Antworten der anderen zu leben. Sich des Wissens der anderen, die vermeintlich alles wissen, kritiklos zu bedienen. Nicht nach eigener Orientierung zu suchen. Sich nicht eigenwillig zu orientieren. Sich vielmehr orientieren zu lassen. Im philosophischen Fragen jedoch kommt der Wille zur eigenständigen Orientierung zum Ausdruck. Natürlich ist nicht jede um Orientierung bemühte Frage eine philosophische Frage. Ich kann nach der Uhrzeit fragen, weil ich zeitlich desorientiert bin. Oder nach dem Weg, weil ich die räumliche Orientierung verloren habe. Handelt es sich um philosophische Fragen? Offensichtlich nicht. Ich kann mich aber auch über die Zeitlichkeit und Räumlichkeit menschlicher Existenz wundern und nach dem Wesen von Raum und Zeit fragen. Handelt es sich dabei um Fragen philosophischer Natur? Offensichtlich ja. Jedes Fragen birgt zwar den Keim des Philosophierens in sich, aber erst an einem bestimmten Punkt schwingt allgemeines Fragen ins philosophische Fragen ein. Dieser Punkt ist erreicht, sofern das Fragen auf eine spezifische Orientierung zielt: nämlich auf Orientierung angesichts der Grundbedingungen, Grundfiguren und Grundprozesse menschlicher Existenz. Der philosophische Mensch ist der um Orientierung ringende Mensch. Die Welt wimmelt von Orientierungsangeboten. Sie schmücken sich alle mit dem Gewand der Plausibilität. Der philosophische Mensch reißt ihnen das Gewand vom Leib und erinnert sich, daß Plausibilität von Applaus kommt. Plausibilität ist dasjenige, dem fast alle applaudieren. Der philosophierende Mensch applaudiert nicht. Er staunt, er fragt, er zweifelt, er prüft, er findet einen eigenen Weg; soll heißen: seine eigene Orientierung. Er nimmt sich das Recht heraus, den Reichtum eines vorgegebenen Orientierungsangebotes auszuschlagen. Die Armut und den Schmerz vorläufiger Orientierungslosigkeit auszuhalten. Aufgabe der Pädagogik aber ist es, die Gefahr der Überorientierung zu erkennen. Aus dem Orientierungsangebot dasjenige auszuwählen, das lebensfreundlich – im Sinne des Begriffs von Biophilie bei Erich Fromm – ist. Und mit denen sich auseinanderzusetzen die je eigene Orientierungsfähigkeit stärkt. Die Kunst der Pädagogik besteht darin, paradox formuliert: zu orientieren als orientierte man nicht. Das heißt: im Wege der Enkulturation Orientierungsangebote zu machen und sie zugleich zur Disposition zu stellen. Und dies: weil es um die Entdeckung des je eigenen Weges geht.

Philosophie kann keinen Begriff von Philosophie voraussetzen. Nicht weil es ihn nicht gibt. Vielmehr weil es unzählig viele gibt. Zumindest so viele, wie es Philosophien gibt. Wer eine philosophische Thematik behandelt, sollte deshalb selbst sagen, was er unter Philosophie versteht. Schritt für Schritt. Folgende Schritte sind in unserem Zusammenhang bisher deutlich geworden:

- Menschliche Existenz ist im Prinzip philosophische Existenz. Der Spielraum der Freiheit ist die Bedingung ihrer Möglichkeit.
- Menschen sind ausgeliefert und frei zugleich. Ausgeliefert sind sie ihrem Schicksal: dem Körper, in dem sie sind. Der Familie, die sie hat. Den Anlagen, die sie kennzeichnen. Der Zeit, die sie hervorgebracht. Dem Unglück, das sie trifft. Dem Glück, das ihnen zufällt. Aber Schicksal sollte immer als der Boden erlebt werden, auf dem man sich bewegen kann (Frankl).
- Es gibt kein Schicksal ohne Freiheit. Es gibt aber auch keine Freiheit ohne Schicksal. Freiheit ist der Spott des Schicksals. Schicksal ist das Material der Freiheit.
- Den Spielraum der Freiheit wahrzunehmen gehört zur Würde des Menschen. Den Menschen mit seiner Umwelt nahtlos zu verzahnen, gleichsam mit einem „sozialen Biotop“, widerspricht seiner Würde. Geschähe dies, würde der Mensch in ein Reiz-Reaktions-Feld fraglos eingepaßt. Er wäre gezwun-

gen zu reagieren, wie das Tier in seinem Biotop: auf bestimmte Reize in vorprogrammierter Weise.

- Pädagogik, die den Menschen ans soziale Feld gnadenlos anpaßt, verdient ihren Namen nicht. Ihre Aufgabe ist es vielmehr, den Menschen von klein auf zum utopischen Denken freizusetzen. Utopisches Denken ist immer doppelt orientiert: am Realen und am Idealen. Es nimmt die Realität sehr ernst. Denn in ihr verbirgt sich die bessere Welt von morgen. Realitätsblinde Utopie ist ein Widerspruch in sich selbst.
- Das wichtigste in diesem Zusammenhang aber ist, daß der Mensch seine spezifische Situation in der Welt als Frage begreift, wie er sein Leben verstehen und bestehen will. Der Mensch ist in seiner Geist-Seele-Leib-Organisation gleichsam als Frage „konstruiert". Es handelt sich um die Frage, welche Gestalt er seinem Leben geben will. Diese Frage muß er nicht stellen. Aber dann läuft er Gefahr, Objekt eines fremden Gestaltungswillens zu werden. Stellt er sie jedoch, entwirft er eigene Antworten und unternimmt er den Versuch, einen Entwurf zu realisieren, der zu ihm stimmt, dann nimmt er sich als dasjenige wahr, was er im Grunde ist: philosophische Existenz.

2. Ein vorläufiger Begriff von Therapie

Subjekt der Philosophie ist der fragende Mensch: homo quaerens. Subjekt der Therapie ist der heilende Mensch: homo curans. Objekt der Philosophie ist der antwortende Mensch: homo respondens; verbunden mit dem Interesse an der Fülle der Antworten, die Menschen auf die Grundfragen ihrer Existenz gegeben haben. Objekt der Therapie ist der leidende Mensch: homo patiens; verbunden mit dem Interesse an der Fülle der Krankheiten, die mit dem Leben des Menschen verbunden sein können. Therapie ist orientiert an signifikanten Störungen: an rein körperlichen Krankheiten: Somatosen. An rein psychischen Krankheiten: Neurosen. An Störungen, die ein biologisches Fundament und erhebliche psychische Auswirkungen haben: Psychosen. Und an Störungen, die ein psychisches Fundament und erheblich körperliche Auswirkungen haben: Psychosomatosen. Dazu kommen die sogenannten Persönlichkeitsstörungen. Sie äußern sich in der Weise, daß an sich normale Lebensimpulse in überwertiger Weise gelebt werden, also daß das entsteht, was die moderne Psychotherapie vornehm „akzentuierte Persönlichkeit" nennt. Ein Beispiel wäre die sogenannte schizoide Persönlichkeit. Jeder Mensch hat immer wieder das Bedürfnis, sich zurückzuziehen, um für sich zu sein. Wird der an sich normale Impuls des „Für-sich-Seins" überwertig gelebt und damit der Impuls des Mit-Seins unterwertig, dann entsteht ein psychisches Ungleichgewicht, das die schizoide Persönlichkeit kennzeichnet.

Da es kaum eine Therapie gibt, in der nicht auch beratende Elemente eine Rolle spielen, stellt sich die Frage nach dem Unterschied von Therapie und Beratung. Therapie bezieht sich auf kranke Menschen, die unter den oben genannten signifikanten Störungen leiden, aus denen u.U. eine Fülle von Lebensproblemen resultieren. Beratung bezieht sich auf gesunde Menschen, die unter schwierigen Lebensproblemen leiden und davor bewahrt werden müssen, daß sie neurotisch oder psychotisch dekompensieren. Oder kurz: Therapie bezieht sich auf signifikante psychische oder somatische Störungen. Beratung bezieht sich auf Lebensproblematik. Die Unterscheidungen sind künstlich und zugleich notwendig. Künstlich sind sie, insofern sie voraussetzen, daß der um Beratung nachsuchende Klient völlig störungsfrei ist. Künstlich sind sie aber auch, insofern sie voraussetzen, daß der um Therapie nachsuchende Patient lediglich seine Störungen loswerden möchte. Notwendig aber sind sie, um gesellschaftlich festgelegte Kompetenzregulierungen durchzusetzen. Denen zufolge ist Spezialist für Neurosen und Persönlichkeitsstörungen: der ärztlich oder psychologisch vorgebildete Psychotherapeut. Für Psychosen: der Facharzt für Psychiatrie. Für Psychosomatosen: der Arzt mit einer entsprechenden Spezialausbildung. Für schwierige Lebenssituationen: der Lebensberater, eine bisher in Deutschland ungeschützte Bezeichnung. Man muß sich angesichts der hochdifferenzierten Aufgaben von Lebensberatern fragen, über welche Kompetenzen sie verfügen sollten. Und im Blick auf die beraterische Tätigkeit von Ärzten und Psychologen muß man fragen, ob sie allein durch ihre besondere Ausbildung befähigt sind, qualifizierte Lebensberatung zu leisten. Und natürlich hält sich das schillernde Leben nicht an künstliche Unterscheidungen. Aus diesem Grunde ist es notwendig, daß Berater therapeutische Kenntnisse haben, wissen, was neurotische oder psychotische Störungen sind. Ihre Erscheinungsformen kennen. Theorien zu ihren Entstehungsbedingungen nachvollzogen haben. Über die optimalen Interventionsformen informiert sind. Diese Kenntnisse sind unabdingbar, da Beratung u.U. nicht greift, wenn das normale psychische Funktionieren gestört ist. In diesem Falle ist Kooperation angezeigt. Umgekehrt ist es ebenso nötig, daß Therapeuten differenzierte beraterische Kompetenz haben.

In philosophischer Perspektive ist in diesem Zusammenhang zunächst darauf zu verweisen, daß der Mensch exzentrisch ist. Das heißt: schon sehr früh und im Verlauf seines Lebens immer deutlicher ein Bewußtsein seiner selbst in der Welt ausbildet. Der Mensch kann die Welt und sich selbst zum Gegenstand seines Bedenkens und Handelns machen. Folge exzentrischen Daseins ist Bezüglichkeit. Der Mensch lebt in Bezügen. Die Frage ist, wie er diese Bezüge versteht und wie er sie gestaltet. Vier Fundamentalbezüge sind in diesem Zusammenhang zu bedenken: der Bezug des Menschen zu sich selbst. Der Bezug des Menschen zum Mitmenschen. Der Bezug des Menschen zur Natur. Und der Bezug des Menschen zum Kosmos, den er selbst geschaffen hat: zu Zivilisation und Kultur, also zum künstlichen Kosmos. Wichtig ist die Einsicht, daß in diesem Beziehungsgeflecht das Glücken von Leben wesentlich von den zwischenmenschlichen Bezügen abhängt und der Bezug zu naturalen, kulturellen, zivilisatorischen, institutionellen Phänomenen seine eigentliche Bedeutung im interpersonalen Kontext gewinnt. Was bedeutet das schönste Naturerlebnis, wenn ich es mit einem Menschen nicht teilen kann? Was bedeutet mir Literatur, wenn sie nicht das Gespräch der Menschen bestimmt? Was bedeutet mir Technik, wenn sie das Leben nicht in der Weise erleichtert, daß sie Zeit gewährt zur Muße. Und ebenso verhält es sich mit den Institutionen.

Die beraterische Kompetenz hängt demzufolge ganz entscheidend daran, daß Menschen die Bedingungen kennen, die erfüllt sein müssen, damit zwischenmenschliche Beziehungen gelingen. Umgang ist das entscheidende Stichwort in dieser Hinsicht. Wie gehen wir miteinander um? Warum gehen wir miteinander um, wie wir miteinander umgehen? Wozu gehen wir so miteinander um, wie wir miteinander umgehen? Wie wirkt sich die besondere Art des Umgangs, die wir pflegen, auf die beteiligten Personen aus? Wie sollte man sinnvoller Weise miteinander umgehen? Was erwarten die in einem sozialen Kontext untereinander verbundenen Menschen vom Umgang miteinander? Welche Möglichkeiten gibt es, die Weisen des Umgangs konstruktiv zu verändern? Also so, daß möglichst alle an einem sozialen Mikrosystem Beteiligten den Umgang als Leben fördernd empfinden? Was hindert uns, mißlichen Umgang zu verändern? Was motiviert, konstruktiven Umgang zu etablieren?

Es handelt sich um ebenso wichtige wie anspruchsvolle Fragen. Sie leiten Theorie und Praxis der Lebensberater. Dabei stehen die interpersonalen Beziehungen im Mittelpunkt des Interesses: die Beziehung von Mann und Frau, die Beziehungen von Frauen, die Beziehungen von Männern (Paarberatung/Eheberatung). Die Beziehung von Müttern und Vätern zu ihren Kindern (Erziehungsberatung). Die Beziehung zu Arbeitgebern (Mitarbeiterberatung). Die Beziehung zu Arbeitnehmern (Personalberatung). Die Beratung junger Menschen, alter Menschen, Menschen in der mittleren Lebensphase angesichts altersspezifischer Fragen (Jugendberatung / Altersberatung / Erwachsenenberatung). Und natürlich kann man das Beratungsfeld unter systematischen Gesichtspunkten auch dadurch strukturieren, daß man von den Personen absieht und die spezifische Problematik zum Thema macht. Dann könnte man beispielsweise von Krisenberatung, Konfliktberatung und anderen Beratungsformen handeln, die sich auf eine spezifische Problematik beziehen. Fest steht, daß zwischen Therapie und Beratung zu unterscheiden ist. Ebenso fest steht aber auch, daß Beratung und Therapie zusammengehören. Und dies, weil Lebensproblematik aus Krankheit hervorgehen oder mit Krankheit einhergehen kann. Das ist das eine. Und weil langwährende Lebensproblematik in Krankheit umschlagen kann. Das ist das andere. Und weil Berater rechtzeitig erkennen müssen, ob nicht nur eine Lebensproblematik, vielmehr auch psychische Störung vorliegt; bzw. Therapeuten erkennen müssen, ob die spezifische Störung in einer Lebensproblematik ihren Grund hat und sie deshalb auch über die Kompetenz zur Lebensberatung verfügen sollten. Das ist das Dritte.

Im Zentrum dieser Abhandlung steht der Therapeut, der sich in einer noch zu klärenden Weise auch der Philosophie bedienen sollte. Der Begriff des Therapeuten wird hier in einer eingeschränkten und in einer sehr weiten Bedeutung zugleich gebraucht. Die Einschränkung zeigt sich als Konzentration der Argumentation auf den Psychotherapeuten. Die Weite des Begriffs zeigt sich darin, daß derjenige Therapeut gemeint ist, der nicht nur Entstörung, vielmehr auch differenzierte Lebensberatung als Essenz seiner beruflichen Tätigkeit betrachtet. Und darin, daß derjenige Lebensberater gemeint ist, der über differenzierte therapeutische Kenntnisse verfügt.

Bei allem Unterschied zwischen Therapie, Beratung und Seelsorge sind im übrigen Überschneidungen in wesentlichen Zügen unverkennbar. Um die diesbezüglichen *Gemeinsamkeiten* herauszustellen, greife ich auf einen Text des Neuen Testaments zurück, der diese in ebenso einfacher wie beeindruckender Weise zum Ausdruck bringt: nämlich auf die Erzählung von den Emmausjüngern Lk. 24,13–35:

13 Und siehe, zwei von ihnen gingen an demselben Tage in ein Dorf, das war von Jerusalem etwa zwei Wegstunden entfernt; dessen Name ist Emmaus. 14 Und sie redeten miteinander von allen diesen Geschichten. 15 Und es geschah, als sie so redeten und sich miteinander besprachen, da nahte sich Jesus selbst und ging mit ihnen. 16 Aber ihre Augen wurden gehalten, daß sie ihn nicht erkannten. 17 Er sprach zu ihnen: Was sind das für Dinge, die ihr miteinander verhandelt unterwegs? Da blieben sie traurig stehen. 18 Und der eine, mit Namen Kleopas, antwortete und sprach zu ihm: Bist du der einzige unter den Fremden in Jerusalem, der nicht weiß, was in diesen Tagen dort geschehen ist? 19 Und er sprach zu ihnen: Was denn? Sie aber sprachen zu ihm: Das mit Jesus von Nazareth, der ein Prophet war, mächtig in Taten und Worten vor Gott und allem Volk; 20 wie ihn unsere

Hohenpriester und Oberen zur Todesstrafe überantwortet und gekreuzigt haben. 21 Wir aber hofften, er sei es, der Israel erlösen werde. Und über das alles ist heute der dritte Tag, daß dies geschehen ist. 22 Auch haben uns erschreckt einige Frauen aus unserer Mitte, die sind früh bei dem Grab gewesen, 23 haben seinen Leib nicht gefunden, kommen und sagen, sie haben eine Erscheinung von Engeln gesehen, die sagen, er lebe. 24 Und einige von uns gingen hin zum Grab und fanden's so, wie die Frauen sagten; aber ihn sahen sie nicht. 25 Und er sprach zu ihnen: O ihr Toren, zu trägen Herzens, all dem zu glauben, was die Propheten geredet haben! 26 Mußte nicht Christus dies erleiden und in seine Herrlichkeit eingehen? 27 Und er fing an bei Mose und allen Propheten und legte ihnen aus, was in der ganzen Schrift von ihm gesagt war.

28 Und sie kamen nahe an das Dorf, wo sie hineingingen. Und er stellte sich, als wollte er weitergehen. 29 Und sie nötigten ihn und sprachen: Bleibe bei uns; denn es will Abend werden, und der Tag hat sich geneigt. Und er ging hinein, bei ihnen zu bleiben. 30 Und es geschah, als er mit ihnen zu Tisch saß, nahm er das Brot, dankte, brach's und gab's ihnen. 31 Da wurden ihre Augen geöffnet, und sie erkannten ihn. Und er verschwand im Nu. 32 Und sie sprachen untereinander: Brannte nicht unser Herz in uns, als er mit uns redete auf dem Wege und uns die Schrift öffnete?

33 Und sie standen auf zu derselben Stunde, kehrten zurück nach Jerusalem und fanden die Elf versammelt und die bei ihnen waren; 34 die sprachen: Der Herr ist wahrhaftig auferstanden und Simon erschienen. 35 Und sie erzählten ihnen, was auf dem Wege geschehen war und wie er von ihnen erkannt wurde, als er das Brot brach.

Diese alte Erzählung bietet sich in unserem Diskussionszusammenhang an, weil durch sie hindurch diejenigen Züge scheinen, die nicht nur Therapie und Beratung, vielmehr auch die Seelsorge miteinander verbinden. Das Wort Therapie kommt aus der griechischen Sprache. Therapeuein heißt in seiner Grundbedeutung: dienen. Aber auch: besorgen, warten, ärztlich behandeln, heilen und herstellen. Was heißt es zu dienen? Behandelt man diese Frage unter Ausblendung der negativen Assoziationen, die mit der Figur des Dieners in der Gestalt des Sklaven verbunden sind, dann könnte man sehr schlicht so formulieren: Dienen heißt: für einen anderen Menschen dazusein. Der dienende Mensch begreift sich in seinem Fürsein. Und er begreift den Mitmenschen in seinem Angewiesensein. Wer dient, vermittelt ein Gut. Er hat es. Der andere hat es nicht. Aber der andere ist darauf angewiesen, sofern sein Leben nicht beschädigt werden soll. Alle negativen Assoziationen, die mit dem Phänomen des Dienens verbunden sind – Zwang, Unterordnung, Ausbeutung, Elend – hängen an den sozialen Verhältnissen, die zur Einseitigkeit verdammen. Die einen dienen. Die anderen lassen sich bedienen. Entscheidend ist jedoch die durchgängige Wechselseitigkeit: Alle dienen allen. Dies entspräche dem Sachverhalt, daß alle Menschen bedürftig sind. Immer wieder darauf angewiesen sind, daß andere für sie da sind. Daß alle aber auch der Bedürftigkeit anderer entsprechen können, indem sie eine Dienstleistung oder ein Gut anbieten. Und wenn es nur im Extremfall die Weise ist, wie sie da sind. Wichtig ist die Einsicht, daß es auf die Wechselseitigkeit des Empfangens und Gewährens ankommt. Wer für einen anderen da sein will, aber abgewiesen wird, läuft ins Leere. Wer bedürftig ist, aber erhält, was er nicht braucht, lebt im Leeren. Sowohl das Gewähren als auch das Empfangen sind sozial bedeutsam; aber nur unter der Bedingung, daß der Gewährende gewährt, was gebraucht wird. Und der Empfangende empfängt, was sein Leben erhält. Die Sinnhaftigkeit liegt in der Wechselseitigkeit. Soviel zum Begriff des Dienens, der im Begriff der Therapie steckt.

Was aber läßt nun die alte lukanische Erzählung an verbindenden und grundlegenden Elementen im Blick auf Beratung, Therapie und Seelsorge durchscheinen? Die Antwort auf diese Frage soll am Leitfaden von Stichworten gegeben werden.

Das erste Stichwort lautet: Glück

Sowohl im therapeutischen als auch im beraterischen und seelsorgerlichen Feld haben wir es mit Menschen zu tun, die in irgendeiner Weise ihrem Glück begegnet sind. Sei es dadurch, daß sie die Hoffnung auf Glück in ihrem Herzen hegen. Sei es dadurch, daß sie auf die Spur ihres Glücks geraten waren. Sei es dadurch, daß sie Glück ganz unmittelbar erfahren haben. Die lukanische Geschichte ist nicht zu verstehen, ohne das Glück, das die beiden, die sich jetzt auf dem Wege nach Emmaus befinden, getroffen hat. Es war das Glück, einen *Menschen* getroffen zu haben. Nicht irgendeinen. Vielmehr einen, von dem man später sagen sollte, er sei wahrer Mensch gewesen: vere homo. Mehr kann man von einem Menschen nicht sagen. Und auf ihn zu treffen, muß ein wildes Glück gewesen sein, sofern man sich hat treffen lassen. Will man das Glück dieses Treffens verstehen, muß man das prinzipielle Unglück des Menschen verstanden haben. Natürlich gibt es Schicksalsschläge, die Menschen unglücklich machen. Überflüssig zu sagen. Aber die Frage ist, ob sie Menschen unglücklich machen müssen. Ob es sich nicht eher um zeitlich begrenztes Unglück handelt. Ob es nicht, wie man heute sagt, verarbeitet, „weggesteckt“ werden kann. Ob es am Ende gar einen Menschen reifer, gelassener werden läßt. Sich letztlich gar als ungeahntes Glück herausstellt. Unglück dieser

Art meine ich nicht. Wovon ich handele ist das, was man eigentliches Unglück nennen könnte. Also von einem Unglück, das den Menschen in seiner Eigentlichkeit betrifft. In seinem ureigensten Wesen. Dieses Unglück tritt ein, wenn Menschen daran gehindert werden, sich daran hindern lassen, die Hoffnung aufgegeben haben, die Kraft nicht mehr finden, Schritt für Schritt diejenigen zu werden, die sie im Grunde ihres Herzens sind. Grundaufgabe des Menschen ist es, immer prägnanter derjenige zu werden, der er im Grunde ist. Sich immer deutlicher zu demjenigen zu entwickeln, was in der je eigenen Tiefe angelegt ist. Den Mut zu sich selbst zu fassen aber bedarf der Ermutigung. Nichts aber macht dem Menschen mehr Mut, er selber zu werden, als ein Mensch, der in großer Übereinstimmung mit sich selbst lebt. Große religiöse Gestalten zeichnen sich ganz offensichtlich dadurch aus, daß sie über eine unübertreffliche Authentizität verfügen. Und auch Jesus von Nazareth war ganz offensichtlich ein Mensch, der nicht nur in großer Übereinstimmung mit sich selbst gelebt hat, sondern in völliger. Deshalb hat man von ihm gesagt, was man von durchschnittlichen Menschen nicht sagen kann: vere homo, wahrer Mensch. Diesem Menschen zu begegnen bedeutet wildes Glück. Denn solche Begegnung bedeutet Befreiung zu sich selbst. Bedeutet frei zu werden, authentisch zu leben. Bedeutet Ermutigung zu sich selbst.

Natürlich kann man fragen, was im einzelnen geschieht, wenn Menschen Mut gewinnen, sich selbst immer präziser wahrzunehmen und zu verwirklichen. Um die Frage zu klären, gilt es folgendes zu erkennen: Der Mensch ist, um mit dem spanischen Philosophen J. Ortega y Gasset zu sprechen, „Tätigkeitspotential; und Leben heißt: diesem Potential zur Entfaltung verhelfen, es wirksam werden lassen … Wenn wir das Dasein nach seinem

Sinn fragen, so heißt das nichts anderes, als daß wir von ihm etwas verlangen, daran sich unsere gesamte Aktivität restlos entwickeln kann. Würden wir auf dieser Welt etwas entdecken, das den gesamten Raum unserer Lebensenergie zu erfüllen vermöchte, so wären wir glücklich, und die Welt schiene uns gerechtfertigt ... Wer sich ganz von einer Tätigkeit erfüllt sieht, wird sich niemals unglücklich fühlen können. Dieses Gefühl kommt nur dann auf, wenn der Geist nichts zu tun hat. Melancholie, Traurigkeit, Unzufriedenheit sind uns fremd, solange unser ganzes Wesen tätig ist. Kaum aber ist in unserer Tätigkeit ein Stillstand eingetreten, so steigen auch schon wie Sumpfgase aus einem toten Wasser aus unserem ruhenden Geist diese Empfindungen der Langeweile, Hilflosigkeit und grenzenlosen Leere auf. Dann werden wir des Zwiespalts inne, der sich zwischen unserem möglichen und unserem wirklichen Wesen auftut. Und eben das ist unser Unglück."[5] Was aber geschieht, wenn Menschen ihr wirkliches Wesen entdecken und realisieren? Es ereignet sich eine eminente Verlebendigung ihres Lebens. Jesus von Nazareth war ein eminent lebendiger Mensch, und er hat mit seiner Lebendigkeit Menschen angesteckt; bis auf den heutigen Tag. Und wenn es eine verbindende Aufgabe zwischen Therapie, Beratung und Seelsorge gibt, dann ist es die: so mit Menschen umzugehen, daß sie, die mitten im Leben dem Leben erstorben sind, wieder lebendig werden. Verlebendigung also ist das Bindeglied.

---

[5] J. Ortega y Gasset, Ges. Werke Bd. 1, Stuttgart 1996, S. 62. 63. 64.

Das zweite Stichwort lautet: Unglück

Kein größeres Unglück, als einen Menschen zu verlieren, der etwas zur Verlebendigung unseres Lebens beigetragen hat. Wildes Glück schlägt um in wildes Unglück. Sowohl im therapeutischen als auch im beraterischen und seelsorgerlichen Feld haben wir es mit unglücklichen Menschen zu tun. Mit Menschen, die ein Unglück getroffen hat und deren Gesichter das Unglück spiegeln. Manchmal können sie ihr Unglück gar nicht fassen. Leben wie in Trance mit weit aufgerissenen Augen. Plötzlich bricht das Unglück in ihr Gefühlsleben ein. Sie wissen nicht nur, sie fühlen jetzt auch. Unglück trägt gewöhnlich den Namen Verlust. Seine Arbeit zu verlieren, seine Gesundheit zu verlieren, seinen Namen zu verlieren sind geläufige Weisen, wie Unglück wirkt. Schlimmer: einen Menschen zu verlieren, den man liebt. Noch schlimmer: einen Menschen zu verlieren, der uns Mut gemacht hat, die je eigene Bestimmung zu entdecken und zu realisieren. Ganz offensichtlich wecken solche Menschen die Hoffnung, nicht nur die individuelle Lebensproblematik einer Lösung zuzuführen, vielmehr die Problematik des Lebens überhaupt zu bewältigen. Faszinierende Menschen dieser Art weiten die Hoffnung. Aus der Hoffnung auf individuelle Lösung wird die Hoffnung auf Erlösung aller. Einsames Glück ist schlecht zu ertragen. Wer wirklich glücklich ist, will, daß alle anderen es auch werden. In unserer Erzählung heißt es daher: „wir aber hofften, er sei es, der Israel erlösen würde.“ (V. 21) Was hier zusammengebrochen, ist nicht nur die Hoffnung je für mich, vielmehr die Hoffnung überhaupt. Und auch dies entspricht einer Erfahrung im therapeutischen Feld. Sie kommt im Begriff der Generalisierung auf den Begriff. Das Leben wird dann in jeder Hinsicht als wert- und sinnlos erlebt. Das eigene und das Leben überhaupt. Alles scheint in trostlos-schmutzige Farben getaucht. Nichts in der Welt draußen erzeugt einen hellen Klang in der Seele drinnen. Sie ist gleichsam wie ein blinder Spiegel.

Das dritte Stichwort lautet: Flucht

Die beiden flüchten. Das grauenhafte Geschehen auf Golgatha im Rücken. Die gekreuzigte Hoffnung in ihren wunden Seelen. Und natürlich haben wir es auch im therapeutischen Feld mit Menschen auf der Flucht zu tun. Mit Menschen, die vor sich selbst flüchten und so immer tiefer in Selbstentfremdung hineingeraten. Die nicht mehr spüren, was ihnen ihr Gewissen sagt. Was ihnen ihr Gefühl sagt. Was ihnen ihr Körper sagt. Sie werden orientierungslos. Verlieren das feine Gespür für das, was geht und was nicht geht. Stecken in ihren Körpern wie Motoren in Maschinen. Maschinen, die sie treiben. Die Fähigkeit zum Dialog mit sich selbst ist ihnen abhanden gekommen. Mit ihrem Gewissen, das nicht selten mit anerzogener Normativität (Über-Ich) verwechselt wird. Mit ihren Gefühlen, die, wie V. Frankl einmal treffend formuliert hat, feinfühliger sind als ihr Verstand scharfsinnig. Mit ihren Körpern, die Signale der Erschöpfung geben. Signale, die empfangen werden wollen, aber nicht mehr empfangen werden. Zusammenbrüche drohen. Der geistige Zusammenbruch in Form völliger Orientierungslosigkeit. Der seelische Zusammenbruch in Form der Depression zum Beispiel. Der körperliche in Form von Infarkt oder Schlag. Im einen Fall sind die Blutleitungen verstopft. Im anderen sind die Blutleitungen geborsten. In beiden Fällen sind die Verbindungen gestört. Lebensnotwendige Kommunikation auf biotischer Ebene zerbricht.

Im vorliegenden Text haben wir es mit Menschen zu tun, die nicht nur vor sich flüchten. Sie verlassen zugleich ihren angestammten Ort: Jerusalem. Und sie verlassen ihr soziales Umfeld: Die Schar der Jünger. Die Schar derer, die ihre Hoffnung teilten. Sie werden hauslos, verlieren ihre geistige und soziale Heimat. Vorläufig.

Das vierte Stichwort lautet: Selbsthilfe

Bevor Menschen an Menschen geraten, die ihnen wirklich helfen, haben sie nicht selten eine therapeutische Odyssee hinter sich. Und es ist völlig natürlich, daß man den Lebensberater oder Psychotherapeuten erst dann aufsucht, wenn nichts mehr geht. Wenn die Hilfsmöglichkeiten im unmittelbaren sozialen Kontext ausgeschöpft sind: in der Familie, im Freundeskreis. In unserem Falle gehen sie zu zweit. Sie helfen sich wechselseitig. Und sie tun es, indem sie über das Geschehen miteinander reden (V. 14). Miteinander zu reden bedeutet: das bedrückende Geschehen noch einmal im Wechselspiel von Darstellung und Wahrnehmung zu inszenieren. „Alle diese Geschichten" lasten schwer auf ihren Seelen. Der Druck der Last kann nur erleichtert werden durch: Aus-Druck. Sie entlasten sich, indem sie das, was sie erlebt haben, sprachlich zum Ausdruck bringen. Indem sie sich im Miteinander der wechselseitigen Solidarität vergewissern. Geteiltes Leid ist halbes Leid sagt der Volksmund. Und natürlich handelt es sich um mitgeteiltes Leid. Und natürlich bedeutet die Transformation eines Unglücks in Sprache und Mitteilung bis auf den heutigen Tag psychische Entlastung. Entlastung dieser Art sollte nicht nur im psychotherapeutisch-professionellen Rahmen, vielmehr in allen natürlichen Formen der Gesellung möglich sein.

Das fünfte Stichwort lautet: Fremdhilfe

In schwierigen Fällen kann nur ein „Fremder“ helfen. Ein Fremder in unserem Sinne zeichnet sich durch dreierlei aus: durch Distanz, Interesse und Professionalität. Ein Helfer, der sich mit der Problematik des Klienten völlig identifiziert, kann nicht helfen. Völlige Identifikation bedeutet, so in die Passionsgeschichte eines Klienten hineingezogen zu werden, daß man selbst in massiver Weise am Leiden eines anderen zu leiden beginnt. Geschieht dies, ist man selbst ins Leiden verstrickt. Dem Patienten zum Abstand zu verhelfen und im Abstand zum Ausdruck, zur Bearbeitung und Verarbeitung seines Unglücks wird dann schwer, wenn nicht unmöglich. Die Kunst zu helfen ist das Geschick, auf einem schmalen Grat zu wandern. Gleichsam auf der Mitte von kühler Distanziertheit und überzogener Nähe. Der Therapeut soll inter-essiert sein. Dabei sein. Aber er soll nicht emotional von der Problematik seines Patienten verschlungen werden. Interessiert zu sein bedeutet, die Passionsgeschichte des Patienten mit dessen Augen zu sehen und zugleich in professioneller Weise mit den eigenen. Die Angelegenheit mit den Augen des Patienten zu sehen führt zu Nähe. Nähe führt zum Gefühl des Patienten, verstanden zu werden. Dieses Gefühl ist die Grundlage einer tragfähigen therapeutischen Beziehung. Zugleich mit den je eigenen Augen zu sehen führt zur Distanz. Führt zu neuen Perspektiven. Führt zu neuen Einstellungen dem Unglück gegenüber. Der Patient braucht beides: eine gute Beziehung zum Helfer und ein neues Verständnis seiner Lage. Und natürlich ist die neue An-Sicht der Dinge für den Patienten zunächst einmal fremd.

Die Fremdheit des Helfers zeigt sich aber auch darin, daß er als Individuum für den Patienten zunächst ein Fremder bleibt. Patienten sind in ihr Leid verstrickt. Sie interessieren sich für ihren Helfer als Helfer. Nicht als Individuum. Das ist ihr gutes Recht. So aber bleibt der Helfer zunächst individuell anonym. In der lukanischen Erzählung wird Jesus von den beiden nicht erkannt. Ihre Augen waren mit Blindheit geschlagen. Zum anderen hat Jesus Mittel zur Verfügung, die den beiden fremd sind. Im therapeutischen Gespräch als Individuum nicht erkannt zu werden ist allen Helfern geläufig. Mittel zur Problembewältigung zur Verfügung zu haben, die den Patienten fremd sind, macht einen Teil der Professionalität des Helfers aus. Außerdem gehört zum Handwerk des versierten Helfers, daß er geschickt mit der Selbstmitteilung umgeht. Empirische Untersuchungen haben gezeigt, daß die völlige Abstinenz bzgl. der Selbstmitteilung kontraproduktiv ist. Sie haben aber auch gezeigt, daß der Drang zur Selbstmitteilung auf Seiten des Therapeuten ebenso schädlich wirkt. Dosierte Selbstmitteilung ist optimal.[6] In der ersten Phase des therapeutischen Prozesses ist sie wohl gar nicht angezeigt. Jesus bleibt den beiden zunächst völlig fremd. Erst zum Ende ihres Zusammenseins teilt er sich mit. Und verschwindet im Nu.

Sechstes Stichwort: Hinwendung

„Und es geschah, als sie so redeten und sich miteinander besprachen, da nahte sich Jesus selbst und ging mit ihnen." (V. 15) Therapie, Beratung, Seelsorge sind zeitlich begrenzte Begleitprozesse. Einen, der mit seinem Leben nicht mehr zurechtkommt, sollte man begleiten. Begleitung bedeutet: folgen, leiten und füh-

---

6 Vgl. dazu D. Zimmer (Hrsg.), Die therapeutische Beziehung, Weinheim 1983, S. 18 f.

ren. Es geht darum, der Spur zu folgen, die der Patient legt. Die Spur, die zu seinem Leiden führt. Die Spur legt der Patient, indem man ihn zunächst klagen läßt. Jesus erkundigt sich, indem er sich gewissermaßen ahnungslos stellt, indem er fragt: „Was sind das für Dinge, die ihr miteinander verhandelt unterwegs?" (V. 17) Die Frage hat einen provokativen Beigeschmack. Und wie es geschehen muß, geschieht es. Provokation erzeugt Provokation: „Bist du der einzige unter den Fremden (sic!) in Jerusalem, der nicht weiß, was in diesen Tagen dort geschehen ist?" (V. 18) Und ohne sich provozieren zu lassen, antwortet Jesus, völlig gleichmütig: „Was denn?" Und mit dieser knappen Frage versetzt er das breite Klagen frei. Dreierlei fällt dabei ins Auge: der Umfang der Klage. Die Fakten. Die Auslegung der Fakten. Wie ein Wasserfall bricht es aus ihnen heraus. Ihre Rede scheint sich zu überstürzen. Denn beide reden. Wer was sagt, weiß man nicht. Sieht man auf die Wortmenge, so wird der Klage beachtlicher Raum gegeben. Sie beklagen ihr verlorenes Glück. Alles dreht sich um dreierlei. Ein Faktum. Eine zugeschriebene Bedeutung. Eine entfernte, verwaschene neue Hoffnung. Faktum ist die Kreuzigung. Entscheidend aber ist nicht das Faktum, vielmehr die attribuierte Bedeutung. Denn die Kreuzigung dieses Menschen bedeutet für diese beiden: die Kreuzigung ihrer größten Hoffnung. Der Hoffnung auf Erlösung. Der Erlösung nicht nur des einzelnen. Vielmehr der Erlösung aller in Israel. Und ganz offensichtlich kann der Mensch totale Hoffnungslosigkeit nicht ertragen. So klammert er sich im Notfall auch an Erscheinungen von Engeln. Die Frauen in der Nachfolge Jesu bringen die Engel ins Spiel. Sie sollen dies verkündet haben: er lebe.

Siebentes Stichwort: Verlust

Die Passionsgeschichten, die wir im Zusammenhang von Seelsorge, Therapie, Beratung hören, sind zum allergrößten Teil Verlustgeschichten. Verlust der Gesundheit, Verlust der Arbeit, Verlust einer Beziehung, Verlust der Orientierung, Verlust des Selbstwertgefühls, Verlust von Anerkennung und Wertschätzung, Sinnverlust, Kontrollverlust, endgültiger Verlust eines Menschen spielen immer wieder eine große Rolle. Was Menschen in der Situation des Verlustes urplötzlich klar wird, ist dies: Die Güter dieser Welt sind uns auf Zeit gegeben. Gleichsam verliehen. So ist die Auseinandersetzung mit dem Verlust immer auch Auseinandersetzung mit der Zeitlichkeit menschlicher Existenz. Dabei ist auffallend, daß den Menschen die Güter ihres Lebens nicht selten völlig gleichgültig sind, solange sie sie haben. Wichtig erscheinen sie ihnen erst, wenn sie im Begriff sind, sie zu verlieren. Und unvergleichlich wertvoll, wenn sie sie verloren haben. Auch dieses Phänomen spiegelt sich im lukanischen Text. Mit welch großen Worten schildern die beiden den Gekreuzigten: Ein Prophet war er, „mächtig in Taten und Worten vor Gott und allem Volk." (V. 19) Und die Tendenz, zu vergleichgültigen, was man immer noch hat, gewinnt nach einem Verlust nicht selten rasant an Gewicht. Alles ist plötzlich nichts mehr. Alles gerät in den Schatten des verlorenen Objektes. Wird verdunkelt, wird verhüllt, wird als Wert kaum noch wahrgenommen. Auf dem schwarzen Hintergrund eines trostlosen Lebens erscheint die Lichtgestalt dessen, was man verloren hat. Worüber man nach wie vor verfügt bleibt unerkannt und in seinem Eigenwert unerfühlt. Was sich der Verfügung entzogen hat, wird in seinem Wert so nachdrücklich erlebt, daß alles andere wertlos erscheint. Natürlich ist es nicht die Aufgabe des Helfers, das Verlorene möglichst rasch aus dem Interessenfeld des Patienten zu rücken. Einen verlorenen Menschen kann man aufbewahren. Durch vitale Erinnerung zum Beispiel. Eine Erinnerung, die die verlorene Person zu einer inneren Gestalt werden läßt. Zu einer Gestalt, die weiterlebt und das je eigene Leben bereichert. Aber dieser Prozeß führt nur dann zu einem Leben, das als erfüllt erlebt wird, sofern er den Menschen innerlich wieder freisetzt. Freisetzt zur sinnvollen Gestaltung des Lebens, das er noch vor sich hat. Die Wertfühligkeit im Blick auf das Verlorene auszugleichen durch die Wertfühligkeit im Blick auf das Verbliebene ist die eigentliche Kunst.

Achtes Stichwort: Orientierung

Klagen ist wichtig. Vor allem ist es wichtig, daß das allgemeine Lamentieren in ein präzises Klagen einmündet. Es gilt, den Patienten anzuregen, immer prägnanter zu klagen. Denn: je deutlicher er sagt, was er nicht mehr hat, was er nicht mehr kann, desto prägnanter sagt er implizit, was er trotz allem noch hat, was er trotz allem noch kann. Darauf ist dann im nächsten Schritt einzugehen. Wie gesagt, zu jammern, zu klagen, zu weinen ist ein Phänomen, das zur Psychotherapie und Seelsorge hinzugehört. Und wenn Menschen unter dem Schlag ihres Geschicks erstarrt sind, dann ist es wichtig, so mit ihnen umzugehen, daß sie freigesetzt werden zur erleichternden Klage. Allerdings sollte das Klagen auch zu einem Ende kommen. Schöpferische Unterbrechung diesbezüglicher Art ist angezeigt. Sie ereignet sich, sofern der Helfer Neuorientierung ermöglicht. Auch der Jesus des lukanischen Textes unterbricht das Klagen. Und er eröffnet den beiden, die er begleitet, die Möglichkeit, den tödlichen Fakten einen Leben schaffenden Sinn abzugewinnen. Fakten gewinnen ihren Sinn in Sinnzusammenhängen. Ein Wort gewinnt seinen

Sinn im Zusammenhang eines Satzes. Ein Satz gewinnt seinen Sinn im Zusammenhang eines Aufsatzes. Die Frage ist, in welchem Sinnzusammenhang ein Faktum ausgelegt wird. Entsprechend erscheint es dem Betroffenen. Entsprechend erlebt er es. Entsprechend geht er mit ihm um. Der Horizont, in dem die beiden das grausame Faktum der Kreuzigung auslegen, ist: Verlust ihrer Hoffnung auf Erlösung. Der Horizont, in dem Jesus ihnen das Faktum der Kreuzigung auslegt, ist das Alte Testament. Er verweist auf Mose, die Propheten, die ganze Schrift und faßt sie in folgendem Interpretament zusammen: „Mußte nicht Christus dies erleiden und in seine Herrlichkeit eingehen?" (V. 20) Das sinnlos erscheinende Geschick der Kreuzigung gewinnt plötzlich Sinn. Die beiden sehen nichts als Passion. Die beiden spüren nichts als das Leiden, das auch sie leiden macht. Und da sie nichts weiter sehen, erleben sie dieses objektive und subjektive Leiden als etwas Endgültiges. Und gerade auch in seiner Endgültigkeit als etwas Grausames. Der lukanische Jesus aber bietet eine andere Interpretation des Kreuzes an. Er versteht es neu. Und dies, indem er den engen Blickwinkel der beiden erweitert. Dies geschieht dadurch, daß er auf die Notwendigkeit des Leidens verweist. „*Mußte* nicht Christus dies erleiden ...?" (V. 26) Und dadurch, daß er auf den Weg und das Ziel verweist: durch den Tod hindurch, in das endgültig und trotz allem gelingende Leben hinein: „Mußte nicht Christus ... in seine *Herrlichkeit* eingehen?" (V. 26) Was aber sagen nun die beiden dazu? Sie sagen nichts. Vorläufig. Sie sagen nichts, weil sie nichts sagen müssen. Offensichtlich hat die neue Sicht der Dinge Angebotscharakter. Niemand zwingt sie, diese Sicht der Dinge zu übernehmen. Ähnlich verhält es sich in der therapeutischen, beraterischen und seelsorgerlichen Situation. Die Entdeckung eines neuen Verständnishorizontes macht still. Macht nachdenklich. Macht betroffen. Die Betroffenen brauchen Zeit. Die Wirkung tritt ein. Aber sie tritt nur allmählich ein. Die neue Sicht der Dinge vermischt sich mit der alten. Es geschieht so etwas wie Horizontverschmelzung. Allmählich. Und natürlich ist es eine Grundaufgabe der Therapie, die Perspektive der Patienten ernst zu nehmen. Sie bei *ihrer* Auslegung ihres Lebens abzuholen. Aber auch: neue Perspektiven, lebensfreundlichere, bekömmlichere zu erarbeiten. Denn: Wie der Mensch über sein Leben denkt, so fühlt er sich. Und wie er sich fühlt, so handelt er. Und ob sein Leben gelingt, hängt am lebensfreundlichen Zusammenspiel von Interpretation und Interaktion. Von Verstehen und Bestehen. Von Theorie und Praxis. Von Reim, den er sich auf die Welt macht, und von der Lebensgestaltung, die aus dem Reim entspringt.

Neuntes Stichwort: Bindung

Menschen, die uns eine neue, befreiende Sicht der Dinge vermitteln, erleben wir als attraktiv im ursprünglichen Sinne des Wortes: als anziehend. Sie kommen nun nach Emmaus und Jesus tut so, als wolle er weiterziehen. Aber die Anziehung zwischen ihm und den beiden ist inzwischen so groß, daß sie ihn nicht ziehen lassen. Ja, sie nötigen ihn und sagen: „Bleibe bei uns, denn es will Abend werden und der Tag hat sich geneigt." (V. 29) Und auch dieses Element der inneren Bindung spielt im Feld psychosozialer Hilfestellung eine wichtige Rolle. Nur wenn Menschen sich aufeinander einlassen, einander vertrauen und im Vertrauen aufeinander voneinander lernen, können sie Schritt für Schritt reifer werden. Der Prozeß existentieller Reifung hat immer auch etwas mit Bindungsprozessen und Entbindungsprozessen zu tun. Wenn der Mensch auf einen Menschen trifft, der ihn aus seiner existentiellen Not zu befreien verspricht, will er, daß er nicht weiterzieht. Will er, daß er bleibt. Will er, daß er Nähe gewährt. Diese Nähe kann so verzaubernd wirken, daß Menschen sich gleichsam in eine Beziehung verstricken. Unter Umständen entkommen sie der Fesselung durch einen, der therapeutisch zu wirken vorgibt, nicht mehr. Die Dialektik von Bindung und Entbindung ist dann zerbrochen. Sie werden bindungssüchtig. Süchtig nach einem, der sie ein Leben lang an der mehr oder weniger langen Leine der Fremdorientierung führt. Therapie, Beratung, Seelsorge bedeutet durchaus Bindung. Manchmal auch tiefe Bindung. Manchmal auch Bindung, die zu lösen sich der Patient zeitweise nicht vorstellen kann. Aber: Seelsorge, Beratung, Therapie ist Bindung auf Zeit. Und es liegt an der Kunst des Therapeuten, so mit dem Patienten zu kommunizieren, daß eine tragfähige therapeutische Beziehung entsteht. Aber eine Beziehung, die den Patienten nicht an den Helfer fesselt. Ihn vielmehr Schritt für Schritt *zu sich selbst befreit.* Gurus fesseln. Therapeuten befreien. Befreiung zu sich selbst aber ist nichts anderes als Reifung. Sie zu ermöglichen ist das vornehmste Ziel der Helfer. Es erfordert Geduld und Hoffnung zugleich. Glücklich die Menschen, die „reifen wie der Baum, der seine Säfte nicht drängt und getrost in den Stürmen des Frühlings steht, ohne die Angst, daß dahinter kein Sommer kommen könnte. Er kommt doch“[7], wie R. M. Rilke unvergleichlich schön formuliert hat.

---

[7] R.M. Rilke, Briefe an einen jungen Dichter, Frankfurt a. M. 1987, S. 17.

Zehntes Stichwort: zu Tisch

Wenn die moderne, empirische Psychotherapieforschung recht hat, dann begehen sehr viele Therapeuten im Rahmen ihrer Therapien einen grundlegenden Fehler. Sie bevorzugen ein bestimmtes Setting. Also ein bestimmtes äußeres Arrangement. Sie berücksichtigen nicht, daß die Effektivität der Therapie zu einem erheblichen Teil am angemessenen Setting hängt. Das Setting flexibel zu handhaben gehört zur therapeutischen Grundkompetenz.[8] Halb zugewandt in zwei Sesseln in einem angemessenen Abstand sich gegenüber zu sitzen und miteinander zu reden mag zwar das Setting sein, das die allermeisten Therapeuten am allermeisten lieben. Der Grad der Beliebtheit sagt jedoch nichts über den Grad der Effektivität aus. Entscheidend ist, daß im Mittel des Settings die problematische Situation des Patienten und die mit ihr verbundenen Gefühle aktiviert werden.

Legt man die lukanische Geschichte im psychotherapeutischen Horizont aus, so stößt man auch auf das, was man Setting-Wechsel nennen könnte. Im Rahmen des ersten Settings spielt das *Laufen* eine wichtige Rolle. Und im Verlauf des Laufens: die verbale Kommunikation. Die beiden laufen. Und Jesus läuft mit. Die beiden sprechen. Und Jesus spricht mit. Die beiden flüchten. Und Jesus flüchtet mit. Und indem er mitläuft, mitspricht, mitflüchtet, holt er sie ab. Und zwar genau dort, wo sie sich äusserlich und innerlich befinden. Im Rahmen des zweiten Settings spielt das *Sitzen* eine wichtige Rolle. Und im Verlauf des Sitzens: vorrangig die nonverbale Kommunikation. „Und es geschah, als er mit ihnen zu Tisch saß, nahm er das Brot, dankte, brach's und

---

[8] Vgl. dazu K. Grawe u.a., Psychotherapie im Wandel, Göttingen 1994, S. 703–707.

gab's ihnen." (V. 30) Auf dem Weg reden sie miteinander und erkennen Jesus nicht. Sie kommunizieren digital, wie man heute sagt. Im Hause kommunizieren sie analog. Das Symbol des gesegneten, gebrochenen und angebotenen Brotes verweist auf die Tischgemeinschaft Jesu mit seinen Jüngern und Jüngerinnen. Es vergegenwärtigt die Tischgemeinschaft. Und nun fällt es ihnen wie Schuppen von den Augen. Sie schauen nicht nur. Sie erkennen auch. Sie erkennen ihn.

Und so ist es auch in der therapeutischen Situation. Will der Therapeut seinen Patienten, der Patient seinen Therapeuten erkennen, dann sollten sie nicht nur auf die Worte, vielmehr auf die Stimmen hören. Dann sollte man auf Gestik, Mimik, Körperhaltung achten. Sollte man sich als Therapeut fragen, was es bedeutet, wenn der Patient plötzlich stockt. Wenn seine Augen plötzlich strahlen. Plötzlich weinen. Wenn er in sich zusammensinkt. Dasitzt als hätte er einen Stock verschluckt. Nur noch ganz leise spricht. Anfängt zu schwitzen. Anfängt zu frieren. Müde wird. Gleichsam in die Ferne schaut. Oder plötzlich heiter lächelt. Die Fähigkeit, nonverbale Symbole präzise zu dechiffrieren, gehört zu den therapeutischen Grundkompetenzen. Und Menschen in symbolträchtige Rituale mit einzubeziehen schützt die Seele.

Nicht umsonst ist Tischgemeinschaft im Neuen Testament das Symbol schlechthin für Reich Gottes. Und natürlich ist die Feier des Abendmahls vorrangig eine Erscheinungsweise der Seelsorge. Dennoch sei die Frage erlaubt, ob sich nicht so etwas wie eine therapeutische Tischgemeinschaft als höchst effektiv erweisen könnte. Herkömmliche therapeutische Interaktion ist nicht selten eindimensional. Tischgemeinschaft ist multidimensional. Allen fundamentalen Bedürfnissen des Menschen wird entsprochen. Dem Bedürfnis nach Schutz und Sicherheit: Die Gemeinschaft ereignet sich im Haus. Dem Bedürfnis, Hunger und

Durst zu löschen: Sie essen miteinander. Dem Bedürfnis, immer wieder zusammen zu sein: einem sozialen Grundbedürfnis. Dem Bedürfnis, sich immer wieder aus der Welt zurückzuziehen, um sich zu Hause über das merkwürdige Leben draußen miteinander zu verständigen. Dem Bedürfnis, im hausorientierten Rückzug Kraft zu schöpfen für die weltorientierte Wiederkehr. Wenn es richtig ist, daß Menschen psychisch nicht erkranken, sofern ihre psychischen Grundbedürfnisse weitgehend erfüllt bzw. nicht gravierend verletzt werden, dann ist zu vermuten, daß dem Ritual der Tischgemeinschaft in psychohygienischer Hinsicht höchste Bedeutung zukommt. Orientierungs- und Kontrollbedürfnis, das Bedürfnis, lustvoll zu leben und Unlust zu vermeiden, das Bedürfnis, sich an Menschen zu binden und das Bedürfnis, das je eigene Selbstwertgefühl aufrechtzuerhalten, es unter Umständen sogar zu steigern sind Bedürfnisse, die die moderne Psychologie zu den menschlichen Fundamentalbedürfnissen zählt. Allen diesen Bedürfnissen wird im Zusammenhang der Tischgemeinschaft potentiell entsprochen: Die Menschen reden miteinander. Und sofern ihr Gespräch Substanz hat, machen sie sich einen Reim auf dieses merkwürdige Leben. Fragen, wie sie es verstehen sollen. Was sie tun sollen. Was sie besser lassen sollten. Und geben einander Antworten. Im Fragen und Antworten aber gewinnen sie Orientierung. Die Menschen essen und trinken und bereiten sich so eine Fülle von Lust. Sie tun dies alles miteinander und entsprechen so dem Bedürfnis, in Beziehung zu leben und Beziehung zu gestalten. Und wenn sie dies alles in wechselseitiger Solidarität, Wertschätzung und Achtung tun, wird auch dem Bedürfnis der Selbstwerterhaltung bzw. der Selbstwerterhöhung entsprochen. Die therapeutischen Möglichkeiten im Blick auf den Tisch und im Blick auf die Runde um ihn herum scheinen jedoch noch längst nicht ausgeschöpft.

An der Geste erkennen sie ihn. Kaum haben sie ihn erkannt, ist er fort. „Und er verschwand im Nu“ übersetzt Luther unübertrefflich. Die Beziehung wird beendet. Es war eine Beziehung auf Zeit. Nun müssen sie ihr Leben wieder eigenständig führen. Und sie können es auch. Was hier in unübertrefflicher Weise geschehen ist, geschieht in jeder gelingenden Therapie: Verlebendigung. „Brannte nicht unser Herz in uns, als er mit uns redete auf dem Wege und uns die Schrift öffnete?“ (V. 32) fragen sie sich jetzt. Jetzt, da sie erfahren haben, daß dies prinzipiell möglich ist: Ein toter Mensch wird wieder ein lebendiger Mensch. Leben ist stärker als der Tod. Die todgeglaubte Hoffnung ist auferstanden. Und während sie am Anfang zu dieser Sache schwiegen, geben sie es nun zu, indem sie sagen: „Brannte nicht unser Herz in uns, als er mit uns redete auf dem Wege und uns den Sinn der Schrift erschloß?“ (V. 32) Jesus interpretiert sein Geschick im Horizont des Alten Testamentes. Und natürlich ist Ziel der Interpretation: neue Einsicht. So aber wird die kognitive Seite im Menschen angesprochen. Allgemeiner psychotherapeutischer Erfahrung entspricht es jedoch, daß nur diejenigen Einsichten Einfluß auf das jeweilige Leben gewinnen, die emotional abgestützt sind. Jesus interpretiert, aber er tut es so, daß ihre Herzen anfangen zu brennen. Was ist ein „brennendes Herz“? Worauf verweist das Symbol des „brennenden Herzens“? Es verweist auf das Feuer des Heiligen Geistes.[9] Hl. Geist, zu verstehen als Geist Gottes, aber ist diejenige Kraft, die in unübertrefflicher Weise verlebendigt. Der vom Geist Gottes berührte Mensch ist der zu seiner höchsten Lebendigkeit befreite

---

9 Vgl. dazu Apg. 2,3.

Mensch. In ihm wirkt ein „brennendes Herz", ein vom Feuer durchglühtes Herz. Im Gegensatz zum kalten Herzen, zum versteinerten Herzen, ist das brennende Herz: das erleuchtete Herz, das warme Herz, das berührte Herz, das offene Herz. Einsicht ohne Gefühl ist tote Einsicht. Gefühl ohne Erkenntnis ist blindes Gefühl. Worauf es ankommt ist dies: die gefühlte Einsicht. Das Erkenntnis eröffnende Gefühl. Das brennende Herz aber ist Symbol für das fruchtbare Zusammenspiel von Kognition und Emotion.

Zwölftes Stichwort: neue Praxis / Umkehr

Verlebendigung im kognitiven und affektiven Bereich hat praktische Auswirkungen. Die beiden haben eine neue Einsicht gewonnen: Das Kreuz hat einen Sinn. Und diese Einsicht hat ihre Bestätigung in einer konkreten sinnlichen Erfahrung gefunden: Der tot Geglaubte lebt. Was sich hier zunächst ereignet ist Einsicht, die auf Erfahrung verweist; und Erfahrung, die auf Einsicht zurückverweist. Und nun geschieht das Überraschende: Der Auferstandene macht sie auferstehen. Wörtlich heißt es: „Zu derselben Stunde standen sie auf ..." (V. 33) Was hier in psychotherapeutischer Perspektive erhellend wirkt, ist die Korrespondenz von Einsicht und Handlung. Von Theorie und Praxis. Die innere Lebendigkeit des „brennenden Herzens" führt zu einer äußeren Lebendigkeit eines neuen Lebenslaufs. Sie stehen auf. Und zwar sofort. Es gibt Therapien, die betreiben das, was man Archäologie der Seele nennen könnte. Das Filigran der Patientenseele wird bis in die feinsten Einzelheiten hinein geklärt und seine Entstehung im sozialen Kontext rekonstruiert. Und wenn es schiefläuft, weiß der Patient nach Jahren, warum er so neurotisch geworden ist, wie er ist. Aber wie er sein Leben heute und morgen gestalten soll, weiß er nicht. Er liegt auf der Couch. Und in gewisser Weise bleibt er dort jahrelang liegen. Was sich ereignen sollte, ereignet sich nicht: Auferstehung. Und natürlich gibt es dazu auch das Gegenstück: Man übersieht den Schmerz der frühen Jahre. Trainiert optimales Verhalten je jetzt. Und muß eines fremden Tages entdecken, daß der Schwung, Leben zu formen, nachläßt oder nicht recht aufkommen will: weil alte Wunden immer noch bluten. Daher gilt: beides ist nötig. Der Blick zurück und der Aufbruch nach vorne. Jede Lebensstörung hat eine historische Dimension. Sie ist entstanden. Ihre Entstehungsgeschichte zu verstehen bedeutet, sich selbst besser zu verstehen. Sich selbst besser zu verstehen, die einstigen Umstände besser zu verstehen, die spezifische Auseinandersetzung des Menschen mit seinen Umständen zu verstehen macht frei, sich *neu zu verstehen* angesichts neuer Umstände. Neues Verständnis aber macht frei, die neuen Umstände auch in neuer Weise zu bestehen. Entscheidend ist die Korrespondenz von Verstehen und Bestehen. Die beiden verstehen ihr Leben neu. Und sie geben ihm eine neue Richtung.

Flüchten oder Standhalten ist eine Alternative, die das Leben eines jeden Menschen immer wieder kennzeichnet. Erst flüchten die beiden von Jerusalem nach Emmaus. Jetzt kehren sie zurück: aus Emmaus nach Jerusalem. Die Bewegung am Anfang der Geschichte verkehrt sich in ihr Gegenteil. Aus dem „nichts als weg“ wird ein „trotz allem zurück“. Sie haben den Mut gewonnen, dem Leid ihres Lebens standzuhalten. Es handelt sich nicht um grundlose Mutwilligkeit. Es handelt sich um begründeten Mut. Jesus hat ihnen Mut gemacht umzukehren.

Und auch dieser Aspekt der alten Geschichte hat therapeutische Bedeutung. Wenn die empirische Psychotherapieforschung recht hat, sogar sehr große Bedeutung. Dies ist sofort einzusehen, wenn man klar erkennt, daß die therapeutische Situation sich nicht selten zu einer durch und durch entmutigenden Situation entwickelt. Man imaginiere nur den durchschnittlichen Patienten: Nach vielen Fehlversuchen, sich selbst zu helfen, kommt er, um sich helfen zu lassen. Und das erste, wozu er angeregt wird, ist, sich auszusprechen. Seine Passionsgeschichte darzustellen. Und sollte dies auch das letzte sein, dann ist der Weg schon vorgezeichnet. Der Patient wird nicht gesund. Er wird vielmehr depressiv. Sollte er schon depressiv sein, wird er noch depressiver. Die einseitige Konzentration auf die Passion des Patienten bedeutet Konzentration aufs Negative. Wie aber wird sich ein Mensch fühlen, der angeregt wird, sich immer und immer wieder und immer detaillierter als einen darzustellen: der vieles nicht kann? Der immer wieder scheitert? Dessen Ehe in die Brüche zu gehen droht? Der mit seinen Kindern nicht auskommt? Der in den Augen seines Vorgesetzten einen perfekten Versager darstellt? Der sich im Grunde selbst nicht ausstehen kann? Er wird mutlos. Und kein Therapeut sollte sich den Irrtum leisten, als sei die detaillierte Rekonstruktion des Scheiterns notwendige *und* hinreichende Bedingung für eine konstruktive Lebensgestaltung. Menschen brauchen nicht nur Einsicht in ihr Versagen. Sie brauchen vor allem Energie zur Umkehr. Lust, ihr Leben in neuer Weise zu gestalten. Vitalität, die problematischen Umstände ihres Lebens auszuhalten soweit nötig. Sie zu verändern soweit möglich. Die Kunst der Therapie besteht im vitalisierenden Umgang mit dem Patienten. Die permanente Rekonstruktion des Scheiterns führt zur Entvitalisierung. Die Frage, die sich jeder Therapeut, Berater, Seelsorger stellen sollte, lautet: Was muß ich tun, damit der sich mir anvertrauende Mensch im Verlauf der Therapie diejenige Energie gewinnt, die nötig ist, eine problematische Situation nicht nur zu durchschauen, vielmehr vor allem dauerhaft zu bewältigen? Umkehr braucht Kraft. Woher kommt sie? Die beiden auf dem Rückweg haben eine verlebendigende und energetisierende Erfahrung gemacht. Ein vom Tod verschlungener Mensch ist dem Tod entrissen worden. Und dies nicht in vorläufiger, vielmehr in endgültiger Weise. Einer hat den Tod überwunden. Einer ist aus dem Tod auf die Spur endgültig erfüllten Lebens geraten. Am Ende ist dies die Spur, auf die das Leben eines jeden Menschen geraten kann. Wilde Hoffnung senkt sich in ihre „brennenden Herzen“. Sie spüren die Kraft umzukehren.

Kapitel II
Der Traum vom guten Leben

1. Mythos und Logos der Eigentlichkeit

Es gibt Geschichten, die begleiten uns ein Leben lang. Meist treffen sie in jungen Jahren in die empfindsame Seele. Zu einer Zeit, da Wissenschaftlichkeit noch nicht zum Grundinteresse eines Menschen zählt und das korrekte Zitieren erst noch erlernt werden muß. Ebenso verhält es sich mit folgender Geschichte. Ich kenne sie schon sehr lange. Woher sie stammt, weiß ich nicht. Wann ich sie zum ersten Mal gehört habe, weiß ich auch nicht. Sie hat mich einfach berührt. Sie hat mein Nachdenken über die ersten Dinge des Lebens geformt. Aber wo sie steht, ist mir nicht bekannt. Vielleicht steht sie auch nirgends; jedenfalls nicht so, wie ich sie heute zum Ausdruck bringe. Denn das ist es: Was uns wirklich beeindruckt – ein Wort, ein Satz, ein Gedanke, eine Geschichte –, das kommt nicht einfach von außen nach innen, um irgendwann wieder in lupenreiner Form ausgedrückt zu werden. Es wird vielmehr drinnen *angeeignet*, im ersten Sinne des Wortes. Es wird zu etwas Eigenem. Das geht nicht von heute auf morgen. Es braucht Zeit. Eines späten Tages entdecken wir, daß das, was uns da so beeindruckt hat, vielleicht zu einem Grundpfeiler in der Architektur unserer geistig-seelischen Welt geworden ist. Und wenn wir versuchen, ihn zu beschreiben, dann entsteht ein Gebilde des Ausdrucks, das dem Gebilde des ursprünglichen Eindrucks nur noch in den Grundzügen ähnlich sein mag. So gesehen erübrigt sich das Zitieren.

Die Geschichte, von der ich rede und die von der Atmosphäre mystischer Geistigkeit umhüllt erscheint und, soviel ist sicher, in der Form einem Mythos ähnelt, spielt im Himmel und handelt, wie sollte es anders sein, von Gott. Von Gott, der auf seinem Thron sitzt: erhaben, majestätisch, vom himmlischen Hofstaat umgeben; vermutlich in Form von ausgesuchten Engeln. Man mag dieses Bild in seiner Abgehobenheit entzückend finden und vermuten, Gott genieße die Großartigkeit seiner Lage. Weit gefehlt! Unser Irrtum hängt vermutlich mit der Tatsache zusammen, daß der Mensch gewöhnlicher Herkunft niemals auf einem Thron sitzt, während Gott immerzu auf seinem Thron sitzt und zwar so lange, wie es sich kein Mensch vorzustellen fähig ist. Genau genommen: von Ewigkeit zu Ewigkeit. Und damit beginnt das eigentliche Problem. Nicht für den Menschen. Aber für Gott. Denn den beginnt das Sitzen auf einem Thron und noch dazu von Ewigkeit zu Ewigkeit schrecklich zu langweilen. Nun wäre Gott nicht Gott, so hätte er keine Mittel, Langeweile in Kurzweil zu verwandeln; soll heißen: die Langeweile zu vertreiben. Er aber tut es, indem er beginnt, ein Spiel zu spielen. Ein wunderbares Spiel: Er denkt Menschen. Und zwar nicht irgendwelche Exemplare der Gattung Menschheit. Er denkt vielmehr jeden einzelnen Menschen gesondert, ganz für sich. Und zwar in seiner jeweiligen Einzigartigkeit und Unverwechselbarkeit. Und er nimmt sich vor, diesen Gedanken, in welchem er einen Menschen gedacht hat, in die Tiefe eines jeden leibhaften Menschen zu versenken; je und je. Und was Gott sich vornimmt, das geschieht bekanntlich auch. Gott soll im übrigen sehr große Freude an seinem Spiel haben und seither gar keine Langeweile mehr. Und wenn man ihn jetzt auf seinem Thron beobachten könnte, während er dasitzt und Menschen denkt, würde man bemerken, daß er gelegentlich laut auflacht, manchmal hintergründig, bisweilen verschmitzt lächelt. Manchmal auch strahlt, als hätte ihn einer der Engel für einen glänzenden Einfall gelobt. Was merkwürdigerweise niemals beobachtet wurde, ist dies. Noch nie hat Gott, nachdem er wieder einmal einen Menschen fertiggedacht hatte, geweint.

Natürlich ist es nicht notwendig, Mythen zu entmythologisieren, um sie zu verstehen. Sie sprechen in ihrer Bildhaftigkeit für sich. Aber um ihre philosophisch-anthropologische Substanz herauszustellen, ist der entmythologisierende Zugriff ein nützliches Mittel. Mythen sind Göttergeschichten, mit deren Hilfe sich Menschen einen Reim auf ihr Leben machen. Vor allem auf die großen Geheimnisse ihrer Existenz, die mit den Fragen verbunden sind: Woher komme ich erstlich? Wohin gehe ich letztlich? Was ist der tiefste Sinn von allem, was ist? Und was trägt, wenn alles wankt, dennoch? Sich einen Reim aufs Leben zu machen bedeutet zu philosophieren. Und wenn sich Philosophie vorrangig um das Geheimnis menschlicher Existenz dreht, dann geht es um Anthropologie. Befragt man den Mythos in dieser Hinsicht, dann tritt Gott aus dem Rampenlicht des Interesses heraus. Der Mensch gerät hinein. Und dies im Horizont der Erkenntnis, daß der Mythos Anthropologie enthält. Was sagt er vom Menschen? Die zentrale Aussage lautet: Der Mensch ist im Prinzip Gedanke Gottes. Im Prinzip heißt: von seinem Anfang her. Ursprünglich ist es nicht der Mensch, der Gott erfindet, wie manche modernen Kritiker der Religion meinen. Ursprünglich ist es Gott, der Menschen erfindet. Die jeweilige Erfindung hat die Form eines Gedankens. In welcher Beziehung steht der Mensch als Gedanke Gottes zur Körper-Seele-Geist-Organisation eines leibhaftigen Menschen, wie er vor uns steht? In der Beziehung der Tiefe. Der Gedanke, in dem ein Mensch gedacht ist, steckt in ihm. Und zwar so tief im „Raum" seiner Subjektivität, daß er unmittelbar nicht zugänglich ist. Vor allem nicht für einen Menschen, der einseitig außenorientiert lebt. Sich von sich selbst entfremdet hat. Dem die Dialektik von Innen- und Aussenorientierung zerbrochen ist, so daß er vorrangig an der Peripherie existiert. Wichtig ist wahrzunehmen, daß ein Unterschied gemacht wird zwischen dem Gedanken, in dem ein

Mensch gedacht ist, und dem Menschen selbst. Der Gedanke ist etwas „in ihm“. Der Gedanke liegt ihm sozusagen zugrunde. Und da sich menschliches Leben im wesentlichen als Gestaltung von Bezügen darstellt, ergibt sich die Frage, welchen Bezug der jeweilige Mensch zu demjenigen Gedanken, in dem er gedacht ist, herstellt. Man kann sich in diesem Zusammenhang sehr wohl fragen, was es heißt, einen Menschen als einen Gedanken zu denken. Ganz offensichtlich ist ein Unterschied zwischen einem gedachten und einem wirklichen Menschen. Macht der Mensch sich Gedanken darüber, wie er den morgigen Tag gestalten will, dann bedenkt er verschiedene Möglichkeiten: ruhig zu Hause zu bleiben. Oder eine Wanderung zu unternehmen. Oder ein wichtiges Geschäft zu erledigen. Der Mensch als Gedanke gedacht ist der Mensch unter dem Aspekt seiner Möglichkeiten. Philosophisch formuliert: unter dem Aspekt seiner Potentialität. Nun ist hier allerdings zu bedenken, daß derjenige, der hier denkt, nicht irgendwer ist. Vielmehr Gott selbst, der Grund des Seins. Diejenige Wirklichkeit, über die hinaus eine bedeutsamere Wirklichkeit nicht gedacht werden kann. Daraus folgt, daß der Gedanke, in dem Gott einen Menschen denkt, nicht nur die Form der Potentialität hat, vielmehr auch der Essentialität. Der Gedanke zeigt nicht nur beliebige Möglichkeiten auf, die verwirklicht werden können. Er zeigt den Menschen vielmehr auch in der Perspektive seiner Eigentlichkeit, welche aktualisiert werden soll. Und zwar deshalb, weil vorausgesetzt wird, daß im Zuge der diesbezüglichen Aktualisierung ein Leben zu einem erfüllten Leben wird. Der Gedanke, in dem ein Mensch gedacht erscheint, und zwar von einem letztbedeutsamen Subjekt, ist in der Tiefe. Er soll entdeckt werden. Er ist innerlich. Er soll „äußerlich“ werden. Das heißt: Er soll in der Weise der Lebensgestaltung konkret werden: anschaulich, greifbar, gegenständlich. Die Konkretion stellt sich als spezifische Gestaltung der Grundbezüge des Menschen dar, als da sind: der Bezug des Menschen zum Menschen. Der Bezug des Menschen zu sich selbst. Zur Natur, zur Kultur und Zivilisation. Und er ist essentiell. Das heißt: Er gibt dem Leben verbindliche Orientierung. Ganz ohne Zweifel wird hier menschliches Leben als Aufgabe begriffen. Nämlich als die Aufgabe, sich selbst unter dem Aspekt seiner Essentialität immer präziser wahrzunehmen und immer genauer auszudrükken. Die Grundaufgabe des Menschen wäre es in dieser Hinsicht, immer deutlicher derjenige zu werden, der er im Grunde ist. Wobei vorausgesetzt wird, daß man in der je eigenen Tiefe beides zugleich ist: gut und originell.

Natürlich reizt das mit dieser Geschichte verwobene Menschenbild auch zum Widerspruch. Eine Reihe von Fragen ergibt sich ganz sicher. Ist der Mensch wirklich nur Nachdenker und Nachmacher eines Vorgedachten? Wird der Mensch hier nicht als Marionette am Faden eines fremden Entwurfs mißinterpretiert? Besteht seine Freiheit lediglich darin, den Gedanken, in dem er gedacht ist, als Orientierungsleitlinie seines Lebens anzunehmen oder abzulehnen? Interpretiert man diesen Gedanken als Bild, das dem Menschen in der Tiefe seiner selbst erscheint und das ihn so zeigt, wie er eigentlich sein sollte, dann ergibt sich die Frage nach der Angemessenheit der Bildmetapher. Das Wesen des Bildes ist der Augenblick. In seiner Momenthaftigkeit hat es etwas Statisches an sich. Das Leben aber ist seinem Wesen nach Prozeß. Es verläuft. Deshalb ergibt sich die Frage nach dem Bezug von Bild und Verlauf. Die Frage, wie man sich die Wirkung des Bildes auf den Verlauf des Lebens vorzustellen habe. Oder wäre es nicht besser, von einer Bilderfolge zu handeln, in der ein individueller Lebensprozeß unter dem Aspekt seiner Essentialität vorgezeichnet ist, den nachzuzeichnen der jeweilige Mensch sich aufgerufen fühlen sollte? Wie sind hier die Dimensionen von Schicksal und Freiheit verteilt?

Die Fragen sind wichtig. Vor ihrer Behandlung soll jedoch auf einen sehr interessanten Sachverhalt aufmerksam gemacht werden. Streift man die mythologischen Schalen der vorgelegten Erzählung ab, dann stößt man auf ein anthropologisches Konzept, das auch in der Philosophie eine wichtige Rolle spielt. Eine sehr prägnante philosophische Ausführung des Gedankens, der das Zentrum der mythologischen Erzählung bildet, findet sich bei Ortega y Gasset. In dem Essay „Um einen Goethe von innen bittend"[1] gibt er auf die Frage, wer der Mensch im Prinzip sei, die prägnante Antwort: Entwurf. „Leben bedeutet die unerbittliche Notwendigkeit, den Daseinsentwurf, den ein jedes Individuum darstellt, zu verwirklichen. Dieser Entwurf, aus dem das Ich besteht, ist keine Idee und kein von dem betreffenden Menschen erdachter und frei gewählter Plan. Er geht allen Ideen, welche die Vernunft sich bilden mag, und allen Willensentscheidungen voraus. Mehr noch: Wir haben gewöhnlich von ihm nur eine undeutliche Kenntnis. Dennoch ist er unser echtes *Sein*, unser Schicksal. Mein Wille ist frei, diesen Lebensentwurf, der ich eigentlich bin, zu verwirklichen oder nicht; aber ihn verbessern, verändern, von ihm absehen oder ihn ersetzen kann er nicht. Ich bin unausweichlich diese einmalige geplante Person, die sich realisieren muß. Die Welt umher und unser eigener Charakter erleichtern oder erschweren uns die Realisierung mehr oder weniger. Das Leben ist seiner innersten Beschaffenheit nach ein Drama, denn es besteht aus einem leidenschaftlichen Kampf mit den Dingen und überdies mit unserer Anlage, dem Kampf, durch den wir in Wirklichkeit zu werden suchen, was wir im Entwurf sind."[2] Und weiter: „Das Fesselndste ist nicht

[1] J. Ortega y Gasset, Ges. Werke Bd. 3, Stuttgart 1996, S. 267–297.
[2] A.a.O., S. 273.

der Kampf des Menschen mit der Welt, mit seinem äußeren Schicksal, sondern sein Kampf mit seiner Berufung."[3] Seine Berufung ist es, dem Entwurf seiner selbst treu zu bleiben. Seine Bestimmung ist es, sein Leben so zu gestalten, daß es möglichst weit übereinstimmt mit dem ihm vorgegebenen Entwurf. Übereinstimmung aber spiegelt sich in der Seele als Glück. Die Differenz von Entwurf und Realität als Leid. „Offenbar ist es unser entworfenes Leben, das im Falle des Leidens nicht mit unserem tatsächlichen Leben zusammenstimmt, so daß der Mensch zerrissen wird – in das, was er sein mußte, und das, was er geworden ist. Die Gespaltenheit äußert sich als Schmerz, Angst, Ärger, Verdruß, Leere; die Übereinstimmung dagegen erzeugt das wunderbare Phänomen des Glücks."[4] Und ist jemand nicht ganz sicher, ob sein Leben dem Entwurf, der ihm zugrunde liegt, entspricht, und er dich fragt, woran er dies erkennen könne, dann antworte ihm mit Ortega: „Hartnäckige Übellaunigkeit ist ein allzuklares Symptom dafür, daß ein Mensch gegen seine Bestimmung lebt."[5]

Die philosophischen Ausführungen Ortegas stimmen völlig mit der philosophischen Substanz der mythologischen Erzählung überein. Natürlich ist bei ihnen nicht von Gott als demjenigen die Rede, der Menschen entwirft. Aber es ist vom Entwurf die Rede, den zu realisieren der Mensch bestimmt ist. Und natürlich fragt man sich, woher der jeweilige Entwurf stammt. Wer das Subjekt des Entwurfs ist. Auch wenn sich der Philosoph bzgl. des Entwerfers in Schweigen hüllt, so fallen die Übereinstimmungen zwischen Mythos und Logos unmittelbar ins Auge:

---

3 A.a.O., S. 275.

4 A.a.O., S. 282.

5 A.a.O., S. 284.

- Dem Gedanken, in dem der Mensch gedacht ist, entspricht der Entwurf, der das „echte Sein"[6] des Menschen darstellt.
- Der Gedanke ist in der Tiefe des Menschen angesiedelt. Er ist verborgen. Er muß deshalb entdeckt werden. Ebenso steht es mit dem Entwurf: „wir haben gewöhnlich von ihm nur eine undeutliche Kenntnis."[7] Wer sich der Undeutlichkeit seiner Erkenntnis bewußt ist, will klare Erkenntnis.
- Der Gedanke ist dem Menschen vorgegeben. Der Mensch ist nicht der Herr des Gedankens. Ebenso verhält es sich mit dem Entwurf. Er „ist keine Idee und kein von dem betreffenden Menschen erdachter und frei gewählter Plan."[8]
- Der Gedanke ist das Wichtigste im Menschen. Denn ihn zu entdecken oder nicht zu entdecken entscheidet darüber, ob Existenz glückt oder verunglückt. Entsprechend verhält es sich mit dem Entwurf. In Dissonanz mit ihm zu leben bedeutet, daß Leben verunglückt. Daß Leben mißlingt.
- Der Gedanke ist vom Menschen nicht zu verändern. Ebenso verhält es sich mit dem Entwurf. „... ihn verbessern, verändern, von ihm absehen oder ihn ersetzen kann er (scil. der Mensch) nicht."[9]
- An der Freiheit des Menschen liegt es, dem Gedanken, in dem er gedacht ist, zu entsprechen oder auch nicht.

---

6 Vgl. a.a.O., S. 273.

7 Ebd.

8 Ebd.

9 Ebd.

2. Das Problem der Eigentlichkeit in der Psychotherapie

Angenommen der zentrale anthropologische Gedanke des aufgezeigten Mythos und Logos entspräche der Wahrheit, dann wäre die vielleicht wichtigste Frage des modernen Menschen im Prinzip beantwortet: die Frage nach der Bestimmung menschlicher Existenz. Die Sinnfrage. Grundaufgabe des Menschen wäre es dann, den Entwurf in der Tiefe seiner selbst zu entdecken und zum Ausdruck zu bringen. Die Aufgabe beinhaltet eine doppelte Bewegung. Den Weg zu gehen in die Tiefe seiner selbst, um zu entdecken, wer man im Grunde ist. Und herauszugehen aus sich selbst, um den in der je eigenen Tiefe entdeckten Entwurf zu verwirklichen. Und auch umgekehrt handelt es sich um eine doppelte Bewegung, um ein Herausgehen aus sich selbst. Um ein Zurückkehren in die Tiefe seiner selbst. Die Grundbewegung der Existenz ist, so gesehen, dialektischer Art. Sie stellt sich als das wechselseitige Zusammenspiel von Innenorientierung und Außenorientierung dar. Alles kommt darauf an, wahrzunehmen und zu verwirklichen. Wahrzunehmen, wer man zutiefst ist. Und das Wahrgenommene zu verwirklichen. In dieser Hinsicht kommt der Mensch als theoretische und praktische Existenz in den Blick. Zugleich wird der unlösliche Verbund diesbezüglicher Theorie und diesbezüglicher Praxis einsichtig. Denn zu sehen, wer man im Grunde ist, impliziert den kategorischen Imperativ, das Geschaute auch zu realisieren. Und die praktische Lebensgestaltung kann in dieser Perspektive nur unter der Bedingung als gelungen angesehen werden, sofern in ihr dasjenige zum Ausdruck kommt, was in der Tiefe eines Menschen angelegt ist. Das aber heißt: Die Theorie soll die Praxis motivieren. Und die Praxis muß die Theorie bewähren. Beides aber, Theorie und Praxis, sind unlöslich miteinander verwoben, aufeinander bezogen.

In der Logik der oben vermittelten Überlegung liegt es, sich zunächst um die Entdeckung desjenigen zu kümmern, was der Mythos den Gedanken nennt, in dem ein Mensch von Gott gedacht ist. Was Ortega den Entwurf nennt, welcher das echte Sein des Menschen darstellt. Und natürlich ergibt sich die Frage, wie man es anstellen soll, diese Entdeckung zu machen. Dabei ist zu beachten, daß der Weg der Entdeckung in beide Richtungen führen kann: nach innen und nach außen. Der Weg nach innen trägt den Namen Besinnung. Und dies im ursprünglichen Sinne des Wortes. Besinnung geschieht durch schöpferische Unterbrechung. Das außenorientierte Handeln wird eingestellt. Man zieht sich zurück. Nach Möglichkeit in einen Raum der Stille. In der Welt draußen hat man den Versuch unternommen, seinem Leben Form zu geben. Im Mittel der Tat, im Mittel von Handlung und Handlungsfolgen, durchs Wort. Die Gestaltung der entsprechenden Lebensfelder spielt in diesem Zusammenhang eine wichtige Rolle: berufliche Verantwortung, familiäre, politische Verantwortung, Verantwortung für die Gestaltung der Freizeit, Verantwortung für einen Lebensstil, der zu einem stimmt. Und natürlich gehört zur Besinnung die imaginative Wiederholung dessen, was draußen in der Welt geschehen ist. Man führt das Leben draußen, das geschehen ist, auf der Bühne des Inneren noch einmal auf. Jedenfalls die besonderen Szenen: die besonders schönen. Die besonders häßlichen. Die beschämenden. Die beglückenden. Die merkwürdigen. Die zweideutigen. Aber nicht die imaginative Wiederholung gelebten Lebens im Mittel der Erinnerung macht Besinnung aus. Sie gehört dazu. Ist Grundlage der Besinnung. Mitte der Besinnung ist das beurteilende Durchfühlen dessen, was draußen geschehen ist. Natürlich begleiten Gefühle den Vorgang der Lebensgestaltung auch draußen immerzu. Und sie bewerten ihn. Sagen dem Menschen, was geht und was nicht geht. Ob gut ist, was man bewirkt oder verhindert, was geschieht und was man geschehen machte. Aber das bewertende Gefühl im Vorgang des praktischen Lebensvollzugs hat begleitenden Charakter. Es begleitet den Menschen, um ihn vor groben Navigationsfehlern im Blick auf den Kurs seines Lebens zu bewahren. Es hat den Charakter der Beiläufigkeit im ersten Sinne des Wortes. Zieht sich der Mensch jedoch aus dem Raum der praktischen Lebensführung in den Raum der Besinnung zurück, dann verkehren sich die Verhältnisse. Das Reale wird imaginativ. Das wertende Gefühl beherrscht die Szene. Der bereits realisierte Lebensprozeß wird wiederholt. Im Mittel von Imagination. Man erinnert sich. Aber die Erinnerung wird nun nachhaltig im Strahl des bewertenden Gefühls ausgeleuchtet. Dabei geht es nur um eine einzige fundamentale Frage. Um die Frage, ob das konkrete Leben dem Entwurf, der ich bin, entspricht oder nicht. Ob in der Fülle der Lebensvorgänge der Entwurf greifbar wird. Anschaulich. Gegenständlich. Oder zumindest durchsichtig. Es geht um die Frage, ob der einen Menschen kennzeichnende Entwurf im Zuge der Gestaltung von Lebensbezügen transparent und transparenter wird oder nicht. Dabei hat der einmal entdeckte Entwurf die Funktion eines grundlegenden Maßstabes. An ihm kann der Mensch ermessen, ob sein Leben glückt oder verunglückt.

Der Rückzug in den Raum der Besinnung ist in zweierlei Hinsicht nötig. Zum einen, weil die Entdeckung dessen, wer wir im Grunde sind, der meditativen Kraft, der Konzentration auf uns selbst, der nachhaltigen Wendung nach innen bedarf. Meditative Rahmenbedingungen und Techniken können in diesem Zusammenhang hilfreich sein. Ein abgelegener Raum, eine Atmosphäre der Stille. Die körperlich-seelisch-geistige Bereitschaft, das für das je eigene Leben Wesentliche wahrzunehmen: den Entwurf in der Tiefe. Und dies hellwach und völlig gegenwärtig. Zum anderen, weil die Fülle und Buntheit der Lebensereignisse nicht selten den Blick dafür verstellen, ob das Wesentliche darin Gestalt gewinnt. Ob der Entwurf allmählich wirklich wird.

Allerdings wäre es zu einfach anzunehmen, die Entdeckung dessen, der ich im Grunde bin, nur in der einseitigen Orientierung nach innen machen zu können. Die Entdeckung und Aktivierung besagten Entwurfs verdankt sich vielmehr, wie schon angedeutet, einer oszillierenden Bewegung. Einer Bewegung nach innen *und* nach außen. Dies wird einsichtig, sofern man sich verdeutlicht, daß man nur entdecken kann, was man gewissermaßen schon entdeckt hat. Daß man nur finden kann, was man gewissermaßen schon gefunden hat. Man imaginiere einen Menschen in stiller Zurückgezogenheit. Er denkt über sein Leben nach. Er fragt sich, ob die gegenwärtige Form seines Lebens und das Spiel, das sich innerhalb dieser Form ereignet, für ihn in Ordnung sind. Er schaut beispielsweise auf seine berufliche Tätigkeit. Oder auf die Gestaltung seiner Freizeit. Und indem er die Inhaltsebene von der Beziehungsebene unterscheidet, prüft er die Stoffe, mit denen er sich beschäftigt und den Umgang mit Personen, die mit ihm zusammen beruflich tätig sind oder mit ihm zusammen Freizeit gestalten. Natürlich macht es einen Unterschied, ob ich als Handwerker, Lehrer oder Computerspezialist tätig bin. Ob ich in meiner Freizeit Tennis spiele oder Skat oder Klavier. Oder hintereinander alles zusammen. Und natürlich ist es wichtig, mit wem ich beruflich zusammengespannt bin. Und mit welchen Personen ich die sogenannte freie Zeit verbringe. Entscheidend ist, daß der Mensch die Fülle seiner stoff- und beziehungsorientierten Tätigkeiten von Zeit zu Zeit prüft. Das heißt: den alltäglichen Fortgang des Lebens gelegentlich unterbricht und sich besinnt. Sich darauf besinnt, ob es sich angesichts der knapper werdenden Zeit lohnt, immer noch die herkömmlichen Stoffe zu bearbeiten. Immer noch mit denselben Personen zu verkehren. Es lohnt sich, wenn es als sinnvoll erlebt wird. Als sinnvoll aber wird es erlebt, wenn folgendes geschieht: wenn ich im vielfältigen, u.U. komplizierten und verschlungenen Umgang mit Dingen und Personen etwas Einfaches wahrnehmen und erleben kann. Nämlich dies: daß es mir gelingt, in der Fülle und Komplexität des je eigenen Lebensprozesses mich selbst immer deutlicher zum Ausdruck zu bringen. Und/oder zu helfen, mit einem anderen so umzugehen, daß er seine Essentialität realisieren kann. Und dies im Sinne der Expression von Eigentlichkeit. Im Umgang mit Dingen, Themen und Personen immer deutlicher ausdrücken kann, wer ich im Grunde bin. Dabei ist es allerdings zu einfach anzunehmen, der schlichte Blick nach innen wäre geeignet, zu entdecken, wer man im Grunde ist. Die Entdeckung desjenigen, der man im Grunde ist, wird nicht allein im Blick nach innen, vielmehr im oszillierenden Blick nach innen und außen, nach außen und innen gemacht. Und zwar in der Begegnung mit Menschen, denen es ihrerseits gelungen ist, sich in der Fülle und Komplexität ihres Lebensprozesses auszudrücken. Nämlich: echt, authentisch, entwurfsgemäß. Sie sind es, die uns Mut zu uns selbst machen. Ihre Authentizität aktiviert unsere Authentizität. Aus diesem Grunde wird der Mensch in der Stille eines abgelegenen Raumes nicht nur nach innen schauen, um den Entwurf seiner selbst zu entdecken. Er wird auch diejenigen Personen imaginieren und meditieren, die ihren Entwurf gelebt haben. Die ihn möglichst klar ins Leben übersetzt haben. Die den Mut und die Kraft hatten, ihr Wesen in der Gestaltung von Lebensbezügen durchsichtig werden zu lassen. Es ist gut, sich von Menschen dieser Art beeindrucken zu lassen. Denn der diesbezügliche Eindruck hilft, den je eigenen Entwurf zu entdecken und motiviert, ihn möglichst ungebrochen zum Ausdruck zu bringen. Worum es hier im Prinzip geht, ist: *Impression und Expression von Eigentlichkeit.*

Übrig bleibt die Frage nach dem Verhältnis von Freiheit und Schicksal im Blick auf den Gedanken, in dem Gott den Menschen denkt, im Blick auf den Entwurf, der das innerste Sein des Menschen ausmacht. Sowohl in mystisch-theologischer als auch philosophischer Perspektive spielen beide Aspekte eine wichtige Rolle: Schicksal und Freiheit. Der Gedanke, in dem Gott einen Menschen denkt, der Entwurf, der das Zentrum menschlicher Existenz darstellt, ist vorgegeben. Der Mensch steht zu beidem in der Beziehung der Rezeptivität, nicht der Produktivität. Man kann den entsprechenden Gedanken wahrnehmen. Man kann den entsprechenden Entwurf entdecken. Aber jeweils als einen, der einem schicksalsmäßig zuteil wurde. Nicht als einen, den man selbst geschaffen hätte. Und natürlich ist an dieser Stelle die bereits gestellte Frage aufzugreifen: Wird der Mensch hier nicht als Marionette am Faden eines fremden Entwurfs, am Faden eines fremden Gedankens mißinterpretiert? Der Antwort kommt man auf die Spur, sofern man die Interessen des theologischen und philosophischen Gedankens nachzeichnet.

Das Interesse des theologischen Gedankens ist es nicht, menschliche Existenz als völlig determiniert zu disqualifizieren: nämlich durch eine letzte Macht. Vielmehr, jeden Menschen als Individuum in seiner Originalität zu verstehen, das seine Originalität einem letztgültigen Bezug verdankt. Nämlich dem Bezug zu Gott. Der Mensch sollte nicht so sehr darüber nachdenken, was er tut, sondern was er *ist*. So Meister Eckehart sinngemäß.[10] Sein Sein ist fundamental. Sein Handeln hat konsekutiven Charakter. Das Sein, das dem Menschen im Kontext mystischer Anthropologie zugeschrieben wird, aber ist: Bezogen-Sein; im

---

[10] Vgl. dazu Meister Eckehart, Deutsche Predigten und Traktate, München 1963, S. 57.

Sinne theonomen Bezogenseins. Der Bezug ist dadurch konstituiert, daß Gott Mensch für Mensch denkt und den diesbezüglichen Gedanken im geschaffenen Menschen versenkt. Angesprochen wird hier die Tiefe des Menschen. In ihr begegnet der Mensch sich, indem er Gott begegnet. Und er begegnet Gott, indem er sich unter dem Aspekt seiner Essentialität begegnet. Dabei wird der Menschen denkende Gott nicht als einer gedacht, der den Lebensweg eines jeden einzelnen von Anfang an, Schritt für Schritt, bis zum Ende hin gedanklich vormacht, und den Menschen motiviert, ihn anhand der Vorlage möglichst getreu nachzumachen. Vielmehr ist der Mensch als Gedanke Gottes genau das, was Ortega „Entwurf" nennt: eine Gestalt im Sinne eines positiven Möglichkeitsraumes. Eine Gestalt, die in ihrer Potentialität und Essentialität dem Menschen zur Gestaltung anheimgegeben wird. Die in dieser Gestalt vorgegebenen Möglichkeiten – man denke an die besonderen Eigenschaften und Fähigkeiten eines Menschen – müssen übersetzt werden: aus dem Raum der Möglichkeit in den Raum der Wirklichkeit. Und sie müssen durchgesetzt werden: gegen den Widerstand der äusseren Realität. Und sie müssen im Zuge der Durchsetzung eine je eigene konkrete Gestalt gewinnen. Die diesbezügliche Freiheit des Menschen aber besteht in dreierlei: das je eigene Sein in seiner Tiefe wahrzunehmen oder zu übersehen. Es zu aktualisieren oder im Raum der Möglichkeit zu belassen. Ihm in der Auseinandersetzung mit der Welt eine je eigene konkrete Gestalt zu verleihen oder auf Konkretisierung zu verzichten.

Das Interesse des philosophischen Gedankens kommt im Begriff des Entwurfs und seiner Auslegung zur Sprache. Dabei wird die Mitte menschlicher Existenz, das „Ich", als Entwurf identifiziert. „Dieser Entwurf, aus dem das Ich besteht“[11] ist die Bestimmung des Menschen, ist seine vitale Berufung. Grundaufgabe des Menschen ist es, dieser Berufung treu zu sein und zu bleiben. Glücken oder Verunglücken des jeweiligen Lebens hängen an der Treue, in der dem jeweiligen Entwurf entsprochen wird. Und da der Entwurf, demgegenüber es treu zu sein gilt, dem jeweiligen Subjekt vorgegeben und in diesem Sinne Schicksal ist, ergibt sich wiederum die Frage, ob der Aspekt der Freiheit menschlicher Existenz hier unbedacht bleibt. Dies ist keineswegs der Fall. Denn der Begriff des Entwurfs impliziert beides: Verneinung von Willkür. Und in Korrespondenz dazu: Freiheit in Bindung. Der Entwurf eines Hauses ist nicht das Haus. Der Entwurf leitet den Bau des Hauses. Er wird vorweg erstellt, um den Prozeß des Bauens zu regulieren. Der Entwurf verweist auf ein mögliches Haus in der Weise der Planung. Einen Bauplan zu erstellen ist eine Sache. Ein Haus zu bauen ist eine andere Sache. Der Plan verkörpert die Idee und das Ziel. Er skizziert gleichsam die erstrebte Wirklichkeit unter Berücksichtigung der Realität. Das eigentliche Drama menschlicher Existenz aber besteht darin, daß innerhalb der Grenzen eines vorgegebenen Entwurfs Leben gestaltet werden muß. Diese Gestalt gilt es gegen innere und äußere Widerstände durchzusetzen. In der Weise der Durchsetzung und in der Art der Gestaltung zeigt sich die Freiheit des Menschen.

Natürlich steht es jedermann frei, den dargestellten Mythos ebenso wie den zitierten Logos als wahr zu akzeptieren oder auch nicht. Dennoch können beide auch dem Skeptiker wertvolle Anregungen geben. Sie bestehen im wesentlichen darin, zu einer Besinnlichkeit freizusetzen, die sein Lebensverständnis und

---

[11] Ortega y Gasset, a.a.O., S. 273.

seine Lebensgestaltung u.U. grundlegend verändern. Es geht um die Besinnung darauf, ob, inwiefern, inwieweit das Leben, das ich führe, auch das in mir angelegte Leben oder ein fremdbestimmtes Leben ist. Im Bilde gesprochen: Man kann das Haus seines Lebens auf der Grundlage eines Bauplanes erstellen, den andere gemacht haben. Man kann sich fragen, ob und wie die damit verbundene Fremdbestimmung aufzuheben, zu korrigieren, zumindest zu modifizieren sei. Man kann entdecken, daß man sich fremdbestimmt fühlt, aber dennoch nicht weiß, was es heißt: eigenbestimmt zu leben. Man kann Lust am Neuentwurf gewinnen: d.h. künftige Lebensgestaltung anders zu denken und in die Realität zu übersetzen. Man kann erleben, daß diesbezügliche Treue zu sich selbst unter Berücksichtigung der schicksalsmäßigen Rahmenbedingungen eine massive Steigerung des Wohlbefindens mit sich bringt. Man kann auch erkennen, daß der Entwurf seiner selbst auf dem Boden schicksalhafter Gegebenheiten erfolgt. Entscheidend ist, daß man sich vom Boden des Schicksals nicht fixieren läßt. Sich vielmehr auf dem Boden des Schicksals bewegt. Das Schicksal als Material der Freiheit gebraucht. Das Material ist vorgegeben. Die Formengebung ist offen.

Die Frage nach der Eigentlichkeit des Menschen markiert die Mitte philosophischer Anthropologie. In archaischer Einfachheit lautet sie: Was ist der Mensch? Deutlicher: Was ist der Mensch unter dem Aspekt seiner Essentialität? Was ist er seinem Wesen nach? Darauf haben die Philosophen und Anthropologen eine Fülle von Antworten gegeben.[12] Und natürlich macht es einen

---

[12] Vgl. dazu den entsprechenden Überblick in Deutsches Inst. für Fernstudien an der Univ. Tübingen (Hrsg.), Funkkolleg: Der Mensch, Studienbrief 1, Hemsbach 1982, S. 6 ff. In diesem Rahmen werden 23 Wesens-

Unterschied, ob man den Menschen unter dem Gesichtspunkt seines Wesens als Vernunft-Wesen, als Mängel-Wesen, als geselliges Wesen oder als spielendes Wesen betrachtet. Das eigentliche Problem aber ist die Fülle der Antworten. Denn die Frage nach dem Wesen ist die Frage nach der Mitte menschlicher Existenz. Die Frage nach dieser Mitte aber fragt nach einem Einzigen, das als fundamentales und zentrales Phänomen menschliche Existenz unter dem Aspekt ihrer Besonderheit zur Sprache bringt. Die Fülle der Antworten zeigt, daß es Streit um die gesuchte Mitte gibt. Viele beanspruchen diesen Ort. Daraus kann man mehrere Schlüsse ziehen: Man kann die Frage nach dem Wesen als eine dem Phänomen Mensch nicht angemessene Frage disqualifizieren und behaupten: *das* Wesen des Menschen gäbe es nicht. Man kann auch paradox formulieren und das Wesen des Menschen darin erblicken, daß er kein Wesen habe. Daß ihn vielmehr eine multiple, schillernde Orientierung auszeichne. Die Frage ist, wie man im psychotherapeutischen und klinisch-psychologischen Zusammenhang mit der Problematik umgehen sollte.

Zunächst ist darauf aufmerksam zu machen, daß jedem psychotherapeutischen Konzept ein anthropologisches Konzept zugrunde liegt. Die Verhaltenstherapie z.B. ist lerntheoretisch

---

merkmale des Menschen und die entsprechenden Vertreter aufgeführt: geschickt (homo habilis), aufrecht (erectus), verständig, einsichtsvoll (sapiens), unwissend (insipiens), verrückt (demens), wehrlos (inermis), arbeitend (faber), schöpferisch (creator), malend (pictor), symbolgebrauchend (symbolicus), sprechend (loquens), geschwätzig (loquax), grammatikgebrauchend (grammaticus), selbstreflexiv (excentricus), spielend (ludens), explorativ (investigans), lachend (ridens), jenseitsorientiert (metaphysicus), religiös (religiosus), leidend (patiens), wirtschaftend (oeconomicus), gesellig (politicus), gesellschaftsorientiert (sociologicus).

begründet. Für sie ist der Mensch ein lernendes Wesen. Ein Wesen, das u.U. neurotische Verhaltensweisen gelernt hat, aber auch wieder verlernen kann. Psychoanalytischer Einsicht zufolge wird der Mensch vom Unbewußten her gesteuert. Will er Herr im eigenen Haus werden, so muß Unbewußtes bewußt gemacht werden. Zwei völlig verschiedene anthropologische Aspekte erscheinen hier jeweils als Grundlage der therapeutischen Intervention. Wenn es jedoch stimmt, daß kein Mensch seelisch krank wird, sofern er in der Lage ist, seinen Grundbedürfnissen gerecht zu werden, dann sollte die anthropologische Diskussion im therapeutischen Kontext auf folgendes hin konzentriert werden: die spezifische Bedürfnisstruktur des Menschen. Und natürlich interessiert uns in diesem Zusammenhang besonders, was ein psychotherapeutisches Konzept zur Bedürfnisstruktur menschlicher Existenz und zum Problem der Eigentlichkeit zu sagen hat, das strikt an empirischen psychotherapeutischen Erkenntnissen orientiert ist: z.B. das Konzept der Allgemeinen Psychotherapie bzw. der Psychologischen Therapie von Klaus Grawe.[13]

Grawe u. a. haben 1994 einen groß angelegten Forschungsbericht herausgebracht. Er trägt den Titel „Psychotherapie im Wandel" und den bezeichnenden Untertitel „Von der Konfession zur Profession".[14] Die Verfasser nehmen sich in diesem Rahmen vor, alle bis 1984 „je durchgeführten kontrollierten Psychotherapiestudien vollständig zu berücksichtigen"[15] mit dem Ziel, die jeden Psychotherapeuten brennend interessierende Frage zu

[13] Vgl. dazu K. Grawe, Psychologische Therapie, Göttingen 1998.

[14] K. Grawe, R. Donati, f. Bernauer, Psychotherapie im Wandel – Von der Konfession zur Profession, Göttingen 1994.

[15] A.a.O., S. 31.

beantworten: Welche Therapien wirken wirklich? Dabei wurden 938 empirische Psychotherapiestudien berücksichtigt. Am Ende dieses großen Werkes und auf der breitesten Basis psychotherapeutisch-empirischer Einsichten, die es je gab, umreißt Grawe sein eigenes psychotherapeutisches Konzept unter dem Titel: „Die Zukunft der Psychotherapie: Umrisse einer Allgemeinen Psychotherapie."[16] Was in diesem Rahmen Skizze blieb, entfaltet er 1998 unter dem Titel „Psychologische Therapie"[17] in detaillierter Weise. Das im Rahmen dieses großen Werkes verfolgte Ziel ist es, die Kluft zwischen wissenschaftlicher Psychologie und Psychotherapie zu schließen. Und dies dadurch, daß möglichst alle psychotherapierelevanten wissenschaftlichen Erkenntnisse für die psychotherapeutische Intervention fruchtbar gemacht werden. Die implizite Auseinandersetzung mit diesen beiden Werken in philosophischer Perspektive bildet das Rückgrat dieser Arbeit. An dieser Stelle interessiert uns nun die Frage, welche Bedeutung im Rahmen dieser empirisch orientierten Konzeption der Kategorie der Eigentlichkeit zukommt.

Dazu ist zunächst dies zu sagen: Grawe gebraucht die philosophische Kategorie der Eigentlichkeit nicht. Dennoch spielt das im Begriff der Eigentlichkeit benannte Anliegen in bestimmter Hinsicht eine zentrale Rolle in seinem psychotherapeutischen Denken. Und zwar deshalb, weil er folgender Frage einen zentralen Stellenwert im psychotherapeutischen Kontext einräumt; nämlich der Frage: Was will der Patient eigentlich? Diese Frage ist am Prinzip der menschlichen Psyche orientiert. In Übereinstimmung mit den bedeutendsten Psychologen kann man sagen: *Das Prinzip der Seele ist Intentionalität.* Solange Menschen beseelt,

---

[16] Vgl. dazu a.a.O., S. 749 ff.

[17] K. Grawe, Psychologische Therapie, Göttingen 1998.

d.h. lebendig sind, sind sie auf etwas aus. Sag mir, worauf du aus bist und ich sage dir, wer du bist. Das bedeutet: Das je individuelle Wesen eines Menschen zeigt sich in dem, was er will. Was er plant. Welche Ziele er verfolgt. Was er vorhat. Kurz: in seiner Intentionalität. Will der Therapeut erfolgreich sein, dann sollte er im Blick auf seinen Patienten vorrangige und nachrangige Ziele unterscheiden. Das absolut vorrangige Ziel des Patienten ist es,

– von seinem Therapeuten als einer wahrgenommen zu werden, der positive Ziele hegt;
– der diese positiven Ziele im Augenblick auf Grund einer bestimmten psychischen Störung nicht oder nur unzureichend realisieren kann;
– der seinen Therapeuten als einen wahrnehmen möchte, der ihm dabei hilft, „mehr so zu werden, wie er eigentlich gerne sein möchte ...“[18]
– und der seine Störungen überwinden will, um seine positiven Lebensziele un-gestört realisieren zu können.

Demzufolge sind im Blick auf das psychotherapeutische Geschehen vorrangige und nachrangige Ziele zu unterscheiden. Das vorrangige Ziel ist es nicht, eine Störung loszuwerden. Das vorrangige Ziel des Patienten ist es vielmehr, wieder fit zu sein, positive Lebensziele zu verfolgen. Und die Grundmotivation, Störungen zu überwinden liegt darin, sich durch die Störung als gehindert zu erleben, positive Ziele zu realisieren. Aus diesem Grund ist eine fundamentale psychotherapeutische Interventionsform die *komplementäre Beziehungsgestaltung*. Das heißt: Der Therapeut sollte sich vom Anfang der Therapie an zu den wichtigen Plänen, Zielen, Absichten eines Patienten in der beschriebenen Weise in Beziehung setzen. In der Sprache Grawes: „Da-

[18] K. Grawe u.a., Psychotherapie im Wandel, Göttingen 1994, S. 783.

durch, dass er (scil. der Therapeut) dem Patienten zeigt, dass er ihn in seinen innersten positiven Zielen erkennt ... auch wenn es dem Patienten in der gegenwärtigen Lebenssituation u.U. nur sehr kläglich gelingen mag, sie zu realisieren, versucht der Therapeut dem Patienten zu vermitteln, dass er ihm helfen wird, mehr so zu werden, wie er eigentlich gerne sein möchte, dass er sich also als Verbündeter seiner positiven Ziele versteht, nicht als jemand, der anstrebt oder den Auftrag hat, den Patienten zu ändern."[19] Der Wille zur Änderung muß vom Patienten kommen. Der Wille, eine psychische Störung loszuwerden, muß allerdings aktiviert werden. Er kann aktiviert werden, wenn der Patient erkennt, daß die mit der Entstörung verbundene Mühe einen Sinn hat. Nicht nur den Sinn, etwas Negatives zu negieren, vielmehr etwas Positives zu etablieren. Nämlich: frei zu werden, positive Lebensziele Schritt für Schritt zu verwirklichen. Es geht demzufolge nicht einseitig um die Negation des Negativen. Vielmehr um die Negation des Negativen, um der Position des Positiven willen. Oder anders: Die Mühe der Therapie nimmt man auf sich, um die Fähigkeit zurückzugewinnen: sein Leben wieder positiv zu gestalten.

Genau an dieser Stelle ergibt sich jedoch ein fundamentales Problem. Dasjenige, wozu sich der Therapeut möglichst früh in Beziehung setzen sollte, sind die positiven Lebensziele, die ein Patient realisieren möchte. Grawe spricht auch vom positiven Selbst, das einen Patienten kennzeichnet. Die Frage ist jedoch, ob die Lebensziele, die ein Patient als seine positiven Lebensziele deklariert, wirklich positiv sind. Diese Frage markiert die zentrale Problematik, um die diese Abhandlung kreist. Es geht dabei um die Frage, ob es in therapeutischer Hinsicht legitim ist, diese

---

[19] A.a.O., S. 782 f.

Frage auszublenden. Das heißt: sich einfach zu denjenigen Zielen, die der Patient als seine positiven Intentionen formuliert, in Beziehung zu setzen. Und dies, ohne den Patienten anzuregen, darüber nachzudenken, ob seine Ziele wirklich positiv sind. Das heißt: die vom Patienten als positiv deklarierten Ziele einfach als positiv gelten zu lassen und die Entstörung in den Dienst der vom Patienten vorgetragenen positiven Intentionalität zu stellen. Zu bedenken ist jedoch, daß Ziele immer in Relation zum Selbstverständnis eines Menschen stehen. Das heißt: Das jeweilige Ziel ist Ausdruck der Art und Weise, wie sich ein Mensch versteht. Worin er seine Aufgabe, seine Bestimmung, seine Berufung in dieser Welt sieht. Und es gehört zu den unbestreitbaren Möglichkeiten von Existenz, sich gründlich mißzuverstehen. Ob menschliches Leben gelingt oder mißlingt, hängt ganz entscheidend an der Lebensführung. Da kein Mensch gefragt wird, ob er das ihm geschenkte Leben führen will, vielmehr, solange er es hat, führen muß, häuft jeder Mensch Lebenswissen an. Wissen darüber, wie Leben geht, wenn es gut geht. Wissen darüber, wie Leben geht, wenn es schlecht geht. Und die praktisch orientierten Philosophen haben es sich immer wieder zur Aufgabe gemacht, dieses Lebenswissen zu sammeln, zu sichten, zu reflektieren und zu tradieren; und dies seit Urzeiten bis in die Gegenwart.[20] Wenn Philosophie nun auf der Basis der Menschheitserfahrung ein ungeheuer großes Wissen darüber ausgebildet hat, wie „Leben geht", wie Leben geführt und gestaltet werden sollte, wie Leben verstanden werden muß, damit es bestanden werden

---

[20] Vgl. dazu aus der Fülle der Literatur M. Hossenfelder, Antike Glückslehren, Stuttgart 1966 und W. Schmid, Philosophie der Lebenskunst, Frankfurt a.M. 1998.

kann, dann sollte dieses Wissen natürlich auch für die Therapie[21] fruchtbar gemacht werden. Der Therapeut hätte dann die Aufgabe, sich nicht nur zu denjenigen Intentionen in Beziehung zu setzen, mit denen sich der Patient identifiziert. Er hätte vor allem die Aufgabe, den Patienten zu veranlassen, auf der Basis praktischer Philosophie der Lebenskunst im Gespräch seine Ziele zu überprüfen, ggf. zu modifizieren oder gar durch sinnvollere zu ersetzen.

---

[21] Und natürlich auch für die Beratung, Seelsorge, überhaupt für die psychosoziale Versorgung der Menschen.

Kapitel III
Die Grundbedürfnisse des Menschen

1. Das Sinnbedürfnis und das Kontrollbedürfnis

Die Maxime, sich als Therapeut zu den positiven Zielen des Patienten in Beziehung zu setzen, ist eine therapeutische Grundnotwendigkeit, deren Bedeutung man gar nicht hoch genug veranschlagen kann. Sie klingt einfach. Sie ist jedoch alles andere als selbstverständlich. Denn in der Logik der therapeutischen Situation liegt etwas völlig anderes. In ihr liegt es, sich zuallererst auf das zu konzentrieren, was der Patient als sein Anliegen vorträgt: nämlich das Problem, die Störung. Und im Aufforderungscharakter der therapeutischen Situation scheint es zu liegen, vorrangig Möglichkeiten der Entstörung bzw. Problemlösung anzubieten. Entscheidend ist jedoch die Erkenntnis, daß der Mensch – auch im Status des Patienten – immer vorrangige und nachrangige Intentionen hegt. Seine absolut vorrangige Intention ist es, sein Leben sinnvoll zu führen. Das heißt: so, daß er es selbst als sinnvoll wahrnehmen kann und gleichzeitig wahrnimmt, daß sein Leben für anderes Leben sinnvoll ist, also etwas zur Bereicherung fremden Lebens beiträgt. Die subjektive und transsubjektive Bedeutsamkeit gehören zusammen, weil niemand das je eigene Leben als sinnvoll erleben könnte, wenn es ausschließlich für andere bedeutsam wäre. Und weil niemand das je eigene Leben als sinnvoll erleben könnte, wenn es für andere völlig bedeutungslos wäre.

Die Sinnorientierung als Fundamentalintention bringt der Patient nun zwar mit, aber er trägt sie nicht vor. Was er vorträgt ist: das Problem. Darin liegt die Falle der therapeutischen Situation. Sie schnappt zu, wenn sich der Therapeut verleiten läßt, sich völlig auf das Problem zu konzentrieren. Wenn er also in ausschließlicher Weise problemorientiert denkt und handelt. Wichtig ist, daß er zugleich problemorientiert und sinnorientiert denkt und wirkt. Dies kann ihm jedoch nur gelingen, wenn er den dringlichen Willen des Patienten, eine Störung loszuwerden, auf dem Hintergrund eines noch dringlicheren Willens sieht. Nämlich: ein sinnvolles Leben zu leben. Der Wille zum Sinn ist vorrangig. Der Wille zur Entstörung ist nachrangig. Und entscheidend ist die Einsicht, daß der Wille zum Sinn und der Wille, eine Störung loszuwerden, sich relativ zueinander verhalten. Natürlich möchte der Patient eine Störung loswerden; eben weil sie stört und damit – wie alles, was schmerzt – den Imperativ der Überwindung ihrer selbst beinhaltet. Aber der Patient möchte die Störung nicht allein um ihrer selbst willen loswerden, vielmehr gerade um freier und tüchtiger zu werden, sein Leben sinnvoll zu gestalten. Und natürlich verbindet er die Möglichkeit, seinem Leben eine sinnvolle Gestalt zu verleihen, mit dem, was K. Grawe die positiven Lebensziele des Patienten nennt. Aus diesem Grunde kann man die Aufforderung Grawes, im therapeutischen Bezug eine komplementäre Beziehungsgestaltung zu pflegen, nur nachdrücklich unterstützen. Allerdings gibt es so etwas, wie eine naive und eine reflektierte komplementäre Beziehungsgestaltung. Im Zuge naiver komplementärer Beziehungsgestaltung geschieht dies: der Patient gibt ein Ziel vor und der Therapeut nimmt es als positiv hin. Im Zuge der reflektierten komplementären Beziehungsgestaltung geschieht das: der Patient gibt ein Ziel als positiv vor und der Therapeut lädt ihn ein, zunächst einmal über die Sinnhaftigkeit des Zieles miteinander nachzudenken.

An den positiven Zielen des Patienten im Vorgang der Therapie anzuknüpfen ist unter folgenden Gesichtspunkten wichtig: Sowohl der Prozeß der Entstörung als auch der Prozeß der Problemlösung sind mit Anstrengung, Streß, negativen Emotionen verbunden. Angesichts des Sachverhaltes, daß das Problem, das ich habe, bzw. die Störung, die mich hat, mit dem Erlebnis negativer Emotionen verbunden ist und die Therapie dem Patienten zumutet, zusätzlich negative Emotionen auszuhalten, ergibt sich die Frage: Woher nimmt der Patient die Energie, die Fülle negativer Gefühle zu ertragen? Er kann sie nur im Blick auf ein positives Ziel mobilisieren. Entscheidend ist die Aussicht, das je eigene Leben wieder sinnorientiert fühlen und erleben zu können. Für dieses Ziel sind Menschen, sofern es ihnen erreichbar erscheint, schon deshalb zu begeistern, weil es dem vielleicht wichtigsten Bedürfnis entspricht. Denn mit der Erfüllung oder Nichterfüllung dieses Grundbedürfnisses verbindet der Mensch das Glücken oder Verunglücken seines Lebens. Wenn der Mensch jedoch überhaupt noch etwas will, dann dies: daß sein so störanfälliges Leben trotz allem, zumindest immer wieder, glückt. Die Begeisterung für dieses Ziel bringt Energie mit sich und verleiht dem Lebensprozeß Richtung. Beides ist dringend nötig, um die mit einer Fülle negativer Gefühle besetzte Situation des Patienten in der Therapie zu durchstehen. Und natürlich kann man den Therapeuten verstehen, der sich hütet, die vom Patienten vorgegebenen Ziele zu hinterfragen. Zumal wenn er fürchtet, daß das Hinterfragen möglicherweise die Begeisterung dämpft und damit auch die frei werdende Energie und den Willen, dem Leben wieder Richtung zu geben.

Im übrigen ist es faszinierend zu sehen, welch eminente Bedeutung der Sinnorientierung gerade in der modernsten, durch und durch empirisch ausgerichteten Psychotherapie zukommt. Nachdem K. Grawe, international einer der bedeutendsten Psychotherapieforscher, zusammen mit seinem Team fast ein Tausend empirische Untersuchungen untersucht hat, um der jeden Therapeuten brennend interessierenden Frage „Welche Therapien wirken wirklich?“ auf die Spur zu kommen, entwirft er sein eigenes psychotherapeutisches Konzept unter dem Titel „Psychologische Therapie". Dabei unternimmt er den Versuch, möglichst alle psychotherapierelevanten Erkenntnisse der wissenschaftlichen Psychologie zu berücksichtigen. Im Zentrum dieses Entwurfs aber steht der Mensch unter dem Aspekt seiner Intentionalität. Der Mensch wird als ein Wesen beschrieben, dessen Lebendigkeit in seiner Intentionalität zum Ausdruck kommt. Die diesbezügliche psychologische Maxime lautet daher lapidar: Das Prinzip der Seele ist Intentionalität. Demzufolge sieht Grawe im Willen zur Orientierung das erste fundamentale Bedürfnis. Orientierung meint dabei, zu entdecken, was man wirklich will. Entfaltet man die psychologische Erkenntnis im philosophischen Horizont, dann ist zunächst einmal die Situation des Menschen in der Welt im Interpretament der Orientierungslosigkeit zum Ausdruck zu bringen. Der Mensch ist demzufolge das durch Mangel an Orientierung gekennzeichnete Wesen. Wer Orientierung sucht, sucht Orientierung für sich. Er sucht seinen Weg. Da Wege die Eigenschaft haben, irgendwohin zu führen, sucht der sich orientierende Mensch – metaphorisch formuliert – nach dem Land, in dem es lohnt, sich niederzulassen. Nach dem Zielort, der ein erfülltes Leben verspricht. Das Bedürfnis nach Orientierung hat in der Möglichkeit des Menschen, seinen Weg zu wählen, seinen Grund. Demzufolge in einer Situation, die durch beides ausgezeichnet ist: Freiheit und Gebundenheit. Der Mensch muß einen Weg gehen. Den Weg des Lebens. Darin ist er gebunden. Er kann jedoch *seinen* Weg suchen. Seinen Weg wählen. Seinen Weg finden. Darin ist er frei. Und natürlich verbindet er mit seinem Weg die Hoffnung, daß er ins „gelobte Land" führt; soll heißen: ins Glücken des Lebens. Aus diesem Grunde ist das Bedürfnis nach Orientierung natürlich nichts anderes als der Wille des Menschen, auf die Spur sinnvoller Lebensführung zu geraten. Kurz: das, was Grawe das Bedürfnis nach Orientierung nennt und als fundamentales Bedürfnis in der Bedürfnisstruktur des Menschen nachdrücklich herausstellt, ist das, was V. Frankl lange vor ihm als Sinnorientierung im Rahmen seines psychotherapeutischen Entwurfs entfaltet hat.[1]

Im Gegensatz zu den psychotherapeutischen Konzepten seiner Zeit steht im Zentrum des Franklschen Konzepts eine positive Kategorie. Die Kategorie Sinn. Frankl nennt sein Konzept „Logotherapie“, sinnzentrierte Psychotherapie. Unter dem Aspekt seiner Essentialität ist der Mensch ein Wesen auf der Suche nach Sinn. Der Wille zum Sinn stellt die zentrale Motivation dar, Leben zu führen und zu gestalten. Auch hier wird der Mensch im Prinzip als intentionales Wesen verstanden. Als ein Wesen der Absichtlichkeit. Und dies nach dem Leitsatz: Sag mir, was du planst, und ich sage dir, wer du bist. Und natürlich hat der in der Psychologie allgemeinverbindliche Satz „Das Prinzip der Seele ist Intentionalität“ nur Sinn, wenn er logotherapeutisch ausgelegt wird. Denn das Wesen des Menschen liegt natürlich nicht in der Strebsamkeit seines Strebens, also nicht im „Daß seines Strebens“, vielmehr in dem, was er erstrebt: im „Was seines Strebens“. Was er jedoch erstrebt, damit verbindet er die Hoffnung, daß es sich als das herausstellen möge: als gut, als wertvoll, als sinnvoll. Gut für ihn. Wertvoll für ihn. Sinnvoll für ihn. Oder anders: Der Mensch kann zwar so handeln, daß Widersinniges herauskommt. Aber er kann nicht das Widersinnige wollen. Das heißt: Intentionalität ist per se positiv ausgerichtet.

Im übrigen sollte man nicht vergessen, was Orientierung ursprünglich bedeutet. Nämlich: die Himmelsrichtung angesichts der aufgehenden Sonne zu bestimmen. Der Mensch muß sich in seinem Leben zurechtfinden. Aber um sich zurechtzufinden,

---

[1] Vgl. dazu V.E. Frankl, Ärztliche Seelsorge, Wien 1971.

muß er seinem Leben Richtung verleihen. Um ihm Richtung zu geben und die Richtung einzuhalten, bedarf es der Energie. Die aufgehende Sonne aber ist Symbol für beides: für die Richtung, die sie uns zeigt, und die Kraft, die sie allem Lebendigen verleiht. Erst wenn der Mensch seine Richtung gefunden hat und über Lebensenergie verfügt, kann er sich in Bewegung setzen. Im Begriff „Orient" steckt, etymologisch gesehen, das gemeingermanische Verb „rinnen". Es bedeutet: in Bewegung setzen, sich in Bewegung setzen, bewegen, sich bewegen, erregt sein.[2] Demzufolge hat das menschliche Grundbedürfnis der Orientierung nicht nur damit zu tun, Richtung und Energie für die Lebensführung zu finden, vielmehr, erregt vom guten Ziel, sich in Bewegung zu setzen.

Offensichtlich ist die Möglichkeit, sich existentiell zu orientieren, Mühe und Privileg zugleich. Klar muß sein, daß der Mensch immer in ein soziales Umfeld hineingeboren wird, das Interpretationshoheit in Anspruch nimmt. Das heißt: dem Ankömmling sagt, was es heißt, Glied einer menschlichen Gemeinschaft zu sein. Über ihn verfügt, indem es ihm seine Bestimmung vorgibt, sein Wozu im Sinne von Pflichten, Aufgaben, Leitlinien des Handelns. Das heißt: Gesellschaft bietet Orientierung, ja sie ist gleichsam Raum der Orientierung für den Menschen. Aus diesem Grunde hat der Ankömmling die Last der Orientierung nicht. Er muß sich nicht orientieren. Er wird orientiert. Die Frage ist nur, wie lange die außengesteuerte Orientierung anhält. Wann und ob fremdgesteuerte Orientierung zu einem Ende kommt und in autonome Orientierung mündet. Zur Würde des Menschen gehört, daß er als Erwachsener zur Selbstbestimmung fähig ist und sie auch betreibt.

---

2 G. Drosdowski u.a. (Hrsg.), Duden-Etymologie, Mannheim 1963, S. 570.

Das Bedürfnis nach Orientierung ist im Grunde ein hermeneutisches Bedürfnis. Bekanntlich ist Hermeneutik die Wissenschaft vom Verstehen. Sie formuliert die Bedingungen, die erfüllt sein müssen, damit ein Mensch die Äußerung eines Menschen versteht. Alles, was Menschen als Menschen, d.h. als Wesen des Geistes äußern, ist Gegenstand des Verstehens. G.W.F. Hegel hat dies „alles" objektiven Geist genannt. Vorrangig handelt es sich um Texte; philosophische, literarische, wissenschaftliche, religiöse zum Beispiel. Natürlich kann es sich auch um Bilder und Gebilde handeln, die der Mensch als Künstler und als Techniker aus sich heraussetzt. Denn der Mensch äußert sich nicht nur im Mittel des Begriffs. Er äußert sich auch im Mittel von Bildern und künstlichen Gebilden. Aufs Ganze gesehen geht es im Rahmen der Hermeneutik um die Artikulation der Möglichkeit, daß der Mensch den Menschen verstehe. Im Detail: daß der Mensch sich verstehe, damit er seine Mitmenschen verstehe und umgekehrt. Und: daß der Mensch sich auf sich verstehe, damit er sich auf seine Mitmenschen verstehe und umgekehrt. Sich auf sich bzw. das Leben zu verstehen aber bedeutet, sich Ziele zu setzen und Ziele zu verfolgen. Das Bedürfnis nach Orientierung ist demzufolge im Prinzip Zielorientierung. Was aber heißt es, Leben an Zielen auszurichten? Was heißt es, von zeitlichen, räumlichen, prozessualen Endpunkten her zu denken und Leben zu organisieren? Es heißt: Leben anders zu denken, als es ist. Den schicksalsmäßigen Status quo gedanklich zu überschreiten. Und zwar auf einen künftigen Zustand hin, der reicher, besser, wünschenswerter ist, als der gegenwärtige. Es heißt: fasziniert zu sein von einer besseren Zukunft angesichts einer weniger guten Gegenwart. Es heißt: sich nicht zu fügen in das, was der Fall ist, vielmehr das, was der Fall ist, aufzubrechen und aus demjenigen, was der Fall ist, diejenige sinnvolle Gestalt des Lebens herauszulösen, die in dem, was der Fall ist, gefangengehalten wird. Es heißt: wertorientiert zu denken und zu handeln. Denn die angezielte Situation wird im Vergleich zur aktuellen als die wertvollere imaginiert. Was heißt es, Leben an Zielen auszurichten? Es heißt: sich als jemanden zu entdecken, der den Widerstand der vorgegebenen Lage brechen kann. Der sinnzentrierte Kraft und einen sinnzentrierten Willenhat. Der aber auch Kompetenzen entwickeln muß, um die Ziele zu erreichen. Deshalb ist die Orientierung am Ziel durch die Orientierung am Weg auszubalancieren. Leben ereignet sich immer je jetzt. Die Gefahr exklusiver Zielorientierung liegt darin, das Gefühl für den Wert der Gegenwart zu verlieren. Von Männern weiß man, daß sie vorrangig von großen Zielen her leben und in Gefahr stehen, die erfüllenden Momente der Gegenwart nicht mehr zu erleben. Von Frauen weiß man, daß sie die Tendenz haben, ihre Sinnerfahrungen aus der Situation je jetzt zu schöpfen und den Horizont der Zukunft außer acht zu lassen.[3] Entscheidend ist, daß im Sinne integrierten Menschseins Ziel- und Wegorientierung in dem Sinne zusammenspielen, daß sie zugleich gelebt werden. Die Vorfreude am besseren Leben von morgen und die aktuelle Freude am gegenwärtigen Leben, es mag noch so fragmenthaft sein, gehören zusammen und bedingen einander. Um beide Weisen der Freude zu realisieren, muß allerdings eine Kompetenz entwickelt werden, die gerade in der modernen Gesellschaft nicht selten völlig unterentwickelt ist: die Kompetenz, Leben auch unter dem Aspekt seines Gelingens wahrzunehmen und zu erleben. Dazu an anderer Stelle mehr. Leben an Zielen auszurichten setzt allerdings auch die Freiheit der Wahl voraus. Wer wählt, wählt immer auch ab. Freiheit impliziert Schmerz

[3] Vgl. dazu G. Höhler / M. Koch, Der veruntreute Sündenfall, Stuttgart 1998, S. 370.

und Angst. Es tut weh, die Fülle der möglichen Wege vor sich zu haben und sich für einen entscheiden zu müssen. Es macht angst, sich möglicherweise falsch entschieden zu haben. Und deshalb ist es gut, im philosophierenden Therapeuten einen Gesprächspartner zu finden, der den ihm anvertrauten Menschen lehrt, sich das Für und Wider der Ziele und Wege bewußtzumachen, sie zu bedenken, zu erwägen, um dann begründet zu entscheiden; und der ihm die in der Philosophie zu Wissen geronnenen Menschheitserfahrungen bzgl. glückenden Lebens im Blick auf das je eigene zu bewältigende Leben zu bedenken gibt.

Zum Bedürfnis nach Orientierung gehört das Bedürfnis nach Kontrolle unabdingbar hinzu. Kontrolle im psychologischen Sinne bedeutet nicht Prüfung von etwas auf etwas hin. Es bedeutet vielmehr Bewältigung, Durchsetzung. Ging es im Rahmen des Orientierungsbedürfnisses darum, herauszufinden, welche Ziele sich zu verfolgen lohnen, so geht es im Zusammenhang des Kontrollbedürfnisses um die Kompetenz, lohnende Ziele auch zu realisieren. Logotherapeutisch formuliert: Es geht nicht nur darum, Sinnmöglichkeiten im Blick auf die subjektive und objektive Lebenssituation zu entdecken, sie vielmehr auch zu verwirklichen. Dabei geht es nicht um ein schlichtes Nacheinander: erst die Entdeckung von lohnenden Zielen, dann die Entwicklung der Kompetenz zur Zielverwirklichung. Es geht vielmehr um wechselseitige Abhängigkeit: Je mehr materiale und formale Kompetenz jemand im Prozeß des Lebens erworben hat, desto mehr und desto differenziertere Sinnmöglichkeiten eröffnen sich ihm. Konkret: Je mehr jemand weiß und je mehr jemand kann, eine desto größere Vielfalt von Sinnmöglichkeiten wird er entdecken.

Die volle Bedeutung des Kontrollbedürfnisses aber wird wahrscheinlich erst einsichtig, wenn man sich klarmacht, was Kontrollverlust bedeutet und in welchen Dimensionen der

Mensch Kontrollverlust erlebt. Leider, potentiell in allen denkbaren Dimensionen. Im organisch-anorganischen Bereich als Krankheit in Form von Somatosen. Im psychischen Bereich als Störung in Form von Neurosen und Psychosen. Im geistigen Bereich in Form von Orientierungsverlust. Aber auch im transsubjektiven Feld in Form eines Schicksalsschlags z.B., den zu bewältigen die Kompetenz fehlt. Verlust eines Kindes. Verlust einer geliebten Partnerin. Verlust der Arbeit zum Beispiel.

Im übrigen beginnt die Kontrolle bereits mit dem Verstehen. Einer Depression ausgeliefert zu sein bedeutet z.B. akuten Kontrollverlust. Zu wissen, wodurch eine Depression ausgelöst wurde. Welche Funktion sie hat. Was sie mit einem macht: daß sie z.B. mit Schuldgefühlen einhergeht, die keinen Anhalt an der Realität haben müssen, bedeutet: das Phänomen zu verstehen. Ein erster wichtiger Schritt auf dem Weg zur Kontrolle. Entscheidend ist jedoch, daß man nicht nur versteht. Vielmehr auf der Grundlage des Verstehens auch besteht. Das heißt im Rahmen des Beispiels: so kompetent mit der Störung umgeht, daß sie vergeht. Kontrolle im Sinne eines menschlichen Grundbedürfnisses bezieht sich allerdings nicht allein auf die Negation des Negativen – z.B. darauf, eine Krankheit zu bewältigen –, vielmehr auf die Position des Positiven, nämlich: wichtige Intentionen auch zu verwirklichen. „Das Kontrollbedürfnis wird befriedigt durch die Bereitstellung möglichst vieler freier Handlungsalternativen in möglichst wichtigen Wertbereichen. Der Mensch, der nach Kontrolle strebt, strebt nach Handlungsspielraum, nach Reserven, um gegebenenfalls wichtige Ziele erreichen zu können.“[4] Dabei entsprechen den positiven Kontrollerfahrungen positive Kontrollüberzeugungen bzw. Selbstwirksam-

---

[4] K. Grawe, Psychologische Therapie, S. 387.

keitserwartungen.[5] Ein Mensch, der immer wieder die Erfahrung macht, daß er nicht nur Ideen bzgl. einer sinnvollen Lebensgestaltung hat, sie vielmehr auch verwirklicht, entwickelt eine positive Kontrollüberzeugung. Und wer überzeugt ist, daß er im Sinne seiner Intentionen handeln kann, hat große Chancen, sich in einer entsprechenden Situation auch intentionskongruent zu verhalten. Dabei wird dem Bedürfnis nach Kontrolle vorrangig nicht im Feld der psychosozialen Versorgung, vielmehr zunächst einmal in den Bildungsinstitutionen entsprochen. Denn dort gilt es, den Menschen diejenigen kognitiven und operativen Kompetenzen zu vermitteln, die es ihnen erlauben, die verschiedenen Lebenssituationen zu bewältigen: im beruflichen Leben. Im Umgang mit sich und anderen und den Dingen. In der Familie. In den gesellschaftlichen Gruppierungen. Und natürlich ist auch im Blick auf die Bildungseinrichtungen zu fragen, ob die dort verfolgten Lernintentionen sich vor dem Forum praktischer Philosophie rechtfertigen können.

2. Das Lustgewinnbedürfnis und Explorationsbedürfnis

Die Bedürfnisse des Menschen, Lust zu erleben und Schmerz zu vermeiden, sind völlig unbestritten und gehören zu denjenigen Regulationsprinzipien, die fest in der biologischen Architektur des Menschen verankert sind. Bekanntlich hat sich der Gründer

---

5 „Positive Kontrollerfahrungen, also die Erfahrung, dass man mit dem eigenen Verhalten erfolgreich Wirkungen im Sinne bestimmter Ziele herbeiführen konnte, führen zu positiven Kontrollüberzeugungen im Sinne von Rotter oder zu positiven Selbstwirksamkeitserwartungen im Sinne von Bandura." A.a.O., S. 388.

der Ersten Wiener Schule der Psychotherapie, Sigmund Freud, besonders nachhaltig mit diesem Grundbedürfnis befaßt. Unter dem Aspekt der Finalität haben Lust und Schmerz die Funktion, das Subjekt zu einem möglichst umweltangepaßten Verhalten zu nötigen. Also: zu vermeiden, was der psycho-biologischen Existenz schadet. Zu erstreben, was der psycho-biologischen Existenz nützt. Während Schmerz den Imperativ der Überwindung seiner selbst bzw. den Imperativ der Überwindung dessen, was ihn auslöst, in sich trägt, impliziert Lust die Aufforderung, sie auszukosten und zu genießen. Dabei ist wichtig, Lust nicht aufs Sexuelle zu beschränken; also Lust lediglich als Wollust gelten zu lassen. Ein differenzierter Lustbegriff ist zu gewinnen, wenn man nach den Quellen der Lust fragt und die Vielfalt der diesbezüglichen Quellen entdeckt. Zu unterscheiden sind zwar innere und äußere Quellen der Lust. Aber auffallend ist, daß die Quellen der Lust, also das, was Lust macht, zuallermeist transsubjektiver Natur ist. Das Prinzip der Lust ist Verbindung. Voraussetzung der Lust ist demzufolge Trennung. Gemeint ist die Trennung von den Quellen der Lust.

Demonstriert man den Sachverhalt am Bezug des Menschen zum Menschen, so ist von der Trennung des Menschen vom Menschen auszugehen. Von der Trennung, die der Mensch in verschiedenen Schattierungen als schmerzvoll erlebt und aus diesem Grunde immer wieder den Versuch unternimmt, sie zu überwinden. Die Überwindung der Trennung kann sich in allen ontologischen Dimensionen ereignen und als je spezifische Lust erlebt werden. Überwindung der mentalen Trennung ereignet sich als Erkenntnis und Verständnis. Einen Menschen zu erkennen heißt, seine Art, Leben zu führen unter kausalen und finalen Gesichtspunkten nachzuvollziehen. Ich nehme wahr, wie er ist und was er tut. Ich erkenne die Motivation seines Handelns: warum er tut, was er tut. Ich erkenne die Finalität seines Handelns:

wozu er tut, was er tut. Und natürlich bereitet es Lust, bis zu diesem Punkt „hinter einen Menschen zu kommen". Größere Lust bereitet es allerdings, wenn man nicht nur erkennt, sondern auch versteht, d.h. die Motive und Ziele eines anderen teilt und sich so mit ihm als solidarisch erlebt. Die Lust dieses Erlebnisses resultiert aus dem Sachverhalt, daß die je eigene Existenz durch die andere bestätigt wird.

Im Erkennen kommen sich Menschen nahe. Im Verstehen näher. Noch näher kommen sie sich, wenn die Trennung in der Dimension der Psyche überwunden wird. Wenn Menschen miteinander umgehen; so umgehen, daß sich ihre Seelen berühren. Dies geschieht dadurch, daß sie sich nicht nur mental, vielmehr auch sinnlich wahrnehmen, ja ganzheitlich – mental-sinnlich – wahrnehmen und diese Wahrnehmung als lustvoll genießen. Von da aus ist es nur noch ein kleiner Schritt auf dem Wege zur Lust, etwas miteinander zu tun. Nämlich: Leben gemeinsam zu gestalten und das gemeinsame Gestalten zu genießen. Und am nächsten kommen sie sich, wenn sie als Frau und Mann immer wieder auch die körperliche Trennung überwinden. Dabei empfinden sie die größte Lust, sofern es sich um integrierte Lust handelt: also um den Verbund mentaler, psychischer, genitaler Lust. Oder anders: wenn es sich um Lust handelt, die im Zusammenspiel der Lust an Erkenntnis und Verständnis mit der Lust am seelischen Umgang und der Lust am intimen Verkehr entsteht.

Das Prinzip der Lust ist Verbindung. Und natürlich ist der diesbezügliche Sachverhalt nicht nur im Blick auf zwischenmenschliche Bezüge einsichtig zu machen. Im Selbst-Welt-Bezug gilt dasselbe. Der Mensch erlebt sich nicht nur von seinesgleichen getrennt. Als Ek-sistenz lebt er in der Trennung von der Welt. Er erlebt Trennungsschmerz. Und Lust, indem er die Trennung immer wieder überwindet. Zum Beispiel: indem er die

Phänomene der Natur erkennt, versteht und mit ihnen angemessen umgeht. Soll heißen: sie nicht nur unter dem Aspekt ihres Funktionierens erkennt, vielmehr in ihrer Subjekthaftigkeit; also darin, daß sie sich gegen einen willkürlichen Umgang sperren bzw. sich nur einem Achtung gebietenden Umgang erschließen. Man denke an die Beziehung des Menschen zu Pflanzen, Tieren, Biotopen, Landschaften, ja zur Erde als Raum des Lebens überhaupt. Und natürlich entstehen durch die verschiedenen Weisen des Erkennens verschiedene Arten der Lust. Es macht Lust, die Phänomene einfach zu benennen. Ihnen Namen zu geben. Sie auf diese Weise aus der Totalität des Seins begrifflich herauszulösen. Sie in ihrer Eigenart und Würde wahrzunehmen und so erst die Möglichkeit zu schaffen, mit ihnen in einen Dialog zu treten. Und es schafft sublimere Lust und innigere Verbindung, die Phänomene nicht nur mit Namen zu versehen, sie vielmehr unter kausalen, modalen und finalen Gesichtspunkten zu erkennen. Also im Horizont der Fragen: wodurch sie entstanden sind, wie sie da sind und „funktionieren", wohin sie sich entwickeln und wozu sie überhaupt da sind. Lust entsteht dadurch, daß der Mensch es unternimmt, Verbindung mit den Quellen der Lust herzustellen. Die Instrumente, Verbindung herzustellen, sind intellektueller, sinnlicher und sozialer Natur. Der Mensch schafft Verbindung durch Einsicht, durch sinnliche Wahrnehmung und durch die Art, wie er mit seinesgleichen oder mit einem Phänomen außerhalb seiner selbst umgeht. Da es verschiedene Grade von Einsicht, verschiedene Niveaus sinnlicher Wahrnehmung und sensiblere bzw. weniger sensible Weisen, zwischenmenschlichen Umgang zu gestalten, gibt, ist die Lust-Unlust-Bilanz der einzelnen Individuen völlig verschieden. Oder anders: Die Fähigkeit eines Menschen, sich die Welt kognitiv zu erschließen, kann trainiert werden. Ebenso verhält es sich mit der Fähigkeit des Menschen, sich die Welt sinnlich zu erschließen: über das

Auge, das Ohr, über den Tastsinn oder olfaktorisch. Und auch seine soziale Kompetenz, nämlich in stimmiger Weise mit sich und anderen umzugehen, ist ihm nicht in den Schoß gelegt. Sie muß entwickelt werden. Und sie kann entwickelt werden. Dies ist zunächst Aufgabe der unterrichtenden und erziehenden Instanzen: der Familien und Bildungseinrichtungen. Und es ist wichtig, sich klarzumachen, daß diese nicht nur etwas zur Sozialisation und Enkulturation des Individuums beitragen. Vielmehr auch dazu, daß das Subjekt freigesetzt wird, sein Leben in differenzierter Weise als lustvoll zu erleben. Also möglichst tiefe Lebenslust zu entwickeln. Und dies möglichst in allen ontologischen Dimensionen. Besonders wichtig ist dies vor allem in den modernen Gesellschaften. Denn sie stellen den Menschen in ihrer Komplexität vor eine Fülle von Aufgaben. Sie zu bewältigen bedarf es eminenter Vitalität. Die Frage liegt auf der Hand: Wie kann der moderne Mensch genügend Vitalität entwickeln, nicht nur um die vielfältigen Problemkonstellationen seiner aktuellen Situation auszuhalten, sie vielmehr auch Zug um Zug einer Lösung zuzuführen? Er kann es nur, wenn er tiefe Lust zum Leben entwickelt. Denn sie ist es, die ihn durch und durch vitalisiert.

Das Kapitel handelt nicht nur vom Lustgewinnbedürfnis, sondern auch vom Explorationsbedürfnis. Es ist in der Wissenschaft der Psychologie umstritten, ob es so etwas wie ein Explorationsbedürfnis im Sinne einer anthropologischen Konstante gibt. Also im Sinne eines Bedürfnisses, das der Mensch als Mensch hat. In der Logik unserer Argumentation liegt es jedoch, genau davon auszugehen. Natürlich gibt es Menschen, deren Explorationsbedürfnis stärker ausgeprägt, und andere, deren Explorationsbedürfnis weniger stark ausgebildet ist. So wie es Menschen gibt, deren Bedürfnis nach Lustgewinn sich stärker oder weniger stark bemerkbar macht. Aber anzunehmen, es gäbe

Menschen, die das Bedürfnis nach Exploration nicht hätten, widerspricht der Behauptung eines Lustgewinnbedürfnisses. Denn Lustgewinn setzt in allen Dimensionen – in der mentalen, psychischen, genitalen – Exploration voraus. Die Quellen der Lust wollen exploriert werden. Und sie müssen exploriert werden, weil sie weitgehend außerhalb des Menschen liegen.[6] Im übrigen dürfte dies deutlich geworden sein. Der hier vorausgesetzte Lustbegriff ist sehr weit gesteckt. Er umfaßt im Grunde alle positiven Erlebnisqualitäten, die als solche für den Menschen attraktiv sind. Zum Beispiel auch Freude in all ihren Schattierungen. Und auch der hier vorausgesetzte Begriff der Unlust vermeidet jede Enge. Er umfaßt im Grunde alle negativen Erlebnisqualitäten, die als solche für den Menschen aversiv sind. Das verbindende Element aller Formen der Lust aber ist: Vereinigung. Oder: die Lust der Überwindung der Trennung.

3. Das Bindungsbedürfnis und Selbstwerterhöhungsbedürfnis

Das Leben des Menschen kann als Prozeß von Bindung und Entbindung ausgelegt werden. Die Bindung von Eizelle und Sperma führt zu intrauterinem Leben. Die Entbindung des Fötus führt zu extrauterinem Leben. Die Bindung zwischen Mutter

---

[6] Natürlich gibt es auch die inneren Quellen der Lust, z.B. die Lust an einem ausgeglichenen Lebensgefühl. Die Lust „einfach da zu sein" und das damit verbundene Gefühl: Es ist gut, daß ich da bin. Die Lust, sich gesund, ja vital zu fühlen. Auch die Lust an der Bewegung. Aber diese Formen der Lust sind nachrangig, sind epiphänomenal. Sie stellen sich erst ein, wenn die Außenquellen der Lust in angemessener Weise erschlossen sind.

und Kind führt zu einem Bindungsstil, der das Kind prägt und den es mit großer Wahrscheinlichkeit an seine Kinder weitergeben wird. Die Entbindung zwischen Eltern und Kindern in deren puberaler Ablösephase führt dazu, daß sich junge Menschen neu binden; z.B. an einen Partner oder eine Partnerin des anderen Geschlechts. Und dies u.U. mehrere Male in einem Leben. Neben fundamentalen Bindungen, z.B. in Form ehelicher Bindung, gehen Menschen parallel dazu andere Bindungen ein und pflegen sie: zu Lehrern, Freunden, zu Kollegen, zu Menschen, die sie fördern oder fordern. Und sie werden dieser Beziehungen entbunden oder sie entbinden sich selbst, indem sie sie eines Tages aufkündigen. Und auch der letzte Akt ihres Lebens kann als Entbindung interpretiert werden: als Entbindung von ihrer Existenz in der Welt. In dieser Hinsicht kommt dem Phänomen Bindung hohe anthropologische Bedeutung zu, vor allem dann, wenn man es in der Dialektik von Entbindung und Bindung reflektiert. Trotz dieses Sachverhaltes setzt sich die Einsicht, daß hinter dem Phänomen der Bindung ein menschliches Grundbedürfnis steht, erst neuerdings durch. Diese Erkenntnis wurde mit H.S. Sullivan und seinem Konzept der interpersonalen Auslegung psychischer Störungen schon früh angebahnt und kommt jetzt erst in der modernen Bindungsforschung, die mit den Namen J. Bowlby[7], B. Strauss und S. Schmidt[8] verbunden ist, zum wirklichen Durchbruch.

---

[7] J. Bowlby, Bindung: Historische Wurzeln, theoretische Konzepte und klinische Relevanz, in: G. Spangler u.a. (Hrsg.), Die Bindungstheorie: Grundlagen, Forschung und Anwendung, Stuttgart 1995, S. 17–27.

[8] Vgl. dazu B. Strauss / S. Schmidt, Die Bindungstheorie und ihre Relevanz für die Psychotherapie, in: Psychotherapeut 42, 1997, S. 1–16.

Bindung ist nötig, um Entbindung zu ermöglichen. Schrittweise Entbindung ereignet sich vom Zeitpunkt der Geburt an. Das Kind ist zwar mit dem mütterlichen Biotop verzahnt. Gleichzeitig aber bedarf es der Entbindung, um die Welt sich zu erschließen bzw. sich der Welt zu erschließen. Der Schritt Richtung Welt macht angst. Um die Angst als erträglich zu erleben, sie gar zu bewältigen, bedarf es der Bindung an eine Person, die Erfahrung im Umgang mit der Welt hat, also über große Kompetenz zur Lebensbewältigung verfügt. Und Bowlby war es, „der als erster explizit ein angeborenes Bedürfnis postulierte, die Nähe einer Person zu suchen und aufrechtzuerhalten, die das Leben besser meistern kann als das Kind. Ist dieses Bedürfnis erfüllt, kann sich ein Kind beruhigt anderen Dingen zuwenden, ist die Erreichbarkeit der Bindungsperson aber nicht garantiert, dann richtet sich die ganze psychische Aktivität darauf aus, wieder Nähe herzustellen. Dass kleine Kinder die Nähe einer oder weniger Bezugspersonen suchen und sich immer in ihrer Reichweite aufhalten wollen, wurde von Bowlby als ein Grundbedürfnis nach Nähe zu einer Bezugsperson interpretiert."[9]

Aber nicht nur Kinder suchen Bindung. Menschen aller Altersstufen suchen die Nähe zu Bezugspersonen. Offensichtlich, um den Anforderungen des Lebens besser zu genügen. Allerdings entwickeln sich die spezifischen Bindungserfahrungen und Bindungsstile in den frühesten Zeiten eines Menschen. Bindungsintention ist es dabei, Schutz, Sicherheit und in entsprechenden Fällen Trost zu erhalten, um immer wieder in der Rückbindung an eine Bezugsperson Mut zur weltorientierten Entbindung auszubilden. Dabei ist entscheidend, daß die ersten Bezugspersonen beides sind: verfügbar und feinfühlig. Das Ge-

---

[9] K. Grawe, a.a.O., S. 396.

fühl, daß man dem Leben vertrauen kann, das Gefühl sozialer Verläßlichkeit entsteht im Neugeborenen und Kind nur, sofern ihm Nähe, Aufmerksamkeit, Zuwendung und Liebe entgegengebracht werden. Die gefühlsmäßige Überzeugung, daß man dem Leben vertrauen kann, führt auch in späteren Jahren zu einem sicheren Bindungsverhalten.

Leider entwickeln Menschen nicht nur sichere Bindungsmuster. Welchen Bindungsstil sie zunächst im Verlauf ihres Lebens ausbilden, hängt zuallermeist am Bindungsstil ihrer nächsten Bezugspersonen. Er kann sicher im beschriebenen Sinne sein. Er kann unsicher-vermeidend sein. Er kann unsicher-ambivalent sein. Entscheidend ist die Erkenntnis, „dass eine unsichere Bindung die Vulnerabilität für die Entwicklung psychopathologischer Störungen … erhöht … Alle anderen Bindungsmuster als das sichere Bindungsmuster führen dazu, dass das Bedürfnis nach einer nahen Beziehung nicht optimal befriedigt wird. Jedes der unsicheren Bindungsmuster entsteht aus Verletzungen dieses Grundbedürfnisses. Darin, in der Verletzung des Grundbedürfnisses nach einer auf die eigenen Bedürfnisse bezogenen, Sicherheit und Schutz gebenden nahen Beziehung, liegt mit großer Wahrscheinlichkeit einer der wichtigsten Nährböden für die Entwicklung psychischer Störungen.“[10] Und in psychotherapeutischer Perspektive ist die Beachtung des Bindungsmusters eines Patienten aus folgendem Grunde unabdingbar: „Psychische Störungen gehen fast immer mit einem unsicheren Bindungsmuster einher oder: Bei fast allen Menschen mit psychischen Störungen lassen sich Verletzungen des Bindungsbedürfnisses nachweisen.“[11]

---

[10] A.a.O., S. 409.

[11] Ebd.

In philosophischer Perspektive ist zu fragen, warum sich Menschen überhaupt binden und worin die Mittel bestehen, Bindungen zu etablieren und zu gestalten. Natürlich sind die Formen der Bindung in den verschiedenen Lebensphasen verschieden: in der Kindheit, der puberalen Ablösephase, der Adoleszenz, dem mittleren Lebensalter und in den verschiedenen Stadien des Alters. Aber im Grunde steht hinter dem Bindungsbedürfnis jeder Lebensepoche zweierlei: der Schrecken der Vereinzelung und die Freude, Brücken zu schlagen. Der Mensch ist das in allen Dimensionen auf Austausch angewiesene Wesen. In der somatischen Dimension zeigt sich dies in der Befriedigung der vitalen Grundbedürfnisse. Der Mensch muß trinken, essen, atmen. Und er ist auf die diesbezügliche Versorgung angewiesen. In der psychischen Dimension zeigt sich dies in emotionalen Grundbedürfnissen. Der Mensch will in seiner Gefühlswelt wahrgenommen und verstanden werden: in seiner Freude, seiner Trauer, seiner Niedergeschlagenheit, seiner Lebenslust und Lebensunlust, wenn es ihm seelisch gut und wenn es ihm seelisch weniger gut geht. Und er will in seiner geistigen Dimension wahrgenommen und verstanden werden. Jeder macht sich seinen Reim aufs Leben. Das heißt: Er entwickelt Schritt für Schritt ein Selbstverständnis und ein Weltverständnis. Sucht Antwort auf die Frage, was er ist in dieser Welt und was er soll in dieser Welt. Und er will wahrgenommen und verstanden werden in dem, wie er sich und die Welt versteht. Und natürlich ist es nicht so, daß der sich gesund entwickelnde Mensch somatisch, psychisch und geistig lediglich versorgt werden will, eben weil er in allen Dimensionen bedürftig ist. Vielmehr spürt der psychisch Gesunde den ebenso starken Impuls, nicht nur zu nehmen, vielmehr auch zu geben. In der somatischen Ebene: nicht allein im Blick auf die vitalen Bedürfnisse versorgt zu werden, sondern auch zu versorgen. In der psychischen Ebene: nicht allein emotional verstanden zu werden, vielmehr auch zu verstehen. Das heißt: sich an der Gefühlswelt des anderen interessiert zu zeigen. Bei ihm zu sein: in seiner psychischen Not. In seinem psychischen Schmerz. Aber auch am Leben des anderen teilzunehmen, wenn es leicht, heiter, reizvoll oder eminent erfolgreich wird und der Erfolg sich seelisch spiegelt; als Stolz zum Beispiel. Es geht also nicht nur um Partizipation an Tiefenerlebnissen. Es geht auch um die Teilhabe an Höhenerlebnissen. Und in der geistigen Dimension geht es ebenfalls darum, nicht nur teilzugeben an sich, vielmehr auch teilzunehmen am anderen. Das heißt: das Selbstverständnis angesichts einer bestimmten Weltanschauung bzw. die Weltanschauung angesichts eines spezifischen Selbstverständnisses derjenigen, die mit einem unterwegs sind, zur Kenntnis zu nehmen, zu reflektieren und in einen konstruktiv-kritischen Bezug zur je eigenen Selbst- und Weltauslegung zu setzen. Es ist ein Irrtum anzunehmen, im Bindungsbedürfnis des Menschen handele es sich ausschließlich um das Bedürfnis, versorgt zu werden. Und dies in allen Dimensionen des Menschseins. Das Bedürfnis zu versorgen ist ebenso nachhaltig. Es geht demzufolge um Austausch auf der Basis von solidarischer Wechselseitigkeit bzw. wechselseitiger Solidarität. Und vieles spricht dafür, daß die fest verankerte Neigung, wechselseitig füreinander einzustehen, evolutionsbiologisch sehr alt ist, da es für den einzelnen in den Urstämmen lebenswichtig war, daß es dem Mitmenschen gutging. Ging es ihm schlecht, so war das je eigene Leben mitbedroht. Das Bindungsbedürfnis zeigt sich demzufolge als doppelte Tendenz: versorgt und umsorgt zu werden. Aber auch: zu versorgen und zu umsorgen. Es geht also um Austausch. In der somatischen Ebene um stofflichen Austausch. In der psychischen Ebene um emotionalen Austausch. Und in der mentalen Ebene um geistigen Austausch. Und dies mit dem Ziel, Leben zu ermöglichen: biotisches, psychisches, mentales.

Wichtig ist in diesem Zusammenhang, die dem Bindungsbedürfnis inhärente Dialektik zu durchschauen. Ziel der Bindungsintention ist nicht das Gebunden-Sein. Ziel dieser Intention ist vielmehr das Frei- und Freier-Werden. Im Blick auf kindliche Existenz leuchtet dies unmittelbar ein. In der Bindung an Mutter und Vater erlebt das Kind beschützt und sicher zu sein. Es erlebt Menschen, die Leben in vieler Hinsicht besser bewältigen können als es. Auf der Basis dieses Lebensgefühls aber kann sich das Kind hinauswagen in die Welt. Auf der Basis angemessener Bindung wird es frei für die Welt. Zu bedenken ist jedoch, daß Bindung wechselseitig gestaltet wird. Im Falle der Eltern-Kind-Beziehung nicht nur vom Kind auf die Eltern hin, vielmehr maßgeblich gerade auch von den Erwachsenen her. Das Kind bindet sich nicht allein an seine Eltern. Die Eltern binden vielmehr auch das Kind an sich. Die Art der von den Eltern ausgehenden Bindungsgestaltung ist wichtig für das Glücken oder Mißglücken des Eltern-Kind-Bezugs. Entscheidend ist in dieser Hinsicht, daß Eltern ihre Kinder so binden, daß sie frei werden. Paradox formuliert: Ziel der Bindung ist Entbindung. Oder anders: Immer dann, wenn Bindung im Prinzip zu nichts anderem führt als zum Gebunden-Sein, stellt sie einen Widerspruch in sich selbst dar. Grund der Freiheit ist zwar Bindung. Aber Ziel der Bindung ist Freiheit.[12] Und natürlich kann Freiheit wiederum zum Grund neuer, frei gewählter Bindung werden.

Das Bedürfnis nach Selbstwerterhöhung, wie K. Grawe es nennt[13], ist nun zu bedenken. Und es wird sich zeigen, daß es

---

12 Zu fragen wäre, welche Freiräume freundschaftlicher, ehelicher Beziehungen durch Bindung eröffnet werden; und ob Bindung, die lediglich zur Einengung des Lebens führt, sich nicht selbst widerspricht.

13 A.a.O., S. 411 ff.

unmittelbar mit dem Bindungsbedürfnis zusammenhängt. Aber vorweg möchte ich mich auf die Umschreibung dessen, was Grawe im Begriff des Bedürfnisses nach Selbstwerterhöhung auf den Punkt bringt, beziehen. Diese lautet in der Übersetzung folgendermaßen: „Menschen wollen sich gut fühlen. Sie hegen den Wunsch zu glauben, daß sie kompetente und wertvolle Wesen sind, die von anderen geliebt werden. Dieses Verlangen nach Selbsterhöhung wird als derart fundamental für das Funktionieren eines Menschen betrachtet, daß es von W. McDougall als die ‚wichtigste Gefühlsregung' benannt wurde und von dem namhaften Anthropologen Ernest Becker ‚das fundamentale Gesetz des menschlichen Lebens'. Viele andere prominente Persönlichkeiten in Geschichte und Gegenwart haben die Ansicht bestätigt, daß der Antrieb, ein positives Selbstbild zu erlangen … zur unmittelbaren und elementaren Ausstattung der menschlichen Natur gehört."[14] Dabei ist zu beachten, daß das Bedürfnis nach Selbstwerterhöhung von Grawe als Streben nach Erhöhung des Selbstwertgefühls interpretiert wird. Worauf bezieht sich demnach das Selbstwerterhöhungsbedürfnis? Es bezieht sich zunächst einmal auf die Weise, wie der Mensch sich selbst erlebt. Betrifft also eine Grunddimension menschlicher Existenz; nämlich die Beziehung des Menschen zu sich selbst. Diese Beziehung hat einen aktiven und einen passiven Aspekt. Beschreibt man den Selbstbezug unter dem Aspekt der Aktivität, so ist all das zu formulieren, was man aus seinem Leben macht, wofür man sich einsetzt, welche Bestimmung man für sich als gültig anerkennt und zu realisieren unternimmt. Beschreibt man den Selbstbezug unter dem Aspekt der Passivität, so kommt zur Sprache, wie man sich selbst erlebt. Der Mensch erlebt nicht nur

---

[14] Der englische Text ebd.

„etwas" in der Außenorientierung. Er erlebt vielmehr auch „sich selbst" in der Innenorientierung. Dabei handelt es sich um ein nach den ontologischen Dimensionen zu differenzierendes Erlebnis. Man mag von Erlebnisdimensionen sprechen. Der Mensch kann sich körperlich gut fühlen. Vital, voller Energie. Er kann sich psychisch gut fühlen. Ausgeglichen, konzentriert. Er kann sich aber auch wertvoll bzw. wertlos fühlen. Die Frage ist, worauf sich dieses Gefühl der vorhandenen, weniger vorhandenen oder vermeintlich nicht vorhandenen Werthaftigkeit bezieht. Die Schwierigkeit, dies präzise zu fassen, liegt darin, daß das Erlebnis, ein wertvoller Mensch zu sein, immer wieder und in mehrfacher Weise hergestellt werden muß. Und zwar zum einen in Erinnerung an vergangene Handlungen. Zum andern im Blick auf die Gesamtheit der Handlungskompetenzen bzw. Handlungsdispositionen, über die ein Mensch verfügt. Und zum dritten im Zuge der Beurteilung des permanent fortlaufenden Lebensprozesses in Form von aktueller Lebensgestaltung. Um sich selbst als einen wertvollen Menschen zu erleben, gilt es demzufolge, das zu betreiben, was man wertorientierte Erinnerung nennen könnte. Man macht sich bewußt, was man gut gemacht hat, was gelungen und, sozusagen, als Wert in der je eigenen Vergangenheit aufbewahrt ist. Man macht sich bewußt, über welche Kompetenzen man verfügt, die einzusetzen Verwirklichung einer Fülle von Werten bedeuten würde. Es geht also um Imagination der positiven Potentialitäten. Aber man darf nicht vergessen, daß Leben nicht nur in den Formen der guten Vergangenheit und der guten Möglichkeit sich im Innern des Menschen spiegelt, vielmehr als Pro-zeß immerzu geführt werden muß. Daß also die Entscheidung, ob ein Mensch ein Selbstwertgefühl ausbildet, nicht allein im Blick zurück und im Blick auf sinnvolle Potentialitäten fällt, vielmehr vor allem im Zuge der permanenten Bewertung der aktuellen Lebensführung. Und natürlich kann es sein, daß der Mensch im Rückblick wenig Gelungenes entdeckt, seine aktuellen Möglichkeiten geringschätzt, und weil er deshalb auch für die Zukunft nichts Gutes erwartet, auch nichts Sinnvolles schafft. Dann gerät er in eine psychische Mißbefindlichkeit, die V. Frankl im Begriff des „existentiellen Vakuums“ oder der „existentiellen Frustration“ auf den Begriff gebracht hat. Es stellt sich das Gefühl der je eigenen Wertlosigkeit ein. Sie zeigt sich als das Gefühl der Leere, der Sinnlosigkeit, der Minderwertigkeit, Verletzlichkeit, Unsicherheit und abgrundtiefer Kränkbarkeit. Und natürlich fühlt sich der Betroffene auch in seiner Identität bedroht. Es gibt Psychotherapeuten, die der Auffassung sind, daß diese Gefühlskonstellation, die im Gefühl der Leere gipfelt, schlechter zu ertragen ist als Angstzustände.[15] So gesehen kann man die Intention, die dem Bedürfnis nach Selbstwertsicherung zugrunde liegt, gut nachvollziehen. Der Mensch schützt sich vor einer höchst negativen Gefühlskombination. Was er jedoch erstrebt, nämlich das Gefühl, ein wertvoller Mensch zu sein, ist möglicherweise ein höchst fragiles Unternehmen. Er mag sich auf eine Erfolgskette in der Vergangenheit beziehen. Er mag sich auf eine Fülle von positiven Möglichkeiten, Fähigkeiten und Handlungsdispositionen beziehen. Wenn es denn so ist. Aber damit ist das Selbstwertgefühl keineswegs gesichert. Es steht vielmehr in der fortlaufenden Führung und Gestaltung des Lebens täglich auf dem Spiel. Das bedeutet: Der Mensch muß das im Rückblick auf die Vergangenheit und im Anblick seiner guten Möglichkeiten gewonnene Selbstwertgefühl im Lebensfortgang immerzu bewähren. Die jeweilige Zukunft entscheidet, ob es durchgehalten werden kann.

---

[15] Vgl. dazu S.O. Hoffmann / G. Hochapfel, Einführung in die Neurosenlehre und Psychosomatische Medizin, Stuttgart 1984, S. 146.

Einen Schritt tiefer in die Problematik kommt man, sofern man fragt, wie das Gefühl, ein wertvoller oder weniger wertvoller Mensch zu sein, anfänglich entstanden sein mag. Ganz offensichtlich hängt dies zunächst nicht mit dem Verhältnis, das das Subjekt zu sich selbst hat, zusammen. Vielmehr an der Art des zwischenmenschlichen Bezugs; also vorrangig an der Relation Mutter-Kind. Das Gefühl, ein wertvoller Mensch zu sein, entsteht dadurch, daß man als wertvoller Mensch behandelt wird. Also auf dem Wege der Wertschätzung. Dabei ist zu beachten, daß sich Wertschätzung als differenzierte, feinfühlige Weise des Umgangs zeigt. Im Zuge der Wertschätzung wird dem Menschen das gegeben, was er zum Leben in allen Dimensionen braucht. Im Blick auf den Mutter-Kind-Bezug zeigt sich dies in der Weise eines feinfühligen Umgangs. „Feinfühligkeit bedeutet dabei, die Reaktionen und Verhaltensweisen des Säuglings überhaupt wahrzunehmen, sie aus Sicht des Säuglings, nicht aus eigener Sicht zu interpretieren, prompt auf das Verhalten des Säuglings zu reagieren, so dass er erfährt, dass sein Verhalten wirksam ist … und dem Entwicklungsstand des Säuglings angemessen zu reagieren. Säuglinge mit feinfühligen Müttern zeigen weniger Ärgerausdruck, reagieren weniger ängstlich und aggressiv und kommunizieren differenzierter.“[16]

Was Wertschätzung im Sinne eines feinfühligen Umgangs bedeutet, ist natürlich altersspezifisch zu buchstabieren. Der von Wertschätzung geprägte Umgang mit einem Kind, einem Pubeszenten, einem Greis hat seine je eigene Art. Und es wäre eine reizvolle Aufgabe, das Thema Wertschätzung unter entwicklungspsychologischer und epochenspezifischer Perspektive abzuhandeln. Ein Aspekt einer diesbezüglichen Überlegung soll

---

[16] K. Grawe, a.a.O., S. 399.

hier nur angedeutet werden. Es handelt sich um das merkwürdige Phänomen, daß der Mensch im Fortgang seines Lebens nicht nur von außen kommende Wertung erlebt, vielmehr ein wertendes Innenverhältnis ausbildet. Zum wertenden zwischenmenschlichen Bezug gesellt sich ein wertender Bezug intrapsychischer Art, also in der Beziehung des Menschen zu sich selbst. Der Mensch erlebt nicht nur, daß sich Menschen seines Umfeldes das Recht herausnehmen, ihn zu bewerten. Er erlebt vielmehr, daß er eines Tages unter dem Einfluß der Außenbewertung beginnt, sich selbst zu bewerten. Und natürlich ergibt sich die Frage, in welchem Verhältnis Außen- und Innenbewertung zueinander stehen. Im Prinzip kann man wohl dies behaupten: Am Anfang ist die Innenbewertung nichts anderes als die Spiegelung der Außenbewertung. Außenbewertung ist dabei als die von aussen kommende, den jungen Menschen meinende und treffende Bewertung zu verstehen. Je reifer der Mensch jedoch wird, desto unabhängiger zeigt er sich von der Außenbewertung. Er nimmt sie wahr. Freut sich, wenn sie freundlich ausfällt. Je nachdem, von wem sie kommt. Ärgert sich, wenn sie weniger freundlich ausfällt, je nachdem, von wem sie kommt. Aber er läßt sich nicht von ihr bestimmen. Das heißt: Sein Handeln verantwortet er selbst, er macht sich Schritt für Schritt innerlich unabhängig. Und nun der entscheidende Aspekt: Sein Selbstwertgefühl resultiert dann vorrangig aus der Selbstbeurteilung, nicht aus der Fremdbeurteilung. Der Mensch ist zum autonomen ethischen Subjekt geworden.

Genau dies aber ist bei neurotischen, psychisch labilen, in ihrer Persönlichkeit gestörten schon gar nicht, beim durchschnittlichen Menschen zuallermeist nicht der Fall. Der Mensch als völlig autonomes ethisches Subjekt ist Ideal, ist Konstrukt.[17] Als Ideal hat das eine durchaus wichtige Funktion. Es zeigt an, in welche Gegenrichtung sich der vorrangig außengesteuerte Mensch entwickeln sollte. Strikt zu unterscheiden ist hier allerdings zwischen reifer und neurotischer Störung. Große innere Abhängigkeit vom Urteil anderer ist Zeichen von Unreife. Stetig nachlassende Abhängigkeit vom Urteil anderer ist Zeichen sich entwickelnder Reife. Innere Unabhängigkeit vom Urteil anderer ist Zeichen vollendeter Reife. Es handelt sich um verschiedene Niveaus der ethischen Existenz. Es handelt sich nicht um Grade psychischer Gestörtheit oder Ungestörtheit. Dies schließt jedoch nicht aus, daß gerade auch neurotisch gestörte Menschen vom Urteil anderer innerlich abhängig sind. Und natürlich ist es so: Viele neurotisch gestörte Menschen haben ein gestörtes Selbst-

---

[17] Eine sehr schöne narrative Form hat dieses Konstrukt in folgender Geschichte gefunden:
Der Zen-Meister Hakuin wurde von seinen Nachbarn geachtet, als einer, der ein reines Leben führte. Eines Tages entdeckte man, daß ein schönes Mädchen, das in Hakuins Nähe wohnte, schwanger war. Die Eltern waren sehr erzürnt. Anfangs wollte das Mädchen nicht sagen, wer der Vater war, aber nach vielem Zusetzen nannte sie Hakuin. Wutentbrannt kamen die Eltern zu Hakuin, aber er sagte lediglich: „So?" Als das Kind geboren war, wurde es zu Hakuin gebracht, der inzwischen seinen guten Ruf verloren hatte, obwohl ihn das nicht sehr zu kümmern schien. Hakuin sorgte liebevoll für das Kind, beschaffte bei Nachbarn Milch und Nahrung und alles, was das Kind sonst brauchte. Nach einem Jahr konnte die junge Mutter es nicht mehr aushalten und sagte ihren Eltern die Wahrheit – der wahre Vater war ein junger Mann, der auf dem Fischmarkt arbeitete. Die Eltern des Mädchens gingen gleich zu Hakuin, erzählten ihm die Geschichte, entschuldigten sich umständlich, baten ihn um Vergebung, und nahmen das Kind zurück. Indem der Meister ihnen das Kind bereitwillig überließ, sagte er: „So?"

wertgefühl. Deshalb ist es so wichtig, sie selbstwerterhöhende Erfahrungen machen zu lassen. Eine therapeutische Beziehung nachhaltig wertschätzender Art ist zum einen angezeigt. Zum anderen aber ist es nötig, den Patienten zu veranlassen, Dinge zu tun, auf die er stolz sein kann. Denn der Patient braucht nicht nur die Erfahrung, von einem anderen für wert gehalten zu werden. Er braucht vielmehr auch einen Grund, einen wertschätzenden Bezug zu sich selbst zu gewinnen. Dies ist jedoch nur möglich, sofern er sein Leben sinnvoll gestaltet, indem er etwas Wertvolles vollbringt.

Im übrigen ist die Tendenz, sich den anderen gegenüber in jeder Hinsicht vorteilhaft zu präsentieren und keine Gelegenheit auszulassen, im Lichte dieser Präsentation sein Selbstwertgefühl zu steigern, sicher kein Kennzeichen von Neurose. Höchstens ein Zeichen von nicht vollendeter – um nicht zu sagen mangelnder – Reife. Ebenso ist die Tendenz, sich positiver einzuschätzen als man ist, sogar Zeichen seelischer Gesundheit. Denn nachgewiesen ist, daß Personen depressiver Natur und solche mit gedämpftem Selbstwertgefühl eine realistischere Selbstwahrnehmung und Selbsteinschätzung aufweisen als die seelisch Gesunden. „Es sind also die seelisch Gesunden, die eine verzerrte Realitätswahrnehmung bezüglich sich selbst haben, und nicht diejenigen mit schlechterer seelischer Gesundheit. Gesunde Menschen neigen zu Selbstwerterhöhung, wenn sie Gelegenheit dazu bekommen. Das spricht sehr für ein allgemeines Grundbedürfnis nach Selbstwerterhöhung. Die meisten Menschen befriedigen dieses Bedürfnis, wenn sie Gelegenheit dazu erhalten. Es ist ein Zeichen guter seelischer Gesundheit, wenn man sich etwas übertrieben positiv sieht und sich selbst positiver beurteilt als andere. Man muss sich sorgen um die Menschen machen, die das nicht tun, und nicht umgekehrt."[18] Und natürlich hat das Phänomen Methode. Denn wer sich an der Realität vorbei besser einschätzt als er ist, hat gute Chancen, auf der Basis dieser positiven Illusion die Realität zu überholen auf eine bessere Realität hin.[19]

4. Das Impressionsbedürfnis und Expressionsbedürfnis

Die Grundsituation, die menschliche Existenz auszeichnet, hat man in der Selbst-Welt-Korrelation zu begreifen versucht.[20] Sie besagt, daß Mensch zu sein dies heißt: in Bezug zu sein. Die Korrelativität dieses Bezugs besteht in seiner doppelten Ausrichtung. Der Mensch nimmt Bezug auf die Welt. Und: Der Mensch öffnet sich der Welt gegenüber derart, daß sie Bezug nehmen kann auf ihn. Eine Grundform der wechselseitigen Bezugnahme kommt in den Bedürfnissen der Impression und Expression auf den Begriff. Das Bedürfnis, sich beeindrucken zu lassen, nenne ich Impressionsbedürfnis. Das Bedürfnis, sich zum Ausdruck zu

---

18 K. Grawe, a.a.O., S. 419.

19 „Indem aber die Illusionen zu realen positiven Wirkungen führen, haben sie den Charakter einer sich selbst erfüllenden Prophezeiung. Sie bringen die Personen in einen besseren Zustand. In diesem Zustand funktionieren sie im Durchschnitt besser als ohne das Vorhandensein der Illusionen und das trägt dazu bei, dass ihre Bedürfnisse besser befriedigt werden. Das wiederum bringt sie in einen besseren Zustand … Dieser sich selbst aufrechterhaltende positive Rückkopplungsprozess scheint ein wesentlicher Aspekt des normalen seelischen Funktionierens zu sein. Wenn er nicht mehr funktioniert, weil die Illusionen in sich zusammenbrechen, hat das nachteilige Auswirkungen auf die psychische Aktivität und den daraus resultierenden psychischen Zustand." A.a.O., S. 419 f.

20 Vgl. dazu P. Tillich, Systematische Theologie Bd. 1, Stuttgart 1956, S. 199 ff.

bringen, nenne ich Expressionsbedürfnis. Um zu verstehen, wie nachhaltig diese Bedürfnisse einen Menschen bestimmen, sei an die entsprechenden psychologischen Experimente erinnert. Schließt man einen Menschen in einen Raum ein, in dem alle möglichen Eindrücke auf ein Minimum reduziert sind und in dem er sich nicht befriedigend zum Ausdruck bringen kann, weil er keinen Dialogpartner hat, dann geht er zugrunde, sofern dieser Zustand länger anhält. Abgeschnitten von der Außenwelt, nichts zu sehen, nichts zu hören, nichts zu ertasten, nichts zu riechen, kommunikationslos einfach da zu sein ist ein Zustand, der nur kurzfristig ertragen werden kann. Der Mensch hat das Bedürfnis, sich beeindrucken zu lassen und sich zum Ausdruck zu bringen. Und beide Bedürfnisse stehen in einem wechselseitigen Verhältnis zueinander. Der Mensch steht unter den vielfältigen Eindrücken, die die Welt draußen in ihm hervorruft. Er nimmt sie auf. Er verarbeitet sie. Und er bringt sich unter dem Eindruck der transsubjektiven Welt immer wieder zum Ausdruck. Oder umgekehrt: Er bringt sich zum Ausdruck. Macht in der Welt – z.B. bei anderen Menschen – Eindruck. Sie verarbeiten diese Eindrücke und bringen sich ihrerseits zum Ausdruck. Um beeindruckt zu werden, bedarf es auf seiten des Menschen der Beeindruckbarkeit im Sinne einer spezifischen Offenheit. Einer Person, einer Sache, überhaupt irgendeinem Phänomen gegenüber offen zu sein bedeutet: auf es konzentriert zu sein, die Grenze ihm gegenüber abgebaut zu haben. Bedeutet: es hereinzulassen. Bedeutet: Verbindung aufzunehmen; von ihm her zu einem hin. Die Mittel, die es uns erlauben, diese Offenheit zu praktizieren, sind sinnlicher und intelligibler Art. Wir nehmen die natürlichen und die vom Menschen gemachten Dinge wahr; über das Auge, das Ohr, die Nase, den Mund, die Haut, die Bewegung einerseits. Für eine Fülle von Bildern, Tönen, Gerüchen, geschmacklich vermittelten Eindrücken, Tast- und Bewegungsempfindungen sind wir offen. Es sind sinnlich vermittelte Erfahrungen visueller, auditiver, olfaktorischer, gustativer, taktiler und kinästhetischer Art. Das Gesamtsystem der Sinne kann man auch rezeptorisches System nennen. Denn seine Besonderheit ist es, die transsubjektive Welt in die subjektive Welt hineinzunehmen. Geschieht dies, dann wird die Welt da draußen in der Welt da drinnen repräsentiert; eben in einer sinnlich vermittelten Weise. Diese Repräsentation der Welt draußen im Innern ist nicht identisch mit der Welt draußen, vielmehr lediglich der sinnlich vermittelte Eindruck, den die transsubjektive Welt auf den Menschen macht, und den der Mensch im Wege seiner Sinnlichkeit verschieden verarbeiten kann. Man kann ein und denselben Gegenstand – einen frischen Strauß von Rosen z.B. – verschieden rezipieren: visuell und olfaktorisch, aber u.U. auch taktil. Man kann ihn sehen, riechen und berühren.

Das rezeptorische System ist nun nicht nur sinnlicher, vielmehr auch intelligibler Art. Menschen sind der objektiven Welt gegenüber nicht nur offen im Wege der Sinne, vielmehr auch im Wege ihrer Intelligibilität. Sie sehen, hören, riechen die Dinge nicht nur. Sie erschaffen sie noch einmal. Mittel dieser Neuschöpfung ist die Sprache. Die Selbst-Welt-Korrelation, von der am Anfang des Kapitels die Rede war, ist demzufolge nicht nur sinnlich, vielmehr auch sprachlich bestimmt. Die Sprache ist Voraussetzung dafür, daß das, was der Fall in der Welt ist, differenziert werden kann und so ins helle Bewußtsein tritt. Natürlich kann man sich streiten, ob der ursprüngliche Sprachakt von der Kategorie des Eindrucks oder der Kategorie des Ausdrucks her zu verstehen sei. Kaum ist das Kind auf der Welt, schreit es. Es gibt sich kund. Macht auf sich aufmerksam. Drückt sich als Bedürftiges aus. Macht Eindruck auf sein soziales Umfeld. Bittet gleichsam im ersten Schrei darum, ihm in seinem Ausgeliefertsein zu entsprechen. Man könnte bei diesem ontogenetisch ursprünglichen Sprechakt einsetzen und somit bei der Sprache im Sinne ihrer Ausdrucksfunktion. Denn in diesem Falle drückt der Mensch sich aus. Er teilt sich mit. Im anderen Falle drückt er nicht sich aus. Er drückt vielmehr die Dinge, die um ihn herum sind, aus. Und er tut dies, indem er sie benennt. Die Bedeutung dieses ursprünglichen Aktes ist kaum zu überschätzten. Es ist der den Menschen in seinem Menschsein begründende Akt. Ein Akt der Vernunft. Und es ist nicht von ungefähr, daß dieser fundamentale Akt in einem so ursprünglichen Text wie der jahwistischen Schöpfungsgeschichte des Alten Testaments seinen Niederschlag gefunden hat. Eine geradezu archaische und in ihrer Ursprünglichkeit rührende Szene. Weil der erste Mensch, ein Mann, so allein ist, macht Gott ihm Mitgeschöpfe, um seine Einsamkeit zu überwinden. Und bevor er ihm die Frau zugesellt, bringt er ihm die Tiere. „Und Gott, der Herr, machte aus Erde alle die Tiere auf dem Felde und alle die Vögel unter dem Himmel und brachte sie zu dem Menschen, daß er sähe, wie er sie nennen würde; denn wie der Mensch jedes Tier nennen würde, so sollte es heißen. Und der Mensch gab einem jeden Vieh und Vogel unter dem Himmel und Tier auf dem Felde seinen Namen.“[21] Gott macht Tiere, um den Menschen aus seiner Einsamkeit zu erlösen. Und er bringt sie zu ihm. Das heißt: Er bringt sie ihm nahe. Denn nur in der Nähe kann der Mensch sie genau wahrnehmen. Und wenn man die Fülle, die Formen, die Farben der Tiere imaginiert, dann kann man das große Staunen des ersten Menschen erahnen, das ihn ergriffen haben mag. Aber auch den großen Eindruck erahnen, den die Tiere in ihrer Vielfalt, Eigenart und jeweiligen Andersheit auf den Menschen gemacht haben mögen. Entscheidend ist nun, was Gott vom Men-

[21] 1. Mose 2, 19–20a.

schen erwartet, während er ihm, vielleicht voller Stolz, seine Geschöpfe nahebringt. Er erwartet, daß er sie benennen würde. Das aber bedeutet, daß er den Menschen als ein vernünftiges Wesen nimmt. Denn: Die Dinge da draußen zu benennen, den Dingen in der transsubjektiven Welt Namen zu geben ist der ursprüngliche Akt der Vernunft.

Was geschieht in diesem ursprünglichen Akt der Benennung? Zunächst ist darauf zu achten, daß Gott den Menschen nicht einfach in die Welt setzt und ihn mit dieser Welt sich selbst überläßt. Er macht vielmehr Einzelwesen, Tiere, bringt sie ihm nahe und ist gespannt, wie er sie benennen wird. Das heißt: Er beeindruckt den Menschen nicht mit der Schöpfung in ihrer Totalität, vielmehr mit Geschöpfen in ihrer Vereinzelung. Der Mensch wird implizit nicht nur als einer gedacht, der in der Welt ist, der die Welt im Sinne der Subjekt-Objekt-Differenz in ihrer Gesamtheit sich gegenüber hat. Er wird vielmehr als einer gedacht, der aus der Welt als dem Gesamthorizont einzelne Phänomene herauslöst, weil er sie in ihrem Für-sich-Sein wahrnimmt. Und er löst sie heraus, indem er ihnen Namen gibt. Indem sie jedoch Namen tragen, werden Unterscheidungen eingeführt. Die Unterscheidung untereinander. Sie kommt in der Verschiedenheit der Namen zum Ausdruck. Und die Unterscheidung zwischen demjenigen, der die Namen vergibt, und denen, die Namen erhalten. Im Unterschied von Subjekt und Objekt kommt diese Unterscheidung zum Ausdruck. Der spezifische Reiz der archaischen Szene aber besteht darin, daß die Prozesse der sinnlichen und intelligiblen Wahrnehmung zusammenspielen. Was ist sinnlicher als ein Tier in der Nähe? Was beeindruckt einen Menschen mehr? Noch dazu einen ursprünglichen. Will man in der Moderne davon einen blassen Eindruck erhaschen, so imaginiere man ein Kind im Umgang mit einem Tier und die sich regelmäßig einstellende Faszination zwischen beiden. Indem der Mensch den Phänomenen draußen Namen gibt, wird Existenz im Sinne spezifisch menschlicher Existenz begründet. Sie zeichnet sich durch zwei Grundformen des Bezugs aus, die das Subjekt zu den Objekten hat. Es handelt sich um den theoretischen und den praktischen Bezug. Der theoretische Bezug wird dadurch gepflegt, daß der Mensch – wie gesagt – die Dinge benennt. Sie als benannte auf der Bühne seines Inneren in Erscheinung treten lassen kann. Sich ihrer erinnern kann, ohne sie zu sehen. Sie bedenken kann. Sie beschreiben kann. Sich fragen kann, wie sie funktionieren. Wodurch sie entstanden sind. Wozu sie da sind. Sich über sie mit anderen Subjekten verständigen kann. Sie also kommunikabel macht. Insofern er der Laut-Sprache eine Zeichen-Sprache zuordnet, ist er noch dazu in der Lage, seine Erkenntnisse zu objektivieren und von Generation zu Generation zu tradieren. Aus subjektivem Geist wird objektiver Geist. Die Bibliothek ist geboren. Und natürlich kann und muß sich der Mensch fragen, wie er den Bezug zu den Dingen, die er benannt und erkannt hat, gestalten will. Gibt er Antwort auf diese Frage, dann wird aus theoretischem Bezug praktischer Umgang. Aus Reflexion Aktion. Die Dinge werden zum Material menschlicher Gestaltungskraft. Die künstliche Welt wird geboren in Form von Zivilisation und Kultur.

Bringt man diese Gedanken in Beziehung zu den Grundbedürfnissen von Impression und Expression, von Eindruck und Ausdruck, so ist folgendes zu bemerken. Ein essentielles Kennzeichen des Menschen ist dies: Er drückt sich aus. Was bedeutet dieser einfache Satz: Ich drücke mich aus? Worin besteht das Bedürfnis, ja die Notwendigkeit, sich auszudrücken? Was bezweckt man im Ausdruck seiner selbst? Was ist die Voraussetzung dafür, daß dies geschehen kann, daß sich ein Mensch zum Ausdruck bringt? Die Fragen sind zu beantworten, sofern man klärt, was es im Prinzip heißt zu existieren; also die Situation des Menschen in prinzipieller Hinsicht klärt.

Der Mensch lebt gleichsam auf der Grenze zwischen zwei Räumen, die aneinander grenzen, aber als solche voneinander abgegrenzt sind. So gesehen ist der Mensch als Mensch Existenz auf der Grenze. Grenzexistenz. Der eine Raum ist die vorgegebene Welt, die Außenwelt. Der andere Raum ist die uns anheimgegebene Welt, die Innenwelt. In der Perspektive der Außenwelt ist die Innenwelt die subjektive Welt. In der Perspektive der Innenwelt ist die Außenwelt die transsubjektive Welt. Ein grundlegender Grenzaspekt zwischen subjektiver und objektiver Welt zeigt sich im hellen Bewußtsein der Subjekt-Objekt-Differenz. In ihr erlebt sich der Mensch für sich, der Welt gegenüber. Er erlebt die Welt als das andere, ihm gegenüber. Als dasjenige, zu dem man sich in Beziehung setzen kann und muß. Und er erlebt sich in seinem Für-sich-Sein als das von der Welt draußen Unterschiedene. Ein weiterer, grundlegender Grenzaspekt wird einsichtig, sofern man die interpersonale Situation reflektiert: den Menschen im Gegenüber zum Mitmenschen. In seinem Für-sich-Sein erlebt sich jeder der beiden nicht nur unterschieden vom anderen, vielmehr auch verborgen vor dem anderen. Jeder der beiden existiert im doppelten Blick: im Blick auf den anderen und im Blick in sich hinein. Im Blick auf den anderen begegnen sich die Blicke. Was sie erblicken ist zunächst äußerlich. Ich erblicke den anderen, wie er von seiner Hülle her erscheint. Der Blick in das, was die Hülle umhüllt, ist verborgen. Der Mensch entzieht sich dem Blick, der die Erscheinung durchdringen möchte, auf den Innenraum des Subjekts hin. Er verbirgt sich. In seiner Verborgenheit ist er nicht nur für sich. Er ist vielmehr auch einsam. Was wird er tun in seiner Einsamkeit?

Der Verschlossenheit des anderen entspricht die Erschlossenheit meiner selbst. Während der andere nicht weiß, wie ich mich fühle, welche Gedanken ich denke, welche Phantasien mich reizen, welche Motive mich bewegen, weiß ich es im Blick auf mich. Ich bin mir zugänglich. Zumindest partiell. Und ich habe einen Zugang zu mir, den kein anderer zu mir je haben kann und wird. Die wechselseitige Verborgenheit zählt zur Essenz menschlicher Existenz. Man sagt: Ich stecke nicht in deiner Haut. Man sagt es gelegentlich mit Bedauern. Wenn man verstehen möchte. Oder man sagt: Du steckst nicht in meiner Haut. Und auch das sagt man gelegentlich mit Bedauern. Wenn man sich unverstanden fühlt und verstanden werden möchte. Und natürlich kann man fragen, ob das Bedürfnis, sich auszudrücken, im Grunde Bedürfnis ist, sich mitzuteilen. An sich teil zu geben. Am anderen teil zu nehmen. Sein Für-sich-Sein in ein Mit-Sein zu verwandeln. Die Melancholie der Einsamkeit zu überwinden. Mit Sicherheit stecken alle diese Motive im Bedürfnis, sich auszudrücken. Aber in prinzipieller Hinsicht ist das wechselseitige Bedürfnis, sich unter dem Eindruck der Welt auszudrücken, und das Bedürfnis, sich auszudrücken, um einen unverwechselbaren Eindruck in der Welt zu hinterlassen, sehr viel tiefer anzusetzen. Es berührt das Wesen menschlicher Existenz. Menschliches Leben zeigt sich in der Korrelation von Ausdruck und Eindruck, Eindruck und Ausdruck. Wer lebt, wird beeindruckt und drückt sich aus. Leben heißt: beeindruckt zu werden, die Eindrücke zu verarbeiten, sich auszudrücken. Im Zusammenspiel und Fortgang von Eindruck und Ausdruck wird die spezifische Weise, wie ein Mensch sein Leben begreift und gestaltet, durchsichtig. Und erstaunlich ist, wie vielfältig die Ausdrucksmittel sind, die ein Mensch zur Verfügung hat.

Folgende Hinweise mögen dazu dienen, diesbezüglich einen gerafften Überblick zu geben. In vier Dimensionen und im Mittel folgender Dimensionen ereignet sich Ausdruck. Durchs Sagen. Durchs Tönen. Durchs Machen. Durchs Bewegen. Der

Mensch verfügt demzufolge über eine Vielfalt von Sprachen. Gemeint sind: die Wort-Sprache. Die Ton-Sprache. Die Produkt-Sprache. Die Körper-Sprache. Die Grundweisen, in denen sich der Mensch zum Ausdruck bringt, sind demzufolge das Sagen, das Tönen, das Machen, das Bewegen.

Sprachliche Symbole sind das Mittel der Wort-Sprache. Aus diesem Grunde spricht man auch von symbolischer Interaktion, sofern zwei Subjekte sich sprachlich austauschen. Der Kosmos des gesprochenen und geschriebenen Wortes zeigt die Vielfalt der diesbezüglichen Ausdrucksmöglichkeiten. Menschen drükken sich täglich in dem aus, was sie sagen: in den Informationen, die sie geben, in ihren Wünschen, Hoffnungen, Klagen, Wahrnehmungen, Bedenken, Überlegungen, Anweisungen, Argumenten und Gegenargumenten, die sie Tag für Tag von sich geben. Aber auch in dem, was sie in ihren Wissenschaften als mehr oder weniger gesicherte Erkenntnisse schriftlich niederlegen; in Geisteswissenschaften, Natur- und Sozialwissenschaften. Was sie erkennen, drücken sie aus. Und wenn sie dies in geordneter und der Vernunft erschlossener, also in nachvollziehbarer Weise tun, dann betreiben sie Wissenschaft. Was aber geschieht, sofern der Mensch Wissenschaft treibt? Er bringt sich als einen zum Ausdruck, der vom Willen zur Erkenntnis geprägt und u.U. auch fähig ist, zu erkennen. Aber nicht nur im alltäglichen Gespräch und im Treiben der Wissenschaften spielt die Wort-Sprache eine wichtige Rolle. Sie tut dies vor allem auch in der Literatur. Als Mittel des Menschen, sich auszudrücken, ist sie vielleicht wichtiger als die Wort-Sprache der Wissenschaften. Wissenschaftliche Erkenntnis ist orientiert am Regelmäßigen, am Allgemeingültigen, am Strukturellen, am Gesetz. Das Menschsein des Menschen zeigt sich jedoch nicht im Allgemeingültigen, vielmehr im Besonderen, im Individuellen. Im Mittel der Literatur aber bringt der Mensch den Menschen unter dem Aspekt seiner Besonderheit, Unberechenbarkeit, Einmaligkeit, ja in der unendlichen Vielfalt seiner Möglichkeiten zum Ausdruck. In der Literatur ist er nicht vorrangig bei den Objekten, wie die Wissenschaften. In der Literatur ist er ganz bei sich, bringt *sich* zum Ausdruck.

Die Symbol-Sprache, Zeichen-Sprache, Wort-Sprache ist ein Mittel, sich auszudrücken. Die Ton-Sprache ist ein anderes. Menschen drücken sich aus, indem sie singen, indem sie musizieren, indem sie tönen. Schon die Wort-Sprache hat ein musikalisches Element. Die Art, wie ein Wort, wie ein Satz ausgesprochen wird, macht seine Musikalität aus und zeigt häufig erst an, wie etwas gemeint ist. Der Ton macht die Musik, sagt der Volksmund und meint: Nicht nur aufs „Was", besonders aufs „Wie" kommt es an. Denn: Die Fakten sind wichtig, ihre Bedeutung aber ist wichtiger. Als bedeutende erst gehen sie mich an.

Warum ist die Tonsprache nun so wichtig? Warum werden Menschen von großen musikalischen Werken – sie können ganz einfach sein – immer wieder so tief berührt? Sicher ist es so, daß der Mensch seine feinsten, un-sagbaren Empfindungen im Medium der Musik zum Ausdruck bringen kann. Und umgekehrt ist es möglich, Menschen durch Musik so zu beeindrucken, daß ihr u.U. gefrorenes Gefühlsleben zu tauen beginnt und sie wieder in hoch differenzierter Weise feinfühlig werden. Und gerade unter dem Eindruck von Musik kann man erkennen, wie grob die Wort-Sprache ist im Blick auf das, was sie an Gefühlen benennen kann. Es gibt eben nicht nur Freude oder Angst. Es gibt unzählig viele Freuden und Ängste, unzählig viele Schattierungen von Glücksgefühlen und Gefühlen von Abscheu und Widerwillen. Die Wort-Sprache ist ein relativ stumpfes Instrument, wenn es darum geht, die Welt der Gefühle begrifflich zu fassen. Einmal abgesehen davon, daß keine Gefühlsregung dadurch entsteht, daß ich sie benenne. Anders die Musik. Ein fröhliches Stück macht fröhlich. Ein trauriges Stück macht traurig. Ein besinnliches besinnlich. Aber nicht allein diese Eigenschaft der Musik, Gefühlsnuancen auszudrücken und die Gefühlswelt des Menschen zu aktivieren macht, daß sie den Menschen tief berührt. Es kommt m.E. vielmehr etwas sehr Wichtiges hinzu. Um es in einem Satz zu sagen: „Große" Musik zeigt, was es heißt, in wahrer Weise Mensch zu sein. Will man verstehen, was dieser merkwürdige Satz bedeutet, muß man sich folgendes vergegenwärtigen: Menschliches Leben gelingt, sofern es so gestaltet wird, daß zwei Dimensionen zusammenwirken. Das Apollinische und das Dionysische. Bekanntlich hat F.W. Schelling dieses Begriffspaar geprägt und F. Nietzsche hat es übernommen.[22] Der Gott Apoll repräsentiert das Streben nach Form, nach Ordnung, Maß und Besonnenheit. Der Wille, der ihn kennzeichnet, ist der Gestaltungswille. Dionysos dagegen ist der Gott der Ekstase, der Leidenschaft, des Rauschhaft-Schöpferischen, der Fruchtbarkeit. Ein Mensch, der einseitig im Sinne des Apollinischen lebt, ist zielorientiert, rational, maßvoll, schätzt in besonnener Weise ab, was geht und was kaum geht. Er verleiht seinem Leben Form und führt es in geordneten Bahnen. Die Zeit, die für diese Lebensform steht, ist die Zeit des Tages. Die Zeit der Helligkeit, der Überschaubarkeit, durchsichtige Zeit. Bewußtheit ist ihre Kennung. Die Gefahr der apollinischen Lebensführung besteht darin, daß Form zu Formalismus entartet. Daß vor lauter Zielfixierung der schöne Zufall nicht mehr wahrgenommen wird. Daß sich vor lauter Lebensführung alles Heitere, Beschwingte aus einem Leben entfernt. Daß das Lebensgefühl starr, spröde, trokken wird, die Kreativität zugrunde geht. Ein Mensch, der im Gegensatz dazu einseitig im Sinne des Dionysischen lebt, ist

---

[22] F. Nietzsche, Die Geburt der Tragödie aus dem Geiste der Musik, Stuttgart 1955.

ganz dem Augenblick im Sinne des berühmten „carpe diem" hingegeben. Er ist nicht am Ziel von morgen, vielmehr am Weg von heute interessiert. Er will die Erfüllung seines Lebens je jetzt. Er ist voller Leidenschaft. Ins Leben verliebt. Voll von kreativen Einfällen. Das Prinzip seines Lebens ist Fruchtbarkeit, die in jedem Augenblick Neues gebären kann. Er liebt den Wein und er lebt das Leben gleichsam wie in einem Rausch. Die Zeit, in der er sich wohl fühlt, ist die Zeit der Nacht. Zeit der Dunkelheit, der Ungewißheit, Zeit der Phantasie, des Träumens, Zeit der Überraschung. Zeit, in der das Vital-Unbewußte ins Bewußtsein einbricht. Nimmt der apollinisch Orientierte Leben als Material, das es zu kneten gilt, so nimmt der dionysisch Orientierte Leben als letzte Gelegenheit. Leben als Geschenk, das es zu empfangen gilt. Die Hand, die begreift, formt, fügt, mag als Symbol fürs Apollinische stehen. Die offene Hand, die empfängt, die sich das Leben schenken läßt, je jetzt, die sich leise berühren oder auch prall füllen läßt, mag als Symbol des Dionysischen gelten. Aber auch die dionysische Lebensführung birgt ihre Gefahr. Sie liegt darin, daß Dynamik in Dynamismus pervertiert. Daß die Faszination des Augenblicks den Menschen dazu verführt, Lebensprojekte, die des langen Atems bedürfen, aus dem Auge zu verlieren. Die Zeit nicht mehr zu strukturieren, in den Tag formlos hineinzuleben, dem Zufall preisgegeben. Die Kreativität und Lebensvitalität nicht mehr in den Dienst langfristiger Ziele zu stellen. Heute dies, morgen das zu tun. Der genußlosen Zielorientierung im Zusammenhang des Apollinischen steht hier die ziellose Genußorientierung gegenüber. Kraft ist da. Aber ein Wofür fehlt. Ganz offensichtlich kann menschliches Leben nicht gelingen, sofern es einseitig apollinisch oder einseitig dionysisch geführt wird. Gelingen kann es nur, sofern es dialektisch gestaltet wird. Schlichte Dialektik hat statt, sofern sich dionysische und apollinische Lebensführung abwechseln. Man lebt eine Zeitlang apollinisch, eine Zeitlang dionysisch. Kennzeichen dieser Art, Leben zu führen, ist das Nacheinander. Kennung einer differenzierten dialektischen Lebensgestaltung aber ist nicht das Nacheinander, vielmehr das Ineinander. Soll heißen: Die Dimensionen des Apollinischen und Dionysischen spielen zusammen, verschränken sich. Bewußtes und Unbewußtes vernetzen sich. Zielorientierung und Wegorientierung erscheinen ausbalanciert. Ebenso Wille und Leidenschaft. Form und Spiel. Planung und Kreativität. Denken und Träumen schließen sich nicht mehr wechselseitig aus. Die Dimensionen des Rationalen und Erotischen durchdringen einander.

Warum nun berührt große Musik den Menschen so nachhaltig? Warum ist sie so eindrucksdicht und eindruckstief? Sie ist es m.E., weil in ihr die Dimensionen des Apollinischen und Dionysischen in perfekter und je eigener Weise zusammenspielen, gleichgültig, ob es sich um ein Stück von Bach, Mozart oder von einem großen romantischen Komponisten handelt. In großer Musik durchdringen sich die Dimensionen des Rationalen und Emotionalen. Wie erotisch und erotisierend ist die Musik Mozarts und gleichzeitig gegliedert, rational, durchsichtig. Und das Gleiche gilt für Bach. Bei aller Rationalität seiner Kompositionen wird niemand bestreiten, daß es sich um leidenschaftliche Musik handelt, die die emotionale Tiefe des Menschen zum Schwingen bringt.[23] Das aber heißt: In dieser Musik, nämlich im

---

[23] Ohne sich auf das Dionysische und Apollinische zu beziehen hat dieses Zusammenspiel der Dimensionen in der Musik unvergleichlich schön H. Hesse beschrieben:
„Wir halten die klassische Musik für den Extrakt und Inbegriff unsrer Kultur, weil sie ihre deutlichste, bezeichnendste Gebärde und Äußerung ist. Wir besitzen in dieser Musik das Erbe der Antike und des Christentums, einen Geist heiterer und tapferer Frömmigkeit, eine unübertreff-

dialektischen Zusammenspiel der Dimensionen des Apollinischen und Dionysischen, wird das Prinzip gelingenden Menschseins zum Ausdruck gebracht. Und die Faszination dieser Musik besteht darin, daß sie den Menschen reizt, den Lebensprinzipien, denen sie gehorcht, zu gehorchen. Musik dieser Art beeindruckt den Menschen und veranlaßt ihn, sich unter ihrem Eindruck in einer dem Menschen gemäßen Weise zum Ausdruck zu bringen. Das heißt: Schritt für Schritt wahrer Mensch zu werden. Ein erfüllendes Leben zu leben. Ins Glücken des Lebens verliebt zu bleiben. Und dies im Miteinander von Apollinischem und Dionysischem. Und natürlich mag sich diese Wirkung großer Musik bewußt ereignen. Meistens ist sie halbbewußt oder unbewußt. Soviel zur Ton-Sprache.

Der Mensch steht nicht nur unter dem Eindruck von Wort-Sprache und Ton-Sprache und drückt sich in diesen Medien aus. Er steht auch unter dem Eindruck der Produktsprache, und in-

---

lich ritterliche Moral. Denn eine Moral letzten Endes bedeutet jede klassische Kulturgebärde, ein zur Gebärde zusammengezogenes Vorbild des menschlichen Verhaltens. Es ist ja zwischen 1500 und 1800 mancherlei Musik gemacht worden, Stile und Ausdrucksmittel waren höchst verschieden, aber der Geist, vielmehr die Moral ist überall dieselbe. Immer ist die menschliche Haltung, deren Ausdruck die klassische Musik ist, dieselbe, immer beruht sie auf derselben Art von Lebenserkenntnis und strebt nach derselben Art von Überlegenheit über den Zufall. Die Gebärde der klassischen Musik bedeutet: Wissen um die Tragik des Menschentums, Bejahen des Menschengeschicks, Tapferkeit, Heiterkeit! Ob das nun die Grazie eines Menuetts von Händel oder von Couperin ist, oder die zu zärtlicher Gebärde sublimierte Sinnlichkeit wie bei vielen Italienern oder bei Mozart, oder die stille, gefaßte Sterbensbereitschaft wie bei Bach, es ist immer ein Trotzdem, ein Todesmut, ein Rittertum, und ein Klang von übermenschlichem Lachen darin, von unsterblicher Heiterkeit." H. Hesse, Das Glasperlenspiel, Zürich 1963, S. 47.

dem er Produkte anfertigt, drückt er sich aus. Die uns vorgegebene Welt ist nicht allein Natur, vielmehr die ins Lebensdienliche verwandelte Natur. Die Totalität der ins Lebensdienliche verwandelten Natur ist der das Leben des Menschen nachhaltig bestimmende künstliche Kosmos im Sinne von Kultur und Zivilisation. Technische und ästhetische Produkte und das Hervorbringen dieser Produkte ist in diesem Zusammenhang zu bedenken. Der Zweck des technischen Produkts liegt in dem, was nützt. Der Zweck des ästhetischen/unästhetischen Produkts, in dem, was gefällt oder in irgendeiner Hinsicht bedeutsam ist. Und natürlich gibt es eine Fülle nützlicher Produkte schön verpackt. In diesem Falle spielen die technische und ästhetische Dimension ineinander. Das Funktionale wird in eine Form gebracht, die gefällt oder zumindest gefallen soll. Gutes Design ist gefragt. Wir alle sind umstellt von künstlichen Systemen. Man denke an die Wohnsysteme: an Städte und Dörfer in all ihren Formen zum Beispiel. Man denke an Produktionssysteme: an Fabriken und gewerbliche Betriebe zum Beispiel. Man denke an Verkehrssysteme: Auto- und Eisenbahnen zum Beispiel. Man denke an Konsumsysteme: Kaufhäuser und Gaststätten beispielsweise. Diese Systeme und die sie konstituierenden Einzelelemente beeindrucken nicht nur im Mittel der Atmosphäre, die von ihnen ausgeht: Jedes technische Produkt spricht den Menschen in einer spezifischen Weise an. Sie machen vielmehr insofern Eindruck, als sie das Subjekt auffordern, es zu gebrauchen, es fortzuentwickeln, es immer wieder neu auszugestalten. In der Weise, wie der Mensch von den künstlichen Systemen Gebrauch macht, verleiht er seiner Umwelt Form und bringt sich auch so zum Ausdruck. Im Gebrauch, in der Ausstattung, in der Um- und Neugestaltung seiner Wohnung beispielsweise drückt sich der Mensch so nachhaltig aus, daß ein Hausbesuch manchmal mehr über einen Menschen aussagt als der unmittelbare Kontakt mit ihm. Und dies nach dem Leitsatz: Zeig mir dein Gehäuse, und ich sage dir, wer du bist. Dabei hat die Produkt-Sprache vorrangig Appell-Charakter. Der ihr innewohnende Imperativ lautet schlicht: Gebrauch mich! In dem, was der Mensch nun meint unbedingt zu brauchen, und in der Weise, wie er es gebraucht und verbraucht, bringt er sich zum Ausdruck. Und natürlich macht die Weise des je eigenen Brauchens, Gebrauchens und Verbrauchens Eindruck auf andere. Ein Eindruck, den sie verarbeiten müssen, um sich schließlich in ihrer Art auszudrücken: in ihren Produktionsgewohnheiten. In ihren Konsumgewohnheiten. In ihrer Art zu genießen.

Zur Wort-Sprache, Ton-Sprache, Produkt-Sprache gesellen sich Körper- und Umgangssprache. Der Mensch drückt sich bewußt, halbbewußt, aber auch völlig unbewußt durch seinen Körper hindurch aus. Durch seine Mimik, seine Gestik, seine Motorik überhaupt. Durch das, wie er geht, liegt und steht. Durch die Haltung und Bewegung seines Ober- und Unterkörpers. Durch die Qualität seiner Stimme, seiner Art zu sprechen, seiner Art zu atmen. Wie unglaublich ausdrucksstark und differenziert Körper-Sprache sein kann, zeigt sich aber auch im Tanz. Vorzüglich im modernen Ballett in seiner Ausdrucksfülle. Dabei reicht die Qualität des Ausdrucks von völliger Unbewußtheit bis hin zu höchster Bewußtheit. Man kann Körper-Sprache – auch Gestik, Mimik, Haltung – zumindest teilweise steuern. Und vom therapeutischen Gespräch weiß man, daß dem mimisch-gestischen Kommentar dessen, was der Patient sagt, höchste Bedeutung zukommt. Übrigens auch der Körperhaltung des Therapeuten, die er während des Gesprächs einnimmt. Wichtig ist, daß er Zu-Neigung zum Patienten im ursprünglichen Sinne des Wortes zum Ausdruck bringt: indem er sich ihm zuneigt. „Therapeuten sollten mit dem Oberkörper zum Patienten hingeneigt sitzen, die Arme offen, die Hände locker im Schoss und, während der Patient spricht, immer wieder mit dem Kopf nicken. Eigene Äußerungen sollte der Therapeut mit Gesten unterstreichen, denn lebhafte Gestik wird als positiv wahrgenommen. Therapeuten, die das tun, werden von ihren Patienten viel positiver beurteilt als Therapeuten, die nach hinten gelehnt und mit vor der Brust verschränkten Armen dasitzen. Die Beine sollten eher offen als übereinander geschlagen sein."[24] Entscheidend ist das über den Körper vermittelte Signal, daß man Nähe gewährt, Aufmerksamkeit und Interesse schenkt. Dazu kommt ein weiterer, wichtiger Kommunikationskanal, nämlich die Art, wie man spricht: der Tonfall. Entscheidend ist, daß der Patient über die Klangfarbe der Therapeutenstimme dies wahrnimmt: Mein Helfer ist voller menschlicher Wärme. Ein mutiger Mensch. Einfühlsam, liebevoll, herausfordernd, ehrlich, zuversichtlich. Aber auch: kompetent und professionell.[25]

Auch im Mittel der Körper-Sprache drückt der Mensch etwas von sich aus. Etwas, das innerlich ist und geäußert wird, also nach außen kommt. Verborgenes, das offenbar wird. Was da zum Ausdruck kommt, sind Gefühle und Intentionen. Dabei ist zu bedenken, daß beide Phänomene unmittelbar zusammenwirken. Was der Mensch wirklich will, also von Herzen erstrebt, ist natürlich nachdrücklich gefühlsunterlegt. Und starken Gefühlen wohnt immer die Tendenz inne, sich an Intentionen zu binden, sich in Intentionen zu äußern. Wer sein Leben mit einem Menschen in allen Dimensionen teilen will, erlebt diesen Wunsch um so nachhaltiger, je mehr er vom Gefühl der Liebe unterlegt ist. Und umgekehrt: Wird ein Mensch vom Gefühl der Liebe zu einem anderen ergriffen, dann hegt er die Intention, sein Leben

---

24 K. Grawe, a.a.O., S. 311 f.

25 Vgl. dazu a.a.O., S. 312.

mit ihm zu teilen. Und dies sehr nachhaltig, sofern es sich um ein starkes Gefühl handelt. Soll heißen: Emotionalität und Intentionalität spielen sehr eng zusammen.

Natürlich ist zu fragen, ob der Körper-Sprache im Blick auf das Bedürfnis des Menschen, sich auszudrücken und andere Subjekte zu beeindrucken, so große Bedeutung zukommt. Und dies angesichts des Sachverhaltes, daß nonverbaler Ausdruck nur partiell steuerbar ist. „Von allen nonverbalen Kommunikationskanälen ist die Mimik derjenige, der relativ am besten bewusst kontrolliert werden kann. Sie kann am erfolgreichsten in den Dienst einer bewussten Absicht gestellt werden."[26] Alle anderen nonverbalen Kommunikationskanäle sind dem bewußten Einsatz sehr viel ferner. Dennoch kommt der Körper-Sprache, gleichgültig, ob sie sich bewußtseinsferner oder bewußtseinsnäher vollzieht, eminente Bedeutung im Zusammenspiel von Expression und Impression zu. Dies leuchtet sofort ein, sofern man sich folgenden Zusammenhang bewußt macht:

Im Blick auf die Körpersprache des Menschen kann man zwar zwischen Gestik, Mimik, allgemeiner Motorik, Haltung, Klang der Stimme und anderen Kommunikationskanälen unterscheiden. Dennoch wirken sie alle im lebendigen, zwischenmenschlichen Austausch zusammen und verdichten sich zu dem, was man die Atmosphäre[27] eines Menschen nennt. Atmosphäre ist ursprünglich ein meteorologischer Begriff. Gemeint ist die feinstoffliche Hülle, die die Erdkugel umgibt und alles Leben ermöglicht. Im übertragenen Sinne handelt es sich gleichsam um die feinstoffliche Hülle, die einen Menschen umgibt: um seine

---

26 A.a.O., S. 300.

27 Vgl. dazu H. Tellenbach, Geschmack und Atmosphäre, Salzburg 1968, S. 48.

ureigenste Ausstrahlung. „Ein Mensch hat und verbreitet Atmosphäre in mehr oder minder intensiver Weise als eine Wesensausstrahlung, die ihn in seiner Personalität kennzeichnet – ‚wie eine feine Wolke, die von ihr ausgeht' … Wo immer ein Mensch mit dem anderen in Beziehung tritt, steht dieser strahlend-spürende Bezug am Beginn."[28] Im Gegensatz zur Wort-Sprache kann man die je eigene Atmosphäre als Kommunikationsmittel nicht einfach beliebig einsetzen. Man kommuniziert zwar nachhaltig und blitzschnell durch die von einem abstrahlende Atmosphäre. Aber man kann seine Atmosphäre kommunikationstechnisch nicht verinstrumentalisieren. Den atmosphärischen Eindruck, den man auf einen anderen macht, hat man nicht in der Hand. Dies hängt damit zusammen, daß man die je eigene Atmosphäre im eigentlichen Sinne nicht hat. Daß man diese Atmosphäre vielmehr ist. Man kann sich Atmosphäre, oder gar verschiedene Atmosphären, nicht zulegen, um sie situationsadäquat einzusetzen, so wie man sich eine Fachsprache zulegen kann, um damit spezifische Situationen zu bewältigen. Da aber im Mittel der Atmosphäre ein vorsprachlicher Elementarkontakt geschaffen wird, der sich auf die Qualität zwischenmenschlicher Kommunikation nachhaltig auswirkt, ja vielfach der eigentliche Grund für ihr Gelingen oder Scheitern ist, muß man sich dies fragen: Kann man Atmosphäre verändern? Vor allem natürlich eine negative Atmosphäre? Zum Beispiel: eine kalte oder unterkühlte. Eine feindselige. Oder eine Atmosphäre der Mißgunst. Die Antwort lautet: Man kann. Dies wird einsichtig, sofern man klärt, was Atmosphäre bedingt. Ganz offensichtlich sind es die

[28] Vgl. dazu W. Kurz, Sinn und Atmosphäre. Vom Heil und Unheil, das „in der Luft" liegt, in: M. Seidel (Hrsg.), Die Kunst, sinnvoll zu leben, Tübingen 1996.

Grundeinstellungen, die ein Mensch im Laufe eines Lebens erworben hat, die nun sein Selbstverständnis begründen. Es gibt lebensfreundliche und weniger freundliche Grundeinstellungen. Bekömmliche und weniger bekömmliche. Biophile und nekrophile im charakterologischen Sinne. Konstruktive und destruktive. Dem Wesen eines Menschen angemessene und wesensfremde. Und häufig ist sich der Betroffene seiner Grundeinstellungen kaum und des Zusammenhangs zwischen Einstellung und atmosphärischer Ausstrahlung nicht bewußt. Einstellungen aber kann man klären, kann man in ihrer Leben verlebendigenden oder Leben störenden Funktion durchschauen. Einstellungen kann man verändern. Verändert man jedoch eine Grundeinstellung Zug um Zug, so wird sich auch die einem eigene Atmosphäre verändern, Schritt für Schritt.

Die verschiedenen Sprachen – Wort-Sprache, Ton-Sprache, Produkt-Sprache, Körper-Sprache – wurden hier im Zusammenhang zweier Grundbedürfnisse behandelt: des Expressionsbedürfnisses und des Impressionsbedürfnisses. Menschsein ereignet sich auf der Schnitt- und Berührungsstelle von Innenwelt und Außenwelt. Als dialogisches Wesen entwickelt der Mensch immer wieder das fundamentale Bedürfnis, sich – d.h. seine der Außenwelt verborgene Innenwelt – mitzuteilen; konkret: sich einem Dialogpartner zu erschließen. Sich: das heißt, seine Gedanken, seine Gefühle, seine Phantasien, seine Träume, seinen Glauben, seine Wertvorstellungen, das, was er von sich und der Welt zu wissen meint. Mittel des Erschließens sind die verschiedenen Sprachen. Bei aller Verschiedenheit stimmen sie in einem Punkt überein. Sie haben symbolische Struktur. Das heißt: Sie haben Verweis- und Repräsentanzfunktion. Sie verweisen auf etwas, vergegenwärtigen etwas, was verborgen ist. Bringen es zum Ausdruck: das Wort einen Gedanken, der in mir verborgen ist. Die Töne eine musikalische Idee, die in mir verborgen ist.

Das Produkt eine technische oder ästhetische Idee, die in mir verborgen ist. Der Körper eine emotionale-intentionale Befindlichkeit, die in mir ist und zum Ausdruck kommen will. Diesbezüglicher Ausdruck aber ist nicht selbstzweckhaft. Ausdruck will ankommen. Er meint den anderen. Den, der mit mir unterwegs ist. Und er kommt an, sofern er Eindruck macht. Eindruck beim anderen. Was dieser Ein-Druck im betroffenen Subjekt bewirkt, weiß der Verursacher nicht. Eindrücke werden wahrgenommen, aufgenommen, in den Innenraum hineingenommen, bearbeitet, u.U. verarbeitet. Sie verschwinden im Verborgenen der Subjektivität. Und zunächst ist das Subjekt nun wieder allein: in seinem Beeindruckt-Sein. Erst wenn es sich unter einem bestimmten Eindruck zum Ausdruck bringt, bricht es seine Einsamkeit auf und erschließt sich nun seinerseits einem anderen. Die Interaktionsfähigkeit zweier Menschen aber beruht darauf, daß beide beides können: sich ausdrücken, um Eindruck zu machen. Eindrücke empfangen, um sich auszudrücken. Und dies in fortlaufender Wechselseitigkeit. Dahinter aber stehen zwei fundamentale Bedürfnisse. Die Bedürfnisse nach Impression und Expression.

Kapitel IV
Der fragende Mensch in philosophischer und therapeutischer Perspektive

1. Der Mensch als personifizierte Frage

Menschliche Existenz ist bedürftige Existenz. Den Menschen unter dem Aspekt seiner Bedürftigkeit wahrzunehmen ist sowohl in psychotherapeutischer als auch in philosophischer Hinsicht wichtig. In psychotherapeutischer Perspektive, weil die angemessene Befriedigung der aufgezeigten Bedürfnisse dazu führt, daß die psychische Gesundheit eines Menschen erhalten bleibt. In philosophischer Perspektive, weil die Wahrnehmung des Menschen unter dem Aspekt seiner Bedürftigkeit etwas zum Verständnis menschlicher Existenz beiträgt. Oder umgekehrt: Wer sich in seinen Grundbedürfnissen nicht hinreichend wahrnimmt, verkennt die menschliche Situation und gefährdet sein Leben. Im übrigen sind alle menschlichen Bedürfnisse Anspruchsphänomene und stellen als solche intrapsychische Herausforderungen dar, die beantwortet werden wollen. Während die vitalen Fundamentalbedürfnisse, die der Mensch mit den Tieren teilt – Bedürfnis nach Nahrung, Bewegung, Schlaf, Atmung – keinen oder kaum Aufschub dulden, sind die menschliche Existenz kennzeichnenden Bedürfnisse länger aufschiebbar oder unterdrückbar. Ihre prinzipielle Unterdrückung führt jedoch dazu, daß der Mensch als Mensch verunglückt. Natürlich gibt es Bedürfnisse, die sich der Mensch im Verlauf seines Lebens zulegt: das Bedürfnis nach Luxus z.B. oder das Bedürfnis, besonders bedürfnislos zu leben. Es handelt sich um angeeignete, zufällige, individuelle Bedürfnisse. Man hat sie oder man hat sie auch nicht. Im Gegensatz dazu sind Grundbedürfnisse, die hier vorrangig zur Debatte stehen, keine Bedürfnisse, die man hat, vielmehr Bedürfnisse, die einen haben; soll heißen: Bedürfnisse, die zum Menschsein des Menschen gehören. Die zu seiner spezifischen Geist-Seele-Leib-Konstruktion gehören. Es handelt sich somit um anthropologische Konstanten. Bedürfnisse dieser Art kann man sich nicht zulegen. Man kann sie auch nicht ablegen. Sie sind einfach da. Die Weise ihres Daseins hat die Form der Frage. Es handelt sich um die Frage nach ihrer Erfüllung. Da ihr Dasein mit dem Menschsein zusammenfällt, ist davon auszugehen, daß menschliche Existenz die Form der Frage hat. Oder anders: der Mensch ist sich als Frage nach sich selbst gegeben. „Der Mensch *ist* die Frage nach sich selbst, noch ehe er irgendeine Frage gestellt hat."[1] Im Laufe seines Lebens wird er es lernen, die Frage, die er ist, auch zu stellen. Das Frage-Sein fordert den Frage-Akt heraus. Im wesentlichen handelt es sich um die Frage, was er unternehmen muß, um seinen Grundbedürfnissen gerecht zu werden. Konkret: was zu tun ist, das Sinn- und Kontrollbedürfnis, das Bindungs- und Selbstwerterhöhungsbedürfnis, das Lustgewinn- und Explorationsbedürfnis, das Impressions- und Expressionsbedürfnis in optimaler Weise zu befriedigen. Im Prinzip geht es um das Problem der Lebensführung. Also um die Frage, wie das je eigene Leben zu führen und zu gestalten sei, damit es zu seiner Erfüllung komme.

Nun ist es allerdings keineswegs selbstverständlich, daß sich der Mensch diese Frage stellt, diese Frage eigenwillig beantwortet und seinem Leben im Horizont einer selbstgefundenen Antwort Form verleiht. Selbstverständlich ist vielmehr, daß der Mensch zunächst einmal angeleitet wird, auf die Frage nach seiner Lebensführung sich mit Antworten zu identifizieren, die das soziale Umfeld vorgibt. Wie Leben zu verstehen, zu führen sei,

---

[1] P. Tillich, Systematische Theologie Bd. 1, Stuttgart 1956, S. 76.

worin die Bestimmung eines Lebens liege, sagen diejenigen, die zuerst da waren. Sie nehmen für sich das Recht in Anspruch, dem Frage-Sein der Nachkommen dadurch zuvorzukommen, daß sie es stellvertretend beantworten. In der Perspektive der Nachkommen kann man sagen: Sie werden in ein immer schon vorinterpretiertes gesellschaftliches Feld hineingestellt. In ein Feld, in dem die Vorfahren den Nachkommen gegenüber Interpretationshoheit ausüben. Das heißt: ihnen sagen, was sie zu tun haben. Was sie zu lassen haben. Was man von ihnen erwarten darf. Wozu sie da sind. Wird der Nachkomme im Zuge von Enkulturation und Sozialisation nahtlos mit seiner sozialen Umwelt verzahnt, dann entsteht gleichsam ein sozialer Biotop. Das heißt: ein gleichsam sozialbiologisches Reiz-Reaktionsfeld, das den Menschen veranlaßt, bestimmten Reizen gegenüber in vorprogrammierter Weise zu reagieren. Erziehung, die einseitig enkulturiert und sozialisiert, verdient ihren Namen nicht. Entscheidend ist, daß Erziehung beides im Auge behält: das gesellschaftliche und kulturelle Umfeld, dem sich der Mensch erschließen und in dem er sich zu bewegen lernen soll. Und den Menschen, dessen Würde vorrangig darin besteht, die Bestimmung seiner selbst selbst zu entdecken und sich sein Leben in der Weise anzueignen, daß er es selbständig führt und formt. Dies in Vor-Sicht auf die gesellschaftlichen Rahmenbedingungen und in Rück-Sicht auf die je eigene Person in ihrer Einmaligkeit. Erziehung, die ihren Namen verdient, ist immer paradox. Sie enkulturiert und exkulturiert. Sie sozialisiert und personalisiert. Sie setzt den Menschen frei, sich anzupassen und sich querzustellen. Sie ermöglicht ihm die begründete Affirmation. Aber ebenso die begründete Negation. Und sie leitet ihn an, die Frage, die er *ist,* Zug um Zug zu übernehmen. Das heißt: sich in seinem Frage-Sein als einen zu entdecken, der zunächst die Antworten der zuerst Dagewesenen probieren wird. Der aber letztendlich eigenwillig antworten muß, soll er sich selbst nicht verfehlen. Leitet Erziehung dazu an, wird sie sich selbst gerecht. Erziehung dieser Art ist Erziehung mit philosophischer Substanz. Erziehung ohne philosophische Substanz ist ein Widerspruch in sich selbst. Man mag sie Drill nennen.

Therapie und Beratung sind Formen der Erziehung im nachhinein. Wenn Erziehung und Selbsterziehung nicht greifen, nicht zu ihrem Ziel kommen, sind Therapie und Beratung angezeigt: Therapie, sofern bereits signifikante psychische Störungen aufgetreten sind. Beratung, sofern sich ein Mensch in eine problematische Lebenssituation verstrickt hat, die er ohne Beistand zu bewältigen nicht mehr fähig ist. In beiden Fällen geht es um Neuorientierung in der Lebensführung. Ein fundamentales Mittel, Neuorientierung zu ermöglichen, ist die Frage. Es handelt sich im wesentlichen um Fragen, die der Helfer an den Patienten stellt. Er stellt sie deshalb, weil der Patient – aus welchen Gründen auch immer – diese Fragen nicht oder nicht mehr stellt. Der Helfer stellt sie demzufolge nicht allein, um Informationen zu erhalten. Er stellt sie vor allem, um den Patienten zu seiner je eigenen Fraglichkeit freizusetzen. Soll heißen: um ihn zu veranlassen, sich in seinem Frage-Sein ernst zu nehmen. Und dies dadurch, daß er – veranlaßt durchs Fragen des Therapeuten – sich selbst existentiell fundamentale Fragen stellt und nach Antworten sucht.

Das Prinzip menschlicher Existenz ist Veränderung. Der Mensch verändert sich, ob er will oder nicht. Im Prinzip ist sein Leben Pro-zeß, Fort-gang. Die Frage ist lediglich, ob der Prozeß wachstumsorientiert oder verfallsorientiert ist. Ob er konstruktiv ist oder destruktiv. Der sicherste Weg, das je eigene Leben in die Destruktion zu führen, besteht im Versuch, es festzuhalten. Soll heißen: es in derjenigen Form zu halten, die es nun einmal hat. Entscheidend ist die Frage, ob man sein Leben führt und so seinem Leben immer wieder eine neue Form gibt. Oder ob man sein Leben der Führung durch eine einmal gewonnene Form überläßt. Leben im konstruktiven Sinne zu führen bedeutet, die durchaus notwendigen Lebensformen davor zu bewahren, daß sie einfrieren, starr werden. Um sie flexibel zu halten, sie formbar zu machen ist die an sich selbst gerichtete Frage ein ausgezeichnetes Mittel. Der neurotische Mensch, der in einer Lebensproblematik verfangene Mensch stellt sie nicht mehr oder er stellt nicht mehr die richtigen Fragen. Der Helfer stellt sie deshalb stellvertretend und veranlaßt so den Patienten, sie selbst an sich zu stellen, um sich einer kritischen Lebenssituation wirklich zu stellen. Dabei geht es immer um die Frage der Lebensführung. Also um die Frage: Wie habe ich mein Leben bisher geführt? Wie führe ich mein Leben gegenwärtig? Wie sollte ich mein Leben angesichts der guten und weniger guten Erfahrungen, die ich gemacht habe, künftig führen? Vorausgesetzt ist dabei, daß Leben dem Menschen als Material seiner Gestaltungskraft gegeben ist. Und daß der Mensch dieses Material partiell gekonnt gestaltet, also das übt, was man in der praktischen Philosophie Lebenskunst nennt.

2. Der Mensch als Frage nach der Erfüllung seiner Grundbedürfnisse

Buchstabiert man die Frage nach der Lebensführung im Horizont des vorgestellten Modells menschlicher Grundbedürfnisse, so sind folgende therapeutisch-philosophische Fundamentalfragen zu stellen:

Im Blick auf das Orientierungsbedürfnis: Welche zentralen, Sinn eröffnenden Ziele verfolge ich oder sollte ich verfolgen; Ziele, die dazu beitragen, daß ich mein Leben als sinnvoll erleben kann, die zugleich etwas zur Sinnerfüllung fremden Lebens austragen? Habe ich mich im Mittel des philosophischen Diskurses vergewissert, daß diese Ziele meine eigenen Ziele sind? Daß es sich nicht um Ziele handelt, die andere mir schmackhaft gemacht haben? Handelt es sich um Ziele, die zu meiner Person, zur Lebensphase, in der ich stehe, zu meinen Wertvorstellungen und zum Aufforderungscharakter der mir vorgegebenen und zu verantwortenden Lebenslage stimmen?

Im Blick auf das Kontrollbedürfnis: Verfüge ich über die kognitiven, psychischen und operativen Kompetenzen, die intendierten Ziele auch zu realisieren; Schritt für Schritt? Soll heissen: Habe ich genügend Einsichten und Kenntnisse, seelische Kraft und Umsetzungsfähigkeit, die mir vorschwebenden Pläne zu verwirklichen; Zug um Zug? Bin ich fähig, mir die benannten Kompetenzen in angemessener Zeit anzueignen? Was tue ich, um sie mir anzueignen?

Im Blick auf das Bindungsbedürfnis: Lebe ich mit Menschen zusammen, mit denen Leben zu gestalten und zu erleben objektiv wertvoll und subjektiv sinnvoll ist? Handelt es sich um interpersonelle Bezüge, die etwas zum Wachstum und zur Verlebendigung des Lebens der an ihnen beteiligten Personen beitragen? Oder handelt es sich um Bezüge, die durch eine Reihe wechselseitiger Erwartungen gekennzeichnet sind, die nicht erfüllt werden? Stellt sich das interpersonale Feld als Raum dar, in dem sich alle Teilnehmer zum Ausdruck bringen können, wie sie im Grunde ihrer Seelen sind? Oder müssen sie sich völlig oder auch partiell verstellen, um das System aufrechtzuerhalten? Wird dieses Feld immer wieder als Raum der Erfüllung oder eher als diesbezüglicher Warteraum erlebt? Im Bild der Pflanze formuliert: Wächst man dort oder verdorrt man hier? Was kann ich tun, um alte Beziehungen mit Leben zu füllen? Absolut unfruchtbare Beziehungen zu beenden? Neue, sinnvolle Beziehungen einzugehen und zu pflegen?

Im Blick auf das Bedürfnis, den Selbstwert zu erhalten oder zu erhöhen: Führe und gestalte ich mein Leben so, daß ich auf die Weise der Führung, die Art der Gestaltung und auf das, das dabei „herauskommt", nämlich die jeweilige Lebensgestalt, stolz sein kann? Oder verachte ich mich eher für die Art meiner Lebensführung und -gestaltung? Das zum einen. Zum andern: Erhalte ich von den Menschen, mit denen ich unterwegs bin, in genügendem Maße positive Rückmeldungen im Blick auf denjenigen, der ich bin, und im Blick auf dasjenige, was ich tue? Was kann und muß ich tun, um meine Selbstwertbilanz zu verbessern?

Im Blick auf das Bedürfnis nach Lustgewinn: Bin ich im Prinzip ein von Lebenslust oder von Lebensmüdigkeit gekennzeichneter Mensch? Bin ich fähig, mir die Vielfalt der Lüste zu erschließen und Lust in allen möglichen Dimensionen zu geniessen: die Lust, einfach dazusein? Die vitale Lust an der eigenen und transsubjektiven Natur? Die Lust am Schönen: am Klang, am Bild, am Duft? Die Lust an der reizvollen Erinnerung, am guten Einfall, am idealen Plan? Die kognitive Lust: an der Erkenntnis, an der Intuition des Zusammenhangs? Die Lust, etwas Gutes zu tun? Die Lust am Miteinander: miteinander etwas Reizvolles zu erleben? Miteinander ein wertvolles Projekt zu erarbeiten? Miteinander etwas Schweres, das bedeutsam ist, durchzusetzen? Die Lust, die diesbezüglichen Widerstände zu brechen? Und natürlich die erotische Lust im Sinne des intimen Spiels zwischen Mann und Frau? Es muß die Frage gestellt werden: Was hindert mich, lustvoll zu leben; u.U.: die Unfähigkeit, immer wieder auch auf Lust zu verzichten?

Im Blick auf das Explorationsbedürfnis: Bin ich in genügendem Maße neugierig auf Leben? Bietet der mir zur Verfügung stehende gesellschaftliche, familiale, partnerschaftliche Lebensraum genügend Anregungen, mein Explorationsbedürfnis zu befriedigen, meine Neugierde zu wecken? Was kann ich tun, um Fragen zu entdecken, die mich bewegen? In deren Horizont sich mir die Welt von einer neuen Seite zeigt? In deren Horizont ich mich der Welt neu erschließe? Was muß ich tun, um einen Raum um mich herum zu schaffen, der diesbezüglich aufregend, zumindest anregend wirkt? Welche Fähigkeiten muß ich trainieren, um meine Explorationspotenz zu differenzieren und zu steigern? Welche neuen Lebensfelder – kultureller, wissenschaftlicher, künstlicher, sportlicher Art – sollte ich mir erschließen, um neugierig aufs Leben zu bleiben und um meinem Explorationsbedürfnis Genüge zu tun?

Im Blick auf das Impressionsbedürfnis: Ist meine sinnliche und intelligible Rezeptivität differenziert genug ausgebildet, um meinem Impressionsbedürfnis zu genügen? Soll heißen: Sind meine Fähigkeiten, die subjektive und transsubjektive Welt, das Innen und Außen, sinnlich und erkenntnismäßig wahrzunehmen, völlig ausgeschöpft? Oder ist es möglich, meine sensorische und intelligible Rezeptivität weiter zu verfeinern? Welche Arten der diesbezüglichen Schulung stehen mir zur Verfügung?

Und im Blick auf das Expressionsbedürfnis: Welche Formen, mich auszudrücken, stehen mir zur Verfügung? Muß ich mir neue Instrumente des Ausdrucks aneignen, das Spiel auf alten Instrumenten des Ausdrucks verfeinern? In welchem Medium will ich mich vorrangig zum Ausdruck bringen und welches sind die Inhalte, die ich zum Ausdruck bringen will, um Spuren in der Welt zu hinterlassen? Welche Bedeutung sollen diese Spuren für andere Menschen haben, welchen Eindruck machen sie auf andere? Konkret: Zu welchen Ein-drücken führt das, was ich sage? Das, was ich mache? Meine ureigenste Weise dazusein? Und bin ich einverstanden mit dem Wort, das ich ausspreche? Mit der

Tat, die ich aus mir heraussetze? Mit dem Sein, das mein Wesen ist?

3. Der Mensch als Frage nach dem Umgang mit Grundbefindlichkeiten

„Der Mensch *ist* die Frage nach sich selbst, noch ehe er irgendeine Frage gestellt hat.“[2] Dieser philosophische Fundamentalsatz gilt nicht nur im Blick auf die Bedürfnisstruktur menschlicher Existenz. Er gilt auch im Blick auf die Grundbefindlichkeiten, durch die das Leben des Menschen gekennzeichnet wird. Sowohl Grundbedürfnisse als auch Grundbefindlichkeiten sind Bestimmungsmomente der Existenz des Menschen. Dennoch sind sie zu unterscheiden. Grundbedürfnisse sind drängender Art. Sie drängen nach Erfüllung. Ihre nachhaltige Nichterfüllung führt zu massiven Störungen; vorrangig psychischer Natur. Dagegen sind Grundbefindlichkeiten gleichsam Konstruktionsprinzipien menschlicher Existenz. Sie gilt es nicht zu erfüllen. Sie gilt es zu verstehen. Und es gilt, mit ihnen in optimaler Weise umzugehen.

Zehn Grundbefindlichkeiten sollen hier benannt werden. Das Endlich-Sein. Für-sich-Sein. Körper-Haben, Leib-Sein. Entfremdet-Sein. In-der-Welt-Sein. Fragment-Sein. Im-Konflikt-Sein. Gestimmt-Sein. Bewußt-Sein. Will man nicht dumpf in den Tag hinein leben, vielmehr wissen, was es heißt, Mensch zu sein, dann gilt es, im Verlauf des Lebens sich der Grundbefindlichkeiten der Existenz immer deutlicher bewußt zu werden. Es handelt sich um grundlegende Merkmale der Verfassung von Existenz.

---

2 Ebd.

Und da sie nicht nur konstitutiv für das Sein des Menschen sind, vielmehr, sofern sie bewußt werden, in der Weise der Fraglichkeit bewußt werden, wird auch in dieser Hinsicht das Sein des Menschen als Frage-Sein durchsichtig. Der Mensch *ist* endlich. Ein konstitutives Merkmal seines Seins ist Endlichkeit. Sich seiner Endlichkeit bewußt zu werden bedeutet, sich der mit Endlichkeit verbundenen Fraglichkeit bewußt zu werden. Das heißt: die Frage, die man *ist,* auch zu stellen. Da alle genannten Befindlichkeiten eine spezifische Fraglichkeit implizieren, fordern sie allesamt zu zweierlei heraus. Zum einen, Mensch-Sein auch in dieser Hinsicht als vielschichtiges Frage-Sein bzw. In-Frage-gestellt-Sein zu verstehen. Und zum andern: die Fragen, die das Sein des Menschen konstituieren, auch zu stellen und um Antwort zu ringen.

Natürlich kann man fragen, ob dies angesichts der spezifischen Aufgabe der Psychotherapie, nämlich neurotische Störungen aus der Welt zu schaffen, geboten sei. Darauf ist zu antworten: Das Interesse moderner Psychotherapie ist es in der Tat, mit psychischen Störungen optimal zu verfahren, d.h. so mit dem Patienten umzugehen, daß er möglichst schnell und möglichst nachhaltig störungsfrei wird. Aber es ist nicht ihr einziges Interesse. Der Zeitgenosse nimmt die Serviceleistung des Psychotherapeuten auch in Anspruch, um sich besser kennenzulernen. Oder er geht zum Psychotherapeuten, weil er sich unglücklich, hoffnungslos, lebensmüde, niedergeschlagen fühlt und sein Wohlbefinden zurückerhalten möchte. Oder er erlebt sein Leben als trist, eintönig, grau. Er möchte Lebenssteigerung und weiß nicht, wie er es anstellen soll, sein Leben reizvoll zu gestalten. Will man jedoch Selbsterkenntnis fördern, Wohlbefinden ermöglichen und Lebensprozesse intensivieren, dann ist auch die philosophische Auseinandersetzung mit den Bestimmungsmerkmalen der Existenz angezeigt. Das aber heißt, die den

Grundbefindlichkeiten inbegriffenen, existentiellen Fragen zu formulieren und nach Antworten zu suchen. Demnach könnte der Patient angeregt werden, sich folgende, seine Grundbefindlichkeit betreffenden Fragen zu stellen und im philosophischen Dialog mit dem Therapeuten mögliche Antworten zu bedenken.

Im Blick auf das Endlich-Sein: Natürlich weiß ich, daß ich sterben werde. Aber bin ich mir wirklich meiner Endlichkeit bewußt? Zeit ist eine nicht regenerierbare Ressource. Sie ist mir gegeben, aber sie wird auch wieder genommen. Sie wird mit jedem Tag knapper. Sie wird deshalb jeden Tag wertvoller. Spüre ich den Wert der mir anvertrauten Zeit? Fülle ich die mir anvertraute Zeit entsprechend? Leben will geführt und gestaltet werden. Gebrauche ich meine Zeit, um Leben sinnvoll zu gestalten? Wie ist das Verhältnis zwischen sinnlos verschleuderter Zeit und Zeiten des Wachsens und Reifens? Lebe ich so, daß ich sterben kann? Die Weisen sagen: Sterben kann, wer wirklich gelebt hat. Habe ich die Gewißheit, wirklich zu leben, wirklich *mein* Leben zu leben? Habe ich eine Ahnung von der Verzweiflung derjenigen, die sterben müssen und doch nicht sterben können, weil sie grausam fühlen, nicht wirklich gelebt zu haben? Wie verstehe ich das Sterben, das auch mir bevorsteht? Als ein schrittweises, widersinniges Verschwinden im Nichts? Oder ein Verlöschen in der Geborgenheit Gottes? Wie verstehe ich den Tod, der auch mir bevorsteht? Als letzte oder vorletzte Macht? Bin ich von einer lebensfreundlichen Weltanschauung, einer agnostischen, einer zynischen geprägt, und welche Gewißheiten bietet sie im Blick auf den Umgang mit der je eigenen Endlichkeit? Welche religiösen Interpretamente bestimmen mein Verhältnis zu Endlichkeit, Sterben und Tod? Was macht meine diesbezügliche Religiosität mit mir: mitten im Leben? Ist mir klar, daß das Bewußtsein des bevorstehenden Todes zu beidem führen kann: zur Verlebendigung des Lebens, zu tiefer Resignation? Es kommt auf den weltanschaulichen oder religiösen Horizont an, in dem ich meine Endlichkeit verstehe.

Im Blick auf das Für-sich-Sein: Ein weiteres Bestimmungsmerkmal des Menschen ist Existenz im ursprünglichen Sinne des Wortes. Ek-sistenz heißt: herausragen aus dem Sein. Wer aus dem Sein herausragt, steht ihm gegenüber. Er ist in gewisser Weise getrennt vom Sein. Er lebt in der Unterschiedenheit zwischen sich als dem subjektiven Sein und der Welt als dem transsubjektiven Sein. Das Bewußtsein, in der Welt für sich zu sein, impliziert die Möglichkeit, Bezug zu nehmen, Beziehung zu gestalten und die Frage, wie ich die möglichen Beziehungen gestalten will. Der Patient sollte nicht nur ein Bewußtsein dafür entwickeln, daß das existentielle Bestimmungsmerkmal der Getrenntheit von allem, was ist, ihn zu einem relationalen Wesen freisetzt. Er sollte im philosophisch-therapeutischen Gespräch vielmehr auch angeregt werden, sich der möglichen Beziehungen bewußt zu werden und sich fragen, wie er diese Beziehungen gestalten will. Im Prinzip: die Beziehung zu sich selbst. Die Beziehung zu den Menschen, mit denen er schon unterwegs ist, mit denen er unterwegs sein könnte. Die Beziehung zu demjenigen Ausschnitt der Welt, der ihm zur Verfügung steht. Er sollte sich fragen, was für ihn Gestaltung von Beziehungen bedeutet, welche diesbezüglichen Möglichkeiten er hat, welche er erwerben sollte. Was er in Beziehungen geben kann. Was er in Beziehungen zu erhalten hofft. Ob es in seinen Beziehungen eine Balance gibt zwischen Geben und Nehmen. Sich in seinem Für-sich-Sein wahrzunehmen ist Voraussetzung dafür, daß der Mensch Bezug nimmt. Das ist das eine. Zum andern ist auf die Grundbewegung menschlichen Lebens zu verweisen. Sie ereignet sich in der Dialektik des Herausgehens aus sich selbst, des Zurückkehrens zu sich selbst. Menschen gehen heraus aus sich selbst, wenden sich der Welt draußen zu. Nehmen sie wahr. Unternehmen den Versuch, sie zu erkennen oder umzugestalten. Aber dann kehren sie zurück zu sich selbst. Sie wenden sich der Welt drinnen zu. Sie sind bei sich, für sich. Sie bedenken, was sie in der Außenorientierung wahrgenommen, erkannt, vollbracht haben. Eignen sich die diesbezüglichen Erfahrungen im Für-sich-Sein an. Ordnen sie ihrer inneren Welt ein. Werten, was draußen geschieht. Setzen sich u.U. neue Ziele oder modifizieren die alten. Gewinnen so immer neue Richtlinien der Lebensgestaltung, die den Gang der Dinge draußen leiten sollen. Die Frage ist, ob der Patient in der angedeuteten Weise für sich sein kann. Ob er das Allein-Sein mit sich selbst genießt oder nur schwer erträgt. Ob er in der Balance des Für-sich-Seins und Mit-Seins lebt. Der Sinn der Dialektik von Rückzug und Wiederkehr will eingesehen werden. Die entsprechende Lebensgestaltung will geübt werden. Das philosophisch-therapeutische Gespräch regt zu beidem an.

Im Blick auf das Körper-Haben/Leib-Sein: Ein weiteres Thema des philosophisch-therapeutischen Gesprächs mit dem Patienten betrifft die doppelte Befindlichkeit von Körper-Haben und Leib-Sein. Der Mensch ist in doppelter Weise da: in der Weise des Leib-Seins und in der Weise des Körper-Habens. Menschliches Leben ereignet sich in der Oszillation beider Weisen. Es macht einen Unterschied, ob ich einfach da bin. Eins mit mir. Leib. Oder ob ich zweifach da bin, nämlich im Bezug zu mir. Im Bezug zu mir da zu sein impliziert die Unterscheidung zwischen demjenigen, das in mir Bezug nimmt, und demjenigen, auf das es Bezug nimmt. So bin ich nun zweifach da: als Beziehungssubjekt und Objekt der Beziehung. Als bedachter, wahrgenommener, zu behandelnder oder mir Lust bereitender, mich schmerzender, sich mir bemerkbar machender: Körper. Leib-Sein ist das Unproblematische. Man kann es nicht machen. Wenn wir mit uns eins sind, stellt es sich ein. Deutlicher noch: Wenn wir mit uns und der Welt eins sind, was nicht häufig der

Fall sein muß, stellt es sich ein. Wir sind einfach da. Einfach so. Unreflektiert, unbefangen, einfältig, arglos. Leib-Sein hat donativen Charakter. Es wird empfangen. Geschenkweise. Aber es hält nicht an. Schon über das Leib-Sein nachzudenken bedeutet, daß es sich entzieht. Geraten wir ins Gegenüber zu uns selbst, dann wechseln wir ins Körper-Haben. Der Körper wird zum Gegenstand. Wird er zum Gegenstand der Sorge, dann pflegen wir ihn. Wird er uns zum Gerät der Bewegung, dann trainieren wir ihn: im Laufen, im Turnen, im Spiel. Wird er uns zum Instrument der Präsentation, dann kleiden wir ihn entsprechend und lassen ihn als solchen erscheinen. Welches aber sind die mit der doppelten Befindlichkeit von Leiblichkeit und Körperlichkeit und ihrem Schwanken verbundenen Fragen, die mit dem Patienten zu bedenken sich lohnt? Bei den meisten Menschen ist die ziemlich ausbalancierte Oszillation von Leib-Sein und Körper-Haben selbstverständlich. Bei einigen ist sie alles andere als dies. Nach einem schweren Unfall oder einer lebensbedrohlichen Krankheit überwiegt nicht selten die Befindlichkeit des Körper-Habens. Kontrollverlust motiviert zu überzogener Kontrolle. Der permanent kontrollierte Körper kann nur noch selten zurückschwingen ins Leib-Sein. Ein solcherart gestörter Mensch fühlt sich in seinem Körper nicht mehr zu Hause. Er lebt als Gast in einem fremden Gehäuse. Es ergibt sich eine Reihe von Fragen, die im philosophisch-therapeutischen Gespräch zu behandeln wäre. Zum Beispiel: Was muß ich tun, um das Vertrauen zu meinem Körper zurückzugewinnen und die Vertrautheit mit ihm? Weiß ich, daß die überzogene Reflexion meiner körperlichen Befindlichkeit zu Störungen führen kann? Ist mir bewußt, daß mein Organismus gerade dann reibungslos arbeitet, wenn er nicht reflektiert und kontrolliert wird; ja, daß die Fülle der physikalischen und chemischen Vorgänge im Körper unbewußt verlaufen, ob ich will oder nicht? Ist mir einsichtig, daß sich überzoge-

ne Reflexion, also Hyperreflexion, pathogen auswirken kann und im Mittel der Dereflexion abgebaut werden muß? Natürlich kann und muß sich der Mensch immer wieder selbst verinstrumentalisieren, d.h. sich zum Instrument seiner Intentionen machen.
Aber er macht sich krank, sofern er sich überzogen verzweckt. Er muß entdecken, daß es seinem Wesen entspricht, sich nicht immer nur zum Zweck für etwas zu machen, vielmehr auch Zweck an sich zu sein: Selbstzweck. Angezeigt ist, die Balance zwischen Verzweckung und Selbstzweckhaftigkeit zu halten. Menschen, die hohe Verantwortung tragen, von denen Höchstleistungen erwartet werden, und dies möglichst ununterbrochen, stehen in der Gefahr, sich selbst in rigider Weise zu verinstrumentalisieren. Lassen sie sich jedoch dazu verführen, nicht mehr wahrzunehmen, welche Ansprüche ihr Psychophysikum an sie stellt, ist der psychosomatische Zusammenbruch abzusehen.

Im Blick auf das Entfremdet-Sein: Der letzte Gedanke hängt unmittelbar mit dem zusammen, was nun zu bedenken ist. Der Mensch hat die Möglichkeit, sich seiner selbst und der Welt gegenüber zu entfremden. Wird er dem subjektiven Sein gegenüber fremd, dann spürt er sich nur noch in geringem Maße oder er spürt sich gar nicht mehr. Sich nicht mehr zu spüren bedeutet, die aus dem je eigenen Psychophysikum kommenden Ansprüche nicht mehr wahrzunehmen. Wird der Mensch dem transsubjektiven Sein gegenüber fremd, dann nimmt er es verzerrt wahr. Verliert er den außenorientierten Realitätsbezug völlig, ist er psychotisch. Verliert er ihn, z.B. aufgrund von Projektion, partiell, ist er neurotisch. In beiden Fällen ist die realitätsgerechte Wahrnehmung der vorgegebenen Welt gestört und der betreffende Mensch der Welt gegenüber fremd geworden. Und natürlich muß man fragen, was den Menschen davon abhält, sich der subjektiven und transsubjektiven Welt so zu öffnen, daß beide Welten in der Weise bei ihm ankommen, wie sie von sich aus ankommen wollen. Die diesbezüglichen Blockaden haben ihren Grund nicht selten in dem, was man programmierte Existenz nennen könnte. Der Mensch kann durch Rollen, die er spielt, und durch Wahrnehmungsprogramme im Sinne von Wahrnehmungserwartungen derart besetzt sein, daß alle Signale von innen und außen nur noch verzerrt ankommen. Entfremdung ist dann Wirklichkeit geworden. Auch in dieser Hinsicht stellt sich Mensch-Sein als Frage-Sein dar. Es ist die Frage nach der Überwindung der Entfremdung. Sie lautet: Was muß ich tun, um die außen- und innenorientierten Blockaden zu überwinden? Im philosophisch-therapeutischen Gespräch aber soll der Klient angeregt werden, sich in diesem Zusammenhang folgende Fragen zu stellen: Spüre ich mich? Meinen Körper und seine Bedürfnisse? Meine Seele und ihre Bedürfnisse? Nehme ich meinen Körper in seinem Eigenanspruch wahr? Ebenso meine seelischen Bedürfnisse? Ebenso meine ureigensten geistigen Bedürfnisse? Kann ich mich in andere Menschen hineinversetzen? Und zwar so, daß ich sie gleichsam von innen her sehe; d.h. in ihrer Gefühlswelt? Kann ich Menschen so bei mir ankommen lassen, wie sie von sich aus bei mir ankommen wollen? Oder muß ich im interpersonalen Kontakt eine Anzahl von Signalen wegfiltern, um meine Auffassung der Welt nicht zu gefährden? Was kann ich tun, um in einen wirklich lebendigen Kontakt mit mir und der Mitwelt zu kommen? Ist mir bewußt, daß der positive Bezug zu mir selbst Voraussetzung für positive zwischenmenschliche Beziehungen ist? Und natürlich kann man in diesem Zusammenhang, sofern man über die entsprechende theologische Kompetenz verfügt und der Patient sich religiös gebunden zeigt, die fundamentale Entfremdung bedenken, die Theologie im Begriff der Sünde auf den Begriff bringt: die Entfremdung des Menschen von Gott. Die Entfremdung des Menschen vom

Sinn-Grund, aus der in der Perspektive des Glaubens alle Teilentfremdungen entspringen. In dieser Perspektive erscheint menschliche Existenz als fragendes Verlangen nach der Überwindung der Entfremdung zwischen Gott und Mensch im Sinne des berühmten Wortes von Augustinus: „Du hast uns auf Dich hin geschaffen, und unser Herz ist unruhig, bis es ruht in Dir."[3]

Im Blick auf das In-der-Welt-Sein: Der Mensch entdeckt sich eines Tages als einen, der in der Welt ist. Diese Entdeckung macht er schrittweise. Die einzelnen Schritte manifestieren sich als ein doppeltes, voneinander abhängiges Gewahrwerden. Der Mensch wird der Außenwelt gewahr, und je bewußter dieses Gewahrwerden wird, desto deutlicher wird er seiner selbst gewahr. Und umgekehrt: Der Mensch wird seiner selbst gewahr, und je bewußter dieses Gewahrwerden wird, desto deutlicher wird er der Welt gewahr. Am Ende des Vorgangs lebt er im hellen Bewußtsein dessen, was P. Tillich die Selbst-Welt-Polarität[4] genannt hat. In diesem Bewußtsein zu leben impliziert ein weiteres, doppeltes Bewußtsein. Nämlich das Bewußtsein von Trennung und Zugehörigkeit. Der Mensch erlebt die ihm vorgegebene Welt als das Andere, das von ihm Unterschiedene. In dieser Hinsicht erlebt er sich als getrennt. Zugleich aber erlebt er sich als einen, der in dieser Welt ist und nirgends sonst. In dieser Hinsicht erlebt er sich als zugehörig. Man kann den Sachverhalt auch in den Kategorien einer doppelten Bezogenheit zum Ausdruck bringen: der Selbstbezogenheit und Weltbezogenheit. Erfaßt sich der Mensch jedoch in der Dialektik von Selbstbezo-

---

[3] Der lateinische Text in seinem Kontext lautet: Tu excitas, ut laudare te delectet, quia fecisti nos ad te et inquietum est cor nostrum, donec requiescat in te. A. Augustinus, Confessiones, Buch 1, Kap. 1, Paragraph 1.

[4] P. Tillich, a.a.O., S. 199 ff.

genheit und Weltbezogenheit, dann erfaßt er sich zugleich als Möglichkeit, sich zur Welt in Beziehung zu setzen, und als Frage, wie er diese Beziehung gestalten will.

Unter rein formalen Gesichtspunkten hat er immer die doppelte Möglichkeit: Er kann die Welt draußen bedenken, um sie sich erkenntnismäßig zu erschließen. Man könnte von einem kognitiven Zugriff außenorientierter Art handeln. Und er kann die Welt draußen umgestalten. Man könnte das den praktischen Zugriff außenorientierter Art nennen. Die dahinterliegende Absicht wäre Anpassung der transsubjektiven Welt an die je eigenen Bedürfnisse: Assimilation. Das ist das eine. Und er kann sich selbst zum Gegenstand der Reflexion machen. Bedenken, was es heißt, als Mensch dazusein. Man könnte vom kognitiven Zugriff innenorientierter Art handeln. Und er kann *sich* verändern. Man könnte das den praktischen Zugriff innenorientierter Art heißen. Dahinter liegendes Ziel wäre Anpassung der subjektiven Welt an die objektiven Notwendigkeiten der transsubjektiven Welt: Akkommodation. Aufs Ganze gesehen geht es darum, wie der Mensch die theoretischen und praktischen Innen- und Außenbezüge gestalten will. Es geht um die Frage, ob es ein „richtiges" und dementsprechend auch ein „unrichtiges" In-der-Welt-Sein gibt. Und im Blick auf das mit dem Patienten zu führende philosophische Gespräch geht es darum, ihn anzuregen, über diese Fragen nachzudenken, um u.U. zu entdecken, daß es sinnvollere Möglichkeiten gibt, die Bezüge zu sich und der Welt zu gestalten.

Im Blick auf das Fragment-Sein: Es gibt unvollendete Bilder. Wunderschön. Aber vor ihrer Fertigstellung ist der Maler verstorben. In gewisser Weise bleibt das Leben eines jeden Menschen ein unvollendetes Bild. Der Pinsel wird uns immer zu früh aus der Hand genommen. Fragment zu sein bedeutet: nicht fertig geworden zu sein. Fragment zu sein bedeutet: nicht ganz geworden zu sein, der Ganzheit zu ermangeln. Fragment zu sein heißt vielleicht auch: die Idee der vollendeten Gestalt in sich zu tragen, aber die Vollendung nicht zu erreichen. Zur Reife eines Menschen gehört, an der Fragmenthaftigkeit des je eigenen Lebens zu leiden und sich mit ihr zugleich auszusöhnen. Entscheidend ist hier die Dialektik von Aussöhnung und Leiden. Zeichen von Unreife wäre beides: am Fragment-Sein bis ans Ende nichts als zu leiden. Unausgesöhnt. Aber auch: sich mit dem Fragment-Sein zu arrangieren. Leidlos. Der Stachel, nicht fertig zu werden, muß bleiben. Bis ans Ende. Er bringt uns der Vollendung näher. Die Versöhnung mit dem Schmerz des Fragment-Seins muß statthaben, um am Vorläufigen nicht zu verzweifeln.

Es gibt verschiedene Formen des Fragment-Seins. Wesentliche und unwesentliche. Wenn Menschen nicht wissen, was sie eigentlich wollen. Heute ein Ziel verfolgen, morgen ein anderes. Kein zentrales Lebensthema haben, von dem her sie ihr Leben verstehen und gestalten, dann bleiben sie immerzu Fragment. Eine mehr oder minder große Anzahl von Bruchstücken macht ihr Leben aus. Bruchstücke, die sich nicht aneinanderfügen wollen. Die immer nur quer zueinander liegen und den Menschen hindern, seinem Leben Gestalt zu verleihen. Am Ende ist alles chaotisch, verworren, gestaltlos. Wer so auf Dauer lebt, widerspricht sich selbst, wird unwesentlich. Natürlich gehört diese Art, Leben zu leben, zu jedem Leben hinzu. Zeitweise. Solange man sucht. Solange man probiert. Vorrecht der Jugend. Entscheidend ist, daß zeitig entschieden wird, für welche Ziele man sich einsetzen will. Für welche sinnvollen Projekte man das Material des Lebens formen will.

Aber auch derjenige, der weiß, was er will, der ein Projekt hat, der über eine lebensthematische Mitte verfügt, entkommt der Fragmenthaftigkeit seines Lebens nicht. „Leben bedeutet die unerbittliche Notwendigkeit, den Daseinsentwurf, den ein jedes

Individuum darstellt, zu verwirklichen."[5] Dienen die vom Menschen gewählten Projekte dazu, den jeweiligen Entwurf des Daseins konkret werden zu lassen, dann handelt es sich um Projekte, die seinem Wesen entsprechen. Sie zu realisieren bedeutet, daß der Mensch seinem Leben gerecht wird. Daß er seinem Wesen entspricht. Aber auch dieses Entsprechen kommt an kein Ende. Es geschieht eine Zeitlang kontinuierlich. Eine Zeitlang weniger kontinuierlich. Manchmal nur punktuell. Gelegentlich nur andeutungsweise. Die reine, ungetrübte, ungebrochen fortlaufende Übersetzung der Essentialität in Existenz ist dem Menschen nicht vergönnt. Entscheidend aber ist, daß das je eigene Leben in seiner je eigenen Fragmenthaftigkeit nicht auf irgendetwas verweist, vielmehr auf den „Daseinsentwurf, den ein jedes Individuum darstellt."[6] Oder, von der anderen Seite her gesehen: Entscheidend ist, daß der Daseinsentwurf im Fragment des Lebens hindurchscheint. Und dies im Verlauf des Lebens immer deutlicher und deutlicher.

Im philosophischen Gespräch mit dem Patienten wird Fragmenthaftigkeit menschlicher Existenz ein wichtiges Thema sein. Vor allem dann, wenn der Patient es schwierig findet, sich in rechter Weise mit dieser Grundbefindlichkeit zu arrangieren. Wird er sich seiner Fragmenthaftigkeit bewußt, dann wird er natürlich die Frage stellen, wie er mit sich angesichts dieser Befindlichkeit umgehen will. Und nicht selten begegnet er der diesbezüglichen Herausforderung falsch. Entweder er antwortet mit Perfektionismus. Ein Holzweg. Oder er antwortet durch Verzicht auf Gestaltung. Er läßt sich treiben. Leben wird nicht mehr als Material erlebt, das man formen kann und soll. Man wird

---

5 J. Ortega y Gasset, Ges. Werke Bd. 3, Stuttgart 1966, S. 273.

6 Ebd.

vielmehr selbst zum Material, das vom Leben geformt wird. Ein weiterer Holzweg. Im ersten Fall überschätzt der Patient seine Macht. Im zweiten Fall unterschätzt er sie. Er wird sich als Frage nach einem Weg entdecken müssen, auf dem beide Extreme vermieden werden.

Im Blick auf das Im-Konflikt-Sein: Bevor die Fragen und möglichen Antworten erinnert werden, die die Reflexion dieser Grundbefindlichkeit mit sich bringt, sei auf folgendes verwiesen: Diese Grundbefindlichkeit ist für die menschliche Existenz von zentraler Bedeutung. Sie stellt ein fundamentales Konstruktionsmerkmal menschlicher Existenz dar. Und es wäre nicht schwer, eine Anthropologie im Horizont dieser Kategorie zu entfalten; also den Menschen im Prinzip als das konfliktorientierte Wesen darzustellen. Denn: Menschliche Existenz ist Konfliktexistenz. Oder anders: Will man einen Menschen verstehen, dann muß man nachvollziehen, wie er seine inneren und äußeren Konflikte wahrnimmt, erträgt, löst, an ihnen leidet, die Lösung genießt. Das Gegenstück zum Konflikt ist Harmonie. Die Grundbedeutung von Harmonie ist Fügung. Der mit sich und der Welt einige und in diesem Sinne der der subjektiven und transsubjektiven Welt eingefügte Mensch lebt in Harmonie. Harmonie und Konflikt verhalten sich zueinander wie Fügung und Anstoß. In der Situation des Konflikts erlebt der Mensch sich und die Welt als anstößig. Er stößt sich an den Verhältnissen; an den inneren, an den äußeren. Die Passung ist verloren. Gefügigkeit ist überwunden. Der Unterschied wird schmerzlich bewußt. Aus diesem Grunde ist die Situation des Konflikts immer auch mit negativen Gefühlen verbunden: mit dem Gefühl von Aggression und Frustration, mit Insuffizienz- und u.U. auch mit Schuldgefühlen.

Dem eingefügten und in diesem Sinne „gefügigen" Menschen steht der anstößige und Anstoß nehmende Mensch gegenüber:

der Mensch im Konflikt. Sein Los ist es, dazwischen zu stehen. Im schmerzlichen Dazwischen. Konflikte spielen sich im Zwischen ab. Zwischen mir und der Welt. Zwischen mir und mir; also in mir. Zwei Grundkonstellationen. Im ersten Fall erlebe ich die Welt da draußen so, wie ich sie nicht haben will. Oder anders: Ich erlebe die transsubjektive Welt anders als ich sie haben möchte. Und ich erlebe sie in diesem Anderssein im Widerspruch gegen mich: also mich im Konflikt mit ihr. Handelt es sich um eine Person da draußen, dann erlebt sie sich u.U. auch im Konflikt mit mir. Im zweiten Fall erlebe ich mich im Konflikt mit mir selbst. Dies ist nur möglich, wenn man in sich selbst verschiedene Instanzen und ihre gegenläufigen Ansprüche fühlt. Unterscheidet man mit S. Freud das Es vom Über-Ich, also die Totalität der Triebe von der Totalität der verinnerlichten Normen, dann leuchtet die intrapsychische Konflikthaftigheit menschlicher Existenz unmittelbar ein. Das Es will vitale Lust. Das Über-Ich will die Erfüllung der Pflicht. Sowohl das Es als auch das Über-Ich machen sich innerseelisch bemerkbar in Form von Ansprüchen. Da es sich um gegenläufige Ansprüche handelt, die sich im Subjekt regen, erlebt sich der Betreffende im Konflikt. Die Bibel handelt diesbezüglich vom Konflikt zwischen Fleisch und Geist. In der Sprache moderner Psychologie könnte man vom Konflikt zwischen dem biologischen Motivationssystem und dem axiologischen, dem wertorientierten Motivationssystem handeln. Entscheidend ist die Einsicht, daß der Mensch einer Instanz bedarf, die die gegenläufigen Ansprüche der Systeme reguliert. Freud weist diese Aufgabe der dritten Instanz zu: dem Ich. Es handelt sich um das Entscheidungssystem. Der psychisch gesunde Mensch verfügt, Freud zufolge, über ein Entscheidungssystem, das sich durch vitale Regulationskompetenz auszeichnet. Plastisch formuliert: der psychisch Gesunde verfügt über ein starkes Ich. Ein Ich, das zu beidem in der Lage ist: unter Berücksichtigung der jeweiligen Situation für eine begrenzte Zeit, die Ansprüche des Über-Ichs abzuweisen, um lustvoll zu leben. Oder: unter Berücksichtigung der jeweiligen Situation für eine begrenzte Zeit die Ansprüche des Es abzuweisen, um zu arbeiten. Neurotisch ist der Mensch, wenn er im Konflikt zwischen dem biologischen und dem axiologischen Motivationssystem der Regulationskompetenz entbehrt und deshalb zwischen den Anspruchsdimensionen zerrieben wird. Hauptziel der Psychotherapie ist es demzufolge, dem Menschen zu helfen, eine ebenso flexible wie vitale Personmitte auszubilden. Sprich: ein starkes Ich.

Dabei ist zu bedenken, daß das Ich, verstanden als Mitte des Entscheidungssystems, nicht nur über interne, vielmehr auch über externe Regulationskompetenz verfügen muß. Denn es hat die Aufgabe, in beide Konfliktfelder regulierend einzugreifen: ins intrasubjektive und ins intersubjektive Konfliktfeld. Und zwar so, daß sich eine optimale duale Konfliktregelung ereignet: ein optimales Zusammenspiel von Konfliktmanagement im subjektiven und transsubjektiven Feld.

Reduktion diesbezüglicher Komplexität ist möglich, sofern man die Problemfelder im Horizont der Kategorie „Anspruch" entschlüsselt. Zu unterscheiden ist Konfliktmanagement im Blick auf die Innenorientierung und im Blick auf die Außenorientierung. Dabei stellt sich diesbezügliches Konfliktmanagement als spezifischer Umgang mit diversen Ansprüchen dar. Der Mensch erlebt sich als von innen beansprucht und von außen beansprucht. Und er stellt Ansprüche. Sowohl an sich in seiner Subjektivität als auch an die transsubjektive Welt. Die subjektiven und objektiven Ansprüche wahrzunehmen und ihnen zu entsprechen und die je eigenen Ansprüche – sowohl die innen- als auch außenorientierten – durchzusetzen, macht im Prinzip aus, was man Lebensgestaltung nennt.

Im philosophisch-therapeutischen Gespräch mit dem Patienten ist diesbezüglich eine Fülle von Fragen zu erörtern. Ziel ist, die aktuelle Situation im Horizont ihrer Konflikthaftigkeit ins helle Bewußtsein zu heben. Wenn es richtig ist, daß es eine gesunde und eine neurotisierende Weise des Umgangs mit Konflikten gibt, dann zeigt sich an dieser Stelle eine wichtige Aufgabe der Psychotherapie. Wenn es gar der Wahrheit entsprechen sollte, daß das Prinzip der Neurose der Konflikt – nämlich der ins Unbewußte verdrängte Konflikt – ist, dann wird an dieser Stelle die zentrale Aufgabe der Psychotherapie deutlich. Welche Fragen aber sind nun diesbezüglich mit dem Patienten zu behandeln? Folgende Fragen sollte sich der Patient unter Anleitung seines Therapeuten stellen: Welche Konflikte habe ich mit mir? Welche Konflikte habe ich mit anderen; mit meinem Ehepartner, meinen Kindern, meinen Verwandten und Bekannten, meinen Vorgesetzten, Untergebenen oder Kollegen zum Beispiel? Welches sind die zentralen Konflikte? Sind sie tragbar? Sind sie lösbar? Was habe ich bisher getan, um sie erträglich zu machen? Was habe ich bisher unternommen, um sie zu lösen? Woran liegt es, daß die Lösung bisher nicht gelungen ist? Über welche Konfliktregelungskompetenzen innenorientierter Art verfüge ich? Welche muß ich trainieren? Über welche Konfliktregelungskompetenzen außenorientierter Art verfüge ich? Welche kann und sollte ich mir aneignen? Verfüge ich in ausreichendem Maße über intrapsychische und interpersonale, anspruchsorientierte Regulationskompetenz? Und natürlich kann man in diesem Zusammenhang fragen, worin die philosophische Substanz dieser Frage besteht. Ob es sich nicht um Fragestellungen handelt, die ausschließlich die Psychodynamik menschlicher Existenz betreffen. Dies ist keineswegs der Fall. Denn Konflikte entstehen im Vorgang gegenläufiger Ansprüche im intrapsychischen oder interpersonalen Feld. In den jeweiligen Ansprüchen aber werden verschiedene ethische Werte laut, die alle ein relatives Recht haben. Daraus ergibt sich das Problem, welchem Wert in welcher Situation Vorrang anderen Werten gegenüber eingeräumt werden soll. Eine durch und durch praktisch-philosophische Problemstellung.[7]

Dazu drei Beispiele im Blick auf den einfachen Konflikt, den Appetenz-Aversions-Konflikt und den Appetenz-Appetenz-Konflikt. Ein einfacher Konflikt liegt vor, sofern ich etwas will, aber nicht erreiche, was ich will. Ein alltäglicher Umstand. Ein Student möchte sein Studium in möglichst kurzer Zeit abschliessen. Aber er schafft es nicht in der von ihm gesetzten zeitlichen Begrenzung. Die an sich löbliche Strebung wird von äußeren und inneren Widerstrebungen durchkreuzt; nämlich der Fülle des Stoffes und der Tendenz des Studenten, sich die Stoffe sorgfältig und sehr genau anzueignen. Sowohl die ursprüngliche Strebung als auch die diese Strebung konterkarierende Widerstrebung sind wertorientiert. Die ursprüngliche Strebung orientiert sich am Wert der Leistung; u.U. auch am Wert der Rücksicht denjenigen gegenüber, die das Studium finanzieren. Die nachläufige Widerstrebung orientiert sich an den Werten Sorgfalt und Genauigkeit. Welchen Orientierungsleitlinien des Handelns ist zu folgen? Die Frage eröffnet eine nicht nur psychologische, vielmehr in ihrer Substanz philosophische Diskussion.

Ein Appetenz-Aversions-Konflikt liegt vor, sofern man etwas will und zugleich nicht will. Ein leitender Angestellter will seinen

---

[7] Natürlich ist in diesem Zusammenhang auch zu bedenken, daß der Mensch immer eine Reihe von Zielen verfolgt, die z.T. bewußt, z.T. halb bewußt, z.T. unbewußt sind. Entscheidend für das psychische Wohlbefinden ist die Konsistenz der Ziele. Das heißt: Sie sollen sich wechselseitig fördern; dürfen sich zumindest nicht wechselseitig stören oder gar ruinieren.

Wohnort wechseln und zugleich fürchtet er sich davor. Um Karriere zu machen, muß er wechseln. Der Wechsel bedeutet zugleich Verlust der Freunde. Der Wert der Leistungsorientierung gerät in Konflikt mit dem Wert der Freundesliebe bzw. der Treue. Welchem Wert soll der Betroffene folgen?

Um einen Appetenz-Appetenz-Konflikt handelt es sich, sofern zwei Strebungen durchaus nicht widersprüchlich sind, sich jedoch zugleich nicht realisieren lassen. Man kann nicht zugleich in vollem Maße Berufsarbeit und Familienarbeit leisten. Eine Frau, die sich am Arbeitsplatz um ihr Kind sorgt, das sie anderen anvertraut hat, und zu Hause über die ihr widerfahrende berufliche Einschränkung frustriert ist, sieht sich einem derartigen Konflikt ausgesetzt. Der Wert der Nächstenliebe – dem Kind gegenüber – gerät in Konflikt mit dem Wert der Fülle im Sinne von Vielseitigkeit. Welcher Wert ist unter Berücksichtigung der konkreten Situation wann zu verwirklichen?

Entscheidend ist hier die Einsicht, daß hinter intrapersonalen und interpersonalen Konflikten immer Wertkonflikte stehen. Ist Neurose nun Folge eines unangemessenen Konfliktmanagements, dann gilt es, dieses Konfliktmanagement in seiner Unangemessenheit zu durchschauen und einzusehen, daß optimales Konfliktmanagement im Sinne des Managements von Subjektivität und Objektivität nur möglich ist, sofern die Wertkonflikte reflektiert und entschieden werden, die hinter den psychischen Konflikten stehen.[8] Dies aber bedeutet: zu philosophieren. Therapie ohne Philosophie ist Therapie ohne Substanz.

---

[8] Was hier nicht behandelt wird, sind die Weisen der gesunden Verarbeitung von Konflikten, die an die Stichworte Verschiebung, Sublimierung, Phantasiebefriedigung und Verzicht gebunden sind. Und die Weisen des krankmachenden Umgangs mit Konflikten, die in folgenden Phänome-

Im Blick auf das Gestimmt-Sein: Menschliche Existenz ist eingehüllt in Affektivität. Jeder Lebensakt wird von einem Gefühl, manchmal von einer Gefühlskonstellation begleitet. Die aneinandergereihten Lebensakte ergeben in ihrer Kontinuität den Lebensprozeß. In ihm erlebt sich das jeweilige Subjekt nicht nur als eines, das da ist und handelt, vielmehr immer zugleich als eines, an dem in seinem Dasein und Handeln etwas geschieht: nämlich ephemeres Gefühl und fundamentales Gestimmt-Sein. Dem Wechsel der Handlungen entspricht der Wechsel der Gefühle. Sie sind gleichsam affektiv-axiologische Spiegelung der jeweiligen Handlung. Im Gefühl erlebt der Mensch den Wert oder Unwert seiner Tat. Gute Gefühle motivieren. Miserable Gefühle demotivieren. Die ständig wechselnden Gefühle aber werden von einer stetigen Gefühlsdimension getragen. Sie zeigt sich als das spezifische Gestimmt-Sein eines Menschen. Dieses Gestimmt-Sein verhält sich zum Fließen der Gefühle wie das Flußbett zum Fluß. Der Gefühlsfluß bewegt sich gleichsam im Flußbett der jeweiligen Grundstimmung.

Stimmung hat den Charakter des Widerfahrnisses. Man bringt sie nicht hervor; schon gar nicht willentlich. Vielmehr findet man sich in ihr vor. Man lebt in ihr. Man befindet sich in ihr; u.U. solange man denken kann. Deshalb zählt Stimmung zu den Grundbefindlichkeiten. Manche Menschen befinden sich in einer Grundstimmung heller Art. Sie sind im Grunde ihres Wesens heitere Menschen, vergnügte, lustige, zuversichtliche, lebensfrohe Menschen. Andere befinden sich in einer Grund-

---

nen zum Ausdruck kommen und vor allem von Tiefenpsychologen bedacht wurden: Verdrängung, Projektion, Introjektion, Reaktionsbildung, Intellektualisierung, Rationalisierung, Isolierung, Verschiebung, Identifizierung mit dem Aggressor und Regression.

stimmung dunkler Art. Sie sind im Grunde ihres Wesens schwermütige Menschen, traurige, niedergeschlagene, bedrückte, ja vielleicht schwarzseherische, mißmutige, verdrossene Menschen. Und wieder andere beziehen ihr grundlegendes Lebensgefühl genau aus der Mitte zwischen den Polen der Heiterkeit und Schwermut. Sie sind in ihrer seelischen Grundstimmung ausbalanciert. Ausgeglichenheit ist ihr seelisches Markenzeichen.

Entscheidend ist nun, daß der Patient sich seiner Grundstimmung voll bewußt wird und erkennt, daß seine Grundstimmung Ausdruck seiner Lebens- und Weltanschauung ist. Demzufolge sollten mit ihm im Zusammenhang des philosophisch-therapeutischen Gesprächs folgende Fragen bedacht werden: Wie bin ich im Prinzip gestimmt? Von welchen existentiellen Grundeinstellungen lasse ich mich leiten? Jeder Mensch muß sich gleichsam einen Reim aufs Leben machen! Welche Reime habe ich mir aufs Leben im allgemeinen, auf mein Leben im besonderen gemacht? Die Notwendigkeit, sich einen Reim aufs Leben zu machen, hängt mit dem Sachverhalt zusammen, daß Leben als Material der Freiheit zur Verfügung steht. Wofür will ich meine Verfügungsmacht einsetzen? Schicksal als Material der Freiheit will geformt werden! Welche Form will ich meinem Leben geben? Letztlich geht es um den Sachverhalt, daß Existenz die Form der Frage nach der je eigenen Bestimmung hat. Jeder muß auf die ebenso einfache wie fundamentale Frage Antwort geben: Wozu bin ich bestimmt? Keiner kann sich der Antwort enthalten. Das jeweils gelebte Leben ist die Antwort. Es stellt sich jedoch die Frage, ob um die Antwort in der Helligkeit bewußter Reflexion gerungen wird. Ob die Antwort einfach dumpf gegeben wird, mehr oder weniger unbedacht. Oder ob sie sich einfach ergibt. Mal so, mal so. Eines ist jedoch sicher: Der emotionale Nachhall der jeweiligen Antwort zeigt sich als Grundstimmung. Man kann sie nicht unmittelbar ändern. Sie ist – um dieses Bild noch einmal zu gebrauchen – gleichsam das Flußbett, in dem sich der Fluß der ständig wechselnden Gefühle tummelt. Unveränderlich ist das Bett eines Flusses nicht. Aber die Veränderung ist mühevoll und langsam. Ebenso verhält es sich mit der jeweiligen Grundstimmung eines Menschen. Wenn sie sich verändert, verändert sie sich äußerst gemächlich. Denn sie ist emotionaler Ausdruck seiner Weise, das Leben in der Welt zu verstehen. Selbst- und Weltverständnis aber sind beharrlich. Sie zu bedenken ist so wichtig, weil sie neben ihrer Beharrlichkeit nicht selten folgende Eigenschaften aufweisen: Sie haben den Charakter der Plausibilität, d.h. sie leuchten dem von ihnen betroffenen Menschen unmittelbar ein. Er zollt ihnen gewollt-ungewollt immerzu innerlichen Beifall. Und dies, komischerweise, obwohl sie im Horizont des klaren Gedankens alles andere sind als einleuchtend. Vielmehr nicht selten: zutiefst irrational. Dazu, nicht selten vernunftwidrig und lebensfeindlich. Wichtig ist, daß sie in ihrer Irrationalität und Lebensfeindlichkeit durchschaut werden. Daß sie durch lebensfreundliche Interpretamente ersetzt werden. Möglich ist dies im Zuge des philosophischen Gesprächs. Ändert sich jedoch die Auslegung des je eigenen Lebens, dann ändert sich auch die ihr entsprechende Grundstimmung. Zu hoffen ist, daß sie lebensfreundlicher wird und so den Menschen vitalisiert.

Im Blick auf das Bewußt-Sein: Unter Bewußt-Sein versteht man das Gewahrsein seiner selbst und der Welt. Es gibt Grade des Bewußt-Seins. Je heller das Bewußt-Sein desto heller sein Grad. Bewußt-Sein zeigt sich als Verhältnismäßigkeit. Das seiner selbst bewußte Subjekt ist das auf sich selbst und die Welt bezogene Subjekt. Das aber heißt: das sich von sich selbst und der Welt unterscheidende Subjekt. Im Verhältnis zu etwas zu stehen, sich im Gegenüber zu etwas zu erleben, in diesem Sinne vom Gegenüber getrennt zu sein und sich in dieser Trennung zu erleben heißt: sich der Welt und seiner bewußt zu sein. Das Im-Verhältnis-Sein als Prinzip des Bewußt-Seins kommt in allen Bewußtseinsformen zum Ausdruck: im geschichtlichen Bewußt-Sein. Im aktuellen Bewußt-Sein. Im utopischen Bewußt-Sein.

Im Rahmen des geschichtlichen Bewußt-Seins spielt das Erinnern die entscheidende Rolle. Der Mensch erinnert sich seiner persönlichen Vergangenheit und der Vergangenheit, in die seine persönliche Vergangenheit eingebettet ist. Manchmal tut er dies im naiven Interesse an dem, was war. Er schaut zurück und staunt. Manchmal tut er dies in Wehmut darüber, daß alles so schnell vergeht und unternimmt den Versuch, die „gute alte Zeit" im Erinnern festzuhalten. Manchmal hat sein Erinnern den Sinn, sich der Fülle menschlicher Möglichkeiten bewußt zu werden und im Mittel der historischen Teilnahme das je eigene Leben reich zu machen. Und manchmal ist die der historischen und biographischen Rücksicht zugrundeliegende Intention hermeneutischer Art. Man will die Geschichte und sich besser verstehen. Man hat erkannt, daß jede gegenwärtige Situation geworden ist. Und daß sie nur zu verstehen ist, sofern man sie in ihrer historischen Dimension, also in ihrem Gewordensein verstanden hat. Und wenn der Wille zu verstehen in der Absicht da ist, die je gegenwärtige Situation besser zu bewältigen, dann hat das Erinnern einen praktischen Sinn. Es geht darum, das Leben besser zu leben. Und natürlich spielt das Erinnern auch im Rahmen aller ernst zu nehmenden psychotherapeutischen Konzeptionen eine wichtige Rolle. Denn jede Störung, jede problematische Lebenssituation hat eine historische Dimension. Sie ist geworden. Und sie ist nur zu bewältigen, sofern man sie verstanden hat. Es ist bekannt, daß die psychoanalytische Schule diesem Aspekt psychotherapeutischer Intervention besondere Aufmerksamkeit schenkt: dem Erinnern des Vergangenen, des ins Unbewußte Verdrängten.

Im Rahmen des aktuellen Bewußt-Seins spielt die Achtsamkeit die entscheidende Rolle. Leben ereignet sich im Schnittpunkt von Zukunft und Vergangenheit. Je jetzt. Das Problem ist, daß wir nicht selten Leben versäumen, weil wir vorrangig rückwärts- oder vorwärtsorientiert leben. In den berühmten Worten Pascals:

> „Niemals halten wir uns an die Gegenwart. Wir nehmen die Zukunft vorweg, als käme sie zu langsam, als wollten wir ihren Gang beschleunigen; oder wir erinnern uns der Vergangenheit, um sie aufzuhalten, da sie zu rasch entschwindet: Torheit, in den Zeiten umherzuirren, die nicht unsere sind, und die einzige zu vergessen, die uns gehört, und Eitelkeit, denen nachzusinnen, die nichts sind, und die einzige zu verlieren, die besteht, nämlich weil es die Gegenwart ist, die uns gewöhnlich verletzt. Wir verbergen sie vor uns, weil sie uns bekümmert; und wenn sie uns freundlich ist, bedauern wir, sie entschwinden zu sehen. Wir versuchen, sie für die Zukunft zu erhalten, und sind gesonnen, über Dinge, die nicht in unserer Macht sind, an einem Zeitpunkt zu verfügen, von dem wir keine Gewähr haben, daß wir ihn erleben.
>
> Wer seine Gedanken prüft, wird sie alle mit der Vergangenheit und der Zukunft beschäftigt finden. Kaum denken wir je an die Gegenwart, und denken wir an sie, so nur, um hier das Licht anzuzünden, über das wir in der Zukunft verfügen wollen. Niemals ist die Gegenwart Ziel, Vergangenheit und Gegenwart sind Mittel, die Zukunft allein ist unser Ziel. So leben wir nie, sondern hoffen zu leben, und so ist es unvermeidlich, daß wir in der Bereitschaft, glücklich zu sein, es niemals sind.“[9]

---

9 B. Pascal, Pensées – Über die Religion und über einige andere Gegenstände, Heidelberg 1978, S. 93 f.

Um dieser existentiellen Falle zu entkommen, gilt es, achtsam zu werden. Achtsam auf den Augenblick je jetzt. Völlig gegenwärtig zu sein, hellwach, hochkonzentriert zu sein sind die Prinzipien meditativer Existenz. Es gibt die Ansicht, nur meditative Existenz sei wahre Existenz.[10] Wie dem auch sei, fest steht, daß das alleinige Aufmerken, Bemerken, Innesein nicht genügt. Es muß immer wieder einmünden ins Achtsamsein.[11] Wer achtsam ist, erlebt auch die „Kleinigkeiten" des Lebens bedeutsam. Wer achtsam ist, lebt im Kontakt mit den Erscheinungen in der Welt draußen und mit sich selbst. Er kann die Phänomene draußen und drinnen „sein lassen". Das heißt: Er kann sie lebendig sein lassen. Er kann sie bei sich ankommen lassen, wie sie von sich aus bei ihm ankommen wollen. Achtsamkeit und Verdrängung schließen sich wechselseitig aus. Achtsam zu sein bedeutet wach zu sein, spontan zu sein und fördert die Wertfühligkeit. Blockaden des Gefühlslebens werden im Mittel innenorientierter Achtsamkeit verhindert. Menschen, die diese Achtsamkeit üben, haben Kontakt zu sich selbst. Sie nehmen ihre Gefühle wahr und halten sie aus. Nicht nur die erfreulichen, vielmehr auch die frustrierenden. Emotionale Lebendigkeit zeichnet sie aus. Entsprechendes gilt für die außenorientierte Achtsamkeit. Sie kann fokussiert sein. Sie kann an der Fülle orientiert sein. Im ersten Falle nimmt sie eine einzelne Erscheinung in den Blick, um sich ihres Wesens und ihres Wertes in völliger Weise bewußt zu wer-

---

[10] „Aus doppeltem Grund ist uns heute die Aufgabe gestellt, Menschen zur Meditation zu führen. Einmal, weil diese, wie wir sagten, so wesentlich zum Menschen gehört, daß er ohne sie gar nicht wahrhaft Mensch sein kann ... Meditation ist ja im Grunde ‚Einübung in das richtige Menschsein'." K. Tilmann, Die Führung zur Meditation I, Zürich 1981, S. 23. Vgl. dazu auch S. 574 ff.

[11] Vgl. dazu T. Nhat Hanh, Das Wunder der Achtsamkeit, Zürich 1988.

den. So kann ich im Rahmen dessen, was man Existenzmeditation nennt, einen bestimmten Menschen imaginieren, um mir seiner Besonderheit bewußt zu werden. Und um mir der Gefühle bewußt zu werden, die seine Besonderheit in mir auslöst. Liebende meditieren in diesem Sinne, ohne zu wissen, daß sie meditieren. Im zweiten Falle ereignet sich das, was man freischwebende Achtsamkeit nennen könnte. Ihre Kennung ist Offenheit. Sie ist an der Fülle der Phänomene orientiert. Im Wege des sinnlichen und intelligiblen Zugriffs aufzunehmen so viel man kann, ist ihr Prinzip. Vor allem in glücklichen Lebensphasen, zumindest in stimmigen Phasen des Lebens neigt der Mensch natürlicherweise zu dieser Form der Achtsamkeit. Intention der Achtsamkeit, in welcher Form auch immer, ist die Intensität des Augenblicks. Ihn je jetzt in seiner Tiefe zu erleben vermittelt das Gefühl, bedeutsam zu leben. Und natürlich ist es auch in diesem Falle nicht schwer, eine psychotherapeutische Schule auszumachen, die das Interesse am aktuellen Bewußtsein im dargestellten Sinne ins Zentrum ihrer Aufmerksamkeit rückt. Es handelt sich um die Gestalttherapie nach Fritz Perls, welche das Leben im Hier und Jetzt zur Conditio sine qua non erklärt, frei nach dem berühmten Satz W. Goethes: „... der den Augenblick ergreift, der ist der rechte Mann.“[12]

Im übrigen spielt noch eine dritte Bewußtseinsform eine wichtige Rolle: das utopische Bewußtsein. Der Motor dieses Bewußtseins ist das Wünschen. Es wäre nicht schwer, eine Anthropologie des Wünschens, in deren Mittelpunkt der Mensch als optatives Wesen stünde, zu entwickeln. Der Mensch wünscht sich was. Und der angeblich „wunschlos Glückliche“ wünscht

---

[12] Zit. nach D. Revensdorf, Psychotherapeutische Verfahren 3, Stuttgart 1993, S. 61. Vgl. dort auch die Darstellung der Gestalttherapie, S. 49 ff.

sich, daß der Zustand seiner Wunschlosigkeit anhalten möge. Er wünscht sich, daß das Wünschen in seinem Leben keine Rolle mehr spielen möge. Ein illusionärer Wunsch, wenn man bedenkt, daß Glück eine flüchtige Angelegenheit ist!

Was bedeutet es, den Menschen im Horizont des Anthropologems des Wünschens zu beschreiben? Es bedeutet, ihn als jemanden zu beschreiben, der seine Welt anders haben will, als sie ist. Man könnte auch sagen: der seine Welt anders erfahren und erleben will, als er sie erfährt und erlebt. Es bedeutet, daß er den Unterschied zwischen dem, was der Fall seines Lebens ist, und dem, was der Fall seines Lebens sein könnte oder sollte, spürt. Der Unterschied schmerzt. Schmerz will überwunden werden. Es bedeutet, den Menschen als einen zu begreifen, der sich sein Leben immer schöner vorstellt, als es ist. Und der die unstillbare Tendenz in sich spürt, Leben immer geistvoller, lustvoller, erlebnisreicher oder eben ganz anders zu gestalten. Utopie ist, was sinnvollerweise sein sollte und könnte, was aber noch keinen Topos, keinen Platz in der Welt hat. Utopisches Bewußtsein durchschaut die Realität auf die in ihr verborgenen Möglichkeiten hin und hegt die Absicht, die gute, aber verborgene Möglichkeit in Wirklichkeit zu überführen. Dabei ist die Spannweite des Wünschens ungeheuer. Das kleine Mädchen wünscht sich eine Puppe. Mit ihr verbindet es sein Glück. Der große geschichtliche Arbeiter – man spricht auch vom „großen Mann“ – will die ganze Welt ganz anders. Entwickelt eine neue Gesellschaftsform. Setzt geballte Macht ein, um seine Idee durchzusetzen. Mit einer Gesellschaft, ganz anders als die vorgegebene, verbindet er sein Glück. Meistens zum Unglück derer, über die er Macht hat. Zwischen den Extremen bewegt sich das Wünschen im mittleren Maß. Alltägliches oder auf eine festliche Gelegenheit bezogenes Wünschen.

Beschreibt man menschliche Existenz unter dem Aspekt des Wünschens, dann beschreibt man sie implizit unter dem Aspekt des Wertens. Der Wünschende überschreitet die Welt auf eine wünschenswertere hin. Die wertvollere steht ihm vor seinem inneren Auge. Die aktuelle Welt hat zwar den Vorzug zu sein. Die imaginierte den Nachteil, (noch) nicht zu sein. Wird aus Imagination jedoch Realität, dann ist ein Zustand geschaffen, von dem man annimmt, er sei wertvoller als der ursprüngliche. Es ereignet sich Erfüllung. Und manchmal geschieht Erfüllung so plötzlich, so völlig, so unerwartet oder so unglaublich spät – eben endlich! –, daß die Seele nicht oder nicht mehr mitkommt. Dann ereignet sich das, was man treffend die Melancholie der Erfüllung genannt hat. Die helle Landschaft äußerer Erfüllung gerät in den Kernschatten innerer Unerfülltheit. Das kann sich ereignen. Es muß sich nicht ereignen. Erfüllung kann sich natürlich auch als Freude, ja als wilde Freude im Menschen spiegeln. Und sucht man nach einer psychotherapeutischen Schule, die diesem Aspekt menschlicher Existenz besondere Aufmerksamkeit schenkt, so ist auf die Logotherapie zu verweisen. Sie ist, von ihrer Mitte her gedacht, am Prinzip der Seele orientiert. Das Prinzip der menschlichen Seele ist Intentionalität. Absichtlichkeit. Das aber kann nur heißen: Der Mensch ist auf Sinngehalte aus. Er kann das Widersinnige nicht wollen.[13] Er ist darauf aus, Sinnvolles zu tun. Sinnvolles zu erleben. Im sinnvollen Verhalten sinnvolle Haltungen an den Tag zu legen. In der Sprache der Psychologie lautet eine zentrale Erkenntnis, wie gesagt: Das Prinzip der Seele ist Intentionalität. In der Sprache der Logothe-

[13] Auch wenn der Mensch bewußt zerstörerisch handelt, verbindet er damit einen subjektiven Sinn; jedenfalls solange er sich als Subjekt seines Handelns erlebt.

rapie lautet dieselbe Erkenntnis: Das Prinzip der Seele ist der Wille zum Sinn.[14] Da das Sein nicht identisch ist mit Sinn, vielmehr Sinn die Erfüllung des Seins darstellt, hat Sinn dem Sein gegenüber immer etwas Überschüssiges im Sinne des Utopischen. Also im Sinne dessen, was noch keinen Ort in dieser Welt hat, aber – sinnvollerweise – einen Ort in dieser Welt erhalten sollte. In der Sprache der Philosophie: Sinnvolle Potentialitäten sollen aktuell werden. Aufgabe des Menschen ist es, die ihm aufgetragenen Sinnmöglichkeiten zu entdecken und zu realisieren. Dies kann nur im utopischen Bewußtsein – im ursprünglichen Sinne des griechischen Wortes – geschehen.

Zusammenfassend kann man sagen: Alle Grundbefindlichkeiten, die hier erörtert wurden, gewinnen ihre existentielle Bedeutung erst im Horizont der zuletzt aufgeführten Befindlichkeit. Denn erst im Horizont des Bewußt-Seins werden die Befindlichkeiten zu dem, was sie sind: je meine. Erst im hellen Raum des Bewußt-Seins erlebt der Mensch die Grundbefindlichkeiten als Konstruktionsmerkmale seiner Existenz, mit denen er sich auseinandersetzen muß. Die eine oder andere Grundbefindlichkeit teilt der Mensch mit dem Tier; z.B. das Endlich-Sein. Dennoch hat diese Befindlichkeit für das Tier eine völlig andere Bedeutung. Es handelt sich um eine dem Tier zugeschriebene Befindlichkeit. Der Mensch ist es, der das Endlich-Sein am Tier konstatiert. Das Tier selbst hat kein Verhältnis zu seiner Endlichkeit. Und dies, weil es sich seines Endlich-Seins nicht bewußt ist. Und weil es kein Verhältnis zu sich in seinem Endlich-Sein hat, kann es sich mit seinem Endlich-Sein weder arrangieren noch gegen es rebellieren, noch sich in einer anderen Weise mit

---

[14] Vgl. dazu V.E. Frankl, Der Wille zum Sinn – Ausgewählte Vorträge über Logotherapie, Bern 1972.

ihm auseinandersetzen. Das Tier stirbt. Der Mensch kann es lernen zu sterben. Manche haben darin die zentrale Aufgabe des Philosophierens gesehen.

Dasselbe gilt für alle anderen Grundbefindlichkeiten. Der Mensch muß sich fragen, wie er mit seinem Für-sich-Sein umgehen will. Wie er die Balance von Körper-Haben und Leib-Sein halten will. Wie er sein Entfremdet-Sein immer wieder bewältigen will. Was er aus seinem In-der-Welt-Sein machen will. Wie er sich zu seinem Fragment-Sein einstellen will. Wie er mit der Konflikthaftigkeit seiner Existenz umgehen will. Welche Konsequenzen er aus seinem Gestimmt-Sein zieht. Und natürlich kann sich das philosophische Gespräch im Rahmen der Therapie auch auf die dargestellten Bewußtseinsformen beziehen. Dann wird der Patient angeregt, sich zu erinnern, um sich in seiner biographischen Entwicklung besser zu verstehen. Achtsam zu sein, um das Leben in seiner Tiefe auszukosten je jetzt. Das Gefängnis der Wirklichkeit aufzusprengen, um die guten Möglichkeiten daraus zu befreien. Und dies, indem er es lernt, im besten Sinne des Wortes utopisch zu denken und der Utopie einen Platz in der Welt einzuräumen, soll heißen: sie zu verwirklichen.

4. Die Entwicklung von Schemata als Antwort auf die existentielle Fraglichkeit

„Der Mensch ist die Frage nach sich selbst, noch ehe er irgendeine Frage gestellt hat.“[15] Die Wahrheit dieses Satzes wurde sowohl im Blick auf die Grundbedürfnisse als auch im Blick auf die Grundbefindlichkeiten erwiesen. Existenz hat sowohl im Blick auf die Grundbedürfnisse als auch im Blick auf die Grundbefindlichkeiten Frageform. Es handelt sich um die an den Menschen gerichtete Frage, wie er seine Grundbedürfnisse befriedigen, mit seinen Grundbefindlichkeiten umgehen will. Dabei ist bzgl. der Grundbedürfnisse zu beachten, daß es zunächst nicht der Mensch ist, der die diesbezüglichen Fragen an sich richtet. Vielmehr findet er sich jeweils als ein Befragter vor. Er wird gleichsam von seiner Natur ins Erleben spezifischer Bedürfnisse gezwungen und in diesem Vorgang befragt, wie er diesen Bedürfnissen gerecht werden will. Zunächst erlebt er demzufolge die Frage nach der Befriedigung der Grundbedürfnisse an sich gerichtet. Dabei handelt es sich um unüberbietbar dringliche Fragen. Die Dringlichkeit hängt am Sachverhalt, daß sie nicht abgewiesen werden können. Entweder man beantwortet sie oder man geht zugrunde. Das aber heißt: Der Mensch muß die im Wege der Grundbedürfnisse an ihn gerichteten Fragen übernehmen. Er tut dies, indem er sich fragt, wie er den Grundbedürfnissen gerecht werden will. Der Mensch wird ihnen gerecht, indem er das ausbildet, was die moderne Psychologie Schemata nennt.[16]

---

15 P. Tillich, a.a.O., S. 76.

16 Vgl. zum Schema-Begriff K. Grawe, Psychologische Therapie, Göttingen 1998, S. 337 ff.

Unter dem Konstrukt „Schema" versteht man eine Grundform psychischer Aktivität, die Menschen im Verlauf ihres Lebens ausbilden. Schemata werden entwickelt, um Grundbedürfnisse zu erfüllen. Sie stehen demzufolge im Dienst der vielleicht wichtigsten „Grundqualität des psychischen Geschehens"[17]: der Intentionalität. Während es sich bei den Grundbedürfnissen um anthropologisch-ontologische Phänomene handelt, sind Schemata anthropologisch-biographischer Natur. Das heißt: Grundbedürfnisse sind Strukturmerkmale menschlicher Existenz. Ihre Weise des Vorkommens ist im Prinzip bei allen Menschen gleich. Im Gegensatz dazu sind die von einem Menschen im Verlauf seines Lebens ausgebildeten Schemata verglichen mit dem Schema-Set eines anderen Menschen potentiell sehr verschieden. Zwar fühlen sich alle Menschen genötigt, ihren Grundbedürfnissen gerecht zu werden, aber ihre diesbezüglichen Bemühungen fallen völlig verschieden aus. Dies ist eine Folge davon, daß die subjektiven und objektiven Umstände, in denen Menschen leben, völlig unterschiedlich sein können. Der einzelne Mensch muß seine Bedürfnisse nach Sinn, Kontrolle, Lust, Bindung, Selbstwert, Erkundung, Eindruck und Ausdruck eben mit denjenigen Mitteln befriedigen, die ihm zur Verfügung stehen. Dabei spielen sowohl die subjektiven Fähigkeiten als auch die objektiven Gegebenheiten eine wichtige Rolle. Zum Beispiel: die je eigene Kontaktfähigkeit und die Eigenart derjenigen Menschen, von denen man die Befriedigung der je eigenen Grundbedürfnisse erwartet. Schemata bilden sich lebensgeschichtlich heraus. Sie stellen die individuellen Muster dar, wie ein bestimmter Mensch seine Grundbedürfnisse befriedigt.

---

[17] A.a.O., S. 339.

Um im Detail zu verstehen, was das Konstrukt „Schema" bedeutet, muß man sich die Bauelemente des Phänomens verdeutlichen: die Zielkomponente, die Handlungskomponente, die Kognitionskomponente, die Emotionskomponente. Außerdem ist zu beachten, daß die verschiedenen Schemata in unterschiedlichen Situationen aktiviert werden. Die Zielkomponente besagt, welche Intentionen ein Mensch angesichts eines bestimmten Bedürfnisses verfolgt. Die Handlungskomponente besagt, welches spezifische Verhalten der Betreffende an den Tag legt, um sein Ziel zu erreichen. Es geht gleichsam um die Lebenstechnik. Die Kognitionskomponente hebt auf den Sachverhalt ab, daß Menschen nicht einfach handeln, ihr Handeln vielmehr immer auch begründen, erklären, rechtfertigen. Demzufolge kommt in den Kognitionen ihre Lebensphilosophie und, insofern diese rechtfertigender Art ist, ihre Moralität zum Ausdruck. Außerdem wird ein in einer bestimmten Situation aktiviertes Schema immer von Emotionen begleitet. Sie bewerten den intentionalen Prozeß und liefern die Energie, alle Hemmungen zu überwinden, ein bestimmtes Ziel zu verfolgen. Selbstverständlich haben ein pubertierender 13jähriger, ein wissenschaftlicher Assistent an einer naturwissenschaftlichen Fakultät, ein älterer Meister in einem metallverarbeitenden Betrieb die im Prinzip gleichen Bedürfnisse, sich als wertvolle Menschen zu erleben oder Bindungen einzugehen. Dennoch werden diese drei Personen ihr Selbstwerterhöhungs- bzw. Bindungsbedürfnis völlig unterschiedlich befriedigen. Und nicht nur deshalb, weil sie unterschiedlich alt sind, sondern vor allem, weil sie in völlig verschiedenen sozialen Kontexten leben. Das bedeutet: Das ihnen zur Verfügung stehende „Material" der Bedürfnisbefriedigung ist verschieden. Es muß deshalb auch unterschiedlich „geformt" werden, um denselben Effekt zu erzielen, nämlich den entsprechenden Bedürfnissen gerecht zu werden.

Am Beispiel des Wissenschaftlichen Assistenten verdeutliche man sich die Bauelemente eines Schemas; hier des beruflichen Schemas. Das Ziel des Assistenten ist es, eine akademische Karriere zu durchlaufen. Dazu ist es notwendig, eine weit über dem Durchschnitt liegende Dissertation und eine Habilitationsschrift in einer angemessenen Zeit anzufertigen. Die entsprechenden Methoden des wissenschaftlichen Arbeitens und Forschens stehen ihm zur Verfügung, ebenso die notwendigen sozialen Kompetenzen, bei den Professoren denjenigen Eindruck zu wecken, der sie veranlaßt, den Nachwuchswissenschaftler auch zu fördern. Außerdem Selbstdisziplin, Konzentrationsfähigkeit und die Gabe, diejenigen Personen seines sozialen Umfeldes, die ihm die zur wissenschaftlichen Arbeit nötige Zeit streitig machen könnten, in ihre Schranken zu verweisen. Die dem Schema zugrundeliegenden Kognitionen könnten sich im Selbstgespräch so anhören: Ich will mein berufliches Ziel verfolgen, weil der Fortschritt auf diesem Gebiet gerade in ökologischer Hinsicht besonders wichtig ist. Weil ich etwas zur Reinerhaltung bzw. Entgiftung der Erde beitragen möchte. Weil mich naturwissenschaftliches Forschen immer schon fasziniert hat und ich auf diesem Gebiet eine besondere Begabung habe. Weil ich mir von einer wissenschaftlichen Laufbahn Anerkennung von meiner Familie und überhaupt einen hohen gesellschaftlichen Status verspreche, außerdem ein überdurchschnittliches Einkommen. Dabei ist natürlich nicht gesagt, daß die narzißtischen Motive immer völlig bewußt sind. Und bzgl. der das aktivierte Schema begleitenden Emotionen ist dies anzunehmen: Die Imagination des vorweggenommenen Ziels ist natürlich mit Stolz verbunden, jeder Teilerfolg auf dem Wege zum Ziel mit Lust. Jeder Mißerfolg mit Frustration und dem Willen, Rückschläge wettzumachen. Sich weitende Erkenntnis mit Freude und Mut, den Erkenntnisfortschritt voranzutreiben usf. Aktiviert wird dieses Schema im beruflichen

Kontext, also z.B. wenn der junge Forscher sein Labor betritt oder im Begriff ist, mit Kollegen über eine wissenschaftliche Frage zu diskutieren oder ein Forschungsergebnis einem Fachpublikum vorstellt.

Entscheidend ist nun die Erkenntnis, daß positive Ziele zu den wichtigsten Kräften des seelischen Geschehens zählen. Die mit ihnen verbundenen Schemata nennt man motivationale Schemata. „Der für die Psychotherapie wichtigste Teil des Schema-Konstrukts ist seine *motivationale,* die psychischen Prozesse energetisierende und ihnen Richtung gebende Komponente. Aktivierung eines Schemas bedeutet, dass die psychische Aktivität darauf ausgerichtet wird, Wahrnehmungen im Sinne der Zielkomponente des Schemas herbeizuführen … Die Vorstellung, dass die psychische Aktivität von Schemata bestimmt wird, bedeutet, dass der Mensch grundsätzlich von sich aus zielgerichtet aktiv ist. Solange überhaupt psychische Aktivität vorhanden ist, ist sie darauf ausgerichtet, Wahrnehmungen im Sinne der jeweils aktivierten Schemata herzustellen."[18] Dabei ist es wichtig, den transaktionalen Charakter von Schemata wahrzunehmen. Ein Schema entsteht aus dem Umgang des Subjektes mit seiner Umgebung. Und ein Schema bestimmt den Umgang des Subjektes mit seiner Umgebung. Aus der spezifischen Gestaltung zwischenmenschlicher Bezüge kann man demzufolge auf die zugrundeliegenden Schemata schließen.[19]

---

18 A.a.O., S. 352.

19 Grawe spricht in diesem Zusammenhang auch von Beziehungsschemata. „Er betont den relationalen Aspekt und dabei insbesondere die Beziehung zu anderen Menschen. Schemata sind für ihn die wichtigsten Grundlagen der zwischenmenschlichen Beziehungsgestaltung." A.a.O., S. 353.

Im übrigen muß die Intentionalität des Menschen nicht ausschließlich positiv, sie kann auch negativ ausgerichtet sein. Der negativen Ausrichtung liegen Vermeidungsschemata zugrunde. Sie spielen vor allem auch im klinischen Bereich eine wichtige Rolle. Furcht, Ekel, Verachtung, Flucht, Abwehr, Vermeidung gehören zur biopsychologischen Grundausstattung des Menschen. Schmerzhafte Erfahrungen veranlassen den Menschen, Vermeidungsschemata auszubilden. Eben um negative Ziele und die damit verbundenen, u.U. höchst frustrierenden Gefühle nicht zu realisieren. Probleme entstehen, wenn durch die permanente Vermeidung zugleich positive Intentionen durchkreuzt werden. Eine in typischer Weise neurotisierende Konstellation! So kann ein Mensch beispielsweise in nachdrücklicher Art Anerkennung intendieren und zugleich in ebenso nachdrücklicher Art alle Situationen vermeiden, die ihm Anerkennung bringende Leistung abverlangt. Anerkennung erstrebt er im Sinne seines Selbstwerterhöhungsbedürfnisses. Das entsprechende motivationale Schema erweist sich bei ihm besonders hoch und permanent aktiviert, weil er kaum Anerkennung erhält. Das zum einen. Andererseits wird er gleichzeitig von einem Vermeidungsschema bestimmt. Das, was ihm Anerkennung verschaffen würde, nämlich bestimmte Leistungen, verweigert er. Zugrunde liegen u.U. schmerzhafte Erfahrungen, in Leistungssituationen versagt zu haben. Eine positive Intention kann nicht realisiert werden, weil sie von einer negativen konterkariert wird.[20]

Eine andersgeartete, neurotisierende Situation liegt vor, sofern im Rahmen zweier intentionaler Schemata Ziele angestrebt werden, die sich wechselseitig behindern. So kann ein Mensch

---

[20] Ziel der therapeutischen Intervention wird es sein, die Konfliktsituation bewußt zu machen und die Vermeidungstendenz abzubauen.

bzgl. seines Selbstwerterhöhungsbedürfnisses ein Schema ausbilden, dessen Zielkomponente als Aufstiegsorientierung zu kennzeichnen ist. Das heißt: Der Betreffende läßt keine Gelegenheit aus, die Leiter des sozialen Prestiges hinaufzuklettern und beim Überholen der Mitbewerber jedes sich bietende Mittel einzusetzen. Diese Schemakomponente ist ihm bewußt. Gleichzeitig wird er im Rahmen seines Bindungsbedürfnisses von der Tendenz bestimmt, in harmonischen Beziehungen zu leben. Diese Intention aber bildet er im Rahmen eines Schemas aus, das ihm weitgehend unbewußt ist. Kein Wunder, wenn sich der Betreffende innerlich zerrissen erlebt.[21]

Die Beispiele zeigen, daß es Schemakonstellationen gibt, die für das psychische Wohlbefinden wenig bekömmlich sind. Stellt man sich die psychische Architektur im Prinzip als ein differenziertes Set von Schemata vor, die wechselseitig aufeinander wirken, dann ist eine bekömmliche Interaktion nur denkbar, sofern Konsistenz herrscht. Das heißt: sofern sich die Schemata zumindest nicht wechselseitig behindern; besser: sofern sie sich wechselseitig fördern.

Unternimmt man den Versuch, das psychodynamische Konstrukt „Schema" philosophisch zu buchstabieren, dann stellt sich heraus, daß alle ein Schema konstituierenden Elemente auch von philosophischer Bedeutung sind, ja, daß das Schema-Konstrukt als Ganzes philosophisch begriffen werden kann. Der Psychologe versucht mit Hilfe dieses Konstrukts, die spezifische Interak-

[21] Ziel der therapeutischen Intervention wird es sein, das unbewußte Harmoniebedürfnis und die Widersprüchlichkeit der beiden Intentionen bewußt zu machen, sich über den Sinn der beiden Intentionen Rechenschaft zu geben und einen Weg zu finden, sie u.U. beide angemessen zu realisieren.

tion zwischen einem Individuum und seiner Umgebung durchsichtig zu machen. Der Philosoph durchschaut dieses Konstrukt auf seine ontologische Struktur hin und erkennt in ihm die Selbst-Welt-Polarität. Sie besagt, daß der Mensch in die Welt eingebunden ist und ihr als strukturierter Ganzheit – eben als Leib-Seele-Geist-Wesen – gegenübersteht. Und dies immer zugleich. Und dabei zeigt sich die Eingebundenheit nicht nur darin, daß er als biologisches Wesen notwendigerweise im Stoffwechsel mit der transsubjektiven Natur stehen muß, will er nicht zugrunde gehen. Sie zeigt sich vor allem darin, daß er alle ontologischen Dimensionen, die den Makrokosmos konstituieren – das Anorganische, Organische und Psychische – in mikrokosmischer Form in sich vereinigt. Und sie zeigt sich darin, daß es eine Verwandtschaft zwischen den Verfassungen von Subjekt und Welt gibt. Ansonsten wäre es nicht möglich, daß das Subjekt Welt erkennt und auf der Basis dieser Erkenntnis Welt in lebensdienlicher Weise verwandelt. Es muß demzufolge einen Zusammenhang zwischen objektiver und subjektiver Vernunft geben.

Das Schema-Konstrukt ist aber nicht nur im ganzen, es ist auch im Detail philosophisch zu buchstabieren und gerade darin, daß es philosophisch begriffen wird, psychotherapeutisch fruchtbar zu machen. Dies leuchtet ein, sofern man erkennt, daß es im Blick auf das Zusammenwirken der Schemata nicht ausreicht, lediglich Konsistenz zu ermöglichen. Also dafür zu sorgen, daß sich die einzelnen Schemata nicht widersprechen. Schemata sollten nämlich nicht nur dem psychologischen Maßstab der Konsistenz, sie sollten vor allem dem philosophischen Maßstab der Wahrheit entsprechen. Was heißt das? Es heißt, die Strukturelemente des Schema-Konstrukts „durchzuphilosophieren"; also mit dem Patienten eine Philosophie der Ziele, Wege, Begründungen und der begleitenden Emotionen zu entwickeln.

Und natürlich kann dies wiederum im Horizont von Fragen geschehen, die der Therapeut stellt, um das Philosophieren des Patienten anzuregen.

Im Blick auf die Ziele ist zunächst einmal wichtig, sich der vorrangigen Intentionen, die man hegt, bewußt zu werden. Dabei ist es hilfreich, ein Modell der Institutionen und der zugehörigen Personen zur Verfügung zu haben, das anzeigt, auf welche sozialen Räume sich Zielsetzungen beziehen. Unter systematischer Perspektive kann man von den intimen Bereichen ausgehen, zu den weniger persönlichen fortschreiten, um dann die unpersönlichen Bereiche zu durchleuchten. Dies kann im Zusammenhang folgender Fragen geschehen: Welche Ziele verfolge ich im Umgang mit mir selbst? Was erwarte ich von mir im Rahmen meiner Lebensplanung? Welche Intentionen hege ich im Zusammenleben mit meinem Intimpartner z.B. im Rahmen einer Ehe? Im Zusammenleben mit meinen Kindern, nahen und fernen Verwandten? Im Zusammenleben von Familie und Sippe? Im Umgang mit Freunden im Blick auf meinen Freundeskreis? In der Kooperation mit Kollegen im Kontext meiner Arbeitswelt? Im Zusammenhang mit Mitspielern in der Welt der Freizeit? Im Zusammenleben mit Nachbarn im „Schlappenbereich"? Und im Zusammenwirken mit Mitbürgern in der Welt der Polis, angefangen von den Nächsten bis hin zu den Fernsten?[22]

Es handelt sich hier zunächst um schlichte Fragen, rein phänomenologischer Art. Der Betreffende versucht einfach herauszufinden, was der Fall seines Lebens ist, welche Ziele er in den

---

[22] Dabei ist die weite Spannbreite dessen zu bedenken, was unter einem Mitbürger zu verstehen ist. Sie reicht vom kommunalpolitischen bis hin zum kosmopolitischen Feld.

verschiedenen Bereichen seines Lebens verfolgt. Aber schon die schlichte Beschreibung dessen, was der Fall eines Lebens unter dem Aspekt seiner Intentionalität ist, kann zu einer Fülle von Erkenntnissen führen, die ein Leben völlig verändern. Man kann z.B. entdecken, daß man intentionsgeleitet handelt, aber in einigen Bereichen völlig unbewußt oder nur halb bewußt. Daß es sich teilweise um Ziele handelt, mit denen man sich durchaus nicht identifiziert. Daß man folglich partiell fremdbestimmt handelt. Daß man Ziele verfolgt, die zu verfolgen in einer früheren Lebenssituation angemessen war, jetzt aber kontraproduktiv ist. Daß man den einen Bereich unter dem Aspekt der Zielorientierung überwertig, den anderen unterwertig lebt. Daß es Bereiche gibt, die man völlig vernachlässigt. Daß es bzgl. bestimmter Bereiche Ziele gibt, für die man sich begeistert, die man aber noch nie verfolgt oder zu wenig verfolgt hat usf.

Wichtig ist nun, daß der philosophische Dialog fortschreitet, und zwar von der Phänomenologie zur Axiologie.[23] Schon während der Rekonstruktion dessen, was der Fall eines Lebens im Blick auf die es leitenden Ziele ist, spürt der Patient, „was geht und was nicht geht". Soll heißen: Indem er sich ausspricht, wird ein Prozeß der Wertfühligkeit, der die Aussprache innerlich begleitet, ausgelöst. Der Patient fühlt während des Sprechens, daß bestimmte Intentionen, die er verfolgt, sehr gut sind, weniger gut, gleichgültig oder verwerflich. Dieser innere Prozeß des Bewertens muß ins helle Bewußtsein gerückt werden. Dies ereignet sich, sofern der Patient angeregt wird, diesen Prozeß zum Ausdruck zu bringen, also nicht nur zu sagen, was er für Absichten hegt, vielmehr auch zu sagen, wie er seine Intentionen beurteilt.

---

23 Axiologie ist ein Teilgebiet der Ethik: die Lehre von den Werten. Vgl. dazu beispielsweise N. Hartmann, Ethik, Berlin 1962, S. 250 ff.

Ob und inwiefern sie ihm wichtig, wertvoll, gleichgültig oder destruktiv erscheinen. Und natürlich soll er auch veranlaßt werden, Begründungen für seine diesbezüglichen Bewertungen zu finden. Geschieht dies, dann wird der Weg von der Phänomenologie zur Axiologie zurückgelegt, also von der Darstellung dessen, was der Fall ist, zur Erkenntnis dessen, was der Fall in ethischer Perspektive sein sollte und könnte. Im Blick auf das jeweilige intentionale Schema geht es um die kognitive Dimension, also um den Sachverhalt, daß der Mensch sich nicht nur Ziele setzt, Ziele vielmehr immer auch begründet und rechtfertigt. Natürlich steht hinter den Begründungen und Rechtfertigungen immer die einen Menschen kennzeichnende Weise, seine Welt anzuschauen: also Weltsicht, Weltanschauung, Lebensphilosophie. Und es genügt nicht, die Zielvorstellungen eines Menschen und ihre weltanschauliche Verankerung lediglich zur Kenntnis zu nehmen und ihm dabei zu helfen, „mehr so zu werden, wie er eigentlich sein möchte …“[24] Es genügt nicht, daß der Therapeut im Blick auf den Patienten sich lediglich „als Verbündeter seiner positiven Ziele versteht, nicht als jemand, der erstrebt oder den Auftrag hat, den Patienten zu ändern.“[25] Es geht vielmehr darum, ein Gespräch darüber zu führen, ob das Set von Zielen, das der Patient erreichen möchte, aber aufgrund aktueller Störungen oder Inkompetenz nicht erreicht, ihm wirklich angemessen ist. Die unhinterfragte Hinnahme von Lebenszielen durch den Patienten ist der Kern der philosophischen Substanzlosigkeit von Therapie. Geht es in der Therapie nicht nur darum, einen Patienten wieder fit zu machen, sich zielkonform zu verhalten – mögen die Ziele herkommen, wo sie wollen –, ihm vielmehr zu

---

24 K. Grawe, Psychotherapie im Wandel, Göttingen 1994, S. 783.

25 Ebd.

helfen, eine immer reifere Persönlichkeit zu werden, dann muß der philosophische Dialog ein konstitutives Merkmal der therapeutischen Interaktion sein.

Selbstverständlich wäre es in diesem Zusammenhang ein philosophischer Kunstfehler, dem Patienten die je eigene Lebensphilosophie aufzudrängen. Es geht nicht um philosophische Indoktrination. Es geht vielmehr darum, die in jedem Menschen angelegte fundamentalphilosophische Kraft zu aktivieren. Es geht darum, den Menschen anzuregen, bewußt und professionell angeregt zu tun, was er in rudimentärer Weise immer schon getan hat; nämlich: sich einen Reim aufs Leben zu machen. Eben zu philosophieren. Die entsprechenden Anregungen sollten vom Therapeuten kommen. Elementares Philosophieren ereignet sich, sofern der Therapeut den Patienten veranlaßt, seine Ziele einfach einmal wahrzunehmen. Sie mit unbewaffnetem Auge anzusehen. Im Mittel dessen, was man im Zen-Buddhismus Anfängergeist nennt. Also so, als wäre man gerade noch im Begriff, sie zu bilden. Sich wundernd. Ziele einfach wahrzunehmen und über sie zu staunen, nachdem man sie ihrer Plausibilität entkleidet hat. Mittel der Zielverwirklichung einfach wahrzunehmen und sie merkwürdig zu finden. Sich der begleitenden Kognitionen und Wertgefühle einfach hellbewußt zu werden und über sie zu staunen. Dies ist der erste und wesentliche Schritt des Philosophierens im Zusammenhang des Therapierens. Ein einfacher Schritt. Kein leichter Schritt. Und natürlich kann der philosophische Dialog eminent verfeinert werden, sobald der Patient angeregt wird, sich mit den Grundbefindlichkeiten menschlicher Existenz vertraut zu machen, über die sich aus ihnen ergebenden Fragestellungen und Antwortmöglichkeiten nachzudenken und sie im Blick auf einen optimalen Lebensentwurf zu nutzen.

Eines ist jedenfalls sowohl möglich als auch nötig: das psychologische Konstrukt „Schema“ in allen Teilaspekten philosophisch zu verstehen und für das philosophische Gespräch im Zusammenhang der Therapie fruchtbar zu machen. Genau dies sollte gezeigt werden.

Kapitel V
Der Mensch in der Differenz von Essenz und Existenz

1. Das Wesen der Essenz-Existenz-Dialektik

Um etwas zu verstehen, muß man den Zusammenhang aufzeigen, in dem etwas verstanden werden kann. Sinn ist nur in Sinnzusammenhängen aufweisbar. Der Sinnzusammenhang, in dem die Essenz-Existenz-Figur verstanden werden kann, sind das Phänomen und der Begriff des Lebens. Er wird hier in Anlehnung an Aristoteles in einem sehr weiten Sinne gebraucht. Leben ist derjenige Vorgang, in dessen Verlauf Möglichkeit in Wirklichkeit verwandelt wird. Leben ist demzufolge Aktualisierung potentiellen Seins. Leben, so verstanden, ereignet sich in allen ontologischen Dimensionen. Im Anorganischen: Sterne vergehen und entstehen. Im Organischen: Tier- und Pflanzenarten vergehen und entstehen. Im Psychischen: alte Formen des Erlebens vergehen, neue entstehen. Ebenso in den Dimensionen des Geistigen und Geschichtlichen: die Formen der Erkenntnis und Moralität wandeln sich, alte geschichtliche Sinngebilde vergehen, neue entstehen.

Entscheidend ist nun, daß der Mensch, sofern man ihn in seiner mikrokosmischen Verfassung gleichsam als den Schnittpunkt aller ontologischen Dimensionen – vom Anorganischen bis zum Geistig/Geschichtlichen – begreift, zugleich als das lebendigste aller Lebewesen begriffen werden muß. Er trägt – nicht der Quantität, aber der Qualität nach – die meisten Potentialitäten in sich und er kann ein helles Bewußtsein dieses existentiellen Umstandes ausbilden. Das heißt: Erfaßt sich der Mensch unter dem Aspekt dieses besonderen Konstruktionsmerkmals seiner Existenz, dann erfaßt er sich im Horizont der Dialektik von Möglichkeit und Wirklichkeit. Dabei ist zu beachten, daß der Bezug von Möglichkeit und Wirklichkeit in den einzelnen ontologischen Dimensionen teils durch Notwendigkeit, teils durch Freiheit bestimmt ist. Der Mensch als biopsychisches Wesen unterliegt einer Fülle von Notwendigkeiten. Dem Menschen als geistig-geschichtliches Wesen, also als Wesen, das im Verhältnis zu sich selbst und der Welt steht, steht eine Fülle von Möglichkeiten zur Verfügung. Er hat die Wahl. Insofern er angesichts der verschiedenen Möglichkeiten abwägt, wählt und abwählt, realisiert er seine Freiheit und bewährt gerade darin seine Menschlichkeit. Was geschieht im Zuge des Abwägens, Wählens und Abwählens? Zunächst ist darauf hinzuweisen, daß es sich um einen inneren, einen intrapsychischen Vorgang handelt. Der Mensch geht mit sich zu Rate. Ziel ist es, angesichts mehrerer Möglichkeiten die beste zu entdecken. Demzufolge geht es um Imagination des Wert- und Sinnvollen angesichts des weniger Wertvollen, Gleichgültigen oder Wertlosen. Die Entdeckung der wertvollen Möglichkeit aber ist identisch mit dem, was die Philosophie das Essentielle nennt. Um diese Entdeckung zu machen, benötigt man ein Maß für das, was wertvoll ist. Aufgabe der Ethik ist es, Maße dieser Art zu benennen. Die materiale Wertethik[1] tut dies, indem sie ethische Werte – z.B. die Werte der Liebe, der Gerechtigkeit, der Weisheit – formuliert und sie als Orientierungsleitlinien des Handelns offeriert. Die formale Ethik tut dasselbe, indem sie allgemeine Handlungsanweisungen, z.B. in Form des kategorischen Imperativs[2], gibt. Im Prinzip geht es

---

[1] Vgl. dazu als klassisches Beispiel N. Hartmann, Ethik, Berlin 1962.

[2] „Handle so, daß die Maxime deines Willens jederzeit zugleich als Prinzip einer allgemeinen Gesetzgebung gelten könne." I. Kant, Kritik der praktischen Vernunft [1788], hrsg. von K. Vorländer, Hamburg 1990, § 7.

immer um die Imagination der guten Möglichkeit. Das heißt: um die Entdeckung dessen, was sinnvollerweise der Fall sein sollte im Mittel des reflexiven und bildhaft-anschaulichen Denkens, im Horizont ethisch verbindlicher Kriterien. Es geht, ebenso einfach wie treffend ausgedrückt, um Besinnung im ursprünglichen Sinne des Wortes. Nämlich in Ruhe und Gelassenheit, verantwortlich und nachvollziehbar darüber nachzudenken, was sinnvollerweise sein sollte. Und natürlich steht dahinter die existentielle Grunderfahrung, daß die Verhältnisse nicht so sind, wie sie sein sollten und könnten. Sowohl die persönlichen als auch die politischen.

Die Entdeckung der guten Möglichkeit im Sinne des Essentiellen hat nicht nur beglückende, vielmehr auch schmerzhafte Konsequenzen. Der Schmerz entsteht aus der Erfahrung der Differenz zwischen dem, was der Fall des Lebens sinnvollerweise sein sollte, und dem, was der Fall des Lebens ist. Der Mensch kann die gute Möglichkeit nicht entdecken und es einfach dabei belassen. Es schmerzt, die gute Möglichkeit zu wissen und zugleich zu erfahren, daß das Gute, das möglich ist, (noch) nicht wirklich ist. Auch dieser Schmerz wird, wie jeder Schmerz, als Aufforderung erlebt. Als Imperativ der Überwindung seiner selbst. Der Mensch erfährt sich gefordert, die gute Möglichkeit auch wirklich werden zu lassen. Das heißt: das Essentielle in Existenz zu übersetzen. Das gute Potentielle zu aktualisieren. Er erlebt den Konflikt zwischen der Ebene des Essentiellen und der Ebene des Existentiellen als Motiv und Motor, Essenz in Existenz zu überführen. Während er diese Aufgabe verfolgt, macht er folgende Entdeckung: beide Phänomene, Essenz und Existenz, haben Vorteile und Nachteile. Der Vorteil der Essenz ist, daß durch sie zur Kenntnis kommt, was sinnvollerweise der Fall sein sollte. Schwerwiegender Nachteil des Essentiellen ist, daß es lediglich die Form der Möglichkeit hat, nicht die Form der Wirklichkeit. Es besagt, was sein sollte. Es drängt auch, daß das, was es besagt, getan wird. Aber es kann es nicht selber tun. Demgegenüber ist der Vorteil der Existenz, daß sie wirklich ist. Daß durch sie der Versuch unternommen wird, die Idee in Realität zu übersetzen. Dennoch weist auch sie insofern einen gravierenden Nachteil auf, als es nicht möglich ist, das Essentielle in absolut reiner Form ins Existentielle zu übersetzen. Indem der Mensch die gute Möglichkeit in Wirklichkeit transformiert, bleibt – im Bilde gesprochen – ein Teil der guten Möglichkeit immer auf der Strecke. Oder anders: Existenz ist doppeldeutig. Existenz ist eine Mischungswirklichkeit. In ihr wird immer zugleich beides wirklich: was sein soll und was nicht sein soll. In der Ebene des Existentiellen spiegelt sich, wenn es gut geht, das Essentielle. Aber es realisiert sich niemals in völliger Weise. Und natürlich gibt es Spiegel, die nicht verzerren, die ein klares Bild bieten. Dennoch ist das Spiegelbild nicht das Gespiegelte. Es gibt sehr gute Spiegelungen, gute, weniger gute. Aber es gibt keine Identität zwischen Spiegelung und Gespiegeltem.

Wenn hier auf die Entdeckung der guten Möglichkeit abgehoben wird, so handelt es sich um eine Redefigur im Sinne von pars pro toto. Natürlich ereignet sich das Ringen des Menschen um Eigentlichkeit nicht als Entdeckung einer guten Möglichkeit, um danach eine andere gute Möglichkeit zu entdecken und zu realisieren. Vielmehr geht es um die Entdeckung dessen, was im Kapitel II unter dem Stichwort „Mythos und Logos der Eigentlichkeit"[3] verhandelt wurde. Also um die Entdeckung des „Daseinsentwurfs, den ein jedes Individuum darstellt."[4] Dieser Entwurf ist nichts anderes als die in der Tiefe des Menschen wir-

---

3 Vgl. dazu S. 61 ff.

4 Vgl. dazu J. Ortega y Gasset, Ges. Werke Bd. III, Stuttgart 1996, S. 273.

kende Essentialität. Sie bildet den Verstehenshorizont, in dem „die gute Möglichkeit" in ihrer Güte erst aufweisbar ist. Sie ist zunächst unbewußt. Sie muß ins helle Licht des Bewußtseins gestellt werden. Sie ist innerlich. Sie muß äußerlich werden. Soll heißen: sie muß in der konkreten Gestaltung des Lebens ausgedrückt werden. Und sie wird nicht einmal für alle Male entdeckt, vielmehr Schritt für Schritt. In jeder Lebensphase erscheint dem Blick in die je eigene Tiefe ein weiterer Teil ihrer Gestalt. Und natürlich hängt das Erscheinen an der Weise des Blickens. Einem Menschen großer Lebenserfahrung erschließt sich die je eigene Tiefe anders als einem Menschen geringerer Erfahrung. Das aber bedeutet, daß die Entdeckung der je eigenen, essentiellen Grundgestalt nicht allein im Wege der Innenorientierung, vielmehr im oszillierenden Prozeß von Innen- und Außen-, Aussen- und Innenorientierung geschieht. Die Begegnung mit einem Menschen großer Authentizität, welche sich ja in der Form der Außenorientierung ereignet, kann nachhaltig motivierend und ermutigend wirken, nach der je eigenen Authentizität zu fahnden. Das heißt: sich der je eigenen Essentialität zu vergewissern.

2. Die Bedeutung der Essenz-Existenz-Dialektik für die Psychotherapie

Das Zentrum der seelischen Architektur des Menschen kommt im Begriff der Intentionalität auf den Begriff. Menschsein heißt, etwas vorzuhaben. Absichtlichkeit ist das Kennzeichen des Subjekts. Deshalb steht an der Spitze der jeweiligen Grundform psychischer Aktivität das Ziel, das ein Mensch verfolgt. Methode, Kognition, Emotion sind zugeordnete Elemente des betreffenden Schemas. Natürlich verfolgt der Mensch nicht nur ein bestimmtes Ziel. Er verfolgt immer mehrere Ziele zugleich. Zum

Teil sind sie bewußt, zum Teil sind sie ihm kaum oder nicht bewußt. Und natürlich kann er Ziele aufgeben, modifizieren und völlig neue kreieren, zumal angenommen werden muß, daß zu bestimmten Lebensphasen auch bestimmte Ziele gehören, die realisiert werden sollten, will man einigermaßen psychisch heil von einer Lebensphase in die nächste wechseln. Die Ziele, die ein Greis verfolgt, sind andere als die Ziele, die sich ein junger Erwachsener zu eigen macht. Und natürlich gibt es Ziele, die im Zentrum eines Interesses stehen und nachrangige, ja beiläufige. Zentrale Ziele sind immer an Projekte höchster Priorität[5] gebunden. Man nennt sie auch Identitätsziele, weil der betreffende Mensch seine Identität durch sie konstituiert erlebt. Ihnen gilt im Rahmen der Psychotherapie die höchste Aufmerksamkeit. Dies ist der Fall, weil der Mensch die Mühe einer Psychotherapie nur auf sich nimmt, wenn er davon überzeugt ist, daß es sich lohnt. Diese Überzeugung stellt sich jedoch nur ein, wenn er das psychotherapeutische Angebot als attraktiv erlebt. Höchst attraktiv erlebt er es jedoch, wenn er gewiß ist, daß es ihm dabei helfen wird, zentrale Ziele zu verwirklichen.

Nun ist allerdings zu bedenken, daß die Entdeckung von Zielen, die von zentraler Bedeutung für einen Menschen sind, immer im Horizont der Essenz-Existenz-Figur auszuleuchten sind. Es genügt nicht, daß der Mensch sich einfach Ziele setzt, die sein Lebensverständnis leiten und seiner Lebensgestaltung Richtung und Energie vermitteln. Es gilt vielmehr, so mit dem Patienten zu sprechen, daß die Ziele, die er sich setzt, Ausdruck seiner essentiellen Tiefendimension sind. Das heißt: Ziele, die ein Mensch verfolgt, müssen mit dem übereinstimmen, was ein

---

5 Vgl. zu dieser Formulierung P. Becker / B. Minsel, Psychologie der seelischen Gesundheit Bd. II, Göttingen 1986, S. 71 ff., bes. S. 82. 85.

Mensch im Grunde seiner Seele ist. Sie müssen in diesem Sinne stimmig sein. Das philosophische Gespräch im Kontext therapeutischer Intervention will genau dies: Aufdeckung unstimmiger Ziele. Entdeckung stimmiger Ziele. Ein Mensch mag sich für bestimmte Ziele im Augenblick noch so begeistern, langfristig wird er sich nur für Ziele einsetzen, die sich relativ zu seiner Tiefenpersönlichkeit als stimmig erweisen. Das mit einem Projekt höchster Priorität verbundene Ziel ist nur zu erreichen, sofern der betreffende Mensch über genügend Frustrationstoleranz, Mut, Trotzmacht des Geistes, Widerstandskraft gegen Widerstände verfügt. Eben über ein hohes Maß an psychischer Energie. Die Quelle psychischer Energie aber versiegt sehr schnell, wenn Ziele unstimmig sind. Aus diesem Grunde sollte der Therapeut sich nicht scheuen, bevor er sich zu den zentralen Zielen eines Patienten in Beziehung setzt, und sie für den Fortschritt der Psychotherapie nutzt, das philosophische Gespräch anzuregen. Und dies mit dem Ziel, die essentiellen Ziele zu entdecken. Man könnte auch sagen: die wahren Ziele.

Natürlich ist auch zu bedenken, daß Ziele nicht nur in dem Sinne stimmig sein sollten, daß sie zur Tiefe einer Person stimmen, vielmehr auch in dem Sinne, daß sie aus dem Zustand der Essentialität in Existenz überführt werden können. Beide Kategorien, Ziel und Essenz, sind normativ-teleologische Kategorien. Ihr Telos ist es, verwirklicht zu werden. Es ergibt sich die Frage, ob der Mensch, der genau weiß, was er will, auch kann, was er will. In der Psychotherapie geht es um beides: um die Entdeckung dessen, was ich eigentlich will. Und um die Kompetenz, das, was ich will, auch zu realisieren. Das bedeutet: Essenz in Existenz zu transformieren. Die Fähigkeit zu diesbezüglicher Transformation ist Kompetenz. Kurz: es geht ums Wollen und ums Können. Und es geht ums Zusammenspiel von Wollen und Können. Denn nicht alles, was ich will, kann ich. Und nicht alles, was ich kann, ist auch wünschenswert. Und gerade in der Eröffnungsphase der Therapie sollte der Therapeut präzise wahrnehmen, ob der Patient nicht weiß, was er eigentlich will. Oder ob der Patient nicht kann, was er will. Zu dieser Frage ist später[6] noch mehr zu sagen. Hier ist der Spezialfall zu behandeln, daß der Patient vorgibt, zu wissen, was er will, ohne zu merken, daß es sich um eine Vorgabe handelt. Daß er sich folglich bzgl. seiner Zielorientierung über sich selbst täuscht. Täuschung ist im übrigen auch in folgender Hinsicht möglich: Die Entdeckung essenzkongruenter Ziele hängt am ethischen Urteilsvermögen eines Menschen. Dieses Vermögen entwickelt sich im Laufe eines Lebens. Nicht in dem Sinne, wie sich eine Pflanze aus einem Keim entwickelt, vielmehr im Zusammenwirken von innerer Anlage und äußerer Anregung. Dennoch ist gerade auch in der therapeutischen Situation die Frage zu stellen, ob sich der Patient auf der Höhe seiner ethischen Urteilsfähigkeit befindet oder unter seinem möglichen Niveau. Zum Beispiel, weil es an entsprechenden Entwicklungsanreizen mangelte.

Die Veröffentlichungen L. Kohlbergs, der seine Lebensarbeit der Frage der moralischen Entwicklung des Menschen gewidmet hat, zeigen, daß es höchst verschiedene Ebenen der ethischen Urteilsfindung gibt. Entscheidend ist jeweils der Horizont, der Bezugspunkt, an dem sich das Urteil orientiert. Sozusagen das „Von-Woher". Es macht einen Unterschied, ob ich die ethische Grundfrage – was soll ich tun? – rein egozentrisch, von mir und meinen Interessen, oder kosmopolitisch, von allgemeinen Interessen her beantworte. Kohlberg zufolge durchläuft der Mensch

[6] Vgl. dazu S. 279 ff.

drei mal zwei, also sechs Stufen der moralischen Entwicklung.[7] Alle Menschen beginnen mit der Stufe 1. Die wenigsten entwikkeln sich bis zur Stufe 6. Der Unterschied zwischen den Menschen besteht in der Höhe, auf der sie moralisch urteilen. Die Stufenfolge ist eine „invariante Sequenz".[8] Das heißt: keine Stufe kann übersprungen werden. Will ich dem Individuum eine Chance geben, sich in seiner moralischen Urteilsfähigkeit weiterzuentwickeln, dann gilt es zunächst festzustellen, auf welchem Niveau es sich befindet.[9] Ist dies bekannt, dann besteht die Aufgabe ethischer Erziehung darin, die betreffende Person auf die nächsthöhere Stufe zu „locken". Das kann so geschehen, daß ich mit ethischen Argumentationsformen vertraut mache, die auf der nächsthöheren Stufe angesiedelt sind. Entscheidend ist jedoch, wie gesagt, der Bezugspunkt, von dem her moralisch argumentiert wird. Auf der Stufe 1 ist es das Ich. Gut ist, was mir nützt. Zu berücksichtigen sind deshalb vor allem mögliche Belohnung und Bestrafung, die mein Handeln nach sich zieht. Auf der Stufe 2 ist es das Du. Gut ist, was mir nützt, unter Berücksichtigung der Ansprüche des jeweiligen Sozialpartners. Es wird bewußt, daß auch der andere berechtigte Interessen hat. Auf der Stufe 3 ist es die Familie und was in ihr von einem erwartet wird.

---

7 Die Stufen 1 und 2 nennt Kohlberg die Ebene der präkonventionellen Moral. Die Stufen 3 und 4 die Ebene der konventionellen Moral. Die Stufen 5 und 6 die Ebene der postkonventionellen Moral. Vgl. dazu L. Kohlberg, Kognitive Entwicklung und moralische Erziehung, in: L. Mauermann u.a., Der Erziehungsauftrag der Schule, Donauwörth 1978, S. 107–117.

8 A.a.O., S. 110.

9 Den Probanden werden sog. Dilemmageschichten vorgelegt, die sie zu beurteilen haben. Im Zuge dieses Urteilens wird ihr moralisches Niveau durchsichtig. Vgl. dazu a.a.O., S. 111.

Man will eben als „guter Junge, als gutes Mädchen“ im unmittelbaren sozialen Kontext akzeptiert werden. Auf Stufe 4 ist es die Sippe, der größere Sozialverband, der seine eigene Ordnung, sein Gesetz hat, das es zu halten gilt. Auf Stufe 5 ist es die Gesellschaft, die nur auf der Basis verbindlicher Verträge funktionieren kann, die demzufolge auch einzuhalten sind. Und auf der letzten Stufe ist es die Weltgesellschaft, von der her ethisch geurteilt wird. Maßstab der Urteilsfindung sind universelle ethische Prinzipien. Man denke an die goldene Regel, den kategorischen Imperativ oder an alle Menschen verbindende ethische Werte. Entscheidend ist nun, daß der Horizont, in dem sich moralisches Urteilen vollzieht, immer weiter wird. Am Anfang ist es das vereinzelte Ich. Am Ende ist es die Menschheit. Es gibt folglich eine große Spannbreite des moralischen Urteilens. Es ergibt sich die Frage, welchem ethischen Urteilsniveau die Ziele, die sich ein Mensch gesteckt hat, entspringen. Und ob er diesbezüglich auf dem ihm höchst möglichen Niveau die Entdeckung entsprechender Ziele betrieben hat. Intention des philosophischen Gesprächs könnte sein, Zielfindung auf angemessenem Niveau zu ermöglichen.[10] Ein entsprechender Dialog könnte durch eine

---

[10] Im Gegensatz zu Kohlberg bin ich nicht der Meinung, daß der Mensch immer auf einem möglichst hohen Niveau ethisch urteilen sollte. Ich gehe vielmehr davon aus, daß auch die moralische Entwicklung, im Bilde gesprochen, als Verpuppungsprozeß zu verstehen ist. Das bedeutet, daß nicht nur die jeweils letzte Entwicklungsstufe im Menschen vorhanden ist und sein moralisches Urteil leitet, vielmehr alle Entwicklungsstufen. Entscheidend ist, daß der Mensch es lernt, auf derjenigen Stufe zu urteilen, die der jeweiligen Situation angemessen ist. Es gibt Situationen, in denen muß auf der höchsten Stufe geurteilt werden, weil das Interesse sehr vieler Menschen auf dem Spiel steht. Es gibt andere Situationen, in

einfache Frage ausgelöst werden: Möchten Sie das, was Sie sich da vorgenommen haben, wirklich und warum?

3. Die Selbstverwirklichungsperspektive

Zunächst geht es hier um die Frage, in welchem Zusammenhang die psychologischen Kategorien der Selbstverwirklichung und Sinnverwirklichung zur philosophischen Denkfigur von Essenz und Existenz stehen. In beiden Fällen geht es um die Verwirklichung einer positiven Möglichkeit. Im ersten Falle geht es um die Überführung des Selbst in Existenz. Im zweiten Falle geht es um die Überführung von Sinn in Existenz. So gesehen stellen sowohl Selbstverwirklichung als auch Sinnverwirklichung jeweils ein Beispiel dar, Essenz in Existenz zu verwandeln. Dabei sind die Begriffe Selbst und Sinn auf die Dimension des Essentiellen bezogen, der Begriff der Verwirklichung auf die Dimension des Existentiellen. Worin liegt der Unterschied zwischen Menschen, von denen die einen ihre Lebensgestaltung vorrangig an Selbstverwirklichung, die anderen vorrangig an Sinnverwirklichung orientieren? Zunächst dazu einige Anmerkungen bzgl. der Selbstverwirklichung.

Sich selbst aktualisierende Menschen[11] hegen das nachdrückliche Interesse, ihre ureigensten Fähigkeiten zu entdecken und zu verwirklichen. Sie sind innerlich unabhängig, autonom und selbstverantwortlich. Sie haben eine gute Beziehung zu sich

---

denen darf der Mensch durchaus egozentrisch urteilen, sofern es ihm nützt und niemandem schadet.

[11] Ich orientiere mich in diesem Zusammenhang an P. Becker, Psychologie der seelischen Gesundheit Bd. I, Göttingen 1982, S. 142 ff.

selbst, die in Selbstbejahung, Selbstachtung und Selbstvertrauen zum Ausdruck kommt. Sie wirken natürlich, spontan, unbefangen, echt, offen und humorvoll. Sie haben eine demokratische Charakterstruktur, verfügen über die Fähigkeit zur Wertschätzung anderer, leisten jedoch Widerstand gegen überzogene Enkulturation. Sie haben ein positives Verhältnis zu ihrem Körper, ein realistisches Selbstbild und sind offen für Bewußtseinserweiterung. Entscheidend ist ihr Wille zur Veränderung, um sich immer weiter zu entwickeln und weiter zu reifen. Persönliches Wachstum ist das Prinzip ihres Lebensprozesses.

Es gibt eine ganze Anzahl von Psychologen, die psychische Gesundheit denjenigen Menschen attestieren, die zur Selbstverwirklichung in der geschilderten Art fähig sind. Dazu gehören vor allem C. Rogers und A.H. Maslow, aber auch E. Fromm und S.M. Jourard.[12] Das Modell psychischer Gesundheit, das sie vertreten, hat man das Selbstaktualisierungsmodell genannt.

4. Die Sinnverwirklichungsperspektive

Vor allem V.E. Frankl hat darauf hingewiesen, daß das einseitig um sich selbst kreisende, vorrangig innenorientierte Individuum Gefahr läuft, neurotisch zu werden. Da der Mensch ihm zufolge unter dem Aspekt seiner Essentialität ein geistiges Wesen ist und das Wesen des Geistes nicht Selbstbespiegelung, vielmehr Selbst-Transzendenz ist, gilt es, immer wieder von sich wegzukommen. „Der Mensch ist nicht da“, schreibt Frankl, „um sich selbst zu beobachten und sich selbst zu bespiegeln; sondern er ist da, um sich auszuliefern, sich preiszugeben, erkennend und liebend sich

---

[12] Vgl. dazu a.a.O., S. 147.

hinzugeben ... Es ist nicht die Aufgabe des Geistes, sich selbst zu beobachten und sich selbst zu bespiegeln. Zum Wesen des Menschen gehört das Hingeordnet- und Ausgerichtetsein, sei es auf etwas, sei es auf jemand, sei es auf ein Werk oder auf einen Menschen, auf eine Idee oder auf eine Person. Nur in dem Masse, in dem wir solcherart intentional sind, sind wir existentiell; nur in dem Maße, in dem der Mensch geistig bei etwas oder bei jemandem ist – nur im Maße solchen Beiseins ist der Mensch bei sich."[13] Der psychisch gesunde Mensch ist, Frankl zufolge, nicht vorrangig an einem positiven psychischen Zustand, an Spannungsreduktion oder an der Verwirklichung persönlicher Fähigkeiten interessiert. Er wird vielmehr vom Willen zum Sinn bestimmt. Dies zeigt sich darin, daß er im Blick auf eine vorgegebene Lebenssituation diejenigen Aufgaben entdeckt, die ihm das Leben in personaler Exklusivität stellt. Das Leben unter dem Aspekt seines diesbezüglichen Aufforderungscharakters wahrzunehmen, eine an ethischen Werten ausgewiesene Aufgabe zu übernehmen und sie verantwortlich durchzuführen entspricht dem Willen zum Sinn. Psychisch gesund sind demzufolge Menschen, die eine sinnvolle Lebensaufgabe haben und erfüllen. Eine Aufgabe, die etwas zur Erhaltung, Differenzierung, Steigerung fremden und eigenen Lebens beiträgt. Persönliches Wachstum ist, wie gesagt, das Prinzip derer, die ihr Leben dem Selbstverwirklichungsmodell gemäß formen. Persönliche Hingabe ist das Prinzip derer, die ihr Leben im Sinne des Sinnverwirklichungsmodells gestalten. Auffallend ist, daß jeweils etwas „Persönliches" im Mittelpunkt des Interesses steht. Im ersten Fall die psychisch-geistige Ausstattung eines Menschen, vorrangig seine persönlichen Fähigkeiten. Im zweiten Fall die einem persönlich

---

13 V.E. Frankl, Theorie und Therapie der Neurosen, München 1975, S. 177.

abverlangte Aufgabe, der man sich angesichts einer unverwechselbaren Lebenssituation stellen und der man sich voller Hingabe widmen sollte.

Betrachtet man beide Perspektiven genau, so wird man schnell entdecken, daß sie zusammengehören. Daß beide, im Bild gesprochen, zwei Seiten einer Münze darstellen und immer dann ein Fehler unterläuft, wenn ein Modell gegen das andere ausgespielt wird. Man stelle sich einen Menschen vor, der im Sinne des Selbstverwirklichungsmodells ein Leben lang an der Entwicklung seiner persönlichen Fähigkeiten arbeitet, sie aber niemals für eine sinnvolle Aufgabe einsetzt. Oder umgekehrt: Man imaginiere einen Menschen, der im Sinne des Sinnverwirklichungsmodells eine für seine Mitwelt und ihn wichtige Aufgabe entdeckt, aber die Fähigkeiten, die zur Erfüllung der Aufgabe unabdingbar sind, niemals trainiert hat. Beide Vorstellungen sind absurd. Der Aufforderung zur Hingabe kann man nur gerecht werden, sofern man etwas hinzugeben hat. Sie setzt demzufolge die entwickelte und sich immer weiter entwickelnde Persönlichkeit voraus. Und umgekehrt kommt die Entwicklung persönlicher Fähigkeiten nur dann zu ihrem Ziel, wenn sie für die Erfüllung von Aufgaben eingesetzt wird, die etwas zur Förderung anderen Lebens beiträgt. Soll menschliches Leben gelingen, dann muß es dialektisch geführt werden. Das Für-sich-Sein im Sinne der Selbstverwirklichung muß ausbalanciert werden durch das Mit-Sein. Das Mit-Sein im Sinne der Sinnverwirklichung hat zur Voraussetzung, daß der Mensch auch für sich sein kann. Und eine persönliche Aufgabe zu erfüllen ist nur möglich, sofern man Gelegenheit hat, sich in seiner persönlichen Eigenart zu entfalten. Im übrigen vertritt das Sinnverwirklichungsmodell in pointierter Weise natürlich V.E. Frankl. Aber er ist in dieser Hinsicht nicht allein. E. Fromm und G.W. Allport vertreten es ebenfalls, wenn auch weniger nachdrücklich. Und P. Becker konnte auf empirischem Wege nachweisen, daß dem Sinnverwirklichungsmodell unter den Modellen psychischer Gesundheit eine besondere Bedeutung zukommt.[14]

Entscheidend ist nun, daß Selbstverwirklichung und Sinnverwirklichung dialektisch vermittelt und auf die Essenz-Existenz-Figur bezogen werden. Die dialektische Vermittlung geschieht, wenn Selbstverwirklichung die ihr zunächst gemäße Bewegung nach innen durch eine Bewegung nach außen überholt. Soll Selbstverwirklichung ihrem Wesen gerecht werden, dann realisiert sie sich in einem Prozeß der Innenorientierung, der auf die Außenwelt zielt. Oder anders: es handelt sich um Innenorientierung, die sich nicht selbst genügt, sich vielmehr selbst überschreitet auf die transsubjektive Welt hin. Konkret: Der Mensch entwickelt im Rahmen eines differenzierten Bildungsprozesses alle seine Fähigkeiten und stellt sie in den Dienst an der Welt. Und umgekehrt: Die dialektische Vermittlung geschieht, wenn Sinnverwirklichung die ihr zunächst gemäße Bewegung nach außen durch eine Bewegung nach innen überholt. Soll Sinnverwirklichung ihrem Wesen gerecht werden, dann realisiert sie sich in einem Prozeß der Außenorientierung, der auf die Innenwelt zielt. Oder anders: es handelt sich um Außenorientierung, die sich selbst nicht genügt, sich vielmehr selbst überschreitet auf die intrapsychische Welt hin. Konkret: der Mensch realisiert ein sinnvolles Lebensprojekt und entwickelt sich gerade so innerlich weiter. Indem er das Werk draußen vollbringt, wird er innerlich reifer. Seine Sachkompetenz wird größer. Seine soziale Kompe-

---

14 Vgl. dazu P. Becker, Sinnfindung als zentrale Komponente seelischer Gesundheit, in: A. Längle (Hrsg.), Wege zum Sinn, München 1985, S. 186 ff.

tenz differenzierter. Seine Einstellungen humaner. Seine Widerstandsfähigkeit Hindernissen gegenüber zäher zum Beispiel.

Wichtig aber ist nicht allein die beschriebene Vermittlung von Selbstverwirklichung und Sinnverwirklichung, vielmehr auch der Rückbezug des Zusammenspiels von Sinnverwirklichung und Selbstverwirklichung auf die Essentialität eines Menschen. Sowohl Selbstverwirklichung als auch Sinnverwirklichung stehen im Dienst der Tiefendimension des Menschen. Sie sind Instrumente, die Tiefendimension eines Mensch zu aktualisieren, sie transparent werden zu lassen. Und zwar in der Weise, wie er Leben versteht und gestaltet. Im Zuge des Zusammenwirkens von Sinnverwirklichung und Selbstverwirklichung soll der „Daseinsentwurf, den ein jedes Individuum darstellt"[15] immer präziser zum Ausdruck kommen. Es handelt sich darum, ein Prinzip in einen Prozeß zu überführen. Das Prinzip ist der essentielle Lebensentwurf. Der Prozeß bezieht sich auf das zu gestaltende Leben.

Und natürlich ist es möglich, das philosophische Gespräch im Kontext der Therapie gerade im Horizont der Essenz-Existenz-Dialektik in vielfältiger Hinsicht besonders fruchtbar zu gestalten. Dies geschieht, sofern der Patient angeregt wird, sein Leben unter dem Aspekt seiner Lebendigkeit zu prüfen. Wenn Leben im Prinzip die Transformation von Essenz in Existenz ist, dann sind folgende Fragen mit dem Patienten zu behandeln: Verfügen Sie über einen Lebensentwurf? Was beinhaltet er? Welche der guten Möglichkeiten soll in der überschaubaren Zukunft realisiert werden? Können Sie ihre ureigensten Vorstellungen eines sinnvollen Lebens in der konkreten Lebensführung verwirklichen? Zumindest Zug um Zug? Ist Ihnen klar, daß die Differenz

[15] J. Ortega y Gasset, Ebd.

zwischen Essenz und Existenz niemals völlig überwunden werden kann? Daß es zur Reife eines Menschen zählt, dies zu ertragen? Daß der Schmerz der Differenz dennoch Sinn hat? Nämlich den Sinn, Motor zu sein, Essenz in Existenz zu überführen. Stück für Stück. Momenthaft. Fragmenthaft. Aber doch immer wieder. Kann es sein, daß zwischen dem Daseinsentwurf, den Sie hegen und Ihrem Leben, das Sie führen, eine unüberbrückbare Kluft zu sein scheint? Daß Sie an dieser Kluft verzweifeln? Daß Sie keinen Versuch mehr unternehmen, sie zumindest partiell zu schließen? Kann es sein, daß die Kluft deshalb so unüberwindbar scheint, weil Sie einem Entwurf verfallen sind, der nicht zu Ihnen stimmt? Zu Ihren realen Möglichkeiten und Fähigkeiten? Ist es machbar, zumindest denkbar, einen neuen Entwurf zu konzipieren? Den alten zu modifizieren? Sind Sie in einseitiger Innenorientierung weltvergessen? Oder in einseitiger Außenorientierung sich selbst fremd geworden? Verfügen Sie eventuell über eine Fülle von formalen Fähigkeiten, haben aber keine lebensthematische Mitte im Sinne einer erfüllenden Aufgabe? Oder haben Sie gar eine Idee, was die zentrale Aufgabe Ihres Lebens sein könnte, aber zuwenig Kompetenz? Kann es sein, daß Sie sich im Laufe Ihres Lebens fremd geworden sind, weil Sie permanent damit beschäftigt waren, die Erwartungen anderer zu erfüllen? Fehlt es Ihnen eventuell an Mut, zu sich selbst zu stehen? Welche inneren und äußeren Ressourcen stehen Ihnen zur Verfügung, die bei der Kreation eines realistischen Lebensentwurfs zu berücksichtigen wären? Im Zusammenhang eines attraktiven Entwurfs, der Sie vitalisiert und Ihnen Mut und Lust zum Leben macht?

Kapitel VI
Der integrierte Mensch in philosophischer und therapeutischer Perspektive

1. Die erste Grundfunktion des Lebens: Selbst-Integration mit dem Ziel: Zentrierung

Menschliches Leben ist ausgebreitet zwischen Glücken und Verunglücken. Man sollte ins Glücken verliebt bleiben ein Leben lang. Und tatsächlich ist es merkwürdigerweise so: Auch in den widrigsten Umständen werden fast alle von der Hoffnung getragen, ihr Leben immer wieder, zumindest eines unbekannten Tages als glückendes, am Ende vielleicht sogar als geglücktes zu erleben, trotz allem. Trotz und Hoffnung gehören zusammen. Man hofft gegen allen äußeren Anschein. In der Hoffnung trotzt man den widrigen Umständen. In der Hoffnung transzendiert man die widrigen Umstände. Nimmt das bessere Leben von übermorgen vorweg. Läßt sich von der Idee eines besseren Lebens verzaubern. Zauber dieser Art vitalisiert. Setzt Kraft zum ersten Schritt frei, dem erträumten Glück Gestalt zu verleihen.

Ob Leben glückt oder mißrät, hängt sowohl am Glück, das einem widerfährt, als auch am Glück, das man macht. Schon die Sprache unterscheidet den Menschen, der wieder einmal Glück gehabt hat, von demjenigen, der sein Glück gemacht hat. Traut man der Weisheit der Sprache, dann gibt es Glück als Widerfahrnis und Glück als spezifische Weise, sein Leben zu gestalten. Man kann, wie gesagt, Glück haben und sein Glück machen. In der Perspektive des Menschen bedeutet dies: Hat man Glück, dann ist man passiv. Man ist ein Betroffener. Macht man sein Glück, dann ist man aktiv. Man bewirkt etwas. In der Perspektive des Glücks ist es umgekehrt: Hat man Glück, dann ist Glück etwas Aktives. Es kommt auf den Menschen zu. Es betrifft ihn.

Macht einer sein Glück, dann ist Glück etwas Passives. Es wird erzeugt. Es ist Gegenstand menschlicher Aktivität. Das Symbol der offenen Hand mag für das erstgenannte Glück stehen, das Glück, das man hat oder gehabt hat. Und wenn Menschen behaupten, Glück dieser Art hätten sie nicht oder nur äußerst selten, dann hängt es erstaunlich oft daran, daß sie nicht auf ihre Hände achten. Achteten sie darauf, dann würden sie entdecken, daß sie geschlossen sind. Manchmal laufen sie immerzu mit geballten Fäusten durch die Welt und wundern sich, daß sie kein Glück haben. Glück in der Art, von der wir sprechen, bedarf einer bestimmten inneren Haltung. Im Symbol der offenen Hand kommt sie am besten zum Ausdruck. Empfänglichkeit ist ihr Prinzip. Man muß es zulassen. Besser: geschehen lassen.

Macht man sein Glück, dann ist der Mensch aktiv und Glück Effekt seiner Aktivität. Das diesem Glück entsprechende Symbol ist die formende Hand. Leben will geformt werden. Und zwar zu einer Gestalt, die beglückt. Der Mensch findet sich eines fremden Tages in der Welt vor. In einer gleichsam doppelten Welt. Einer vorgegebenen Welt, in einer anheimgegebenen Welt. Geht er aus sich heraus in die ihm vorgegebene Welt hinein, dann durchschreitet er die transsubjektive Welt: sein Zimmer, sein Haus, sein Land, seine Heimat, die Erde. Geht er tiefer in sich hinein, in die ihm anheimgegebene Welt, dann durchschreitet er die intrasubjektive Welt: seinen geistig-seelischen Innenraum, der ebenfalls strukturiert ist, aus einem Ensemble von Teil-Räumen besteht. Ein ebenso einfaches wie den Zeitgeist bestimmendes Modell hat S. Freud gegeben, als er im Rahmen seines Instanzenmodells die diesbezüglichen Innenräume mit den Kürzeln Es, Ich und Über-Ich versah. Der Mensch ist, so gesehen, gleichsam Zwischen-Existenz. Zwischen der vorgegebenen Außenwelt und der anheimgegebenen Innenwelt. Seine Grundorientierung ist immer beides: Außenorientierung und

Innenorientierung. Die fundamentalen Anforderungen, die sein Leben in Bewegung halten, kommen von außen und von innen. Aus der gesellschaftlichen Umwelt und der physisch-psychisch-geistigen Innenwelt. Und ob sein Leben mißrät oder gerät, hängt an einer doppelten und in seiner Doppelheit wechselseitig aufeinander verwiesenen Antwort auf die Herausforderungen von außen und innen. Die Existenz im Zwischen zu meistern heißt: Leben zu meistern.

Der Mensch spürt die Herausforderungen von außen und innen. Und er antwortet auf die Herausforderungen von innen und außen. Subjekt des Spürens ist das Ich. Subjekt des Antwortens ist ebenfalls das Ich. Aus diesem Grunde kommt ihm in anthropologischer Hinsicht zentrale Bedeutung zu. Menschliche Existenz zeichnet sich durch Ichhaftigkeit aus. Sie ist potentiell im Menschen immer vorhanden. Sie wird aktuell im Verlauf des Lebens. Und sie verändert sich in den verschiedenen Lebensphasen. Der Mensch sagt nicht von Anfang an „ich", so wenig er von Anfang an spricht. Aber auch wenn er zu sprechen beginnt, sagt er nicht sogleich „ich", vielmehr erst im Verlauf des zweiten Lebensjahres. „Wir müssen annehmen, daß der Vorgang der Ich-Abhebung aus der bisherigen Verschmolzenheit mit der Umwelt einerseits aus den *kognitiven* Erfahrungen mit den Mitmenschen und dem eigenen Körper resultiert, andererseits aus dem *Bewußtwerden der eigenen Strebungen und Gefühle.* Das erste Erlebnis der eigenen Identität entsteht wahrscheinlich im Zusammenhang mit der Entdeckung, daß man *Pläne machen und seinen Willen dem der Umwelt entgegensetzen kann.* Das Ich konstituiert sich aus der Konfrontation mit dem Du."[1] Das Ich ist gleichsam der archimedische Punkt des Subjektes; der Punkt, von dem aus der

---

[1] L. Schenk-Danzinger, Entwicklungspsychologie, Wien 1991, S. 203.

Mensch sich selbst „bewegt". Soll heißen: das System, das er als Geist-Seele-Leib-Organisation darstellt, steuert. Das Ich ist aussen- und innenorientierte Steuerungszentrale. Es wird als Person-Mitte gefühlt und ist sich seiner selbst bewußt: zum Beispiel im bewußten Aufmerken, Wollen, Erkennen, Gestalten. Verbindet man die Ich-Funktion vorrangig mit dem Aufmerken, so reduziert man sie auf den sensualistischen Aspekt. Die außen- und innenorientierte Sinneswahrnehmung wird als Grundfunktion des Ichs angenommen. Verbindet man die Ich-Funktion vorrangig mit dem außen- und innenorientierten Wollen, so reduziert man sie auf den voluntaristischen Aspekt. Die Entdeckung sinnvoller Lebensziele, die man erreichen will, steht dann im Zentrum des Vorhabens. Die ethische Grundfrage: „Was soll ich tun?" entspricht diesem Interesse. Verbindet man die Ich-Funktion vorrangig mit dem Erkennen, so reduziert man sie auf den kognitiven Aspekt. Die außen- und innenorientierte Kognition ist nun vorrangiges Interesse. Ich mache mir ein Bild von der Welt und ein Bild von mir selbst. Und dies im Horizont der Frage: Was ist die Welt; und diese in bezug zu mir? Wer bin ich; und dies in bezug zur Welt? Verbindet man die Ich-Funktion schließlich vorrangig mit außen- und innenorientierter Lebensgestaltung, so reduziert man sie auf den praxisorientierten Aspekt. Das Bearbeiten und Formen von Außen- und Innenwelt sind dann zentrale Themen. Entscheidend ist jedoch, daß die Fülle der aufgezeigten Ich-Funktionen wahrgenommen und keine Einzelfunktion gegen die andere ausgespielt wird.

Ichhaftigkeit hat den Charakter der Zentriertheit. Es handelt sich um eine Erscheinung, die in abgeschatteter Form allem Leben, sowohl in der anorganischen, organischen und psychischen

Dimension, eignet.[2] Der Mensch ist dagegen das potentiell völlig zentrierte Wesen. Als solches ist er in höchstem Maße für sich und somit das einsamste Wesen. In seinem zugespitzten Für-sich-Sein aber ist er zugleich das partizipationsfähigste Lebewesen. Für sich zu sein bedeutet: von allem, was Nicht-Ich ist, getrennt zu sein. Es bedeutet zugleich: in Relation zu allem, was Nicht-Ich ist, zu stehen. Es bedeutet zudem, den Schmerz der Trennung zu fühlen, und impliziert den Willen, den Schmerz der Trennung zu überwinden.

Das Prinzip des Für-sich-Seins ist Zentriertheit. Die Zentriertheit des Menschen hat die Form der Ichhaftigkeit im Sinne der Person-Mitte. Der Begriff der Zentriertheit ist ein Relationsbegriff. Ebenso verhält es sich mit dem Begriff der Mitte. Jedes Zentrum ist bezogen auf eine Peripherie. Jede Mitte ist Mitte von etwas. Mitte von etwas, das sie umgibt. Die Frage ist, wie sich die Mitte zur Umgebung verhält. Die Schwierigkeit der Existenz besteht im wesentlichen darin, daß der Mensch im Schmerz seiner Zentriertheit sich und die ihm vorgegebene Welt sich gegenüber hat, also in Beziehung steht. Die Überwindung der Trennung aber ist nur zu leisten durch Gestaltung von Beziehung. Die sich aus dieser Situation ergebende Frage lautet: Was muß ich tun, um die Beziehungen zu mir und zur transsubjektiven Welt so zu formen, daß der Schmerz der Trennung überwunden und eine erfüllende Lebensgestaltung gefunden werden? Dieser Fragestellung zufolge ist Zentriertheit Voraussetzung und Prinzip von Moralität. Dies vor allem unter dem Gesichtspunkt, daß die diesbezügliche Gestaltung von Bezie-

---

2 Auch anorganische Phänomene, Pflanzen und Tiere sind durch Zentriertheit gekennzeichnet. Vgl. dazu die Ontologie P. Tillichs im Rahmen seiner Systematischen Theologie Bd. 3, Stuttgart 1966, S. 45 ff.

hung nicht der Notwendigkeit, vielmehr der Freiheit unterliegt. Der Mensch hat die Wahl! Es handelt sich um die Wahl der Verhältnisbestimmung von Zentrum und Peripherie. Von Mitte und Umgebung. Von Ich zu mir. Von Ich und Du. Von Ich und Es.

Der gemeinte Sachverhalt stellt sich im Horizont dessen, was Selbst-Integration bedeutet, noch deutlicher dar. Selbst-Integration, die erste Grundfunktion des Lebens[3], ist eine Bewegung dialektischer Art. Sie zeigt sich in einer doppelten Richtung. Einmal: im Herausgehen aus sich selbst zur Außenwelt hin und zurückgehen zu sich selbst: Richtung Ich-Mitte. Zum anderen: im Einkehren bei sich selbst – der Mensch geht in die Tiefe seiner selbst – und im Zurückkehren zu sich selbst: Richtung Ich-Mitte. Die Mitte der Person wird als Zwischen-Instanz verstanden, angesiedelt zwischen der transsubjektiven Außen- und der subjektiven Innen-Welt. Dabei hat das Ich die Eigenschaft, Mitte zu sein, in zweifacher Hinsicht. Es ist in der Mitte zwischen subjektiver und transsubjektiver Welt lokalisiert. Es gehört zur Welt des Subjektes. Aber im Augenblick, da es aktiv wird – indem es aufmerkt, etwas will, etwas erkennt, etwas gestaltet –, nimmt es Signale der Außenwelt oder Signale der Innenwelt wahr. Es wird gleichsam an der Nahtstelle zwischen Innen- und Außenwelt tätig und in diesem Sinne in der Mitte zwischen beiden Welten. Das ist das eine. Zum anderen ist das Ich Mitte der Person und in diesem Sinne Mitte der Innenwelt. Die Eigenschaft des Ichs, in diesem Sinne Mitte zu sein, zeigt sich darin, daß das Ich die verschiedenen Teilsysteme der Psyche steuert. Das einfache Instanzenmodell S. Freuds verortet das Ich demzufolge in der Mitte zwischen dem Es und dem Über-Ich. Es hat die Aufgabe, die

---

[3] Vgl. zur Selbst-Integration als erster Grundfunktion des Lebens ebd.

Anforderungen, die vom Über-Ich und vom Es kommen und nicht selten in Konflikt miteinander liegen, in einer sowohl sozialverträglichen als auch subjektverträglichen Weise zu regeln. Und dies eben in der Mitte des Spannungsfeldes von Es und Über-Ich.

Im übrigen hängt die Entstehung und besondere Entwicklung des Ichs am Prozeß der Selbst-Integration. Um noch genauer zu verstehen, was mit Selbst-Integration gemeint ist, muß zunächst der Begriff der Integration geklärt werden. Integration meint ursprünglich: Herstellung einer Ganzheit im Wege der Vereinigung von einzelnen Elementen im Sinne einer einheitlichen Gestalt. Dabei verweist der Begriff der Integration sowohl auf einen Prozeß als auch auf einen Effekt. Der um Integration bemühte Mensch ist im Prozeß der Integration begriffen. Der sich durch Integration, besser: durch Integriertheit auszeichnende Mensch hat das Prozeßziel erreicht. Er ist nun ein integrierter Mensch.

Der Prozeß der Selbst-Integration, der sich tendentiell in allen ontologischen Dimensionen ereignet, stellt sich im Menschen als Prozeß der Ich-Integration dar. Der Ausbildung einer Steuerungszentrale im Sinne einer ichhaften Person-Mitte kommt im Vorgang der Integration offensichtlich große Bedeutung zu. Denn Ziel von Integration ist ja die Herstellung einer Ganzheit und zwar dadurch, daß Teilelemente unter die Regie einer vereinigenden und steuernden Mitte kommen. Wer oder was erbringt die aufgezeigte Leistung, nämlich durch Vereinigung von Teilelementen eine Ganzheit zu etablieren? Offensichtlich die Person-Mitte, das Ich.

Im Blick auf den Menschen ist der Sachverhalt zu veranschaulichen, sofern man folgende Frage stellt: Wie zeigt sich Integration im Blick auf menschliche Existenz? Die Grundbewegung, die den Vorgang der Integration kennzeichnet, lautet: Herausgehen aus sich selbst, Hineingehen in die Welt – sei es die

Außen- oder Innenwelt –, zurückkehren zu sich selbst. Dieser Bewegung liegt ein bewegendes Zentrum zugrunde und durch diese Bewegung wird ein bewegendes Zentrum etabliert und spezifisch ausformuliert: das Ich. Es ist demzufolge beides: Voraussetzung und Folge des Integrationsprozesses. Das Prinzip dieser Bewegung ist Hinläufigkeit und Rückläufigkeit. Das Symbol für diese Bewegung ist der Kreis.

Führt der Prozeß der Integration zum Zustand der Integriertheit, dann ist die Balance von Hinläufigkeit und Rückläufigkeit gewahrt. Oder anders: Der Mensch, der sich durch Integriertheit auszeichnet, lebt im relativen Gleichgewicht von Außenorientierung und Innenorientierung. Er geht aus sich heraus, in die Aussenwelt hinein. Er merkt auf. Er erkennt, was der Fall ist. Er stößt sich an unerfreulichen Verhältnissen. Er verändert. Er geht seiner Arbeit nach. Entscheidend aber ist, daß er die Außenorientierung durch Innenorientierung ausbalanciert. Das geschieht, indem er sich zurückzieht. Die Außenwelt verläßt. Das, was er draußen erlebt, erkennt, gewollt, getan hat, seiner Innenwelt aneignet. Es bedenkt, durchfühlt, zu verstehen und zu bewerten sucht und spürt, wie sich die Geschehnisse draußen in seiner Seele spiegeln. Natürlich drängt sich in diesem Zusammenhang das Bild vom Wechsel zwischen Tag und Nacht auf. Tagsüber sind wir außenorientiert. Kommen den vielfältigen Aufgaben draußen in der Welt nach. Nehmen den Aufforderungscharakter der transsubjektiven Welt wahr. Geben Antworten auf die von außen kommenden Anforderungen. Abends sind wir innenorientiert. Beziehen die Fülle dessen, was draußen geschah, auf uns selbst zurück, ordnen sie ein und eignen sie uns an. Was sich nicht assimilieren läßt, verarbeiten wir im Traum, also im Zustand völliger Innenorientierung. Das Tag-Nacht-Bild ist einprägsam, idealtypisch, aber eben als solches einseitig. Der Wechsel von Außen- und Innenorientierung kann sich natürlich permanent ereignen, ist nicht prinzipiell an Tag oder Nacht gebunden. Und es ist sicherlich gut, wenn auch der Tageslauf im Sinne von zeitweiser Innenorientierung immer wieder schöpferisch unterbrochen wird. Entscheidend ist die Balance.

Ist das diesbezügliche Gleichgewicht gestört, dann geschieht Desintegration. Sie ereignet sich im Prinzip in zwei Weisen: in außenorientierter und innenorientierter. Im ersten Falle verliert sich der Mensch an die Außenwelt. Im zweiten Falle verliert sich der Mensch an die Innenwelt. Die Oszillation zwischen Außen und Innen ist zerbrochen. Wenn sich ein Mensch z.B. so sehr beruflich fordern läßt, daß er die ihm zur Verfügung stehende Zeit und Kraft fast völlig für die Reaktionen auf die Herausforderungen seines Metiers verbraucht, dann gerät er über kurz oder lang in den Zustand der Desintegration. Dasselbe geschieht, wenn er seine Außenorientierung fast völlig einschränkt, sich in die Tiefen seiner Innenwelt vergräbt und nur noch auf sie achtet bzw. von ihr in völliger Weise beschlagnahmt wird. Die meisten psychotischen Störungen sind extreme Beispiele für den gemeinten Sachverhalt.

Natürlich ist es im Kontakt mit dem Patienten heilsam, den philosophischen Gedanken der Selbst-Integration ins Gespräch zu bringen. Denn nur, wenn er eine Vorstellung bezüglich psychisch intakter Lebensprozesse hat, kann er seine Gefährdungen und Chancen erkennen. Kann er Gefährdungen vermeiden, Chancen verwirklichen. Psychisch-geistige Selbst-Integration und ihre Gefährdung durch Desintegration sind Grundprozesse menschlichen Lebens, die jeder kennen sollte, um sein Leben nicht nur zu schützen, vielmehr auch optimal zu gestalten. Indem der Therapeut mit dem Patienten über das Phänomen der Selbst-Integration philosophiert, gibt er ihm ein heuristisches Instrument in die Hand, im Blick auf sein Leben zu entdecken, ob es dialektisch geführt wird, also in der Balance und in diesem

Sinne in Ordnung ist. Der Patient kann u.U. den Grund seines psychischen Mißbefindens darin entdecken, daß er geneigt ist, überzogenen Außenanforderungen permanent nachzukommen und sich in seiner diesbezüglichen Reaktivität zeitlich und kräftemäßig völlig verausgabt. Er kann u.U. aber auch entdecken, daß er den rechtmäßigen Anforderungen der Außenwelt deshalb nicht oder zu wenig nachkommt, weil er in seiner innenweltorientierten Verstrickung einseitig zustandsorientiert ist. Das heißt: Bevor er handelt, fragt er sich jedes Mal, ob er in der entsprechenden Stimmung ist, und vergißt dann zu handeln. Und natürlich kann der Patient im Zusammenhang des Gesprächs freigesetzt werden, Möglichkeiten zu entdecken, wie er ins Gleichgewicht von Außen- und Innenorientierung kommt. Eine Möglichkeit ist zum Beispiel, Reaktivität durch Proaktivität weitgehend zu ersetzen. Dies geschieht, soweit der Mensch sich eigenverantwortete Lebensziele setzt und realisiert. Konzentriert er sich darauf, dann hört er auf, sein Leben vorzeitig in der Attitüde der Reaktion zu führen; soll heißen: permanent und einseitig auf Fremdanforderungen zu reagieren.

Im übrigen wird das diesbezügliche Philosophieren auch dazu führen, die Bedeutung der Ich-Entwicklung ins helle Bewußtsein zu heben. Der Prozeß der Selbst-Integration führt ja zur Ausbildung einer spezifischen Ich-Form. Wichtig ist, daß der Patient erkennt, welche Qualität sein Ich hat. Hat es wirklich Steuerungsfunktion? Hat es in hinreichendem Maß Regulationskompetenz? Oder ist es zwischen Es und Über-Ich „eingeklemmt"? Und vor allem: Zeichnet es sich durch Tenazität aus, die mit Flexibilität gepaart ist? Einseitige Tenazität ist unter psychohygienischem Aspekt ebenso schädlich wie einseitige Flexibilität. Tenazität im psychologischen Kontext bezieht sich auf ein Ich, das zäh am Vorsatz festhält. Flexibilität im psychologischen Kontext meint die Fähigkeit des Subjekts, zwischen realen und illusionären Vorsätzen zu unterscheiden und geschmeidig überzogene Vorsätze zugunsten wirklichkeitsnäherer aufzugeben. Optimal ist es natürlich, ein Ich zu haben, in dem die Eigenschaften der Flexibilität und Tenazität zusammenspielen. Diesbezügliche philosophische Diskussion mag den Patienten motivieren, sein Ich zu trainieren, um es vitaler, regulationskompetenter, zäher und flexibler zu machen.

2. Die moralische Dimension menschlicher Existenz

Moralität zeigt sich als Weise des verantwortlichen Umgangs. Vorausgesetzt ist die Freiheit, Umgang verantwortlich zu gestalten. Behauptet wurde[4], daß die Begegnung des Menschen mit dem Menschen Ursprung der Moralität sei. Denn der andere wird als Person immer auch als Grenze ungebundener Intentionalität erlebt. Mit ihm darf ich nicht machen, was ich will; vielmehr nur das, was ihm entspricht. Die Frage nach einem Umgang, der der begegnenden Person gerecht wird, ist die moralische Grundfrage. Diese Frage als den Ursprung von Moralität zu deklarieren leuchtet ein. Das Gefühl für die Unantastbarkeit des Menschen mag sich früher eingestellt haben als das Gefühl für die Subjektivität der transpersonalen Natur von der psychisch-animalischen bis hin zur anorganischen Dimension. Ganz ohne Zweifel hat die ökologische Bewegung zur diesbezüglichen Bewußtseinserweiterung nachhaltig beigetragen. Entscheidend ist jedoch, daß sich das moralische Bewußtsein nicht allein auf transsubjektive Phänomene bezieht: auf den Mitmenschen, auf Tiere und Pflanzen, Landschaften und Biotope, ja auf das „Le-

[4] Vgl. dazu a.a.O., S. 51 ff.

bewesen Erde" im ganzen; vielmehr auch auf den Umgang des Menschen mit sich selbst. Nicht nur die Außenorientierung, auch die Innenorientierung sollte der ethischen Reflexion unterliegen. Die ethische Grundfrage „was soll ich tun?" betrifft nicht allein den Umgang mit der transsubjektiven Welt: den Umgang mit den Mitmenschen, den Umgang mit der Natur und Kultur, vielmehr auch den Umgang des Menschen mit sich selbst. Soziale Kompetenz in der Außenorientierung sollte sozialer Kompetenz in der Innenorientierung entsprechen. Und dies, weil soziale Kompetenz den Umgang mit sich selbst im Umgang mit dem anderen spiegelt und umgekehrt. Die Innenweltverschmutzung spiegelt sich in der Außenweltverschmutzung. Außenweltverschmutzung ist die gegenständlich gewordene Innenweltverschmutzung zum Beispiel.

Um es einfach zu sagen: Man kann mit sich selbst nicht alles machen, will man nicht verunglücken. Wichtig ist, daß der Mensch nicht einseitig trainiert wird, auf die von außen kommenden Herausforderungen kompetent zu antworten, vielmehr auch auf die von innen kommenden. Achtsamkeit und Pflege spielen in diesem Zusammenhang die entscheidende Rolle. Nimmt man das einfache Modell vom Menschen, das ihn als Zusammenspiel von Körper, Leib, Seele, Geist begreift, dann wäre im vorgegebenen Zusammenhang die Frage zu stellen, was es heißt, achtsam und pfleglich mit Körper, Leib, Seele und Geist umzugehen. Achtsamkeit meint: auf die An-sprüche, im ursprünglichen Sinne des Wortes, zu achten. Auf die Forderungen, die Körper, Seele und Geist an den Menschen stellen. Pflege meint: den Ansprüchen in angemessener Weise zu entsprechen. Der Körper will ernährt werden, bewegt werden, rein erhalten und in lebensfreundlicher Weise umhüllt werden. Ihn gesund zu ernähren, angemessen zu bewegen, ihn sauber zu halten und hygienisch zu umhüllen ist Ausdruck verantwortlichen Umgangs des Menschen mit sich selbst im Sinne seiner Körperlichkeit. Dabei spielen die Umhüllungen eine nicht zu unterschätzende Rolle: Kleidung, Wohnung, städtische oder eher dörfliche, landschaftliche und klimatische Umgebung. Es handelt sich um Hüllen, die zu unserem Wohl- oder Mißbefinden beitragen. Dabei ist zu beachten, daß das Wohlbefinden nicht allein Sache der Hygiene, vielmehr auch der Ästhetik ist. Es gilt nicht alleine, sich gesund zu kleiden, gesund zu wohnen und sich in einer Landschaft einzunisten, die sich durch gesunde Luft und ein gesundes Klima auszeichnet. Die einseitige Konzentration auf Gesundheit führt nicht dazu, sich wohlzufühlen. Sie führt zu Sterilität und macht, daß sich der Mensch steril, d.h. geistig-psychisch unfruchtbar fühlt. Es gilt vielmehr, sich schön zu kleiden, schön zu wohnen und sich in eine dörfliche, städtische und landschaftliche Umgebung einzunisten, die den je eigenen Bedürfnissen nach Schönheit entspricht. Oder umgekehrt: In häßlichen Hüllen zu leben untergräbt das Gefühl des Wohlbefindens.

Was bedeuten Achtsamkeit und Pflege in Blick auf den Leib? Bekanntlich lebt der Mensch in zwei Weisen: im Körper-Haben und im Leib-Sein. Voraussetzung für das Körper-Haben ist Reflexivität im theoretischen und praktischen Sinne. Der Mensch steht im Verhältnis zu sich selbst. Und dies in theoretischer und praktischer Hinsicht. Er bedenkt sich und behandelt sich. Dies auch in bezug zu sich in seiner biotischen Objektivität. Er kann sich selbst in seiner Physis bedenken und behandeln. Ist dies der Fall, dann macht er sich selbst zum diesbezüglichen Objekt. Geschieht dies, dann ist er im Modus des Körper-Habens da. Wenn der Mensch sich selbst spürt oder als einen bedenkt, der Lust hat, Schmerzen hat, Hunger oder Durst hat, dann existiert er in der Weise des Körper-Habens. Gesundes Menschsein aber zeichnet sich dadurch aus, daß das Subjekt immer wieder aus dem Modus des Körper-Habens herausschwingt und in den

Modus des Leib-Seins einschwingt. Und umgekehrt. Gesundes Leben ist oszillierender Art. Leib-Sein ist einfaches Dasein. Im Modus des Leib-Seins hört etliches auf. Ich höre auf, mich zu bedenken. Ich höre auf, mich zu objektivieren. Ich höre auf, mich bewußt zu gestalten und zu formen, mit mir in gezielter Weise umzugehen. Ich bin einfach. Was gemeint ist, bringt die Doppeldeutigkeit folgenden schönen Imperativs wohl am besten zum Ausdruck: „einfach leben!“

Was bedeuten Achtsamkeit und Pflege im Blick auf den Leib unter Berücksichtigung des letzten Gedankens? Es bedeutet etwas Paradoxes: nämlich für eine gewisse Zeit der Achtsamkeit und Pflege nicht zu achten. Achtsamkeit aufzugeben. Im Falle der überzogenen, körperorientierten Achtsamkeit, die zur Hypochondrie führt, also in sich pathogen ist, ist Achtsamkeit immer in einen Prozeß der Objektivation eingebunden. Ich achte auf etwas, z.B. auf die Signale meines Körpers. Überzogene körperorientierte Achtsamkeit führt jedoch dazu, daß nicht allein die legitimen Signale des Körpers wahrgenommen werden, daß vielmehr der beobachtete Körper unter dem Beobachtungsdruck „irgendwelche“ Signale erzeugt, Signale, die gleichsam den Bedürfnissen des beobachtenden Subjektes entsprechen, jedoch nicht dem ursprünglichen Bedürfnis des Körpers, sich in seiner spezifischen Bedürftigkeit mitzuteilen. Einmal abgesehen vom Fall der Hyperreflexion von körperlichen Funktionen, welche durch überzogene Beobachtungen störanfällig werden, zeichnen sich gesunde Lebensprozesse immer durch eine Bewegung zwischen Polen aus. Man mag diese Bewegung die Dialektik gesunden Lebens nennen, zumal es sich um das Zusammenspiel innerer Gegensätzlichkeiten handelt. So ist es nötig, daß der Mensch nicht nur arbeitet, sich vielmehr auch vergnügt. Nicht nur hellwach ist, vielmehr auch tief schläft. Den Alltag im Sonntag unterbricht, beides übt: Distanz und Engagement, Rückzug und

Wiederkehr, um nur einige Beispiele zu nennen. Kurz: gesundes Leben ist dialektisch. Aus diesem Grunde muß auch das Körper-Haben durch das Leib-Sein ausbalanciert werden. Im Modus des Leib-Seins hört die Sorge um sich selbst auf. Der Mensch ist „einfach“ da, unbeschwert. Vielleicht spiegelt sich diese Unbeschwertheit in der psychischen Dimension als Heiterkeit. Das ist das eine. Im Modus des Leib-Seins kann der Mensch realisieren, was ihn in besonderer Weise auszeichnet: immer wieder im Sinne der Selbst-Distanzierung[5] wegzukommen von sich selbst und im Sinne der Selbst-Transzendierung[6] bei der ihm vorgegebenen Welt anzukommen. Anzukommen, um sie in ihrem Aufforderungscharakter wahrzunehmen und ihr im Handeln zu entsprechen. Das ist das zweite. Wichtig ist, daß der Mensch im Wechsel vom Körper-Haben zum Leib-Sein auch die folgende Orientierung wechselt: aus Lageorientierung wird Handlungsorientierung. Der Betreffende reflektiert nicht mehr seine psychische Lage im Horizont der Frage: Wie geht es mir eigentlich? Er geht vielmehr aus sich heraus und handelt. Aus seiner zurückgewandten Zustandsorientierung wird vorwärtsgewandte Intentionalität. Das ist das dritte. Und auch die spezifische Weise, Ziele zu verfolgen, hat etwas mit Körper-Haben und Leib-Sein zu tun. Es macht einen Unterschied, ob ich meinen Körper zur Verfolgung eines Ziels verinstrumentalisiere, alle Widerstände brechend,

---

5 Selbst-Distanzierung ist ein Grundbegriff der Logotherapie. Er meint die Fähigkeit des Menschen, immer wieder die Innenorientierung aufzubrechen und von sich wegzukommen. Vgl. V. Frankl, Theorie und Therapie der Neurosen, München 1975, S. 10.

6 Selbst-Transzendierung ist ebenfalls ein Grundbegriff der Logotherapie. Er meint die Fähigkeit des Menschen, nicht nur immer wieder von sich wegzukommen, vielmehr auch zu einer Lebensaufgabe hinzukommen. Vgl. ebd.

oder ob ich im Modus des Leib-Seins – hellwach, selbstvergessen – es geschehen lasse, daß sich die Verwirklichung eines Ziels einstelle. Dem Körper-Haben entspricht eher die zielorientierte Durchsetzungsfähigkeit, dem Leib-Sein eher die zielorientierte Empfänglichkeit. Das ist das vierte.

Der Sachverhalt ist im übrigen sehr einleuchtend am Umgang des Menschen mit seinem Musikinstrument aufzuzeigen. Das Spielen zu erlernen setzt den bewußten Körpereinsatz voraus: und damit auch ebenso geduldiges wie zähes Üben. Der Betreffende in diesem Stadium ist geneigt, wenn er spielt, dies zu sagen: Ich spiele. Wenn er ein wirklicher Künstler geworden ist, wird er im Blick aufs Spiel in der höchstmöglichen Form entdecken, daß das Gelingen immer auch donativen Charakter hat und im Blick auf eine in höchstem Maße gelungene Aufführung geneigt sein, zu sagen: Ich hatte das Gefühl: nicht ich spielte, vielmehr „es" spielte. Wirklich wichtiges Gelingen im Leben wird gleichsam empfangen.

Was bedeutet Achtsamkeit und Pflege im Blick auf Seele und Geist? Die Dimensionen sollen zusammen behandelt werden, weil sie zusammen gehören. Man kann sie unterscheiden, aber man kann sie nicht trennen. Dabei ist zu beachten, daß die Schwierigkeit der Unterscheidung von Seele und Geist gerade in dieser Zusammengehörigkeit ihren Grund hat. Und es ist zu bedenken, daß Seele nicht nur mit Geist, daß Seele eben auch mit Leib verbunden ist. Leib ist immer beseelter Leib und Geist ist immer durchseelter Geist. Beseelter Leib bedeutet nicht nur Lebendigkeit des Leibes im allgemeinen, bedeutet vielmehr spezifische Lebendigkeit, insofern gerade im Leib die individuelle Person, die jemand ist, zum Ausdruck kommt. Sie wird im leiblichen Dasein im ganzen ausgedrückt, besonders auffällig jedoch in ihrem Gesicht, in ihren Augen, in ihren Händen, ihrer Haltung, in Mimik, Gestik, in ihrer Motorik allgemein. Aber nicht nur der Leib ist beseelt, der Geist ist es auch. Dies zeigt sich darin, daß die beiden Grunddimensionen des Geistes, Erkenntnisfähigkeit und Verantwortlichkeit, immer auch gefühlsmäßig durchwirkt sind. Kognition und Moralität sind immer auch emotional unterfüttert. Auch die abstrakteste mathematische Operation wird von Emotionen begleitet. Eine elegante Operation von einem Gefühl der Genugtuung. Eine umständliche oder eine in gedankliche Sackgassen führende von einem spezifischen Gefühl der Frustration. Ebenso deutlich stellt sich der Sachverhalt in der Ebene der Moralität dar. Die Erkenntnis von ethischen Werten bedarf der Aktivierung von Intelligenz. Aber der Prozeß der Einsicht, was beispielsweise mit Nächstenliebe, Fernstenliebe, Gerechtigkeit, Tapferkeit oder Weisheit gemeint ist, wird immer von einem spezifischen Wertgefühl begleitet. Oder umgekehrt: Erklärt mir jemand, was Liebe oder Gerechtigkeit sind, und ich fühle dabei nichts besonderes, dann habe ich die Werte nicht begriffen. Werterkenntnis und Wertfühligkeit gehören zusammen.[7]

Was aber bedeuten nun Achtsamkeit und Pflege im Blick auf den durchseelten Geist bzw. die vergeistigte Seele? Um diese Frage zu beantworten, gilt es zunächst zur Kenntnis zu nehmen, daß das Prinzip menschlichen Geistes Intentionalität ist. Geist ist intentional. Achtsamkeit im Blick auf den Geist bedeutet demzufolge wahrzunehmen, welche Intentionen der Mensch als Geist hegt. Es sind, wie gesagt, zwei Grundintentionen: Der Mensch will erkennen, was der Fall seines Leben ist; und dies im Blick auf die vorgegebene objektive Welt und im Blick auf die anheimgegebene, subjektive Welt. Also im Blick auf die Außen- und Innenwelt und ihr Zusammenspiel. Geist zeigt sich in dieser

---

[7] Vgl. dazu N. Hartmann, Ethik, Berlin 1962, S. 1-17.

Hinsicht als kognitive Intelligenz. Ihr Ziel ist, zu erkennen, was außen und innen der Fall ist. Der diesbezügliche Erkenntnisgewinn erfaßt verschiedene Dimensionen. Es macht einen Unterschied, ob ich die Phänomene draußen lediglich unterscheide, indem ich sie benenne. Oder ob ich nach dem Grund ihres Daseins, ihres Zusammenwirkens oder nach dem Ziel ihres Zusammenwirkens frage. Das Erkenntnisinteresse wird anfänglich immer phänomenologischer Art sein. Aber es kann eben auch kausaler, systemischer oder finaler Art sein. Dann ist es an den Entstehungsbedingungen, an der Entwicklungsrichtung, an den Zielzuständen von Phänomenen und am Zusammenspiel all dieser Aspekte orientiert. Erkennt der Mensch jedoch, was die Natur macht und wie sie es macht, dann wird er seinerseits gereizt, mit der zum Material gewordenen Natur etwas zu machen. Das diesbezügliche Wissen, nämlich was man alles machen kann und wie, speichert der Mensch in seinen Technologien. So entspricht der kognitiven Intelligenz die technologische Intelligenz. Erkennen und Machen, kognitive und technologische Intelligenz sind zunächst in dem Sinne unbegrenzt, als sie immer fortschreiten. Und da der diesbezügliche Fortschritt so rasant geworden ist, daß das einzelne Individuum ihm nicht mehr folgen kann, hat sich die Rede von der „Explosion“ des Wissens eingebürgert. Natürlich entspricht der Explosion des Wissens die Explosion des Könnens und Machens.

Die andere Grundintention des Geistes zeigt sich darin, daß der Mensch nicht nur wissen will, was der Fall seines Lebens ist, vielmehr auch, was der Fall seines Lebens sein soll. Das Prinzip des Geistes ist dual. Es ist nicht nur Kognition, vielmehr auch Moralität im Sinne von ethischer Vernunft. Sie entfaltet sich im Horizont der Frage: Was soll ich, was sollen wir tun? Und dies gerade im Blick auf die Fülle dessen, was wir tun können angesichts des Zusammenwirkens von kognitiver und technologischer Intelligenz. Ethische Vernunft zeigt sich als Reflexion der guten, vielleicht sogar der besten Möglichkeit angesichts der Fülle von Möglichkeiten. Im Gegensatz zur kognitiven und technologischen Intelligenz ist sie begrenzender Art. Ihr Prinzip ist die Wahl. Und da man nur wählen kann, sofern man über einen Maßstab fürs Wählen verfügt, ist ihre Grundaufgabe: Kriterien fürs Wählen zu finden, nämlich: Orientierungsleitlinien des Handelns. Diese Aufgabe lösen die Philosophen auf verschiedenen Wegen. Klassische Formen der diesbezüglichen Lösung sind die formale Ethik I. Kants oder die materiale Wertethik M. Schelers oder N. Hartmanns zum Beispiel.

Ethische Vernunft ist orientiert an der Frage „ Was soll ich, was sollen wir tun?“ Sie ist theoretischer Natur. Ihr Pendant ist die praktische Vernunft. Sie ist orientiert an der Frage: „Wie kann ich das, was ich tun soll, auch verwirklichen?“ Dem Sollen muß ein Können entsprechen. Was hilft es, zu wissen, was man sinnvollerweise tun sollte, ohne es zu können? Es geht in diesem Zusammenhang gleichsam um eine „Technologie“ des sittlichen Handelns.

Zusammenfassend kann man sagen: Auf den je eigenen Geist zu achten, bedeutet zum einen, auf die kognitiven und technologischen Intentionen des Geistes zu achten. Zum anderen, die Intentionen moralischer und praktischer Vernunft wahrzunehmen. Geist zu pflegen aber bedeutet, die kognitiven und technischen Fähigkeiten einerseits, die moralische Urteils- und Handlungsfähigkeit andererseits zu trainieren. Und es bedeutet: theoretische und praktische Intelligenz in ein fruchtbares Verhältnis zur ethischen und praktischen Vernunft zu bringen. Dies geschieht immer dann, sofern der ethischen Vernunft gegenüber der technologischen Intelligenz der Primat zugesprochen wird. Oder einfach: Man soll nicht alles machen, was man kann. Das Machen muß verantwortet werden. Wer handelt, sollte sinnvolle

Ziele vor seinem inneren Auge haben. Ziele, die er nachvollziehbar verantworten kann. Ans Grundziel, das er immer vor Augen haben sollte, ist hier nur zu erinnern[8]: nämlich denjenigen, der er im Grunde ist, in der Gestaltung der subjektiven Welt und der transsubjektiven Bezüge immer deutlicher zum Ausdruck zu bringen. Denn die Aufgabe des verantwortlich handelnden Subjekts ist es nicht, irgendwelche Gebote zu befolgen oder sich nach irgendwelchen äußeren Normen zu richten. Oder, mit den Worten P. Tillichs: „Der moralische Imperativ ist … die Forderung, das zu werden, was man essentiell und daher potentiell ist … Das wahre Sein des Menschen soll verwirklicht werden … Aus diesem Grunde ist ein moralischer Akt kein Gehorsamsakt gegen ein äußeres Gesetz, sei es ein menschliches, sei es ein göttliches Gesetz. Er ist das innere Gesetz unseres wahren Seins, unserer essentiellen oder geschaffenen Natur, die von uns fordert, daß wir uns in Richtung auf sie verwirklichen.“[9]

3. Die ontologische Polarität von Individualisation und Partizipation

Menschliche Existenz ist im Prinzip moralische Existenz. Dies wird einsichtig, sofern man die konstitutiven Strukturelemente von Existenz, ihre Funktion und ihr Zusammenwirken rekonstruiert. Ein Wesen, das in seiner Zentriertheit in Form von Ichhaftigkeit sowohl eine Außenwelt als auch eine Innenwelt sich gegenüber hat, muß sich zu beiden Welten in Beziehung setzen. Und sofern dieses Wesen weder durch die Ansprüche der In-

---

[8] Vgl. dazu diese Arbeit S. 69 ff.

[9] P. Tillich, Gesammelte Werke Bd. 3, Stuttgart 1965, S. 18.

nenwelt noch durch die Ansprüche der Außenwelt in völliger Weise determiniert ist, vielmehr beiden Welten gegenüber Handlungsspielräume hat, muß es wählen. Wählen, wie es die Beziehungen gestalten will. Worauf es dabei ankommt, soll Leben nicht verunglücken, zeigt die Auslegung der philosophischen Figur von Individualisation und Partizipation.

Unter Individualisation versteht man denjenigen Prozeß, in dessen Verlauf der Mensch Individuum wird, also ein Einzelwesen in seiner jeweiligen Besonderheit. Unter Partizipation versteht man denjenigen Vorgang, in dessen Verlauf der Mensch seine Fähigkeit, an der Welt teilzunehmen, realisiert. Da alles Seiende die Tendenz hat, etwas für sich zu sein und in seinem eigenartigen Für-sich-Sein an der Umgebung teilzunehmen, spricht man von einer ontologischen Polarität[10], also einer Polarität, die nicht nur menschliches Sein, vielmehr auch psychisches, animalisches, vegetatives, ja auch anorganisches Sein[11] kennzeichnet. Im Menschen allerdings ereignen sich die Prozesse von Individualisation und Partizipation in einer unübertroffen ausgeprägten Weise. Soll heißen: Der Mensch ist das individuellste und partizipationsfähigste Wesen. Offensichtlich gibt es im Blick auf die Erscheinungsformen des Lebens Grade von Individualität und Grade von Partizipationsfähigkeit. Der Mensch ist – verglichen mit Tier, Pflanze, Kristall – das individuellste Wesen und aufgrund seiner sprachorientierten Erkenntnisfähigkeit, welche alles Vorhandene immer weiter überschreitet, das partizipationsfähigste Lebewesen.

---

[10] Vgl. dazu P. Tillich, Systematische Theologie Bd. 1, Stuttgart 1956, S. 206 ff.

[11] Vgl. dazu ebd.

Entscheidend ist in unserem Zusammenhang, daß der Mensch immer schon in einem gewissen Maße Individuum ist, daß es aber zu seiner Bestimmung gehört, in völliger Weise er selbst zu werden, also seine Individualität im Verlauf seines Lebens immer deutlicher auszubilden; anders: sich in seiner Einmaligkeit und Unverwechselbarkeit zu entdecken und auszudrükken. Ob der Prozeß der Individualisation zur rechten Zeit angeregt wird, ob er überhaupt angeregt wird und ob er ins Ziel kommt, hängt nicht allein an der diesbezüglichen Vitalität des Subjekts, es hängt auch an den sozialen Kontexten, in die das Subjekt eingebunden ist. Und in diesem Sinne an der Partizipation, die der Mensch leistet ebenso wie an der Partizipation, die sich an ihm vollzieht. Im Prinzip gilt: Nur auf dem Wege der Partizipation kann sich der Mensch zu einem individuellen Wesen entwickeln. Und indem er sich zu einem individuellen Wesen entwickelt, fördert und steigert er seine Partizipationspotenz.

Sich selbst in seiner Individualität zu entdecken und auszudrücken bedeutet im Prinzip, Umgang mit sich, den anderen, der Natur, Kultur und Zivilisation „eigen"-sinnig zu pflegen. Dazu braucht man Mut, dazu bedarf es aber auch der Ermutigung. Die Ermutigung sollte natürlich zunächst von den primären Bezugspersonen ausgehen: vorrangig von Eltern und Lehrern. In der Therapie haben wir es oft mit Menschen zu tun, die solche Ermutigung zu wenig oder nicht erfahren haben oder in dieser Hinsicht nachdrücklich entmutigt wurden. Gehemmtheit, soziale Phobien, Gefühle der Selbstentfremdung sind die Folge. Situationen, in denen soziale Phobien auftreten, sind dadurch zu bewältigen, daß man sich ihnen aussetzt und die mit ihnen verbundenen Ängste erträgt. Es erlebt, daß sie auf diese Weise geringer werden. Erfährt, daß sie sich letztlich verflüchtigen. Um Angst zu bewältigen, muß man es lernen, angstbesetzte Situationen zu ertragen. Man muß sich ihnen aussetzen. Vermutlich könnte die angedeutete Expositionstherapie noch effektiver sein, wenn sie ins philosophische Gespräch eingebunden wäre. In ein Gespräch, in dessen Verlauf der Patient erkennt, daß er für die Gemeinschaft gerade dann an Wert gewinnt, wenn er etwas Eigenes geworden ist. Wenn er unverwechselbar und somit auch nicht mehr austauschbar ist. Oder anders formuliert: Was hätten die Menschen voneinander, wenn sie alle gleich wären? Jeder hätte im Umgang mit dem anderen nur wieder sich selbst.

Das philosophische Gespräch zielt in diesem Rahmen auf die Einsicht der Notwendigkeit von Individualisationsprozessen. Es zielt aber auch auf die Erkenntnis, daß der Vorgang der Individualisation nur im Wege der Partizipation in Gang kommt. Es ermutigt teilzunehmen, um gerade in der besonderen Weise des Teilnehmens das je eigene Profil auszubilden. Es motiviert gerade auch Menschen, die die Tendenz haben, sich zurückzuziehen, das Für-sich-Sein überwertig zu leben, das Mit-Sein zu wagen. Bekanntlich entwickeln schizoide Persönlichkeiten[12] Angst im Umgang mit anderen Menschen. Wenn sie können, meiden sie den Kontakt. Sie meiden ihn, weil er Angst in ihnen auslöst. Wer jedoch vorrangig den Rückzug lebt, ohne ihn durch Wiederkehr auszubalancieren, bringt sich um eine Fülle von positiven Lebensmöglichkeiten: nämlich zusammen mit anderen Menschen etwas zu tun. Mit ihnen zu arbeiten und das diesbezügliche Miteinander zu genießen. Mit ihnen zu lernen. Mit ihnen zu spielen. Mit ihnen Leben zu bedenken und zu gestalten. Dabei meint Partizipation: Teilnahme und Teilgabe. Ich nehme teil, und indem ich teilnehme, gebe ich Anteil an mir. Gebe ich wirklich Anteil an *mir*, dann gebe ich mich in meiner Besonderheit und

---

[12] Vgl. zur schizoiden Persönlichkeit f. Riemann, Grundformen der Angst, München 1989, S. 20 ff.

gewinne mich in meiner ausgeprägten persönlichen Eigenart gerade durch die Tendenz, in profilierter Weise teilzunehmen. Dabei sind die Prozesse der Individualisation und Partizipation personorientierte Prozesse und deshalb an Gemeinschaft ausgerichtet. Ich als Person kommuniziere mit einer anderen Person oder mit einer Gruppe von anderen Personen. Handelt es sich um förderliche Kommunikation, dann werden sich die beteiligten Personen wechselseitig ermutigen, sich in unverwechselbarer Weise mitzuteilen. So wird gerade durch Partizipation Individualisation ermöglicht und angeregt.

Und natürlich gibt es eine unübersehbare Fülle von Partizipationsmöglichkeiten. In dieser Hinsicht sind zunächst einmal die Instrumente der Partizipation von den Inhalten zu unterscheiden. Das Grundinstrument ist natürlich die Sprache. Wer mit einem Menschen in Kontakt ist, dessen Sprache er nicht teilt, bekommt kaum Anteil an diesem Menschen und ist auch nur in ganz begrenztem Maße fähig, Anteil an sich zu geben. Sprache in all ihren Varianten ist Werkzeug der Partizipation. Digitale ebenso wie analoge. Zeichengestützte Sprache genauso wie Körpersprache. Wichtig ist aber nicht nur, wie wir Sprache gebrauchen. Ebenso wichtig sind die Inhalte, über die wir uns im Mittel der Sprache verständigen. Es macht einen Unterschied, ob wir uns lediglich auf Dinge aufmerksam machen oder ob wir uns über die Bedeutung des Lebens, in das wir miteinander gestellt sind, und das wir bewältigen müssen, wie auch immer, verständigen. Dabei ist anzumerken, daß alle in ihrer Sprache über dieselben Wörter und ein gemeinsames Regelsystem, sie aneinanderzureihen, verfügen. Daß aber der Spielraum der Kombinationsmöglichkeiten so unendlich groß ist und daß sich der Mensch gerade durch die Weise, was er sagt und wie er es sagt, in seiner Individualität auszudrücken, aufgerufen fühlt. Kurz: In dem, was ich sage und wie ich es sage, gebe ich Teil an mir, sofern ich es in unverwechselbarer Weise sage.

In psychohygienischer Hinsicht ist nun entscheidend, daß die Prozesse der Individualisation und Partizipation im Fortgang eines Lebens dialektisch vermittelt bleiben. Das heißt: wechselseitig aufeinander bezogen bleiben und nicht auseinanderbrechen. Zerbricht die diesbezügliche Dialektik, dann ereignet sich ein Prozeß der Perversion. Er kann zwei Gesichter ausbilden. Im ersten Falle entartet Individualisation in Individualismus. Im zweiten Falle entartet Partizipation in Kollektivismus.[13] Die gemeinten Sachverhalte werden verstehbar, sofern man sie am individualistisch und kollektivistisch orientierten Menschen aufzeigt; und zwar im Horizont der Frage: Wie versteht sich der individualistisch fehlgeleitete Mensch und wie gestaltet er sein Leben? Und entsprechend: Wie versteht sich der kollektivistisch fehlgeleitete Mensch und wie wird er sein Leben gestalten?

Bleibt der Mensch in der Dialektik von Individualisation und Partizipation, dann bewegt er sich – bildlich gesprochen – im Spielraum einer Ellipse mit ihren zwei Brennpunkten: Ich und Du. Person und Gemeinschaft. Die Bewegung ist so angelegt, daß beide gewinnen. Die Person, indem sie einen „Grund" gewinnt, von dem sie sich eigensinnig abhebt, indem sie sich eigensinnig mitteilt. Die Gemeinschaft, indem sie Anteil an der Besonderheit der sie konstituierenden Person gewinnt. Das Subjekt, das *in* der Dialektik bleibt, realisiert Sinn. Es tut etwas Sinnvolles für sich, und indem es dies tut, leistet es zugleich einen Beitrag für das Leben anderer. Der Richter spricht Recht. Der Arzt heilt. Der eine profiliert sich, indem er die Kunst, Recht zu sprechen, richtig ausübt; d.h. an einem allgemein verbindlichen

[13] Vgl. dazu P. Tillich, a.a.O., S. 233.

Maß orientiert; sprich: am Gesetz. Aber dies in unverwechselbarer, also in individueller Weise. Und indem er es tut, im Zuge sich vergrößernder Erfahrung mit sich und den rechtshungrigen Menschen, immer individueller wirkt. Das heißt: in seiner Besonderheit zunimmt. Ebenso verhält es sich mit dem Arzt. Er profiliert sich, indem er die Kunst zu heilen richtig ausübt; d.h. an einem verbindlichen Maß orientiert; sprich: an der Medizin. Aber dies in unverwechselbarer, also in individueller Weise. Und indem er das tut, im Zuge sich vergrößernder Erfahrung mit sich und dem kranken Menschen, immer individueller wird. Das heißt: den Grad seiner Besonderheit steigert. Kurz: Wird die Dialektik von Individualisation und Partizipation gewahrt, gewinnen beide: Person und Gemeinschaft. Zerbricht die Dialektik, dann entstehen zwei Möglichkeiten. Die eine trägt den Namen „Individualismus“. Die andere den Namen „Kollektivismus“. Im ersten Falle pervertiert Individualisation in Individualismus. Im zweiten Falle pervertiert Partizipation in Kollektivismus.

Im ersten Falle bewegt sich der betreffende Mensch – im Bilde gesprochen – im Zentrum eines Kreises um sich selbst. Das heißt: Er lebt im Gefühl, Mittelpunkt seiner Welt zu sein. Er unternimmt den Versuch, alle anderen auf sich zu beziehen, indem er sie für seine Zwecke verinstrumentalisiert. Im Extremfall nimmt er sich das Recht, sein Leben bizarr zu gestalten, also ohne jede Rücksicht darauf, welche Auswirkungen dies für die anderen hat. Extremfälle sind selten, weniger extreme Fälle gibt es die Fülle. Rücksichtslosigkeit im Blick auf die anderen ist ihre Kennung. Zwanghafte Sorge um sich selbst, ihr Motiv. Ihre Weise, diesbezüglich zu sorgen, ist lebensfeindlich.

Im zweiten Falle pervertiert der Prozeß der Partizipation in Kollektivismus. Es handelt sich relativ zum Individualismus um die gegenteilige Lebensbewegung. Ihr zufolge gilt das Individuum nichts. Die Gesellschaft oder die gesellschaftliche Gruppe hat der Person gegenüber absoluten Vorrang. Der kollektivistisch orientierte Mensch fühlt keinen Eigenwert. Das Gefühl, bedeutsam zu sein, erhält er durch die Repräsentanten der Gruppe, nicht durch sich selbst. Bedeutung ist in diesem Falle immer gebunden an gesellschaftliche Funktion. Nicht die Person in ihrem Eigen-Sinn erlebt sich als bedeutsam, vielmehr lediglich als Träger einer gesellschaftlichen Rolle. Bemüht man noch einmal das Bild vom Kreis, dann müßte man sagen: Der kollektivistisch orientierte Mensch wandert aus der Mitte aus und verschwindet in der Peripherie. Er ist als Individuum nicht mehr identifizierbar.

Natürlich ist die philosophische Figur von Individualisation und Partizipation zunächst einmal in pädagogischer Perspektive bedeutsam. Sie kann und sollte jedem, der erzieherisch tätig ist, als fundamentale Leitfigur seines Denkens und Handelns dienen. Denn darauf kommt es an, daß der Pädagoge so mit den ihm anvertrauten jungen Menschen umgeht, daß sie beides gewinnen: Mut zu sich selbst und Lust an der Gemeinschaft. Daß sie erkennen, daß sie beides sind: Individuen und in Gemeinschaft eingebundene Personen. Daß sie erkennen, daß das Individuum der Gemeinschaft nicht nur als Hintergrund bedarf, auf dem es sich als Figur abhebt, vielmehr auch als Raum, der vitales, soziales, geistiges Leben gewährt. Daß sie aber auch Mut entwickeln, ihre je eigenen Fähigkeiten so zu trainieren, daß sie ein unverwechselbares Gesicht gewinnen. Das ist in sich wichtig, weil jeweils etwas Neues in die Welt kommt. Es ist aber auch für die Gemeinschaft wichtig, weil sie differenzierter, reicher, lebendiger wird.

Wenn es nun tatsächlich so ist, daß Lebensprozesse verunglücken, sofern die in ihnen angelegte Dialektik zerbricht, wenn es sich demzufolge um ein Gesetz des Lebens handelt, das man nicht ungestraft mißachtet, dann wird dieses Gesetz auch im Rahmen der Psychotherapie Beachtung finden müssen. Genau an dieser Stelle wird die Bedeutung der Philosophie für die Therapie unmittelbar einsichtig. Philosophie fragt nach Existenz, also nach der besonderen Lebensform des Menschen. Sie weiß, daß menschliches Leben Zwischen-Existenz ist: ausgebreitet zwischen den Polen des Glückens und Verunglückens. Sie fragt, sofern sie an der Kunst des Lebens interessiert ist, nach den Bedingungen dafür, daß menschliches Leben glückt und nicht scheitert. So haben sich die antiken Philosophen an zentraler Stelle mit dem Thema „Glück" befaßt: die Vertreter des Kynismus, des Kyrenaismus, der Stoa, des Epikureismus und auch der pyrrhonischen Skepsis.[14] Die Thematik ist jedoch nicht auf die antike Philosophie beschränkt. Sie zieht sich durch die gesamte Geschichte der Philosophie hindurch. Sie stellt einen Schatz dar, der Zug um Zug gehoben und für die Psychotherapie fruchtbar gemacht werden sollte. In der Psychotherapie haben wir es mit Leben zu tun, die zu verunglücken im Begriff sind. In der Philosophie haben wir es mit Erkenntnissen zu tun, die Existenz unter dem Aspekt ihres Glückens beschreiben. Nichts liegt näher, als Philosophie und Therapie miteinander ins Gespräch zu bringen.

Im Blick auf die philosophische Denkfigur von Individualisation und Partizipation würde dies bedeuten, daß im Gespräch mit dem Patienten der philosophische Gedanke fruchtbar gemacht wird. Das heißt: Zunächst muß er natürlich erklärt und begriffen werden. Dann muß er auf das je eigene Leben bezogen werden. Der Bezug gelingt, sofern der Patient im Gespräch sich nicht nur fragen läßt, sich vielmehr selbst fragt, ob in seinem

---

[14] Vgl. dazu M. Hossenfelder, Antike Glückslehren, Stuttgart 1996.

Leben die Dialektik von Individualisation und Partizipation gewahrt ist. Ob er die Neigung hat, sich in und hinter einer Gruppe zu verstecken. Die eigene Meinung geheim zu halten. Angst hat, ins Rampenlicht zu treten. Die Tendenz hat, unauffällig im Hintergrund zu bleiben. Mit Panik reagiert, sofern sich die Notwendigkeit ergibt, sich gegen die Bezugsgruppe zu wenden. Nichts schlimmer findet als gegenteiliger Meinung zu sein, anders zu denken oder gar wider die Norm des Kollektivs zu handeln. In diesem Falle hat der Therapeut die Besinnung des Patienten auf sich selbst anzuregen. Der aufs Kollektiv fixierte Blick ist zu lösen. Der Patient muß es lernen, für sich zu sein und im Raum des Für-sich-Seins einfache Fragen an sich zu richten: Wer bin ich eigentlich? Wie sehe ich mich in dieser Welt? Was möchte ich aus meinem Leben machen? Welche Bedürfnisse habe ich und welche Möglichkeiten sehe ich, ihnen gerecht zu werden? Welche besonderen Fähigkeiten und Möglichkeiten habe ich? Fähigkeiten und Möglichkeiten, die mich unverwechselbar machen, die mich abheben von der Gemeinschaft und die in Dienst zu stellen wichtig für die Gruppe wäre, der ich zugeordnet bin? Dabei ist Einsicht das eine, einsichtskonforme Handlung das andere. Das heißt: Der Einsicht muß die Übung entsprechen. Man muß es nicht nur richtig finden, man muß es üben, die eigene Meinung zu formulieren. Die damit verbundene Furcht zu überwinden. Das je eigene Gesicht in Wort und Tat zu zeigen. Es gilt, die diesbezügliche Konflikttoleranz zu steigern. Es gilt: von sich hören zu lassen. Sich sehen zu lassen. Und dies nach dem Motto: Sie werden mich noch ganz anders erleben.

Im Falle des individualistisch orientierten Menschen ist es natürlich umgekehrt. Bei ihm geht es darum, den ego-zentrischen Blick zu lösen. Ihn auf die andere Person, die Gruppe, der er angehört, zu lenken. Dies ist nur möglich, sofern der Individualist unter seinem Individualismus zu leiden beginnt. Fragen, die dieses fruchtbare Leiden möglicherweise aufbrechen lassen, betreffen die zwischenmenschlichen Beziehungen. Natürlich ist auch der individualistische Mensch auf erfüllende Bezüge angewiesen. Nimmt er seine Verhältnisse jedoch genau wahr, dann wird er entdecken, daß er kaum einen Menschen hat, mit dem er im positiven Sinne verbunden ist. Der Sachverhalt, daß er u.U. mit sehr vielen Menschen Kontakt hat, mag ihn darüber hinwegtäuschen, daß die Kontakte keine menschliche Substanz haben. Was er als freundschaftliche Beziehung deklariert, ist meist nicht mehr als eine Zweckverbindung. Wenn er angeleitet wird, genau auf die ihm nahestehenden Menschen zu schauen, dann wird er entdecken, daß ihm im Verlaufe der Zeit die Nahen immer ferner gerückt sind, so daß die Nächsten allmählich die Fernsten wurden. Erkenntnis dieser Art schmerzt. Das philosophischtherapeutische Gespräch glückt, sofern dieser Schmerz den betreffenden Menschen veranlaßt, sich von folgenden Fragen wirklich betreffen zu lassen: Was kann ich tun, wirkliche Freunde zu gewinnen? Was kann ich tun, um mich solidarisch mit anderen Menschen zu zeigen? Was kann ich tun, um bedeutsam für einen anderen Menschen zu werden? Und manchmal ist es sehr hilfreich, wenn man an einen jungen, höchst individualistischen Menschen die schlichte Frage richtet: Haben Sie überhaupt schon jemals etwas für einen anderen Menschen getan? Die Verblüffung im Gesicht des Angesprochenen zeigt, daß es sich in therapeutischer Hinsicht um eine unverschämt kreative Frage handelt. Oder sollte man besser sagen: um eine ebenso unverschämte wie kreative Frage?

4. Das Systemmodell des Menschen von P. Becker

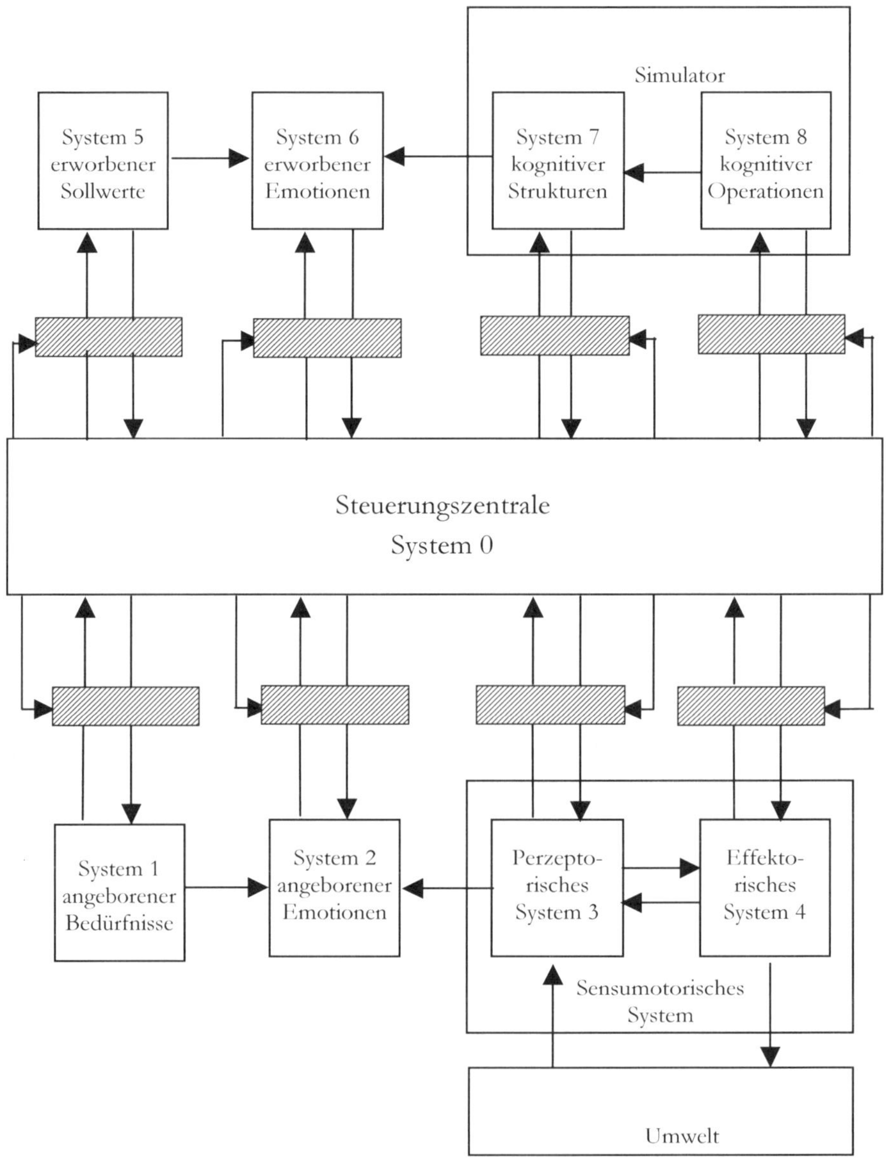

Der Prozeß der Selbstintegration kommt in der Ausbildung einer personalen Mitte an sein Ziel. Das Ich des Menschen stellt diese Person-Mitte dar. Es handelt sich um eine Steuerungszentrale, welche die psychischen Teilsysteme aufeinander abstimmt. Und dies sowohl im hellen Bewußtsein, als auch halbbewußt oder unbewußt. Die Art der Steuerung macht die Art eines Menschen aus. Die Qualität der Steuerung hängt an der Qualität des Ichs. Die besondere Weise eines Menschen, sein Leben zu gestalten, hängt an der Weise, wie er sich zu den Teilsystemen seiner Psyche in Beziehung setzt; und damit zu sich und der Welt. Wenn es der Wahrheit entspricht, daß an der Qualität des Ichs die Art hängt, wie der Mensch sich und die Welt erlebt, versteht und gestaltet, dann kommt allen Erkenntnissen, die sich auf die Entstehung, Funktion und Entwicklung des Ichs beziehen, höchste anthropologische Bedeutung zu.

Im Rahmen des therapeutischen Gesprächs mit einem Patienten zu philosophieren bedeutet im Prinzip: daß er über seine Bestimmung nachzudenken angeregt wird. Er soll wahrnehmen, daß er im Grunde bestimmungsorientierte Existenz ist. Er soll entdecken, was seine Bestimmung ausmacht. Er soll die Kräfte und Fähigkeiten ausbilden, seiner Bestimmung gerecht zu werden. Um dies zu leisten, muß er freigesetzt werden, das Instrument zu verstehen und zu handhaben, das ihm zur Verwirklichung seiner Bestimmung zur Verfügung steht: er selbst als Leib-Seele-Geist-Organisation. Aus diesem Grunde ist es gut, sich der Komplexität menschlicher Existenz dadurch bewußt zu werden, daß man den Menschen als Metasystem verschiedener Subsysteme begreift, welche von einem Zentrum her integriert und dirigiert werden.

Natürlich steht uns heute in dieser Hinsicht nicht mehr allein das von S. Freud formulierte Instanzenmodell vom Menschen zur Verfügung mit den Subsystemen Es, Ich und Über-Ich. Es stehen uns vielmehr sehr viel differenziertere hypothetische Systemmodelle vom Menschen zur Verfügung. Eines der differenziertesten stammt von P. Becker.[15] Es vermittelt einen vielschichtigen Einblick in die Struktur der Psyche und rückt die Funktion der Person-Mitte (des Ichs) ins helle Bewußtsein.

Unser besonders Interesse gilt der Funktion der Steuerungs- bzw. Integrationszentrale, also der Person-Mitte. Dem, was man herkömmlich das Ich eines Menschen nennt. Da man Steuerung bzw. Integration jedoch nur verstehen kann, wenn man das, was gesteuert bzw. integriert wird, verstanden hat, gilt es zunächst, diejenigen Einzelphänomene zu entschlüsseln, die der Steuerung und Integration durch das Ich unterstehen. Im oben aufgeführten Systemmodell von Becker werden acht Systeme benannt, die in ihrem differenzierten Zusammenspiel menschliche Existenz widerspiegeln. Die Steuerung des Zusammenspiels ist Aufgabe eines Metasystems, das zentral positioniert ist und sich durch folgende Grundeigenschaften auszeichnet: Aufmerksamkeit im Sinne von Informationswahrnehmung. Informationsverarbeitung im Sinne von Zielbildung. Handlungssteuerung im Sinne von Zielverwirklichung. Wahrnehmung der Identität oder der Differenz von Absicht und Realität. Herrscht Identität, ist nichts mehr zu tun. Herrscht Differenz, ist differenzüberwindende Handlung angezeigt. Demzufolge zeigt sich Steuerung im Prinzip als Wahrnehmung dessen, was der Fall ist. Als Entdeckung, was der Fall sein sollte, als Durchsetzung, was der Fall sein sollte, als Prüfung, ob das, was der Fall sein sollte, auch wirklich der Fall geworden ist. Was nun die zu steuernden Subsysteme angeht, so unterscheidet Becker acht an der Zahl.

[15] Vgl. dazu P. Becker, Seelische Gesundheit und Verhaltenskontrolle, Göttingen 1995, S. 70 ff.

a. System angeborener Bedürfnisse

Das Set von angeborenen Bedürfnissen, das Becker vorstellt, stimmt im wesentlichen mit unseren Vorstellungen überein. Dabei orientiert sich Becker weitgehend an Einsichten A. Maslows.[16] Wir orientieren uns weitgehend an Ausführungen K. Grawes.[17] Stellt man beide Modelle gegenüber, dann ergeben sich folgende Entsprechungen.

P. Becker	K. Grawe
Bedürfnis nach Orientierung und Sicherheit (Sinnbedürfnis)	Bedürfnis nach Orientierung und Kontrolle
Bedürfnis nach Bindung	Bindungsbedürfnis
Bedürfnis nach Exploration	Explorationsbedürfnis
Bedürfnis nach Selbstaktualisierung	Kontrollbedürfnis
Bedürfnis nach Achtung	Selbstwerterhöhungsbedürfnis

In meinem Denken entspricht dem Selbstaktualisierungsbedürfnis das Impressions- und Expressionsbedürfnis.

Becker versteht unter Bedürfnissen „Lebensnotwendige Bedingungen menschlicher Existenz".[18] Es handelt sich um hypothetische Konstrukte, die erklären, warum alle Menschen im Laufe ihrer Entwicklung bestimmte Intentionen hegen und hartnäckig verfolgen. Entscheidend ist also die „universale Verbrei-

---

16 Vgl. dazu a.a.O., S. 89. Natürlich zählen zu den Grundbedürfnissen auch diejenigen biologischer Art, die hier allerdings nicht im Vordergrund des Interesses stehen: z.B. die Bedürfnisse nach Nahrung, Atmung, Sexualität, Schlaf, Bewegung.

17 Vgl. dazu, K. Grawe, Psychologische Therapie, Göttingen 1998, S. 383 ff.

18 P. Becker, a.a.O., S. 87.

tung der betreffenden Bedürfnisse, ihre phylogenetische Verankerung"[19] und ihre Koppelung an positive und negative Emotionen. Im Falle ihrer Befriedigung stellt sich Freude, Glück und körperliche Lust ein. Im Falle ihrer Frustration: Ärger, Traurigkeit, Langeweile zum Beispiel. Dabei ist das Bedürfnis nach Orientierung und Sicherheit – wie bei Grawe – weitgehend mit der in der Logotherapie herausgestellten Sinnorientierung identisch.[20] Es geht um das Bedürfnis, übergeordnete und so das Verhalten leitende Ziele zu entdecken und im Rahmen des Selbstaktualisierungsbedürfnisses auch zu verwirklichen. Dabei ist entscheidend, daß die Ziele, die sich ein Mensch setzt, auch seinen besonderen Fähigkeiten, Interessen und Temperamentslagen entsprechen. Indem er sich jedoch Ziele setzt, indem er sich Aufgaben stellt, schafft er Istwert-Sollwert-Diskrepanzen, die ihn zur Diskrepanzreduktion herausfordern. „Im Gegensatz zur Freudschen triebtheoretischen Annahme eines homöostatischen Strebens nach Spannungsreduktion kennzeichnet den Menschen ein ständiger Wechsel zwischen Spannungserzeugung und Spannungsabbau: Erst schafft sich der Mensch Probleme, setzt sich Ziele, formuliert für sich Wünsche, um danach Lösungen zu suchen, Ziele zu erreichen und sich seine Wünsche zu erfüllen."[21]

---

[19] A.a.O., S. 88.

[20] „Da an verschiedenen Stellen in der logotherapeutischen Literatur im Zusammenhang mit dem ‚Sinnbedürfnis' des Menschen von Orientierung, Hingabe und Verstehen die Rede ist, überschneidet sich der von uns verwendete Begriff ‚Bedürfnis nach Orientierung und Sicherheit' am stärksten mit dem logotherapeutischen Begriff des ‚Willens zum Sinn'." A.a.O., S. 96.

[21] A.a.O., S. 99.

Im übrigen zeichnen sich die diesbezüglichen Überlegungen Beckers durch eine Besonderheit aus, die wahrzunehmen wichtig ist: Grundbedürfnisse sind nicht einseitig außenorientiert, vielmehr auch innenorientiert. Ihr Brennpunkt ist nicht nur die Umwelt, vielmehr auch das Selbst. Dies gilt vor allem für die Bedürfnisse nach Orientierung, Bindung, Achtung und Exploration: Der Mensch hat nicht nur das Bedürfnis, seine Umwelt zu verstehen (ein Teilaspekt des Bedürfnisses nach Orientierung), vielmehr auch das Bedürfnis, sich selbst zu verstehen. Der Mensch sucht im Rahmen seines Bindungsbedürfnisses nicht nur Kontakt zu den anderen, vielmehr auch Kontakt zu sich selbst. Dabei zeigt sich Nähe im Kontakt zu sich selbst als innere Sammlung im Sinne des Bei-sich-Seins.[22] Der Mensch sucht im Zusammenhang seines Bedürfnisses nach Achtung nicht nur die Anerkennung durch andere, vielmehr intendiert er auch die Anerkennung durch sich selbst in Form von Selbstachtung. Und auch das Bedürfnis nach Exploration zeigt sich nicht allein als Interesse an neuen Informationen, neuen Menschen, „als Reiselust oder als Wunsch nach Abwechslung und Vermeidung von Monotonie im Arbeitsbereich"[23], vielmehr auch als Wille, sich selbst besser kennenzulernen, über sich selbst zu sprechen, Neues über sich selbst zu erfahren.

---

22 „So wie bei Personen mit starker ‚Introversion' die Gefahr besteht, daß sie sich zurückziehen und den Kontakt zu anderen Menschen verlieren, so besteht bei Personen mit starker ‚Extraversion' die Gefahr, daß sie sich selbst verlieren, d.h. in einer Vielzahl nach außen gerichteter Aktivitäten ‚aufgehen'." A.a.O., S. 93.

23 A.a.O., S. 94.

b. System angeborener Emotionen

Die Formulierung setzt voraus, daß es Emotionen gibt, die unmittelbar nach der Geburt auftreten und sich in den ersten Lebensmonaten entwickeln, und andere, die sich erst im weiteren Verlauf des Lebens einstellen. Sie sind das Ergebnis von persönlichen Erfahrungen und kognitiver Reifung. Man könnte auch von „höheren" Emotionen sprechen. Entscheidend ist in diesem Zusammenhang die Erkenntnis, daß sich die Welt der Emotionen, die einen Menschen bestimmen, entwickelt. Es gibt demzufolge so etwas wie eine Ontogenese der Emotionalität; eine noch junge Thematik in der Psychologie. Angeborene Emotionen sind beispielsweise Interesse, Freude, Überraschung, Kummer, Furcht, Scham, Schüchternheit, Traurigkeit, Ärger, Verachtung, Ekel, Wut, Schuldgefühl. Becker versteht unter Emotionen sowohl Stimmungen als auch Gefühle. „Im Gegensatz zu Gefühlen sind *Stimmungen* als Zustandserlebnisse nichtintentional, d.h. sie beziehen sich nicht unmittelbar auf Personen, Dinge oder Ereignisse. Sie sind von längerer Dauer (Stunden oder Tage) und bilden als eine Art Dauertönung den Hintergrund für andere Erlebnisinhalte."[24] Gefühle dagegen sind intentional und funktional. Vier Funktionsbereiche sind es, die ihnen zugeschrieben werden: die Vergleichsfunktion, Motivationsfunktion, Aktivierungs- und Energetisierungsfunktion und die Adaptionsfunktion. Becker zufolge besteht eine wesentliche Funktion des Systems angeborener Emotionen[25] darin, zu prüfen „ob persönlich bedeutsame Zustände, Ereignisse oder Prozesse den Antizipati-

---

24 A.a.O., S. 99 f.

25 Das gleiche gilt für das System erworbener Emotionen.

onen bzw. Notwendigkeiten entsprechen oder nicht."[26] Das heißt: Dieses System steht in unmittelbarer Verbindung mit dem System angeborener Bedürfnisse und mit dem System erworbener Sollwerte. Es nimmt einerseits wahr, ob die angeborenen Bedürfnisse befriedigt sind oder nicht. Es nimmt andererseits wahr, ob die Ziele, die sich ein Mensch gesetzt hat, erreicht sind oder nicht. Sowohl die Ist-Sollwert-Diskrepanzen als auch die Ist-Sollwert-Identitäten sind gefühlsmäßig unterlegt. Im ersten Fall mit negativen Gefühlen, der Frustration zum Beispiel. Im zweiten Fall mit positiven Gefühlen, der Zufriedenheit beispielsweise. Insofern jedoch im Mittel der Emotion, das, was der Fall sein soll, mit demjenigen verglichen wird, was der Fall ist, hat das System Vergleichsfunktion. Die erste Funktion dieses Systems.

Die zweite Funktion ist die Motivationsfunktion. Das System hat nicht nur die Aufgabe, Ist-Sollwert-Differenzen zu entdekken. Es soll das Subjekt vielmehr auch dazu bewegen, die Differenzen zu überbrücken. Das geschieht im Mittel der Überwindung der negativen Emotion – z.B. der Frustration – welche ja den Imperativ der Überwindung ihrer selbst in sich trägt. Das System schafft so Handlungsbereitschaften. Um jedoch Handlungsbereitschaft in konkretes Handeln zu überführen, bedarf es der Energie. Wiederum ist es das emotionale System, das die entsprechende Vitalität zur Verfügung stellt und in diesem Sinne eine Aktivierungs- und energetische Regulationsfunktion innehat.[27] Und natürlich haben Emotionen auch Adaptionsfunktion.

---

[26] A.a.O., S. 100.

[27] Natürlich ist in diesem Zusammenhang zu fragen, ob die diesbezügliche Energie nicht eher aus der Anziehungskraft der Ziele stammt, die sich ein Mensch setzt!

Sie veranlassen den Menschen, im Zusammenspiel mit der Umwelt sich in der Weise flexibel zu verhalten, daß er auf Außenreize nicht einfach vorprogrammiert reagiert, sich vielmehr in immer neuer, besserer Weise an die biotischen und sozialen Umstände anpaßt.

c. Perzeptorisches System

Informationen zu sammeln, zu interpretieren und zu selektieren ist die Grundfunktion dieses Systems. Und zwar vorrangig Informationen über die Außenwelt, nachrangig über die Innenwelt. Dabei ist zu beachten, daß es sich um ein System handelt, das durch höchst unterschiedliche Wahrnehmungskanäle gekennzeichnet ist. In dieser Hinsicht sind das „Sehen, Hören, Empfindungen der Haut, Geruch, Geschmack, Körperbewegung, Gleichgewicht und Empfindungen der inneren Organe“[28] zu erwähnen. Dabei ist der Prozeß der Wahrnehmung mehrstufig, selektiv, von Antizipationen geleitet. Die Mehrstufigkeit hängt an der Doppelung von sensorischer und intelligibler Wahrnehmung. Philosophisch formuliert: an Perzeption und Apperzeption. Im Falle des Sehens erscheint in mir zunächst ein sinnliches Abbild des gesichteten Objekts. Erste Stufe der Wahrnehmung. Dann wird es benannt. Zweite Stufe der Wahrnehmung. Wobei die zweite Stufe dem System kognitiver Operationen zuzuschreiben ist. Das ist das eine.

Zum anderen nimmt der Mensch selektiv wahr. Dies ist nötig, weil die Fülle der Informationen, die auf den Menschen im Wege seiner Sinnesorgane immerzu einströmt, eingedämmt wer-

---

[28] A.a.O., S. 107.

den muß. Es gilt, „die Informationsfülle … aktiv in stabilen, geordneten Perzepten zu organisieren und somit einen Orientierungsrahmen für das Handeln bereitzustellen."[29] Dabei versteht man unter einem Perzept die Weise, wie ein Mensch etwas wahrnimmt. Man denke z.B. an eine bestimmte Situation und die völlig eigen-sinnige Weise, wie diese Situation von einer bestimmten Person aufgefaßt wird. Allerdings verweist die moderne Wahrnehmungsforschung darauf, daß die Selektivität ihren Grund nicht allein in der Informationsfülle, vielmehr auch in einer effektiven Verhaltenssteuerung hat. Um bestimmte Absichten zu realisieren, gilt es, sich auf bestimmte, sinnlich vermittelte Informationen zu konzentrieren und zugleich eine Fülle von Informationen auszublenden, weil sie für die Verwirklichung der Absicht irrelevant sind. Hier wird Selektivität als adaptiver „Prozeß im Dienste der Verhaltenssteuerung"[30] interpretiert.

Der Prozeß der Wahrnehmung ist allerdings nicht nur mehrstufig und selektiv. Er wird auch von Antizipationen geleitet. Dies ist nur zu verstehen, sofern man das Zusammenspiel des perzeptorischen Systems mit dem Simulator[31] verstanden hat. *Eine* Aufgabe des Simulators ist es, ein inneres Bild von der Welt draußen zu formen und verfügbar zu halten. Der Mensch lebt, so gesehen, gleichsam in zwei Welten: in einer inneren Welt, welche die Umwelt abbildet, welche „als Orientierung … dient und eine antizipatorische Verhaltenssteuerung ermöglicht"[32], und in einer Welt, die sinnlich wahrgenommen wird. Antizipato-

---

29 Ebd.

30 A.a.O., S. 108.

31 Vgl. dazu das System kognitiver Strukturen und das System kognitiver Operationen, die in ihrem Zusammenwirken das darstellen, was P. Becker den „Simulator" nennt.

32 A.a.O., S. 109.

risch geleitete Wahrnehmung findet statt, sofern ich innerlich vorwegnehme, was ich im nächsten Augenblick sinnlich wahrzunehmen erwarte. Anzunehmen ist, daß die imaginative Vorwegnahme die sinnliche Wahrnehmung mitformt. Im übrigen wird das sinnlich Wahrgenommene nicht einfach emotionslos zur Kenntnis genommen, vielmehr „im Hinblick auf vorhandene Bedürfnisse emotional eingefärbt".[33] Das deutet darauf hin, daß das perzeptorische System eng mit dem System angeborener Bedürfnisse und den Systemen der angeborenen und erworbenen Emotionen zusammenwirkt. Man imaginiere in der Perspektive des Mannes die Anwesenheit einer attraktiven Frau. Die diesbezügliche Wahrnehmung sinnlicher Art aktiviert natürlich spezifische Emotionen in Relation zu spezifischen Bedürfnissen: z.B. das Gefühl der Verliebtheit relativ zu erotischer Bedürftigkeit.

d. Das effektorische System

Zweck des effektorischen Systems ist es, auf die gegenständliche Welt in direkter oder indirekter Weise einzuwirken. Demzufolge hat dieses System Aktions- und Bewältigungsfunktion. Eine unmittelbare Weise der Einwirkung liegt vor, sofern sich jemand in seiner Welt bewegt, um im Mittel seiner Bewegung etwas zu erreichen. Demzufolge handelt es sich um zielgeleitete Bewegungen. Zielgeleitete Bewegungsabläufe spielen vor allem in drei Bereichen eine große Rolle: in der Welt der Arbeit, sofern sie materieorientiert ist, also das Ziel hat, das Natürliche ins Lebensdienliche zu verwandeln. Und in den Welten von Sport und

---

[33] Ebd.

Kunst. Zielorientierte Bewegung liegt z.B. vor, sofern ich ein Haus baue, um darin zu wohnen, einen Lauf absolviere, um meine Beweglichkeit zu trainieren oder eine Klaviersonate von Mozart spiele, um eine musikalische Idee erklingen zu lassen.[34] Die Psychologie der Arbeit, Sportpsychologie und Psychologie der Kunst befassen sich mit diesen Phänomenen.

Das effektorische System wirkt auf die Umwelt allerdings nicht nur direkt im aufgezeigten Sinne, vielmehr auch indirekt ein. Mittelbare Einwirkung ereignet sich durch Sprache, Mimik, Gestik, also im Wege digitaler und analoger Kommunikation. Zeichengestützte und bildhafte Kommunikation sind die Kennung indirekter Einwirkung. Die Kommunikationspsychologie macht diese Phänomene zu ihren Gegenständen.

Natürlich ist das effektorische System auf Information angewiesen, um wirklich effektiv zu sein. Man stelle sich die Tätigkeit des Autofahrens vor und die Fülle der sinnlich, vorrangig optisch vermittelten Informationen, die nötig sind, um diese Tätigkeit gelingen zu lassen. Da effektorisches System und perzeptorisches System sehr eng zusammenwirken, kann man sie auch als einheitliches System betrachten und dieses als sensumotorisches System begreifen.

e. System erworbener Sollwerte

Der Mensch ist nicht nur ein biologisch faßbares Wesen, vielmehr auch geschichtlich-gesellschaftlicher Art. Im Verlauf seiner

---

[34] Einfache „Beispiele für direkte Einwirkungen wären das Sich-Fortbewegen in der Umwelt, das Ergreifen und Verzehren von Nahrung oder das physische Attackieren einer Gefahrenquelle.“ A.a.O., S. 112.

Lebensgeschichte entwickelt er im Umgang mit dem gesellschaftlichen Kontext, in den er eingebunden ist, Vorstellungen von dem, was er will und was er nicht will. Vorstellungen von dem, was er soll und was er nicht soll. Im Zentrum des Systems erworbener Sollwerte stehen demzufolge die Ziele, Wünsche, Projekte, das Ichideal eines Menschen einerseits. Die sozialen Werte, Normen, Regeln und Vorschriften andererseits.[35] Kurz: Ziel und Wert. Dabei ist Ziel dasjenige, was der Mensch mit sich vorhat. Wert dasjenige, was die Gesellschaft mit ihm vorhat. Der Mensch ist für sich und auf sich angewiesen. Aber er ist nicht nur für sich, vielmehr auch mit den anderen und auf die anderen angewiesen. Deshalb kann Existenz nur gelingen, sofern das Subjekt in fein ausgewogener Weise auf beides achtet: auf das, was es möchte, auf seine Annäherungsziele, auf das, was es nicht möchte, auf seine Vermeidungsziele. Das ist das eine. Und auf das, was es sollte bzw. nicht sollte, welches in den gesellschaftlich abgestützten Geboten und Verboten formuliert ist. Das ist das andere.

Natürlich kann man zunächst zwischen Zielen und Werten unterscheiden. Ziele dem Subjekt, Werte der Gesellschaft zuordnen. Entscheidend ist jedoch die Einsicht, daß die zunächst in der Sozietät vorhandenen Wertvorstellungen ins Individuum überführt werden bzw. – vom Individuum her gesehen – von ihm verinnerlicht werden. Motive der Internalisation sind Furcht und Faszination. Das Kind fürchtet sich, die Achtung, Wertschätzung und Liebe seiner Eltern, welche ja die Werte repräsentieren, zu verlieren, sofern es den Werten der Primärpersonen nicht entspricht. Deshalb verhält es sich wertkonform. Und das Kind ist fasziniert von seinen Eltern. Will sein und leben wie sie.

---

[35] Vgl. dazu A.a.O., S. 115.

Identifiziert sich mit ihnen. Noch ein Grund, ihre Wertvorstellungen zu übernehmen. Im „fertigen“ Menschen spielen deshalb persönliche Ziele und soziale Werte zusammen. Persönliche Ziele und Pläne sind wertunterfüttert. Ich möchte Tierarzt werden, weil mich Mitleid mit der geschundenen Kreatur bewegt. Oder: Aus bestimmten Wertüberzeugungen entstehen persönliche Pläne und Ziele. Nächstenliebe motiviert mich, einen sozialtherapeutischen Beruf zu ergreifen zum Beispiel.

An dieser Stelle ist darauf hinzuweisen, daß dem System erworbener Sollwerte im Gesamtsystem zentrale Bedeutung zukommt. Dies hängt am Sachverhalt, daß das Prinzip menschlicher Existenz Intentionalität ist. Will man den Menschen unter dem Aspekt seiner Essentialität verstehen, dann muß man seine hauptsächlichen Lebensziele kennen und verstanden haben. Mit ihnen verbindet er den Sinn seines Lebens. Fragt man Menschen nach dem Sinn ihres Lebens, so „nennen sie in erster Linie entweder aktuelle Umstände[36], die für sie einen hohen Wert besitzen (z.B. Freunde oder eine Familie zu haben) oder in der Zukunft liegenden Ziele … Es besteht kein Zweifel daran, daß nicht nur aktuelle angeborene Bedürfnisse Sollwerte des Handelns vorgeben, sondern Menschen sich auch an langfristigen Zielen orientieren …“[37] Entscheidend ist, daß es sich um Ziele handelt, die man für sehr wertvoll hält und die zu erreichen nur durch nachhaltige Anstrengung möglich ist. Becker spricht in diesem Zusammenhang auch von Projekten hoher und höchster Priorität. Sich mit einem Partner des anderen Geschlechts zu verbinden, eine Familie zu gründen, einen anspruchsvollen Be-

---

36 Unter den hier gemeinten aktuellen Umständen sind Ziele gemeint, die man bereits erreicht hat.

37 A.a.O., S. 116.

ruf zu erstreben, Kinder in die Welt zu setzen und optimal aufzuziehen wären Beispiele für Projekte dieser Art. Wie wichtig solche Projekte sind, ist unschwer zu erkennen. Das vorübergehende Fehlen eines derartigen Projekts wird mit derjenigen psychischen Mißbefindlichkeit beantwortet, die V. Frankl existentielle Frustration nennt. Die Annahme, man sei prinzipiell unfähig, persönlich bedeutsame Sinn-Ziele zu erreichen, wird mit noogener Depression beantwortet.

„Langfristige Ziele sind einerseits in angeborenen Bedürfnissen und andererseits in übergeordneten (erworbenen) sozialen Normen und Werten verankert. Sie werden angesteuert, weil sie sich subjektiv als geeignet erweisen, wichtige Bedürfnisse zu befriedigen und verinnerlichten sozialen Normen und Werten zu entsprechen. Sie verleihen dem Handeln zugleich eine übergeordnete Orientierung."[38] Außerdem sind langfristige Ziele nicht unmittelbar zu erreichen, vielmehr nur über Umwege und unter der Bedingung, daß das Subjekt bereit ist, sich einstellende Widerstände zu brechen. Dieser Sachverhalt setzt auf der Seite der zielverfolgenden Person ein differenziertes Vertrauen voraus. Nämlich Vertrauen in die je eigenen Fähigkeiten. Vertrauen in andere Menschen. Vertrauen in die Zukunft überhaupt.[39]

Nun sind Ziele allerdings nicht nur positiv besetzt. Sie können auch negativ besetzt sein. Man spricht dann von Vermeidungszielen. Wenn Menschen nicht wollen, daß sie bestimmte Zustände der je eigenen Person, der Umwelt erleben, nicht wollen, daß sie bestimmte Formen der Interaktion erleben, dann

---

38 A.a.O., S. 118.

39 Entsprechend sind schwer depressive Menschen durch die sogenannte „negative Triade" gekennzeichnet: durch eine negative Sicht der je eigenen Person, der Mitmenschen und der Zukunft.

stehen sie unter dem Diktat von Vermeidungszielen. Im Zusammenhang der Psychotherapie ist die Unterscheidung von positiven Zielen und Vermeidungszielen deshalb so wichtig, weil der psychisch gestörte Mensch vorrangig unter der Herrschaft von Vermeidungsmotiven steht.

Unter Werten – das zweite wichtige Phänomen im Rahmen des Systems erworbener Sollwerte – versteht Becker „relativ stabile Überzeugungen über erwünschte Zustände oder Eigenschaften von Personen, Objekten und Lebensbedingungen."[40] Diese Definition ist sehr weit gefaßt. Die psychologische Reflexion könnte in diesem Zusammenhang an Präzision gewinnen, wenn sie sich auf die entsprechende philosophische Diskussion bezöge. N. Hartmann[41] beispielsweise versteht unter Werten Orientierungsleitlinien des Handelns und unterscheidet präzise zwischen Wertfundamenten, die dem Subjekt anhaften, Güterwerten, sittlichen Grundwerten und speziellen sittlichen Werten. Die dem Subjekt anhaftenden Wertfundamente[42] sind beispielsweise die Werte des Lebens, des Bewußtseins, der Tätigkeit, des Leidens, der Kraft, der Willensfreiheit. Es handelt sich um innere Güter. Güterwerte[43] im eigentlichen Sinne betreffen äußere Güter: z.B. den Wert des Daseins, der Situation, der Macht, des Glücks. Unter sittlichen Grundwerten[44] versteht Hartmann die Werte des Guten, des Edlen, der Fülle, der Reinheit. Und zu den

---

[40] A.a.O., S. 120. Da die Wertediskussion in mehreren Wissenschaftsfeldern geführt wird – in der Philosophie, Theologie, Politologie, Soziologie, Pädagogik z.B. – gibt es diesbezüglich keinen terminologischen Konsens.

[41] Vgl. dazu Hartmann, Ethik, Berlin, 1962.

[42] Vgl. dazu a.a.O., S. 340 ff.

[43] Vgl. dazu a.a.O., S. 361 ff.

[44] Vgl. dazu a.a.O., S. 369 ff.

speziellen sittlichen Werten[45] zählt er die Werte Gerechtigkeit, Weisheit, Tapferkeit, Nächstenliebe, Wahrhaftigkeit, Treue, Vertrauen, Fernstenliebe, persönliche Liebe zum Beispiel. Die Präzision der philosophischen Entfaltung der Wertproblematik könnte für die Präzisierung der psychologischen Diskussion genutzt werden.

Psychologisch wichtig ist die Einsicht, daß Wertvorstellungen doppelten Ursprungs sind. Entweder ergeben sie sich aus dem System angeborener Bedürfnisse im Zusammenspiel mit dem System angeborener Emotionen. Oder sie sind als Ergebnis sozialer Lernprozesse zu verstehen. Entstammen demnach dem System erworbener Sollwerte im Zusammenspiel mit dem System erworbener Emotionen. Im ersten Falle handelt es sich um Werte, die sich aus der menschlichen Natur ergeben. Sie sind für die moralische Existenz grundlegend, sind somit anthropologisch-ontologischer Art.[46] Im zweiten Falle handelt es sich um kulturspezifische Wertvorstellungen, die Becker als Resultat sozialer Lernprozesse interpretiert.[47]

---

[45] Vgl. dazu a.a.O., S. 416 ff.

[46] Beispiele, die P. Becker in diesem Zusammenhang anführt, sind: Gesundheit, Beachtung, Freundschaft, Liebe. Vgl. dazu P. Becker, a.a.O., S. 120 f.

[47] Beispiele, die P. Becker in diesem Zusammenhang anführt, sind: Reichtum, beruflicher Erfolg, Pflichterfüllung, Gehorsam, u.a. Vgl. dazu a.a.O., S. 121. „Erworbene soziale Werte betreffen das von einer Gesellschaft (bzw. Subgruppen der Gesellschaft) für wünschenswert Gehaltene. Sie nehmen in Gestalt von Idealen, Normen oder Rollenvorschriften Einfluß auf das Verhalten der Mitglieder einer Gesellschaft, indem sie (1) dem einzelnen Orientierung und Entscheidungshilfen geben, (2) sein Verhalten mehr oder weniger streng vorschreiben (‚normieren‘) und damit in Grenzen vorhersehbar machen.“ A.a.O., S. 121.

f. System erworbener Emotionen

Becker unterscheidet das System angeborener Emotionen vom System erworbener Emotionen. Letzteres setzt „ein fortgeschrittenes Stadium kognitiver und sozialer Reife bzw. Lernprozesse“[48] voraus. Das heißt: Parallel zur Entwicklung der Erkenntnisfähigkeit, zur Entwicklung sozialer Fähigkeiten und Erfahrungen stellen sich neue, differenzierte Gefühle ein. Ihre Hauptfunktion ist es, Ist-Sollwert-Diskrepanzen, die im Zusammenspiel des Systems erworbener Sollwerte und dem System kognitiver Strukturen[49] entstehen, spürbar zu machen und die Energie zur Überwindung der Diskrepanz zu liefern. Wie hat man sich das vorzustellen?

Das System erworbener Sollwerte zeigt an, welche Ziele ein Mensch hat. Das System kognitiver Strukturen zeigt an, was der Fall eines Menschen ist, also seine aktuelle Situation. Das System erworbener Emotionen aber läßt die Differenz zwischen demjenigen, was der Fall sein sollte, und demjenigen, was der Fall ist, spüren; handele es sich um eine gleichbleibende, sich erweiternde oder sich immer mehr verringernde Differenz. Erweitert sich die Differenz, wird der Betroffene mit Enttäuschung reagieren. Bleibt sie gleich, mit Ärger. Wird sie zügig geringer, mit Stolz oder gar einem Triumphgefühl. Das System erworbener Emotionen steht demzufolge ganz im Dienst des Systems erworbener Sollwerte: Es macht Ist-Sollwert-Vergleiche spürbar. Es motiviert, Ziele auch zu erreichen und liefert die notwendige Energie, Ziele auch gegen äußere und innere Widerstände durchzusetzen.

---

[48] A.a.O., S. 125.

[49] Vgl. dazu S. 254 ff.

Das folgende Schema zeigt mögliche Gefühle auf, die aus zwei unterschiedlichen Wahrnehmungsweisen resultieren.

Bezugspunkt	A	Wahrnehmung einer **negativen Diskrepanz** oder Diskrepanz-vergrößerung	B	Wahrnehmung einer **Diskrepanzverringerung** oder positiven Diskrepanz
auf **eigene** Person bezogen	A¹	Schuldgefühl Schamgefühl Enttäuschung Reue Pflichtgefühl	B¹	(Angenehme) Überraschung Erleichterung Flow Stolz Triumph
Auf **andere** Person bezogen	A²	Neid Eifersucht Enttäuschung Verachtung Haß Mitleid Scham Ressentiment	B²	(Angenehme) Überraschung Erleichterung Stolz Bewunderung Begeisterung Liebe

Vierfelder-Schema zur Einordnung ausgewählter erworbener Emotionen. Differenzierung nach dem Bezugspunkt sowie der Art der Diskrepanz(veränderung). P. Becker, a.a.O., S. 126.

Im ersten Fall (linke Spalte) geht es um die Wahrnehmung des Unterschieds zwischen dem, was der Fall ist, und demjenigen, was – in Korrespondenz zum je eigenen System erworbener Sollwerte – der Fall sein sollte.[50] Handelt es sich um eine Differenzerfahrung im Blick auf die je eigene Person, dann resultieren

[50] Vgl. dazu im obigen Schema A.

daraus möglicherweise die Gefühle von Schuld, Scham, Enttäuschung, Reue oder Pflichtgefühle.[51] Handelt es sich um eine Differenzerfahrung im Blick auf eine andere Person, dann resultieren daraus potentiell die Gefühle von Neid, Eifersucht, Enttäuschung, Verachtung, Haß, Mitleid, Scham oder Ressentiment.[52] Im zweiten Fall (rechte Spalte) geht es um die Wahrnehmung der schrittweisen oder völligen Überwindung der Differenz, zwischen dem, was – in Korrespondenz zum je eigenen System erworbener Sollwerte – der Fall sein sollte, und was der Fall ist.[53] Das heißt: Der Mensch erreicht, was er will bzw. soll. Dieses Erreichen spiegelt sich ebenfalls emotional und zwar positiv. Erreicht er etwas im Blick auf die je eigene Person, dann ergeben sich daraus u.U. die Gefühle der Überraschung, der Erleichterung, des Flow, des Stolzes oder des Triumphs.[54] Erreicht er etwas im Blick auf eine andere Person, dann folgen daraus u.U. wiederum die Gefühle der Überraschung und der Erleichterung, ggf. aber auch die Gefühle von Stolz, Bewunderung, Begeisterung oder Liebe.[55] Entscheidend sind die Funktionen der Gefühle. Differenzerfahrungen werden emotional negativ beantwortet. Die negative Emotion impliziert als solche den Imperativ der Überwindung ihrer selbst. Da sie eine Differenzerfahrung emotional spiegelt, welche im System erworbener Sollwerte angelegt ist, zielt der besagte Imperativ natürlicherweise darauf, die negative Emotion dadurch zu überwinden, daß die im System erworbener Sollwerte auftretende Ist-Sollwert-Differenz überwunden

---

51 Vgl. dazu A¹.

52 Vgl. dazu A².

53 Vgl. dazu B.

54 Vgl. dazu B¹.

55 Vgl. dazu B².

wird.[56] Die Überwindung von Differenzerfahrung – man könnte von Differenzausgleichserfahrung sprechen – wird emotional positiv beantwortet. Positive Gefühle implizieren den Imperativ der Erhaltung und Wiederholung ihrer selbst. Da sie eine Differenzausgleichserfahrung spiegeln, welche ihren Ursprung im System erworbener Sollwerte hat, zielt der besagte Imperativ natürlicherweise darauf, die positive Emotion dadurch zu erreichen, daß die im System erworbener Sollwerte zu ermöglichende Ausgleichserfahrung angeregt wird. Das aber heißt: Der psychisch gesunde Mensch will nicht einfach sich gut fühlen, er will einen Grund, sich gut zu fühlen. Der Grund aber liegt jeweils in der Überwindung der Differenz von Sein und Sollen.

Es ist hier nicht der Ort, die angeführten Gefühle zu beschreiben und voneinander zu differenzieren.[57] Hier soll vielmehr noch einiges über Funktionen und Effekte von Emotionen ausgeführt werden.

– Ganz ohne Zweifel haben Emotionen adaptive Funktionen. Sie bewegen das Subjekt, die Ist-Werte den Soll-Werten anzupassen. Soll heißen: Sie motivieren den Menschen, die Ziele, die er hat, auch zu verwirklichen.
– Außerdem haben Emotionen energetische Funktion, ein Aspekt, der in der Psychologie nicht selten vernachlässigt wurde. Ziele zu verwirklichen bedeutet immer auch, äußere und innere Umstände, die der Zielverwirklichung entgegenstehen,

[56] Diese Einsicht ist in psychohygienischer Perspektive von besonderer Bedeutung. Sie gebietet, negative Emotionen dort zu überwinden, wo sie ihren Ursprung haben: nämlich in der Differenzerfahrung von Sein und Sollen. Sie verbietet, negative Emotionen in sich zu überwinden: durch Verdrängung z.B., Betäubung, Rauschgift oder Alkohol usf.

[57] Vgl. dazu a.a.O., S. 126-131.

zu überwinden. Dazu bedarf es der Energie. Die Emotionen sind es, die die entsprechende Vitalität liefern.

– Extreme Emotionen gehen allerdings ihrer adaptiven Funktion verlustig. Explosivreaktionen im Sinne von Affekthandlungen haben die Funktion der innerpsychischen Entlastung. In diesem Falle wird eine äußere Realität als unerträglich erlebt. Der Betroffene erlebt sich unter dem Eindruck einer überwältigenden Emotion zu einer Handlung gedrängt, die ihn zwar intrapsychisch kurzfristig entlastet, ihn aber im Blick auf seine gesamte Lebenssituation in große Schwierigkeiten bringt. Man denke an Kurzschlußhandlungen, Affektdelikte bis hin zum Liebes-Doppelsuizid.
– Nicht zu übersehen ist der Einfluß von Emotionen auf kognitive Prozesse. Emotionen lenken die Aufmerksamkeit auf bedeutsame Lebensprozesse. Sie aktivieren die Erinnerung.[58] Sie haben vielfältigen Einfluß auf die Denkprozesse bzgl. „Verlangsamung oder Beschleunigung; Auflösungsgrad; Rigidität und Zirkularität vs. Flexibilität; Sprunghaftigkeit; Rationalität vs. Irrationalität; Einengung der Zeitperspektive auf die Gegenwart, Vergangenheit oder Zukunft."[59]
– Darüber hinaus haben Emotionen innen- und außenorientierte Kommunikationsfunktion. Sie setzen das jeweilige Subjekt bzgl. seiner inneren Befindlichkeit in Kenntnis und sie setzen, sofern sie ausgedrückt werden, andere Personen über die je eigene Befindlichkeit in Kenntnis.

Im übrigen haben Psychologen vorrangig die Funktion negativer Emotionen thematisiert. Es ist jedoch nicht zu bestreiten,

---

[58] In ihren extremen Formen können sie auch zu Störungen der Erinnerung führen.

[59] A.a.O., S. 138.

daß positive Emotionen eine Fülle wichtiger Funktionen erfüllen. Folgende Wirkungen seien hier aufgeführt:

„– erhöhte Aktivierung,
– höhere eigene Energieeinschätzung,
– differentielle Aktivitätsförderung (Förderung von Aktivitäten, die dem Stimmungserhalt dienen),
– geringe Beschäftigung mit der eigenen Person und mit den Ursachen des eigenen Handelns und Erlebens,
– verstärkte Außen- bzw. Umweltorientierung,
– Förderung der Spendenbereitschaft und Hilfeleistung,
– vermehrte Kontaktbereitschaft,
– größere Bereitschaft zur Selbstenthüllung,
– größere Kooperationsbereitschaft in Verhandlungssituationen,
– Stimmungskongruenzeffekt des Gedächtnisses (besseres selektives Speichern und Erinnern stimmungskongruenter Informationen),
– Förderung eines intuitiv-ganzheitlichen Denkstils (im Gegensatz zu einem analytisch-sequentiellen Denkstil),
– Förderung der Kreativität,
– positivere Urteile über die eigene Person, über Handlungs- und Kontrollmöglichkeiten und Zukunftsperspektiven (d.h. größerer Optimismus).“[60]

g. System kognitiver Strukturen

Dieses System kann man unter formalem und inhaltlichem Aspekt aufschlüsseln. Unter formalem Aspekt stellt sich das System

---

[60] A.a.O., S. 137.

kognitiver Strukturen als Gedächtnis dar. Unter materialem Aspekt als Realitätstheorie. Hätte der Mensch kein Gedächtnis, wären seine Chancen, sich in der Welt zu behaupten, wesentlich geringer. Er wäre der aktuellen Situation völlig ausgeliefert. Er könnte sie nur im Mittel angeborener Reflexe oder nach dem Prinzip von Versuch und Irrtum zu bewältigen unternehmen. Über ein differenziertes Gedächtnis zu verfügen bedeutet, zu beidem freigesetzt zu sein: zu Erinnerung und Planung. Der Mensch kann sich vergangener Erfahrungen erinnern; zum Beispiel vergangener Situationen und seiner Weisen, sie zu bewältigen. Das aber heißt: Er kann aus der Vergangenheit lernen. Und er kann seine Zukunft innerlich vorwegnehmen. Die Speicherung von Fakten ist die Grundfunktion des Gedächtnisses. Dabei kann man das episodische vom semantischen Gedächtnis unterscheiden. „Das episodische Gedächtnis speichert autobiographische Informationen, d.h. Erlebnisse und Erfahrungen einer Person in einer konkreten Situation und zu einem konkreten Zeitpunkt."[61] Es hat anschaulich-bildhaften Charakter. Im Gegenüber dazu umfaßt das semantische Gedächtnis die Wissensbestände, über die ein Mensch verfügt. Es handelt sich um zeichengestütztes, also um begrifflich-sprachliches Wissen.

Nun werden sowohl die sprachlichen als auch die bildhaften Inhalte des Gedächtnisses nicht willkürlich aneinandergereiht, vielmehr bedeutungsvoll organisiert. Und dies mit dem Ziel, eine tragfähige Theorie von der Wirklichkeit auszubilden. Jeder Mensch bildet eine derartige Theorie aus. Und indem er das tut, bildet er innerlich ab, was er draußen und drinnen von der Welt zu wissen meint. „Wir brauchen eine solche Theorie, um unserer Welt Sinn zu verleihen, genau wie der Wissenschaftler seine

---

[61] A.a.O., S. 141.

Theorie braucht, um seinen begrenzten Informationsschatz interpretieren und verstehen zu können."[62] Die innenorientierte Realitätstheorie nennt man das Selbstmodell eines Menschen, die außenorientierte Realitätstheorie das einen Menschen kennzeichnende Umweltmodell, das er sich im Laufe seines Lebens erarbeitet hat. Sicher ist, daß sich Selbstmodell und Weltmodell wechselseitig beeinflussen. Fest steht auch, daß das Subjekt jede Erschütterung seiner Realitätstheorie zu vermeiden sucht und faktische Erschütterungen äußerst bedrohlich erlebt. Sowohl im Umweltmodell als auch im Selbstmodell ist Wissen gespeichert. Es handelt sich im Falle des Umweltmodells um Wissen, wie die Umwelt gegliedert ist und wie sie funktioniert. Dieses Wissen kann sowohl die Form kognitiver Landkarten als auch die Form bildlicher Vorstellungen haben. Es ist die Grundlage des Denkens, Wahrnehmens und Erinnerns. Im Falle des Selbstmodells handelt es sich um Wissen, welches die je eigene Person betrifft. Es ist Ergebnis von Selbstreflexion. Kommt im Umweltmodell die Erfahrung des Subjekts mit der transsubjektiven Welt zum Bewußtsein, so kommt im Selbstmodell die Erfahrung des Subjekts mit sich selbst, also mit seiner intrasubjektiven Welt zur Kenntnis. Das Wissen um die je eigenen Fähigkeiten und Eigenschaften zählt ebenso zum Selbstmodell wie das Wissen um die Dimensionen der je eigenen Identität, handle es sich um berufliche, geschlechtliche, politische, religiöse Identität oder Identität, welche sich aus dem Lebensstil einer Person herausgebildet hat. Das Bewußtsein spezifischer Identitäten als konstitutives Merkmal des Selbstmodells verweist auf das Zusammenspiel von Selbstmodell und Weltmodell. Denn nur in der Interaktion von Selbst und Welt schält sich die je eigene Identität heraus. Im üb-

[62] Ebd.

rigen ist davon auszugehen, daß der Mensch im Rahmen seines Selbstmodells nicht nur über Wissen bzgl. dessen verfügt, was der Fall seiner Subjektivität ist, vielmehr potentiell auch über Wissen um das, was der Fall seines Lebens sein sollte. Wie wir an anderer Stelle in Anlehnung an die Philosophie Ortega y Gassets ausgeführt haben[63], ist der Mensch in der Tiefe seiner selbst Entwurf. Sinn menschlicher Existenz ist es, diesen Entwurf, welcher den Menschen in seiner Essentialität zeigt, in der konkreten Lebensgestaltung wirklich werden zu lassen. Wollte man diesen Entwurf im hier rekonstruierten Systemmodell des Menschen plazieren, dann müßte man sagen: Im System kognitiver Strukturen hat er seinen Ort. Ist dem aber so, dann ist dieses System nicht allein als Informationssystem zu begreifen, vielmehr auch als Sollwertgeber.

h. System kognitiver Operationen

Das System kognitiver Strukturen spielt unmittelbar mit dem nun darzustellenden System kognitiver Operationen zusammen. Und zwar so, daß ein gemeinsames System entsteht. Dieses nennt Becker: Simulator. Es handelt sich um ein intrapsychisches System, welches geeignet ist, äußere und innere Sachverhalte figural, numerisch oder verbal „nachzuahmen". Es handelt sich demzufolge um eine Tätigkeit des Menschen, welche sich im Innenraum des Subjekts (intrapsychisch) ereignet. Die Mittel des diesbezüglichen Nachahmens sind das Wort (verbaler Aspekt), die Zahl (numerischer Aspekt) und das Bild (figuraler Aspekt). Die gemeinte Tätigkeit ist dasjenige, was man *Denken* im

---

[63] Vgl. dazu S. 66 ff.

weitesten Sinne des Wortes nennt. „Dies kann in unterschiedlicher Form geschehen: als Erinnern, Vorausschauen, Planen, Entscheiden, Problemlösen oder Urteilen."[64] Entscheidend ist nun, daß ein mit einem „Simulator" ausgestattetes Lebewesen die Möglichkeit zum „internen Probehandeln"[65] hat. Bevor es ein Projekt in der Außenwelt realisiert, kann es das Projekt in der Innenwelt unter verschiedenen Aspekten konstruieren. Es kann bedenken, welche Voraussetzungen gegeben sein müssen, damit ein Projekt zustande kommt. Wie es verwirklicht werden soll. Was man damit erreichen will. Welche Folgen es nach sich zieht. Die mit einem Projekt verbundenen Chancen können vorweggenommen werden. Die mit einem Projekt verbundenen Gefahren können gefahrlos durchgespielt werden. Aufs Ganze gesehen erhöht sich die Chance eines mit einem Simulator ausgestatteten Lebewesens, sich in der Welt erfolgreich durchzusetzen.

Dennoch ist zu berücksichtigen, daß der Rückgriff auf den Simulator auch mit Nachteilen verbunden sein kann. Immer wenn Menschen in Situationen geraten, in denen schnell entschieden werden muß, ist die zeit- und energieraubende Simulation kontraproduktiv. Spontanes Verhalten wäre günstiger. Das zum einen. Zum andern kann sich die Simulation negativ auswirken, sofern eine Person die innere Vergegenwärtigung einer künftigen Situation vorwiegend negativ erlebt, d.h. im Zuge der Simulation nichts als „Mißerfolge, Verluste, Demütigungen oder unüberwindliche Schwierigkeiten"[66] vorwegnimmt: untrügliches Kennzeichen depressiver Personen. Eine vitale Person zeichnet sich dadurch aus, daß sie den Simulator zu utopischen Antizipa-

---

[64] P. Becker, a.a.O., S. 146.
[65] Vgl. dazu a.a.O., S. 146 f.
[66] A.a.O., S. 148.

tionen, nicht zu illusionären nutzt. Unter Antizipation versteht man die innere Vorwegnahme einer Situation, die im Vergleich mit der je aktuellen Situation den größeren Wert hat. Konkret: Ich denke mir mein Leben anders als es ist: besser, schöner, reizvoller. Utopisch ist die Antizipation, sofern dasjenige, was sie vorwegnimmt, zwar noch keinen (u) Ort (topos) in der Welt hat, aber sinnvollerweise einen Ort in der Welt haben sollte und auch könnte. Illusionär ist eine Antizipation, sofern das in ihr Vorweggenommene niemals wirklich werden wird, eben weil es nicht wirklich werden kann. Das Prinzip der Illusion ist Täuschung. Der einer Illusion Verfallene kann sich dabei in zweierlei Hinsicht täuschen. Er kann wunderbare Möglichkeiten antizipieren, die keinen Anhalt an der Realität haben. Er kann aber auch die Neigung entwickeln, immerzu verheerende Möglichkeiten zu antizipieren, die ebensowenig Anhalt an der Realität haben. In beiden Fällen nimmt er die Realität, welche eine Fülle von Möglichkeiten birgt, in verzerrter Weise wahr. Wünschenswert ist der realitätsgerechte Durchblick. Es kommt darauf an, die Wirklichkeit auf die wirklichen Möglichkeiten hin zu durchschauen und, sofern sie sinnvoll sind, zu antizipieren. Und dies, ohne die Tendenz zu überzogenem Optimismus, aber auch ohne die Tendenz zur Schwarzseherei.

i. Die Steuerungszentrale

Die acht postulierten psychischen Subsysteme stehen nicht nur untereinander in Kontakt, werden vielmehr von einer Mitte her gesteuert. Diese Steuerungszentrale, welche Freud im Rahmen seines Instanzenmodells mit dem Kürzel „Ich“ versah, kann unter drei Perspektiven dargestellt werden: Man kann nach der

Funktion der Steuerungszentrale fragen. Nach ihren Aufgaben. Nach ihren Prinzipien.

Becker rekonstruiert drei Funktionen, welche er in den Kategorien der Aufmerksamkeit, der Informationsregelung und der Delegation auf den Begriff bringt. Die Aufmerksamkeit auf Phänomene der Außen- oder Innenwelt zu richten, die Informationsströme zwischen den Teilsystemen zu kanalisieren und Aufgaben an Teilsysteme zu übertragen zählt demzufolge zu den formalen Grundverrichtungen der Steuerungszentrale. Wie die Abbildung des hypothetischen Systemmodells des Menschen zeigt, sind zwischen der Steuerungszentrale[67] und den acht Subsystemen schraffierte Rechtecke eingefügt. Sie markieren „Informationsregler", welche die Aufgabe haben, den Fluß der Informationen zu fördern oder zu hemmen.[68] Alle drei Funktionen – Aufmerksamkeit, Informationsregelung, Delegation – sind an folgendem Beispiel aufweisbar: Man stelle sich einen Menschen vor, der hochkonzentriert ein philosophisches Problem durchdenkt. Er richtet seine Aufmerksamkeit auf den problematischen Sachverhalt. Fokussiert ihn gleichsam. Um die Fokussierung nicht zu stören, wird er den Informationsfluß zwischen dem System angeborener Bedürfnisse und der Steuerungszentrale einerseits und dem perzeptorischen System und der Steuerungszentrale andererseits minimieren. Denn: Die Wahrnehmung menschlicher Grundbedürfnisse muß für die Zeit des Denkens ebenso zurückgestellt werden wie die Wahrnehmung sinnlicher Eindrücke. Andererseits wird der Fluß der Informationen zwi-

---

[67] Vgl. S. 232.

[68] In einer früheren Veröffentlichung sprach Becker von „Filtern". Vgl. dazu P. Becker, Psychologie der seelischen Gesundheit Bd. 2, Göttingen 1986, S. 72.

schen dem Simulator und der Steuerungszentrale maximiert, und die Lösung der Aufgabe, nämlich Bewältigung eines philosophischen Problems, an den Simulator delegiert.[69] Das zum einen.

Zum andern unterscheidet Becker die Funktionen der Steuerungszentrale von ihren Aufgaben. Die erste, fundamentale und permanent zu erfüllende Aufgabe besteht in der allgemeinen Orientierung; und zwar im Sinne räumlicher Orientierung[70] und existentieller Orientierung. Räumliche Orientierung ist auf den Ort bezogen, an dem ich bin. Existentielle Orientierung auf die Situation bezogen, mit der ich verbunden bin. Die Verbindung zeigt sich in der Weise, welche Bedeutung, welchen Sinn ich einer Situation zuschreibe oder welchen Aufforderungscharakter ich in der jeweiligen Situation entdecke.[71] Das heißt: Existentielle Orientierung ereignet sich, sofern ich nach der Bedeutung der jeweiligen Lebenssituation frage und entdecke, wozu mich die jeweilige Situation herausfordert, was sie mir abverlangt. Diese Aufgabe wird vorrangig unter Beanspruchung des Systems kognitiver Strukturen und des perzeptorischen Systems gelöst. Ohne

---

69 Und natürlich gibt es verschiedene Formen der Aufmerksamkeit. Der fokussierten Aufmerksamkeit steht die verteilte Aufmerksamkeit gegenüber, „bei der Informationen aus verschiedenen Sinneskanälen in etwa gleichwertig behandelt und weitergeleitet … werden …" P. Becker, a.a.O., S. 153. Der umweltfokussierten Aufmerksamkeit steht die selbstfokussierte Aufmerksamkeit gegenüber. Vgl. dazu a.a.O., S. 154.

70 Wahrscheinlich wäre es richtiger, von einer räumlichen und zeitlichen oder einer raum-zeitlichen Orientierung zu handeln.

71 Ob existentielle Orientierung eher auf einem konstruktiven Prozeß im Sinne von Zuschreibung oder eher auf einem rekonstruktiven Prozeß im Sinne von Entdeckung beruht, ist umstritten. Im ersten Falle verleiht das Subjekt der Situation einen bestimmten Sinn. Im zweiten Falle entdeckt das Subjekt in der Situation einen bestimmten Sinn.

existentielle Orientierung ist zielgerichtetes Handeln nicht möglich.

Die zweite Aufgabe der Steuerungszentrale ist die Zielbildung. Das Prinzip der Seele ist, wie gesagt, Intentionalität. Die besondere Gestalt eines Lebens hängt an den Zielen, die sich ein Mensch setzt. Sag mir, was du mit dem Material deines Lebens vorhast, und ich sage dir, wer du bist. Die situationsorientierte Zuschreibung von Bedeutung bzw. die Entdeckung der Aufforderung, welche eine Situation an mich richtet, sind pauschaler Natur. Die angesprochene Zielbildung ist spezifischer Natur. Es handelt sich um individuelle Projekte hoher und höchster Priorität. Sie werden als Projekte hoher und höchster Priorität erlebt, weil der Betreffende sie als höchst sinnvoll erlebt.[72] Klassische Beispiele wären, wie gesagt, die Partnerwahl, die Berufswahl.

Natürlich genügt es nicht, sich Ziele zu setzen. Sie sollen auch verwirklicht werden. Entsprechend stellt sich die dritte Aufgabe der Steuerungszentrale dar, nämlich: „Suche nach und Planung von Maßnahmen im ‚Simulator', die Festlegung auf eine bestimmte Handlung … und die volitionale Abschirmung dieser Handlung gegenüber konkurrierenden motivationalen Vorlieben …"[73] Und natürlich muß dem die konkrete Ausführung der geplanten Maßnahmen und u.U. auch die Überprüfung der Ausführung bzgl. ihrer Wirksamkeit folgen. Die letzte Grundaufgabe der Steuerungszentrale.

---

[72] Im Rahmen der Zielbildung greift die Steuerungszentrale natürlich auf all diejenigen Systeme zurück, die als Sollwertgeber fungieren: auf das System angeborener Bedürfnisse, das System erworbener Sollwerte, das System kognitiver Strukturen vorrangig.

[73] A.a.O., S. 156.

Zum dritten geht Becker der Frage nach, ob es allgemeine Prinzipien gäbe, „nach denen die ‚Zentrale' ihren Aufgaben gerecht zu werden versucht ...“[74] Er benennt einige, gibt jedoch zu bedenken, daß die in diesem Zusammenhang formulierten Erkenntnisse noch sehr fragmentarisch seien.

Prinzip Nummer eins[75] betrifft die Befriedigung physiologischer Bedürfnisse, also die Bedürfnisse, ausreichend Sauerstoff, Nahrung, Flüssigkeit, Schlaf zu erhalten und Situationen zu meiden, in denen das je eigene biologische Leben in Gefahr gerät. Die Zentrale räumt der Befriedigung dieser Bedürfnisse unter normalen Umständen absoluten Vorrang ein. Dennoch ist nicht zu übersehen, daß Menschen unter bestimmten Bedingungen ihr physisches Leben aufs Spiel setzen zugunsten eines Wertes, der ihnen höher erscheint als ihr Leben.

Prinzip Nummer zwei betrifft das Verhalten im Einklang mit der Realitätstheorie. Dieses Prinzip ist von herausragender Bedeutung und bezieht sich wiederum auf das zentrale Bedürfnis des Menschen nach Orientierung. Seinem Selbst- und Weltbild, den beiden Säulen der Realitätstheorie, liegt ein Wissen zugrunde, wozu ein Mensch da ist, was – logotherapeutisch gesprochen – der Sinn seines Lebens ist. Ihn zu entdecken und die Kompetenz zu entwickeln, ihn zu realisieren, markiert das zentrale Interesse menschlicher Existenz.

Prinzip Nummer drei bezieht sich auf unlustreduzierende Maßnahmen. Vorausgesetzt wird in diesem Zusammenhang, daß lang anhaltende negative Emotionen wie Angst, Scham, Schuldgefühl, Depressionsgefühle oder Ärger schlecht auszuhalten sind. Aus diesem Grunde wird die Steuerungszentrale in der Re-

---

[74] A.a.O., S. 160.

[75] Vgl. zu den sechs Prinzipien a.a.O., S. 160–164.

gel dafür Sorge tragen, daß sie entweder vermieden, reduziert oder aufgehoben werden. Dabei macht es natürlich einen Unterschied, ob die entsprechenden Maßnahmen emotionsorientiert oder problemorientiert sind. Im ersten Falle handelt die Person palliativ, d.h. sie überdeckt das negative Gefühl physiologisch – mit Alkohol, Drogen oder Medikamenten – oder – psychologisch durch Leugnung, Verdrängung und andere Weisen der Realitätsverzerrung. Im zweiten Falle unternimmt die betreffende Person den Versuch, das negative Emotionen hervorrufende Problem zu lösen. Treten sehr nachhaltige negative Emotionen auf, besteht immer die Gefahr, daß die Zentrale Primitivreaktionen freigibt, um zu einer emotionalen Entlastung zu kommen; z.B. in Form von Wut- und Aggressionsausbrüchen, Weinkrämpfen oder Panikreaktionen. Der Mensch ist kein ausschließlich rationales Wesen.

Im Zusammenhang des vierten Prinzips wird der Vorrang automatisierter Strategien behauptet. Die Verhaltensökonomie gebietet es, daß die Zentrale bestimmte Situationen dadurch zu bewältigen unternimmt, daß sie auf bewährte Verhaltensmuster zurückgreift. Vor allem dann, wenn das Subjekt unter Zeitdruck steht. Es handelt sich im Prinzip um ein schemaorientiertes Verhalten.[76] Dies schließt jedoch nicht aus, daß der Mensch sich lernend weiterentwickelt. Vor allem dann, wenn die Korrespondenz von Situation und schemaorientiertem Verhaltensablauf zerbricht; d.h. eine Situation nicht mehr optimal bewältigt wird. Im übrigen geht Becker in Übereinstimmung mit S. Freud davon aus, daß die meisten psychischen Prozesse unbewußt oder vorbewußt verlaufen.

---

[76] Vgl. zum Begriff des Schemas S. 172.

5. Die Bedeutung des Systemmodells von P. Becker für das philosophisch-therapeutische Gespräch

Leben heißt umgehen. Am Umgang hängt, ob Leben glückt oder verunglückt. Es handelt sich um einen doppelten Umgang: um den Umgang mit sich und um den Umgang mit der Welt. Beide Formen des Umgangs sind aufeinander verwiesen. Der Umgang mit sich auf den Umgang mit der Welt und umgekehrt. Optimaler Umgang mit sich selbst zeigt sich als Selbst-Kompetenz. Optimaler Umgang mit der Welt als soziale Kompetenz. Auch diese Kompetenzen sind voneinander abhängig. Selbst-Kompetenz ist Voraussetzung für soziale Kompetenz. Und soziale Kompetenz kann sich nur auf der Basis von Selbst-Kompetenz entwickeln. Will der Mensch sein Leben optimal führen, dann wird er es lernen müssen, beidem zu genügen: den Anforderungen von außen und den Anforderungen von innen; und dies in ihrer wechselseitigen Verwiesenheit.

Worin liegt nun die Bedeutung des dargestellten Systemmodells für das philosophisch-therapeutische Gespräch? Ganz offensichtlich eröffnet dieses Modell zunächst die Möglichkeit, prägnant zu sagen, was es heißt, mit sich umzugehen. Das zum einen. Und was es heißt, mit einem anderen umzugehen. Das zum andern. Man stelle sich nur zwei Systemmodelle nebeneinander vor und frage sich, was es bedeutet, wenn beide miteinander kommunizieren und so in eine Wechselbeziehung treten. Geht man nun davon aus, daß optimale Außenkommunikation optimale Innenkommunikation voraussetzt, dann ergibt sich zunächst die Frage, was es heißt, bestmöglich mit sich selbst umzugehen. Und welche Voraussetzungen dazu erfüllt sein müssen. Ganz offensichtlich muß man sich selbst kennen, um optimal mit sich selbst umzugehen. Eine unabdingbare Voraussetzung. Um die je eigene Psyche jedoch wahrzunehmen, bedarf es eines Strukturmodells, das einen instandsetzt, Teilphänomene der psychisch-geistigen Organisation, ihre Unterschiedenheit, ihr Zusammenwirken und ihr Zentrum zu erkennen. Die Auflistung der acht Teilsysteme und ihres Zusammenwirkens unter der Führung der Steuerungszentrale eröffnet jedem die Möglichkeit, die entsprechenden psychischen Phänomene bei sich selbst zu entdecken und sie in ihrer individuellen Ausformung wahrzunehmen. Der berühmte Imperativ „erkenne dich selbst" würde im Blick auf das vorliegende Systemmodell des Menschen dies bedeuten: die einzelnen Teilsysteme als Phänomene der je eigenen Psyche unter dem Aspekt ihres einfachen Gegebenseins zu entdecken; also beispielsweise zu entdecken, daß so etwas wie ein System erworbener Sollwerte oder ein System kognitiver Strukturen Teile meiner psychisch-geistigen Organisation sind. Um sodann zu entdecken, daß zur formalen Gemeinsamkeit die materiale Unterschiedenheit kommt. Meine Ziele sind andere als die Ziele der anderen. Meine Art zu denken ist eine besondere Art.

Um den Patienten einen differenzierten Selbstbezug zu ermöglichen, könnte sich das therapeutisch-philosophische Gespräch zunächst auf einer rein formalen und erst danach in einer materialen Ebene bewegen. Um sich selbst kennenzulernen, ist es zunächst nötig, sich seiner Personmitte und ihrer Funktionen bewußt zu werden. Sodann ist es nötig, zu erkennen, wie das je eigene Ich in seiner Funktion als Steuerungszentrale beschaffen ist. Ob es z.B. den Anforderungen der Tenazität und Flexibilität genügt, also in der Lage ist, zäh an einem Ziel festzuhalten, sofern es realistisch ist, und es abzuwandeln oder auch aufzugeben, sofern es illusionär ist.

In Bezug auf die beiden Systeme der angeborenen Bedürfnisse und der angeborenen Sollwerte (1/5) ist es zunächst nötig, zu erkennen, daß Psyche durch Intentionen bestimmt wird. Durch

Intentionen, die jeden Menschen mit allen anderen Menschen verbinden aufgrund einer gleichbleibenden Bedürfnisstruktur. Aber auch durch Ziele, die sich im Verlauf des jeweiligen Lebens herausgebildet haben. Und dies beispielsweise aufgrund verschiedener Vorstellungen von dem, was es heißt, ein glückliches Leben zu führen. Entscheidend ist im Blick auf beide Systeme, das System angeborener Bedürfnisse und das System erworbener Sollwerte, dies zu erkennen: Eine fundamentale Dimension der Psyche ist Intentionalität im Sinne von Zielorientiertheit.

In Bezug auf die beiden Systeme der angeborenen und erworbenen Emotionen (2/6) ist zunächst wichtig, zu erkennen, daß sie Differenzen fühlbar machen. Den Menschen motivieren, Differenzen zu überwinden und die immer notwendige Energie zur Differenzüberwindung liefern. Betroffen sind schmerzliche Differenzerfahrungen zwischen bedürfnisbefriedigenden Zielen und dem, was der Fall eines Lebens ist. Betroffen sind schmerzliche Differenzerfahrungen zwischen individuell-biographischen Zielen und dem, was der Fall eines Lebens ist. Betroffen ist im Gegensatz dazu aber auch lustvolle Erfahrung der Differenzüberwindung. Entscheidend ist im Blick auf beide Systeme, das System angeborener und erworbener Emotionen, dies zu erkennen: Eine weitere Dimension der Psyche ist die Emotionalität, welche ganz im Dienst der intentionalen Systeme steht. Und dies im Sinne von Differenzierung, Vitalisierung und Motivation.

Um sich in seiner jeweiligen psychischen Struktur formal und inhaltlich kennenzulernen, ist es auch nötig, sich des perzeptorischen Systems und des Systems kognitiver Strukturen (3/7) bewußt zu werden. Das Prinzip beider Systeme ist Wahrnehmung. Im ersten Falle handelt es sich um sinnliche Wahrnehmung. Im zweiten Falle um intelligible, also zeichengestützte Wahrnehmung. Im ersten Fall geht es um die sinnliche Erschließung der Welt im Mittel von Auge, Ohr, Geruch und Gespür[77], um sinnliche Informationsgewinnung und Informationsverarbeitung. Im zweiten Fall geht es um kognitive Informationsgewinnung und Informationsverarbeitung im Rückgriff auf das semantische und episodische Gedächtnis und um die Erschließung der Welt im Mittel der je eigenen Realitätstheorie. Dabei ist es gerade im Blick auf das philosophisch-therapeutische Gespräch besonders wichtig, ein Bewußtsein dieser Theorie, welches sich als Selbstverständnis und Weltverständnis darstellt, zu entwickeln. Denn das Bestehen des Lebens hängt vorrangig am Selbst- und Weltverständnis, das ein Mensch hat. Und es gehört zu den besonderen Möglichkeiten des Menschen, sich gründlich mißzuverstehen. Das im System kognitiver Strukturen gespeicherte Wissen über sich und die Welt hat ja nicht nur Daten und Fakten zum Inhalt. Dieses System hat vielmehr die Tendenz, alle Daten und Fakten sinnvoll zu ordnen. Und dies, um einen sinnvollen Zusammenhang zwischen der Fülle der Fakten mit dem Subjekt herzustellen. Der Zusammenhang aber ist hergestellt, sofern das Subjekt angesichts der Fülle der vorgegebenen und anheimgegebenen[78] Sachverhalte seine Bestimmung[79] entdeckt. Das entdeckt, wozu es sich in der ihm gegebenen Zeit sinnvollerweise verbrauchen will. An der Entdeckung der wahren Bestimmungen hängt das Glück. Entscheidend aber ist im Blick auf beide Systeme, das perzeptorische System und das System kognitiver

[77] Gemeint ist der haptische Sinn.

[78] Die vorgegebenen Sachverhalte betreffen die Welt draußen. Die anheimgegebenen Phänomene betreffen die innere Welt.

[79] Natürlich geht es hier vorrangig um das Zusammenspiel des Systems kognitiver Strukturen mit dem System erworbener Sollwerte.

Strukturen, dies zu erkennen: Perzeptivität im Sinne von sinnlicher und kognitiver Wahrnehmung[80] markiert eine weitere Grunddimension der Psyche.

Und natürlich kann niemand behaupten, sich wirklich zu kennen, sofern er über kein präzises Bewußtsein bzgl. seiner außen- und innenorientierten Aktivität verfügt. Prinzip der beiden letztlich zu erwähnenden Systeme, des effektorischen Systems und des Systems kognitiver Operationen (4/8), ist Aktivität. Im ersten Falle handelt es sich um außenorientierte Aktivität durch Bewegung und nach außen gerichtetes Sprechen. Um Bewegung im Zusammenhang von Arbeit, Sport, künstlerischer Aktivität und um das Ansprechen eines anderen. Im zweiten Falle handelt es sich um innenorientierte Aktivität in der Form von Denkprozessen im Mittel eines Sprechens, das sich auf der „inneren Bühne" ereignet. Wichtig ist allerdings nicht nur die Einsicht, daß wir außen- und innenorientiert handeln. Wichtig ist vor allem die Einsicht, wie wir mit anderen sprechen, wie wir mit uns selbst sprechen, wie wir auf der Bühne der Außenwelt agieren, wie wir uns auf der inneren Bühne verhalten. Denn sowohl die innenorientierten Aktionen in Form des Denkens und Probehandelns als auch die außenorientierten Aktionen können sinnvoll, weniger sinnvoll oder auch widersinnig sein. Entscheidend im Blick auf beide Systeme, das effektorische und das System kognitiver Operationen, ist jedoch die Einsicht: Aktivität ist ebenfalls eine fundamentale Dimension der Psyche.

Natürlich wird man im Gespräch mit dem Patienten nur selten in ausdrücklicher Form das hypothetische Systemmodell des Menschen zugrunde legen. Es dient vorrangig zur differenzierten Orientierung des Therapeuten. Aber die anthropologischen

---

[80] Gemeint ist vor allem die die Bestimmung entdeckende Intelligibilität.

Grundeinsichten, wie sie gerade herausgestellt wurden, können das philosophisch-therapeutische Gespräch leiten. Vor allem die Einsicht, daß sich menschliche Existenz vorrangig im Zusammenwirken folgender grundlegender Phänomene ereignet: der Intentionalität, Emotionalität, Perzeptivität und Aktivität. Demzufolge sind im Gespräch mit dem Patienten vier Fragestellungen von großer Bedeutung: Was willst du? Was fühlst du? Was nimmst du wahr? Was tust du?

Eine Fülle von Erkenntnissen kann der Patient über sich selbst gewinnen, sofern er diese Fragen an sich selbst stellt. Sich fragt, welche Ziele er verfolgt und ob sie es wert sind, verfolgt zu werden. Was ihn motiviert, diese Ziele zu verfolgen und was er damit bezweckt. Ob sie seinem ethischen Niveau und der Lebensepoche, in der er sich befindet, entsprechen. Sich fragt, welche Ziele er schon immer oder auch neuerdings verfolgen möchte, aber nicht – noch nicht – verfolgt. Nach den Gründen des Aufschubs forscht. Angesichts der knapper werdenden Zeit im Blick auf sein ganzes Leben nach der Dimension des ungelebten Lebens fragt und sich diesbezüglich Ziele setzt oder diesbezüglichen Verzicht übt in tapferer Resignation. Das philosophisch-therapeutische Gespräch sollte so geführt werden, daß der Patient freigesetzt wird, *sich* zu fragen. Dies kann natürlich so geschehen, daß der Therapeut im Horizont eines anthropologischen Modells Fragen an den Patienten richtet; und zwar so unmittelbar an ihn richtet, daß er die Frage zu seiner eigenen Frage macht.

„Was willst du?“ war die erste Frage. „Was fühlst du?“ die zweite. Ziele wollen nicht nur entdeckt, sie wollen auch verwirklicht sein. Fühle ich ihre Attraktivität so nachhaltig, daß ich sie zäh verfolge? Spüre ich den Schmerz der Differenz von Sein und Sollen und die vorweggenommene Lust der Überwindung dieser Differenz so deutlich, daß ich motiviert und vitalisiert bin, den

Weg zu gehen, der zum Ziel führt? Manchmal ist, wie V. Frankl einmal sinngemäß formuliert hat, das Gefühl feinfühliger als der Verstand scharfsinnig. Aus diesem Grunde könnte es sein, daß man auch über die Schiene des Gefühls an die Entdeckung der wahren Ziele gerät. Also an diejenigen Ziele, die sinnvollerweise ein Leben leiten sollten. Und dies im Horizont der Fragen: Welche Lebensereignisse waren mit hohen und höchsten, welche mit den negativsten Gefühlen verbunden? Vielleicht zeigen gerade Höhenerlebnisse den Weg, den man gehen sollte. Tiefenerlebnisse den Weg, der zwar unvermeidlich ist, weil man nur über die Tiefe zur Höhe gelangt, den man jedoch eines fremden Tages hinter sich lassen wird.

Die dritte Frage in diesem Kontext lautet: Was nimmst du wahr, sinnlich und kognitiv? Will ein Mensch etwas über sich selbst erfahren, will er sich der Art, wie er je jetzt da ist, bewußt werden, dann sollte er auf seine sinnliche Weise, die Welt wahrzunehmen, achten. Sich nicht nur fragen, was er sieht, vielmehr auch: wie er sieht. Sich nicht nur fragen, was er hört, vielmehr auch: wie er hört. Was sehen wir uns heute an, fragen wir? Und wonach wir da fragen, sind die Bilder und unendlichen Bilderfolgen, die uns zerstreuen sollen. Was hören wir uns heute an, fragen wir? Und wonach wir da fragen, sind die Klänge und Klangfolgen mit ihrem musikalischen Reiz. Die Folge und das Zusammenspiel sinnlicher Reize machen einen erheblichen Teil des je aktuellen Lebensgefühls aus. Das Leben in diesem Sinne als reiz-volles Leben[81] zu gestalten stellt nicht selten, vor allem in den reichen Gesellschaften, die zentrale Lebensdramaturgie dar. Genuß ist ihr Prinzip. Will man sich kennenlernen, wird man

---

[81] Vgl. dazu G. Schulze, Die Erlebnisgesellschaft – Kultursoziologie der Gegenwart, Frankfurt a. M. 1992.

sein Verhältnis zum Genuß klären müssen. Nicht nur, ob man überhaupt und in welcher Hinsicht man genußfähig ist, vielmehr auch, ob das Genießen einen angemessenen Raum im Leben eines Menschen hat. Genuß ist Kontrapunkt zur Sorge. Im Genuß entlastet sich der Mensch vom täglichen Sorgen. Und natürlich hat der Mensch Grund zur Sorge. Als Mikrokosmos spielen in seiner Existenz alle Dimensionen des Seins zusammen: das Anorganische, Organische, Psychische und Geistige. In all diesen Dimensionen kann er verunglücken. Körperlich, psychisch und auf der Schiene einer Lebensorientierung, die in den Tod verliebt ist. Verglichen mit allen anderen Lebewesen ist der Mensch dasjenige, dessen Unglück viele Gesichter zeigen kann. Der Mensch ist das „verunglückbarste" und so das bedürftigste Wesen. Aus diesem Grunde ist Sorge Grundmerkmal seiner Existenz. Um von der Sorge nicht zerfressen zu werden, muß der Mensch lernen, immer wieder von der Sorge zu lassen, indem er die Lüste lebt. Wenn es allerdings der Wahrheit entspricht, daß Lust nicht allein an sich wertvoll ist, vielmehr funktional aufs Sorgen bezogen erscheint, dann ergeben sich wichtige Fragen, die mit dem Patienten zu erörtern sich lohnt. Der Therapeut kann ihn anregen, sich so zu fragen: Kann es sein, daß mir die Sorge ums tägliche Leben Gewalt antut? Die Sorge um meine Gesundheit, um die Gesundheit der Menschen in meiner Nähe? Die Sorge um den Arbeitsplatz? Die Sorge ums Einkommen und Auskommen? Die tiefere Sorge, dem Leben überhaupt gerecht zu werden? Die Sorge, es nicht so zu führen, wie es geführt werden müßte, wenn es gelingen soll? Kann es sein, daß ich unter der Last der Sorge weitgehend genußunfähig geworden bin? Kann es sein, daß die Balance zwischen Sorge und Genuß in meinem Leben gestört ist: Ich sorge und sorge mich Tag und Nacht und blicke verständnislos auf die Menschen nebenan, die ihr Leben genießen, trotz allem.

Und natürlich kann die Balance auch in entgegengesetzter Richtung zerbrochen sein. Um dem Nagen der Sorge zu entgehen, wird der Wille zum Genuß zentraler Beweggrund des Lebens. Das Projekt des schönen Lebens tritt ins Zentrum des Interesses. Das Leben wird so arrangiert, daß es im Zuge möglichst vielfältigen Genießens zu einem einzigen Genuß wird. Genuß wird zum hauptsächlichen Lebensmotiv. Die Sorge, möglichst viel Lebenszeit genießend zu verbringen, wird zur Grundsorge. Menschen, die „alles haben", erliegen leicht der Versuchung, den Sinn ihres Lebens darin zu entdecken, ihr Leben in jeder Hinsicht so zu gestalten, daß es als „schönes Leben" genossen werden kann. Und Menschen, die kaum etwas haben, erliegen leicht der Versuchung, Tag und Nacht Lebens-Mittel zu beschaffen, in der irrigen Annahme, Genuß der Mittel führe zu einem erfüllten Leben. Das gut geführte philosophisch-therapeutische Gespräch wird den Patienten anleiten, einen entsprechenden Blick auf sein Leben zu werfen. Es gilt wahrzunehmen, ob die Balance zwischen Sorge und Genuß gehalten wird. Nur, wer sorgt und sich müht, wird wirklich genießen können. Und umgekehrt: Die nachhaltige Entlastung von der Sorge im Mittel differenzierten Genießens gibt Kraft, zu sorgen, ohne *sich* übermäßig zu sorgen.

Noch immer geht es um die Frage: Was nimmst du wahr, sinnlich und kognitiv?[82] Die Grundlage sinnlicher Wahrnehmung ist der Sinn. Die Grundlage kognitiver Wahrnehmung ist das Wort. Durchs Wort wird das, was ich sinnlich wahrnehme, kommunikabel. Ich sehe etwas. Es ist mir sinnlich bewußt. Erst wenn ich etwas benenne, habe ich es aus der Totalität der Welt

---

[82] Die Thematik ist natürlich auch unter dem Gesichtspunkt, daß das perzeptorische System und das System kognitiver Strukturen nicht nur erkannt, vielmehr auch „wachsen" soll, zu behandeln.

herausgeschnitten und zu einem Objekt gemacht, über das ich mich mit anderen verständigen kann. Das Grundinteresse menschlicher Existenz erschöpft sich jedoch nicht im Benennen. Man imaginiere einen Menschen, der tagaus tagein seine Zeit damit verbringt, alles, was ihm über die Kanäle seiner Sinne zugespült wird, einfach zu benennen. Eine absurde Existenz. Das Grundinteresse des Menschen besteht auch nicht darin, die Gründe zu benennen, weshalb das, was ist, ist. Oder die Ziele zu benennen, auf die hin dasjenige, was ist, sich entwickelt. Das Grundinteresse des Menschen besteht vielmehr darin, seinen Platz in der Welt zu finden. Sich in den Zusammenhang der Welt einzuordnen. Das heißt: Möglichkeiten zu entdecken und zu realisieren, sein je eigenes Leben im Zusammenhang der Welt sinn-voll zu führen. Die Entdeckung solcher Möglichkeiten ist nichts anderes als das, was Becker im Rahmen seines Modells als Ausbildung einer Realitätstheorie begreift. Dabei wirkt die vom Subjekt formulierte Realitätstheorie jeweils als Zusammenspiel von Selbstverständnis und Weltverständnis. Will ich mich in den Prozeß des Lebens sinnvoll einordnen, dann muß ich mich selbst verstehen angesichts der Weltverhältnisse. Und ich muß die Welt verstehen in ihrem Bezug zu mir. Ziel dieses doppelten Verstehensprozesses ist es, meine jeweilige Bestimmung in der Welt wahr-zunehmen. Theorie, im ursprünglichen Sinne, ist nichts anderes, als diesbezügliche Wahr-nehmung. Die Wahrheit dieser Wahrnehmung muß sich allerdings noch erweisen. Jede Theorie impliziert ein hypothetisches Element: ein Element der Wahrscheinlichkeit, aber auch ein Element der Unsicherheit. Die Bestimmung, welche man als wahre Bestimmung erkannt hat, muß sich bewähren. In der bestimmungsgeleiteten Führung des Lebens wird sich die Wahrheit der vermuteten Bestimmung herausstellen.

Damit geraten wir an die letzte Frage: Was tust du? Will sich der Mensch erkennen, dann wird er einen ungetrübten Blick auf seine äußeren und inneren Handlungen werfen müssen. Ziele zu haben, Gefühle zu leben, Wahrnehmungen zu machen ist eine Sache. Die konkrete innen- und außenorientierte Lebensgestaltung sollte im Prinzip keine andere Sache sein. Selbst-Integration zeigt sich vielmehr darin, daß die Fundamentaldimensionen der Psyche – Intentionalität, Emotionalität, Perzeptivität und Aktivität – zusammenwirken und zusammenstimmen. In dieser Hinsicht könnte sich das philosophisch-therapeutische Gespräch als Anleitung zur möglichst unverstellten Wahrnehmung, was der Fall einer Lebensgestaltung ist, darstellen. Einfache Fragen sind es, die sich der Patient in diesem Zusammenhang stellen könnte. Wie gestalte ich die mir anvertraute Zeit tatsächlich? Den Tag, den Sonntag, den Frühling und die anderen Zeiten, das Jahr? Welchen Zeit-Raum nehmen die äußeren Handlungen in meinem Leben ein: das Arbeiten, das Sporttreiben, die künstlerischen Tätigkeiten und das, was ich anderen sage. Und vor allem: Hat meine außenorientierte Aktivität Substanz? Soll heißen: Ist sie wertvoll? Voller Wert, weil sie zur Erhaltung, Förderung, Steigerung, vielleicht sogar etwas zur Erfüllung des je eigenen und fremden Lebens beiträgt? Welchen Zeit-Raum nehmen die inneren Handlungen ein: das Denken in all seinen Varianten, in der Form der Erinnerung, der Meditation, der Planung. In der Form des Erkennens, des Beurteilens, des Entscheidens, des Probehandelns und der Problemlösung. Und vor allem: Hat meine innengerichtete Aktivität Substanz? Soll heißen: Ist sie wertvoll? Voller Wert deshalb, weil sie sich immer wieder als Prozeß der Klärung ereignet, der zur Klarheit führt. Zur Klarheit darüber, welche Gestalt das Drama meines Lebens annehmen soll. Zur Klarheit darüber, was in diesem Leben letztlich trägt, also dann, wenn nichts mehr trägt. Zur Klarheit darüber, wofür es sich lohnt zu leben.

Was aber bedeutet nun Selbst-Integration im Blick auf das Systemmodell des Menschen im Prinzip? Vielleicht wird der entscheidende Punkt getroffen, wenn man so argumentiert: Selbst-Integration ist derjenige Prozeß, in dessen Verlauf das Subjekt in fortschreitendem Maße in Bezug auf seine Psyche Steuerungskompetenz erlangt. Dabei ist wichtig, zwischen dem zu unterscheiden, was man steuert und wohin man steuert. Ein Automobil zu steuern bedeutet, es gekonnt zu bewegen, um ein Ziel zu erreichen. Dabei ist das diesbezügliche Können sowohl innenorientiert als auch außenorientiert. Die Bedienung der Instrumente drinnen – man denke an den Zündschlüssel, die Kupplung, das Gaspedal, das Lenkrad u.s.f. – ist das eine. Die präzise Wahrnehmung der Verkehrssituation draußen ist das andere. Die synoptische Berücksichtigung der Innen- und Außensphäre ist notwendige Bedingung dafür, daß man das Fahrziel erreicht. Was trägt die Metapher für das Verständnis unseres Falles aus? Zunächst führt sie auf die Unterscheidung zwischen Zweck und Ziel. Die Psyche „gekonnt" zu steuern bedeutet, die Subsysteme und die zwischen ihnen eingeschobenen Informationsregler so einzusetzen, daß übergeordnete Ziele erreicht werden. Der gekonnte Einsatz zeigt sich darin, daß die Teilsysteme in Dienst gestellt werden können. Daß sie sich wechselseitig fördern und nicht hemmen. Daß sich keines zu Lasten eines anderen verselbständigt. Daß alle Teilsysteme auf eine Mitte bezogen sind, von der her sie zu einer gegliederten Ganzheit und Einheit gemacht werden und von der her sie als Einheit und Ganzheit erscheinen. Eine sehr gut funktionierende Steuerungszentrale hat hohe Regulationskompetenz. Sie reguliert die von innen und von außen kommenden, die subjektiven und gesellschaftlichen Ansprüche in besonderer Weise. Nämlich so, daß die Identitätsziele eines

Subjektes niemals aus dem Auge verloren, vielmehr Schritt für Schritt erreicht werden.

6. Die Fundamentalperspektiven der Psychotherapie

Selbst-Integration, erste Grundfunktion des Lebens, führt zur Zentrierung der Person. Die zentrierte Person lebt im Bewußtsein, für sich zu sein und gerade im Für-sich-Sein teilnahmefähig zu sein. Für sich zu sein bedeutet im Gegenüber zu leben. Im Gegenüber zu sich selbst, im Gegenüber zu den anderen Menschen, im Gegenüber zur Welt. Für sich zu sein heißt auch: einsam zu sein. Das schmerzliche Bewußtsein der Einsamkeit motiviert, das Für-sich-Sein immer wieder aufzubrechen. Aufbruch ereignet sich, sofern die formale Beziehung, nämlich im Gegenüber zu sein, mit Inhalt versehen wird. Dies geschieht durch Gestaltung von Beziehung: zu sich, zu den anderen, zur Welt. Genau an diesem Punkt bricht die jeden Menschen bewegende Frage auf: Was soll ich tun? Genauer: Wie soll ich die Beziehungen, in denen ich stehe, gestalten? Im Prinzip handelt es sich um die Qualität des Umgang mit sich und der Welt.

Stellt man sich das Feld der Psychotherapie im Bild einer Architektur vor und fragt nach den Pfeilern, die diese Architektur tragen, dann müßte man auf acht Phänomene verweisen, die im Zusammenhang aller psychotherapeutischen Konzeptionen zu beachten sind:

die Klärungsperspektive	→	Orientierungsbedürfnis
die Problembewältigungsperspektive (Störungsperspektive)	→	Kontrollbedürfnis
die Beziehungsperspektive	→	Bindungsbedürfnis

die Ressourcenperspektive	→	Selbstwerterhöhungsbedürfnis
die Lebenssteigerungsperspektive	→	Lustgewinnbedürfnis
die Erkenntnisperspektive	→	Explorationsbedürfnis
die Wahrnehmungsperspektive	→	Impressionsbedürfnis
die Ausdrucksperspektive	→	Expressionsbedürfnis

Alle genannten Perspektiven[83] sind auf Grundbedürfnisse bezogen. Die Klärungsperspektive auf das Orientierungsbedürfnis. Die Problembewältigungsperspektive auf das Kontrollbedürfnis. Die Beziehungsperspektive auf das Bindungsbedürfnis. Die Ressourcenperspektive auf das Selbstwerterhöhungsbedürfnis. Die Lebenssteigerungsperspektive auf das Lustgewinnbedürfnis. Die Erkenntnisperspektive auf das Explorationsbedürfnis. Die Wahrnehmungsperspektive auf das Impressionsbedürfnis und die Ausdrucksperspektive auf das Expressionsbedürfnis. Natürlich ist es möglich, alle Perspektiven vorrangig im psychologischen Horizont zu reflektieren. Unser Anliegen ist, sie nicht ausschließlich, aber vorrangig in philosophischer Perspektive zu bedenken. Die ersten beiden Perspektiven, die Klärungsperspektive und die Problembewältigungsperspektive, sind für das Erfassen des psychotherapeutischen Problemfeldes von besonderer

[83] Die Idee, von Perspektiven zu handeln, stammt von K. Grawe. Er behandelt folgende Perspektiven: die Klärungsperspektive, die Problembewältigungsperspektive, die Beziehungsperspektive und die Ressourcenperspektive. Vgl. dazu seine beiden Bücher: Psychotherapie im Wandel, Göttingen 1994 und Psychologische Therapie, Göttingen 1998. Allerdings werden die genannten Perspektiven voranging psychologisch, nicht philosophisch reflektiert.

Bedeutung. Das sogenannte Rubikonmodell[84] von H. Heckhausen, eine psychotherapeutische Metapher, zeigt dies unmittelbar.

Intentionsbildung	**Intentionsrealisierung**
Wünschen, Wählen	Handeln, Können
Klärungsperspektive	Problembewältigungsperspektive

Der Rubikon, ein kleiner italienischer Fluß, wurde bekanntlich am 11. Januar des Jahres 49 v. Chr. von Cäsar mit den berühmten Worten „alea iacta est" überschritten. Diesseits des Flusses hat der Imperator darüber nachgedacht, welche politischen Ziele er verfolgen wollte. Als er diesbezüglich Klarheit hatte, hat er den Fluß überschritten und seine Ziele durchgesetzt. Links des Rubikons stellt sich demzufolge die Frage: Was will ich? Rechts des Rubikons stellt sich die Frage: Was kann ich? Deutlicher: Wie kann ich das, was ich will, realisieren? Links des Rubikons macht sich der Mensch Probleme. Er tut dies, indem er nach Zielen sucht, sich Ziele setzt. Die Problematik des einmal gesetzten Zieles besteht darin, daß es nun auch erreicht werden will. Rechts des Rubikons weiß man, was man will. Die Frage ist nur, ob man es auch kann. Es gibt psychotherapeutische Interventionsformen, die links des Rubikons angesiedelt sind. Patienten, die nicht oder nicht mehr wissen, welche Ziele sie verfolgen sollen, oder die nicht wissen, warum und wozu sie bestimmte Ziele verfolgen, obwohl sie sie verfolgen, sollten sich auf eine klärungsorientierte Psychotherapie einlassen: auf die Logothera-

[84] Vgl. dazu K. Grawe, Psychologische Therapie, Göttingen 1998, S. 60 ff.

pie[85], auf die klientenzentrierte Therapie oder die Psychoanalyse zum Beispiel. Auch für Patienten, die verschiedene, sich wechselseitig ausschließende oder sich wechselseitig störende Ziele verfolgen, sind diese Psychotherapieformen geeignet. Verfolgt man das Ziel, möglichst viel Wertschätzung durch andere zu erhalten und zugleich das Ziel, Situationen, in denen etwas geleistet werden muß, zu vermeiden, dann entsteht eine Situation der Inkonsistenz. Die Unvereinbarkeit der Ziele muß geklärt werden. Ein konsistentes Set von Zielen muß erarbeitet werden. Es gilt, eine eindeutige Wahl zu treffen. Psychotherapie auf der linken Seite des Rubikons hilft dazu.

Rechts des Rubikons ist das Ziel vorausgesetzt. Man weiß, was man will. Aber man kann nicht, was man will. Das Können ist hier problematisch. Ein unter Agoraphobie leidender Mensch weiß, sofern er sich in Psychotherapie begibt, was er will. Er möchte angstfrei sein Haus verlassen können, Straßen und Plätze überqueren können. Unbeschwert reisen können. Es wäre unsinnig, ihn mit einer Psychotherapie zu beglücken, die ganz links des Rubikons angesiedelt ist. Die klärt, warum er den Wunsch hat, sich angstfrei draußen zu bewegen und ob es für ihn nicht völlig in Ordnung sein könnte, sich zu Hause eingesperrt zu fühlen.[86] Hier geht es nur um die Frage des Könnens

---

[85] Erstklassige Therapien sind natürlich auf beiden Seiten des Rubikons angesiedelt. So auch die Logotherapie.

[86] Im Blick auf die Agoraphobie ist allerdings folgendes zu beachten. Bei 75% der Patienten ist Expositionstherapie angezeigt. Der Patient wird angeleitet, die angstbesetzte Situation zu durchstehen. Das heißt: Er wird angeregt, über den Platz zu gehen, die damit verbundene Angst auszuhalten. Zu entdecken, daß seine Angst weniger wird, je länger er sie aushält. Am Ende hat er gelernt, sich wieder angstfrei außer Haus zu bewegen. Bei 25% der Patienten greift diese Therapieform, angesiedelt rechts des

bzw. des Nicht-Könnens. Es geht nicht um Intentionsbildung, vielmehr um Intentionsrealisierung. Es geht nicht um Klärung, vielmehr um Problembewältigung. Demzufolge sind auf der rechten Seite des Rubikons vor allem die verhaltenstherapeutisch orientierten Schulen angesiedelt. Es geht darum, ein gewünschtes Verhalten so lange einzuüben, bis man es kann. Am Anfang einer Therapie muß sich jeder Therapeut im Blick auf die Problematik seines Patienten immer fragen: Geht es hier um die Frage „was will er eigentlich?“ bzw. „was will er eigentlich nicht?“ oder um die Frage „was kann er nicht?“ und möchte es doch können. Oder geht es um beide Fragestellungen? Eines ist jedoch sicher: Exzellente Therapeuten sind in der Lage, auf beiden Seiten des Rubikons zu wirken.

Exzellente Therapeuten sind auch in der Lage, die fundamentalen Perspektiven der Psychotherapie nicht nur in ihrer psychologischen, vielmehr auch in ihrer philosophischen Substanz wahrzunehmen. Die aufgezeigten Perspektiven in psychologischer Hinsicht zu entschlüsseln bedeutet, sie mit menschlichen Grundbedürfnissen zu verknüpfen. Die aufgezeigten Perspektiven philosophisch zu entschlüsseln bedeutet, in ihnen Grundbedingungen, Grundfiguren, Grundprozesse menschlicher Existenz zu entdecken. Philosophie soll etwas zur Lösung derjenigen Fragen beitragen, die jeden Menschen in der Tiefe seiner selbst bewegen: Wer soll ich sein, was soll ich tun, damit mein Leben gelingt, zumindest nicht schon von vornherein zum

---

Rubikons, nicht. Bei ihnen muß merkwürdigerweise „links des Rubikons“ gearbeitet werden. Ihnen hilft, wenn sie möglichst intensiv die Ziele und so die neu zu gewinnende Lebensqualität imaginieren: beweglich sein, reisen zu können, „Venedig zu sehen und zu sterben.“ Vgl. dazu K. Grawe, Psychologische Therapie, Göttingen 1998, S. 54 ff., bes. S. 58.

Scheitern verurteilt ist? Um Leben zu bestehen, muß man es verstehen. Es gibt mit Existenz[87] verbundene Gesetze, die man nicht ungestraft bricht. Die Philosophie, vor allem in Form der Philosophie der Lebenskunst[88], zeigt die mit Existenz verbundenen Bedingungen auf, die erfüllt sein müssen, damit Existenz nicht scheitert. Ganz offensichtlich verweisen die aufgeführten Fundamentalperspektiven der Psychotherapie auf existentielle Grundphänomene, mit denen sich auseinanderzusetzen jeder genötigt sieht, sofern ihm am Gelingen seines Lebens liegt. Eine Möglichkeit, die philosophische Substanz der Perspektiven bewußt zu machen, besteht darin, sie im Horizont der Figur von Herausforderung und Antwort zu entschlüsseln. Geschieht dies, dann wird zugleich die ethisch-philosophische Dimension der aufgezeigten Perspektiven durchsichtig.

Man kann nicht nicht handeln. Das Material des Lebens will gestaltet sein. Welche Form will ich der Architektur meines Lebens geben? Die Form ist angesichts der begrenzten Zeit, die dem Menschen zur Verfügung steht, nicht gleichgültig. Am Ende soll die einem Subjekt bestmögliche Form stehen. Wären wir unsterblich, könnten wir alle Möglichkeiten durchprobieren. Der Tod zwingt uns, die bestmögliche Wahl rechtzeitig zu treffen. Wir brauchen, um uns nicht zu verfehlen, tragfähige Ziele. Existenz fordert uns heraus, nicht nur irgendwelche Lebensziele zu entdecken, vielmehr diejenigen, die uns in personaler Exklusivität abverlangt sind. Die sowohl zur Person, die wir sind, als auch zur Situation, für die wir verantwortlich sind, stimmen. Klarheit

---

[87] Existenz ist als philosophische Kategorie immer auf den Menschen bezogen.

[88] Ein ausgezeichnetes Beispiel dafür ist W. Schmid, Philosophie der Lebenskunst, Frankfurt a. M. 1999.

bzgl. des Ziels ist eine existentielle Notwendigkeit ersten Ranges. Welche Antwort werden wir geben?[89]

Ziele zu setzen ist eine Sache. Ziele zu erreichen, eine andere. Jedermann ist herausgefordert, Lebenstechniken zu entwickeln, die ihm gestatten, Lebensentwürfe auch in die Realität umzusetzen. Methoden auszubilden, mit schwierigen Situationen konstruktiv umzugehen. Signifikante Störung möglichst schnell und nachhaltig zu beheben. Niemand will die Kontrolle über sein Leben verlieren. Die Kontrolle über sein physisches, psychisches, geistiges Leben. Deshalb ist jedermann herausgefordert, lebenerhaltende Kompetenzen zu entwickeln; vor allem zum Ziel führende. Darunter vor allem handwerkliche, sprachwerkliche und soziale Kompetenzen. Natürlich muß die Frage gestellt werden: Entspricht im Falle meines Lebens der methodos dem telos, der Weg dem Ziel? Sind die Mittel nicht nur effektiv, vielmehr auch zu verantworten? Sind sie so verfeinert, daß in ihnen das mir höchstmögliche ethische und ästhetische Niveau zum Ausdruck kommt? Entsprechen meine Methoden, Leben zu bewältigen, der Lebensphase, in der ich mich befinde? Existentiell wichtige Herausforderungen! Welche Antwort werden wir geben?

Das Glücken und Verunglücken von Existenz hängt zu einem erheblichen Teil an den Beziehungen, die wir haben, pflegen, nicht pflegen. Und dies sowohl nach innen als auch nach außen. Leben gestalten heißt, das Netz der intrasubjektiven Be-

---

[89] Natürlich ergibt sich aus den Grundzielen, die sich ein Mensch setzt, die Lebensform, der er sich verschreibt. In der postmodernen Zeit werden immerhin 55 verschiedene Lebensformen unterschieden. Vgl. dazu W. Schmid, a.a.O., Frankfurt a. M., S. 124-126.

ziehungen[90] und das Netz der interersubjektiven Beziehungen zu knüpfen. Gemeint ist die Beziehung zu sich selbst und die Beziehung zu anderen in ihrer Wechselseitigkeit. Das Prinzip fabricando fabricamur[91] gilt nicht nur im Blick auf Kultur und Zivilisation, die, indem wir sie hervorbringen, uns hervorbringen, im Blick auf Stoff, der, indem wir ihn gestalten, uns gestaltet. Das Prinzip gilt auch in Bezug auf personale Beziehungen, die, indem wir sie formen, uns formen. Uns unter Umständen zu unserer bestmöglichen Form bringen, uns unter Umständen verformen. Möglicherweise bis zur Unkenntlichkeit. Beziehungen optimal zu gestalten ist eine große Kunst. Das Jonglieren mit Nähe und Distanz, Offenheit und Verschlossenheit will gekonnt und dem Wesen der jeweiligen Beziehung angemessen sein. Eine erotische Beziehung will anders gestaltet sein als eine freundschaftliche, eine kooperative, eine funktionale, eine agonale oder eine ausschließende.[92] Den jeweiligen Beziehungen gerecht zu werden ist eine große Herausforderung. Welche Antwort werden wir geben?[93]

Eine besondere Herausforderung stellt die Ressourcenperspektive für den modernen Menschen dar. Das hängt vor allem damit zusammen, daß es nicht allein auf das Vorhandensein von Ressourcen ankommt, vielmehr auf das Wahr-Nehmen und In-Anspruch-Nehmen von Ressourcen. Der moderne Mensch neigt

---

[90] Im Blick auf das Systemmodell vom Menschen nach P. Becker würden die intrasubjektiven Beziehungen, die ein Mensch pflegt, in der Weise an den Tag kommen, wie er von seiner Personmitte her mit den acht Subsystemen umgeht. Vgl. dazu S. 232 ff.

[91] Zu deutsch: durchs Bilden werden wir gebildet.

[92] Vgl. zu diesen Unterscheidungen W. Schmid, a.a.O., Frankfurt a. M., S. 258-265.

[93] Vgl. dazu hier S. 454.

dazu, die Ressourcen, die er hat, als solche nicht oder in nicht genügendem Maße wahrzunehmen. Erst ihr Verlust bringt sie ihm zu vollem Bewußtsein. Der moderne Mensch ist vorrangig problemorientiert, nicht ressourcenorientiert. Genau an dieser Stelle sollte sich der philosophierende Therapeut herausgefordert fühlen und seinen Patienten herausfordern. Eine Philosophie der Ressource würde zunächst den Sachverhalt klären, daß Ressource im Prinzip dies ist: Hilfsmittel fürs Leben, also: Lebens-Mittel. Sie würde sodann klären, daß es Existenz ohne Ressourcen nicht gibt. Jedes Lebens bedarf der Lebens-Mittel, verfügt über Lebens-Mittel. Die Kunst besteht darin, die Fülle der uns zur Verfügung stehenden Ressourcen bewußt zu machen und den Patienten dadurch zu vitalisieren, daß er seine Ressourcen nicht nur wahrnimmt, sie vielmehr auch nutzt. Eine Systematik potentieller innerer und äußerer Ressourcen[94] könnte helfen, den inneren und äußeren positiven Möglichkeitsraum einer Person Zug um Zug zu erschließen. Eine solche Systematik zu erstellen wäre auch eine Aufgabe philosophischer Reflexion.

Menschliches Leben will nicht nur gelebt, es will geführt werden. Führung impliziert Freiheit, Minderung und Steigerung. Wer sein Leben führt, will es nicht nur vor Schaden bewahren, vielmehr immer gekonnter führen. Er will es reizvoller oder geistvoller oder lebendiger führen. Existenz hat den Hang zum Komparativ. Die entsprechende philosophische Diskussion wurde von den Philosophen der Antike unter dem Stichwort „Glück" geführt. Ein besonderer Reiz des Lebens besteht offensichtlich darin, daß man es nicht hinnehmen muß, daß man es vielmehr steigern kann. Und dies vorrangig nicht quantitativ, vielmehr qualitativ. Es geht nicht in erster Linie darum, mehr zu

---

[94] Vgl. dazu hier S. 35.

haben, vielmehr darum, intensiver zu leben. Es gilt, heftig zu leben. Eine Philosophie der Lebenssteigerung wird sich kritisch mit den Wegen und Abwegen moderner Formen der Lebensintensivierung befassen müssen. Vor allem mit dem Konzept des „schönen Lebens", wie es in Erlebnisgesellschaften ausgebildet wurde.[95] Es gilt zu entdecken, worin die wahren Möglichkeiten des Menschen bestehen, und sie immer differenzierter zu gestalten. Sein physisches Leben, sein emotionales, sein geistiges, sein soziales. Die entsprechende Diskussion mit dem Patienten wird ihn herausfordern, seine Möglichkeiten auszuprobieren, Leben heftig zu gestalten. Wie wird seine Antwort ausfallen?

Die nun anzusprechende Perspektive ist die Erkenntnisperspektive. Sie ist der Klärungsperspektive vorgeordnet. Denn Ziele kann man sich erst setzen, einen tragfähigen Lebensentwurf kann man erst aus sich heraussetzen, wenn man das Lebensfeld kennt, in welchem der je eigene Lebensentwurf Gestalt annehmen soll. Voraussetzung für die Kenntnis und Erkenntnis des jeweiligen Lebensfeldes ist die Selbst-Welt-Polarität. Während das Tier in seine Umwelt eingebunden erscheint, ist der Mensch Existenz. Unter Existenz versteht man im Kontext der Philosophie die spezifische Seinsweise des Menschen. Der Mensch ist seinem Wesen nach Ek-sistenz.[96] Er ragt aus dem Sein heraus. Und da alles, was herausragt, auch in etwas hineinragt, ist der Mensch immer beides zugleich: das mit dem Sein verbundene und das vom Sein entbundene Wesen. Das zur Welt gehörige und nicht zugehörige Wesen. Das mit der Welt vereinigte und das von ihr getrennte Wesen. Die philosophische Figur der

---

[95] Vgl. dazu G. Schulze, a.a.O.

[96] Dem Begriff der Existenz liegt das lateinische existere = herausragen, herausstehen zugrunde.

Selbst-Welt-Polarität bringt diesen existentiellen Sachverhalt auf den Begriff. Der Mensch muß als Selbst die Beziehung zur Welt gestalten. Voraussetzung für Gestaltung ist Kenntnis. Voraussetzung für Kenntnis ist Exploration. Voraussetzung für Exploration ist Selbst-Transzendenz; nämlich die Fähigkeit, sich in doppelter Richtung zu überschreiten. Nach außen und nach innen. Im Zuge der Transzendenz nach außen wird der Mensch der vorgegebenen Welt gewahr. Im Zuge der Transzendenz nach innen der intrasubjektiven Welt. Es gilt sowohl die Außenwelt als auch die Innenwelt wahr-zunehmen. Die Besonderheit der menschlichen Art, die transsubjektive und die intrapsychische Welt wahrzunehmen, liegt in ihrer Doppelgesichtigkeit. Sinnliche Wahrnehmung und vernunftorientierte Wahrnehmung spielen bei ihm zusammen. Der Mensch hört, sieht, spürt und er benennt, was er spürt, sieht, hört. Den Schrei eines Kindes dort, die sich vor ihm ausbreitende Landschaft da. Den eisigen Luftzug, der ihn schlagartig trifft, hier. Aber er nimmt nicht nur die vorgegebene Welt im Mittel seiner Sinne, vielmehr auch die ihm anheim gegebene Welt: nämlich sich in seinem Inneren wahr. Er spürt sich und sagt: Ich fühle mich wohl. Ich fühle mich schlecht. Ich fühle mich ausgeglichen. Und vielleicht ist die Weise der sinnlichen Wahrnehmung – gleichgültig, ob nach außen oder nach innen gerichtet – vorrangig ein spezifisches Spüren. Die Dinge, die ich sehe, lösen zwar ein bestimmtes inneres Bild aus. Das Cello, das ich höre, löst einen bestimmten inneren Klang aus. Aber sowohl das Bild als auch der Klang werden nicht nur gesehen und gehört, sie werden beide gespürt. Das heißt, sie werden eben nicht *nur* gesehen oder gehört, vielmehr gefühlsmäßig unterlegt, erlebt. Und ebenso verhält es sich, im Gegensatz zur sinnlichen Wahrnehmung, mit der sprachlichen Wahrnehmung. Die Dinge, die draußen sind, zu benennen. Meinen Willen, der drinnen ist, deutlich zum Ausdruck zu bringen.

Ein Naturphänomen zu erklären. Verständnis zu schaffen für ein lyrisches Gedicht. All dies ist nur auf dem Wege zeichengestützter Kommunikation möglich: eben durch Sprache. Aber während wir sprechen, sprechend unsere innere und äußere Welt wahrnehmen und unsere diesbezüglichen Wahrnehmungen sprechend kundgeben, sprechen wir nicht nur. Vielmehr ist jeder Satz, den wir formulieren, ebenfalls gefühlsmäßig unterlegt. Wir spüren, während wir reden. Wir spüren, was wir sagen. Nicht nur die sinnlichen Wahrnehmungen, vielmehr auch die sprachlich zum Ausdruck gebrachten Wahrnehmungen sind emotional unterfüttert. Und dasselbe gilt für den Prozeß des Zusammenspiels von sinnlicher und intelligibler Wahrnehmung. Also für den täglichen Lebensprozeß, in welchem wir sinnliche und intelligible Wahrnehmung nicht getrennt, vielmehr als einen einzigen Lebensprozeß erleben.

Was aber hat es mit dem Spüren auf sich, das jeder Form der Wahrnehmung unterlegt ist? Das Spüren, von dem hier die Rede ist, führt auf die Spur der Bedeutung, die das Wahrgenommene für einen Menschen hat. Gleichgültig, ob es sich um ein Phänomen der Innen- oder Außenwelt, gleichgültig, ob es sich um sinnlich oder sprachlich Wahrgenommenes handelt. Die Dinge sinnlich und/oder sprachlich abzubilden ist eine Sache. Geschieht dies, dann haben wir sie in ihrer Faktizität: als Bild, im Begriff oder in beidem. Entscheidend aber ist, welche Bedeutung das jeweilige Faktum für uns hat und die Erkenntnis, daß wir im besagten Spüren auf die Spur der Bedeutung geraten. Das ist das andere. Was aber heißt es, die jeweilige Bedeutung zu erspüren? Die Frage ist nur zu beantworten, sofern man die Bedeutung von Bedeutung klärt.

Etwas hat Bedeutung, sofern es in irgendeinem Sinne wichtig, wertvoll, interessant, reizend, herausfordernd für uns ist. Es hat aber auch Bedeutung, wenn es lähmend, gefährlich, abstoßend, zerstörerisch für uns ist. In beiden Fällen handelt es sich um einen relationalen Begriff. Es geht immer um Bedeutung für uns. Was wir im außen- und innenorientierten Wahrnehmen erspüren, ist die Abträglichkeit oder Zuträglichkeit der Erscheinungen. Ist die angenommene Lebensdienlichkeit oder die Gefahr für unser Leben. Sind die Möglichkeiten, Leben reizvoller, lustvoller, geistvoller, überhaupt lebendiger zu gestalten oder ihre Gegenteile.

Während das Tier seinen Biotop exploriert, wird es von allem möglichen gereizt. Und es reagiert auf die Reize im Rahmen eines instinktgeleiteten Programms. Reizadäquat. Während der Mensch Welt exploriert, wird er der transsubjektiven und intrasubjektiven Phänomene in mehrfacher Weise gewahr: in ihrer Bedeutungslosigkeit, in ihrer positiven oder negativen Bedeutsamkeit. Als Bedeutungslose können sie dahingestellt bleiben. Als positiv oder negativ Bedeutsame stellen sie eine Herausforderung dar, die eine Antwort verlangen. Sie wollen, sofern es sich um etwas Positives handelt, erschlossen werden. Sie wollen, sofern es sich um etwas Bedrohliches handelt, gebannt werden. Handelt es sich um etwas Positives drinnen, also um ein intrapsychisches Gut, dann will es erhalten, gefördert, u.U. gesteigert werden. Man denke an die Haltung der Gelassenheit, die sich ein Mensch mühsam erworben hat. Oder man imaginiere folgendes Beispiel: Ich wandere durch die Fluren einer großen Galerie. Plötzlich stehe ich vor einem Bild, das mich berührt. Das Kunstwerk ist draußen, ein transsubjektives Gut. Schon im Blickkontakt spüre ich, daß es bedeutsam für mich ist. Es will in seiner vollen Bedeutsamkeit erschlossen und angeeignet werden. Das Prinzip diesbezüglicher Aneignung ist Bewußtheit. Es gilt, sich der Farben, der Formen, des Vordergrundes, des Hintergrundes, der Anordnung der Figuren, der Symbole, der bildhaften Aussagen, aber auch des Zusammenspiels der Einzelheiten mit dem Ganzen bewußt zu werden und auf diesem Wege die Bedeutung des Bildes für mich im Mittel der Deutung des Bildes durch mich zu erschließen. Am Anfang dieses Prozesses aber steht ein werterschließendes Spüren. Im Falle eines negativen Phänomens ein unwertvermeidendes Spüren.

Während das Tier weitgehend im Reiz-Reaktions-Feld gefangen erscheint, ist der Mensch weitgehend weltoffen. Die ihn auszeichnende Weltoffenheit aber zeigt sich als unwertvermeidendes, werterschließendes Spüren. Die Welt auf dem Wege der Exploration zur erkunden führt niemals nur zu Erkenntnissen bzgl. dessen, was der Fall ist. Dies führt vielmehr immer auch zur Erkenntnis, ob und in wieweit das, was der Fall ist, Leben fördert. Die entsprechenden Erfahrungen werden im Gedächtnis in Form von Wissensbeständen, die auf Erkenntnissen beruhen, abgespeichert. Sie bilden die Grundlage für ein Gespür, das den Menschen im Umgang mit der Welt ständig begleitet und das, gleichsam wie ein Radargerät, die Welt draußen und drinnen unter einer bestimmten Absicht abtastet. Nämlich: sich die Welt sinnvoll zu erschließen. Das Wesen dieses Gespürs aber könnte man so auf den Begriff bringen: Wertfühligkeit.

Wenn es der Wahrheit entspricht, daß man sich Sinn eröffnende Ziele nur setzen kann, sofern man das einem zugeordnete Lebensfeld im Mittel von Kenntnissen erschlossen hat, dann sind im Zuge des philosophisch-therapeutischen Gesprächs die Wissensbestände zu prüfen, über die ein Patient verfügt. Und dies unter den Aspekten der Bewußtmachung, Klärung, Erweiterung. Es gilt, sich bewußtzumachen, was man weiß, nicht weiß, zu wissen glaubt. Es gilt, Klarheit darüber zu gewinnen, welche Bedeutung dasjenige, was ich von der Welt und von mir weiß, für mich de facto hat, und welche Bedeutung ich demjenigen, was ich weiß, zuschreibe. Die Bedeutung zu klären aber ist ein Wert erschließender oder Wert zuschreibender Akt. Und natürlich gilt es, die Wissensbestände zu erweitern und zu vertiefen. Und dies, um sich auf der Basis eines differenzierten Wissens, immer wieder neu Ziele zu setzen. Ziele, die dem Wesen des jeweiligen Menschen immer deutlicher entsprechen.

Die letzten beiden Perspektiven hängen eng mit der Erkenntnisperspektive zusammen, werfen aber in ihrem Zusammenspiel ein besonderes Licht auf menschliche Existenz: die auf das Impressionsbedürfnis bezogene Wahrnehmungsperspektive und die auf das Expressionsbedürfnis bezogene Ausdrucksperspektive. Die Figur von Eindruck und Ausdruck ist in anthropologischer Hinsicht fundamental. Der Mensch ist ein hochdifferenziertes Wahrnehmungswesen sinnlicher und intelligibler Art. Dabei kann Wahrnehmung eine aktive Weise des Umgangs mit der Welt draußen und der Welt drinnen sein. Sie kann aber auch Folge eines passiven oder im Mittelfeld von Aktiv und Passiv angesiedelten Geschehens sein: Ich werde beeindruckt, ich lasse mich von einem Geschehen beeindrucken. Das heißt: Ich lasse es zu, daß mir etwas Eindruck macht, ein sinnlich wahrnehmbares Naturphänomen, ein geistiges Gebilde zum Beispiel. Der Mensch ist Eindrücken gegenüber nicht nur einfach offen. Er bearbeitet sie vielmehr in seinem Inneren, verarbeitet sie in einer besonderen Weise. Und er entwickelt den fundamentalen Willen, *sich* auszudrücken. Sich unter den vielfältigen von außen und aus der Tiefe seiner selbst kommenden Eindrücke auszudrücken. Dabei kann seine Ausdrucksfähigkeit bis zur Ausdrucksleidenschaft gesteigert werden. Das hier zur Sprache kommende anthropologische Phänomen ist kurz in folgender Begriffsfigur zum Ausdruck zu bringen: Eindruck, Verarbeitung, Ausdruck. In psychohygienischer Perspektive ist in diesem Zusammenhang die Einsicht wichtig, daß psychisches Gleichgewicht vor allem auch an der Balance von Eindruck und Ausdruck hängt. Wird der Mensch von einer Fülle von Eindrücken geradezu erschlagen und ihm die Möglichkeit, sich annähernd gleichgewichtig auszudrücken, genommen, dann gerät er in eine Streßsituation, die seine psychische Gesundheit gefährden kann. Die einseitig stofforientierte Schule ist ein klassisches Beispiel für diesen Sachverhalt. Menschen zu zwingen, immer mehr Bildungsstoffe in immer kürzerer Zeit aufzunehmen, ohne ihnen Gelegenheit zu geben, *sich selbst* unter dem Eindruck der Stoffe hinreichend zum Ausdruck zu bringen, ist eine Gefahr für die Seele.

Im philosophisch-therapeutischen Gespräch mit dem Patienten wird der Sachverhalt zu bedenken sein, daß das Gelingen von Leben an beidem hängt: an den Eindrücken, denen man sich aussetzt, die einen gewollt oder ungewollt bestimmen. An der Weise der Verarbeitung dessen, was uns beeindruckt, und vor allem daran, was wir von uns zum Ausdruck und wie wir uns zum Ausdruck bringen. Lebensqualität hängt im Wesentlichen an Rezeptivität und Produktivität. Die wertvollen Phänomene draußen ins Innere der Person hineinzunehmen. Sie zu verstehen. Sie sich anzueignen. Sie zu genießen. All dies sind Möglichkeiten der einen Art, sinnvoll zu leben. Man denke an die Rezeption von Werken bildhafter, musikalischer, literarischer oder wissenschaftlicher Herkunft. Man denke an Naturerlebnisse und kulturelle Erlebnisse in all ihren Spielarten. Der Reichtum der Geisteswelt wird aufgenommen, angeeignet, kritisch bearbeitet, konstruktiv verarbeitet. Ausdruck markiert die andere Grundmöglichkeit, sinnvoll zu leben. Prinzipiell geht es darum, sich selbst immer prägnanter zum Ausdruck zu bringen. Im Rahmen derjenigen philosophischen Leitidee, welcher der hier vorausgesetzten Lebensphilosophie zugrunde liegt, geht es zunächst darum, sich von der je eigenen Tiefe, in welcher der je eigene essentielle Lebensentwurf „gespeichert“ ist, beeindrucken zu lassen. Und es geht darum, geleitet vom Entwurf seiner selbst, *sich* zum Ausdruck zu bringen. Dem einfachen Prinzip der Orientierung am Entwurf entspricht die Fülle der möglichen Ausdrucksprozesse. Der Entwurf will ja übersetzt werden. Essenz soll in Existenz überführt werden. Was aber sind die wichtigsten Medien des Ausdrucks? Ganz offensichtlich die Sprache, die ein Mensch spricht, und die Gestaltungsprozesse, die einen Menschen – im ursprünglichen Sinne des Wortes – zum Phänomen machen. Der Mensch drückt sich in dem aus, was er sagt und wie er es sagt. Aber er ertönt nicht nur, indem er spricht. Er erscheint ja auch, indem er seinen Leib, den Leib der Erde gestaltet. Im philosophisch-therapeutischen Gespräch sind Sprachmacht und Sprachohnmacht zu bedenken. Aber auch Gestaltungsmacht und entsprechende Machtlosigkeit bewußt zu machen. Im Blick auf Sprachmacht geht es um Weite und Tiefe. Im philosophischen Gespräch mit dem Patienten könnte bedacht werden, welchen Lebensbereichen er sich bisher rundherum verschlossen hat, welchen nur im Ansatz, welchen kaum. Welche Lebensfelder neu zu erschließen ihm Lust bereiten würde. Welche Lebensfelder zu erschließen als heilsamer Kontrapunkt zur täglichen Arbeit wirken könnte. Welche Lebensfelder zu erschließen die tägliche Arbeit interessanter, erfreulicher machen könnten. Vorrangig geisteswissenschaftlich gebildete Menschen sollten naturwissenschaftliche Einsichten und Fragestellungen schätzen lernen und umgekehrt. Vorrangig praktisch Tätige sollten theoretisches Denken schätzen lernen und erkennen, daß jede Praxis – sei dies nun bewußt oder nicht – theoriegeleitet ist. Handwerklich arbeitende Menschen sollten für sprachwerkliche Tätigkeiten begeistert werden usf. Aber es geht nicht nur um die Erweiterung des theoretischen und praktischen Horizonts, vielmehr auch um seine Vertiefung. Ihr Prinzip ist die subtile Unterscheidung, der immer genauere Durchblick. Wobei ein fruchtloses Spezialistentum dadurch vermieden werden kann, daß man nicht nur mit immer feinmaschigeren Netzen immer kleinere Einzelheiten erhascht, vielmehr rückbezüglich denkt. Das heißt: die Bedeutung des einzelnen fürs Ganze und die Bedeutung des Ganzen im Blick aufs einzelne nicht aus den Augen verliert.

Der Sprachmacht steht die Gestaltungsmacht gegenüber. Es macht einen Unterschied, ob ich Wörter in regelgeleiteter Weise zu einem Sprachgebilde zusammenfüge, um mir die Welt zu erschließen, oder ob ich in ideengeleiteter Weise Materie forme. Im Formen der Materie bringt sich der Mensch ebenfalls zum Ausdruck. Jedes bewußte Formen aber ereignet sich am Faden einer Idee. Menschen entwickeln Ideen, wie ihr Körper erscheinen sollte. Etablieren Body-Building-Institute. Zwängen ihre Körper ins Korsett ihrer Vorstellungen. Menschen drücken sich in ihrer Art zu wohnen, in ihrer Art, sich zu kleiden, im Design alltäglicher Gegenstände, in der spezifischen Gestaltung zwischenmenschlicher Beziehungen, im alltäglichen Werken, im sonntäglichen Feiern, in der Gestaltung und Nutzung ihrer engeren und weiteren Lebensräume aus. Die Form, die ich mir gebe, die ich meinem Haus gebe, die ich der Landschaft, in die ich eingebunden bin, gebe oder lasse, aber ist Ausdruck meiner selbst. Lust am je eigenen Ausdruck aber ist Lebenslust. Lebenslust ist Ausdruckslust. Im philosophischen Gespräch mit dem Patienten die ihm potentiell und aktuell zur Verfügung stehenden Ausdrucksmöglichkeiten im Sinne seiner Gestaltungsmacht zu entdecken, bedeutet, ihm tiefere Lust am Leben zu ermöglichen.

7. Selbst-Integration und die Klärungsperspektive

Soll Leben gelingen, muß es geführt werden. Leben zu führen heißt, sich Ziele zu setzen und durchzusetzen. Sich Ziele zu setzen heißt: wählen. Wahl setzt Freiheit voraus und Maß. Soll

Wahl nicht willkürlich sein, muß sie kriteriengeleitet vonstatten gehen. Der Mensch will nicht einfach wählen, dies oder das, nur weil er wählen muß. Er will begründet wählen. Sich in Freiheit wohlbegründete Ziele zu setzen und durchzusetzen markiert das Prinzip und das Problem menschlicher Existenz. Das Ziele setzende und durchsetzende Ich, die Steuerungszentrale der Psyche, die Mitte der Person kommen jedoch nur durch Selbst-Integration zustande. Nur ein vollzentriertes, Widerstände brechendes Ich setzt sich Ziele und verwirklicht sie. Sich selbst Ziele zu setzen bedeutet: das je eigene Leben in je eigener Regie zu übernehmen. Nur ein voll zentriertes, mutiges, energisches, wertfühliges Subjekt kann dies leisten. Es weiß, was es will.

Nicht selten geraten Menschen jedoch in die Lage, plötzlich oder auch Schritt für Schritt nicht mehr genau zu wissen, was sie eigentlich wollen. Dies geschieht vor allem dann, wenn die vitalen Grundbedürfnisse befriedigt sind, viel Zeit zur Verfügung steht und die materiellen Verhältnisse es erlauben, sich fast alles zu leisten.[97] Es geschieht aber auch, wenn ein Schicksalsschlag einen Menschen entvitalisiert, entmutigt hat und so sein Wille, Leben als sinnvoll zu erleben und sinnvoll zu gestalten, verschüttet ist. Es geschieht auch, wenn das zu einer bestimmten Lebensepoche gehörige Thema zu Ende gekommen, eine neue lebensthematische Mitte noch nicht gefunden wurde. Im Bild: Der berühmte Sohn ist gezeugt. Der berühmte Baum ist gepflanzt. Das berühmte Buch ist geschrieben. Was jetzt noch?

---

[97] Kann man sich fast alles leisten, dann ist es schwer, herauszufinden, was man sich eigentlich leisten sollte. Der innere Kampf ums Maß beginnt. Wenn man sich fast nichts leisten kann, ist klar, was man sich leisten sollte, eben weil man es sich leisten muß, um zu überleben: die Befriedigung der vitalen Grundbedürfnisse.

Und natürlich geschieht es immer wieder, wenn Ziele, die man einst für wichtig hielt, in ihrer Nichtigkeit durchschaut werden, aber die Wertflexibilität nicht so ausgebildet ist, daß man ohne großen Einschnitt nichtige Ziele entsorgt und richtige Ziele setzt.

In all diesen Fällen gilt es, Ziele zu klären. Soll heißen: Ziele zu entdecken, sofern man keine mehr hat. Ziele in ihrer Nichtigkeit zu durchschauen und durch tragfähige zu ersetzen und vor allem nicht zu vergessen, daß Zielentdeckung, Zielsetzung, Zielverwirklichung des zielentdeckenden und zielverwirklichenden Subjekts bedarf. Oder anders: einer Personmitte besonderer Art bedarf. Das Sinnentdeckungs- und Sinnverwirklungsprozesse steuernde Ich kann stark sein oder schwach. Hochzentriert oder desintegriert. Für sich und in produktiver Weise einsam oder symbiotisch unabgegrenzt. Flexibel oder starr. Vital oder lahm. Entscheidend ist im Rahmen von Klärungsprozessen im Zusammenhang von Psychotherapie und Beratung, daß nicht nur Zielklarheit, vielmehr auch Ichvitalität ermöglicht wird. Einfach in den Tag hineinzuleben. Die Zeit an sich vorüberziehen zu lassen. An sich selbst keine Ansprüche zu stellen. Den Ansprüchen der anderen mehr schlecht als recht gerecht zu werden, um der Asozialität nicht völlig anheimzufallen, sind Zeichen von Desintegration. Die Mitte versagt. Klar zu erkennen, was man eigentlich will, setzt ein pointiert wollendes und wertfühliges Subjekt voraus. Wie mit einem Patienten umzugehen ist, damit er eine vitale Personmitte im aufgezeigten Sinne ausbildet, markiert eine pädagogische und psychotherapeutische Grundaufgabe ersten Ranges.

In pädagogischer Hinsicht sollte man sich dies vor Augen halten. Sobald ein Kind das Licht der Welt erblickt, gerät es in einen zieldefinierten Raum. Die vor ihm angekommen sind, seine Mutter, sein Vater, geben Ziele vor – wenn es gutgeht, sinnvolle

Ziele –, die zu verfolgen sich das Kind aus Furcht und Faszination veranlaßt sieht.[98] Dennoch ist nicht zu übersehen, daß das gesunde Kind innerhalb dieses Raumes eigene Ziele verfolgt. Zunächst unbedacht, aber meist höchst effektiv. Wer könnte sich dem Schrei eines kleinen Kindes entziehen und den damit verbunden Willen, gewiegt, genährt, umhegt zu werden? Wer dem ersten Lächeln und dem damit verbundenen Willen, in den Besitz eines attraktiven Gegenstandes zu kommen? Eines Spielzeugs zum Beispiel? Entscheidend die Einsicht: Der Mensch ist von seinen ersten Anfängen an nicht allein im Blick auf vorgegebene Ziele reaktiv. Er ist im Blick auf selbstgesetzte Ziele proaktiv. Er reagiert nicht nur. Er agiert auch; mit den Jahren immer deutlicher. Will man die psychisch gesunde Entwicklung des Kindes fördern, wird man auf beides achten: daß die von außen gesetzten Spielregeln eingehalten werden und daß dem Kind Spielräume zu Verfügung stehen, in denen es eigen-sinnig und kreativ sein kann. Heteronomie ist auszubalancieren durch Autonomie. Wille impliziert immer beides: Kraft und Ziel. Das Ziel mobilisiert Kraft. Dies, weil es als selbstgesetztes immer als attraktiv erlebt wird: als anziehend. Kraft treibt zum Ziel. Es handelt sich um intentionale Treibkraft. Der Wille eines Kindes, zu verstehen als Zusammenspiel von Ziel und Kraft, darf niemals gebrochen werden. Die ihm zugrundeliegende Vitalität muß erhalten werden. Die ihm zugrunde liegende Intentionalität muß geformt werden. Genau an dieser Stelle können Erzieher positiv wirken, indem sie dem Kind eine Fülle reizvoller Begegnungen ermöglichen. Kinder mit Naturphänomenen vertraut zu machen ist eine Aufgabe. Mit Pflanzen, Tieren, Flüssen, Seen, Gebirgen

---

[98] Das Kind fürchtet sich, die Liebe der Eltern zu verlieren. Es ist aber auch von seinen Eltern fasziniert. Es will so werden wie sie. Zunächst.

und den Sternen. Kinder und Jugendliche mit Kulturphänomenen vertraut zu machen, ist eine andere Aufgabe. Mit Geschichten und Erzählungen, mit Musik und bildender Kunst, mit fremden Sprachen, mit der eigenen Religion und fremden Weltauslegungen. Junge Menschen mit sozialen Phänomenen vertraut zu machen ist eine dritte Aufgabe. Mit seinen Eltern, seiner Familie, seinem Volk, fremden Völkern, ihren Sitten und Gebräuchen. Mit diesen Phänomenen vertraut zu machen ist möglich, indem man entsprechende Begegnungen arrangiert. Eine große Vielzahl diesbezüglicher Begegnungen zu arrangieren ist nötig, um Neugierde auf die Welt zu wecken und dem jungen Menschen die Chance zu geben, angesichts der Bandbreite von Begegnungen, diejenigen Phänomene zu entdecken, mit denen sich einzulassen ihnen besonders sinnvoll erscheint. Um eigen-sinnig kreativ zu sein oder in kreativer Weise eigen-sinnige Ziele verfolgen zu können, bedarf es natürlich des Materials, an dem sich die Intentionalität eines jungen Menschen entzünden kann. Sinnvolles, welterschließendes „Material" diesbezüglich zur Verfügung zu stellen ist Aufgabe der erziehenden Personen und Institutionen.

Was aber ereignet sich, wenn der (junge) Mensch in die Begegnung mit einem naturalen, kulturellen oder sozialen Phänomen gestellt wird? Welches sind die möglichen und bestimmenden Elemente diesbezüglicher Begegnung, die optimal zu arrangieren eine Kunst ist: pädagogische Kunst. Auf vier Aspekte ist in diesem Zusammenhang zu verweisen: auf Bewußtheit. Sinnlichkeit. Einsicht. Verantwortlichkeit. Der Sachverhalt ist sehr schön an einer klassischen Szene zu demonstrieren, die fast jedes Kind erlebt. Es bekommt etwas geschenkt, von seinen Eltern, vielleicht zum ersten Mal. Ein Tier. Die Begegnung, klug in die Wege geleitet, führt zu größerer Bewußtheit. Das Kind wird sich bewußt, daß es außer ihm noch andere Lebewesen gibt. Tiere zum Beispiel. Dieses Tier zum Beispiel. Das Kind wird sich aber auch seiner selbst deutlicher bewußt, indem es dieses Tier in seiner Eigenart und Andersartigkeit verglichen mit ihm und anderen Tieren wahrnimmt. Das ist das eine. Die Begegnung impliziert zum anderen sinnliche Wahrnehmung. Das weiche Fell, den geschmeidigen Körper, den lautlosen Gang, die jämmerliche Stimme, das urgemütliche Schnurren wahrzunehmen macht nicht nur kindlicher Sinnlichkeit tiefen Eindruck im Fall der Katze. Zum dritten ist anhand dieses Falles viel zu lernen; nämlich alles, was die Biologie über das jeweilige Tier an Wissen anzubieten hat. Demzufolge reizt die Begegnung, pädagogisch klug arrangiert, dazu, den Bestand an Einsicht zu erweitern. Zum kognitiven Reiz aber gesellt sich der ethische Reiz. Begegnung stiftet Beziehung. Beziehung will gestaltet werden. Gefragt ist verantwortlicher Umgang. Gerade im Umgang mit einem ihm anvertrauten Tier kann das Kind freigesetzt werden, andere Lebewesen in ihrer Bedürftigkeit wahrzunehmen, Einfühlung und Mitgefühl zu entwickeln und in der Pflege Verantwortung einzuüben.

Die Aufgabe, Ich-Stärke zu ermöglichen, ist zunächst eine pädagogische Aufgabe. Den Menschen im vierstufigen prozessualen Zusammenspiel von bewußter Wahrnehmung, sinnlicher Wahrnehmung, intelligibler und ethischer Wahrnehmung faszinierende Lebensthemen entdecken zu lassen, bedeutet, der Grundmotivation des Subjekts gerecht zu werden: seinem Willen zu sinnvoller Lebensführung. Den Menschen nicht nur freizusetzen, die ihn fordernde, ihn faszinierende, die zu seinem geistig-psychisch-physischen Profil passende Lebensthematik zu finden, vielmehr in seinem Metier etwas Besonderes zu leisten ist für die Entwicklung von Ich-Stärke grundlegend. Ich-Stärke in Form von Vitalität, Flexibilität und Tenazität aber ist Voraussetzung für die Entdeckung von Sinnmöglichkeiten. Die Entdekkung und Verwirklichung von Sinnmöglichkeiten aber ist die Mitte einer unter psychohygienischem Aspekt gesunden Lebensführung.

Klärungsorientierte Psychotherapie tut not, sofern ein Mensch im Begriff ist, seine lebensthematische Mitte zu verlieren oder verlor. Also keine Aufgabe mehr hat, die ihn wirklich fordert und die ihn zugleich wirklich fesselt. In psychologischer Hinsicht ist dabei zweierlei zu beachten. Zum einen ist die Entdeckung sinnvoller Lebensziele keine Angelegenheit, die der Mensch täglich zu erledigen hätte. Die allermeisten Menschen haben, es mag bewußt sein oder auch nicht, Leben leitende Ziele. Ihr Problem ist nicht das Ziel. Ihr Problem ist der Weg. Das zum einen. Zum anderen verfolgt jedermann immer zugleich mehrere Ziele. Psychische Schwierigkeiten stellen sich ein, sofern die Ziele nicht zusammenpassen und die mangelnde Passung nicht erkannt wird, weil nicht alle Ziele bewußt sind. Zum dritten ergibt sich die Frage, ob die Ziele, die ein Mensch verfolgt, seinem potentiellen ethischen Niveau entsprechen. Die Frage nach dem besten und schnellsten Weg, ein Ziel zu erreichen, ist eine psychologische Frage. Das Problem mit sich widersprechenden Zielen und der daraus entspringenden inneren Zerrissenheit umzugehen, ist ein psychologisches Problem. Die Frage, ob und wie ein Mensch diejenigen Sinnmöglichkeiten entdeckt, die unter ethischer Perspektive seinem höchstmöglichen Niveau entsprechen, ist eine philosophische Frage. Auffallend ist, daß Psychotherapeuten dazu neigen, Klärung vorrangig unter psychologischen Gesichtspunkt zu betreiben. Sie machen Ziele bewußt. Sie zeigen, was Ziele mit einem Menschen machen. Sie schaffen ein Bewußtsein für die Unstimmigkeit von Zielen. Sie vermitteln – auf der rechten Seite des Rubikons – Techniken, Ziele zu verfolgen und zu erreichen. Aber sie fragen viel zu wenig in philosophischer Absicht, nämlich nach der Wahrheit von Zielen.

Die ethische Ausrichtung komplementärer Beziehungsgestaltung steht hier zur Debatte. Es geht um die Frage, wie ein klärungsorientiertes Gespräch in einem doppelten, sich überlappenden Horizont zu führen sei: in einem psychotherapeutischen und einem philosophisch-ethischen. Konkret geht es um die Frage, wie man im klärungsorientierten Gespräch nicht nur der psychischen Bekömmlichkeit, vielmehr auch der Wahrheit der Ziele auf die Spur kommt; wobei zu vermuten ist, daß nur der Wahrheit entsprechende Ziele psychisch bekömmlich sind. Natürlich gibt es viele Motive, im klärungsorientierten Gespräch die philosophische Dimension auszublenden. Es gibt eine Fülle von ethischen Konzeptionen. Alle behandeln die ethische Grundfrage: Was sollen wir tun? Alle entschlüsseln die mit dieser Frage verbundenen Schwierigkeiten. Keine Antwort auf diese Frage gleicht der anderen. Das ist eine Schwierigkeit. Soll man die formalethische Konzeption eines I. Kant oder das materialethische Konzept N. Hartmanns für das klärungsorientierte Gespräch fruchtbar machen.[99] Soll und darf man den Patienten auf *eine* ethische Argumentationsform verpflichten? Darf ich mich als Psychotherapeut in die Zielfindung überhaupt einmischen? Besteht nicht immer die Gefahr, aufgrund der asymmetrischen Situation, den Patienten Sinnvorstellungen aufzuzwingen? Sicher wichtige, unabweisbare, ernstzunehmende Bedenken. Andererseits drängen sich aber auch folgende Fragen auf: Kann ich es als Psychotherapeut verantworten, mich einfach als jemanden zu präsentieren, der den Patienten hilft, seine unhinterfragten Lebensziele zu verwirklichen? Der ihn einfach unterstützt, so zu

---

[99] Vgl. dazu N. Hartmann, Ethik, Berlin 1962, bes. S. 98 ff.

werden, wie er eigentlich sein möchte?[100] Der die ihm angebotenen Lebensziele schlicht hinnimmt und Realisierungschancen eröffnet? Und dies, ohne auf den ethischen Rang der Sinnvorstellungen zu achten?

Zunächst ist in diesem Zusammenhang darauf zu verweisen, daß jede Form von Psychotherapie Angebots- und Vereinbarungscharakter hat. Am Anfang einer psychotherapeutischen Gesprächsreihe wird man, sobald die Problematik klar ist, immer ein Behandlungsangebot machen. Außerordentlich wichtig ist, daß dieses Angebot dem Patienten einleuchtet. Denn nur, wenn es ihm plausibel erscheint, mag er die Erwartung hegen, daß die Therapie auch wirken wird. Ein einleuchtendes Behandlungsangebot zu machen ist ein entscheidender Faktor dessen, was in der psychotherapeutischen Fachsprache positive Erwartungsinduktion heißt. Tatsache ist, daß sich bei sehr vielen Patienten Besserungen bereits während der ersten Therapiesitzungen einstellen; Besserung des Wohlbefindens, der Symptomatik und der psychosozialen Anpassung. Gründe dafür sind Wirkfaktoren, die allen Therapien gemeinsam[101] sein können. Unter ihnen spielt die nachhaltige Erwartung, daß die Therapie erfolgreich sein wird, eine entscheidende Rolle. Dieser Sachverhalt ist natürlich auch im Blick auf die philosophische Gesprächsführung zu be-

---

[100] Vgl. dazu K. Grawe u.a., Psychotherapie im Wandel, Göttingen 1994, S. 782.

[101] Neben der Induktion einer positiven Erwartungshaltung spielen folgende allgemeine Wirkfaktoren eine Rolle: Der Therapeut muß dem Patienten u.a. auch auf Grund einer spezifischen Ausbildung als kompetent erscheinen. Das Behandlungsangebot sollte in einem formalisierten Rahmen gemacht werden: in einer für diesen Zweck eingerichteten Praxis, Beratungsstelle, Klinik usf. und in einem bestimmten Setting. Die Behandlungsform sollte dem Patienten unmittelbar einleuchten.

rücksichtigen. Stößt das Angebot, über den Sinn der vom Patienten formulierten Lebensziele einmal gründlich nachzudenken, auf freudige Zustimmung, ist das philosophische Gespräch angezeigt. Es ist allerdings kaum anzunehmen, daß ein in einer Sinnkrise befindlicher Patient der Klärung seiner Motive, Werte und Ziele zustimmt, um sich, sein Erleben und Handeln besser zu verstehen, aber über die Sinnhaftigkeit der ihn leitenden Ziele und Werte nachzudenken sich weigert. Das diesbezügliche Problem liegt nicht auf der Seite des Patienten. Es liegt auf der Seite des Therapeuten, vor allem des pointiert wissenschaftlich orientierten Therapeuten, der die Sinnfrage für eine Privatangelegenheit hält. Er wird die bestehenden Ziele und Wünsche des Patienten zur Kenntnis nehmen. Sie werden von ihm nicht in Frage gestellt, sondern hingenommen.[102] Genau das kann der Fehler sein. Denn: Eine wirkliche Klärung der Sinnmöglichkeiten unter Ausblendung der Frage, ob die entdeckten Möglichkeiten sich ethisch rechtfertigen lassen, ist gar nicht möglich. Deshalb geht es eigentlich nicht um die Frage, ob der klärungsorientierte Psychotherapeut das philosophisch-ethische Gespräch anregen soll. Es geht vielmehr um die Frage, ob er es kann.

An dieser Stelle ist ein doppeltes Plädoyer vonnöten. Das eine soll entlasten. Das andere soll ermutigen. Zur Entlastung ist folgendes zu sagen: Leben impliziert den Zwang zur Führung. Die

---

[102] Vgl. dazu folgende Formulierung: „... im Zuge der Ressourcenorientierung als auch durch diese Bewältigungserfahrungen macht er (der Patient/der Verf.) Wahrnehmungen im Sinne seiner bestehenden Ziele und Wünsche. Diese werden nicht in Frage gestellt und hinterfragt, sondern unterstützt und gefördert. Beide Wirkfaktoren sind darauf ausgerichtet, den Patienten darin zu unterstützen, mehr so zu werden, wie er im Sinne seiner bestehenden Ziele und Wünsche gerne sein möchte.“ K. Grawe, a.a.O., Göttingen 1998, S. 35.

Führung kann brillant, widersinnig, krankmachend sein. Geführt wird es. So oder anders. Weil wir es führen müssen und die Führung über die Qualität des Lebens entscheidet, sehen wir uns von Jugend auf zur ethischen Reflexion veranlaßt. Das vorweggenommene Schaudern vor einem möglicherweise verunglükkenden Leben regt jeden zur Frage an: Was muß ich tun, um das Scheitern meiner selbst zu verhindern? Und: Das vorweggenommene Glück eines möglicherweise gelingenden Lebens regt jeden an, sich dies zu fragen: Was kann ich unternehmen, um mein Leben als glückendes Leben zu erleben? Furcht vor dem Scheitern und Faszination des Glückens sind mächtige Triebfedern zur ethischen Reflexion. Kaum einer kann sich ihnen entziehen. Aus diesem Grunde verfügt jeder über ein diesbezügliches Reflexionspotential. Dies kann und soll genutzt werden. Entscheidend ist, daß sich jeder Therapeut im Gespräch mit anderen, im Gespräch mit sich selbst Klarheit darüber verschafft, welche ethischen Vorstellungen er bisher ausgebildet hat. Das heißt: welche Antworten er auf die Frage gibt, was es heißt, ein gutes Leben, ein annehmbares Leben, ein wahres Leben, ein gelingendes Leben, ein glückendes Leben zu führen. Der Schatz der diesbezüglichen Ideen muß und kann gehoben werden. Ein erster, grundlegender Schritt, ethisch-philosophische Gesprächskompetenz zu erwerben. Der passive Wortschatz ethischer Reflexionskompetenz ist bei vielen Menschen erstaunlich groß. Er muß und kann aktiviert werden. Zu entdecken, daß er vorhanden ist und zu entdecken, daß er bei jedem gebildeten Menschen sehr groß ist, entlastet.

Zum andern sollte sich jeder Therapeut ermutigt fühlen, die philosophische Gesprächsführung im Kontext der Therapie immer gekonnter zu praktizieren. Und dies, weil klärungsorientierte Psychotherapie ohne philosophische Substanz auf gebrochenen Beinen steht. Um dies zu leisten, wird sich der Therapeut ethisches Denken[103] erschließen, sich mit Grundfragen der Ethik auseinandersetzen und sie zu seiner therapeutischen Arbeit in Beziehung setzen. Die Frage nach den Maßstäben für richtiges Handeln, überhaupt die Frage nach dem guten Leben ist psychotherapeutisch deshalb so wichtig und interessant, weil das vordergründige Ziel jeder Psychotherapie, nämlich psychische Gesundheit zu ermöglichen, kein tragfähiges Lebensziel sein kann. Gesundheit ist kein Selbstzweck. Gesundheit will, ebenso wie Krankheit genutzt werden. Was fange ich mit meiner Gesundheit an, ist die sich aufdrängende Frage? Und dies im Blick auf eine doppelte Erfahrung, welche ethische Reflexion herausfordert. Und zwar so, „daß der Mensch inmitten von Leid, Unrecht und Furcht lebt, daß er schon immer um das Übel verfehlten Lebens weiß, aber über keine gesicherte Erkenntnis bezüglich der Bedingungen gelingender Lebensführung verfügt."[104] Die diesbezügliche Unsicherheit hängt einerseits an der Ambivalenz der Freiheit. Wir haben zwar die Wahl. Heute mehr denn je. Aber wir sind auch verurteilt zu wählen. Und: Wer wählt, wählt ab. Gut, wenn das, was er in seiner Wahl getroffen hat, dem Gelingen dient. Schmerzlich, wenn sich herausstellt, das Abgewählte hätte auf die Spur des Glücks geführt. Andererseits hängt die diesbezügliche Unsicherheit an einem merkwürdigen Sachverhalt. Auch wenn der Mensch in einen einigermaßen verbindlichen ethischen Ordnungsrahmen eingebunden sein sollte, so hat das reife Subjekt immer das Bedürfnis, sich der Richtigkeit seiner Handlungen persönlich zu vergewissern. Und dies eben nicht

---

[103] Ein ausgezeichnetes Werk, das diesem Zweck voll entspricht, ist N. Hartmann, a.a.O.

[104] P. Prechtl u.a., Metzler Philosophie Lexikon, Art. Ethik, Stuttgart 1990, S. 159.

nur im Hinblick auf das je eigene Lebensglück, vielmehr darauf, daß alle ein gutes Leben wollen, und dies nur erreicht wird im zuträglichen Zusammenspiel aller mit allen.

Im Zusammenhang des philosophisch-therapeutischen Gesprächs geht es nicht darum, dem Menschen zu sagen, was er zu tun hat. Ihn gar über den Sinn seines Lebens aufzuklären. Ihn ins Gatter angeblich verbindlicher Normen zu sperren. Es geht darum, mit ihm die je eigene Lebenssituation im Horizont ethischer Fundamentaleinsichten zu durchleuchten, um ihn freizusetzen, eigen-sinnig verantwortlich zu handeln und seine Lebenssituationen immer wieder so zu gestalten, daß sie sich in ihrer Abfolge und in ihrem Zusammenhang zu einem guten Leben aneinanderreihen, zu einem Leben, das zumindest annehmbar ist. Das trotz aller Schwierigkeiten reizvoll, vielleicht sogar schön ist. Zu einem Leben, das in sich das heimliche Versprechen birgt, daß es eines guten Tages zu seiner Erfüllung kommt. Und zwar vor allem dadurch, daß es den Prinzipien der Proaktivität und Proexistenz gehorcht.

Der proaktive Mensch verfolgt selbstentdeckte, selbstverantwortete, ihm selbst sinnvoll erscheinende Ziele. Der reaktive Mensch wartet auf den Befehl. Er reagiert auf die Erwartungen derer, die mit ihm unterwegs sind. Was er selbst will, weiß er nicht. Und natürlich ist jeder in einem gewissen Maße reaktiv, weil jeder in seiner sozialen Einbindung mit Erwartungen anderer konfrontiert wird. Mit Erwartungen, die durchaus sinnvoll sein können und denen zu entsprechen durchaus sinnvoll sein kann. Im philosophisch-therapeutischen Gespräch aber sollte ein Bewußtsein für beides geschaffen werden: für Proaktivität und Reaktivität. Der Patient sollte erkennen, ob es in seinem Leben eine Balance des einen mit dem anderen gibt. Und die Entdekkung, daß er kaum proaktiv ist, sollte ihn unruhig machen. Denn mangelnde Proaktivität und Selbstentfremdung sind nicht weniger als dies: nahe Verwandte. Das zum einen.

Andererseits gilt es, dem Prinzip der Proexistenz zu genügen. Wer sein Leben im Sinne dieses Prinzips führt, stellt es in Dienst. Er führt es so, daß es für ihn sinnvoll ist, daß es aber zugleich etwas zur Ermöglichung, Erhaltung, Entfaltung und Erfüllung fremden Lebens austrägt.

Den Patienten die je eigene Lebenssituation im Horizont ethischer Fundamentaleinsichten durchsichtig zu machen ist der Sinn des philosophischen Gesprächs im Zusammenhang des therapeutischen Gesprächs. Dazu gehört nicht nur die Reflexion von Proaktivität und Proexistenz. Dazu gehört eine Reihe von Einsichten, die durch folgende, an den Patienten zu richtende Fragen geweckt werden können: Was verstehen Sie unter einem guten Leben im Sinne eines sinnvollen Lebens? Ist Ihnen bewußt, daß es in ethischer Perspektive nicht darum geht, äußere Normen wahrzunehmen und ihnen zu entsprechen? Daß der fundamentale moralische Imperativ den Menschen ermutigt, derjenige zu werden, der er in der Tiefe seiner selbst ist und dies zugleich für sich und für andere? Welche besonderen Möglichkeiten und Fähigkeiten sind mit Ihrer Person verbunden? Fähigkeiten und Möglichkeiten, die zu entwickeln und in Dienst zu stellen eine Freude für Sie und andere bedeutet? Von welchen Normen und ethischen Werten lassen Sie sich leiten? Sind Sie in der Lage, dem Lebensausschnitt, den zu gestalten Ihnen anvertraut ist, ein eigenes Gepräge zu geben? Haben Sie das Gefühl, durch das Ihnen zugeteilte Geschick weitgehend determiniert zu sein? Welche Freiräume haben Sie und nutzen Sie? Wie stellt sich in Ihrem Leben das Verhältnis von Selbstbestimmung und Fremdbestimmung dar? Erweist sich Ihr gesellschaftliches Umfeld gleichsam als sozialer Biotop, in dem Sie auf bestimmte Reize in vorprogrammierter Weise reagieren oder glauben, reagieren zu müssen? Können Sie im Sinne der Diskursethik, ihre eigenen Vorstellungen bzgl. eines sinnvollen Lebens mit den Nahen und Nächsten frei aushandeln und weitgehend durchsetzen? Welche Rollen spielen in Ihrem Leben die klassischen Wert der Gerechtigkeit, Weisheit, Tapferkeit, der persönlichen Liebe, der Nächstenliebe, der Fernstenliebe, um nur einige Beispiele zu nennen?

Im übrigen geht es niemals darum, mit dem Patienten präskriptiv umzugehen, ihm den Weg erfüllten Lebens vorzuschreiben. Jeder muß diesen Weg selbst finden und selbst gehen. Dennoch gilt es, existentielle Gesetzmäßigkeiten, die unbedacht zu lassen Leben zum Scheitern verurteilt sein läßt, bewußt zu machen. So ist es von zentraler Bedeutung zu erkennen, daß Existenz unter dem Aspekt ihrer Essentialität sinnorientiert[105] ist. Die Mitte menschlicher Intentionalität betrifft das Verlangen nach Sinn. Wenn die Wissenschaft der Psychologie behauptet, das Prinzip der Psyche sei Intentionalität, so ist dies völlig richtig, aber nur die halbe Wahrheit. Der Mensch ist nicht einfach immer nur und immerzu auf irgendetwas aus. Vielmehr auf etwas, das ihm wert-voll erscheint. Also auf etwas, das zu erreichen, das zu besitzen, mit dem in Berührung zu sein, das vollbracht zu haben, das zu können, das zu erleben etwas zum Glükken des Lebens beizutragen verspricht. Dabei ist wichtig, darauf zu achten, wer hier eigentlich wem etwas verspricht. Ganz offensichtlich sind es nicht die Dinge der Welt, die dem Menschen etwas versprechen. Der Mensch ist es vielmehr, der *sich* etwas von der Welt verspricht. Und nur zu oft muß er erleben, daß die Dinge nicht gehalten haben, was er sich von ihnen versprochen hat. Die entsprechenden Erfahrungen wurden vor allem in den-

[105] Vgl. dazu alle Werke von V. Frankl, in deren Zentrum die Sinn-Kategorie steht.

jenigen philosophischen Schriften festgehalten, die sich mit Fragen der Lebenskunst befassen.[106] Im Blick auf sie macht es einen großen Unterschied, ob sie konkrete Anweisungen zum glücklich geführten Leben geben, sagen, wie man denken, wie man sich verhalten, welche Einstellungen man hegen müsse, um ein glücklicher Mensch zu sein bzw. zu werden. Oder ob sie die Strukturelemente von Existenz ins helle Bewußtsein heben, die man immer berücksichtigen muß, um nicht zu scheitern. Was gemeint ist, soll an folgendem deutlich gemacht werden, an Beispielen, die zugleich dazu dienen, das im philosophisch-therapeutischen Gespräch berührte Feld der Klärung in seiner Struktur darzustellen und zu zeigen, ob und wie sich der Therapeut in den Sinnentdeckungsprozeß einmischen darf.

8. Die Klärungsperspektive im Blick auf die wichtigsten Lebensfelder

Es geht nun um die Lebensfelder, welche im philosophischen Gespräch unter dem Aspekt der Möglichkeit, in ihnen ein sinnvolles Leben zu führen, bedacht und durchfühlt werden sollten. Dabei ist zunächst die Einsicht wichtig, daß in jedem dieser Felder Möglichkeiten der Sinnrealisierung eröffnet aber auch verwirkt werden können. Ob wir Sinn verwirklichen oder verwirken, hängt an der Wahl. Einmal daran, ob wir sie überhaupt haben, zum anderen, in welchem Maße wir sie haben. Dabei ist beides problematisch: sie nicht zu haben, sie in Hülle und Fülle zu haben. Haben wir sie nicht, ist Gestaltung von Leben nicht

---

[106] Vgl. dazu beispielsweise M. Hossenfelder, Antike Glückslehren, Stuttgart 1996 oder W. Schmid, a.a.O.

möglich. Haben wir sie überreichlich, stellt sich die sprichwörtliche Qual ein. Es handelt sich u.U. um die Qual, nicht zu wissen, was vorzuziehen, was hintanzustellen ist. Es handelt sich um einen Mangel bezüglich trennscharfer Wertfühligkeit.

Will man nun ein für das philosophische Gespräche handhabbares Modell erstellen, welches als Wegweiser durch alle bedeutsamen Lebensfelder führt, welche im Zusammenhang des philosophisch-therapeutischen Gesprächs relevant sind, dann gilt es zu fragen, in bezug worauf der Mensch die Wahl hat.

Feld	→	**Tätigkeit**	→	**Identität**
Mitmenschen	→	kommunizieren	→	kommunikative Identität
Kulturgüter	→	lernen	→	bildungsorientierte Identität
Konsumgüter	→	verbrauchen	→	konsumorientierte Identität
Berufe	→	arbeiten	→	professionsorientierte Identität
Weltanschauungen	→	interpretieren	→	religiöse Identität
Lebensformen	→	gestalten	→	stilistische Identität
Umgebungen	→	plazieren	→	topographische Identität

Sieben sinneröffnende Fundamentalbereiche, in denen der Mensch die Wahl hat und in denen er seine Identitäten ausbildet.

a. Die Wahl der Mitmenschen

Das erste Feld betrifft die bzw. den Mitmenschen. Menschen suchen einander, finden einander, wählen einander, verlassen einander. Da im Grunde alle wesentlichen Bedürfnisse im zwischenmenschlichen Kontakt befriedigt werden, kommt dem Umgang des Menschen mit dem Menschen für das Gelingen von Leben sehr große Bedeutung zu. Und dies vor allem im Blick auf das Zusammenwirken von Mann und Frau. Dies hängt nicht allein an der Macht sexueller Triebhaftigkeit, vielmehr auch an gesellschaftlich bedingten Erwartungshaltungen. Nicht wenige Zeitgenossen erwarten vom Zusammenspiel mit einem Partner oder einer Partnerin die delikatesten Sinnerfahrungen. Und dies, obwohl allenthalben gerade in diesen Bezügen der Wahnsinn nicht selten handgreiflich ist.

Um nun in den einzelnen Lebensfeldern in systematischer Weise Klärung zu betreiben, gilt es, im philosophisch-therapeutischen Gespräch im Blick auf jedes einzelne Lebensfeld mit dem Patienten folgende Fragen zu erörtern:

- Welche Absichten habe ich im Blick auf ein bestimmtes Lebensfeld gehegt, hege ich?
- Was tue ich, wie verhalte ich mich tatsächlich in einem bestimmten Lebensfeld?
- Was machen die Phänomene der einzelnen Lebensfelder mit mir?
- Welche sinneröffnenden Ziele will ich von nun an in den einzelnen Lebensfeldern verfolgen?

Das von diesen Fragen geleitete Gespräch sollte von vornherein unter dem Aspekt der Sinnorientiertheit menschlicher Existenz geführt werden. Der Therapeut kann deshalb die philosophische Diskussion mit seinem Patienten mit folgender Anrede eröffnen: „Wir alle – auch Sie, auch ich – möchten ein sinnvolles Leben führen. Sinnmöglichkeiten werden in ganz unterschiedlichen Bereichen entdeckt und realisiert; z.B. im Umgang mit unseren Mitmenschen, im Rahmen unserer beruflichen Tätigkeit. Oder in der Art und Weise, wie wir unsere Freizeit gestalten. Wenn wir genau hinsehen, stellen wir immer wieder fest, daß wir viele sinnvolle Dinge tun, aber auch viel Unsinniges. Und es wird uns bewußt, daß es in unserem Leben viel mehr

Sinnmöglichkeiten gibt, als wir realisieren. Diese Möglichkeiten zu entdecken und zu verwirklichen ist das eine Ziel. Unsinniges Handeln in seiner Unsinnigkeit zu durchschauen und aufzugeben ein anderes. Wenn beides gelingt – und es wird gelingen – wird Ihr Leben sehr viel reicher werden."

Der nun folgende Dialog sollte, bei aller Lebendigkeit und Spontaneität, durch die oben aufgeführten Fragen strukturiert werden. Wichtig ist dabei, daß die Reihenfolge eingehalten wird. Es soll nämlich erkannt werden, daß wir durchaus im Blick auf die einzelnen Lebensfelder gute Absichten haben, daß sich die Absichten im tatsächlichen Verhalten nicht immer, manchmal kaum wiederfinden. Die Entdeckung der Differenz zwischen Absicht und Wirklichkeit ist allerdings nicht der erste Schritt. Der erste Schritt sollte nicht Schmerz, sondern Lust bereiten. Es ist die Lust zu entdecken, daß man gute Absichten hat, sich diese Absichten bewußt zu machen – vielfach sind sie gar nicht voll bewußt –, um in den Augen des Therapeuten als guter Mensch zu erscheinen. Das klingt naiv, ist aber für eine tragfähige therapeutische Beziehung von außerordentlicher Bedeutung. In der Logik der therapeutischen Situation liegt es, daß sich der Patienten als jemand outet, der unter einem Mangel leidet. Die Darstellung des je eigenen Lebens unter einem negativen Aspekt zehrt am Selbstwertgefühl. Um therapeutische Erfolge zu erringen, muß es nachdrücklich gestärkt werden. Um dies zu leisten, gilt es, ein negatives Outing durch ein positives Outing auszubalancieren. Dies ist u.a. auch dadurch möglich, daß man dem Patienten Gelegenheit gibt, seine positiven Absichten im Blick auf spezifische Lebensfelder genau wahrzunehmen, genau zu beschreiben und sich so von seiner Lichtseite zu zeigen.

Sieben Lebensfelder im Horizont von vier Fragestellungen durchzubuchstabieren bedeutet achtundzwanzig Gesprächsgänge. Berücksichtigt man, daß jedes Lebensfeld hochdifferenziert ist – man hat es z.B. normalerweise nicht mit einer einzigen, sondern mit einigen wichtigen Bezugspersonen zu tun –, dann erhöht sich die Anzahl der möglichen Dialoge ganz erheblich. Und natürlich wird man sich aus diesem Grunde auf die wichtigsten Felder im Hinblick auf die individuelle Situation des Patienten konzentrieren. Und auch in diesem Rahmen ist es nicht möglich, alle Konstellationen zu diskutieren. Exemplarische Hinweise müssen genügen.

Im Blick auf Mitmenschen geht es im Prinzip um die Art, mit ihnen zu kommunizieren; ganz gleichgültig, ob es sich um die Ehefrau, den Ehemann, Töchter, Söhne, sonstige Verwandte, Freunde oder Bekannte handelt. Zunächst ist wichtig, sich der wichtigsten Bezugspersonen im privaten Bereich bewußt zu werden. Es ist auch gut, sich ihren Namen sagen, ihr Aussehen schildern, ihre Atmosphäre andeuten zu lassen. Gegebenenfalls sollte man den Patienten auffordern, emotional sehr stark besetzte Szenen zu erinnern und zu erzählen: Szenen, die von sehr schmerzlichen oder sehr erfreulichen Begegnungen mit der jeweiligen Person handeln. Entscheidend aber ist die Einsicht, daß man im Umgang mit einem nahen Menschen in der Weise, wie man mit ihm umgeht, in dem, was man ihm tut, was man mit ihm macht Sinn realisieren kann. Dabei sind im Blick auf die interpersonale Kommunikation zwei Aspekte fundamental: das Wie und das Was der Kommunikation. In beiden Ebenen kann Sinn realisiert werden. Sowohl in der Weise, wie ich mit einem Menschen umgehe, als auch im Blick auf die Inhalte, die die Kommunikation bestimmen. Die Vermittlung von geistigen, sittlichen und materiellen Gütern spielt in dieser Hinsicht die entscheidende Rolle. Wichtig zu beachten: Im ersten Durchgang geht es nicht um die Analyse dessen, was objektiv der Fall ist. Also nicht um die Frage, wie jemand mit jemanden tatsächlich umgeht und was er ihm an Gütern und Lebensmöglichkeiten de facto vermittelt. Es geht um dasjenige, was subjektiv der Fall ist, also um die Frage, auf welche Art er für eine nahe Person bedeutsam sein *möchte*. Im Blick auf die Ehefrau könnte der Ehemann beispielsweise sagen: Ich möchte, daß sie sich bei mir wohl fühlt. Ich möchte, daß sie bei mir so sein kann, wie sie eigentlich ist; d.h. daß sie sich im Umgang mit mir nicht verstellen muß. Ich möchte, daß sie sich im Laufe der gemeinsamen Zeit geistig weiterentwickelt, in ihrem Beruf vorankommt und an ihrer Persönlichkeit reifen kann. Ich möchte, daß ich ihr bei all dem helfen werde, und daß wir bei aller Eigenständigkeit an wichtigen Projekten gemeinsam arbeiten und so etwas wie ein Wir-Gefühl ausbilden. Ich möchte, daß meine Partnerin unser gemeinsames Leben nicht als reine Routine erlebt, vielmehr immer wieder die Gelegenheit hat und ergreift, sich von einer neuen, überraschenden Seite zu zeigen. Ich möchte, daß wir in schwierigen Situation zusammenstehen, unser delikates erotisch-sexuelles Zusammenspiel möglichst lange erhalten und unser Gespräch über „Gott und die Welt“ bis ans Ende lebendig bleibt.

Erst im zweiten Durchgang geht es um die u.U. schmerzliche Analyse dessen, was der Fall einer Beziehung ist. Genau hinzusehen ist die Devise. Was ist übriggeblieben von der schönen Illusion? Wie kommuniziere ich in einer nahen Beziehung, was wird von mir sinnvollerweise erwartet, was gebe ich an geistigen und materiellen Gütern tatsächlich? Den Schmerz des Unterschieds zu spüren kann zum ersten Akt einer neuen Lebensphase werden. Allerdings ist niemand nur Täter. Jeder ist immer auch Objekt des Schicksals. Deshalb sollte im dritten Durchgang auch die Frage „Was ereignet sich an mir in den einzelnen Lebensfeldern?“ behandelt werden. Im Blick auf das erste Lebensfeld könnten die entsprechenden Fragen so lauten: Wie gehen die nahen und nächsten Bezugspersonen eigentlich mit mir um?

Was sagen sie mir, was geben sie mir, was bedeuten sie mir? Was tun sie für mich? Und dabei muß sich durchaus nicht herausstellen, daß ich vorrangig Opfer bin. Es kann sich vielmehr auch herausstellen, daß ich in den verschiedenen Beziehungen sehr Wertvolles erhalte, aber was ich erhalte, bisher nicht genügend wahrgenommen und gewürdigt habe: persönliche Zuwendung, Interesse an meiner Person und Arbeit, Hilfestellung bei der Bewältigung des Alltags, Hinweise auf Interessantes, Originelles, Schönes, Reizvolles in diesem Leben. Entscheidend für diese Art der philosophischen Gesprächsführung aber ist der vierte Durchgang. In der allgemeinen Formulierung wird er von der Frage geleitet: Welche Sinn eröffnenden Ziele will ich von nun an in den einzelnen Lebensfeldern verfolgen? Im Blick auf die zwischenmenschlichen Beziehungen müßte an dieser Stelle utopisches Fragen, im besten Sinne des Wortes, angeregt werden. Man erinnere sich: utopisch ist, was keinen Ort mehr oder noch keinen Ort in dieser Welt hat, aber einen Ort haben könnte und sollte. Könnte: weil es realistisch ist. Sollte: weil es sinnvoll ist. Könnte: weil es möglich ist. Sollte: weil es eine gute Möglichkeit ist. Könnte: weil diese Möglichkeit von uns aus dem Gefängnis der Wirklichkeit befreit werden kann. Sollte: weil die Befreiung dieser Möglichkeit Leben lebenswerter macht. Was heißt das im Blick auf das interpersonale Feld? Man erinnere sich: Dem Patienten ist nun voll bewußt, welche Sinnvorstellungen im Blick auf die Gestaltung zwischenmenschlicher Beziehung er in der Tiefe seiner Person hegt und gehegt hat. Er weiß den Unterschied zwischen den guten Vorstellungen, die er hegt, und dem, was der Fall seines Lebens ist. Ihm ist auch bewußt, was diejenigen Personen, die mit ihm unterwegs sind, mit ihm machen, im guten wie im weniger guten. Nun muß er zur realistischen, sinnorientierten Zielbildung im Blick auf die jetzt und zukünftig zu bewältigende Situation angeregt werden. Er muß wählen, er muß entscheiden und er muß handeln. Das aber kann er nur, wenn die nun zu wählenden und zu realisierenden Sinnmöglichkeiten in den zwischenmenschlichen Bezügen konkret, d.h. anschaulich, greifbar, überzeugend und realisierbar sind.

b. Die Wahl der Kulturgüter

Die zweite Wahl betrifft die Kulturgüter.[107] Alles, was der Mensch als Wesen des Geistes aus sich heraussetzt und gestaltet, ist Kultur. Wer Kultur hört, sollte die Welt der Bücher und die vom Menschen gestaltete Welt assoziieren. Die wichtigsten Dimensionen der Kultur sind: die Sprachen, die Wissenschaften in den Formen von Geistes-, Natur- und Sozialwissenschaften, bildende Kunst, Musik, Literatur, alle Formen handwerklicher, kultivierter und kultivierender Lebensäußerungen. Es handelt sich demzufolge um den künstlichen Kosmos im Gegensatz zum natürlichen Kosmos. Ein sinnerfülltes Leben zu führen hängt

---

[107] „Kultur (lat. cultura, von colere: bebauen, pflegen), im weitesten Sinne alles, was der Mensch selbst gestaltend hervorbringt, im Unterschied zu der von ihm nicht geschaffenen und nicht veränderten Natur. Kulturleistungen können in der formenden Umgestaltung eines gegebenen Materials am Maßstab einer leitenden Idee bestehen, so in der Technik oder auch bildenden Kunst, oder in ideellen Formungen wie Moral, Recht, Religion, Wissenschaft, die sinngebend und gemeinschaftsorganisierend sind. Schließlich bedeutet Kultur in bezug auf das Individuum die Einflußnahme auf die Entwicklung seiner geistigen und körperlichen Fähigkeiten. – Kultur bezieht sich so zum einen auf die Fähigkeit des Menschen, formend die Welt und sich selbst verändern und ideelle Sinn- und Handlungsmuster entwerfen zu können, als auch auf die Gesamtheit der Gestalt gewordenen Kulturleistungen, z.B. eines Volkes.“ Artikel „Kultur“ in: P. Prechtl, a.a.O., S. 310.

auch an der kulturorientierten Partizipationsfähigkeit. Die Frage ist, wie ausgedehnt und tief sich ein Mensch die Kulturgüter erschließen kann. Das ist das eine. Und ob und in welchem Maße er in der Lage ist, selbst Kulturgüter zu schaffen. Das ist das andere. Kurz: Das Verhältnis des Menschen zur Kultur ist doppelter Art: rezeptiv und produktiv. Der Mensch rezipiert Kultur, indem er Kulturgüter hört, sieht, betrachtet. Zeichen, Symbole, Bilder empfängt, aufnimmt und was er aufgenommen hat, zu verstehen unternimmt. Und der Mensch produziert Kultur, indem er Kulturgüter aus sich heraussetzt. Bücher schreibt, Musik komponiert, Bilder malt. Oder Stoffe ideengeleitet formt. Ton zu einer Keramik, ein Stück Land zu einem Garten, einen Stein zu einer Skulptur, Lehm zu einem Haus. Will man jemandem in sehr einfacher Weise sagen, was Kultur und was ihre Prinzipien sind, dann ist der Hinweis aufs Lesen und Schreiben von Nutzen. Im Vorgang des Lesens ist der Mensch kulturrezeptiv und dies, indem er zu verstehen sucht, was er liest. Im Vorgang des Schreibens ist der Mensch kulturproduktiv und dies, indem er etwas zu verstehen gibt. Auf Sinn bezogenes Verstehen und zu verstehen geben ist die Mitte kultureller Produktivität.

In dem, was der Mensch an Kulturgütern hervorbringt, gibt er Anteil an sich. Und in dem, was der Mensch an Kulturgütern versteht, nimmt er Anteil an den Kultur schaffenden Subjekten. Aber es geht dabei nicht nur ums intersubjektive Anteilgeben und Anteilnehmen. Die kulturellen Güter sind nicht nur Verständigungsmittel zwischen Subjekten. Sie sind in sich bedeutsam und bleiben vielleicht jahrtausendelang bedeutsam, weil sie das Leben derer, die sie verstehen, reicher machen. Literatur multipliziert das Leben. Sie eröffnet die Möglichkeit, an unendlich vielen Existenzen teilzunehmen. Ihren Konflikten, ihren Konfliktlösungen. An ihrer Art, Existenz zu verstehen und zu bewältigen. An Höhenerlebnissen und Tiefenerlebnissen. An der

Komik und Tragik des Lebens überhaupt. Wissenschaft multipliziert Erkenntnis. Kunst multipliziert die Welt der Bilder. Handwerk und Technik multiplizieren die Gegenstände und Geräte des täglichen Gebrauchs unter dem Aspekt der Lebensentlastung und Vereinfachung. Drückt sich in ihnen der Wille aus, Funktionalität und Ästhetik zu vereinen, dann entstehen viele schöne, das Leben erleichternde Gegenstände, an denen man seine Freude haben kann.

Im Gesprächsgang mit dem Patienten kann zunächst geklärt werden, für welche kulturellen Phänomene er sich ursprünglich einmal interessiert hat. Was aus ihnen geworden ist. Welche er nach wie vor pflegt. Letztlich aber geht es darum, diejenigen kulturellen Felder zu entdecken, die er sich auf Grund spezifischer Interessiertheit neu erschließen möchte und diejenigen, die er bereits teilweise abgeschritten hat und die er sich nun vertiefend erschließen will. Angesichts der Fülle ist Auswahl unumgänglich. Um die richtige Wahl zu treffen, sind folgende, im philosophischen Gespräch zu vermittelnde Einsichten wichtig: Eine starke Affinität zwischen dem Kulturgut und dem Subjekt ist sehr von Nutzen. Was uns sehr anzieht, das erschließen wir uns leicht und gründlich. Und wir scheuen keine Mühe, wenn das fortschreitende Erschließen schwer und schwerer werden sollte. Allerdings ist der Mensch nicht an der kaleidoskopartigen Erschließung von Kulturgütern interessiert, also am ständigen Wechsel und an der bunten Folge. Vielmehr daran, sich diejenigen Güter anzueignen, die zu seiner Lebenssituation und seiner Lebensphilosophie passen. Die ihm helfen, diejenigen Aufgaben, die zu lösen ihm das Leben jetzt oder in überschaubarer Zukunft abverlangt, zu lösen. Es gilt, einen Sinnzusammenhang zwischen dem in jeder Lebenssituation liegenden Aufforderungscharakter und den selbsterzieherischen, Welt erschließenden Bildungsprozessen herzustellen. Konkret: Im Gespräch muß die Frage gestellt werden:

Was erwartet das Leben jetzt, in dieser spezifischen Phase von mir? Und: Mit welchen Gegenständen des objektiven Geistes sollte ich mich jetzt befassen? Erstens, weil sie mich sehr interessieren und mein Leben bereichern? Zweitens, weil sie mir dabei helfen, meinem Leben eine Zukunft zu eröffnen, die diesen Namen verdient?

Im übrigen sollte man folgendes nicht übersehen. Der durchschnittliche Mensch ist in sehr viel größerem Maße kulturrezeptiv als kulturproduktiv. Man konsumiert, zum Teil maßlos. Man produziert meist sehr mäßig. Diese Asymmetrie wird es vermutlich immer geben. Das Ausmaß dieser Asymmetrie muß zurückgefahren werden. Sehr viel mehr Menschen sollten die Kompetenz erwerben, kulturproduktiv, zumindest kulturreproduktiv zu werden. Und dies unter zwei zu unterscheidenden, aber aufeinander verwiesenen Aspekten: dem Aspekt der Lebensqualität und dem Aspekt der Ökologie. Meine, zunächst paradox klingende These lautet: Wenn wir die Erde als lebendiges Wesen erhalten wollen, müssen wir die durchschnittliche Lebensqualität eminent steigern. Wir können sie steigern, indem wir die Kulturrezeptivität und Kulturproduktivität bzw. Kulturreproduktivität des Subjekts steigern. Der in hohem Maße gebildete Mensch hat Freude am Umgang mit Kulturgütern. Die Beschäftigung mit ihnen erlebt er als sinnvoll. Er widmet ihr viel Lebenszeit. Er hat den Raubbau an den vitalen Ressourcen der Erde nicht nötig. Er kann einfach leben. Er braucht den überzogenen Konsum äußerer Güter, um einen üblen inneren Notstand zu kompensieren, nicht. Oder, um einmal der Versuchung einer ebenso banalen wie treffenden Formulierung nicht zu widerstehen: Wer philosophiert, sündigt nicht. Konkret: Dafür Sorge zu tragen, daß sehr viel mehr Menschen kompetent werden und Freude daran gewinnen, sich breit und tief zu bilden, ist nicht allein ein ökonomisches Gebot der Stunde, wie allenthalben in der aktuellen politischen Diskussion betont wird, vielmehr vorrangig ein ökologisches Gebot. Natürlich werden vielfältig Gebildete aufgrund ihrer kognitiven Flexibilität und ihres Einfallsreichtums sehr viel eher phantasievolle Möglichkeiten finden, sich Arbeiten zu verschaffen oder auf unternehmerischem Wege Arbeitsmöglichkeiten zu schaffen. Aber entscheidend ist, daß der gebildete Mensch nicht in die Lage kommt, daß sein Wille zum Sinn frustriert wird. Eben, weil Bildungsgüter in Hülle und Fülle vorhanden sind. Überzogener Konsum als Kompensation für Frustration ist für ihn nur selten eine Versuchung. Noch konkreter: Es geht darum, eine alle Schichten umfassende, möglichst breit angelegte Gesprächskultur zu etablieren. Der Mensch ist von Haus aus Philosoph. Er soll werden, was er ist. Er soll Lust daran gewinnen, sich mit seinesgleichen über dieses merkwürdige Leben, in das er gestellt ist, unter einer Vielfalt möglicher Aspekte zu verständigen. Dazu ist nötig, daß er es lernt, das Mittel der Verständigung immer souveräner zu gebrauchen. Der Gebrauch wird Zug um Zug überlegener, je mehr und je feinere Aspekte der Wirklichkeit sich ein Mensch sprachlich erschließt. Entscheidend ist im Blick auf die Sprachentwicklung der Wille zum intimen Kontakt mit den Gütern der Kultur. Oberflächlicher Kontakt, zum Beispiel mit Literatur, führt zu vagen Vorstellung, Eindrücken, Bildern und Gefühlen, die sich in einem chaotischen, desintegrierten Inneren spiegeln. Aus wirrer Gestaltlosigkeit muß die klare Gestalt geboren werden. Dies geschieht, sofern der Mensch die chaotische Fülle seines Inneren in die Klarheit des Ausdrucks überführt. Der vage Gedanke muß überführt werden in die Präzision des Begriffs. Verschwommene Vorstellungen müssen zum Ausdruck kommen in der Präzision nachvollziehbarer Argumentation. Und vielleicht ist es tatsächlich so, daß der Mensch sich nicht vorrangig durch Introspektion, vielmehr in dem versteht, was er von sich gegeben hat. Im Aus-druck seiner selbst. In dem, was von ihm gegenständlich geworden ist. In seinen Werken.

Im intimen Kontakt mit den Gütern der Kultur zu leben heißt nicht nur, sie zu ergreifen. Heißt auch: sich von ihnen ergreifen zu lassen und sich aus dieser Ergriffenheit heraus auszudrücken. Ein Plädoyer für die Ermöglichung hochdifferenzierter Artikulationsfähigkeit hat in diesem Zusammenhang nun nicht allein den Sinn, daß man sich selbst Klarheit über seine Existenz und Existenz überhaupt verschaffe, daß man vielmehr frei wird zum Dialog. Ich spreche den, der mit mir unterwegs ist, auf das hin an, was mir bedeutsam erscheint. Und umgekehrt. Beides wird als höchst sinnvoll erlebt. Sich diesbezüglich auszudrücken. Diesbezüglich angesprochen zu werden. Diesbezüglich heißt: bezogen auf Sinn im Leben, den es gemeinsam zu entdecken gilt. Was gibt es Wichtigeres und Sinnvolleres, als sich miteinander über dieses merkwürdige Leben, in das wir gestellt sind, kultiviert zu verständigen? Wenn es der Wahrheit entspricht, daß der Mensch, von der Mitte seiner Existenz her gedacht, ein nach Sinn verlangendes Wesen ist, dann kommt dem rezeptiven, produktiven und reproduktiven Bezug des Subjektes zu den Kulturgütern höchste Bedeutung zu. Denn Kulturgüter zu produzieren bedeutet, Sinn zu produzieren. Kulturgüter zu rezipieren bedeutet, Sinn zu rezipieren. Im produktiven und rezeptiven Umgang mit Kultur kann der Mensch seinem Willen zum Sinn in unüberschaubar vielfältiger Weise entsprechen. Ja, wenn er es kann! Das diesbezügliche Können ist ihm nicht in die Wiege gelegt. Er muß es lernen. Das Lernen aber ist mit Mühe verbunden. Ermutigung zu diesbezüglicher Mühe ist natürlich vorrangig Aufgabe der Schule. Insofern sich Psychotherapie als Persönlichkeitsentwicklung darstellt, kann solche Ermutigung auch ihre Aufgabe werden.

c. Die Wahl der Konsumgüter

Das dritte Feld, in dem wir die Wahl haben, betrifft die Konsumgüter. Geht man davon aus, daß alles, was der Mensch als Wesen des Geistes aus sich heraussetzt, Kultur ist, dann gehören, streng genommen, die Konsumgüter zu den Kulturgütern und müßten deshalb zusammen mit ihnen behandelt werden. Gesunde Lebensmittel zu erzeugen oder Maschinen zur Erleichterung der Haushaltsführung ist nur möglich, weil der Mensch über eine geistige Dimension verfügt. Dennoch ist, auch wenn es fließende Übergänge gibt, ein Unterschied zu machen zwischen einem Kulturgut im engeren Sinne und einem Konsumgut im eigentlichen Sinne. Kulturgüter gebraucht man. Konsumgüter verbraucht man. Literatur gebraucht man beispielsweise, um sich mit Grundproblemen menschlicher Existenz vertraut zu machen und sich mit ihnen auseinanderzusetzen. Das Glasperlenspiel H. Hesses verbraucht man nicht, ebensowenig eine Klaviersonate von W. A. Mozart. Konsumgüter dagegen verbraucht man letzten Endes. Die einen schneller. Lebensmittel zum Beispiel. Die anderen weniger schnell. Waschmaschinen oder Spülmaschinen zum Beispiel. Zum Gebrauch gesellt sich hier noch der Verbrauch. Und da gerade in modernen industriellen Gesellschaften Produktion von Gütern und Dienstleistungen, ihre Verteilung und ihr Konsum zu gesellschaftskonstitutiven Faktoren geworden sind, also zu Anliegen, die alle mit allen verbinden, ist es wohl berechtigt, Konsumgüter im Sinne zivilisatorischer Güter von Kulturgütern zu unterscheiden und die Problematik des Verbrauchs im Horizont der Klärungsperspektive ins helle Bewußtsein zu rücken. Drei Probleme sind es, die in diesem Zusammenhang vorrangig behandelt werden sollten: die Fülle der Güter. Die Plastizität der Bedürfnisse. Möglichkeiten des Widerstands gegen überzogenen Konsum.

Güter und Dienstleistungen zielen zunächst auf die Befriedigung vitaler Bedürfnisse: sich zu nähren, sich zu kleiden, sich zu pflegen, sich in einem geschützten Raum niederzulassen. Nahrung, Kleidung, Pflege, Wohnung sind die in dieser Hinsicht angepeilten Stichworte. Elend entsteht, sofern der Mensch nicht in der Lage ist, die angedeuteten vitalen Grundbedürfnisse hinreichend zu befriedigen. In modernen industriellen Gesellschaften ist allerdings nicht der Mangel, vielmehr der Überfluß das eigentliche Problem. Nicht die Versorgung, vielmehr die Entsorgung. Es gibt ein Überangebot an Nahrungsmitteln, an Möglichkeiten sich zu kleiden. Es gibt für jeden Quadratzentimeter der Haut eine andere Creme. Und das Thema „schöner und immer schöner zu wohnen" wird von einem Großteil der Bevölkerung mehr oder weniger nachdrücklich ein Leben lang verfolgt. Dabei ist es wohl nicht so, daß die unübersehbare Fülle der Bedürfnisse eine unübersehbare Fülle von Gütern und Dienstleistungen hervorbringt. Es ist vielmehr umgekehrt: Die Fülle der Güter und Dienstleistungen, hochästhetisch verpackt und äußerst verlokkend offeriert, erzeugt immer neue Bedürfnisse und dies aufgrund einer grenzenlosen Plastizität der menschlichen Bedürfnisstruktur. Schon lange geht es nicht mehr um Bedarfsdeckung, vielmehr um Bedürfnis- und Bedarfsweckung. Ein Heer von Spezialisten ist mit den Fragen beschäftigt, wie man Menschen motivieren kann, sich für ein Gut oder eine Dienstleistung zu interessieren. Wie man Bedarf bilden kann. Welche Informationsprozesse diesbezüglich in Gang zu setzen sind. Wie man die Entscheidungsprozesse des Kunden beeinflussen kann; sowohl im Vorfeld des Erwerbs als auch im Zuge des Erwerbsvorgangs. Und natürlich macht man sich auch Gedanken zum güter- oder dienstleistungsorientierten Nutzungsmuster und darüber, was man unternehmen kann, um den Zeittakt, in dem ein Gut gekauft und verbraucht wird, immer weiter zu verkürzen. Nicht auszudenken, was geschähe, wenn jeder sein Automobil ein halbes Jahrhundert führe! Treibt man den angedeuteten Trend auf die Spitze, dann betritt das ökonomische Subjekt eine Leiter mit mehreren Sprossen. Auf der ersten ereignet sich Konsumsucht. Auf der zweiten Konsumrausch. Auf der dritten Konsumterror.

Natürlich gilt es, diesem Trend zu widerstehen. Der erste Widerstand stellt sich bei den allermeisten wirtschaftenden Subjekten von selbst ein. Er ist dadurch gegeben, daß fast alle, wenn sie sich etwas leisten wollen, etwas leisten müssen. Güter und Dienstleistungen müssen bezahlt werden. Zahlungsfähigkeit wird durch Arbeit errungen. Arbeit ist mit Mühe verbunden. Die Frage, ob es der Mühe wert ist, bestimmte Güter zu erwerben oder Dienstleistungen zu konsumieren – vor allem, wenn sie luxuriöser Natur sind – stellt sich spätestens dann, wenn das arbeitende Subjekt Ermüdungserscheinungen zeigt oder in Gefahr steht, ein Erschöpfungssyndrom auszubilden. Es gilt, den Tausch „Arbeit gegen Luxus" klug abzuwägen.

Zum ökonomischen Aspekt der hier zu behandelnden Problematik gesellt sich der psychologische. Güter und Dienstleistungen werden erstrebt. Der Wille zu kaufen hängt an der Erwartung, mit dem Besitz des Gutes oder dem Konsum der Dienstleistung stelle sich ein besonders reizvolles Erlebnis ein. Die nachdrückliche Ästhetisierung der Waren ebenso wie die der Dienstleistungen hat ein Versprechen zum Ziel. Nämlich: im Konsumenten ein schönes, u.U. ein unvergleichlich schönes Erlebnis auszulösen. Der Trend zur Erlebnisorientierung in den reichen Gesellschaften ist inzwischen so auffallend, daß moderne Sozialpsychologen den Begriff der Erlebnisgesellschaft geprägt und das diesbezügliche Phänomen rekonstruiert und analysiert haben.[108]

Sie zeigen, daß Erlebnisorientierung die Seele des modernen, reichen Menschen so nachhaltig beschlagnahmen kann, daß er sein ganzes Leben als Projekt versteht, ein „schönes" Leben zu führen. Das Prinzip des schönen Lebens aber ist das Erlebnis. Genau an dieser Stelle ergibt sich nun ein psychologisches Problem: Die schön verpackten Waren, die äußerst reizvoll angebotenen Dienstleistungen versprechen zwar ein schönes Erlebnis. Aber erleben muß derjenige, der kauft, schon selbst. Das Erlebnis ist nicht garantiert. Das Erlebnis wird zwar versprochen, es wird jedoch nicht mitgeliefert. Der große Freund des Erlebnisses ist das erste Mal. Der große Feind des Erlebnisses ist die Wiederholung. Beim zweiten Mal wird die Intensität des Erlebnisses schon geringer. Beim dritten, vierten oder gar hundertsten Mal verblaßt die Erlebnisintensität u.U. bis zur Unkenntlichkeit. Was einst ein Erlebnis war, ist ein graues Etwas im grauen Alltag geworden. Was soll man tun, um den ursprünglichen Erlebnisreiz zurückzugewinnen? Zwei Wege bieten sich an und werden von vielen beschritten. In beiden Fällen handelt es sich um Holzwege. Im ersten Falle erhöht man den Zeittakt. Leistete man sich bisher alle fünf Jahre eine Fernreise, reist man nun jedes Jahr nach Asien oder zum Südpol. Im zweiten Falle intensiviert man den Kick. Sprang man bisher im örtlichen Schwimmbad vom Fünf-Meter-Brett, so muß es nun Bungee-Jumping sein. Die Erfahrung lehrt jedoch, daß beide Weisen, die ursprüngliche Erlebnisdichte und Erlebnistiefe zurückzugewinnen, nicht zum Ziel führen: weder die quantitative noch die qualitative Steigerung. Ein kluges Management der Subjektivität wird sich viel-

[108] Vgl. dazu G. Schulze, a.a.O.

mehr darin zeigen, den Zeittakt des Genießens zu verlangsamen, immer wieder bewußt Verzicht zu üben und gerade durch asketische Lebensführung der Verflachung von Erlebnisdichte und Erlebnistiefe entgegenzuwirken. Es geht darum, nicht möglichst viel, möglichst oft und möglichst ausgefallene Dinge zu geniessen, vielmehr richtig zu genießen. Dies zu lehren müßte u.a. auch Anliegen eines Verbraucherschutzes sein, der seinen Namen verdient.

Zum ökonomischen Aspekt (Arbeit) und psychologischen Aspekt (Erlebnis) gesellt sich die ethische Reflexion. Auch sie kann ihre Dienste leisten, den Trend zum überzogenen Konsum zu widerstehen. Vor allem dann, wenn sie dem Individuum zu einem kritischen Bewußtsein bezüglich seiner Konsumentscheidungen im Blick auf die epochaltypischen Schlüsselprobleme verhilft; also im makroökonomischen Kontext. In dieser Hinsicht gilt es, die globalen Folgen eines sich massenweise verbreitenden materialistischen Lebensstils zur Kenntnis zu nehmen. Den Zusammenhang zu erkennen zwischen einem exzessiven Konsumverhalten unter Bedrohung der natürlich Umwelt. Und sich des rasanten Wohlstandsgefälles zwischen der nördlichen und südlichen Welt (Nord-Süd-Gefälle) bewußt zu werden. Und es gilt sich zu fragen: ob wir dieses wollen. Ja, ob wir dies angesichts eines ethischen Wertes, dem sich alle Menschen verpflichtet fühlen, überhaupt wollen können: der Gerechtigkeit.

Zuletzt sei auf einen Gedanken verwiesen, der Menschen nachhaltig bewegt, ihr Konsumverhalten zu überdenken und zu verändern. Er hängt an der Einsicht, daß der Erwerb von Lebens-Mitteln, im weitesten Sinne des Worte, so viel Zeit und Energie kostet, daß kaum noch Energie und Zeit zum Leben bleiben. Nicht selten kann man erleben, daß der Bau eines Hauses beispielsweise die Finanzkraft des sogenannten „Bauherrn" derart übersteigt, daß er zum Sklaven des Projekts wird. Anstatt sich seines Hauses zu freuen, mit Lust das Haus zu bewohnen, mit der Familie im Hause Leben interessant zu gestalten und mit ihr Feste zu feiern, ist er nun viel außer Hause, um zusätzliche Finanzierungsmöglichkeiten zu eröffnen. Und wenn er übermüdet nach Hause kommt, bleibt kaum Kraft, das schöne Leben, das man mit dem Projekt des Hauses verband, nun auch zu leben und zu erleben. Das Beispiel führt u.U. zu einer prinzipiellen Einsicht. Nämlich zur Erkenntnis, daß der moderne, konsumfixierte Mensch in der Gefahr steht, permanent Lebens-Mittel zu erarbeiten, aber darüber zu leben vergißt. Das Erarbeiten von Lebens-Mitteln wird zum Selbstzweck. Wird dies durchschaut, gerät der Betreffende in eine psychische Mißbefindlichkeit, die V. Frankl existentielle Frustration genannt hat. Sie stellt sich ein, wenn bewußt wird, daß das Lebens-Mittel – ein eigenes Haus beispielsweise – nicht in sich sinnvoll ist, vielmehr Mittel zur Ermöglichung sinnvoller Lebensgestaltung sein sollte; einer Lebensgestaltung, zu der man aber nicht mehr fähig ist, weil Zeit und Kraft fehlen. Was es einzusehen gilt, ist dies: Die Zeit und Energie, die wir zur Beschaffung von Lebens-Mitteln aufwenden, muß in einem angemessenen Verhältnis zur Energie und Zeit stehen, die wir brauchen, um Leben eigen-sinnig und in diesem Sinne sinnvoll zu gestalten. Hilfreich kann in dieser Hinsicht der Verweis auf eigenwillige Gestalten der Geschichte sein, die uns zeigen, daß relativer Mittellosigkeit eine unglaublich reiche, kreative, reizvolle und durch und durch originelle Lebensgestaltung und Lebensführung entsprechen kann. Man denke an eine Figur wie Franziskus Bernardone. Die diesbezügliche Faszination liegt u.a. im Sachverhalt, daß er ein übersprudelnd lebendiges Leben gelebt hat und dies auf der Basis sehr spärlicher Lebens-Mittel.

Im übrigen ist in dieser Hinsicht noch auf einen Sachverhalt zu verweisen, der mit dem letzten Gedanken unmittelbar zusammenhängt: Wir können sehr viel und werden immer mehr können im fundamental-quantitativem Sinne. Aber dem Können entspricht allzu häufig keine sinnvolle Substanz. An vier Phänomenen soll der Sachverhalt kurz erläutert werden: am Verkehrswesen. An der Nachrichtentechnik. Am Informationswesen (Internet) und an der Industrie.

Verkehrswesen	→	Reisen	
Nachrichtentechnik	→	Kommunizieren	Sinnfrage
Internet	→	Informieren	
Industrie	→	Produzieren	

Das Prinzip des Verkehrswesens ist Mobilität. Je weiter, öfter und schneller sich ein Mensch von seinem angestammten Ort fortzubewegen imstande ist, desto größer seine Mobilität. Im Vergleich mit dem mittelalterlichen Durchschnittsmenschen ist die Mobilität des modernen Zeitgenossen rasant. Und da der moderne und postmoderne Mensch unter keinen Umständen auf seine Mobilität verzichten möchte und ununterbrochen damit beschäftigt ist, seine Mobilität durch immer neue Bewegungsmitteln zu differenzieren und zu erhöhen, ist Mobilität gleichsam fundamentale Kennung des modernen Subjekts. Und das Automobil Symbol modernen Selbstverständnisses. Ist jedoch das Interesse darauf konzentriert, möglichst schnell und immer häufiger und immer einfacher an immer weiter entfernte Orte zu gelangen, dann wird sich folgendes einstellen: Der Vorgang des Reisens an sich wird inhaltlich leer und leerer. Man vergleiche die Kutschfahrt Johann Wolfgang von Goethes von Deutschland nach Italien mit einem eineinhalbstündigen LH-Flug München/ Rom. Und die Wahl der Ziele wird oberflächlicher. *Daß* man ankommt, ist wichtig. Wo man ankommt ist angesichts des Sachverhaltes, daß man noch an vielen Zielen in der Welt ankommen kann, eben weil es so schnell und so einfach möglich ist, weniger wichtig. Enttäuscht der eine Ort, wird ein anderer schon halten, was der Katalog verspricht. Festzustellen ist eine fortschreitende Sinnentleerung; sowohl im Blick auf das Reisen selbst als auch im Blick auf das Anderswo. Abstrakt formuliert: Der formalen Perfektion korrespondiert inhaltliche Leere; und dies offensichtlich in proportionaler Weise. Kommt diese Tendenz an ihren Scheitelpunkt, dann bewegt man sich um der Bewegung willen von einem Ort zum anderen, ohne wirklich zur Kenntnis zu nehmen, daß man sich noch nicht einmal bewegt, vielmehr von einer Maschine bewegt wird. Die Bewegung in immer schnellerer Weise wird zum Selbstzweck. Was man lernen müßte wäre wieder „wirklich" zu reisen; und zwar in der dialektischen Bewegung von Hinreise und Rückreise. Dabei wäre die Leitlinie der Hinreise: Vorbereitung aufs Ankommen. Aufs Ankommen an einem Ort sinnversprechender Imaginationen. Und die Leitlinie der Rückreise: Vorbereitung aufs Heimkommen an einen Ort, der sich im Horizont der Reiseerfahrungen neu erschließt.

Ein zweites Beispiel betrifft die Nachrichtentechnik. Kurz gesagt: Immer mehr Menschen in immer weiteren Entfernungen können sich immer schneller erreichen. Man denke ans Telefon, ans Handy, an E-Mails, ans Faxgerät. Die diesbezügliche Steigerung von Quantität ist unübersehbar. Aber was haben sich die Menschen an wirklich Wichtigem, also an existentiell Wichtigem zu sagen? Zur künftigen Lebensqualität wird mit Sicherheit nicht die totale Erreichbarkeit zählen, wie sie im Augenblick dem durchschnittlichen Zeitgenossen noch erscheinen mag; vielmehr die partielle Unerreichbarkeit. Und so mancher kluge Zeitgenosse trägt sich schon heute mit dem Gedanken, seinen virtuellen Briefkasten wieder aufzugeben, um seine Zeit nicht mit der Durchsicht einer Masse völlig überflüssiger Anschreiben zu vergeuden.

Nicht anders verhält es sich mit dem Internet. Die Fülle abrufbarer Informationen in Form von Texten, Bildern, Zahlen und Graphiken ist gigantisch. Auch hier ist die Quantität überwältigend. Entscheidend aber wäre angesichts der Begrenztheit von Lebenszeit die Qualität der Informationen. Was wir können ist dies: immer mehr Information bereitzustellen. Was wir nicht können ist das: möglichst pünktlich diejenigen Informationen abzurufen, die im Blick auf das Individuum in personaler Exklusivität existentiell höchst bedeutsam sind. Auch hier korrespondiert einem quantitativen Können ein qualitatives Unvermögen.

Und kaum anders verhält es sich im Blick auf die Industrie. Wir können ungeheuer viele Waren immer schneller, immer perfekter und in immer größeren Mengen produzieren. Aber brauchen wir sie wirklich? Industrie, Internet, Kommunikationstechnik und das gegenwärtige Verkehrswesen sind keine Randerscheinungen der modernen Welt. Vielmehr markieren sie die Essentials der Moderne. Es sollte nachdenklich machen, daß sich gerade im Blick auf sie die jeden Menschen bewegende Sinnfrage so nachdrücklich stellt. Konkret: das Verlangen nach sinnvollem Reisen. Nach sinnvoller Kommunikation. Nach sinnvoller Information und Produktion. Kurz: Moderne Existenzformen werden formal immer perfekter, inhaltlich immer sinnärmer. Oder anders: Dem formalen Perfektionismus korrespondiert inhaltliche Leere. Natürlich gibt es Menschen, die in pathogener Weise konsumieren bzw. sich in pathogener Weise des Konsums enthalten. Anorektikerinnen beispielsweise verweigern den Konsum von Nahrung aufgrund einer massiven Körperwahrnehmungsstörung so nachhaltig, daß sie nicht selten ihr Leben gefährden. Andere nehmen täglich so viele Kalorien auf, daß sie fettleibig werden und auf diese Weise ihre Gesundheit ruinieren. Wieder andere schwanken: Dem Rausch der völlig wahllosen und völlig überzogenen Nahrungsaufnahme folgt das Bedürfnis, sich schnell und nachhaltig durch Erbrechen zu entleeren. Und man weiß, daß sich Eßstörungen in den Industrieländern unglaublich schnell vermehren. Die Frage, wie man optimal mit anorektischen oder bulemischen Patientinnen umgeht, ist eine psychotherapeutische Frage. Und natürlich sind Patienten dieser Art zunächst psychotherapeutisch zu betreuen. Eine Philosophie des Konsums ist nicht am Phänomen pathologischen Konsums orientiert, vielmehr an der Frage sinnvollen Konsumierens.

Im philosophischen Gespräch mit dem Patienten geht es zunächst um die Einsicht, daß das Konsumverhalten in ganz erheblichem Maße über die Lebensqualität eines Menschen entscheidet. Und natürlich kann das diesbezügliche Gespräch im Rückgriff auf die hier entfalteten Einsichten geführt und durch folgende, an den Patienten zu richtende Fragen angeregt werden: Ist Ihnen bewußt, daß viele Menschen durch die Beschaffung von Lebens-Mitteln zeitlich und kräftemäßig so beansprucht sind, daß ihnen kaum noch Zeit zur Muße bleibt? Wie verhält es sich in dieser Hinsicht bei Ihnen? Könnte es sein, daß Sie Ihre Lebensqualität erheblich zu steigern durchaus in der Lage wären, sofern Sie Ihren Konsum einschränkten? Kann es sein, daß diesbezügliche Einschränkung durchaus möglich ist, weil es Ihnen gar nicht übermäßig schwer fällt, eine Reihe von Lebens-Mitteln, die Sie bisher mit großem zeitlichen und energetischen Aufwand erarbeitet haben, als überflüssig zu erleben und auf sie zu verzichten? Ist es Ihnen u.U. möglich, Ihr Konsumverhalten dadurch produktiv zu verändern, daß Sie darauf verzichten, sich in schneller Folge unbedeutende Dinge anzueignen, stattdessen in langen zeitlichen Abständen hochästhetische, wertvolle, langlebige Gegenstände erwerben, die zu haben, zu benutzen, zu genießen immer wieder Freude macht? Könnte es sein, daß die Trennung von allem Überfluß zu einer eminenten seelischen Entlastung führt? Stehen auch Sie in der Versuchung, den Sinn Ihres Lebens in einseitiger Weise darin zu sehen, Ihre Leben als eine Kette schöner Erlebnisse zu gestalten? Sind Ihnen die Gefahren überzogener Erlebnisorientierung bewußt? Das philosophische Gespräch im Umkreis dieser Fragen könnte dazu führen, daß ein Zeitgenosse eines schönen Tages den Satz des antiken Weisen auch für sich als gültig erkennt und sinngemäß formuliert: Beim Gang durch die Stadt betrachte ich die Fülle der Auslagen. Mit großer Genugtuung stelle ich fest, was es alles gibt und was ich – Gott sei Dank – nicht benötige.

d. Die Wahl unter den Berufen

Das vierte Feld, in dem wir die Wahl haben und mit dem wir ursprünglich immer die Erwartung verbinden, Sinn zu realisieren, ist das Berufsfeld. Sich auf einen anspruchsvollen Beruf vorzubereiten, stellt immer ein Projekt hoher und höchster Priorität dar, in das man viel investiert, weil man sich viel davon verspricht. Da wir durchschnittlich sehr viel Lebenszeit für den Beruf verbrauchen, uns die meiste Zeit des Tages in beruflichen Räumen bewegen, gesellschaftliches Ansehen, Selbstwertgefühl und unsere wirtschaftliche Leistungsfähigkeit am beruflichen Erfolg hängen, kommt der Berufproblematik auch im psychotherapeutischen Kontext höchste Bedeutung zu. Geht es um die Schüchternheit des Patienten im beruflichen Kontext, seine Ängste, zu versagen, seine Unfähigkeit, mit den Kollegen oder

Vorgesetzen Konflikte konstruktiv auszutragen, dann hat die diesbezügliche Diskussion und Intervention vorrangig psychotherapeutischen Charakter. Geht es um die prinzipielle Frage, welche Sinnmöglichkeiten die jeweilige berufliche Tätigkeit eröffnet oder verwehrt, dann bewegt sich das Gespräch auf einer philosophischen Spur. Darum geht es hier. Da Menschen mit Beruf von klein auf sinnvolle Tätigkeit verbinden, sollten die ursprünglichen Berufsideen abgerufen werden. „Was willst du einmal werden?" fragt der Erwachsene das Kind und ist sich der philosophischen Tiefe seiner Frage kaum bewußt. Und bevor man wirklich etwas zu werden im Begriff ist, wechseln die Berufsideen. Das Kind hat andere Vorstellungen als der Pubertierende oder der junge Erwachsene. Entscheidend ist, ob die berufliche Tätigkeit, zu der man schließlich gefunden, gehalten hat, was man sich von ihr versprochen. Die realitätsorientierte Analyse sollte sich auf die Beziehungsebene und die Inhaltsebene richten und die mögliche Differenz zwischen ursprünglicher Idee und dem, was der Fall eines beruflichen Lebens ist, spürbar machen. Demzufolge muß geklärt werden, welche Sinnerfahrungen im Zusammenwirken mit den Kollegen gemacht werden, welcher Unsinn dieses Zusammenleben belastet. Und es muß geklärt werden, ob man sich mit den Unternehmenszielen identifizieren kann. Ob man die Waren, an deren Produktion man beteiligt ist, ob man die Dienstleistungen, die man im Zusammenhang beruflicher Aktivität anbietet, als wertvoll erlebt, weil sie wertvoll sind. Es ist auch zu prüfen, ob man sich im Rahmen der Arbeit, die man zu verrichten hat, weiterentwickeln kann. Und dies im Blick auf die Fähigkeiten, die in einem schlummern, und im Blick auf den Lebensentwurf, welcher die je eigene grundlegende Lebensleitlinie darstellt. Demzufolge ist zu fragen: Kann ich im Rahmen meines beruflichen Verantwortungsbereiches die besonderen Fähigkeiten, die ich habe, einbringen, entfalten und weiterentwickeln? Ist meine berufliche Tätigkeit mit meinem Lebensentwurf vereinbar? Bin ich genügend gefordert, eventuell unterfordert oder überfordert? Im abschließenden Durchgang geht es um die Entdeckung unentdeckter Sinnmöglichkeiten im Blick auf die Gestaltung von Beziehung, Produktion und Dienstleistung. Die Phantasie gilt es anzuregen, das utopische Denken im besten Sinne des Wortes und Mut zu machen, dem Leben immer wieder eine kreative Wendung zu geben.

e. Die Wahl unter den Weltanschauungen

Das fünfte Feld betrifft die Weltanschauungen. In prinzipieller Hinsicht gehört die Reflexion der Weltanschauung an den Anfang dieses Kapitels. Denn die Wahl und der Umgang mit Mitmenschen, Kulturgütern, Berufen, Lebensformen, Konsumgütern und Umgebungen hängt zu einem erheblichen Teil an der Weltanschauung, die sich ein Mensch erworben hat. Zu existieren heißt, in einem sozialen Raum zu leben, der von anderen bereits interpretiert wurde, der aber immer wieder neu interpretiert werden kann. Sich einen Reim aufs Leben zu machen ist existentielle Notwendigkeit. Dieser Notwendigkeit haben natürlich auch diejenigen entsprechen müssen, die vorher da waren. Als sie sich aus der Welt verabschiedeten, haben sie jeweils eine in ihrem Sinne interpretierte Welt hinterlassen. In diese Welt werden die Nachfahren hineingeboren. Wenn sie kraftlos sind, werden sie sich von der schon immer vorweg interpretierten Welt gefangen nehmen lassen. Geschieht dies, dann beugen sie sich der Interpretationsmacht, die von den gesellschaftlichen Verhältnissen und ihren Repräsentanten ausgeht. Sich zu beugen heißt, die Weise, wie die Altvordern Welt anzuschauen pflegten, unbedacht zu übernehmen. Grund für unbedachte Übernahme kann allgemeine Plausibilität sein. Wenn alle einer spezifischen Auslegung von Existenz innerlich und öffentlich applaudieren, wird die Versuchung mitzuklatschen, gar nicht als Versuchung empfunden. Sich zu beugen kann auch heißen, privat querzudenken, ohne jedoch den Mut zu entwickeln, den querliegenden Gedanken durchs Tor der Innerlichkeit in die öffentliche Diskussion einzuschleusen. Querzudenken konnte, wie wir aus der Geschichte wissen, auch das Leben kosten. Und natürlich konnte es auch bequem sein, sich der herrschenden Weltinterpretation anzuschließen, vor allem dann, wenn man zu den Herrschenden zählte. Konforme Interpretation sichert u.U. Macht, Reichtum, Privilegien. Aus diesem Grund formulierten vorrangig die Anwälte der Unterdrückten, der Ausgebeuteten, derer, die ihre vitalen Bedürfnisse nicht mehr befriedigen konnten, neue Ansichten, wie Welt zu verstehen sei. Bedrohung der bestehenden Verhältnisse war die Folge.

Auch eine Gesellschaft, in der jeder „nach seiner eigenen Fasson" selig werden darf, ist nicht unbedingt als Eldorado des Geistes zu etikettieren, weil auch solche Gesellschaften Grundverbindlichkeiten haben, die sie schützen und wenn es sein muß, mit Gewalt durchsetzen, und die durchaus nicht immer dem ethischen Verstande einleuchten müssen. Schließlich kann man nicht darüber hinwegsehen, daß die Grundverbindlichkeiten der Industrienationen alles andere sind als eindeutig gut: Produktion, Konsum, Leistungsorientierung, Aufstiegsorientierung. Vor allem nicht im Blick auf diejenigen, die von Natur aus leistungsschwach sind und unter dem Aspekt, daß sich alle vier angegebenen Kategorien, sofern man sie kritisch bedenkt, als zutiefst zweideutig herausstellen. Man stelle sich nur die Frage: Was und wie und auf wessen Kosten wollen wir produzieren und konsumieren? Und natürlich ist es so: Wer etwas leistet, wer aufsteigt, läßt die Leistungsschwachen immer hinter sich. Es ergibt sich daher die Frage, welches Gesicht Aufstieg und Leistung zeigen müßten. Ganz offensichtlich muß „Leistung gegen", welche von der perversen Lust am Überholen geleitet wird, von „Leistung für", welche das Wohlergehen der anderen nicht aus dem Auge verliert, unterschieden werden. Der gesellschaftspolitische Rahmen muß immer mitbedacht werden, wenn das philosophische Gespräch im Zusammenhang der Therapie um das Problem der Weltanschauung zu kreisen beginnt. Deshalb wurde er hier gestreift.

Im Blick auf den Patienten ist zunächst wichtig, daß ihm die mit der Weltanschauungsproblematik verbundenen Grundsachverhalte bewußt sind bzw. bewußt gemacht werden: Es sollte ihm bewußt sein, daß Welt immer schon vorweg interpretierte Welt ist. Daß von der Welt Interpretationsmacht ausgeht. Daß jeder Mensch sich zu den vorgegebenen Interpretamenten in Beziehung setzen muß. Daß er in der Auseinandersetzung mit heteronomer Interpretation zur autonomen Interpretation finden und den Versuch unternehmen muß, sie durchzusetzen, sofern er sich selbst finden will.

Das auf den Patienten unmittelbar bezogene philosophische Gespräch kann allerdings nur gelingen, sofern ihm bewußt wird, daß er weltanschauliche Interpretamente in sich trägt, welcher Art sie sind, daß sie seine Weise Leben zu verstehen und zu bestehen nachhaltig bestimmen und ganz erheblich dafür verantwortlich gemacht werden müssen, ob sein Leben gelingt. Aus diesem Grunde muß das betrieben werden, was man Mäeutik – ursprünglich Hebammenkunst – des weltanschaulichen Bewußtseins nennen könnte. So, wie der Fötus aus dem Leib der Mutter von der Hebamme „gehoben" werden muß, so müssen im philosophischen Gespräch die weltanschaulichen Interpretamente ins Bewußtsein gehoben werden. Natürlich kann man nicht bei jedem Patienten davon ausgehen, daß er eine relativ konsistente

Weltanschauung ausgebildet hat. Eine relativ lückenlose und widerspruchsfreie Weltanschauung ist ein Ideal, von dem sich Philosophen leiten lassen können, das aber auch sie kaum erreichen. Wichtig ist, die leitenden weltanschaulichen Interpretamente ins helle Bewußtsein zu heben. Die diesem Ziel entsprechende Mäeutik des weltanschaulichen Bewußtseins kann durch folgende Fragen in Gang gesetzt werden: Wozu, denken Sie, sind Sie in der Welt? Was sind die wichtigsten Aufgabe, die Sie in Ihrem Leben zu erfüllen haben? Worin sehen Sie Ihre Bestimmung? Welche Projekte, meinen Sie, müssen Sie erfüllen, damit Ihr Leben zu einem erfüllten Leben wird? Was müssen Sie unternehmen, damit Sie am Ende Ihr Leben nicht als ungelebtes Leben erfahren? Welche waren und sind Ihre Lebensträume? Worin sehen Sie die realistischen, worin die illusionären Anteile Ihrer Lebensträume? Von welchen Wertvorstellung werden Ihre Lebensträume geleitet? Was ist für Sie ein gutes Leben? Was beflügelt Sie, was hindert Sie, ein gutes Leben zu führen? Gibt es in Ihrem Leben die Gewißheit, daß alles Leben, deshalb auch Ihr Leben, von einer grund-legenden Macht getragen wird? Oder anders: Gibt es für Sie die Gewißheit einer Macht, die trägt, wenn nichts mehr trägt, einer Macht, die durch Not, Verzweiflung und Tod hindurchträgt? Was bedeutet Ihnen Religion? Von welchen religiösen Gewißheiten und Vorstellungen werden Sie bestimmt? Hilft Ihnen Ihre Religion Leben besser zu bewältigen? In welcher Hinsicht? Gibt es religiöse Vorstellungen, die Ihnen angst machen und sich hemmend auf Ihr Leben auswirken?

Die Erhebung der lebensphilosophischen Leitlinien, die u.U. in einer prägnanten Vorstellung von der je eigenen Bestimmung zusammenlaufen, ist zunächst angezeigt. Die klare Rechenschaft darüber, in welcher Hinsicht der Patient bestimmungsorientiert handelt, ist der nächste Schritt. Dabei ist wichtig herauszufinden, was den Patienten ermutigt und was ihm Kraft gibt, seine Ideen vom sinnvollen Leben in Realität zu übersetzen, was ihn hemmt. Besonders wichtig ist der dritte Schritt: nämlich die Einsicht, daß sich lebensphilosophische Interpretamente ganz massiv darauf auswirken, wie man sein Leben formt und wie man sein Leben erlebt. Wir machen uns nicht nur Vorstellungen vom Leben, vielmehr machen die einmal als gültig gesetzten Vorstellungen etwas mit uns. Den Sinn des Lebens darin zu sehen, sich ein möglichst erlebnisreiches Leben zu schaffen, also das Projekt „schönes Leben" zum leitenden Gesichtspunkt der Lebensgestaltung zu erheben, macht etwas mit dem Menschen. Sein Leben wird zur erlebnisorientierten Jagd. Ganz gleichgültig, ob sich die Jagd auf psychophysische Stimulation richtet, wie sie im Rahmen von Rennveranstaltungen, Popkonzerten oder Fußballevents vermittelt wird. Oder ob sich die Jagd auf exklusiven Konsum konzentriert: auf das Traumhaus, Traumreisen oder die Traumfrau. Oder ob die Jagdtrophäe im kleinen, aber feinen Unterschied besteht, also in all dem, was mich von der Masse abhebt: im Titel, der mir eine bestimmte Würde verleiht, in der bescheiden zur Schau gestellten Bildung. In den Insignien derer, die Toppositionen in Politik und Wirtschaft kenntlich machen.

Man kann den Sinn des Lebens auch darin entdecken, einen Beitrag zur Linderung der vielfältigen Nöte, die unser Leben nach wie vor bedrohen, zu leisten. Aber auch diese lebensphilosophische Leitlinie macht etwas mit dem Menschen. Er wird das Leben vorrangig unter dem Aspekt seiner Gefährdung wahrnehmen und entsprechende Gegenstrategien entwickeln: medizinische, psychotherapeutische, sozialtherapeutische oder ökotherapeutische zum Beispiel. Die Figur „Wahrnehmung des Negativen/Negation des Negativen" wird seine Aktivitäten bestimmen. Problemorientierung ist sein Markenzeichen.

Sowohl Erlebnisorientierung als auch Problemorientierung sind Ausdruck lebensphilosophischer Einstellungen. Die Frage ist, was sie mit den Menschen machen. Vor allem dann, wenn sie einseitig gelebt werden, also ein Leben völlig in Beschlag zu nehmen beginnen. Natürlich gibt es eine kaum zu übersehende Fülle von lebensphilosophischen Leitlinien. Im philosophisch-therapeutischen Gespräch geht es nun nicht darum, die „wahre Lebensphilosophie" an den Mann oder die Frau zu bringen. Es geht vielmehr darum, den Patienten freizusetzen, sich seiner lebensphilosophischen Leitlinien bewußt zu werden, zu erkennen, was sie mit ihm machen, also: wie sie sein Leben beeinflussen. Nun geht es darum, ihm die entscheidende Frage zu stellen: Wollen Sie das? Selten ist der Fall, daß im Verlauf des philosophischen Erhellungsprozesses Einstellungen an den Tag kommen, die eindeutig destruktiv sind. Wenn ein Vater beispielsweise den Standpunkt vertritt, „der Eigenwille des Kindes muß gebrochen werden", ein Standpunkt, der in der Geschichte der Pädagogik[109] durchaus eine Rolle gespielt hat, dann ist ein solcher Fall gegeben. Die unbewußten Motive und die Folgen, die diesem diabolischen Standpunkt zugrunde liegen, müssen aufgedeckt werden. Eine eher therapeutische Aufgabe. Die ebenso unbewußte, wie teuflische Lust, sich dafür zu rächen, daß der eigene Wille einst gebrochen wurde, steht meist dahinter. Ist dies erkannt, ist die Macht dieser „lebensphilosophischen" Absurdität gebrochen. In den meisten Fällen geht es jedoch um die Erkenntnis, daß lebensphilosophische Leitlinien durchaus von positiver Grundsubstanz, aber immer perspektivisch sind. Das zeigt

---

[109] „So hat die pietistische Pädagogik August Hermann Franckes aus der dogmatischen These von der durch die Erbsünde radikal verdorbenen menschlichen Natur die Aufgabe abgeleitet, den bösen Eigenwillen des Kindes zu brechen und ihm ‚durch lückenlose Kontrolle und permanente Beschäftigung keine Chance zur Entfaltung zu geben'." K.E. Nipkow, Grundformen der Religionspädagogik, Bd. 1, Gütersloh 1975, S. 180.

schon der Begriff der Weltanschauung. Es gibt keine Schau der Welt im ganzen. Wer auf die Welt blickt, blickt aus einem bestimmten Winkel. Was er sieht, ist ein Ausschnitt. Der ist relativ zum Standort. Verläßt er ihn, sieht er etwas anderes. Aber wieder nur einen Ausschnitt. Die Erkenntnis der Perspektivität von Existenz ist philosophisch fundamental. Sie ist ein wichtiges Thema im philosophisch-therapeutischen Gespräch. Entscheidend ist, daß aus einseitiger Perspektivität Multiperspektivität wird. Nicht nur, um diejenigen, die mit uns unterwegs sind, in ihren Perspektiven wahr- und ernstzunehmen. Vielmehr um zu einer multiperspektivischen Lebensinterpretation zu kommen, die das Gelingen von Leben sehr viel eher verspricht als Monoperspektivität. Es gilt, die je eigene Lebensphilosophie in ihrer Grundsubstanz wahrzunehmen und sie zu einem offenen System umzugestalten. Dies geschieht im Blick auf die oben aufgeführten Beispiele dadurch, daß ich die jeweiligen Einseitigkeiten von Erlebnisorientierung und Problemorientierung dadurch vermeide, daß ich erlebnisorientiert, aber auch problemorientiert lebe, wobei noch nichts darüber gesagt ist, welche Erlebnisse ich suchen und welche Probleme ich lösen soll.

f. Die Wahl der Lebensformen

Der sechste Bereich, in dem wir die Wahl haben, betrifft die Lebensformen. Leben eignet sich in Formen.[110] Form ist dasjenige,

[110] „Form bezeichnet zunächst den Umriß, die äußere Gestalt, dann aber auch den inneren Aufbau, das Gefüge, die bestimmte und bestimmende Ordnung eines Gegenstandes oder Prozesses zum Unterschied von seinem ‚amorphen' Stoff (Materie), dem Inhalt oder Gehalt." Artikel

was ein bestimmtes Phänomen umgrenzt und strukturiert. Es ist von relativer Dauer und Beständigkeit. Es ist dasjenige, was ein Phänomen benennbar und somit wiedererkennbar macht. Die Form spiegelt sich demzufolge im Begriff.[111] Sehr bekannt geworden sind Lebensformen, die Platon und Aristoteles in der Antike und E. Spranger in der Moderne beschrieben haben. Die Alten hatten im Prinzip drei Lebensformen im Sinn: das Leben, das dem Genuß gewidmet war. Das Leben, das der Verantwor-

---

„Form", in G. Schischkoff (Hrsg.), Philosophisches Wörterbuch, Stuttgart 1965, S. 166.

111 Abstrakte Umschreibungen der Kategorie „Form" sind allerdings kaum geeignet, das philosophisch-therapeutische Gespräch anzuregen. Beispiele sind dafür geeigneter; vor allem dann, wenn sie einer Ordnung folgen. Legt man die philosophische Figur der sogenannten ontologischen Pyramide zugrunde:

Das Geschichtliche
Das Geistige
Das Psychische
Das Organische
Das Anorganische

dann kann die Fülle der Formen zugleich durchsichtig gemacht und gegliedert werden. Der Stern, der Stein wären Beispiele für Phänomene des Anorganischen, welche sich durch bestimmte Formen auszeichnen. Die Pflanze, das Tier sind Beispiele in der Dimension des Organischen, welche sich durch bestimmte Formen im Sinne ihrer Erscheinungssysteme auszeichnen. Spezifische Charaktere und Temperamente sind Beispiele für Formeigentümlichkeiten in der Dimension des Psychischen. Das sprachliche oder bildliche Werk, aber auch Sitten und Gebräuche in ihren eigentümlichen Formen sind Beispiele für die geistige Dimension, Staatsgebilde und Imperien in ihrer spezifischen Ausprägung sind Beispiele für die geschichtliche Dimension.

tung für die Polis galt und das Leben, das die philosophische Kontemplation zum zentralen Thema machte. Daß es sich in der Perspektive der Philosophen unter Wertgesichtspunkten um eine aufsteigende Reihenfolge handelt, muß nicht betont werden. Demgegenüber hat E. Spranger in jüngerer Zeit sechs Lebensformen unterschieden, nämlich: die theoretische, ökonomische, ästhetische, soziale, machtorientierte und religiöse.[112] In beiden Fällen, im Fall der Antike wie der Moderne, steht allerdings nicht die Form, vielmehr das Interesse, das ein Leben bestimmt, im Mittelpunkt: das Interesse am Genuß, an der politischen Verantwortung, an der philosophischen Erkenntnis, an der Wirtschaft, an der Welt des Schönen, an sozialem Engagement und an Religion. Hier wird nun ein anderer Versuch unternommen. Ausgehend vom Sachverhalt, daß Form das Umgrenzende desjenigen Lebensbereiches ist, innerhalb dessen sich das Spiel des Lebens ereignet, somit etwas relativ Statisches, innerhalb dessen sich die Dynamik des Lebens entfalten kann, suche ich die Räume auf, in denen sich Leben ereignet. Dabei ist zu beachten, daß der jeweils benannte Raumbegriff symbolische Funktion hat. Er verweist auf eine Reihe von Räumen, in denen sich eine bestimmte Lebenstätigkeit in einer spezifischen Ausformung ereignet. Folgende Räume und zugehörige Tätigkeiten sind gemeint:

die Wohnung	→	wohnen
die Schule	→	lernen
die Werkstatt	→	schaffen
der Laden	→	tauschen

[112] Vgl. dazu W. Schmid, a.a.O., Frankfurt a. M., 1998, S. 123.

das Büro	→	verwalten
die Fabrik	→	produzieren
das Theater	→	Aufführen

- Wohnung

Wohnung ist derjenige umgrenzte und gegliederte Raum, in dem alle vitalen Grundbedürfnisse befriedigt werden können: beisammensein, miteinander reden und aufeinander einwirken, essen und trinken, miteinander schlafen und ruhen, sich reinigen und erholen, sich entleeren, für sich sein. Wohnzimmer, Küche, Speisezimmer, Schlafzimmer, Badezimmer, WC und das eigene Zimmer stehen für die einzelnen Funktionen. Das Symbol „Wohnung" verweist zugleich auf andere Räume, in denen diese Funktionen u.U. in spezieller Weise wahrgenommen werden: auf das Hotel, das Gasthaus, die Badeanstalt, das Fitneßcenter. In früheren Kulturen der Sammler, Hirten, Jäger, auf die Höhle, das Zelt. Einen erheblichen Teil unserer Lebenszeit verbringen wir in unserer Wohnung. Sie ist eine der wichtigsten Hüllen, die uns umgeben. Eine Philosophie des Wohnens könnte bei der Figur des Herausgehens und Zurückkehrens einsetzen. Offensichtlich ist der Mensch pendelnde Existenz. Er verläßt sein Haus, um sich der Öffentlichkeit zu stellen; z.B. im Rahmen beruflicher Tätigkeit. Und er kehrt in sein Haus zurück, in die Sphäre des Privaten. Beide Bewegungen kann man negativ und positiv interpretieren. Verweist man darauf, daß der Mensch sich immer wieder der Privatheit entzieht, um sich der Öffentlichkeit zu öffnen, bzw. darauf, daß er sich der Öffentlichkeit entzieht, um Privatheit zu pflegen, dann werden beide Aspekte einsichtig. Soll Leben gelingen, dann muß offensichtlich die Balance zwischen Herausgehen und Zurückkehren gewahrt sein. Der

Mensch ist ein Wesen, dem es entspricht, beides zu leben: das Für-sich-Sein. Und dazu bedarf er einer Wohnung. Und das Mit-Sein. Dazu aber bedarf er des öffentlichen Raumes. Oder anders: die Wohnung nicht mehr verlassen zu können, wie z.B. im Falle der Agoraphobie, ist Zeichen einer schweren psychischen Störung und stellt eine erhebliche Beeinträchtigung des Lebens dar. Keine Wohnung zu haben, wie im Falle der Obdachlosigkeit, führt zu einer erheblichen Störung des Lebensgefühls. Wird die Wohnung von mehreren Personen, z.B. einer Familie bewohnt, dann stellt sich das Problem des Für-sich-Seins und Mit-Seins noch einmal innerhalb des privaten Raums. Wünschenswert ist, daß jedes Mitglied der Familie innerhalb der gemeinsamen Wohnung eine Rückzugsmöglichkeit hat; d.h. sich aus der „Öffentlichkeit" des familialen Raumes in einen je eigenen Raum absondern kann, wenn ihm das tunlich erscheint. Im übrigen hat das Mit-Sein im Kontext der Familie potentiell ein besonderes Gesicht. Während der Mensch in der Öffentlichkeit bestimmte, soziologisch faßbare Rollen spielt, hat er im gehüteten Wohnraum der Familie die Möglichkeit, sich vom Rollenspiel in der Öffentlichkeit zu entlasten und er selbst zu sein. Oder anders: In meiner Wohnung kann ich mich nicht nur auf mich selbst besinnen und einen konstruktiv-kritischen Bezug zum Draußen der Öffentlichkeit gewinnen. Ich kann mich vielmehr in meiner Individualität zu erkennen geben und davon ausgehen, in meiner Individualität anerkannt zu werden. Dies allerdings nur unter der Bedingung, daß ich auch den anderen das Recht einräume, sich in der Abgeschlossenheit der gemeinsamen Wohnung in ihrer Individualität zu zeigen und daß das Zeigen der jeweiligen Individualität nach Möglichkeit etwas zur Förderung aller Beteiligten und ihres Zusammenwirkens beiträgt. Im übrigen sollte man nicht vergessen, daß man die Wohnung durch eine Türe betritt. Wichtig ist, daß man diese Türe schließen kann. Ebenso wichtig ist, daß man sie immer wieder öffnet. Es gibt Einzelpersonen, aber auch Familien, die sich gegen alle anderen, die draußen sind, abschotten, nur minimalen Kontakt pflegen, ihre Lebensweise innerhalb ihrer vier Wände für sakrosankt erklären und andere in ihrer Lebensart herabmindern. Im Bilde gesprochen: Sie halten ihre Türe weitgehend geschlossen. Ein Mißbrauch der Wohnung. Der gegenteilige Mißbrauch läge vor, sofern einzelne Familienmitglieder die gemeinsame Wohnung lediglich nutzten, um vitale Einzelbedürfnisse zu befriedigen: zum Beispiel um zu essen oder zu schlafen. Wichtig ist die Einsicht, daß der umgrenzte Raum der Wohnung der Familie Gelegenheit gibt, gemeinsame Rituale des Zusammenlebens auszubilden und auf diese Weise innerlich zusammenzuwachsen. Auf vier Aspekte ist hier zu verweisen: auf das Ritual des gemeinsamen Essens. Auf die Rituale gemeinsamer Feste und Feiern. Auf die gemeinsame Organisation des Haushalts unter Berücksichtigung notwendiger Arbeitsteilung. Auf das gemeinsame Reden im Sinne kognitiver Intimität. Sie fördert zwischenmenschliche Bindung besonders nachhaltig. Sie zeigt sich darin, daß Menschen bereit sind, sich bzgl. der privaten Seite ihrer geistigen Welt mitzuteilen; z.B. über die ethischen Werte zu sprechen, die ihnen besonders wichtig erscheinen, ihre weltanschaulichen Grundüberzeugungen offenzulegen oder über religiöse Fragen zu diskutieren. Im übrigen ist bezüglich des Wohnens noch auf zwei Probleme zu verweisen: auf die Ausgestaltung des Heims und auf den medialen Einbruch der Öffentlichkeit in den Intimbereich der Wohnung. Jeder sollte sich in seiner Wohnung wohlfühlen. Entsprechend muß er sie einrichten und ausgestalten. In diesem Zusammenhang spielen nicht nur die tadellose Funktionalität eine Rolle, vielmehr auch die Farben, die Formen, Licht und Luft. Und jeder sollte sich auch fragen, ob sein TV- und Rundfunkkonsum inzwischen ein Maß erreicht hat, das den Privatraum zu einem Raum der Öffentlichkeit umfunktioniert. Ist dies der Fall, dann wird die Wohnung zum Forum. Dies kann niemand wollen.

Die Art des Wohnens wirkt sich natürlich auf die Lebensqualität aus. Die Lebensqualität auf das mehr oder weniger große Wohlbefinden. Das Befinden auf die psychische Gesundheit. Aus diesem Grunde kann es gut sein, ein philosophisches Gespräch zum Thema „Wohnen“ mit dem Patienten zu führen. Strukturiert man das Gespräch im vorgeschlagenen Sinne, dann geht es zunächst darum, die ursprünglichen Vorstellungen, die in Kindheit und Jugendzeit bezüglich des Wohnens ausgebildet wurden, zu erinnern. Sodann die Frage, was der aktuelle Fall des Wohnens ist. Dann um die Frage, wie sich die Art der Wohnung und des Wohnens auf einen Menschen oder auf eine Familie auswirken und was man konkret unternehmen will, um die je eigene Situation des Wohnens zu optimieren.

- Schule

Auch die Schule bestimmt die Lebensform eines Menschen sehr nachhaltig. Vor allem Kinder und Jugendliche verbringen einen großen Teil ihrer Zeit in diversen Schulen. Ihre Binnenorganisation nimmt nachhaltigen Einfluß auf das Leben der jungen Leute: die Zeiteinteilung, der Fächerkanon, die Stoffe der einzelnen Fächer, die Lehrer und Lehrerinnen, ihre Art der Beziehungsgestaltung, ihre Art der Stoffvermittlung, Sanktionen, Gratifikationen, die Architektur der Schule und ihrer Umgebung, die Mitschüler, die Klassenzusammensetzung und vieles mehr. Unter „Schule“ sind hier alle Institutionen gemeint, in denen, im Sinne intentionaler Pädagogik, vorsätzlich gelernt und erzogen wird. Der Kindergarten kann ebenso gemeint sein wie die Grundschule, die Hauptschule, das Gymnasium, die Volkshochschule, die Berufsschule oder die Universität. Mit dem Patienten über Schule zu philosophieren, auch wenn er gar keine Schule mehr besucht, kann deshalb sinnvoll sein, weil es neben der Familie kaum eine Institution gibt, die so nachhaltig – im positiven wie im negativen – prägt, wie die Schule. Verletzungen, in der Schule zugefügt, werden ein Leben lang nicht vergessen. Anerkennung, in der Schule erfahren, ebensowenig.

Schule ist derjenige umgrenzte und gegliederte Raum, in dem der Mensch befähigt werden soll, in der Gesellschaft zu leben; und dies unter Berücksichtigung der Unverwechselbarkeit seiner Person. Der Raum, in dem seine Leistungsfähigkeit trainiert wird und seine Leistungen bewertet werden. Der Raum, in dem er der Welt in der Fülle ihrer essentiellen Aspekte bzw. die Welt ihm erschlossen werden soll. Sozialisation, Personalisation, Leistung und Erschließung im Sinne von Enkulturation sind demzufolge die Prinzipien, die eine Philosophie des Lernens vorrangig zu bedenken hätte. Und dies unter dem zentralen Aspekt, daß Schule zu leben lehren soll; und zwar so, daß der einzelne zu einem erfüllten Leben kommt, das zugleich zur Erhaltung und Erfüllung fremden Lebens und zur sinnvollen Weiterentwicklung gesellschaftlichen Lebens seinen Beitrag leistet. Ist dem so, dann sind die hauptsächlichen Anliegen der Schule Anliegen aller.

Das philosophische Gespräche über Schulerfahrungen kann mit jedermann geführt werden, weil jedermann Schule erfahren hat und es lernen muß, mit diesen Erfahrungen konstruktiv umzugehen. Und weil jedermann als politische Existenz Mitverantwortung für die Institution Schule trägt. Man sollte wissen, welche Art von Schule man will und im demokratischen Entwicklungsprozeß durchsetzen will. Vorrangig ist das philosophisch-therapeutische Gespräch natürlich mit denjenigen zu führen, die sich einer Schule erfreuen bzw. zur Zeit Schule erleiden. Entscheidend ist jedoch die Einsicht, daß der pädagogische Bezug –

also die Lehrer-Schüler-Beziehung – eine Beziehung auf Zeit ist und deshalb eines Tages enden muß. Daß aber das Lernen und Erziehen in jedem Leben ein Leben lang eine Rolle spielt oder besser: spielen sollte. Der pädagogische Bezug im klassischen Sinne kann enden, wenn der Mensch in der Lage ist, sich die für ihn wichtigen Erkenntnisse selbst zu erschließen und fähig ist, sich selbst zu erziehen. Will der Mensch lebendig bleiben, ist beides notwendig: auf der Spur existentiell bedeutsamer Erkenntnisse und in Form zu bleiben. Und beides ist aufeinander bezogen: Nur wer in Form bleibt, wird der Spur Sinn eröffnender Einsichten auf der Spur bleiben. Und wer der Spur Sinn eröffnender Einsichten folgen will, muß in Form bleiben. Ziel der Selbsterziehung ist es, immer wieder die bestmögliche Form zu gewinnen. Ziel des Erkenntnisinteresses ist es, sich dasjenige Wissen und diejenigen Gewißheiten zu erschließen, die zu einem erfüllenden, und das heißt immer: zu einem sinnerfüllten Leben führen. In Form zu bleiben bezieht sich natürlich immer auch auf Körper und Seele. Die Übung des Körpers im Mittel der Bewegung ist das eine. Die Übung der Seele dadurch, daß man aushält, durchhält und es lernt, ebenso gelassen mit guten wie mit frustrierenden Gefühlen umzugehen, ist das andere. In der Dimension des Geistes in Form zu bleiben aber bedeutet, die Denkfähigkeit und die Entscheidungsfähigkeit zu trainieren: also Kognition und Moralität. In Form zu bleiben bedeutet im Prinzip, in disziplinierter Weise mit sich als Leib, Seele, Geist umzugehen. Das Subjekt des diesbezüglichen Umgangs mit sich selbst ist derjenige, den man den „inneren Lehrer“ nennen könnte. Er löst den herkömmlichen Lehrer ab. Jeder Mensch trägt ihn in sich. Und er kann ihn mehr oder weniger gut ausbilden. Exzellent ausgebildet ist er, sofern er nicht nur im rein formalen Sinne dafür sorgt, daß der jeweilige Mensch in Form bleibt. Entscheidend ist, daß er auf der Grundlage geistiger Durchformung sich immer weiter diejenigen Erkenntnisse und Verhaltensmöglichkeiten erschließt, die er sich erschließen muß, um zu einem erfüllten Leben zu kommen. Dies muß natürlich entwicklungspsychologisch entschlüsselt werden. Erfüllung bedeutet in jungen Jahren etwas anderes als in späten Tagen. Und vielleicht steht zunächst die Aneignung des allgemeinen Bildungswissens zur Entfaltung der Person bzw. die Aneignung von Herrschaftswissen zur Bewältigung konkreter Lebensaufgaben im Vordergrund des Interesses. Letztlich aber kommt es darauf an, das zu erschließen, was man Bestimmungswissen nennen könnte. Denn das Grundinteresse eines wirklich lebendigen Menschen besteht nicht einfach darin, körperlich, psychisch und geistig fit zu sein, also über eine rein formale Befindlichkeit zu verfügen, die zu Höchstleistungen disponiert. Es besteht auch nicht einfach darin, sich die Fülle völlig beliebiger Kenntnisse und Einsichten anzueignen. Es besteht vielmehr darin, die jeden Menschen bewegende Grundfrage zu lösen: Welche Bestimmung habe ich in dieser Welt? Wobei unterstellt wird, daß die Erfüllung der Bestimmung zur Erfüllung des je eigenen Lebens führen wird. Entscheidend wird also sein, dasjenige Wissen zu entdecken und sich diejenigen Gewißheiten anzueignen, die zur Entdeckung der jeweiligen Bestimmung führen. Und dies auf der Basis einer möglichst guten Form. Wenn es um das schulorientierte philosophische Gespräch geht, dann geht es nicht nur um Sozialisation, Leistung und Enkulturation, die mir abverlangt wird, um Bewertung, die mir andere zuteil werden lassen, vielmehr auch um selbstbestimmte Enkulturation und Sozialisation, um Leistung, die ich mir selbst abverlange und um Eigenbewertung. Und dies im Sinne von Selbsterziehung und im Sinne der selbstgesteuerten Erschließung von Bildungswissen, Herrschaftswissen und Bestimmungswissen.

Wozu ist die Institution Schule da? Welche Ziele sollten in ihr verfolgt, welche Stoffe sollten vermittelt, welche Methoden der Stoffvermittlung sollten angewandt, welche Kompetenzen sollten erworben werden? Dies sind die allgemeinsten Fragen, die man in diesem Zusammenhang erörtern kann. Sie schaffen den idealen Hintergrund, von dem sich die realen Erfahrungen, die man mit Schule gemacht hat, abheben. Um noch tiefer in die Erinnerung an Schule hineinzukommen, kann man sich die Frage stellen, was diese Institution und ihre Repräsentanten mit einem gemacht haben. Wie sie einen geprägt haben. Was gut daran war, was weniger gut. Schließlich geht es darum, zumindest die Skizze einer idealen Schule zu entwerfen. Wer eine solche Skizze in sich trägt, kann sich kritisch-konstruktiv zur Institution Schule verhalten; als Schüler zumal, aber auch als Elternpaar, das sein Kind in irgendeine Schule schicken und diesbezüglich wählen muß.

Langfristig entscheidend aber wird das Gespräch über die Selbsterziehung und die eigenständige Welterschließung sein. Nachdem die schulvermittelten Freuden und Frustrationen erinnert, noch einmal durchlebt und durchgearbeitet sind – eine eher therapeutische Aufgabe –, geht es darum, sich im philosophischen Gespräch den aktuellen Stellenwert des autonomen Lernens und der Selbsterziehung bewußt zu machen. Folgende Fragen können auf dieses Gespräch anregend wirken, Fragen, die der Therapeut anregen und die sich der Patient selbst stellen sollte: Bin ich mit meiner derzeitigen Form zufrieden? Mit meiner körperlichen Leistungsfähigkeit, meinem Aussehen, meiner Gesundheit überhaupt? Mit meinem seelischen Befinden und seinen Schwankungen? Mit meiner kognitiven Leistungsfähigkeit? Was kann ich tun, um mich in diesen drei Dimensionen in eine bessere Form zu bringen? Was bedeutet für mich, in diesen Dimensionen über eine bessere Form zu verfügen? Welchen Anfangsschritt und welche Folgeschritte muß ich tun, um zu meinem Ziel, zu einer optimalen Form, zu kommen? Und was das autonome Lernen angeht, könnten folgende Fragen formuliert werden: Welchen Stellenwert hat derzeit das Lernen in meinem Leben? Natürlich lernt jedermann im funktionalen Sinne[113] permanent. Aber was lerne ich zur Zeit vorsätzlich? Wie lerne ich, wieviel Zeit erübrige ich für das Lernen? Welches Bildungswissen, welches Herrschaftswissen, welches Bestimmungswissen sollte ich mir angesichts meiner aktuellen Lebenssituation und ihrer Herausforderungen aneignen? Welche Stoffe interessieren mich wirklich? Welche existentiell bedeutsame Fragen habe ich?

- Werkstatt

Das dritte Symbol für eine bedeutende Lebensform heißt „Werkstatt". Werkstatt ist derjenige umgrenzte und gegliederte Raum, in welchem der Mensch schöpferisch tätig ist: sei es handwerklich, sei es geistig, sei es künstlerisch. Als Symbol verweist es zum einen auf alle Werkstätten, in denen ein Handwerk betrieben wird. Die Schreinerei wäre ein Beispiel. Die Bäckerei ein anderes. Auf alle Stätten, in denen Werke des Geistes geschaffen werden: das Studierzimmer, die Bibliothek, das Laboratorium. Aber auch auf alle Stätten, in denen Kunsthandwerkliches oder Kunst produziert werden: die Töpferei z.B., das Atelier.

[113] In Analogie zu funktionaler und intentionaler Erziehung könnte man auch von funktionalem und intentionalem Lernen sprechen. Funktionales Lernen wäre unabsichtliches Lernen im Fluß des Lebens. Intentionales Lernen wäre absichtliches, vom Spezialisten gesteuertes Lernen.

Im Zusammenhang des philosophischen Gesprächs sollte die Einsicht aufleuchten, daß jeder Mensch – in welchem Maße auch immer – schöpferisch veranlagt ist. Das heißt, der Mensch hat die Ur-Tendenz: sich zum Ausdruck zu bringen. Und zwar in unverwechselbarer, eigen-sinniger Weise. Produktivität im ursprünglichen Sinne des Wortes ist seine Kennung. Im Werk bringt sich der Mensch hervor. Gleichgültig, ob er einen Gegenstand des alltäglichen Gebrauchs anfertigt, einen Tisch z.B., ob er ein Buch schreibt, eine Skulptur modelliert – jedesmal steht dahinter eine Idee. Die Idee ist innerlich. Sie muß ausgedrückt werden. Der Ausdruck bedarf des Materials. Im ersten Fall ist das Material Holz. Im zweiten Fall Sprache. Im dritten Fall Stein. Ist der Ausdruck gelungen, dann wurde das jeweilige Material in eine Form gebracht, die der Idee entspricht. Aus der inständlichen Idee wurde gegenständliche Realität.

Im Zusammenhang des philosophischen Gesprächs im Kontext der Therapie ist zunächst der Sachverhalt bewußt zu machen, daß jeder Mensch die Tendenz zum schöpferischen Ausdruck seiner selbst in sich trägt; sie mag gering sein, sie mag verschüttet sein. Da psychisches Wohlbefinden ganz entscheidend daran hängt, ob ein Mensch in hinreichendem Maße frei ist, sich kreativ zum Ausdruck zu bringen, sollte im zweiten Durchgang ein Suchprozeß eingeleitet werden. Er kann sich an folgenden Fragen orientieren: Welche Mittel, welche Materialien, welche Techniken stehen mir zur Verfügung, um mich auszudrücken? Welche Ideen habe ich, die auszudrücken und mitzuteilen mir wichtig erscheint? Wann in meinem Leben habe ich in irgendeiner „Werkstatt“ etwas geschaffen; etwas, das zeigt, daß ich im weitesten Sinne des Wortes schöpferisch sein kann, und an das anzuknüpfen sich lohnt? Was kann ich tun, um Techniken des Ausdrucks zu erlernen oder zu verfeinern?

Natürlich macht es einen Unterschied, ob jemand an einem einsamen Tisch ein Gedicht verfaßt. Im Labor der Natur eine Gesetzmäßigkeit abringt. Im Atelier ein zauberhaftes Bild malt. Sprache in ihrer lyrischen Dimension zu gebrauchen ist etwas anderes, als sie in ihrer begrifflichen oder numerischen Dimension zu nutzen. Und wieder etwas anderes ist es, sich im Material der Materialien auszudrücken. Und natürlich müssen Sprachwerke keine Sprachkunstwerke, die Erkenntnisse nicht welterschütternd und die Bilder nicht immer zauberhaft sein. Entscheidend ist die diesbezügliche Entdeckung, auch im kleinen Rahmen. Überall dort, wo das Material des Lebens in kultivierter Weise gestaltet wird, wird dieser Rahmen ausgeschöpft. Ein Haus kultiviert einzurichten und zu führen. Einen Garten anzulegen und so zu bepflanzen, daß er als schön imponiert. Eine Gastlichkeit zu pflegen, die ebenso geistvoll wie herzlich ist. Eine Sprache zu sprechen, die einfach, treffend und verbindlich ist. In all dem kann Kreativität zum Ausdruck kommen. Man könnte von der Kreativität des Alltags sprechen. Man könnte auch von einfacher Kreativität sprechen. Und vielleicht ist sie im Blick auf das Wohlbefinden der Menschen ebenso wichtig, wie die sogenannten großen Werke. Was im Blick auf den Patienten unter diesem Aspekt not tut, ist dies: Mäeutik der verborgenen Kreativität. Mäeutik der einfachen Kreativität.

- Laden

Laden ist Symbol für einen weiteren Raum, in dem sich spezifisches Leben ereignet. Im Begriff des Tausches kommt die Besonderheit dieser Lebensform zu begrifflicher Klarheit. Laden ist derjenige umgrenzte und gegliederte Raum, in dem sich die menschliche Grundverrichtung des Tauschens ereignet. Subjektive Vorraussetzung des Tauschens sind Begehrlichkeit und geheimes Kalkül: Man will etwas haben, was ein anderer hat, und ist bereit, dafür zu geben, was einem weniger oder genauso wertvoll erscheint wie das, was man bekommt. In diesem Falle handelt es sich um den Austausch von Waren. Oder: Man will einen positiven Zustand erreichen, den zu vermitteln ein anderer die Kompetenz hat. In diesem Falle handelt es sich um eine Dienstleistung.

Der Begriff des Ladens wird hier wiederum als Symbol gebraucht. Er verweist auf so verschiedene Einrichtungen wie Bäkkereien, Metzgereien, Textilgeschäfte, Tankstellen und Kaufhäuser, wenn es darum geht, Brot, Fleisch, Kleidung, Kraftstoff oder Allerlei gegen Geld einzutauschen; also Waren. Er verweist aber auch auf so verschiedene Institutionen wie Fitneß-Einrichtungen, Wellness-Einrichtungen, Beauty-Einrichtungen, Fun- und Health-Einrichtungen, wenn es darum geht, körperliche Stärke, psychisch-somatisches Wohlbefinden, Schönbefinden, Vergnügtsein oder Gesundheit zu ermöglichen; und dies auf dem Wege der Dienstleistungen. Eine typische Health-Einrichtung wäre die Klinik, in Form einer chirurgischen Klinik, einer Zahnklinik oder einer psychiatrischen Anstalt zum Beispiel. Die mir abhanden gekommene Gesundheit soll wieder hergestellt werden. Typische Fun-Einrichtungen wären die Spielhalle, das Volksfest, das Autorennen. Der Wille und die Lust gegen Geld Vergnügungen einzutauschen sind die treibende Kraft, die Angebote solcher Institutionen zu konsumieren. Der Friseursalon, die schönheitschirurgische Praxis, das Kosmetikstudio, die Läden der Haute Couture sind typische Beauty-Einrichtungen, die dem modernen Willen, schön zu erscheinen, in ihrer je eigenen Weise entsprechen. Besonders rasant ist z.Zt. die Entwicklung der Wellness-Einrichtungen in Form entsprechend spezialisierter Hotels mit entsprechenden Angeboten. In Form von Badeanstalten z.B., die alle nur denkbaren Formen der Freude am

Wasser anbieten: angefangen bei finnischer Sauna über japanische Formen des Badens bis hin zur türkischen Badekultur. Und natürlich zählen zu den Wellness-Einrichtungen auch Seniorenheime, Pflegeheime und Hospize, in denen das möglichst angenehme Alt-, Älterwerden und Sterben geübt werden soll. Nicht zu vergessen die Fitneß-Einrichtungen, die uns daran erinnern, daß wir Kondition brauchen, wenn wir Erfolg wollen.

In all diesen Institutionen wird getauscht. Entweder Geld gegen eine Ware. Oder Geld gegen eine Dienstleistung.[114] Waren und Dienstleistungen bilden das Zentrum des Ladens. Um sie herum ereignet sich ein Zusammenspiel, das von zwei Hauptakteuren inszeniert wird: dem Verkäufer und dem Käufer. Aufgabe des Anbieters ist es, den potentiellen Käufer lustvoll zu reizen. Dabei spielen der Reiz der Ware, der Reiz der Präsentation der Ware, die Reizung eines Bedürfnisses und der diskrete Hinweis „ich habe etwas, was du nicht hast" eine wichtige Rolle; und zwar auf Seiten dessen, der den Laden betreibt. Die Dramaturgie des Verkaufens ist inzwischen zu einer eigenen Wissenschaft geworden.[115]

In der Marketingbranche spricht man vom Dritten Ort, wenn man einen Verkaufsraum meint. Der „Erste Ort" ist eine Erfindung des 19. Jahrhunderts. Das ästhetisch durchgestaltete Heim, in dem man einen bestimmten Lebensstil pflegte, ist gemeint; gleichgültig, ob die Einrichtung nun biedermeierlich oder großbürgerlich zu nennen war. Wohnräume werden – und dies bis

---

[114] Es gibt auch „Läden", die zugleich beides sind: warenorientiert und dienstleistungsorientiert. Restaurants z.B., Bibliotheken, Postämter, Bahnhöfe, Airports, Versicherungen.

[115] Vgl. dazu: Chr. Mikunda, Der verbotene Ort oder die inszenierte Verführung, Düsseldorf 1998 und ders., Marketing spüren, Frankfurt/Wien 2002.

auf den heutigen Tag – zu inszenierten Lebensräumen. Der moderne Mensch lebt nun allerdings nicht nur in seiner Wohnung. Er verbringt nicht selten ebenso viel Zeit in seiner Arbeitsumgebung, die zu ästhetisieren sich lohnt, sofern Mitarbeiter daraufhin weniger krank werden, sich stärker mit dem Unternehmen identifizieren und zur Arbeit nachhaltiger motiviert sind. „So entstand der ‚Zweite Ort', der sich in weitläufigen Großraumbüros mit viel Licht, Luft und Grün äußerte und in Experimenten mit bunt bestrichenen Fabrikhallen."[116] War in den 60er Jahren der „Zweite Ort" geboren, so in den 80ern der dritte. Das erlebnisorientierte Marketing eroberte zunehmend den öffentlichen Raum: vor allem die Läden, die man jetzt Shops nannte.[117] Läden, deren eigentliche Funktion der Verkauf ist, werden nun als Sehenswürdigkeiten vermarktet.[118] Sie regen zum Kauf nicht in erster Linie durch den Hinweis auf die Funktionalität der Waren und den Nutzen der Dienstleistungen an, vielmehr dadurch, daß sie den Maximen des „Dritten Ortes" gehorchen. Der „Third Place" als emotional aufgeladener temporärer Lebensraum, an dem man sich vorübergehend zu Hause fühlt, braucht immer Viererlei: ein Wahrzeichen, um sich nach außen zu präsentieren

---

116 A.a.O., S. 12.

117 Im weitesten Sinne gehören dazu alle Einrichtungen, in denen Waren und Dienstleistungen gegen Geld getauscht werden: Restaurants ebenso wie Museen. Der Begriff „Third Places" stammt im übrigen von dem Amerikaner R. Oldenburg. „Sie seien emotional anregend ohne inszeniert zu sein, für jedermann zugänglich und gleich um die Ecke, würden keinerlei sozialen Druck ausüben, seien gemütlich, aber leider weitgehend ausgestorben. Als Vorbilder nannte Oldenburg seinen Landsleuten die historisch gewachsenen ‚Third-Places' in Europa, das irische Pub, die italienische Piazza und das Wiener Kaffeehaus." A.a.O., S. 15.

118 Vgl. dazu a.a.O., S. 12: Das Schuhgeschäft im Reiseführer.

und hineinzulocken. Eine Motiv im ursprünglichen Sinne des Wortes; also etwas, was den Käufer bewegt, sich im Verkaufsraum zu bewegen, ihn gleichsam als Ort des lustvollen Promenierens zu erleben. Eine konzeptionelle Linie, welche alle Details des Ladens miteinander kognitiv verbindet. „Bei uns ist alles echt“ oder „Wir verbinden Altes mit Neuem“ wären derartige Concept Lines. Und das, was man Core Attraction nennt, also etwas, das das Gefühl besonders anspricht: einen Effekt, der zum Staunen bringt.[119]

[119] Vgl. dazu folgendes Beispiel: „In ihrem hautengen schwarzen Ganzkörperanzug und den schwarzen Handschuhen sieht sie aus wie eine Fassadenkletterin, die auf Juwelendiebstahl in Grand Hotels spezialisiert ist. Ihre Hände greifen nach dem Stahlseil. Auf Knopfdruck setzt sich das hydraulische Gewinde in Bewegung. Lautlos schwebt sie entlang der Wände entlang des gläsernen Turms hinauf, vorbei an unzähligen perfekt gelagerten und gekühlten Weinflaschen. Siebzehn Meter hoch ist das ungewöhnliche Weinlager, das da mitten im Lokal steht. Die Artistin stoppt auf Höhe der schweren kalifornischen Rotweine und zieht vorsichtig einen Caymus Cabernet Sauvignon Jahrgang 1996 aus dem Regal. Mit offenem Mund verfolgen die japanischen Geschäftsleute, die am Fuß des Turms an der Bar sitzen, das Geschehen. Doch die Flasche Wein, die auf so spektakuläre Weise serviert wird, ist nicht für sie bestimmt. Sie wird Minuten später an einen Tisch im Haubenrestaurant auf der anderen Seite des Restaurants gebracht. Im Laufe des Abends wird sich das Spektakel noch oft wiederholen und bei vielen Gästen unglaubliches Staunen auslösen. Später werden sie davon anderen Besuchern von Las Vegas erzählen. In einer Stadt wie dieser spricht sich rasch herum, was man gesehen haben muss. Der Weinturm macht aus dem Auréole im Mandalay Bay Resort eine erstklassige Sehenswürdigkeit der Stadt. Er ist die Cor Attraction des Lokals, der Magnet, der die Gäste anzieht, der sie neugierig macht. Die Verblüffung der WOW-Effekt, der sich dann im Lokal angesichts der Aktion einstellt, befriedigt die zuvor geweckten Erwartungen.“ A.a.O., S. 42.

Was hier zu sagen wäre, ist unter dem Stichwort der Konsumgüter im Blick auf verbraucherorientierte Identität bereits gesagt worden.[120] Anzufügen wäre hier lediglich das, was sich aus der Perspektive der Anbieter nahelegt. Waren und Dienstleistungen werden zunächst ja nicht erworben, sie werden zuerst angeboten. Im Anbieten aber kommt eine menschliche Grundverrichtung zum Vorschein, über die nachzudenken sich lohnt. Ganz gleichgültig, ob jemand eine Ware anbietet und zu diesem Zweck einen emotional hochbesetzten und raffiniert arrangierten Raum von Reizen schafft, dem sich der Kunde kaum noch entziehen kann, oder ob er eine Dienstleistung in einem ebenso anziehenden Ambiente anbietet: Er bietet immer auch *sich* an. Jedes Anbieten impliziert ein prostitutives Element. Dies wird vor allem dann einsichtig, wenn nicht die Ware oder Dienstleistung in ihrer klar erkennbaren Funktion und Zweckhaftigkeit im Vordergrund des Interesses stehen, vielmehr die erlebnisorientierte Präsentation. Und da sich fast jeder Mann und fast jede Frau in einer modernen Industriegesellschaft auf dem Arbeitsmarkt anbieten und so gleichsam selbst „verkaufen“ muß, ergeben sich Fragen, die mit dem Patienten zu erörtern nicht nur erhellend, vielmehr auch hilfreich sein können.

Es ist schwierig in diesem Zusammenhang philosophische Fragen und psychologische Fragen zu trennen. Sie spielen unmittelbar ineinander. Alle Fragen, die sich im Blick auf das Phänomen des Anbietens in Form einer Bewerbung ergeben, sind wichtig, aber vorrangig psychologischer Natur: Bewerbe ich mich in optimaler Form; schriftlich und persönlich? Bewerbe ich mich um Stellen, die zu meiner Persönlichkeit, zu meinem Werdegang, zu meiner Berufsausbildung und fachlichen Kompetenz

[120] Vgl. dazu S. 322 ff.

wirklich passen, oder habe ich die neurotisch-lustvolle Tendenz, mich um Stellen zu bewerben, die weit über meinem aktuellen Niveau angesiedelt sind? Oder anders: Bewerbe ich mich um Stellen, die zu mir, zu denen ich passe: die mich herausfordern, aber nicht überfordern und schon gar nicht unterfordern? Bin ich in der Lage, mich und meine Arbeitskraft anzubieten, ohne mich anzubiedern? Es entspricht allgemeiner Erfahrungen, daß gerade die Begabtesten und Fähigsten nicht selten die intensivsten Selbstzweifel hegen, sich zu wenig zutrauen und sich aus diesem Grunde auf Stellen, die zu ihrem persönlichen und beruflichen Profil genau passen, nicht bewerben.[121] In dieser Hinsicht ergibt sich die Frage, ob ich über eine realistische Selbsteinschätzung verfüge, sozusagen über ein Augenmaß im Blick auf die je eigene Person. Und natürlich ergibt sich in diesem Kontext auch die eher psychologische Frage nach der Fähigkeit, die allgemeine Situation der Konkurrenz auszuhalten, Absagen zu verkraften und scheitern zu können. Scheitern zu *können* ist eine hohe Kunst.

---

[121] Die Tatsache, daß sich in Spitzenpositionen nicht selten Mittelmaß tummelt, hängt damit zusammen, daß es Menschen gibt, die immer katzenartig auf dem Sprung nach oben sind. Sie verrichten ihre Arbeit an der Basis; manchmal recht, manchmal weniger recht. Ihre Leidenschaft ist der möglichst ungehemmte Aufstieg. Aus diesem Grunde bieten sie sich nicht selten sehr geschickt und im richtigen Augenblick denen an, die den Aufstieg ermöglichen. Zugegeben: auch eine Kunst. Für das Gemeinwohl wäre es allerdings besser, daß diejenigen in Spitzenpositionen kommen können, die ihre jeweilige Arbeit an der jeweiligen Basis exzellent verrichten und deshalb für Aufstiegsorientierung gar keine Zeit finden. Leider muß man Personen dieses Zuschnitts suchen. Sie zu finden wäre die eigentliche Aufgabe derer, die man neudeutsch so nennt: Headhunter.

Reflektiert man die Situation des Systems, in dem sich das Phänomen des Sich-Anbietens ereignet, gerät man eher in philosophische Fragestellungen. Tritt man einen Schritt zurück, erkennt man, daß sich das Sich-Anbieten nicht einseitig, vielmehr doppelseitig ereignet. Nicht nur derjenige, der sich um eine Stelle bewirbt, bietet sich an. Auch derjenige, der eine Stelle ausschreibt und so um Mitarbeit bittet, bietet sich an. Und zwar als einer, der der Hilfe bedarf, um sein Unternehmen optimal zu führen. Es geht demnach um wechselseitige Angewiesenheit. Das prostitutive Element des Sich-Anbietens wird erträglicher, wenn man sich das Phänomen diesbezüglicher Wechselseitigkeit bewußt macht.

- Büro

Eine weitere Lebensform ist mit dem Symbol „Büro" auf den Begriff zu bringen. Büro ist derjenige umgrenzte und gegliederte Raum, in dem sich die menschliche Grundverrichtung des Organisierens ereignet. Unter Organisation ist die plan-mäßige und in diesem Sinne sinn-volle Gestaltung einer staatlichen oder wirtschaftlichen Institution zu verstehen. Büro ist Steuerungszentrale eines Teilbereichs der Wirtschaft oder des Staates. Dabei sind vier Weisen der Steuerung zu unterscheiden: das Führen, das Managen, das Ordnen und das Verwalten. Unter Führung versteht man im Bereich der Wirtschaft den Entwurf einer Unternehmensidee und die mitarbeiterorientierte Motivation, sich mit dieser Idee zu identifizieren. Dabei entspricht der Vorgang des Entwurfs jeweils der Grundmotivation des Menschen, nämlich seinem Willen zum Sinn. Niemand wird eine Unternehmensidee formulieren und propagieren, die er nicht als sinnvoll erlebt. Entscheidend wird zunächst sein, daß das unternehmerische Subjekt von der Sinnhaftigkeit seiner Idee überzeugt ist. Dennoch genügt dies allein nicht. Die Idee muß auch passen. Und dies in doppelter Hinsicht: im Blick auf den Markt und im Blick auf diejenigen, die die Idee im Mittel ihrer Arbeit verwirklichen sollen, die Mitarbeiter. Es genügt nicht, daß es einem Unternehmer sinnvoll erscheint, ein bestimmtes Produkt herzustellen oder eine bestimmte Dienstleistung anzubieten. Entscheidend ist die Nachfrage. Oder anders: Es muß ein Markt für das Angebot vorhanden sein. Und es müssen Mitarbeiter vorhanden sein, die es ebenfalls als sinnvoll erleben, eine bestimmte Dienstleistung anzubieten, ein bestimmtes Produkt herzustellen. Das heißt: Ihre Tätigkeit im Kontext der Wirtschaft oder des Staates muß mit ihren Vorstellungen vom sinnvollen Leben übereinstimmen. Dafür zu sorgen ist ebenfalls Aufgabe der Führung; also nicht nur die Entdeckung einer Unternehmensidee, die zu ihr und zum Markt paßt, vielmehr auch der Gewinn von Mitarbeitern, die die Unternehmensidee in ihrem Lebenskonzept unterbringen können. Und das heißt immer auch: daß der Mitarbeiter davon überzeugt ist oder davon überzeugt wird, daß er sich im Zuge seines Engagements in einem Betrieb oder einer staatlichen Stelle bzgl. seiner Persönlichkeit weiterentwickeln kann. Führung ist sinnorientiert. Fokus der Führung im Kontext der Wirtschaft ist die Unternehmensidee. Fokus der Führung im Zusammenhang des Staates ist die Vision.

Im Gegenüber dazu ist Management, zweiter Aspekt der menschlichen Grundverrichtung des Organisierens, zweckorientiert. Um sinnvolle Ziele zu erreichen, muß man eine Fülle von zweckvollen Teilschritten absolvieren. Man überlege nur, wie viele staatliche und ökonomische Teilschritte nötig sind, um der Bevölkerung eine in ernährungsmedizinischer Hinsicht optimale Versorgung zu garantieren. Die zweckorientierten Tätigkeiten können im einzelnen sehr mühsam, u.U. sogar frustrierend sein. Mühe wird jedoch durchstanden, Frustration toleriert, sofern am

Ende des Weges ein sinnvolles und in diesem Sinne hochattraktives Ziel lockt. Man denke an den berühmten Satz: Wer ein Worumwillen hat, erträgt fast jedes Wie. Während im Zusammenhang der Führung die ethische Vernunft eine wichtige Rolle spielt, da das, was man an Dienstleistungen oder Waren anbietet, verantwortet werden will, spielt im Management vorrangig die instrumentelle Vernunft die zentrale Rolle. Es geht um das Know-how. Und natürlich kann es auch mit großer Lust verbunden sein, einen kleinen Schritt im Rahmen eines langen Prozesses perfekt und aufgrund großer Geübtheit mit Leichtigkeit durchzuführen.

Der dritte und vierte Aspekt der menschlichen Grundverrichtung des Organisierens ist das Verwalten und Ordnen. Im Zusammenhang des Verwaltens geht es darum, Rahmenbedingungen zu schaffen. Verwaltung im Zusammenhang der Wirtschaft bedeutet, die Rahmenbedingungen dafür zu schaffen und alles zu bewerkstelligen, daß ein Produkt gefertigt, eine Dienstleistung erbracht werden kann. Man denke an die Beschaffung von Materialien und den Absatz, die Personalverwaltung und Buchführung zum Beispiel. Und was das Ordnen, zu verstehen als Teilaspekt der menschlichen Grundverrichtung des Organisierens, angeht, so ist dies zu sagen: Ordnen bedeutet zunächst einmal, Einzelteile nach einer Regel zusammenzustellen. So kann man beispielsweise einen Haufen von Büchern nach dem Alphabet, bezogen auf die jeweiligen Autoren, zusammenstellen, oder nach dem Erscheinungsjahr oder nach dem Fachgebiet. Man könnte sie natürlich auch nach ihrem Gewicht oder ihrer Größe oder nach der Farbe des Umschlags zusammenstellen. Auch dann wäre eine Ordnung erkennbar. Die Frage ist nur, ob das Ordnungsprinzip dem bibliothekarischen Zweck dient.

Natürlich hat die Kategorie „Büro“ in diesem Zusammenhang symbolische Bedeutung. Als Symbol verweist sie auf alle

Institute, in denen die menschliche Grundverrichtung des Organisierens statt hat; angefangen von der Führungsetage eines Weltkonzerns über die Regierungszentralen der Staaten bis hin zu den Büros kleiner und kleinster Firmen. Entscheidend ist jedoch die Einsicht, daß die Grundverrichtung des Organisierens in irgendeiner Form zu jedem Leben gehört. Ohne ein gewisses Maß an Organisation kann menschliches Leben nicht gelingen. Der Alltag muß ebenso organisiert werden wie die außergewöhnlichen Tage. Ein Mangel an Organisation führt dazu, daß das Leben richtungslos wird und nichts mehr notwendig erscheint. Man tut dies und jenes, aber man könnte es genauso gut auch lassen. Die Lebensgestaltung entbehrt der inneren Notwendigkeit und Bedeutsamkeit. Und wenn sich Organisation im Prinzip als Führung, Management, als die Verrichtung des Ordnens und Verwaltens zeigt, dann kann man im philosophischen Gespräch mit dem Patienten helfen, sein Leben im Horizont dieser Kategorien zu durchleuchten. Natürlich braucht der Mensch sinnvolle Lebensleitlinien, um seiner Existenz Richtung zu verleihen; und dies im Sinne von Lebens-Führung. Darüber wurde bereits gesprochen. Im philosophischen Gespräch mit dem Patienten ist es aber auch wichtig, einsichtig werden zu lassen, wie es mit seinen Qualitäten des Managens, des Ordnens und des Verwaltens steht. Folgende Fragen können in diesem Zusammenhang leitend sein: Verfügen Sie über die Kompetenz, Ihre guten, großen Lebensziele in überschaubare Teilziele zu zerlegen, um so ein schrittweises Lebensmanagement zu betreiben? Was müssen und können Sie tun, um die entsprechenden Kompetenzen zu erwerben? Leben Sie in sogenannten „geordneten“ Verhältnissen im Blick auf Ihre gesamte Lebenssituation und herrscht Ordnung in den entsprechenden Teilbereichen Ihres Lebens? Die Bewältigung von Unordnung kostet bekanntlich Zeit und Kraft. In welcher Hinsicht könnten Sie Kraft und Zeit sparen, indem Sie Ordnung schaffen? Was müßte konkret geschehen, damit eine sinnvolle Ordnung zustande kommt? Ist Ihnen bewußt, daß zu jeder Lebensführung ein gewisses Maß an Management, Ordnung und Verwaltung gehört – man denke an die Ordnung des Zusammenlebens zwischen Ehepartnern, Eltern und Kindern, man denke an die Verwaltung des Geldes, an die Finanzierung des täglichen Bedarfs ebenso wie die Finanzierung von größeren Projekten?

- Fabrik

Die nächste, hier zu erwähnende Lebensform ist im Symbol der „Fabrik" begrifflich zu fassen. Fabrik ist derjenige umgrenzte und gegliederte Raum, in dem Gegenstände in größerer Stückzahl, u.U. auch massenweise produziert werden. Und dies nach Möglichkeit unter Ausnützung der besten technischen Hilfsmittel, um ein optimales Ergebnis möglichst schnell und mit dem geringstmöglichen Aufwand zu erreichen. Um dies zu bewerkstelligen, wird der Produktionsprozeß in eine Vielzahl von Teilschritten aufgesplittert, die zunehmend maschinell bewältigt werden und eben so lange ineinander greifen, bis das Endprodukt entstanden ist. Werden die kleinsten Teilschritte durch die Hand eines einzigen Menschen bewältigt, so handelt es sich um entfremdete Arbeit. Dabei gibt es Grade der Entfremdung. Sie nimmt zu, je kleiner der zu bewältigende Schritt ist und je öfter er pro Zeiteinheit zu vollziehen ist. Und umgekehrt: Ist der Mensch an möglichst vielen Produktionsschritten beteiligt, nimmt der Grad der Entfremdung ab; natürlich unter der Bedingung, daß das produzierende Subjekt das zu produzierende Objekt als etwas Wertvolles erlebt.

Ein Großteil der arbeitenden Bevölkerung in den Industriestaaten muß die fabrikorientierte Lebensform bewältigen. Das aber heißt, der Arbeiter muß sich den Prinzipien der Fabrik ein- und unterordnen. Die Frage ist, was die Institution „Fabrik“ mit einem Menschen macht. Wie sie ihn prägt. Welches Lebensgefühl sie ihm vermittelt. Welche Notwendigkeiten im Zusammenhang der Fabrik gegeben sind und welche Freiräume sich dort ergeben. Arbeitet der Patient tatsächlich in einer Fabrik, kann es gut sein, mit ihm über diese Lebensform zu philosophieren; d.h. die Prinzipien industrieller Existenz bewußt zu machen, die von ihr ausgehenden Gefahren, ihre Besonderheiten, ihre positiven Möglichkeiten. Entscheidend ist zum einen die Einsicht, daß eine Lebensform sinneröffnend sein sollte, aber durchaus sinnverstellend sein kann. Zum anderen, daß Sinn auf der Inhaltsebene und auf der Beziehungsebene zu realisieren ist. Im Blick auf die industrielle Existenz geht es bzgl. der Inhaltsebene um die Frage: Was wird produziert? Halte ich die Objekte, die angefertigt werden, für wichtig, eben weil sie einem akzeptablen Zweck dienen? Es geht demzufolge um die anzufertigenden Gegenstände und ihre Lebensdienlichkeit. Im Blick auf die Beziehungsebene geht es um die Frage: Ist der sich im Innenraum der Fabrik ereignende zwischenmenschliche Umgang sehr erfreulich, weniger erfreulich, unerfreulich? Der Umgang mit Kollegen? Der Umgang mit Untergebenen? Der Umgang mit Vorgesetzten? Woran liegen Freuden und Unerfreulichkeiten im Umgang? Die Wahrnehmung der einen ist wichtig, um sie zu vertiefen, der anderen, um sie zu lindern oder aus der Welt zu schaffen. Es geht in dieser Hinsicht um Sinnhaftigkeit oder Widersinnigkeit des zwischenmenschlichen Kontakts. Und natürlich birgt industrielle Existenz spezifische Gefahren. Spezialisierung auf ein Teilprodukt, Entfremdung, Schnelligkeit, Optimierung des Produktionsprozesses auf Kosten der Psyche sind die entsprechenden Stichworte. Absurditäten bewußt zu machen ist die Voraussetzung dafür, daß sie aus der Welt geschafft werden können. Zum Beispiel dadurch, daß der einzelne nicht nur für einen einzelnen Schritt verantwortlich ist, vielmehr für ein Set von Schritten. Oder dadurch, daß die Freizeit bewußt gegenläufig zur Arbeitszeit gestaltet wird. Entscheidend aber ist in diesem Zusammenhang, daß im philosophischen Gespräch mit dem Arbeiter das utopische Denken geübt wird: trotz aller Gebundenheiten und Notwendigkeiten des ökonomischen Systems die humanen Möglichkeiten zu entdecken und zu realisieren.

Im übrigen gelten die aufgezeigten Gefahren nicht allein denjenigen, die in Fabriken arbeiten. Vielmehr sind die Gefahren industrieller Existenz – Spezialisierung, Entfremdung, Schnelligkeit, Optimierung von allem und jedem – Gefahren der Moderne überhaupt. Wird Leben durch den Hang zur Spezialisierung, Entfremdung, Schnelligkeit und Optimierung bestimmt, dann könnte man von „industrieller Existenz" sprechen. Einen Hang zu etwas zu haben bedeutet, in einer spezifischen Hinsicht einseitig zu leben. Wird keine gegenläufige Tendenz wirksam, besteht die Gefahr, die Balance zu verlieren. Der Spezialisierung liegt die Faszination bzgl. des Details zugrunde. Und es ist sicher gut, das Detail wahrzunehmen. Aber nicht allein um des Details willen, vielmehr um den Zusammenhang zu verstehen, in den das Detail eingeordnet ist, in dem es eine Funktion hat. Wird die Wahrnehmung des Details zum Selbstzweck, entsteht so etwas wie kognitiver Minimalismus. Man erkennt immer mehr von immer weniger. Wird Erkenntnis dieser Art für die Praxis fruchtbar gemacht, dann *kann* man immer weniger, aber das immer perfekter. Diese negative Tendenz muß ausbalanciert werden. Wodurch wird die Balance hergestellt? Durch das nachhaltige Interesse am Kontext. Es gilt, die Zusammenhänge wahrzunehmen: nicht nur das Glied in der Kette, vielmehr auch die Kette, welche durch Glieder und ihre Reihung zustande kommt.

Tut der Mensch nur noch eines, das immer häufiger, immer schneller, immer mehr, dann entfremdet er sich von sich selbst. Er widerspricht dem Wert der Fülle. Er hat durchschnittlich eine Fülle von Anlagen, eine Fülle von Fähigkeiten, eine Fülle von Möglichkeiten. Und natürlich muß er wählen. Aber entscheidend ist, daß das Ensemble der Wahl nicht unnötig eng ausfällt. Gerade in einer Zeit der sekundenschnellen Übermittlung von Nachrichten aus der ganzen und in die ganze Welt, entwickeln nicht wenige Menschen das Gefühl globaler Verantwortlichkeit. Ihm zu entsprechen ist jedoch nur möglich, sofern man über ein elementares Verständnis der globalen Zusammenhänge verfügt. Spezialisierung ist auszubalancieren durch Generalisierung. Der Wille, die großen Zusammenhänge zu erkennen – die physikalischen, biologischen, historischen, politischen und psychologischen z.B. – liegt der Generalisierung zugrunde. Und an die Grenzen ihrer selbst gerät Generalisierung, sofern der Mensch nach dem fragt, was allem, was ist, zugrunde liegt: nach Gott. So gesehen ist das Fragen nach demjenigen, der alles aus sich herausgesetzt hat, erhält, fortentwickelt und vollendet, der sicherste Weg der Entfremdung durch Spezialisierung zu entgehen.

Der „industriellen Existenz" liegt auch die Faszination der Geschwindigkeit zugrunde. Immer mehr in immer kürzerer Zeit zu schaffen ist in dieser Hinsicht Thema. Und natürlich ist es in bestimmten Situationen gut, schnell zu handeln; z.B., wenn es um die Rettung von Leben geht. Aber die Steigerung von Geschwindigkeit ist kein Selbstzweck. Sie führt zu Rastlosigkeit. Diese Mißbefindlichkeit auszugleichen ist nur durch eines möglich: Muße. Besinnung auf das Wesentliche ist das Prinzip der Muße. Sie bedarf der Stille und Zurückgezogenheit und braucht Zeit. Von den Verläufen des Alltags und der Arbeitstage her gesehen ist sie eine Art schöpferischer Unterbrechung. Muße bedarf der Nahrung. Um auf die Spur des Wesentlichen zu kommen, wird man sich mit den Gedanken großer Philosophen und Literaten, mit den Werken großer Kunst befassen. In regelmäßigen Intervallen die Frage nach dem Wesentlichen zu stellen ist nötig, weil das auf die Schiene des Alltags gesetzte Leben die Tendenz hat, einfach abzurollen. Die Würde menschlichen Lebens aber besteht darin, geführt zu werden.

Diesem Anliegen scheint das vierte Prinzip „industrieller Existenz", das Prinzip der Optimierung, sehr zu entsprechen. Wer jedoch Leben unausgesetzt als Material begreift, das verbessert werden muß, wird sich seines Lebens niemals wirklich freuen. Denn das eigentliche Leben findet dann jeweils morgen statt. Entscheidend ist, daß das Prinzip der Optimierung durch das Prinzip der erfüllten Gegenwart ausbalanciert wird. Das Leben als letzte Gelegenheit je jetzt zu erleben ist existentiell wichtig. Dies kann nur gelingen, wenn Menschen immer wieder den Versuch unternehmen, wirklich Wertvolles zu tun und dies in völliger Weise. Das heißt: hochkonzentriert, locker-gelassen und doch unter Einsatz aller Kräfte, völlig gegenwärtig. Leben so immerzu kann keiner. Es muß geübt werden. Wahrscheinlich bis ans Ende.

Welche Fragen werden das philosophische Gespräch mit dem Patienten im Blick auf das, was hier „industrielle Existenz" genannt wird, leiten? Im Wesentlichen wohl folgende: Welche Spezialisierungen kennzeichnen Ihr Leben? Werden sie durch das Interesse an Zusammenhängen ausbalanciert? Spielt Entfremdung in Ihrem Leben eine Rolle, insofern Sie die Fülle Ihrer Möglichkeiten nicht hinreichend wahrgenommen, die Fülle Ihrer Fähigkeiten nicht hinreichend entwickelt haben? Was ist nachholbar und auf welche Weise? Welche Rolle spielt in Ihrem Leben die Frage nach Gott im Sinne der Frage nach derjenigen Macht, auf die alles, was ist, zurückzuführen ist; im Sinne der Frage nach derjenigen Macht, die alles was ist, zu erhalten, weiterzuschaffen und zu vollenden verspricht? Besteht auch in Ihrem Leben die Gefahr, daß Schnelligkeit in Rastlosigkeit pervertiert? Sind Sie in der Lage, im Mittel der Muße einen Kontrapunkt zu setzen? Gibt es in Ihrem Leben eine Balance zwischen dem Willen, Leben für die Zukunft zu optimieren, und dem Willen zur erfüllten Gegenwart?

- Theater

Die letzte, hier zu erörternde Lebensform wird im Symbol „Theater“ begriffen. Theater ist derjenige umgrenzte und gegliederte Raum, in dem sich das ereignet, was man eine „Aufführung“ nennt. Als Symbol verweist „Theater“ auf alle Arten der Aufführung. Gemeint ist folglich nicht nur das Schauspielhaus. Gemeint sind auch Opernhäuser, Konzertsäle, Performances, die politische Bühne, Zirkusse, Modenschauen, Sportplätze, Filmtheater, Vortragssäle und sakrale Bereiche: Kirchen zum Beispiel; eben alle Räume, in denen der Mensch für ein Publikum sich und etwas aufführt. Im weitesten Sinne kann das Leben überhaupt gemeint sein, sofern wir es als Bühne betrachten, die wir eines schönen Tages betreten, auf der wir unser Stück spielen, und die wir eines fremden Tages wieder verlassen, wenn der Vorhang fällt. Eine Philosophie des Theaters ist zunächst natürlich nicht an Details, sie ist an Prinzipien interessiert. Welches sind die Prinzipien des Theaters? Natürlich könnte man bei den Strukturelementen des Theaters einsetzen: der Bühne, der Rolle, beim Spieler, beim Publikum. Man könnte auch beim Geschehen einsetzen. Theater hat ja prozessualen Charakter. Es soll und kann den Menschen zu etwas veranlassen, zu etwas bringen. Es kann ihn zum Weinen bringen. Es kann ihn zum Lachen bringen. Es kann ihm etwas zu Bewußtsein bringen. Es kann das Gespräch der Leute anregen. Es kann den Menschen zum

Nachdenken bringen. Es kann ihm Vergnügen, vielleicht sogar Freude bereiten. Es kann dem Menschen Mut machen. Es kann ihn zum Entzücken bringen. Ihn heiter stimmen. Es kann ihn aber auch zur Verzweiflung bringen. Vor allem dann, wenn es die Tragik menschlicher Existenz, die man untergründig ja immer wieder spürt, in verdichteter Form ins helle Bewußtsein rückt. So gesehen birgt das Theater eine Fülle von Lebensmöglichkeiten, ja ist in gewisser Weise Spiegelung des Lebens in kompakter Form. Angesichts der Fülle aber ergibt sich die Frage nach den Prinzipien, die ihm zugrunde liegen.

Auf sechs Aspekte ist hier zu verweisen, die im Horizont folgender Stichworte zu entfalten sind: Konzentration, Erscheinung, Botschaft, Spiegelung, Spiel und Auslegung. Theater ist Konzentration. Und dies in vielfacher Hinsicht; zeitlich, architektonisch, dramaturgisch. Theater findet, in der Perspektive des Besuchers, in einer ausgesparten Zeit statt. Man darf sie nicht verpassen. Es handelt sich um Zeit, die etwas verspricht. Besondere Zeit. Niemand ginge ins Theater, verspräche er sich nichts davon. Dieses Versprechen schafft Spannung. Spannung schafft Konzentration. Das zum einen. Im klaren Gegenüber der Räume derer, die spielen, und derer, die schauen, kommt die Ermöglichung von Konzentration durch Architektur zum Ausdruck. Die Dosierung des Lichts tut ein übriges; sowohl im Wegnehmen als auch im Hinzufügen. Das zum anderen. Die Schauspieler aber sind, sofern sie diesen Namen verdienen, gleichsam personifizierte Konzentration. Eine Konzentration, die das Spiel erfordert, die der Spieler leistet und die das Publikum ergreift. Der Vorhang fällt. Das Publikum reibt sich die Augen. Es erwacht gleichsam aus einem Traum. Beweis seiner Konzentration ist die Selbstvergessenheit, derer es sich nun erinnert. Nur mit Mühe entzieht es sich der Magie des Theaters und macht sich humpelnden Schritts auf in die sogenannte wirkliche Welt. Konzentration steht gegen Zerstreutheit. Können wir etwas hinüberretten von der Konzentration des Theaters ins Gehäuse des Alltags? Dichter leben? Aufs Wesentliche konzentriert?

Zweites Stichwort: Erscheinung. Auf der Bühne tritt etwas in Erscheinung. Der Wille zur Erscheinung – und wenn es um die Darstellung der Verhuschtheit geht – ist neben dem Willen zur Konzentration ein Grundwille des Theaters. Kleidung, Verkleidung, Bewegung, Form, Farbe und Stimme spielen in diesem Zusammenhang eine große Rolle. Man denke an den Clown im Zirkus, an Faust im Schauspielhaus, an den Papst in einem seiner Dome, an Don Giovanni im Haus der Oper, ans Model auf dem Steg. Sie alle wollen erscheinen. Sie alle wollen beeindrukken. Sie alle geben allein so das Zeichen: Wir sind da. Wir sind bedeutsam. Wir sind bedeutsam für euch. Auch der Wille zur Erscheinung hat sein Gegenstück. Es kommt im Begriff der Unscheinbarkeit auf den Begriff. Dahinter steht selten ein Wille. Man ist einfach unscheinbar. Das Gefühl der je eigenen Bedeutungslosigkeit, Wertlosigkeit führt zur Tendenz, sich zu verstekken. Sich zu verstecken in einem Kleid, das niemandem auffällt. Sich zu verstecken hinter Schüchternheit, die einsam macht. Sich zu verstecken in einer Lebensform, die niemand beachtet. Wer Mut zu sich selbst hat, wird Mut zum Erscheinen haben müssen. Oder anders: Die Tendenz, sich unentwegt zu verstecken und Mut zu sich selbst schließen sich gegenseitig aus. Und da man immer im Erscheinen als ein Bestimmter erscheint, impliziert der Mut zu erscheinen, Mut zu sich selbst in der jeweiligen Einmaligkeit und Einzigartigkeit. Es ergibt sich die Frage: Haben wir Mut zu erscheinen? Kann das Theater in seinem nachhaltigen Willen zum Erscheinen Mut machen, eine wirkliche Erscheinung zu werden? Oder anders: Ist es möglich, das Leben als Bühne zu betrachten, auf der wir immer wieder auch ins Rampenlicht treten sollten, um uns nicht selbst zu verlieren?

Drittes Stichwort: Botschaft. Nicht nur im Mittel der Erscheinung greifen wir nach denen, die mit uns unterwegs sind. Wir tun es auch im Mittel der Botschaft. Wir sagen, was getan werden sollte. So gefaßt ist Botschaft ein normativer Begriff. Es gibt eine Fülle von Theaterstücken, die durch und durch moralischer Natur sind. Und natürlich ist es umstritten, ob Theater moralischer Natur sein sollte. Und dies vor allem im Blick auf den Sachverhalt, daß die moralische Vorhaltung normalerweise ins Leere geht. Der Mensch sagt „ja" mit dem Mund und „nein" in der Tat. Dennoch: Existenz ohne ethische Prinzipien ist nicht möglich. Ethische Werte und Unwerte, verkörpert im Rollenspiel, fordern das je eigene ethische Urteilen heraus und fördern differenzierte Urteilsfähigkeit. Im Rahmen des Spiels am Bei-Spiel zu lernen ist in pädagogischer Hinsicht fruchtbarer als sich mit abstrakter Wertphilosophie zu befassen. Das Ethos einer Figur, vorgeführt auf der Bühne des Theaters, im Film oder der Bühne des Lebens, ist erstaunlich treffsicher.

Auf der Bühne des Lebens ist jeder Mensch gleichsam personifizierte Botschaft in Frageform. Indem er lebt, wie er lebt, sendet er die Botschaft aus: Ich habe mich entschieden, so zu leben, wie ich lebe. Beides ist möglich: sich so zu entscheiden und das Leben so zu führen. Indem ich mich so entschieden habe, setze ich zugleich die Botschaft in die Welt, daß mir meine Entscheidung gut erscheint und ich den Versuch unternehme, die Güte der Entscheidung im Zuge der Realisierung der Entscheidung unter Beweis zu stellen. Nur die Praxis kann zeigen, daß die Entscheidung sinnvoll war. Anders formuliert: Das Leben eines Menschen stellt immer *eine* Möglichkeit, Leben zu verstehen und zu bestehen, dar. Eine Möglichkeit, im Blick auf die alle anderen, die dieser Möglichkeit begegnen, sich fragen müssen, ob sie diese Existenzmöglichkeit zu ihrer Möglichkeit machen sollen; also: leben sollen, wie der andere lebt. Seine Lebensauffassung teilen sollen. Seine Art, mit Menschen umzugehen, übernehmen sollen. Seine Art der Lebensgestaltung kopieren, imitieren oder zumindest ihr entsprechen sollen. Da Lebenszeit begrenzt ist, ist die Frage nach dem guten Leben existentiell bedrückend. Je weniger Zeit bleibt, desto drückender. Man kann sich nicht mehr viele Experimente leisten. Und so mancher ist mitten in seinem letzten Experiment abberufen worden. Andererseits ist es Signum der Postmoderne[122], Leben als einen Zeit-Raum zu betrachten, in dem ein Experiment dem andern folgt. Wenn es keine verbindlichen, gesamtgesellschaftlich abgestützten Vorstellungen bezüglich dessen mehr gibt, was es heißt, ein Kind, ein junger Erwachsener, ein Erwachsener

---

122 Die Postmoderne setzt man seit ca. zwei Jahrzehnten an. Sie zeichnet sich dadurch aus, daß es keine Lebensformen mit verbindlichem Charakter mehr gibt. „Die Interpreten der Postmoderne vertreten die Auffassung, daß sämtliche Versuche, Gesellschaft, Geschichte, menschliches Verhalten oder den Sinn des Lebens umfassend zu beschreiben oder zu erklären, in sich zusammengebrochen seien. Die Postmoderne galt und gilt als eine Zeit, in der alles flüssig und flexibel wird – pluriform und kontingent, schnellebig und vergänglich. Und noch mehr: Es scheint keine Deutungen oder gar Systeme mehr zu geben, welche die zunehmende Vielfalt menschlicher Erfahrungen zusammenhalten könnten. Alles erscheint als eine Frage der Perspektive, die man einnimmt oder in deren Interesse man sprechen möchte." F. Schweitzer, Postmoderner Lebenszyklus und Religion, Gütersloh 2003, S. 11. Allerdings ist die pauschale Behauptung zu bezweifeln, man lebe jetzt im Zeitalter der Postmoderne. Genaue soziologische Untersuchungen zeigen, daß die aktuelle gesellschaftliche Gemengelage eine Fülle von Lebensformen aufweist: vormoderne, moderne, postmoderne. Postmodernität ist eine Strömung und natürlich eine Herausforderung, von der man noch nicht weiß, ob sie sich allgemein durchsetzen wird. Es könnte auch sein, daß der mit Postmodernität verbundene Horror der Orientierungslosigkeit ein Zeitalter des fundamentalistischen Konservativismus heraufbeschwört.

oder ein Mensch im Alter zu sein. Wenn Lebensauffassungen, Lebenskompetenzen, Lebensstile völlig beliebig werden. Wenn aufgrund wirtschaftlicher, technischer, medizinischer und gesellschaftlicher Veränderungen plötzlich ganz neue Lebensphasen, mit neuen Lebensmöglichkeiten entstehen – man vergleiche dazu die Postadoleszenz[123] und das sog. Dritte Alter[124] –, dann wird das Experiment zur Kennung postmoderner Existenz. Um in dieser Situation der Beliebigkeit zu entkommen und immer wieder zu einer Lebensform hinzukommen, die zu einem stimmt, bedarf es einer Institution, die dazu anregt, sich immer wieder Gedanken über das gute Leben zu machen[125]; u.U. dadurch, daß es auch böses, dämonisches Leben vorführt und aufführt. Auf der Bühne erscheinen konkrete Gestalten. Sie spielen. Sie ahmen nach. Sie zeigen, wie Leben geht und wie es zugrunde geht. Und wenn sie dieses in kunst-voller Weise tun, dann wiederholen sie nicht einfach das Leben draußen drinnen auf der Bühne. Sie verdichten es vielmehr. Bringen das Wesentliche auf den Punkt. Der Reiz der Kunst liegt vorrangig im spielerischen Verweis aufs Essentielle; also auf das, worauf es im Leben unter dem Aspekt seines möglichen Gelingens und Verunglückens

---

123 Vgl. dazu F. Schweitzer, Postmoderner Lebenszyklus und Religion, Gütersloh 2003, S. 91 ff.

124 „Wir müssen die Möglichkeit eines weiteren Lebensalters oder einer zusätzlichen Stufe im Lebenszyklus in Betracht ziehen, die einerseits *nach* dem modernen Erwachsenenalter aber zugleich deutlich *vor* der letzten Lebensstufe eintritt. Laslett nennt dieses zusätzliche Lebensalter das Dritte Alter, das er vom zweiten Lebensalter (dem modernen Erwachsenenalter) und vom vierten Alter (dem Hohen Alter oder der Senilität, der letzten Stufe des Lebens) unterscheidet." A.a.O., S. 138.

125 Drei Institutionen sind m.E. dazu vorrangig berufen: die Kirchen, die Philosophie in Form der Ethik und das Theater.

wirklich ankommt. Ist der spielerische Verweis in hohem Maße prägnant, dann handelt es sich um Kunst. Je prägnanter mir im Spiel vorgeführt wird, was es heißt, ein mitleidender Mensch zu sein, ein verzweifelter, ein bösartiger, ein intriganter, ein Mensch reinen Herzens, ein wirklich guter, ein Tollpatsch, ein hochherziger, ein großzügiger, ein durch und durch liebevoller – die Reihe wäre beliebig zu verlängern –, desto klarer kann ich mich in der Rolle dessen, dem das Spiel gilt, distanzieren oder auch identifizieren. Und dasselbe gilt im Blick auf den Sachverhalt, daß Schauspiel immer Zusammenspiel bedeutet, und daß im Zusammenspiel Situationen so inszeniert werden, daß sie exemplarischen Charakter bekommen. Je prägnanter mir im Zusammenspiel vorgeführt wird, was es heißt, sich in einer tragischen Situation, einer deprimierenden Situation, in einer durch und durch anregenden und verlebendigenden Situation zu befinden. Oder in einer konfliktbeladenen, verstrickten, öden, neurotischen, durch Zwanghaftigkeit oder Hysterie gekennzeichneten Situation zu sein – auch diese Reihe wäre beliebig zu verlängern –, desto klarer durchschaue ich, was es heißt, zu leben und leben zu müssen; desto leichter u.U. aber auch die Imagination eines Lebens, das ich will. In dieser Hinsicht kann folgender Satz durchaus Wahrheit für sich in Anspruch nehmen: „Das Theater bietet spielerisch nachahmend dargestellte Lebenstheorie.“[126] Das heißt: Es zeigt mögliche Existenz und läßt sie sehen. Und indem sie diese sehen läßt, reizt sie den Zuschauer, in der Auseinandersetzung mit der Botschaft möglicher Existenz über die guten und weniger guten Möglichkeiten seines eigenen Lebens nachzudenken. Über die sein Leben kennzeichnenden erfreulichen

[126] Theol. Realenzyklopädie Bd. 23, Berlin 2002, S. 175.

und weniger erfreulichen Situationen nachzudenken und über eine optimale Weise, sie zu bewältigen.

Und noch einige Anmerkungen zu den Stichworten: Spiel, Spiegelung, Auslegung. Natürlich kann die Botschaft des Theaters „so und so solltest du dein Leben führen oder auch nicht“ sehr viel raffinierter dadurch ins Publikum gestreut werden, daß man auf eine Botschaft in ausgesprochener Form verzichtet und Lebensweisen, Lebenssituationen und Lebensprozesse in verdichteter Form einfach im Spiel spiegelt. Ist das Spiel aus, wird sich der ergriffene Zeitgenosse fragen müssen: Ist Leben wirklich so? Meines auch? Will ich das? Was will ich? Was werde ich tun? Und natürlich geschieht auch dadurch, daß ich Handlungen, Lebensweisen, Situationen verdichte und als verdichtete auf der Bühne spiegele, Auslegung von Existenz. Auf nichts ist der Mensch nachhaltiger angewiesen, als auf diesbezügliche Auslegung; gerade in Zeiten, in denen alles möglich zu sein scheint und eine allgemeine Orientierungslosigkeit um sich greift. Ohne Auslegung kein menschliches Leben! Wer auf Auslegung glaubt verzichten zu können, irrt. Er muß ja immer irgend etwas aus dem Material seines Lebens machen. Im „Was“ kommt *seine* Auslegung an den Tag. Es mag ihm bewußt sein oder nicht. Entscheidend ist, daß sich der Mensch *sein* Leben aneignet, indem er um eine zu ihm stimmende, lebensfreundliche und Leben erfüllende Auslegung ringt; und dies in der Auseinandersetzung mit existentiell bedeutsamen Auslegungen, die ihm aus der Welt des Geistes zugespielt werden. Unter anderem aus der Welt des Theaters, welche Auslegungen – potentiell jedenfalls – besonders reizvoll, besonders berührend, besonders herausfordernd zuspielt, weil sie über das Medium des Spiels verfügt und sofern sie dieses Medium wirklich beherrscht.

Das Theater als Lebensraum nimmt in der Reihe der aufgeführten Lebensräume eine Sonderstellung ein. Fast alle wissen, was es heißt zu wohnen. Nur wenige Menschen sind Angehörige eines Theaters. Dennoch sind die Prinzipien des Theaters Prinzipien des Lebens. Und nur aus diesem Grunde kam der Mensch auf den Gedanken, das Leben als Bühne zu begreifen, auf dem er sein Stück spielt; natürlich in verschiedenen Rollen. Und nur aus diesem Grunde kann man menschliche Existenz als theatralische Existenz begreifen.

Welche Anregungen soll nun der Patient im Zusammenhang eines philosophischen Gesprächs erhalten, das um das Thema der „theatralischen Existenz" kreist? Zunächst kann er angeregt werden zu prüfen, ob sein Leben überhaupt genügend über „theatralische Substanz" verfügt. Soll heißen: ob er bereit und fähig ist, immer wieder auch zu erscheinen. Und zwar so zu erscheinen, daß er von denen, mit denen er unterwegs ist, wahrgenommen wird. Wahrgenommen wird als einer, der etwas zu sagen hat. Als einer, der sozial bedeutsam ist. Als einer, der ein sinnvolles Leben führen möchte, d.h. ein Leben, das er selbst akzeptieren kann und das wichtig zur Erhaltung, Steigerung, u.U. auch für die partielle Erfüllung fremden Lebens ist. Wer den Bühnenvorhang seines Lebens ständig geschlossen hält, kann nicht erwarten, daß man ihn als bedeutsam wahrnimmt. Andererseits ist kaum zu bestreiten, daß es völlig überflüssige Theaterstücke gibt. Und natürlich kann man im Zuge entsprechender Reflexion auf den Gedanken kommen, daß jedes Leben als Performance auf der Bühne des Lebens zu interpretieren ist, daß aber ausgerechnet mein Leben bisher zu den völlig überflüssigen Stücken zählt. Dabei ist zu bedenken, daß auch überflüssige Stücke Wirkung zeigen. In der Weise, wie wir unser Stück spielen, reizen wir die Mitspieler zur Identifikation oder Desidentifikation, wenn es gut geht. Häufig geht es weniger gut. Wir zeigen in der Art, wie wir leben, wie Leben angeblich geht und verführen die unreifen Mitspieler nicht selten, ebenso unreif zu leben.

Das Spiel steckt an. Wie wir unsere Rollen spielen, als Väter, Mütter, Söhne, Töchter, Untergebene, Vorgesetzte, Staatsbürger oder Kirchgänger steckt an; und zwar potentiell all diejenigen, die im Begriff sind, Mütter oder Väter zu werden, die die Rolle des Untergebenen oder Vorgesetzten lernen müssen und noch nicht recht wissen, wie man die jeweilige Rolle gekonnt spielt. Außerdem ist im Blick aufs je eigene Leben zu fragen, welche Botschaft wir unmittelbar und mittelbar an diejenigen überbringen, die um ein Sinn versprechendes Lebensverständnis kämpfen. Und, wenn es der Wahrheit entspricht, daß Schauspiel durch die Verdichtung der Aussage und Konzentration im Spiel zur Kunst wird, dann kann jedem dies zur Herausforderung werden: das je eigene Leben konzentriert und dicht zu führen. Man muß im Kontext lebensphilosophischer Reflexion sich und seinen Patienten immer wieder heilsam provozieren, indem man dies fragt und sich der Frage wirklich stellt: Wieviel Lebenszeit vergeuden wir? Was ist wesentlich, dem ich mich widmen sollte? Was ist unwesentlich? Was ist seichtes Vergnügen? Was ist überflüssig, wovon sollte ich meine Aufmerksamkeit abziehen? Was kann ich tun, um das Spiel meines Lebens kunstvoll zu spielen: abwechselnd im Sinne der Schwere und der Leichtigkeit des Seins, aber dennoch dicht und konzentriert?

g. Die Wahl der Umgebungen

Das letzte, hier zu behandelnde Feld, in dem wir die Wahl haben, betrifft die Umgebungen. Es ist nicht gleichgültig, von wem und was der Mensch umgeben ist, und es ist gut, wenn er erwägen und entscheiden kann, in welcher Umgebung er leben will. Um eine diesbezügliche Entscheidung zu treffen, ist es allerdings nötig, sich über zweierlei Rechenschaft zu geben. Zum einen darüber, was man unter Umgebung verstehen will, zum andern über den Einfluß, den die jeweilige Umgebung für einen Menschen hat.

Der Begriff der Umgebung ist vieldeutig. Ist der Körper, den man hat, in dem man gleichsam „steckt", Umgebung, Umgebung dessen, das man das Selbst eines Menschen nennen könnte? Oder ist die Haut, die den Körper umgibt, Umgebung, „Umgebung ihres Körpers"? Wenn man Menschen von ihrem Körper als dem Gehäuse sprechen hört, in dem sie sich wohlfühlen oder in dem sie sich, nach einem schweren Unfall z.B., nicht mehr zuhause fühlen, könnte man auf den Gedanken kommen, daß der Körper als die erste Umgebung erlebt wird, die Existenz bestimmt. Und sofern man all das als Umgebung begreift, zu dem der Mensch im Verhältnis steht, zu dem er ein Verhältnis hat, das ihn bestimmt und das er gestalten kann, dann ist der Körper, den er hat, Umgebung; gleichsam Primärumgebung. Allerdings eine Umgebung, der gegenüber nicht die Freiheit der Wahl, vielmehr lediglich die Freiheit des Umgangs herrscht. Keiner hat sich seinen Körper ausgesucht. Jeder kann jedoch wählen, wie er ein Leben lang mit ihm umgehen will.

Im engeren Sinne spricht man von Umgebung als demjenigen, das den Menschen in seiner Körperhaftigkeit umgibt. Das Zimmer, in dem man sich befinden, dessen Wände die Grenzfläche zur Außenwelt bilden, ist Umgebung. Das Haus, in dem man wohnt, dessen Mauern die Grenzfläche zum öffentlichen Raum bilden, ist Umgebung. Der Weiler, das Dorf, die Stadt, in denen man lebt, sind kulturell-zivilisatorische Umgebungen, die das Leben in vielfältiger Weise bestimmen. Die Landschaft, die geographische Zone, das Land, der Erdteil, die Erde sind natürliche Umgebungen, mit denen der Mensch in vielfältigem Austausch steht. Natürlich könnte man die diesbezüglichen Horizonte erweitern und auf das Planetensystem verweisen, zu dem die Erde unmittelbar gehört, auf die Galaxie, in der dieses System seinen Platz hat, die Milchstraße, auf die Fülle der Galaxien, auf den bekannten und unbekannten Kosmos.

Natürlich interessieren den Menschen vorrangig diejenigen Umgebungen, die auf ihn als Leib-Seele-Geist-Organisation unmittelbar einwirken, vorrangig also die mesokosmischen, die – in seiner Perspektive – in einem mittleren Bereich angesiedelten; z.B. die Landschaft, in der er lebt, oder die Stadt, in der er sein Leben zubringt. Wichtig ist die Einsicht, daß der Mensch in allen Dimensionen, die ihn bestimmen, kommunikative Existenz ist. Dies gilt in physischer, psychischer und auch geistiger Hinsicht. Als biologisch faßbares Wesen lebt der Mensch im Austausch mit der ihn umgebenden Natur; man denke an Stoffwechselprozesse. Als durchseeltes Wesen lebt er im Austausch mit seinesgleichen, indem er Gefühle äußert und geäußerte Gefühle wahrnimmt; man denke an Zuneigung, die man empfängt und die man erwidert. Aber auch als Wesen des Geistes ist der Mensch durch und durch kommunikativ. Fremde Gedanken wollen empfangen, eigene Gedanken wollen mitgeteilt werden. Der eigenen Gedanke wird nur dadurch angeregt, daß man sich vom fremden Gedanken berühren läßt; dadurch, daß man den fremden Gedanken als Herausforderung erlebt, auf die der je eigene Gedanke eine passende Antwort darstellt. Geist entwickelt sich nur im Dialog. Dialog aber ist Austausch.

Entscheidend ist nun allerdings die Einsicht, daß der wechselseitige Austausch in der naturalen, kulturell-zivilisatorischen und sozialen Dimension kein wertneutrales Geschehen ist. Die verschiedenen Umgebungen des Menschen – man denke an die naturale, kulturell-zivilisatorische, soziale Umgebung – wirken sich auf das Befinden, Verhalten, das Lebensgefühl, die Lebensgestaltung des Menschen ganz verschieden aus. Daraus ergibt sich für den einzelnen Menschen die in diesem Zusammenhang entscheidende Frage, in welcher Umgebung zu leben für ihn am besten ist. Diese Frage ist jedoch nur zu beantworten, sofern man für sich entschieden hat, was es heißt, gut, besser oder sehr gut zu leben. Diese Frage wird im Rahmen der Umweltpsychologie[127] vorrangig unter Teilaspekten behandelt, z.B. unter bioklimatologischer Perspektive. Es geht in diesem Zusammenhang um die Frage, wie sich das Zusammenspiel von Wetter, Klima, Boden und Landschaft auf den Organismus auswirkt.[128] Ent-

---

[127] Vgl. dazu z.B. J. Hellbrück /M. Fischer, Umweltpsychologie, Göttingen 1999. Die Bioklimatologie befaßt sich mit der Frage, welches Klima sich in welcher Weise auf den menschlichen Körper auswirkt, vor allem auf seine Gesundheit, auf sein Wohlbefinden. Was es meines Wissens nicht gibt, ist das, was man „Nooklimatologie" nennen könnte, welche eine „Psychoklimatologie" impliziert. In diesem Zusammenhang ginge es um die Frage, in welcher Landschaft und in welchem Klima – u.U. auch differenziert nach Jahreszeiten – sich ein Mensch in seiner geistig-kreativen Tätigkeit am besten entfalten könne.

[128] „Auf zwei verschiedenen Wegen nun treten jene vier Erscheinungsformen an den Menschen heran. Wir nehmen sie in weitem Umfange wahr, sie sind sinnfällig: wir merken, daß es regnet, stürmt, heiß ist, friert, kurzum, was für Wetter herrscht; ob das Wetter rasch und oft wechselt, ob es überwiegend milde oder unwirtlich sei, sonnig oder trübe, also in was für einem Klima wir leben; wir sehen Berge und Flachland, Strom und Strand, aber wir spüren es auch, ob wir steigen müssen, fühlen harten und elastischen Boden, Sand und Moor; wir gewahren Frühling und Winter an ihrem Bilde, das sie unserm Auge darbieten. Kurzum, die Natur ist uns immerfort in Eindrücken gegeben, die wir durch unsere Sinne von ihr haben, in starken und schwachen, groben und zarten Eindrükken, und die schwachen und zarten sind für unser Erlebnis der Naturumwelt, für ihre sinnenhafte Wirkung auf uns nicht minder bedeutsam als die starken und groben. Aber nicht alles an der Natur vermögen die Sinne zu erfassen. Wir wissen nichts vom Luftdruck, bis wir aus der Wissenschaft davon erfahren, die Luftelektrizität wird uns nur manchmal in

deckt man, daß die Fragestellung zu komplex ist, um zu gesicherten Antworten zu kommen, so konzentriert man sich auf die Frage, welche Auswirkungen die verschiedenen Klimaten innerhalb eines Landes auf das Wohlbefinden und die Gesundheit des Menschen haben: das Belastungsklima mit hoher Schadstoffkonzentration in Ballungsgebieten, das Schonklima in waldreichen Mittelgebirgen mit ausgeglichenen Wärme- und Windverhältnissen oder das Reizklima des Hochgebirges oder der Meeresinseln mit ihren vielfältigen Einflüssen auf das vegetative Nervensystem, den Kreislauf und Stoffwechsel. Oder man untersucht im Horizont des bioklimatologischen Wirkungskomplexes[129] die Einwirkung von Wärme, Strahlung, chemischen Bestandteilen der Luft und die Auswirkung von Wetterveränderungen auf den menschlichen Körper. Auffallend ist die Fülle der Fragen und Vermutungen, die im Rahmen umweltpsychologischer Forschung formuliert wird, und die geringe Zahl gesicherter Erkenntnisse. So sind Ausführungen folgender Art geradezu ty-

---

den Erscheinungen von Blitz und Donner bewußt, weder für die ultraviolette noch für die durchdringende Strahlung besitzt unser Organismus Wahrnehmungsorgane. Nicht einmal die durchschnittlichen Schwankungen der Luftfeuchtigkeit sind uns sinnlich erfaßbar. Dennoch übt ein Teil dieser Eigenschaften der Naturumwelt Wirkungen auf uns aus – Einflüsse, die von ganz erheblicher, ja wesentlicher Bedeutung für unser Befinden und für unsere Leistungen sein können. Ist doch eben unser Körper selber ein Stück Natur, das mit der Umnatur in ununterbrochener Wechselwirkung steht. Seine Lebensspannung, wie die Physiologie sagt: sein Tonus, das vitale Verhalten seiner Gewebe und Organe, seine Funktionsbereitschaft, seine Frische oder Schlaffheit, die wird durch die jeweilige Lage in der Naturumwelt, es wird aber auch durch den Dauercharakter dieser Naturumwelt mitbestimmt, ohne daß es als Sinneswahrnehmung gegeben ist." A.a.O., S. 238 f.

[129] Vgl. dazu a.a.O. S. 241 f.

pisch: „Haben also Klima und Landschaft auch Einfluß auf das ‚Temperament' und die Art des Denkens und Fühlens? Hellpach vermutete dies und stellte interessante Betrachtungen an über den Charakter der im Gebirge lebenden Menschen und den der Bewohner der Tiefebenen. Er glaubte einen Kontrast feststellen zu können zwischen der Phantasie- und Erlebnisfülle des Gebirgsbewohners und der ausgesprochenen Nüchternheit des Tieflandbewohners. In der ‚Sinnesart' ihrer Bewohner spiegelt sich für Hellpach die Landschaft. Das Großartige der Bergwelt, so schreibt er, ist ihre Fülle, das der Ebene ihre Weite."[130] Oder man verweist sogar auf die klimatologischen Ausführungen des japanischen Philosophen Tetsuro Watsuji, der einen Zusammenhang zwischen dem Fühlen, Denken, Handeln des Menschen einerseits und dem spezifischen Klima, dem er ausgesetzt ist, andererseits sieht. Ihm zufolge bringe das Monsunklima mit seiner ausgeprägten Feuchtigkeit einen Menschentypus „passiv-resignierender, kontemplativ-emotionaler" Art hervor. Das Wüstenklima dagegen begünstige das Entstehen eines Menschenschlags, der der Natur zu trotzen permanent gezwungen sei und sich deshalb durch ständige Willensanspannung und Kampfbereitschaft, aber auch durch Rationalität und praktische Vernunft auszeichne. Das Wiesenklima, das in reiner Form das südliche Europa mit seiner Feuchtigkeit im Winter und seiner Trockenheit im Sommer bestimme, habe wiederum andere Auswirkungen: „Das Helle und Klare des griechischen Klimas führte zu einer Betonung des Sehens und brachte somit, so Watsuji, auch die in der griechischen Antike imponierende Klarheit in Kunst, Architektur und Denken hervor."[131] Alle diese Ausführungen

---

130 A.a.O., S. 249.
131 A.a.O., S. 250.

zeigen, daß Umgebungen, vor allem auch klimatisch-landschaftlicher Art, massive Auswirkungen auf das Leben des Menschen haben. Sie besagen allerdings wenig im Blick auf das Individuum. Aus diesem Grunde ist es wohl nötig, daß jeder einzelne den Ort oder die Orte findet, an denen er sein Leben in optimaler Weise führen kann.

In der Logik dieser Arbeit liegt es, im Blick auf die Sorge um den besten Ort so zu argumentieren: Diejenige Umgebung ist für mich die beste, in der ich den Entwurf, der mir zugrunde liegt, möglichst unverzüglich und am klarsten umzusetzen und auszudrücken freigesetzt bin. Will man diesem spekulativ-philosophischen Kriterium nicht folgen, so kann man immerhin davon ausgehen, daß der Mensch als intentionales Wesen nicht nur im Blick auf die anderen, vielmehr auch im Blick auf sich an Persönlichkeitsentwicklung[132] interessiert ist. Und natürlich stellt

---

132 Es gibt Psychologen, die zunächst einen Persönlichkeitstypus idealtypischer Art konstruieren, z.B. den aktiven Nonkonformisten, und dann fragen, wie eine Umgebung beschaffen sein müsse, damit sich ein Mensch in ihr bzw. durch sie zu einem „idealen Menschen" entwickeln könne. Der aktive „Nonkonformist" wird im übrigen so beschrieben: „Er verteidigt eigene, unabhängige Meinungen. Er akzeptiert die Normen von Majoritäten und Minoritäten gleichermaßen, wenn sie ihm rational erscheinen. Er plant langfristig und wertet dabei die Konsequenzen früherer Entscheidungen sorgfältig aus. Er versucht, seine Lebensumstände so zu gestalten, daß sie ihm eine Vielzahl von Handlungsmöglichkeiten eröffnen. Experimente, Reformen und Innovationen finden seine Zustimmung, ohne daß er dabei Risiken außer acht ließe. Er ist offen für Erfahrungen, auch wenn sie über Sozialpartner vermittelt werden, die andere Standpunkte vertreten. Obwohl seine autonomen Zielsetzungen und -revisionen auf rationaler Basis erfolgen, ist der aktive Nonkonformist lustorientiert und intensiven emotionalen Empfindungen zugänglich." A.a.O., S. 469.

sich auch in diesem Zusammenhang nicht nur die Frage nach der Theorie optimaler menschlicher Entwicklung, vielmehr zugleich auch die Frage, welche Umgebung eine optimale Persönlichkeitsentwicklung gewährleistet oder zumindest nicht verhindert. Oder anders: Eine ideale Entwicklung des Menschen setzt eine ideale Umgebung voraus.

In diesem Zusammenhang ergeben sich beispielsweise folgende Fragen: Ist es für die optimale Lebensgestaltung eines Individuums besser, in der Stadt zu leben oder auf dem Land? Angesichts höchst unterschiedlicher Städte stellt sich die Frage, wie die ideale Stadt aussehen sollte. Angesichts höchst verschiedener Landschaften und der damit verbundenen Klimaten stellt sich die Frage, in welchem Klima sich ein Mensch optimal entfalten kann. Dabei geht es nicht allein um die Frage, welches Klima der Gesundheit eines Menschen am zuträglichsten ist oder in welcher Landschaft bzw. unter welchen klimatischen Bedingungen sich jemand besonders wohlfühlt. Das höchste Interesse eines Menschen gilt weder seiner Gesundheit noch permanentem Wohlbefinden. Sein höchstes Interesse ist es, seiner Bestimmung gerecht zu werden, d.h. diejenigen fundamentalen Intentionen, die man Identitätsziele nennt, immer deutlicher zu realisieren. Der psychisch-vitale Mensch nimmt Unlust, Gefühle der Frustration, ja auch länger anhaltendes Mißbefinden hin, sofern dies nötig ist, um Ziele, die seine Identität konstituieren, zu realisieren. Die Frage, ob der städtische oder ländliche Kontext für eine optimale Persönlichkeitsentwicklung und eine erfüllende Lebensführung geeignet ist, ist völlig offen. Es gibt Forscher, die die Stadt vorrangig als krankmachendes Lebensumfeld beschreiben, indem sie darauf verweisen, daß sich gerade dort antisoziales, ja kriminelles Verhalten entwickelt und vielfältige Stressoren wie Lärm, Schmutz, Geruchsemissionen, Menschenmassen, gleichgültig-unfreundliches Gebaren der Mitmenschen, hohes

Lebenstempo, eine Fülle von überflüssigen Reizen die Lebensqualität mindern. Andere halten die Stadt, potentiell jedenfalls, für das dem Wesen des Menschen einzig angemessene Habitat. Denn die im Vergleich mit anderen Lebewesen höher entwickelten psychischen und geistigen Bedürfnisse könnten nur in diesem Lebenskontext befriedigt werden, man denke beispielsweise an alle kulturellen und künstlerischen Angebote und an das Bedürfnis des modernen Menschen, immer wieder Neues, Außergewöhnliches, Unbekanntes zu erkunden und zu erleben.[133] Dennoch, der Streit, ob Stadt oder Land, welche Stadt welcher Art, welche Landschaft welchen Klimas ist nicht allgemein zu entscheiden. Jeder muß den besten Ort selbst finden, zumal, wenn er die Freiheit diesbezüglicher Wahl hat, was nicht selbstverständlich ist. Und natürlich lohnt es sich, über den diesbezüglich besten Ort angesichts des Sachverhaltes nachzudenken, daß der permanente Ortswechsel, den der moderne Mensch einerseits als auto-mobiles Wesen fast stündlich vornimmt und andererseits als umzugsorientiertes Wesen alle paar Jahre durchführt, schon fast irrsinnige Formen angenommen hat. Der Mensch bewegt sich in seiner Maschine hin und her. Wozu? Der Mensch zieht um. Meist aus ökonomischen Gründen, um etwas zu verdienen. Meist, um besser zu verdienen. Und nicht selten vergißt er darüber nachzudenken, ob es wichtigere Motive als die öko-

---

133 Die Bedürfnisse des modernen Menschen „können wohl kaum besser befriedigt werden als in einer Umwelt, die zur Bühne wird für Straßentheatergruppen, Karnevalsvereinigungen, Straßenmaler, Pantomimen und Clowns, Straßenmusikanten und Musikvereine, aber auch für Jugendliche als Virtuosen auf Skateboards, Rollschuhen, BMX-Fahrrädern, für Break-Dancer wie für weltanschauliche und politische Gruppierungen, für Greenpeace, Tierschutzvereine, religiöse Sekten und viele andere mehr.“ A.a.O., S. 449.

nomischen gibt, am Ort zu bleiben oder einen besseren Ort zu suchen.

Sieben sinneröffnende Fundamentalbereiche, in denen der Mensch die Wahl hat und in denen er seine Identität ausbilden kann, wurden in diesem Kapitel rekonstruiert. Diese Bereiche betreffen die Mitmenschen, die Kultur- und Konsumgüter, die Berufe, die Weltanschauungen, Lebensformen und Umgebungen. Und im Zusammenhang eines jeden einzelnen Bereichs ist der Mensch in der Lage, Identität auszubilden: kommunikative Identität im Blick auf die Mitmenschen, bildungsorientierte Identität im Blick auf die Kulturgüter, verbrauchsorientierte Identität im Blick auf die Konsumgüter, professionsorientierte Identität im Blick auf den Beruf, weltanschaulich-religiöse Identität im Blick auf die Interpretation von Mensch und Welt, stilistische Identität im Blick auf die Lebensformen und topographische Identität im Blick auf die Umgebungen.

Dabei ist es in philosophischer und psychotherapeutischer Hinsicht gleich aufschlußreich, dieses Identitätsmodell sinntheoretisch zu buchstabieren. Dies ist möglich, weil mit allen aufgeführten Formen der Identität potentiell Sinnerfahrungen verbunden sind. Eine Fülle von Sinnerfahrungen macht der Mensch in der Weise, wie er mit anderen kommuniziert; also im Rahmen kommunikativer Identität. Sich Kulturgüter lernend anzueignen bedeutet, sich Sinngebilde anzueignen. Beides, sowohl die Gebilde als auch die Aneignung werden als sinnvoll erlebt, jedenfalls solange die Aneignung freiwillig geschieht und etwas zur Persönlichkeitsentwicklung beiträgt. Aber nicht nur im Rahmen bildungsorientierter Identität geht es um Sinn. Dasselbe gilt für konsumorientierte Identität. Der Stil der Befriedigung vitaler Grundbedürfnisse kann unter den Gesichtspunkten der Genügsamkeit, der ökologischen Verträglichkeit, der Ästhetik, aber auch der differenzierten Genußfähigkeit wohl durchdacht sein und so zu einer Sinn eröffnenden Identität führen. Dem modernen Menschen unmittelbar einleuchtend ist dasselbe im Blick auf die professionsorientierte Identität. Mit der Fülle der Berufe verbindet er eine Fülle von Sinnmöglichkeiten, die im Wege der Produktivität realisiert werden; gleichgültig, ob es sich ums Hervorbringen von Produkten oder Dienstleistungen handelt. Sie sollen ja etwas für die Lebensbewältigung austragen. Im Rahmen religiöser Identität geht es um lebensfreundliche, Sinn eröffnende Antworten auf existentielle Grundfragen, die den Menschen freisetzen, das Leben trotz seiner Endlichkeit und seiner unendlichen Gefährdungen nicht immer nur zu ertragen, es vielmehr trotz allem ebenso gelassen wie heiter zu führen. Und was die stilistische Identität betrifft, so geht es um die Gestaltung der Lebensräume. Das Leben in verschiedenen Räumen – sei es eine Wohnung, sei es eine Werkstatt, sei es ein Aufführungsraum – zu gestalten heißt natürlich, völlig verschiedene Notwendigkeiten zu beachten und Ziele zu verfolgen. Aber alle Ziele sind Ausdruck eines einzigen Willens: des Willens zum Sinn. Und auch mit der topographischen Identität verhält es sich nicht anders. Der Ort, an dem die geistige oder bildnerische Tätigkeit zu ihrer höchsten Erregung kommt, ist der sinnvollste Ort: nicht nur für einen Philosophen oder Künstler.

Was aber heißt es, Identität auszubilden? Dazu einige, das Kapitel abschließende Bemerkungen.[134] Ich unterscheide die Identität des Seins von der Identität des Habens. Die Identität des Sein ist Fundamentalidentität und hängt mit der Wortwurzel unmittelbar zusammen. Das lateinische Wort „idem“ heißt „der-

[134] Es geht hier nicht darum, die weitläufige Identitätsdiskussion zu wiederholen, vielmehr einige eigensinnige Akzente zu setzen. Vgl. zum hier vorgelegten Identitätsmodell S. 310.

selbe" oder „dasselbe". Identität zu haben heißt: sich Tag für Tag, ein Leben lang als denselben wahrzunehmen, gewiß zu sein, daß man trotz allem im Prozeß eines Lebens trotz aller Veränderungen derselbe bleibt. Obwohl sich im Laufe der Entwicklung vom Kind zum Greis vieles in und an ein und demselben Subjekt verändert, fühlt, erlebt und erkennt sich dieses Subjekt, sofern es gesund bleibt, im Fortgang des Lebens immerzu als ein und dasselbe. Dabei handelt es sich um ein in sich evidentes, ursprüngliches Phänomen, das als selbstverständlich gilt. Allerdings ist es durchaus nicht selbstverständlich, wie das Phänomen der multiplen Persönlichkeit[135] und die Zerstörung der Ichhaftigkeit im Verlauf von Schizophrenien zeigen. Identität dieser Art ist Grundlage aller anderen Formen von Identität und hängt an der spezifischen Gesamtverfassung der Person. Sie hängt mit der Ichhaftigkeit und Selbsthaftigkeit des Subjekts unmittelbar zusammen. Auch wenn das Ich eines Menschen im Verlauf eines Lebens ganz Verschiedenes dachte, fühlte, wollte, so erkennt es sich selbst in seiner Ichhaftigkeit doch als dasselbe je und je. Auch wenn der einem Menschen zugrunde liegende Entwurf, welcher im Kürzel „Selbst" auf den Begriff kommt, in den verschiedenen Lebensphasen unter verschiedenen Aspekten ins helle Bewußtsein tritt, so bleibt das Selbst doch dasselbe und

[135] „Das grundlegende Merkmal ist das offensichtliche Vorhandensein von zwei oder mehr verschiedenen Persönlichkeiten bei einem Individuum. Dabei ist zu einem Zeitpunkt jeweils nur eine sichtbar ... Bei der häufigsten Form mit zwei Persönlichkeiten ist meist eine von beiden dominant, keine hat Zugang zu den Erinnerungen der anderen, und die eine ist sich der Existenz der anderen fast niemals bewußt." Weltgesundheitsorganisation, Internationale Klassifikation psychische Störungen – ICD 10, Bern 2000, S. 182.

stellt sich so, zusammen mit der Ichhaftigkeit der Person, als Fundament seiner Identität dar.

Von der Identität des Seins ist die Identität des Habens zu unterscheiden. Sein Ich *hat* man nicht. Das Selbst, das einem zugrunde liegt, hat man auch nicht. Man ist es. Im Satz „Ich bin ich selbst" spiegelt sich der gemeinte existentielle Sachverhalt. Im Gegenüber dazu ist Identität aber auch im Blick auf existentiell bedeutsame Lebensphänomene zu entwickeln, welche man sich erarbeitet, aneignet und *hat*,[136] so daß sie „mein" werden und in ihrer jeweiligen „Meinhaftigkeit" Grundlage der jeweiligen Identität. Demzufolge entwickelt sich z.B. berufliche Identität dadurch, daß ein Subjekt sich alles an Wissen und Können aneignet, das nötig ist, um einen bestimmten Beruf auszuüben. Dies ist jedoch nur notwendige Bedingung für die Entstehung beruflicher Identität. Was noch im Sinne hinreichender Bedingung hinzukommen muß, ist ein gleichsam erotisches Element. Ich muß vom Beruf meiner Wahl überzeugt sein. Ich muß ihn gleichsam lieben. Die entsprechende Überzeugtheit zeigt sich als Gewißheit, daß die Ausübung dieses Berufes etwas zum Gelingen meines Lebens beiträgt. Ebenso verhält es sich mit den anderen Formen der Identität. Kommunikative Identität[137] im

---

[136] Man *hat* einen Beruf, man *hat* eine Weltanschauung, man *hat* bestimmte Lebensformen usf.

[137] Natürlich ist es möglich, die auf den zwischenmenschlichen Umgang bezogene „kommunikative Identität" zu differenzieren. Dies geschieht, wenn man sich beispielsweise fragt, von welchen lebensfreundlichen Prinzipien der Umgang zwischen Frau und Mann geleitet sein sollte, um zu dem zu gelangen, was man mißverständlich „geschlechtliche Identität" genannt hat; oder zwischen Eltern und Kindern, um pädagogische Identität auszubilden; oder zwischen Lehrern und Schülern, um dozenti-

Blick auf den Mitmenschen kommt dadurch zustande, daß ich im Umgang mit Menschen einen bestimmten, wertorientierten Stil pflege, der nicht nur gekonnt geübt wird, mit dem ich vielmehr erst dadurch identifiziert bin, daß ich ihn wertschätze. Die Wertschätzung aber kommt dadurch zustande, daß ich gewiß bin, daß dieser Kommunikationsstil in dem Sinne *mein* Stil ist, als er etwas zum Glücken meines Lebens beiträgt. Bildungsorientierte Identität kommt durch einen bestimmten Stil des Lernens und durch diejenigen Bildungsstoffe zustande, die ich mir in personaler Exklusivität im Blick auf die Entfaltung meiner Persönlichkeit erschließe.[138] Die spezifische Technik des Sich-Bildens und die Besonderheit der gewählten Bildungsstoffe allein genügen allerdings zur Ausbildung von bildungsorientierter Identität nicht. Ein erotisches Element muß hinzukommen. Es liegt in der Gewißheit, daß die für mich charakteristische Weise des Sich-Bildens und die von mir bevorzugten Stoffe etwas zur Entfaltung meiner Persönlichkeit beitragen.[139] Ebenso verhält es sich mit dem, was ich konsumorientierte Identität genannt habe. Menschen bilden, sofern sie bewußt leben, einen Stil des Kommunizierens aus. Er betrifft sowohl dasjenige, was konsumiert wird, als auch das Wie des Konsumierens. Aus dem Zusammenspiel von Was und Wie ergibt sich eine Fülle von Stilformen, deren Extreme man als franziskanisch einerseits und imeldamarcisch[140] andererseits bezeichnen könnte. Nichts besitzen zu wol-

sche Identität auszubilden; oder zwischen Vorgesetzen und Untergebenen, um kubernatorische Identität zu gewinnen usf.

[138] Vgl. dazu die Ausführungen zur Reduktivität S. 403 ff.

[139] Vgl. zum ethischen Wert der Persönlichkeit N. Hartmann, Ethik, Berlin 1962, S. 509 ff.

[140] Imelda Marcos, die Gattin des philippinischen Diktators Marcos, ist als das Symbol der Extravaganz und der Konsumwut in die Geschichte ein-

len als eine Kutte, Unterhosen und einen Strick und dennoch ein ebenso bedeutsames wie erlebnis- und einflußreiches Leben zu führen markiert *eine* Form der konsumorientierten Identität, jedenfalls unter der Maßgabe, den damit verbundenen Lebensstil bewußt gewählt zu haben, weil man davon überzeugt, daß er für das Gelingen des je eigenen Lebens unabdingbar ist. Und natürlich gibt es Menschen – man bedenke den Jet-Set –, die es lieben, soviel wie möglich an teuren Dienstleistungen und Waren zu konsumieren und die ihre diesbezügliche Identität auf diese Weise ausbilden; von den unzählig vielen Zwischenformen garnicht zu reden. Was die weltanschaulich-religiöse Identität angeht, so gründet sie auf der Notwendigkeit für den Menschen, seine Bestimmung in der Welt zu verstehen angesichts existentieller Grundfragen: Woher komme ich erstlich? Wohin gehe ich letztlich? Welches ist der Grund von allem was ist? Wie kommen mein Leben, das Leben aller anderen, der Prozeß der Geschichte zu ihrer Erfüllung, trotz allem? Antworten auf diese Fragen geben die Ideologien, Weltanschauungen, Religionen. Identifiziert sich jemand mit den Antworten einer bestimmten Religion, dann bildet er immer zugleich kosmopolitische und in diesem Rahmen politische Identität aus. Religion impliziert Welt-Anschauung. Umgang mit der Welt aber ist Funktion der Weise, wie man die Welt ansieht; soll heißen: worin man die Aufgabe sieht, die in der Welt zu erfüllen einem abverlangt ist. Und auch in diesem Falle fehlt das erotische Element nicht. Wer sich von einer Religion und ihren existentiellen Interpretamenten angesichts einer alles umfassenden, alles aus sich heraussetzenden, alles erhaltenden und erfüllenden Realität so berühren läßt, daß er sich und

---

gegangen. Sie soll allein an Schuhen zwischen 2000 und 4000 Paare besessen haben.

sein Leben von daher versteht, der tut dies nur, wenn ihm diese Religion einleuchtet. Das aber heißt: wenn sie ein Licht auf sein Leben wirft, so daß er sich orientieren kann und gewiß ist, daß der Weg, den er unter ihrer Anleitung geht, zu einem guten Ziel führt. Und ebenso verhält es sich mit den letzten beiden Formen der Identität, die im Zusammenhang des hier aufgeführten Modells eine Rolle spielen: der stilistischen und topographischen Identität. Der Lebensstil stellt nicht nur eine gekonnte Weise, berufliches und außerberufliches Leben zu gestalten, dar, vielmehr auch eine Weise, von der man sich Phasen beglückenden Lebens verspricht. Dasselbe gilt vom optimalen Raum. Ich plaziere mich dort, weil er sich in vielfältiger Weise positiv auswirkt und lebenssteigernd auf mich einwirkt: durch lebensfreundliche Eindrücke sinnlicher Art, z.B.: über Auge, Ohr und Nase. Durch kulturelle Eindrücke; z.B.: über wissenschaftliche, literarische, musikalische oder bildlich-künstlerische Anregungen.

Die Identität des Habens im Gegensatz zur Identität des Seins trägt ihren Namen, weil sie auf ein Objekt bezogen ist, zu dem das Subjekt in der Beziehung des Habens steht. Der Mensch *hat* einen bestimmten Ort, der für ihn der beste ist (topographische Identität); einen bestimmten Stil, Leben zu gestalten, der für ihn der beste ist (stilistische Identität); ein bestimmtes Welt- und Gottesverständnis, das ihm am meisten einleuchtet (weltanschaulich-religiöse Identität); einen bestimmten Beruf, der ihn nicht nur ausfüllt, sondern auch erfüllt (berufliche Identität); bestimmte, für ihn optimale Weisen, zu konsumieren (konsumorientierte Identität), sich zu bilden (bildungsorientierte Identität), mit anderen Menschen zu kommunizieren (kommunikative Identität). Und er steht zu dem, was er hat, in einem wertschätzenden Verhältnis. Allerdings ist, paradox formuliert, Identität in diesen Bereichen nur durch Nicht-Identität aufrechtzuerhalten. Nur dadurch, daß ich mich in den den Identitäten zugrundeliegenden Tätigkeiten weiterentwickle, kann ich Identität aufrechterhalten: im Kommunizieren, Sich-bilden, Verbrauchen, Arbeiten, Interpretieren, Gestalten und Plazieren. Und natürlich besteht immer die Gefahr, daß aus einer lebendigen – d.h. sich differenzierenden Identität – starre, später tote Identität wird. Deshalb gilt es, identisch mit sich selbst zu bleiben, indem man immerzu ein anderer wird.

Kapitel VII

Der schöpferische Mensch in philosophischer und therapeutischer Perspektive

1. Die zweite Grundfunktion des Lebens: Wachstum mit dem Ziel: Kultur

Mensch zu sein bedeutet: ein Mensch zu werden. Menschsein hat prozessualen Charakter. Zum Menschsein gehört das Bewußtsein, noch nicht zu sein, wozu man eigentlich bestimmt ist. Der Mensch bleibt ein Leben lang in der Weise der Lebensführung hinter sich zurück. Aber im Entwurf seiner selbst ist er sich immer voraus. Es sei denn, er erwartet nichts mehr vom Leben, er resigniert. Resignation[1] aber ist nichts anderes als Verzicht auf Leben. Existentiell[2] hinter sich zurück zu sein und zugleich über sich hinaus zu sein, nämlich essentiell, machen den Schmerz und die Lust des Lebens aus. Den Unterschied zu spüren zwischen dem, was der Fall eines Lebens ist, und dem, was der gute Fall eines Lebens sein könnte und sollte, schmerzt. Die Überwindung des Unterschieds planend und träumend vorwegzunehmen aber macht Lust. Beide, Schmerz und Lust, bewegen den Menschen, seinem Leben immer wieder eine neue Gestalt zu geben. Während das Tier ist, was es ist, Pflanze und Stern sind, was sie sind, muß sich der Mensch selbst schaffen. Er ist der Erfinder

---

1 Das lateinische Wort „resignatio" heißt: Verzicht. Wörtlich heißt es: Entsiegelung. Was besiegelt ist, ist in Kraft, ist gültig. So gesehen ist Resignation: Leben ohne Kraft. Leben, das seine Gültigkeit verloren hat.

2 Existentiell bedeutet: im Blick aufs je eigene Leben, wie es ist. Essentiell bedeutet: im Blick aufs je eigene Leben, wie es sein sollte.

seiner selbst, soll heißen: Er muß seine Bestimmung finden und sich in der Verwirklichung seiner Bestimmung erfinden. Das Prinzip der Findung und Erfindung seiner selbst aber ist Wachstum.

Folgt man dem anthropologischen Credo dieser Abhandlung, dann bedeutet Wachstum unter essentiellem Aspekt die Entdekkung des Entwurfs, der man ist[3], und die Verwirklichung dieses Entwurfs Schritt für Schritt. Im diesbezüglichen Fortschreiten ereignet sich Wachstum. Im Verlauf des Lebens immer präziser der- oder diejenige zu werden, die man im Grunde ist, ist die Mitte menschlichen Wachstums. Um jedoch immer genauer diejenige oder denjenigen zum Ausdruck zu bringen, der man im Grunde ist, bedarf es in allen ontologischen Dimensionen des Wachstums: in der somatischen, psychischen, geistigen und interaktiven Ebene. Dem zentralen Wachstumsinteresse, nämlich den Entwurf, der einem zu Grunde liegt, auszudrücken, korrespondiert ein peripheres Wachstumsinteresse, nämlich in den Dimensionen von Körper, Seele und Geist so zu wachsen, daß dem zentralen Wachstumsinteresse entsprochen werden kann. Um das zentrale Wachstumsinteresse zu realisieren, bedarf es jedoch der Mittel.

Im übrigen ist beides gefährlich. Zum einen: über viele Mittel zu verfügen, aber sich keines zentralen Wachstumsinteresses bewußt zu sein. Zum anderen: im Bewußtsein eines zentralen Wachstumsinteresses zu leben, aber unfähig zu sein, dieses Interesse zu realisieren, weil man über die entsprechenden Mittel nicht verfügt. Im ersten Falle hat man Mittel, aber kein Wozu. Im zweiten Falle hat man ein Wozu, aber keine oder zu wenig Mittel, um es auszudrücken. Im ersten Falle wächst der Mensch

---

[3] Vgl. dazu S. 75 ff.

in allen möglichen Dimensionen, aber sein Wachstum hat kein Ziel. Es wuchert. Im zweiten Falle hat der Mensch den Entwurf seiner selbst klar vor Augen. Er kennt seine Bestimmung. Über Mittel, sie aus der Idealität in Realität zu übersetzen, verfügt er jedoch nicht. Sein Wachstum stockt. Dann steht es still. Wichtig ist, daß beides vermieden wird, Proliferation ebenso wie Stagnation: Wucherung wie Stillstand. Entscheidend ist, daß beides angestrebt wird: ein mittelorientiertes Wachstum, das im Dienst eines Zieles steht, und die Entdeckung eines Zieles, für das es sich lohnt, sich Mittel der Verwirklichung durch Wachstum anzueignen. Ziel ist: sich selbst unter dem Aspekt der je eigenen Essentialität in Existenz zu „übersetzen“; möglichst klar, möglichst rein.[4]

Das Ziel vor Augen kann man sich fragen, in welchen Dimensionen sich Wachstum ereignet. In diesem Zusammenhang sollte man zunächst zwischen äußerem und innerem Wachstum unterscheiden. Äußeres Wachstum geschieht, sofern ein Mensch Güter erwirbt, sein Eigentum vermehrt: Geld, Gold, Mobilien und Immobilien zum Beispiel. Es besteht kein Zweifel, daß der Mensch über ein gewisses Eigentum verfügen sollte. Es ist notwendige Voraussetzung dafür, daß er sich in psychohygienischer Perspektive gesund entwickelt. Die Befriedigung vitaler Grundbedürfnisse ist notwendige Voraussetzung dafür, daß er seiner Bestimmung gerecht wird. Ebensowenig besteht Zweifel darüber, daß der Mensch der Beschaffung von äußeren Lebensmitteln nicht selten eine zu große Bedeutung beimißt und allzuoft die Unfähigkeit, innerlich zu wachsen, durch äußeres Wachstum

4 In völliger Weise wird dies unter den Bedingungen menschlicher Existenz nicht gelingen. Aber punktuell, fragmentarisch kann es durchaus gelingen.

zu kompensieren versucht.[5] Entscheidend ist das innere Wachstum. In diesem Rahmen spielt das reduktive, das produktive und das interaktive Wachstum eine entscheidende Rolle. Was ist gemeint?

Will man die Problematik systematisch reflektieren, so könnte man Wachstum im Blick auf vier Dimension unter zwei fundamentalen Gesichtspunkten erörtern: Wachstum im Blick auf den Körper[6], die Seele, den Geist, die Interaktivität; und dies unter den Gesichtspunkten von Quantität und Qualität. Da der Begriff „Wachstum" in diesem Zusammenhang anthropologische Funktion hat, ist er von biologischen Nebenbedeutungen freizuhalten.

---

5 Sehr eindrücklich bringt diesen Sachverhalt das Gleichnis vom reichen Kornbauern zum Ausdruck: „Und er sagte ihnen ein Gleichnis und sprach: Es war ein reicher Mensch, des Feld hatte wohl getragen. Und er dachte bei sich selbst und sprach: Was soll ich tun? Ich habe nicht, wo ich meine Früchte hinsammle. Und sprach: Das will ich tun: Ich will meine Scheunen abbrechen und größere bauen und will darein sammeln all mein Korn und meine Güter und will sagen zu meiner Seele: Liebe Seele, du hast einen großen Vorrat auf viele Jahre; habe nun Ruhe, iß, trink und habe guten Mut! Aber Gott sprach zu ihm: Du Narr! Diese Nacht wird man deine Seele von dir fordern; und wes wird's sein, das du bereitet hast? So geht es dem, der sich Schätze sammelt und ist nicht reich für Gott." Lk 12, 16-21.

6 Inneres Wachstum bezieht sich auf Wachstum im Blick auf den Geist und im Blick auf die Seele. Bezieht es sich auch auf das Wachstum im Blick auf den Körper? Seele und Geist sind gleichsam umhüllt vom Körper. Relativ zum Körper sind sie innen. Der Körper ist, relativ zu Geist und Seele, außen. Dennoch ist auch der Körper innen, insofern er in der Welt ist. Die Welt draußen, von der der Körper abgesetzt ist, ist das den Körper Umhüllende. So gesehen, nämlich relativ gesehen zum transsubjektiven Sein, ist auch der Körper innen. Aus diesem Grunde bezieht sich inneres Wachstum im Rahmen dieser Abhandlung nicht allein auf Seele und Geist, vielmehr auch auf den Körper.

Es geht beispielsweise nicht um den Sachverhalt, daß sich der junge Körper zu einem erwachsenen Körper entwickelt; relativ zur Steuerung durch das jeweilige Genom. Es geht vielmehr darum, daß der Wille zum Sinn im Gewand des Willens zum Wachstum die zentrale Bewegkraft menschlicher Existenz darstellt. Das heißt: Der Mensch will wachsen. Dabei ereignet sich Wachstum im *Umgang* mit sich als Körper, Seele und Geist einerseits und im *Umgang* mit anderen Menschen andererseits. Im Prinzip geht es um die Gestaltung der innen- und außenorientierten Bezüge. Im Blick auf den Körper geht es nicht um das Wachstum desselben, vielmehr um die Pflege eines lebensfreundlichen Bezugs, der im Laufe der Zeit verfeinert werden kann. In quantitativer Hinsicht mag es auch um den Gewinn, die Erhaltung oder die Steigerung von Kraft gehen. Entscheidend ist der qualitative Aspekt: Es geht um den Gewinn einer optimalen Form, um einer Vitalität willen, die in den Dienst wesentlicher Lebensziele gestellt werden kann. Geistige und seelische Vitalität haben ihre Wurzel in körperlicher Vitalität.

Auch Wachstum im psychischen Bereich ist unter quantitativem und qualitativem Aspekt zu buchstabieren. Die Gefühlswelt eines Menschen entwickelt sich. Es gibt angeborene Emotionen. Sie sind jedoch nicht die einzigen. Im Zuge vielfältiger Interaktionen erwirbt der Mensch eine Fülle weiterer Emotionen, z.B. Schuldgefühle, Schamgefühle, Neid, Eifersucht, Enttäuschung, Verachtung einerseits, die Gefühle von Erleichterung, Stolz, Triumph, Bewunderung, Begeisterung, Liebe andererseits.[7] Unter quantitativem Aspekt diesbezüglich zu wachsen bedeutet, Differenzierung der Gefühlswelt. Unter qualitativem Aspekt diesbezüglich zu wachsen heißt: Form zu gewinnen, in Form zu sein,

---

[7] Vgl. dazu S. 249.

die diesbezügliche Form zu steigern. Man kann körperlich in Form sein aufgrund eines nachhaltig betriebenen Trainings. Man kann auch psychisch in höherem oder auch geringerem Maße in Form sein. Wer über eine diesbezügliche Form verfügt, von dem sagt man, er sei eine Persönlichkeit. Er habe und zeige Charakter. Er könne etwas aushalten, verfüge über Frustrationstoleranz. Könne nicht nur austeilen, sondern auch einstecken. Sei standfest. Zeige ein ebenso freundliches wie bestimmtes Wesen. Zeichne sich angesichts der Vielfalt von außen und innen kommender Herausforderungen sowohl durch Zähigkeit als auch durch Geschmeidigkeit aus und vieles mehr. In diesbezüglicher Form zu sein bedeutet, gekonnt mit der je eigenen Gefühlswelt umzugehen. Soll heißen: Gefühle zuzulassen und nicht zu verdrängen. Wahrzunehmen, was sie sagen wollen, auch wenn sie widersprüchlich sind. Sich möglichst nur von denjenigen Gefühlen bestimmen zu lassen, die zur konstruktiven Lebensgestaltung motivieren: zur Erhaltung, Stärkung und Erweiterung positiver Lebensmöglichkeiten. Über eine diesbezüglich relativ stabile Gefühlsorganisation zu verfügen, die sich in einem relativ stabilen System von Verhaltensdispositionen äußert, heißt: psychisch „in Form" zu sein. Dabei kann die Kunst, konstruktiv mit Gefühlen umzugehen, unterschiedlich hoch ausgebildet werden. Psychisches Wachstum heißt: diese Kunst immer weiter voranzutreiben.

Wachstum in der Dimension des Geistes ereignet sich zum einen als Verwandlung von subjektivem Geist in objektiven Geist, zum anderen als Steigerung des subjektiven Geistes, Vermehrung und Steigerung des objektiven Geistes. Einen Gedanken zu denken ist eine Sache. Ihn auszudrücken eine andere. Als ausgedrückter ist er gleichsam herausgewachsen aus Geist, der innerlich ist. Als ausgedrückter hat er insofern einen höheren Wert, als er nun über eine höhere Wirksamkeit verfügt. Er ist kommunikabel geworden. Der Möglichkeit nach kann er das Denken, Verhalten, u.U. auch das Lebensgefühl eines anderen, ja die Weise eines anderen, in der Welt zu sein, bestimmen. Die Macht des Gedankens entfaltet sich erst, sofern er zum Ausdruck gekommen ist. Wachstum in der Dimension des Geistes hat einen Innen- und einen Außenaspekt. Menschen denken, erinnern, planen, träumen, phantasieren. Die Mittel, um dies zu tun, sind: Sprache und Bild. Führt der Mensch, denkend, ein Gespräch mit sich selbst, so handelt es sich, in der Außenperspektive, um unhörbare Sprache. Läßt der Mensch, wahrnehmend oder phantasierend, Bilder in sich entstehen, so handelt es sich in der Außenperspektive um nicht zu sehende Bilder. Drückt der Mensch laut oder bildlich aus, was er denkt, was er sieht, dann verwandelt sich subjektiver Geist in objektiven Geist. Wenn Menschen es lernen, in der Begegnung mit sich und der Welt immer präziser zu denken, immer phantasievoller zu imaginieren, dann ereignet sich Wachstum subjektiven Geistes. Wenn Menschen es lernen, was sie denken, immer genauer in Worte zu fassen und auszudrücken, ihre bildhaften Vorstellungen in konkreten Bildern auszudrücken, z.B. mit Pinsel und Farbe, und immer mehr und wichtigere Erkenntnisse zu äußern und immer mehr und bedeutsamere Bilder anzufertigen, dann geschieht Wachstum in der Dimension des objektiven Geistes.

Im übrigen ist es in diesem Zusammenhang wichtig, Wachstum im Blick auf die Phänomene der Produktivität und Reduktivität zu bedenken. Produktivität ist eine positive Eigenschaft des Menschen. Sie bezieht sich auf den Sachverhalt, daß der Mensch qua Geist einer ist, der etwas hervorbringt, etwas zur Erscheinung bringt, etwas ans Licht bringt. Je origineller dasjenige ausfällt, was er hervorbringt, desto produktiver ist er. Der Begriff der Pro-duktivität verweist auf den Zusammenhang zwischen Subjekt, Werk-Zeugung und Werk. Das Subjekt als das Zugrundeliegende erlebt sich als eines, das ein Werk will und im Zuge der Werk-Zeugung das Werk vollbringt. Dieser Prozeß stellt sich im Prinzip als Pro-duktion, als Heraus-Führung dar. Es handelt sich um eine Herausführung aus dem Bereich der Idee in den Bereich der Aktualität. Was innerlich ist, soll äußerlich werden. Was potentiell ist, soll aktuell werden. Was essentiell ist, soll in Existenz überführt werden. Gewöhnlich verbindet man Produktivität mit den Lebensbereichen von Kunst, Wissenschaft, Technik und Volkswirtschaft. Schafft ein Mensch originelle Bilder, so bescheinigt man ihm künstlerische Produktivität. Entschlüsselt ein Mensch die Natur und erarbeitet weitreichende Erkenntnisse, so attestiert man ihm wissenschaftliche Produktivität. Setzt er wissenschaftliche Erkenntnisse in lebensdienliche Geräte um, so bezeugt man ihm technologische Produktivität. Produzieren die Menschen immer schneller, immer mehr, immer perfekter und läßt sich das Produkt immer häufiger verkaufen, dann bescheinigt man dem wirtschaftenden Subjekt ökonomische Produktivität. In diesem Kontext spielen jedoch nicht nur Qualität, vielmehr auch Quantität eine wichtige Rolle. Allerdings sollte man Produktivität nicht ausschließlich in den Bereichen von Wirtschaft, Technik, Wissenschaft und Kunst entdecken, vielmehr als ein Phänomen wahrnehmen, das in all den Dimensionen des Lebens eine wichtige Rolle spielt, in denen Leben nicht einfach gelebt, vielmehr geführt wird. Man könnte von einer Produktivität des Alltags oder einer Produktivität der Lebensführung sprechen. Sie zeigt sich immer dann, wenn Menschen das Beste aus ihrem Leben machen. Und dies zeigt sich beispielsweise immer dann, wenn Menschen fähig sind, die ihnen anvertraute Zeit als Werde-Zeit im Sinne der Entwicklung ihrer spezifischen Begabungen voll auszuschöpfen. Wenn sie das, was sie tun, hellwach, völlig gegenwärtig, hoch konzentriert vollbringen. Wenn sie darauf achten, daß das, was sie tun, nicht allein ihnen sinnvoll erscheint, vielmehr auch etwas zur Erfüllung fremden Lebens beiträgt. Wenn sie gelassen mit Schicksalsschlägen umgehen und geistesgegenwärtig die Gunst der Stunde ergreifen. Und, nicht zuletzt, wenn es ihnen gelingt, ihrem Leben eine eigen-sinnige Gestalt zu geben.

Als polaren Gegenbegriff zu Produktivität wähle ich den Begriff der Reduktivität. Er bezieht sich auf den Sachverhalt, daß der Mensch, bevor er produktiv werden kann, reduktiv gewesen sein muß. Das heißt: Er muß Kultur, welche in der Welt draußen vorgegeben ist, in seine Innenwelt zurück führen (reducere). Soll heißen: Er muß sich Bildungsgüter aneignen – Wissen, Erkenntnisse, Einsichten z.B., – um produktiv werden zu können. Natürlich kann man fragen, warum hier der ungeläufige Begriff der Reduktivität eingeführt wird, zumal es den Anschein hat, es handle sich um nichts anderes als Rezeptivität, also um die Fähigkeit, sich Kulturgüter im Wege des Lernens zu erschließen. Um diese Fähigkeit handelt es sich in der Tat, allerdings in Korrespondenz zum Begriff der Produktivität: nämlich unter wertorientiertem Aspekt. Reduktivität bezeichnet nicht allein die Fähigkeit, sich irgendwelche Bildungsgüter anzueignen, vielmehr diejenigen, die zur eigen-sinnigen Entwicklung der Person unentbehrlich sind; so daß aus einer Person eine Persönlichkeit werden kann. Reduktivität setzt Gespür für die je eigene Persönlichkeit, die eine Person zu werden bestimmt ist, voraus. Dieses Gespür zu entwickeln ist eine fundamentale Aufgabe und kann im eigentlichen Sinne nur vom betreffenden Subjekt selbst geleistet werden. Bei der Entwicklung in den frühen Jahren Hilfestellung zu leisten ist die hohe Kunst der Pädagogik. Helfen kann auch derjenige, der liebt. Denn ihm erscheint hinter der geliebten Person immer auch die Persönlichkeit, die zu werden eine Person gefordert ist. Sie zu fördern ist eine Lust der Liebe, welche in ihrer Bedeutsamkeit der sexuellen Lust kaum nachsteht. Dennoch sind die von außen kommenden Hilfestellungen begrenzt. Die jeweilige Person selbst ist es, die im Umgang mit sich Reduktivität entwickeln muß; d.h. die Fähigkeit, sich aus der Fülle des objektiven Geistes nicht nur das zuzuführen, was zu einer allgemeinen Lebenskompetenz führt, vielmehr im Verlauf des Lebens immer energischer dasjenige, was die Ausbildung des je eigenen, unverwechselbaren Gesichts fördert. Nicht jedes Buch dient diesem Zweck. Bestimmte sind es. Nicht jeder Umgang, den man pflegen könnte, ist es. Nicht jede Art, Freizeit zu gestalten, ist es. Nicht jedes kulturelle Gut, mit dem man sich beschäftigen kann, ist es. Bestimmte Güter sind es. Der über hohe Reduktivität verfügende Mensch hat ein präzises Gespür für diejenigen Erscheinungen der Welt draußen, mit denen sich zu beschäftigen der Entwicklung seiner Persönlichkeit zugute kommt. Außerdem ist zu vermuten, daß hohe Kreativität hoher Reduktivität entspricht. Denn nur die nachhaltige Begegnung mit Phänomenen, die wahrzunehmen man geschaffen ist, erzeugt den Impuls, sich unter dem Eindruck der Begegnung kreativ auszudrücken.

Im Rahmen des philosophischen Gesprächs im Kontext von Therapie und Beratung ist die Wachstumsthematik von zentraler Bedeutung. Will der Mensch sein Leben als lebenswert erleben, dann muß er wachsen. Ein Mensch, der der Notwendigkeit zu wachsen nicht mehr entspricht, stirbt mitten im Leben. Der psychisch Gesunde erlebt seine Zeit als ihm anvertraute Zeit, zum Wachstum anvertraute Zeit. In dieser Hinsicht entwickelt der Melancholiker zurecht eine Fülle von Schuldgefühlen, weil er seine Zeit als leere Zeit erlebt, die ihm zum Wachsen anvertraut ist, die er jedoch zum Wachsen nicht nutzen kann. Er leidet unter einer Werde-Hemmung, die nichts anderes ist als Wachstumshemmung. Sowohl im Blick aufs Individuum als auch im Blick auf die Interaktivität von Individuen gilt: Individuen müssen wachsen. Beziehungen müssen wachsen. Entsprechen Individuen diesem Gesetz nicht, handeln sie sich eine Fülle psychischer Probleme ein, erstarren seelisch. Dasselbe gilt für Beziehungen. Sie wachsen oder sterben. Der Mensch hat zwar die eigenartige Fähigkeit, sterbende Beziehung u.U. jahrzehntelang äußerlich aufrecht zu erhalten. Aber auch in solchen Beziehungen ist der Wille zum Sinn in der Form des Willens zum Wachstum meist ungebrochen. Er zeigt sich darin, daß die Partner eigen-sinnige Wege gehen, auf denen mitzugehen sie dem jeweils anderen nicht erlauben.

Im philosophischen Gespräch geht es nicht darum, angesichts von Wachstumshemmungen Angst zu machen. Es geht vielmehr um die Einsicht in die Natur und die Notwendigkeit persönlichen Wachstums. Um die Entdeckung von Wachstumsmöglichkeiten und um die Vermittlung von Lust zum Wachstum. Nicht selten ist es so, daß hohe Attraktivität von Wachstumsmöglichkeiten Wachstumshemmungen zu überwinden hilft. Es kann jedoch auch vorkommen, daß zunächst erkannt werden muß, was einen Menschen hemmt zu wachsen. Es kann angezeigt sein, daß zunächst Wachstumssperren aufgelöst werden, um den Willen zum Wachstum freizusetzen und tatsächliches Wachstum zu ermöglichen. Natürlich sollte man den Patienten immer beides entdecken lassen: die Wachstumsmöglichkeiten und die sein Leben bestimmenden Wachstumshemmungen. Die einen gilt es jeweils erstrebenswerter zu machen. Die anderen gilt es abzubauen. Entscheidend ist jedoch immer, ob der Mensch im Bewußtsein einer lebensthematischen Mitte existiert, von daher sein Leben versteht und daraufhin sein Leben gestaltet. Dabei ist zu beachten, daß Männer und Frauen diesbezüglich verschiedene Bedürfnisse aufweisen. Dem durchschnittlichen Mann entspricht es eher, sich auf eine einzige wichtige Sache zu konzentrieren, z.B. auf seine beruflich Karriere. Der durchschnittlichen

Frau entspricht es eher, sich mehreren wichtigen Aufgaben nebeneinander oder abwechselnd hintereinander zu widmen, dem Beruf, der Familienarbeit, der Pflege freundschaftlicher Beziehungen beispielsweise. Entscheidend ist, ob sich der Mensch einer Aufgabe oder einem Set von Aufgaben stellt, die zu lösen ebenso mühevoll wie sinnvoll sind. Um den Herausforderungen solcher Aufgaben gerecht zu werden, bedarf es der Mittel. Über diesbezügliche Mittel zu verfügen bedeutet „in Form zu sein". In dieser Hinsicht ist mit dem Patienten über die Frage nachzudenken, was es für ihn bedeutet „in Form" zu sein und zwar in körperlicher, psychischer, geistiger und interaktiver Hinsicht. Wenn er im Verlauf des philosophisch-therapeutischen Gesprächs zur Erkenntnis gelangt, daß Bewegung und Beweglichkeit die Prinzipien des In-Form-Seins darstellen, dann ist der Fortgang des Gesprächs vorgezeichnet. Zum einen gilt es, sich bewußt zu machen, was es heißt, im physischen Raum Beweglichkeit zu zeigen, aber auch im psychischen, geistigen, sozialen Raum. Zum anderen sind die Räume zu bedenken, in denen sich der Mensch bewegt und ihre Bedeutung für sein spezifisches Wachstum. Ich als Körper muß mich bewegen. Wie und durch welchen Raum? Es macht einen Unterschied, ob ich mich auf einem Laufband, auf einem Waldweg oder durchs Wasser bewege! Es macht einen Unterschied, ob ich mich in einem Kanu, auf einem Rennrad oder auf Rollschuhen bewege. Auf welche Weise soll ich meine physische Kraft und die Beherrschung meines Körpers erhalten und erhöhen? Was stimmt zu mir?

Beweglichkeit ist nicht nur ein Bestimmungsmerkmal des Körpers, vielmehr auch des Geistes. Ich als Geist muß mich bewegen. Die diesbezügliche Beweglichkeit zeigt sich als Achtsamkeit, differenzierte Wahrnehmung, Artikulationsfähigkeit, Begreifen und Verstehen. In welchen geistigen Räumen ereignet sich dies alles? Es macht einen Unterschied, ob ich vorwiegend auf die Pflanzen achte, die Welt der Romane oder die Welt der Religionen. Ob mich naturwissenschaftliche, geisteswissenschaftliche oder handwerklich-künstlerische Fragestellungen herausfordern. Auf welche Weise soll ich meine geistige Kraft erhalten und in welchen geistigen Räumen soll ich mich bewegen, um diesbezüglich in Form zu bleiben bzw. meine Form zu steigern? Was stimmt zu mir?

Psychisch Form zu gewinnen, in Form zu bleiben oder die Form gar zu steigern zeigt sich sowohl in der Dimension des Leibes als auch in der Dimension des Geistes. Dies ist auf den Sachverhalt zurückzuführen, daß Leib immer durchseelter Leib und Geist immer durchseelter Geist ist. Die Durchseeltheit des Leibes zeigt sich in seiner Empfindsamkeit, seinem Befinden, wohl oder weniger wohl, seiner Lebendigkeit, seiner Vitalität. Die Durchseeltheit des Geistes zeigt sich als Wertfühligkeit im ethischen und ästhetischen Sinne. Nicht nur zu wissen, was gut ist, es vielmehr auch zu fühlen, nicht nur zu wissen, was schön ist, es vielmehr auch deutlich zu spüren ist gemeint. Im übrigen ist die doppelte Einwirkung der Seele – auf den Körper und auf den Geist – im Begriff der psychischen Energie auf den Begriff zu bringen. Daß wir uns körperlich bewegen, daß wir geistig beweglich bleiben bedarf der Energie. Die Psyche des Menschen ist es, die die entsprechende, wachstumermöglichende Vitalität bereitstellt. Ihre Beweglichkeit zeigt sich in der Lenkung des Energieflusses, in einer differenzierten Empfindsamkeit und Wertfühligkeit.

Und natürlich ist Beweglichkeit auch das Prinzip einer Interaktivität, dic ihren Namen verdient. In dieser Hinsicht in Form zu sein bedeutet, sich in kluger Weise auf Menschen zuzubewegen, sich von Menschen wegzubewegen. Sich mit ihnen zu verbünden. Sich von ihnen zu trennen. Den sozialen Raum, der mir zur Verfügung steht, als Raum der Bewegung auszulegen, bedeutet: alte Kontakte zu unterbrechen, neue Kontakte zu knüpfen. Es kann auch bedeuten: alte Kontakte zu pflegen, neue Kontakte zu meiden. Um dies gekonnt zu tun, ist die Frage zu stellen: In welchen sozialen Räumen sollte ich mich sinnvollerweise bewegen? Welche sollte ich meiden? Welche Netzwerke sollte ich bilden? Aus welchen Seilschaften sollte ich mich lösen? Und natürlich ergibt sich die Frage, was es heißt, dies gekonnt zu tun. Gekonnt wird es getan, wenn sich Wachstum ereignet. Soziales Wachstum. Soziales Wachstum aber ereignet sich, wenn wir uns wechselseitig diejenigen Mittel erschließen, die es uns erlauben, die jeweiligen zentralen Lebensaufgaben zu erfüllen und dies in zunehmender Weise.

Und natürlich gibt es eine Fülle von Wachstumshindernissen. Deshalb ist der Patient zu fragen, was ihn hindert, zu wachsen. Und natürlich ist die Versuchung groß, die Wachstumshindernisse in den Verhältnissen oder bei den anderen zu suchen. Und natürlich ist es nicht ausgeschlossen, daß der Grund tatsächlich in den Verhältnissen liegt. Dann müssen sie verändert werden. Und natürlich ist es möglich, daß mich Menschen meiner Umgebung hindern zu wachsen. Dann muß die Kunst, sich in kluger Weise zu entziehen, geübt werden. In den allermeisten Fällen liegt die Unfähigkeit zu wachsen allerdings an einem selbst. Worin sind die Gründe zu sehen?

Geht man vom Bild des Kreises aus, so könnte man folgendermaßen argumentieren: Eine zentrale Wachstumshemmung liegt immer dann vor, wenn der Mensch ohne eine wirkliche Herausforderung lebt. Ohne eine Aufgabe, die zu lösen ihm hohe Aktivität abverlangt, eine nachhaltige Entfaltung seiner Fähigkeiten. Ohne eine Lebensthematik, die zu entfalten vom betreffenden Subjekt als höchst sinnvoll erlebt wird und die durchzuspielen etwas zur Erhaltung und Entfaltung anderen Lebens beiträgt. Kurz: Wenn die Sinnfrage offen ist, ist Wachstum an seiner zentralen Stelle in Gefahr. Im Blick auf das Bild vom Kreis ist diese Gefahr in der Mitte desselben zu plazieren. Neben der zentralen Wachstumshemmung ist darüber hinaus eine Reihe peripherer Hemmungen zu nennen. Sie sind auf der Kreislinie zu verorten. Auf welchen Sachverhalt ist in diesem Zusammenhang zu verweisen? Sicherlich zunächst auf Neurosen und Persönlichkeitsstörungen. Wie kann ich wachsen, wenn mich Angst überflutet? Wie kann ich wachsen, wenn ich viele Stunden am Tag mit der Durchführung absurder Rituale beschäftigt bin? Wie kann ich wachsen, wenn ich mich übermäßig lange Zeit niedergeschlagen, antriebslos, energielos, lustlos erlebe? Wie kann ich wachsen, wenn ich an sich völlig normale Lebensimpulse völlig überwertig lebe, ohne Rücksicht darauf, was in einer bestimmten Situation angemessen wäre: das Für-sich-Sein z.B., das Mit-Sein, das Bewahren, das Verändern? Wie soll ich wachsen, wenn ich unfähig bin, zu arbeiten und zu lieben; d.h. etwas Lebensdienliches in die Welt zu setzen und die Menschen, die mit mir unterwegs sind, mit etwas Lebensdienlichem zu versorgen?

Neben den psychischen Störungen spielen jedoch auch andere Umstände, die geeignet sind, Wachstum zu hemmen, eine wichtige Rolle. Auch sie sind im Zusammenhang unseres Bildes auf der Peripherie zu verorten. Auf folgendes ist in dieser Hinsicht zu verweisen: auf die Versuchung, bequem zu leben, weil man über ein Übermaß an Mitteln verfügt. Auf die Versuchung, sich verweichlichenden Umständen nicht rechtzeitig zu entziehen und so fortschreitend zu verweichlichen. Auf einseitige Innenorientierung, verbunden mit der Sorge, sich gut zu fühlen. Auf die Versuchung, ein gutes Lebensgefühl künstlich zu erzeugen, ohne einen wirklichen Grund für ein gutes Lebensgefühl zu haben. Auf die Unfähigkeit, Leben diszipliniert zu führen. Das heißt: in der Dialektik von apollinischer und dionysischer Gestaltung des Lebens.[8] Und besonders auf die mangelnde Erfahrung mit der Lust am mühevollen Leben. Menschen, die genau definierte Ziele haben, die sie nachhaltig herausfordern, aber nicht überfordern. Die diese Ziele hochkonzentriert, in geschärfter Aufmerksamkeit unter vorübergehender Ausblendung anderer Sorgen und Probleme verfolgen. Die die mit dem Ziel verbundenen Aufgaben versunken, völlig hingegeben erledigen, entwikkeln in aller Mühe ein Gefühl des Wachsens und zugleich das Gefühl, sinnvoller Teil eines größeren Ganzen zu werden, ein Gefühl, das der ungarische Psychologe M. Csikszentmihalyi[9] als Flow-Erfahrung beschrieben hat. Ganz offensichtlich gehört es zur Bestimmung des Menschen, daß er sich müht und sich glücklich fühlt, sofern er sich richtig müht. Und dies heißt: nicht ums Glück kämpft, vielmehr um einen wahren Grund, glücklich zu sein.

2. Die kulturelle Dimension menschlicher Existenz

Der Mensch ist ein Wesen, dessen Wesen im Begriff der Kultur auf den Begriff kommt. Alles, was der Mensch im Mittel seines Geistes hervorbringt, ist Kultur. Aber nicht nur, was er hervorbringt, ist Kultur, vielmehr begreift man den Vorgang des Hervorbringens ebenfalls als Kultur. Der problematische Begriff hat im allgemeinen Sprachgebrauch zwei Bedeutungen. Zum einen ist er identisch mit der Gesamtheit der vom Menschen hervorgebrachten Werke. Zum anderen bezeichnet er das den Men-

---

[8] Vgl. dazu S. 124 ff.

[9] Vgl. dazu M. Csikszentmihalyi, Flow: Das Geheimnis des Glücks, Stuttgart 1993.

schen auszeichnende, für ihn typische Wirken. Demzufolge ist das Phänomen der Kultur jeweils unter zwei Aspekten zu begreifen: unter dem Aspekt der Prozeßorientierung und unter dem Aspekt der Produktorientierung. Wenn der Biologe und Soziologe A. Gehlen recht hat, dann ist der Mensch das zur Kultur verurteilte Wesen.[10] Aufgrund seiner physischen Unspezialisiertheit – im Gegensatz zum Tier – muß er Natur in Kultur verwandeln, um leben zu können. Er ist gezwungen, das Natürliche ins Lebensdienliche umzuarbeiten. Er muß das leisten, was colere ursprünglich meint. Er muß mit seiner Welt einen pflegenden Umgang pflegen. Er muß sich um sie bemühen. Sie lebendig erhalten. Sie wachsen lassen.

Der spezifische Umgang des Menschen mit seiner Welt ist Kultur und das, was im Verlauf dieses Umgangs herauskommt. Wichtig ist nun die Einsicht, daß der Mensch den besagten Umgang in zwei völlig verschiedenen Weisen pflegen kann: in der Weise des Aufnehmens und in der Weise des Umgestaltens. Voraussetzung für beide Weisen ist Offenheit. Es handelt sich um die Offenheit fürs Aufnehmen einerseits. Um die Offenheit zur Handlung andererseits. Man könnte auch vom theoretischen und praktischen Umgang des Menschen mit der Welt sprechen.

Zwei Mittel sind es, die dem Menschen im Zusammenhang des theoretischen Umgangs mit der Welt zur Verfügung stehen. Die Sprache und das Bild. Beide Mittel sind Ausdruck der Begegnung des Menschen mit der Welt. Die Besonderheiten der Sprachen und die Besonderheiten der Künste sind auf die Besonderheiten der jeweiligen Begegnungen zurückzuführen. Ganz offensichtlich begegnet ein chinesisch sprechender Mensch der Welt anders als ein französisch denkender. Und in ostasiatischer

---

10 Vgl. dazu A. Gehlen, Der Mensch, Frankfurt, a.O. 1966.

Kunst zeigt sich ein anderer bildhafter Ausdruck der Begegnung von Mensch und Welt als in der Bilderwelt des hohen Mittelalters. Der theoretische Umgang des Menschen mit sich und der Welt kommt in folgenden Tätigkeiten zum Ausdruck: im Wahrnehmen, im Benennen, im Begreifen, im Verstehen, im Erklären. Der Grundvorgang ist Spiegelung der Erscheinung im Begriff. Begriffsbildung bezieht sich immer auf etwas Bestimmtes, das unter dem Aspekt seiner Essentialität reflektiert wird. Der Vorgang der Begriffsbildung stellt sich immer auch als Vorgang des Herausgreifens dar: nämlich etwas aus seinem Zusammenhang. In dem Augenblick, in dem es benannt ist, abgegrenzt ist von anderem, das anders benannt ist, *hat* es der Mensch. Er hat es begriffen. In diesem Sinne ist Sprache haben und Welt haben ein und dasselbe. Und natürlich steht das Begreifen im Vorgang des Benennens erst an seinem Anfang. Es gibt Gradunterschiede des Begreifens. Es macht einen Unterschied, ob ich etwas als etwas identifiziere, indem ich ihm einen Begriff zuordne, oder ob ich die Gründe benenne, aus denen es entstanden, die Funktionen benenne, die es für den Kontext hat, oder die Wirkungen prognostiziere, die es haben wird. Ein Phänomen unter den Aspekten seiner Erscheinung, seiner Kausalität, seiner Essentialität, seiner Funktion, seiner Entelechie[11] und Teleologie[12] zu erfassen sind verschiedene Formen des theoretischen Aufnehmens. Der Einstieg aber ist immer mit dem verbunden, was Theorie ursprünglich meint: schauen, wahrnehmen. Etwas zu schauen bedeutet,

---

[11] Entelechie (griechisch: die Vollendung in sich habend). Bei Aristoteles die aktuelle Verwirklichung der in einem Seienden angelegten Vermögen und Möglichkeiten.

[12] Teleologie (griechisch telos: Ziel, Zweck). Unter Teleologie wird die Zielgerichtetheit eines Prozesses oder einer Handlung verstanden.

das Gegenüber und Gegeneinander von Schauendem und Geschautem in gewisser Weise dadurch zu überwinden, daß der Schauende das Geschaute in sich einläßt und benennt. Geschieht dies, dann spielen sinnliche Rezeption und begriffliche Spiegelung zusammen. Und natürlich kann man im Blick auf das jeweils Geschaute fragen, ob es einem so erscheint, wie es von sich aus erscheinen will, und was sinnliche Wahrnehmung und intelligible Einordnung mit dem jeweiligen Phänomen machen. Dabei handelt es sich um eine fundamentale erkenntnistheoretische Fragestellung, die hier nicht weiter verfolgt werden wird. Was hier vermittelt werden soll ist die Einsicht, daß theoretisches Erfassen nicht auf phänomenologisches Erfassen beschränkt sein muß. Nach den Bedingungen zu fragen, die dazu führen, daß etwas entstanden ist, ist eine weitere Möglichkeit, etwas theoretisch zu erfassen. Es handelt sich um die Erhellung der jeweiligen Kausalität. Nach dem Wesen des jeweiligen Phänomens zu fragen, also nach dem, was ihm zugrunde liegt und in allem Wechsel gleich bleibt, ist eine dritte Möglichkeit des theoretischen Erfassens. Es handelt sich um die Erhellung der Essentialität. Nach der Aufgabe und Bedeutung zu fragen, die ein Phänomen im Lebenszusammenhang hat, in den es eingebettet ist, ist eine vierte Möglichkeit des theoretischen Aufnehmens. Es handelt sich um die Erhellung der Funktionalität. Nach dem Entwicklungsprogramm zu fragen, dem entsprechend sich etwas entwickeln wird oder nach dem Ziel zu fragen, auf das hin sich etwas entwickelt, sind zwei weitere Weisen des theoretischen Erfassens. Es handelt sich um die Aufklärung der Entelechie bzw. der Teleologie. In allen Fällen aber geht es um cine spezifische Weise des Menschen, mit seiner Welt umzugehen. Das Prinzip dieser Weise des Umgangs ist das Aufnehmen. Das Mittel des Aufnehmens ist Sprache, zu verstehen als die Gesamtheit der Abbildungs- und Mitteilungswerkzeuge, die einem Menschen zur Verfügung stehen. Die Weise des diesbezüglichen Aufnehmens ist Theorie in all ihren Facetten.

Theoretisches Aufnehmens ist eine fundamentale Form des dem Menschen offenstehenden Umgangs mit der Welt. Praktisches Umgestalten ist die andere fundamentale Form des dem Menschen möglichen, weltorientierten Umgangs. Allerdings setzt Praxis Theorie voraus. Denn der Vorgang des Umgestaltens bedarf zweierlei: des Gegenstandes und der Intention. Nicht die Welt als Ganze steht dem umgestaltenden Zugriff zur Verfügung. Es ist immer ein Ausschnitt. Er kann nur umgestaltet werden, sofern er benannt wird. Außerdem kann das umgestaltende Handeln nur in Gang kommen, sofern man ein Ziel hat, das im Zuge des Umgestaltens verfolgt wird. Es muß dem handelnden Subjekt bewußt sein. Das heißt: Es muß ebenfalls benannt werden. Sprache ist demzufolge die unabdingbare Voraussetzung für den praktischen Zugriff.

Der Totalität der Abbildungswerkzeuge (Sprache) steht die Totalität der Umbildungswerkzeuge (Technik) gegenüber. Sie ist das Mittel, um Natur in lebensdienliche Gegenstände zu verwandeln. Praxis ist allerdings nicht allein auf den umgestaltenden Umgang des Menschen mit der Natur, vielmehr auch auf die Gesellschaft und ihre Teilbereiche bezogen. Nicht nur die Güter produzierende Wirtschaft ist in diesem Rahmen zu bedenken. Felder praxisorientierter Aktivität sind beispielsweise die Welt der Medizin mit dem Ziel, Gesundheit zu ermöglichen. Die Organe der Verwaltung mit dem Ziel, Ordnung zu schaffen. Die Justiz mit dem Ziel, das Recht durchzusetzen. Die Institution der Erziehung und Bildung mit dem Ziel, Lebenskompetenz zu vermitteln. Die Politik, um die Grundlagen für allgemeines Wohlergehen zu ermöglichen. In all diesen Bereichen ereignen sich gemeinschaftsbildende Prozesse. Die sie alle miteinander verbindende Intention ist Humanität. Und der gekonnte Umgang mit diesen Institutionen setzt ebenfalls die Beherrschung von Techniken im Sinne von institutsgerechtem, regelgeleitetem Handeln voraus.

Welche Bedeutung haben diese Einsichten für das philosophisch-therapeutische Gespräch? Wenn es wahr ist, dass der Mensch ein Wesen ist, dessen Wesen im Begriff der Kultur begriffen wird, dann sollte dieser Sachverhalt jedem Menschen, natürlich auch jedem Patienten, bewußt sein. Lebt man im Bewußtsein dieses Sachverhaltes, dann wird man sich notwendigerweise veranlaßt sehen, das je eigene Verhältnis zur Kultur zu reflektieren. Das Gespräch mit dem Patienten könnte demzufolge von solchen Fragen geleitet werden: In welcher Hinsicht war ich und bin ich kulturrezeptiv? Welche Mittel, sich Kultur anzueignen, stehen mir zur Verfügung? Welche Bereiche der Kultur sind mir fremd? Welche Methoden muß ich erlernen, um mir auch neue Gebiete der Kultur zu erschließen? Welchen Gebieten, die mir verhältnismäßig fremd sind, gilt mein Interesse? In welcher Hinsicht war ich und bin ich kulturproduktiv? Wie ist das Verhältnis von Rezeptivität und Produktivität im Blick auf Kultur im Zusammenhang meines Lebens? Was kann ich tun, um meine diesbezügliche Produktivität zu steigern? Welche Bedeutung hat dasjenige, was ich an Kulturgütern schaffe, für mich, mein Lebensgefühl, meine Lebensweise, meinen Lebensunterhalt? Welche Bedeutung haben die von mir geschaffenen Kulturgüter für andere Menschen? Ist das Prinzip der Kultur, nämlich pfleglicher Umgang mit dem Ziel, Leben zu verlebendigen und wachsen zu lassen, sodaß immer wieder Neues entsteht, auch ein Prinzip, das mein Leben bestimmt? Bin ich in dieser Hinsicht ein kultivierter oder ein weniger kultivierter Mensch?

3. Die ontologische Polarität von Dynamik und Form

Will man die zweite Grundfunktion des Lebens, das Sich-Hervorbringen oder Sich-Schaffen in der Dimension des Geistes im Detail verstehen, so muß man das Zusammenspiel der ontologischen Polarität von Dynamik und Form verstanden haben. Man spricht von *ontologischer* Polarität, weil sie in allen Dimensionen des Seins[13] entdeckt werden kann. Und man spricht von einer *Polarität*, weil zwischen Form und Dynamik ein Spannungsverhältnis besteht, das schöpferische Prozesse aus sich heraussetzt. Ziel dieser Prozesse ist die Kreation des Neuen. Der Mensch schafft in und im Mittel der natürlichen Welt einen künstlichen Kosmos. Das nachfolgende Schema zeigt die Struktur dieses Kosmos auf:

Theorie	Kognitiver Kosmos →	Wissenschaft →	Symbol: Buch	Künstlicher Kosmos
	Ästhetischer Kosmos →	Kunst →	Symbol: Bild	
Praxis	Technischer Kosmos →	Dingwelt →	Symbol: Gerät	
	Sozialer Kosmos →	Weltgesellschaft →	Symbol: Lebensform	

Das Prinzip der Seele ist Intentionalität. Die Wahrheit dieses psychologischen Grundsatzes zeigt sich gerade auch im Blick auf den künstlichen Kosmos, den der Mensch schafft. Alle in diesem Zusammenhang aufgeführten Phänomene sind intentionaler Art:

---

[13] In der anorganischen Dimension geht es beispielsweise um das Entstehen und Vergehen von Galaxien. In der Dimension des Organischen um das Entstehen und Vergehen von Tieren. In der Dimension des Psychischen z.B. um gefühlsmäßig unterlegte Verhaltensdispositionen, die entstehen oder auch Schritt für Schritt abgebaut werden.

Wissenschaft will Erkenntnis. Kunst will das Wahre und Schöne. Die Dinge sollen das Leben in der Natur erleichtern. Gesellschaft in einer spezifischen Ausformung soll das Zusammenleben optimieren. Im übrigen lassen sich alle aufgezeigten Intentionen im Willen zum Sinn und im Willen zum Wachstum verorten.

Wissenschaft ist sinnorientiert. Nicht nur in dem Sinne, daß sie den Sinn eines einzelnen Phänomens aus einem Sinnzusammenhang heraus erklärt oder Wissen zur Verfügung stellt, das sich technisch nutzen läßt. Vielmehr auch in dem Sinne, daß sie als Naturwissenschaft dem Menschen die Freude des Durchschauens und als Geisteswissenschaft das Vergnügen am Text vermitteln. Und natürlich ist Wissenschaft kein Gebilde, vielmehr ein Prozeß des Wachsens. Jede Erkenntnis wirft neue Fragen auf. Die Antwort auf immer neue Fragen läßt Wissenschaft wachsen. Der Mensch ist auf immer neue Erkenntnis aus. Sein diesbezüglicher Hunger ist nicht zu stillen.

Ähnlich verhält es sich mit der Kunst. Begegnung mit der Welt macht dem Menschen Eindruck. Eindruck wird verarbeitet. Als verarbeiteter kommt er zum Ausdruck. Im Falle der Wissenschaft im begrifflichen Begreifen. Im Falle der Kunst im bildlichen Bilden. Bilder aber sind ihrer Grundtendenz nach in der ursprünglichen Bedeutung des Wortes Sinn-Bilder. Worin liegt der Sinn des Bildes? Im Prinzip in zweierlei: in objektiver Perspektive im Festhalten, in der Perspektive des Subjekts im Ausdrücken. Als negativer Hintergrund dieser Vorgänge ist Leben unter dem Aspekt seiner Vergänglichkeit auszumachen. Alles fließt. Alles vergeht. Alles stürzt seinem Tod entgegen. So gesehen erscheint alles nichtig. Um im unaufhörlichen Fließen die wichtigsten Momente dem Strom der Zeit zu entreißen, schafft der Mensch Bilder. Sie halten bedeutende Augenblicke fest. Szenen der Lebensvergewisserung. Man denke an die Fülle religiöser Motive. Bilder halten aber auch das Schöne fest. Das Schöne, wie es sich im schönen Gesicht, im schönen Leib, in schöner Landschaft, in schön abgestimmten Formen und Farben, in der Schönheit harmonischer Verhältnisse darstellt. Der vom Schönen ausgehende Reiz läßt Leben in gesteigertem Maße als sinnvoll erleben. Nicht nur im Genießen. Im Hervorbringen u.U. in noch viel größerem Maße.

Auch die im Zuge des technischen Zugriffs geschaffenen Dinge sind sinnzentriert. Ihr Sinn ist es, physisches Leben zu ermöglichen und nach Möglichkeit zu erleichtern und, sofern ihre Umkleidung als reizvolles Design erscheint, das alltägliche Leben auch zu verschönern. Um einen anthropologischen Entwurf in die Welt zu setzen, muß man nicht unbedingt vom Menschen her denken. Man könnte z.B. auch von den Geräten her denken, die sich der Mensch seit alters her schafft. Welches Licht wirft der Sachverhalt auf den Menschen, daß er ein Wesen ist, das tagsüber an einem Tisch sitzt, nachtsüber in einem Bett liegt? Das sich einer Fülle von Maschinen bedient: in der Bautechnik, in der Elektrotechnik, in der Feinwerktechnik, in der Verkehrs- oder Datentechnik? Was sagen die Werke über den Werker?

Und natürlich sind auch gesellschaftsbildende Akte sinnzentriert. Ihr Ziel ist es, das optimale Zusammenleben von Menschen zu ermöglichen. Es macht einen Unterschied, ob man den Staat monarchisch, oligarchisch, aristokratisch oder demokratisch organisiert. Es macht auch einen Unterschied, ob die Unauflöslichkeit der einmal geschlossenen Ehe durchgesetzt wird oder Möglichkeiten der Auflösung unter bestimmten Bedingungen offenstehen. Wesentlich ist die Einsicht, daß der Mensch als animal sociale nur leben kann, indem er *mit* Menschen lebt. Und zwar deshalb, weil allen menschlichen Grundbedürfnissen nur dadurch entsprochen werden kann, daß man in befriedigender

Weise *miteinander* lebt. Diese Weise aber ist nur dadurch zu verwirklichen, daß der Mensch gerechtfertigte Ansprüche an seine Person erfüllt und in der Lage ist, gerechtfertigte Ansprüche anderen Personen gegenüber durchzusetzen. Menschsein bedeutet, einer Fülle von Ansprüchen ausgesetzt zu sein. Man denke an die inneren Ansprüche bio-psychologischer und ethischer Art. Man denke an die äußeren Ansprüche, die die nahen anderen, aber auch fremde Vertreter gesellschaftlicher Institutionen an einen stellen. Und man denke an den Umstand, daß nicht allein die äußeren Ansprüche im Widerspruch zu den inneren Ansprüchen stehen können. Daß vielmehr die inneren und äußeren Ansprüche jeweils unter sich widersprüchlich sind. Management der Subjektivität verweist auf die Schwierigkeit, aber auch auf die Notwendigkeit, mit der subjektiven und objektiven Welt unter dem Aspekt ihrer widersprüchlichen Ansprüchlichkeit so umzugehen, daß daraus dennoch ein Leben entsteht, das als sinnvoll erlebt wird. Das aber heißt: das Leben unter einem prinzipiellen Aspekt wahrzunehmen, nämlich unter dem Aspekt des Konflikts. Will man leben, muß man miteinander leben. Miteinander zu leben aber bedeutet immer auch: im Konflikt zu leben. Diesbezügliche Konflikte wahrzunehmen und lebensfreundlich zu lösen ist die Kunst und der Sinn derjenigen Praxis, die immer neue gesellschaftliche Lebensformen ausbildet.

Im übrigen sind die hier angeführten theorie- und praxisorientierten Prozesse alle unabgeschlossen. Der Mensch will immerzu neue Erkenntnisse, neue Bilder, neue Geräte und er probiert immerzu neue Formen des Zusammenlebens. Der ungebrochene Wille zum Neuen aber führt zum permanentem Wachstum von Wissenschaft und Kunst, Ding- und sozialer Welt. Sich-Schaffen als zweite Grundfunktion des Lebens aber verweist auf nichts anderes als auf den Prozeß des Wachstums.

Nun unterliegen die Objekte dieses Wachstums alle der Polarität von Dynamik und Form. Man stelle sich, um den Sachverhalt an einem Beispiel aufzuzeigen, die Tätigkeit eines Bildhauers vor. Wenn er die Hände in den Schoß legt, ist die Skulptur vollendet. Als Vollendete *ist* sie nicht nur und hat somit Anteil am Sein, sie ist vielmehr auch *etwas*. Etwas zu sein aber heißt: eine Form zu haben. Die Form ist es, die ein Ding zu dem macht, was es seinem Wesen nach ist. Und weil das so ist, sind Form und Inhalt nicht zu trennen. Die spezifische Form eines Gegenstandes ist, was seinen Inhalt ausmacht. Oder, im Blick auf das angesprochene Beispiel: Natürlich macht die eigentümliche Form der Skulptur seinen Inhalt aus, stellt seinen Inhalt dar. Was aber ist Dynamik? Es handelt sich um die den Schöpfer der Skulptur bestimmende Seinsmacht. Sie ist die Unruhe des künstlerischen Subjekts, welche in den relativ ungeformten Stein die Idee der Skulptur projiziert und die Figur herausschlägt. Sie ist die Kraft, welche eine Fülle von Möglichkeiten, die in der Materie steckt, entdeckt. Sie ist die Kraft, sich für eine bestimmte Möglichkeit zu entscheiden, und das heißt immer auch: auf die Verwirklichung anderer Möglichkeiten zu verzichten. Sie ist die Kraft, den Widerstand der Materie zu brechen. Der Materie das Bild abzutrotzen. Gegen allen Widerstand die Idee in Realität zu übersetzen.

Nicht jeder Mensch macht Bilder. Aber jeder Mensch macht sein Leben. „Leben ist eine Tätigkeit, die nach vorwärts zielt. Man lebt von der Zukunft her; denn Leben besteht ohne Gnade in einem Machen, dem Sich-selbst-Machen eines jeden einzelnen Lebens.“[14] Man sagt: Der Mensch macht etwas oder wenig oder nichts aus seinem Leben. Dahinter steht die Anschauung, das

---

[14] J. Ortega y Gasset, Ges. Werke Bd. 3, S. 267 f.

dem Menschen gegebene Leben sei gleichsam das Material, aus dem er etwas machen oder auch nichts machen könne. Das Leben als Stoff zu betrachten, der gestaltbar ist, ist ein annehmbarer Gedanke. Entscheidend ist jedoch die Einsicht in die unerbittliche Notwendigkeit des Machens. Jeder muß in jedem Augenblick seines bewußten Lebens entscheiden, was er aus dem Material seines Lebens machen will, das heißt: wer er sein will. Auch wenn er im landläufigen Sprachgebrauch „nichts" aus seinem Leben macht, bringt er dennoch sein Leben hervor, eben ein Leben, das in unverantwortlicher Weise unter seinem Niveau gelebt wird.

Übersetzt man die in allen Dimensionen abrufbare Polarität von Dynamik und Form ins Anthropologische, dann müßte man vom Zusammenspiel von Vitalität und Intentionalität handeln. Vitalität ist die menschliche Existenz erhaltende Lebenskraft. Sie ist auf Intentionalität bezogen. Für sich ist sie richtungslose Energie. Sie muß sich mit Lebenszielen verbinden. Einen Lebensentwurf zu entdecken, in der Gestaltung der Tage, Wochen und Jahre eine Lebensform zu schaffen, durch die der Entwurf Schritt für Schritt verwirklicht wird, bedarf der Dynamik in Form von Vitalität. Soll Leben gelingen, dann ist es allerdings notwendig, daß die Dialektik von Dynamik und Form gewahrt wird. Zerbricht die Dialektik, dann kippt Dynamik in Dynamismus und Form in Formalismus um. Was hat man sich unter einem Leben vorzustellen, das vom Dynamismus beherrscht wird? Es ist voller Kraft, voller Energie, voller Vitalität, aber es hat kein Wozu. Es handelt sich gleichsam um frei schwebende Kraft, die an kein Ziel gebunden erscheint. Der dem Dynamismus verfallene Mensch verfügt über keine lebensthematische Mitte, von der her er sein Leben versteht und führt. Er macht heute dies, morgen das, übermorgen etwas völlig anderes. Er läßt sich treiben. Er ist gleichsam wie ein Schiff mit gebrochenem

Mast. Der Wind weht. Aber seine Energie treibt nicht in eine, vielmehr abwechselnd in alle möglichen Richtungen. Innere Zerrissenheit ist die Folge. Menschen mit der Tendenz zum Dynamismus, ohne ihm völlig verfallen zu sein, leben ein reiches, buntes, vielfältiges Leben. Fülle ist ihre Kennung.

Was hat man sich unter einem Menschen vorzustellen, der vom Formalismus beherrscht wird? Ganz offensichtlich ist ihm die Bewahrung der Spielräume und die Durchsetzung der Spielregeln wichtiger als das Spiel. Alles Zufällige ist ihm zuwider. Den überraschenden, schönen Zufall nimmt er nicht wahr. Er weiß genau, was er will, ist einseitig zielorientiert und kennt dorthin nur einen Weg. Formalismus kann in verschiedenen Gewändern auftreten. Zum Beispiel im Gewand des temporalen Formalismus. Der ihm verfallene Mensch verplant seine Zeit im Extremfall bis auf die Minute genau. Die selbst auferlegte Diktatur der Termine ist seine Signet. Als weltanschaulicher Formalismus trägt er die Züge ideologischer Borniertheit. Alles was begegnet, wird in einem eng vorgefaßten Horizont verstanden. Auf die Idee, den Horizont zu erweitern, um dem Überraschenden gerecht zu werden, kommt der Betroffene nicht. Als moralischer Formalismus tritt er im Gewand der Gesetzlichkeit auf. Ihm ist wichtig, daß Regeln befolgt werden. Wozu sie befolgt werden, ist ihm gleichgültig. Es geht ihm nicht um die Verlebendigung des Lebens, vielmehr um die absolute Gewißheit, das Richtige zu tun. Im übrigen ist überall dann Formalismus am Werk, wenn im Blick auf Weltinterpretation *ein* Gesichtspunkt verabsolutiert wird. Wenn Biologie in Biologismus, Psychologie in Psychologismus, Noologie in Noologismus entarten. Wenn ein Gesichtspunkt zum einzigen Gesichtspunkt wird, um ein komplexes Phänomen zu verstehen. Man könnte vom reduktionistischen Formalismus sprechen. Im Bilde gesprochen gleicht der dem Formalismus verfallene Mensch einem Schiff, dessen

Ruder festgelegt ist. Es kennt nur eine Richtung. Aber das Ziel wird trotz aller Zielfixiertheit u.U. dennoch verfehlt, weil der Betroffene nicht in der Lage ist, gegen den Wind zu segeln. Menschen mit der Tendenz zum Formalismus, ohne ihm völlig verfallen zu sein, leben ein klares, strukturiertes, zielorientiertes Leben. Konzentration ist ihre Kennung.

Soll Leben gelingen, dann muß es auch im Blick auf die Polarität von Dynamik und Form dialektisch geführt werden. Form ist nötig, damit das Spiel des Lebens einen Raum hat, innerhalb dessen es sich ereignen kann. Dynamik ist nötig, damit das Spiel begonnen und aufrecht erhalten wird. Dies dem Patienten durchsichtig zu machen ist eine Aufgabe des philosophischen Geprächs im Kontext der Therapie. Eine andere Aufgabe ist es, dem Patienten mit der philosophischen Figur von Dynamik und Form ein heuristisches Instrument in die Hand zu geben. Ein Instrument, das er auf sein Leben ansetzen kann, um zu erkennen, ob die Dialektik gewahrt oder zu zerbrechen in Gefahr ist. Im Fortgang seines Lebens schreitet der Mensch von Lebensform zu Lebensform. Als Kind mit einem Geschwister, mit Vater und Mutter zusammenzuleben ist eine Form. Als junger Erwachsener mit anderen jungen Erwachsenen in einer Universitätsstadt zu leben und ein Studium zu absolvieren ist eine andere Lebensform. Eine eigene Familie zu gründen, Kinder aufzuziehen und eine wichtige gesellschaftliche Position auszufüllen ist eine dritte Lebensform. Entscheidend ist die Einsicht, daß Lebensformen für eine gewisse Zeit notwendig, aber nicht von Dauer sind. Wichtig ist die Erkenntnis, daß das Leben innerhalb einer Form sowohl von Lebensereignissen bestimmt wird, die voraussehbar sind, aber auch von Ereignissen, die niemand wird voraussehen können. Die Kleinkindzeit geht zu Ende. Die Schulzeit steht vor der Tür. Voraussehbar. Jahrzehnte beruflicher Tätigkeit neigen sich ihrem Ende zu. Der Ruhestand kündigt sich an. Voraussehbar. Urplötzlich tritt eine Krankheit auf. Ein Unfall ereignet sich. Nicht voraussehbar. In beiden Fällen aber ist es nötig, sich darauf einzustellen: auf das Voraussehbare durch gezielte Vorbereitung. Auf das nicht Voraussehbare durch Einstellung.

Im übrigen sind im philosophischen Gespräch in diesem Zusammenhang noch andere Themen anzusprechen. Sie betreffen die Pünktlichkeit der Form, die Qualität der Form, den Aufbruch der Form, den Gewinn einer neuen Form und das Problem der relativen Formlosigkeit zwischen dem Vergehen einer alten Form und dem Entstehen einer neuen Form. Bestimmte Lebensformen gehören zu einer bestimmten Lebenszeit. Wer im mittleren Lebensalter steht, bei den Eltern ohne Not wohnt, den Schritt in die Selbständigkeit vermeidet, leistet sich eine Lebensform, die dem Kriterium der Pünktlichkeit massiv zuwiderläuft. Die Gefahr diesbezüglicher Unpünktlichkeit liegt vor allem darin, daß man sich eine Fülle von Sinnerfahrungen verstellt, welche mit einer Lebensform verbunden sind, die dem Gebot der Pünktlichkeit gehorcht. Entscheidend ist, daß man eine Form des Lebens lebt, die zur Lebensepoche, in der man steht, stimmt. Das ist das eine. Zum anderen geht es um die Qualität der einmal gewählten und gepflegten Lebensform. Im Prinzip sind es drei fundamentale Lebensfelder, die in ihrem Zusammenspiel zu einer Lebensform gerinnen, innerhalb derer sich das Leben eines Menschen ereignet und die für das Glücken oder Verunglücken von Leben bestimmend ist. Es handelt sich um das berufliche Feld, um das familiale Feld und das freizeitlich-private Feld. Die Lebensqualität eines Menschen hängt sowohl an den zwischenmenschlichen Beziehungen, die in den einzelnen Feldern gepflegt werden, als auch an der Thematik, die im jeweiligen Lebensfeld behandelt wird. Die einzelnen Lebensfelder sind demzufolge sowohl im Blick auf die Beziehungsebene als auch im

Blick auf die Inhaltsebene zu überprüfen. Je erfreulicher die Beziehungen und je attraktiver die Themen – und dies in möglichst vielen Feldern – desto größer die Lebensqualität. Dabei ist entscheidend, daß das Leben in einem Bereich nicht auf Kosten eines anderen Bereiches geführt wird. Wer keine Zeit für die Familie hat, wird sich eine Fülle von Konflikten einhandeln, die zu ertragen oder zu verarbeiten enorme Energie kostet. Mangelnde Energie aber wirkt sich mit Sicherheit negativ im Beruf aus. Wer auf Grund unterentwickelter sozialer Intelligenz permanent Konflikte mit den Kollegen erzeugt, sie ertragen muß, vergeudet psychische Energie. Mangelnde Konzentration auf die Dienstleistung oder das Produkt, das ein Unternehmen anbietet, sind die Folge. Wer freie Zeit nicht genießen, Muße nicht haben kann, weil sein Interesse aufs berufliche und familiale Feld eingeengt ist, verschenkt die Möglichkeit, sich in regelmäßigen Intervallen psychisch-geistig zu erholen. Er muß sich nicht wundern, wenn ihm die beruflichen und familialen Anspannungen langfristig ein massives Erschöpfungssyndrom bescheren.

Dreht man diese Gedanken um ihre eigene Achse ins Positive, dann müsste man dem Patienten im Zuge des philosophischen Gesprächs dies einsichtig machen: Entscheidend für die Lebensqualität ist, daß man sich einigermaßen ausgeglichen in allen Lebensfeldern engagiert. Vitalisierend sind erfreuliche Beziehungen; langfristig allerdings nur, sofern das, was man miteinander produziert, als wertvoll erlebt wird. Es geht nicht nur um die Frage, mit wem und wie gehe ich im familialen, beruflichen oder freizeitlichen Kontext um. Es geht auch um die Frage: Was machen wir in diesen Kontexten miteinander? Was erleben wir miteinander? Was bringen wir miteinander hervor? Und hat das, was wir miteinander hervorbringen, Wert?

Der diesbezüglich geschärfte Blick mag entdecken, daß die einst vorhandene Substanz von Beziehungen erschöpft, Themen verbraucht sind. Dann gilt es, Lebensformen aufzubrechen und neu zu gestalten. Nicht selten geschieht dieser Aufbruch abrupt. Dies hängt am Sachverhalt, daß Beziehungen aufgrund eingeschliffener wechselseitiger Erwartungs- und Handlungsmuster u.U. über Jahrzehnte hin in gleichbleibender Weise gestaltet werden. Die Notwendigkeit, sie allmählich und kontinuierlich der sich verändernden Bedürfnislage anzupassen, wird übersehen. Das hierzu notwendige, in regelmäßigen Abständen zu führende Gespräch wird nicht geführt. Dabei wäre es einfach, ein solches Gespräch anzuregen. Ehepartner müssten sich lediglich zwei- oder dreimal im Jahr wechselseitig die schlichte Frage stellen: Wie geht es dir eigentlich mit mir?

Ist die Substanz einer Beziehung aufgebraucht, geraten die Partner in eine unerträgliche Situation. Sehen sie sich genötigt, die sie verbindende Lebensform nun jäh aufzubrechen, dann geraten sie in einen Zustand des relativen Chaos'. Die alte Lebensform trägt nicht mehr. Eine neue Lebensform ist noch nicht gefunden. Diesen Zustand, in dem der „Wohlfluß des Lebens"[15] durchbrochen wird, auszuhalten, ist nicht einfach. Und es verwundert kaum, daß sich gerade in dieser Lage Menschen entschließen, um Beratung oder Therapie nachzusuchen. Dennoch sollten Zeiten des relativen Chaos' nicht pathologisiert werden. Es sind gesunde Zeiten. Sie gehören zu jedem Leben. Die mit ihnen verbundenen Chancen sollten dem Patienten zu Bewußtsein kommen. Spürt er den Charme der offenen Situation, wird er eine alte Lebensform leichter verabschieden und Energie ent-

---

15 „Wohlfluß des Lebens" war den Stoikern die zentrale Metapher für ein glückliches Leben. Wie aber erreicht man den Wohlfluß des Lebens? Zenon von Kition zufolge dadurch, daß man einstimmig mit der Natur lebt. Vgl. dazu M. Hossenfelder, Antike Glückslehren, Stuttgart 1996, S. 76 f.

wickeln, eine neue Lebensform zu begründen. Die Lust, immer wieder neu zu werden, läßt ihn den Schmerz des Abschieds ertragen. Entscheidend ist jedoch, daß er eine Lebensform entdeckt, in der die Balance zwischen Form und Dynamik gehalten wird.

4. Die Ressourcenperspektive

In den folgenden Kapiteln wird der Versuch unternommen, die psychotherapeutischen Fundamentalperspektiven[16], nachdem ihre psychotherapeutische Bedeutung kurz geklärt ist, philosophisch zu entschlüsseln. Dies geschieht dadurch, daß die diesen Perspektiven zugrunde liegenden Intentionen herausgestellt werden und ihre existentielle Bedeutsamkeit einsichtig gemacht wird. Ziel des Verfahrens ist es, differenzierte Einsicht in die Möglichkeiten menschlichen Wachstums im Blick auf die psychotherapeutischen Fundamentalperspektiven zu vermitteln. Soll Leben gelingen, muß es wachsen. In welcher Hinsicht?

Zunächst ist in diesem Zusammenhang die Ressourcenperspektive zu nennen. Der Hinweis, daß die psychotherapeutischen Schulen durchweg problemorientiert, aber nicht ressourcenorientiert seien, ist gegenwärtig große Mode. So schreibt K. Grawe beispielsweise: „Mir sind eine Vielfalt unterschiedlicher Methoden der Problemanalyse bekannt, aber keine einzige Methode der Ressourcenanalyse. In den meisten Therapieausbildungen sucht man vergeblich nach entsprechenden Ausbil-

---

[16] Die Klärungsperspektive ist entschlüsselt. Vgl. dazu S. 289 ff. Eine Zusammenstellung der Perspektiven und der zugehörigen Grundbedürfnisse findet sich auf S. 603.

dungsbestandteilen."[17] Auch wenn dies nicht durchgängig der Fall ist, so ist doch etwas völlig richtig: Die Problemperspektive steht im psychotherapeutischen Raum ganz im Vordergrund des Interesses. Und dies liegt zunächst auch in der Logik der therapeutischen Situation. Schließlich kommt der Patient mit einem Problem und nicht mit dem Hinweis auf die Fülle seiner Ressourcen. Er stellt sein Problem dar. Er stellt sich als einen dar, der unter seinem Problem leidet. Der es allein nicht lösen kann. Der der Hilfestellung bedarf, um mit seinem Problem fertigzuwerden. Wen wundert's, daß sich der Therapeut genötigt sieht, die Problemperspektive einzunehmen. Und es ist auch völlig richtig, daß er die Problemperspektive einnimmt. Denn er muß, bevor er therapeutische Hilfestellung anbietet, das Problem verstanden haben. Er muß sich Rechenschaft darüber geben, *was* verändert werden soll. Allerdings ist es völlig falsch anzunehmen, man könne erfolgreiche Therapie dadurch betreiben, daß man dem Patienten ausgiebig Gelegenheit gibt, sich von seiner negativen Seite her darzustellen. Aufzuzeigen, was er alles nicht kann. Was er alles nicht tut, aber tun sollte und in welcher Hinsicht. Wo und in welcher Hinsicht er immer wieder versagt. Was ihm alles nicht gelingt. Demzufolge formuliert Grawe völlig richtig: „Für das Verständnis der Problematik eines Patienten ist die Einnahme einer Problemperspektive natürlich, notwendig und angemessen. Wenn man jedoch glaubt, man könne mit derselben Perspektive auch die *Veränderung* von Problemen konzipieren,

---

[17] K. Grawe, Psychologische Therapie, Göttingen 1998, S. 99. Grawe hat völlig recht, wenn er im Blick auf die Psychotherapieschulen die vorrangige Problemorientierung und die Vernachlässigung der Ressourcenorientierung herausstellt. Allerdings hätte zumindest eine Schule als Ausnahme von der Regel erwähnt werden müssen: die Logotherapie Viktor Frankls.

befindet man sich auf dem Holzweg. Für die Herbeiführung von Veränderungen kann ein Überwiegen der Problemperspektive wie ein Bleiklotz am Bein wirken. Woher sollen Kraft und Mittel für die Veränderung kommen, wenn nicht aus dem, was der Patient und seine Lebenssituation bereits an Intentionen und Möglichkeiten mitbringen bzw. enthalten?"[18] Das Reservoir, aus dem heraus der Patient die Kraft schöpft und die Möglichkeiten zur positiven Veränderung seiner Lebenssituation erhält, ist das Reservoir seiner Ressourcen. Wenn es um die Frage geht, *wie* im Zusammenwirken mit dem Patienten ein optimales therapeutisches Vorgehen aussehen könnte, dann ist die Ressourcenperspektive, also die Aktivierung der positiven Möglichkeiten des Patienten, entscheidend.[19] Zum einen wird ein Patient, dem aus-

---

[18] A.a.O., S. 96. „Wenn man Veränderung aus einer Problemperspektive betreiben will, geht man von einem grundlegenden Irrtum aus, nämlich dem, dass der Therapeut es ist, der den Patienten ändert. In Wirklichkeit ändert sich aber in einer erfolgreichen Therapie der Patient in Interaktion mit einem Anstösse gebendenden und unterstützenden Therapeuten." Ebd.

[19] Entscheidend ist die Einsicht, daß Problemorientierung immer dann angezeigt ist, wenn es gilt, ein Problem zu erkennen und zu durchschauen. Wenn es um die Frage geht: Was ist das Problem? Wenn es jedoch um die Frage geht: Wie muß ich vorgehen, um dem Patienten die Chance zu vermitteln, sein Problem zu lösen, bzw. seine Störung zu beheben, dann ist Ressourcenorientierung angezeigt. „Die Problemperspektive bestimmt das *Was* der Veränderung, die Ressourcenperspektive bestimmt das *Wie*. Wenn der Therapeut sich überlegt, was beim Patient zu verändern ist, nimmt er die Problemperspektive ein. Wenn er jedoch überlegt, auf welche Weise er mit dem Patienten zusammen an dessen Probleme herangehen will, dann sollte er dies in erster Linie von den vom Patienten mitgebrachten Ressourcen abhängig machen, dann ist die Ressourcenperspektive ergiebiger. ‚Problemperspektive für die inhaltliche Thera-

giebig Gelegenheit gegeben wird, sich als Person auch unter positivem Aspekt und unter dem Aspekt seiner positiven Lebensmöglichkeiten darzustellen, motiviert, von der Therapie sehr viel Positives zu erwarten. Und er wird angeregt, sehr aktiv am therapeutischen Geschehen Anteil zu nehmen. Die diesbezügliche Aktivität wird noch gesteigert, sofern sich der Therapeut bemüht, gerade diejenigen Ressourcen zu aktivieren, die unabdingbar dafür sind, daß der Patient die Lebensziele, die ihm am wichtigsten sind, auch erreicht. Eine positive Erwartungshaltung, positive Selbstdarstellung und die Gewißheit, daß Therapie nicht nur Entstörung bedeutet, vielmehr die Verwirklichung von Identitätszielen ermöglicht, sind entscheidend für den Therapieerfolg.

In philosophischer Hinsicht ist es zunächst wichtig, den Begriff der Ressource zu verstehen. Ressource ist soviel wie Hilfsquelle oder Hilfsmittel. Der anthropologische Gebrauch der Kategorie verweist auf alle positiven Fähigkeiten und Möglichkeiten, die einem Menschen im Blick auf eine sinnvolle Lebensgestaltung mitgegeben sind. Wenn man jedoch etwas als Mittel identifiziert, liegt es in der Logik der Sache, nach dem Wofür oder Wozu zu fragen. Oder anders: Es liegt im Wesen des Mittels, kein Selbstzweck, vielmehr für etwas dazusein. Die Wahrnehmung, Aktivierung und der Einsatz von Ressourcen weisen demzufolge immer über sich hinaus auf die Verwirklichung eines übergeordneten Zieles. Verharrt man in den herkömmlichen Denkgewohnheiten der Psychotherapie, dann wird man sich zu den zufälligen Zielen und Werten, die der Patient angibt, in Be-

---

pieplanung (was soll geändert werden?), Ressourcenperspektive für die prozessuale Therapieplanung (wie kann es am besten geändert werden?)', so könnte man diese Überlegungen zu einer kompakten Faustregel zusammenfassen." A.a.O., S. 99.

zug setzen. Das heißt: Man wird Ressourcenaktivierung im Blick auf die Zielvorgaben, die der Patient macht, betreiben. Das die vorliegende Arbeit leitende anthropologische Credo wurzelt in der existentiellen Gewißheit, daß die zentrale Aufgabe menschlicher Existenz darin besteht, in der je eigenen Tiefe den Entwurf seiner selbst zu entdecken und Schritt für Schritt zu verwirklichen. Der von dieser Gewißheit betroffene Therapeut wird es seinem Patienten nicht ersparen, über die Gültigkeit seiner Lebensziele nachzudenken und zu prüfen, ob sie im Einklang mit dem Entwurf seiner selbst stehen. Und er wird Ressourcenaktivierung, sofern der Patient damit einverstanden ist, vorrangig im Blick auf die Grundaufgabe menschlicher Existenz betreiben: nämlich der oder diejenige zu werden, die man im Grund ist. Zu wissen, wer man im Grunde ist, stellt im übrigen eine der wertvollsten Ressourcen dar, über die ein Mensch verfügen kann. Und natürlich hat dieses Wissen keinen selbstzweckhaften Charakter. Es ist, wie jede Ressource, Mittel zum Zweck; nämlich unabdingbares Mittel, gelingendes Leben zu ermöglichen.

Es gibt im übrigen vielfältige Bemühungen, die verschiedenen psychischen Störungen in systematischer Form darzustellen. Man vergleiche dazu beispielsweise die Internationale Klassifikation psychischer Störungen der Weltgesundheitsorganisation. Was es merkwürdigerweise nicht gibt, ist eine systematische Zusammenstellung der wichtigsten Problemkonstellationen, die zu bewältigen dem Menschen immer wieder zugemutet werden. Natürlich gibt es eine unübersichtliche Fülle von Veröffentlichungen zu Lebensproblemen: zu Eheproblemen, zu Erziehungsproblemen, zu Berufsproblemen, zu Problemen des Alters usf. Was es jedoch nicht gibt, ist eine systematische Zusammenstellung der wichtigsten Problemkonstellationen in den verschiedenen Lebensepochen und eine Zuordnung derjenigen Ressourcen, die aktiviert werden müssen, damit der jeweilige Mensch die ihn bedrängende Problematik zu bewältigen freigesetzt wird. Im therapeutischen Feld wird permanent über die Erscheinung von Störungen, über die Einordnung von Störungen in ein übergeordnetes System, über die Entstehungsbedingungen von Störungen und über Methoden nachweislich optimaler Entstörung nachgedacht. Im Beratungsfeld, also unter der Bedingung, daß eine Person psychisch gesund ist und sich mit einer tiefgreifenden Lebensproblematik konfrontiert sieht, gibt es Ähnliches nicht. Darin spiegelt sich u.a. auch das Vorurteil, Beratung sei weniger wichtig und auch viel einfacher als Therapie. Beratung sei etwas, was jeder, zumal jeder Therapeut können müsse. So kommt es auch, daß man im Blick auf gute Berater voraussetzt, daß sie psychische Störungen erkennen müßten; daß man aber im Blick auf Psychotherapeuten nur selten danach fragt, ob sie auch in hinreichendem Maße über beraterische Kompetenz verfügen.

Es besteht kein Zweifel, daß die Entdeckung und Aktivierung von Ressourcen nicht nur bei der Bewältigung von neurotischen Störungen, vielmehr auch bei der Bewältigung von Lebensproblemen ganz allgemein die entscheidende Rolle spielen. Aus diesem Grunde ist es einerseits nötig, eine Systematik typischer Lebensprobleme zu erstellen, andererseits eine Systematik menschlicher Ressourcen. Die erste Systematik könnte dem Helfer helfen, das Wesen einer individuellen Lebensproblematik zu erkennen, die zweite Systematik könnte ihm als heuristisches Instrument dienen; sprich: beim Aufspüren von Ressourcen. Um beide Systematiken zu erstellen und aufeinander zu beziehen, gilt es, folgende Fragen zu beantworten: Welches sind die typischen Lebenssituationen, die Menschen als problematisch erleben und die sie häufig ohne Hilfe von außen nicht bewältigen können? Mit Sicherheit gibt es in den einzelnen Lebensphasen epochaltypische Lebensprobleme. Welche Erscheinungsform haben sie?

Phänomenologischer Aspekt. Wodurch entstehen sie? Ätiologischer Aspekt. Welche Kompetenzen muß man entwickeln und was muß man tun, um sie zu bewältigen; nach Möglichkeit so, daß man an ihnen wächst? „Therapeutischer", lösungsorientierter Aspekt. Das zum einen.

Zum anderen gilt es, eine Systematik potentieller Ressourcen zu erstellen. Sie dient dazu, im therapeutischen Gespräch das ressourcenorientierte Ohr zu schärfen. Wer mit einer Systematik von Ressourcen vertraut ist, und mag sie noch so einfach sein, vernimmt im Beratungsprozeß anders: Er hört die Leidensgeschichte, aber er vernimmt zwischenzeilig immer zugleich auch, was in diesem Leben gut gelaufen, trotz allem gelungen ist. Was ein Klient kann, weiß, welche guten inneren und äußeren Möglichkeiten er hat. Verfügt der Berater über eine hochdifferenzierte Systematik von Ressourcen, dann wird dieses Vernehmen hochdifferenziert ausfallen.

Eine Systematik der Ressourcen und eine Systematik typischer Lebensprobleme zu erstellen und aufeinander zu beziehen ist ein Desiderat in der Forschungslandschaft. Die Lösung dieser Aufgabe kann hier nur angedeutet, nicht geleistet werden. Im Blick auf die geordnete Darstellung von Ressourcen könnte man sich von folgenden Unterscheidungen leiten lassen: Als zentrale Ressource ist der Entwurf anzusehen, der einem Menschen zugrunde-liegt, und den zu operationalisieren bedeutet: ihn in verantwortlich gewählte Lebensziele zu übersetzen. Diese Ressource zu erschließen ist oberstes Gebot, sofern der Mensch sich selbst gerecht werden und nicht unter seinem Niveau leben will. Darüber hinaus könnte man folgende Unterscheidungen treffen:

- innere und äußere Ressourcen
- vergangenheitsorientierte, gegenwartsorientierte, zukunftsorientierte Ressourcen
- entwicklungspsychologisch faßbare Ressourcen.

Wichtige innere Ressourcen sind beispielsweise körperliche, psychische und geistige Gesundheit. Gebildet zu sein, einen Beruf zu haben, artikulationsfähig und genußfähig zu sein. Über zerebrale, emotionale, soziale, spirituelle Intelligenz zu verfügen. Wichtige äußere Ressourcen sind all die Dinge, die einem zur Verfügung stehen und all diejenigen Menschen, die zu einem stehen: Besitz, regelmäßiges Einkommen, Wohnung, Kleidung, Nahrung, eine gesunde, reizvolle Umwelt zum einen. Zum andern all diejenigen Personen, die man typischerweise gerne mit einem besitzanzeigenden Fürwort ausstattet: mein Mann, meine Frau, meine Kinder, meine Freunde, mein Therapeut, meine Haushaltshilfe, mein Anwalt usf. Natürlich handelt es sich dabei zugleich um gegenwartsorientierte Ressourcen, eben weil sie je jetzt zur Verfügung stehen. Aber es gibt auch vergangenheitsorientierte Ressourcen. Der Mensch ist ein Wesen der Erinnerung. Je knapper die allerwichtigste und nicht regenerierbare Ressource, nämlich seine Zeit, wird, desto deutlicher die Erinnerung an die frühen Jahre. Aber nicht nur für alte Menschen, für Menschen aller Altersstufen kann der Vorgang des Erinnerns zu einer wichtigen Ressource werden. Man erinnert sich der guten Jahre, der Zeit, in der man im Zenit seiner Lebens- und Schaffenskraft stand. Man erinnert sich der Zeit, die alte Menschen auch gerne mit dem Possessivpronomen schmücken, indem sie ihre Erzählungen so einleiten: „zu meiner Zeit …“ Sich der guten Zeit zu erinnern mag ein Gefühl der Dankbarkeit auslösen und etwas zur Stabilisierung der aktuellen Gefühlslage beitragen. Wichtiger als diese Form des Erinnerns ist es, sich der schwierigen Zeiten zu erinnern, die man durchstanden hat. Sich der heiklen Situationen zu erinnern, die man gemeistert hat. Sich der Haltung und der Mittel zu erinnern, die man eingesetzt hat, um einer Herausforderung konstruktiv zu begegnen. Erinnerung dieser Art festigt das Selbstwertgefühl oder steigert es gar. Sie trägt etwas zur positiven Erwartungshaltung bei, also zur Erwartung, daß man auch die aktuellen Schwierigkeiten meistern werde. Und sie ermutigt den Menschen, die aktuelle Problematik zu bewältigen. Entscheidend ist dabei die vitale Erinnerung. Die rein zerebrale Erinnerung genügt nicht. Zerebrale Erinnerung ereignet sich, sofern sich jemand eines zurückliegenden Ereignisses in seiner nackten Faktizität wieder bewußt wird, ohne etwas dabei zu spüren. Vitale Erinnerung hat statt, sofern der Betreffende die Atmosphäre, in die ein zurückliegendes Ereignis gehüllt erschien, wieder erlebt und vor allem noch einmal die positiven Gefühle nacherlebt, die er in einer vergangenen Situation hatte: Gefühle der Erleichterung, eine schwierige Lage gemeistert zu haben, Gefühle des Stolzes, der Begeisterung, des Triumphes.

Reaktivierung vergangener Gefühlslagen positiver Art kann dazu beitragen, die Antriebserlebnisse zu aktivieren, die Ph. Lersch Antriebserlebnisse des lebendigen Daseins, des individuellen Selbstseins und des Über-sich-hinaus-seins[20] nennt. Der vitale Wille, einfach zu leben, sich daran zu freuen, daß man lebt und am Leben teilhat, ist dasjenige, was Lersch als Antriebserlebnis des lebendigen Daseins begreift. „Es äußert sich als Lebensdrang, als ‚Werdelust' (Goethe), als Drang, überhaupt da zu sein und des Lebens als eines Prozesses inne zu werden, zu erleben, daß man lebt, noch gleichgültig dagegen, was und wie man lebt."[21] Das Menschsein des Menschen geht jedoch nicht in der

---

[20] Vgl. dazu Ph. Lersch, Aufbau der Person, München 1962, S. 122-215, bes. S. 131-135.

[21] A.a.O., S. 131. Im einzelnen unterscheidet Lersch im Blick auf die Antriebserlebnisse des lebendigen Daseins den Tätigkeitsdrang, das Genußstreben, die Libido und den Erlebnisdrang. Vgl. dazu a.a.O., S. 135-147.

Teilnahme am Leben, das alles Leben – auch pflanzliches und animalisches – durchströmt, auf. Der Mensch ist vielmehr auch „individuelles Selbst“[22], das seiner Umwelt gegenübersteht, seine Stellung in dieser Umwelt finden und in diesem Kontext sein Leben führen muß. Die Antriebserlebnisse des individuellen Selbstseins, die aus dieser Situation entspringen, zeigen sich, Lersch zufolge, beispielsweise im Selbsterhaltungstrieb und im Geltungsdrang.[23] Die den Menschen unter dem Aspekt seiner Essentialität kennzeichnenden Antriebserlebnisse kommen allerdings erst in den Blick, sofern man erkennt, daß der Mensch ein Wesen ist, das über sich hinausgehen muß, sofern es zu sich selbst kommen will. Als geistiges Wesen nimmt der Mensch Welt nicht nur in Anspruch, stellt sich vielmehr in ihren Dienst. Und dies dadurch, daß er realisiert, was Lersch „Sinnwerte“[24] nennt. Die Strebungen der mitmenschlichen und schaffenden Teilhabe am Leben sind Beispiele für Antriebserlebnisse des Über-sich-hinaus-seins.[25] Und natürlich ist die vitale Lebenskraft, gleichgültig, ob sie sich als ursprüngliche Lust am Leben, als Wille, das je eigene Leben zu bewahren oder als Hingabe zeigt, eine kaum zu überschätzende Ressource.

---

22 A.a.O., S. 133.

23 Im einzelnen führt er folgende Antriebserlebnisse auf: Selbsterhaltungstrieb, Egoismus, den Willen zur Macht, Geltungsdrang, Vergeltungsdrang und das Eigenwertstreben. Vgl. dazu a.a.O., S. 147-175.

24 Vgl. dazu a.a.O., S. 133.

25 Im einzelnen führt Lersch in diesem Zusammenhang folgende geistorientierten Antriebserlebnisse auf: die Strebungen der mitmenschlichen Teilhabe in Form der Strebung des Miteinanderseins und des Füreinanderseins, das Streben der schaffenden, der wissenden, der liebenden, der verpflichtenden und enthebenden Teilnahme. Vgl. dazu a.a.O., S. 175-205.

Und was die zukunftsorientierten Ressourcen angeht, so ist dies zu sagen: Der Mensch ist nicht nur ein Wesen der Erinnerung. Er ist auch ein Wesen der Planung. Indem er ein besseres Leben von morgen vorwegnimmt, motiviert er sich, das Vorweggenommene gegen innere und äußere Widerstände durchzusetzen. Die vitale Imagination glückenden Lebens beflügelt den Menschen, zu schaffen, was er imaginiert. Der Wille, eine lebenswerte Zukunft zu erarbeiten, und das damit verbundene Vertrauen in die Zukunft sind Ressourcen, die zu aktivieren sich lohnt.

Bleibt noch ein Wort zu den entwicklungspsychologisch faßbaren Ressourcen zu sagen. Im Rahmen einer Systematik der Ressourcen könnten diese Ressourcen dadurch erfaßt werden, daß man erkundet, welche Grundaufgaben in den einzelnen Lebensphasen erfüllt sein müssen, sodaß der Lebensprozess ungehindert fortschreiten kann; also: in der Kindheit, der Pubertät, im jungen, mittleren und späten Erwachsenenleben, im Alter. Die Grundaufgaben erledigt zu haben, zu erledigen und sich auf ihre Erledigung vorzubereiten stellt eine Ressource dar, auf die man sich in jeder Therapie oder Beratung beziehen kann. In der puberalen Ablösephase eine erste klare Identität im Blick auf das, was man beruflich will, geschlechtlich ersehnt, politisch erstrebt, religiös erahnt und lebensstilistisch imaginiert, ausgebildet zu haben, sind Ressourcen, die u.U. die Güte eines ganzen Lebens bestimmen.

Welche Rolle aber spielen nun all diese Überlegungen im Rahmen des philosophischen Gesprächs im Zusammenhang einer Therapie oder Beratung im Blick auf dic Notwendigkeit zu wachsen? Wachstum ereignet sich im Prinzip als Wahrnehmung, Aktivierung, Ausübung und Steigerung von Ressourcen. Im ressourcenorientierten philosophischen Gespräch gilt es zunächst, den Begriff und die anthropologische Bedeutung der Kategorie

„Ressource" und den Zusammenhang zwischen Ressourcenaktivierung und Wachstum zu klären. Folgende Fragen könnten das Gespräch leiten. Ist Ihnen klar, daß inneres Wachstum eine existentielle Notwendigkeit darstellt, der man genügen muß, soll Leben gelingen? Ist Ihnen aufgefallen, daß es dem Geist der modernen Zeit entspricht, die Welt und das Existieren in der Welt vorrangig unter dem Aspekt der Bedrohung und des Scheiterns, also problemorientiert wahrzunehmen? Kann es sein, daß auch Ihre Lebenshaltung und Ihre Art, sich zum Leben in Beziehung zu setzen, von folgender Existentialfigur bestimmt wird: Wahrnehmung des Negativen, Negation des Negativen? Erleben Sie das Leben auch vorrangig als bösen Unfall, nachrangig als guten Zufall? Ist Ihnen bewußt, daß die Bewältigung von Problemen und die Heilung von psychischen Störungen nur über die Schiene der Ressourcenaktivierung läuft? Sind Sie bereit, Ihr Leben auch unter dem Aspekt des Gelingens und Glückens anzuschauen? Sind Sie bereit, Ihre inneren und äußeren Ressourcen zu entdecken, d.h. zu benennen und zu spüren, welche Emotionen sie auslösen? Sind Sie bereit, Ihre Vergangenheit unter dem Aspekt zu erinnern, was Sie geleistet, welche individuellen epochaltypischen Grundaufgaben Sie bewältigt, welche spezifischen Problemsituationen Sie gemeistert haben und auf welche Weise? Werden Sie es sich erlauben, ein sinnvolles Bild Ihrer persönlichen Zukunft zu entwerfen, das so attraktiv ist, daß Sie es gar nicht unterlassen können, die diesbezügliche Imagination in Realität zu übersetzen? Haben Sie den Mut, sich in präziser Weise unter dem Aspekt all Ihrer inneren und äußeren Ressourcen darzustellen? Haben Sie die Kraft, diejenigen Ressourcen zu aktivieren, die notwendig sind, um Ihre wichtigsten Lebensziele zu erreichen?

5. Die Problembewältigungsperspektive

Die außerordentliche Bedeutung der Problembewältigungsperspektive wurde im Rahmen der Psychotherapie lange verkannt. Dies hängt mit dem Sachverhalt zusammen, daß die Szene der modernen Psychotherapie jahrzehntelang fast ausschließlich von psychoanalytischem Denken beherrscht war. In dieser Schule steht jedoch, wie allgemein bekannt, ein nachhaltiges Klärungsinteresse ganz im Vordergrund der Intervention. Demgegenüber ist auf den Sachverhalt zu verweisen, daß dem psychotherapeutischen Wirkprinzip motivationaler Klärung ein fast noch mächtigeres Wirkprinzip gegenübersteht, nämlich das der aktiven Hilfe bei der Problembewältigung. „Die ausgezeichnete Wirkung der verschiedenen Vorgehensweisen, die aktive Hilfe zur Problembewältigung leisten, lässt diese als das mächtigste Wirkprinzip erfolgreicher Psychotherapie erscheinen."[26] Aus diesem Grunde sollte der Psychotherapeut am Anfang immer klären, ob der Patient kommt, weil er nicht mehr weiß, was er tun soll, oder ob er etwas nicht kann, von dem er genau weiß, daß er es können möchte. Und natürlich wäre es wünschenswert, daß der Therapeut weiß, welches die nachweislich optimalen psychotherapeutischen Hilfestellungen im Blick auf die einzelnen neurotischen Störungen sind. Weiß, wie er mit einem Patienten verfahren muß, damit er etwas kann, was er bisher nicht konnte: sich angstfrei über einen Platz zu bewegen oder sich angstfrei in einem engen Raum aufzuhalten zum Beispiel. Darüber hinaus sollte der Therapeut wissen, daß zur erfolgreichen Bewältigung einer Störung die Aktivierung dieser Störung gehört und daß es im Blick auf hochwirksame psychotherapeutische Interventions-

[26] K. Grawe, Psychotherapie im Wandel, Göttingen 1994, S. 750.

formen Gemeinsamkeiten gibt, die darin liegen „dass sie dem Patienten ganz direkt bei der Bewältigung eines ihn drückenden Problems zu helfen versuchen mit Massnahmen, die spezifisch auf dieses Problem zugeschnitten sind."[27]

Im Prinzip geht es in diesem Zusammenhang um die Frage des Könnens und Nicht-Könnens. Allerdings ist der psychotherapeutische Aspekt sehr spezifisch. Denn was in diesem Zusammenhang auffällt, ist die Exklusivität des Nicht-Könnens. Die allermeisten können, was hier nicht gekonnt wird. Damit hängt ganz ohne Zweifel die Peinlichkeit dieses Nicht-Könnens zusammen. Im Kontext des philosophischen Gesprächs innerhalb der Therapie geht es nun um die Thematik des Könnens und Nicht-Könnens im Blick auf das Leben schlechthin. Das Leben will gekonnt sein. Aber wer kann es schon? Und was kann man tun, um es zu können? Das ist die Frage. In dieser Hinsicht zu wachsen würde bedeuten: etwas zu können, was man bisher nicht konnte. Etwas besser zu können, was man bisher ein wenig konnte. Etwas vollendet zu können, was man bis-

---

[27] „Beispiele dafür sind Selbstsicherheitstraining für Patienten mit sozialen Hemmungen, Reizkonfrontation für Patienten mit phobischem Vermeidungsverhalten, Entspannungstraining für Patienten mit Einschlafstörungen, sexualtherapeutische Übungen für Patientinnen mit Orgasmusstörungen, Anleitung zur Selbsthypnose für Patienten mit Schmerzzuständen, Kommunikationstraining für zerstrittene Paare, systemische Interventionen zur Veränderung der Familieninteraktionen bei Ablösungsschwierigkeiten und anderen Familienproblemen, Wiederaufbau von Verhaltensaktivitäten bei Depressiven, Veränderung der ‚Selbstgespräche' in Belastungssituationen nach Meichenbaum, Ersetzen ‚irrationaler' Leitsätze durch ‚rationale' nach Ellis, Einüben von Selbstkontrollreaktionen bei Versuchungssituationen für Alkoholiker, Vorbereitung auf Prüfungssituationen durch Systematische Desensibilisierung u.a.m." A.a.O., S. 749 f.

her ganz gut konnte. So gesehen ist das Prinzip des Wachstums der Komparativ. Leben läßt sich steigern. Und es erscheint dem Menschen als eines, das gesteigert werden sollte. Ganz offensichtlich hängt die Lust zu Leben an der Möglichkeit seiner Steigerung. Dazu an anderer Stelle mehr.[28]

Worin liegt die Problematik des Lebens im Hinblick aufs Können? Vorrangig darin, daß man es leben muß, auch wenn man es noch gar nicht kann. Einübung und Aufführung fallen zusammen. Der Künstler lernt sein Instrument. Übt im Verborgenen. Unter Umständen viele Jahre. Wenn er es kann, tritt er auf. Sein Künstlertum wird öffentlich. Das Leben ist ein einziger Auftritt. Wie schön wäre es, wenn man es erst lernen könnte; in aller Privatheit, um dann zu zeigen, daß man es kann; in aller Öffentlichkeit. Aber so ist es nicht. Auch wer dem Instrument des Lebens nur einige jämmerliche Töne zu entlocken vermag, steht auf der Bühne des Lebens und muß spielen. Im Grunde eine peinliche Situation. Man kann den Perfektionisten verstehen. Wahrscheinlich leidet er am meisten unter dem angesprochenen Sachverhalt. Er will nicht wahrhaben, daß das ganze Leben eine Übung ist, noch dazu eine Übung mit Überraschungen. Die Gunst und die Galle des Schicksals wollen beide bewältigt werden. Man kann sich nur unzulänglich auf sie vorbereiten. Im übrigen hängt die Notwendigkeit, das Können des Lebens einzuüben, damit zusammen, daß menschliche Existenz dramatischer Art ist. Pflanzliches und animalisches Leben entwickeln sich. Entwicklung ist plangebunden. Der Plan liegt in jeder Zelle vor und ihr zugrunde. Die genomadäquate Entfaltung ist das Prinzip der Entwicklung. Als biologisches Wesen ist auch der Mensch Entwicklungen ausgesetzt. Deshalb kann man von ei-

[28] Vgl. dazu die Ausführungen zur Lebenssteigerungsperspektive S. 492 ff.

nem jungen Menschen beispielsweise sagen, er sei schon weit entwickelt oder in seiner Entwicklung zurück. Aber unter dem Aspekt seiner Essentialität ist der Mensch kein Wesen, das sich entwickelt, vielmehr ein Wesen, das sich macht. „... Leben besteht ohne Gnade in einem Machen, dem Sich-selbst-Machen eines jeden einzelnen Lebens."[29] Entwicklung unterwirft. Machen macht frei. Natürlich nicht ein gedankenloses Machen, das macht, was man machen kann. Vielmehr ein Machen, das sich als sinnvolles, verantwortliches Gestalten von Leben darstellt. Dieses Machen ist dramatischer Art. Es ist spannungsreich. Es ist bewegend. Die Spannung gründet darin, daß man zunächst nicht weiß, was man machen soll, aber immerzu etwas machen muß. Das Material des Lebens wird immerzu geformt. Die Frage ist, woher gewinne ich eine überzeugende Idee, welche die Formung leitet? Und woher gewinne ich eine überzeugende Technik, die Formung auf den Weg zu bringen und aufrecht zu erhalten?

Im philosophischen Gespräch mit dem Patienten können diese existentiellen Sachverhalte angesprochen werden. Und natürlich ist zu klären, welche Bedeutung das Können bzw. Nicht- oder Noch-nicht-Können im Leben des Patienten haben. Der Wille zum Sinne zeigt sich im Willen zum Wachstum. Der Wille zum Wachstum zeigt sich im Willen, etwas zu können oder auch besser zu können. Die Frage ist, was kann der Patient? Was möchte er können, was sollte er können? Auch in diesem Zusammenhang wäre es gut, über eine Klassifikation des Könnens zu verfügen, um u.U. verborgene Möglichkeiten und Notwendigkeiten des Könnens aufzuspüren. Zerebrale Intelligenz zielt aufs Denken-Können. Emotionale Intelligenz zeigt sich eben-

[29] Ortega y Gasset, a.a.O., S. 267 f.

falls in einem Können: im Sich-einfühlen-Können. Soziale Intelligenz im Umgehen-Können. Spirituelle Intelligenz im Vertrauen-Können; und zwar in die Tiefe des Seins. Dies wäre *eine* Möglichkeit, eine Systematik des Könnens zu entfalten. Im Blick auf den Patienten wäre in dieser Hinsicht zu klären, ob er eine Möglichkeit oder sogar die Notwendigkeit sieht, die diesbezüglichen Dimensionen seiner Intelligenz zu erweitern und zu differenzieren: präziser zu denken und vielfältiger. Genauer sich in die emotionale Welt eines anderen einzufühlen und dessen Gefühlswelt differenzierter in sich zu spiegeln. Erfreulicheren Umgang mit anderen zu pflegen und ein tiefes, religiös verankertes Vertrauen zu entwickeln.[30]

[30] Man könnte eine Systematik auch entwickeln, indem man kulturelle Grundfunktionen und kulturelle Spezialfunktionen unterscheidet. Die kulturelle Grundfunktionen betreffen ein Können, das sich zum einen aufs Lesen, Verstehen, Schreiben und Zählen bezieht, zum anderen auf die gekonnte Gestaltung des Alltags im Sinne: einfach zu leben; und dies in der reizvollen Doppelbedeutung der genannten Maxime. Kommunikative Kompetenz im Sinne von Ich-Kompetenz und sozialer Kompetenz könnte man hier außerdem noch verorten. Die kulturellen Spezialfunktionen bezögen sich z.B. auf wissenschaftliche Intelligenz, technische Intelligenz, ökonomische Intelligenz, ästhetische und ökologische Intelligenz. Dabei wäre wissenschaftliche Intelligenz als Grundlage eines Könnens zu begreifen, das das Forschen betrifft. Technische Intelligenz als Boden eines Könnens, das das Herstellen hilfreicher Geräte betrifft. Ökonomische Intelligenz als Fundament eines Könnens, das das Vertreiben von Gütern angeht. Ästhetische Intelligenz als Basis eines Könnens, das das Bilden angeht; im Sinne von Bildung und Erziehung, aber auch im Sinne des Hervorbringens von Bildern. Ökologische Intelligenz als Boden eines Könnens, das sich aufs Bewahren lebendiger Gebilde bezieht.

Diskutiert man mit dem Patienten die Frage, was es heißt, das Leben zu können, dann wird man mit Sicherheit auf den Begriff des Glücks stoßen. Das Leben zu können bedeutet, es so zu formen, daß es glückt. Es ist nicht verwunderlich, daß schon die frühen abendländischen Philosophen das Leben unter diesem Aspekt bedacht haben. Ihr lebensphilosophisches Grundinteresse kommt in der Frage zum Ausdruck: Was muß der Mensch können, daß sein Leben glückt? Aristoteles definiert Glück als „Tätigsein der Seele im Sinne ihrer wesenhaften Tüchtigkeit“[31]. Dahinter steht die Anschauung, in der Welt habe jedes Wesen seinen Ort, an dem es unter dem Aspekt seiner Essentialität tätig werden müsse, wolle es glücklich werden. Was ist der Mensch in der angezeigten Hinsicht? Er ist Vernunft. Glücklich wird er, sofern er den ihm vorgeschriebenen Platz in der Ordnung[32] der Welt findet und dadurch ausfüllt, daß er seine Vernunft zur Vollkommenheit bringt. Der Aktivierung vollkommener Vernunft entspricht vollkommenes Glück. Wie lautet der Imperativ des Glücks, den Aristoteles uns zuruft? Ordne dich ein und handle vernünftig! Dies gilt es zu können.

In der klassischen Periode der griechischen Philosophie ist Glück ein objektiver Zustand. Es hat etwas damit zu tun, daß man seinen Platz im „Kosmos“ findet, und seiner Rolle gerecht wird. Die Privatisierung des Glücksbegriffs ereignet sich erst in der Zeit des Hellenismus bei Stoikern, Epikuräern und den

---

[31] Zit. nach M. Hossenfelder, a.a.O., S. XV.

[32] „Man sieht leicht, daß hier ein anderer Glücksbegriff vorliegt als der bei uns gängige. Glück ist für Aristoteles kein subjektives Gefühl, über das nur der Betroffene befinden kann, sondern die vollendete Erfüllung der von der kosmischen Ordnung vorgeschriebenen Rolle, also ein objektiver Zustand, der im Prinzip durch jeden anderen kontrollierbar ist.“ A.a.O., S. XVI.

pyrrhonischen Skeptikern. Während das Interesse der Vorsokratiker der Natur, der Sophisten und Klassiker dem Menschen in Relation zur Polis gilt, sieht der hellenistische Philosoph den Menschen vorrangig als Individuum in seiner Vereinzelung. Und er sieht ihn als Wesen, das sein Glück will. Unter welcher Bedingungen aber ist er glücklich? In der klassischen Periode sagt man, sofern der Mensch den vorgesetzten Zielen gerecht wird: seiner Vernunft und der Weltordnung. In der hellenistischen Periode heißt es, sofern der Mensch den selbst gesetzten Zielen gerecht wird. „Man ist glücklich, wenn man alles erlangt, was man möchte, wenn alle eigenen Wünsche in Erfüllung gehen.“[33] Das Glück wird zu einem reinen Bewußtseinsphänomen und zur reinen Privatsache. Zenon von Kition, der Begründer der Stoa, definiert: „Glückseligkeit ist der Wohlfluß des Lebens“.[34] Und wenn der Interpret M. Hossenfelder recht hat, dann ereignet sich Wohlfluß immer dann, wenn sich der Zielorientiertheit des Menschen nichts in den Weg stellt. Oder: wenn alle Hindernisse gelassen überwunden werden. Wenn der Mensch kann, was er will. Daraus aber folgt die ethische Maxime: nur das zu wollen, was man kann. Denn: Wer will, was er nicht kann, gerät in einen Zustand übler Erregung. Wer sich jedoch Ziele setzt, die er erreichen wird, seine Bedürfnisse so beschränkt, daß ihnen entsprochen werden kann, gerät in den Zustand der „Ataraxie“, der Freiheit vom Affekt und jeglicher Erregung. Glück zeigt hier das Gesicht der Ruhe, der Ausgeglichenheit, des vollkommenen inneren Friedens. Einstimmig zu leben – ein berühmter Leitsatz Zenons – heißt nichts anderes als Wollen und Können aufeinander abzustimmen. Gelingt dies, stellt sich Eudämonie – der

---

33 A.a.O., S. XVIII.

34 A.a.O., S. 76.

griechische Begriff für Glück – ein. Affektfreiheit im Sinne der Freiheit von Gefühlen der Disharmonie ist das eine Gesicht der Eudämonie, der Glückseligkeit. Zielverwirklichung im Sinne der Aktualisierung dessen, was man will, weil man es kann, ist das andere Gesicht der Eudämonie. Was ist der Mensch in der angezeigten Hinsicht? Er ist Wille. Intentionalität ist seine Kennung. Wie lautet der Imperativ des Glücks, den Zenon uns zuruft? Entscheidend ist, daß du willst, was du kannst. Und daß du kannst, was du willst!

Natürlich gibt es auch in diesem Zusammenhang wieder eine Fülle von Möglichkeiten, das philosophische Gespräch im Kontext der Psychotherapie anzuregen. Heilsam kann es schon sein, einfach zu durchschauen, was es heißt, zu existieren. Die Dramatik des Lebens von der Entwicklung des Lebens zu unterscheiden. Gut kann es sein, um die Notwendigkeit zu wissen, dem Leben eine Form zu geben; nach Möglichkeit eine gekonnte. Sich keine Illusionen bezüglich menschlicher Existenz zu machen. Und natürlich wird man einen Menschen, der sich im Blick auf seine Potentialitäten völlig überfordert und deshalb von einer Enttäuschung in die andere gerät, mit Zenons Gedanken vertraut machen. Ihn ermutigen, seine Bedürfnisse einer heilsamen Diät auszusetzen und seinen Zielen eine Abschlankung zu gönnen. Und dies, damit wieder eine äußere Balance zwischen dem, was man will, und dem, was man kann, hergestellt wird. Eine äußere Balance, die sich in wohltuender Weise in einer inneren Ausbalanciertheit spiegeln kann. Umgekehrt wird man einen Menschen, der unter seinem Niveau lebt, die oben aufgeführten Gedanken der Stoa vorenthalten. Man wird ihn vielmehr im Sinne aristotelischer Philosophie ermutigen, denjenigen Ort in der Welt zu suchen und auszufüllen, an dem er herausgefordert wird, seine Fähigkeiten und Möglichkeiten in vernünftiger Weise auszuschöpfen. Aufs Ganze gesehen geht es jedoch darum, den

Patienten anzuleiten, sein Leben unter dem Aspekt des Könnens genau anzuschauen. Diese Anleitung kann unter der Maßgabe, daß der Patient über verantwortete Zielvorstellungen verfügt, durch folgende Fragen in Gang gesetzt werden: Sie wissen, was Sie wollen! Was muß geschehen, daß Sie es auch können? Was können Sie gut, sollten es aber besser können? Was muß geschehen, daß Sie Ihr Können verbessern und in dieser Hinsicht wachsen?

6. Die Erkenntnisperspektive/Verständnisperspektive

Das der Erkenntnisperspektive zugrunde liegende Interesse ist: zu wissen, was der Fall ist. Das der Verständnisperspektive zugrunde liegende Interesse ist: zu verstehen, was der Fall ist. Das beiden Perspektiven zugrunde liegende Bedürfnis ist das Explorationsbedürfnis. Die Welt draußen zu erkunden stellt ganz offensichtlich schon für das Kind einen erheblichen Reiz dar. Später auch die Erkundung der Innenwelt. Der Reiz der transsubjektiven Welt hängt sicher zunächst damit zusammen, daß alles Lebensdienliche in der Außenwelt vorhanden ist und in die Innenwelt überführt werden muß: Licht, Luft, Nahrung, Zuwendung zum Beispiel. Dennoch erlebt der Mensch die Aussenwelt nicht allein in dieser Hinsicht als reizvoll. Das Verborgene zu entbergen, das Verschlossene zu erschließen stellen ebenfalls erhebliche Reize dar. Jedes Kind kennt den unwiderstehlichen Drang, den verschlossenen Schrank zu öffnen, die verschlossene Schublade zu entriegeln, um zu entdecken, was sie verbergen. Und natürlich gehört dazu auch der Drang, Dinge zu zerlegen. Zu den Reizen des Lebensdienlichen und Verborgenen gesellt sich der Reiz des Unheimlichen, ja Gefährlichen. Er lockt das Kind noch weiter in die Welt hinaus. Verlockt es, seine nähere und fernere Umgebung zu erkunden: das Haus, den Garten, die nahe und ferne Umgebung. Vielleicht sollte man hier auch noch den Reiz des Schönen erwähnen, der Menschen Natur und Kultur zu erkunden anregt. Zur Außenexploration gesellt sich eines Tages die Innenexploration. Während man bisher nur dachte, wundert man sich nun über das Denken und macht es zum Gegenstand der Exploration. Während man bisher einfach nur fühlte, staunt man nun über die Art und Fülle der je eigenen Gefühle und macht sie zum Gegenstand des Gedankens. Und während man bisher einfach nur wollte, dies oder das, findet man nun die je eigene Intentionalität bemerkenswert und nimmt sie bewußt wahr.

Exploration ist natürlich nur der erste Schritt. Die Gegenstände, die dem Subjekt in reizvoller Weise erschienen sind, wollen von ihm nicht nur wahrgenommen, vielmehr auch verstanden werden. Mit dem Patienten über das Verstehen zu philosophieren kann sehr heilsam sein. Denn: Wer sich selbst versteht, kann sich besser annehmen. Wer einen anderen versteht, kann ihn leichter akzeptieren. Wer sich oder einen anderen annimmt, kann sich leichter verändern und kann es einem anderen ermöglichen, daß er sich zu seinem Vorteil verändert. Natürlich kann man einwenden, es komme im Zusammenhang der Therapie darauf an, daß der Patient sich oder einen anderen oder die Beziehung zu einem anderen verstehe. Es komme nicht darauf an, daß er das Verstehen verstehe. Der Einwand ist falsch. Denn: Das Niveau des Verstehens kann verschieden sein. Nur wenn man weiß, was es heißt, sich oder einen anderen Menschen zu verstehen, wird das Verstehen tief und begründet sein.

Mit dem Patienten über das Verstehen zu philosophieren soll zu einem Wissen und zu einem Können führen. Er soll wissen, was es heißt, zu verstehen. Er soll wissen, wie es geht, zu verstehen. Und er soll wissen, wozu es gut ist, zu verstehen. Das ist das eine. Zum andern soll er damit in die Lage versetzt werden, sich selbst bzw. einen anderen, der für ihn bedeutsam ist, besser zu verstehen. Prinzipiell gilt: Wer versteht, hat eine bessere Beziehung zu demjenigen, den er versteht. Und umgekehrt: Fühlt sich jemand verstanden, so erlebt er seine Beziehung zu demjenigen, von dem er sich verstanden fühlt, als positiv. Der Prozeß des Verstehens führt demzufolge immer zu einer Verbesserung der wechselseitigen Beziehungen.

Was aber heißt es nun, zu verstehen? Wie geht es vor sich, und was ist diesbezüglich dem Patienten zu vermitteln? Im ursprünglichen Sinne des Wortes geht es darum, dafür zu sorgen, daß man dort zu stehen kommt, wo der andere steht. Das ursprüngliche Gegenüber-Stehen wird aufgelöst. Was aber geschieht, wenn man den je eigenen Standort vorübergehend aufgibt und dort steht, wo der andere steht, also dessen Standort einnimmt? Man sieht die Welt in der Perspektive des anderen. Man nimmt seine Weise, die Welt, die Dinge, die Lage anzusehen, wahr. Verstehen ist offensichtlich ein intentionales Geschehen. Es richtet sich auf etwas. Diesbezüglich kann man folgende Unterscheidungen treffen: Das Verstehen von Sprache. Das Verstehen von Handlung. Das Verstehen von Erlebnisausdruck. Das Verstehen von Ereignissen.

Verstehen von	→	Sprache	→	das Gemeinte	Sinn
Verstehen von	→	Handlung	→	die Intention	
Verstehen von	→	Erlebnisausdruck	→	die Bedeutung	
Verstehen von	→	Ereignissen	→	das Erstrebte/ Erreichte/Bewirkte	

Was im Zuge der verschiedenen Arten des Verstehens verstanden werden soll, ist der Sinn. Der Sinn dessen, was gesagt wurde. Der Sinn dessen, was getan wurde. Der Sinn der Gebärde. Der

Sinn von Ereignissen, die von Menschen inszeniert wurden. Spricht einer, dann müßte man fragen: Was meint er mit dem, was er sagt? Handelt einer, dann müßte man fragen: Was will er damit bezwecken? Nehme ich Motorik, Gestik, Mimik eines anderen wahr, dann müßte ich fragen: Welche Gefühle drückt er nonverbal aus? Und natürlich müßte man geschichtliche Ereignisse auf die sie auslösenden Faktoren, auf die durch sie erstrebten Ziele und auf das hin befragen, was sie tatsächlich bewirkt haben, um sie zu verstehen. Es geht demzufolge in den aufgeführten Fällen um die Entschlüsselung des Bezugs von materiellen Äußerungen und geistigen Gehalten. Verstehen bedeutet, das, worauf die materielle Äußerung verweist, in seiner Bedeutung wahrzunehmen. Klangbilder im Falle der Sprache, Bewegungsabläufe im Falle der Handlung, Erscheinungsbilder im Falle der Gebärde und das Zusammenspiel aller drei Aspekte im Falle des geschichtlichen Ereignisses sind die sinnlich-materiellen Dimensionen mit Verweischarakter. Sie verweisen mit sinnlichen Mitteln auf Sinn, also auf etwas Geistiges.

Verstehen ist ein in sich erfreuliches Ereignis. Es tut gut, zu verstehen. Das Gefühl, ausgeliefert zu sein, schwindet. Verstehen ist aber auch Voraussetzung dafür, daß man sich *auf etwas* versteht. Im psychotherapeutischen Feld spielen vor allem die Anforderungen, die von Personen und/oder Situationen ausgehen und denen man nicht oder in nicht genügendem Maße gerecht wird, eine wichtige Rolle. Sie gilt es zunächst zu verstehen. Nur so kann die Kompetenz für einen optimalen person- oder situationsorientierten Umgang geschaffen werden. Läßt man den Patienten auf diejenigen Personen schauen, mit denen er Probleme hat, so wird er nicht anfänglich, aber endlich entdecken: Ich bin mir selbst ein Problem. Oder er wird die Reihe der Personen durchgehen, angefangen von den Nächsten bis hin zu den Nahen und zu den weniger Nahen und sagen: Meine Eltern, meine Frau, mein Mann, mein Kind, mein Vorgesetzter, mein Kollege sind mir ein Problem. Oder er wird sagen: Der Polizist, der mich ertappt, der Staatsanwalt, der mich angeklagt, der Richter, der mich verurteilt oder der Anwalt, der mich nicht versteht und mich deshalb schlecht verteidigt, sind mir ein Problem. Die Problematik der zwischenmenschlichen Beziehungen aber besteht darin, daß einer den anderen nicht oder zu wenig versteht. Was aber ereignet sich, wenn einer den anderen versteht? Verstehen richtet sich auf zweierlei: auf das Sein einer Person und auf ihr Verhalten. Genauer: auf ihre personale Gesamtverfassung und auf die aus ihr entspringende Lebensgestaltung.[35] Will man jedoch das Sein einer Person, ihr Verhalten und das Zusammenwirken der beiden Dimensionen verstehen, dann muß man sein Augenmerk auf viererlei richten: auf den objektiven Lebenszusammenhang und die subjektive Lebenssituation einer Person, also auf ihre äußere und innere Befindlichkeit. Das zum einen. Zum andern auf ihre fremdverantwortete Zielverpflichtung, also auf diejenigen Ziele, die zu erstreben eine Person von einer anderen Person veranlaßt wird; und auf die eigenverantwortete Zielorientierung, also auf diejenigen Ziele, die sich eine Person autonom setzt.

Objektiver Lebenszusammenhang	→	äußere Befindlichkeit
Subjektiver Lebenszusammenhang	→	innere Befindlichkeit
Fremd-Ziele (Fremdbestimmung)	→	was andere von mir erwarten
Eigen-Ziele (Selbstbestimmung)	→	was ich von mir erwarte

35 Dabei ist das wechselseitige Bedingungsverhältnis zu beachten: Aus der personalen Verfassung resultiert spezifische Handlung. Handlung, immer wieder vollzogen, wirkt zurück auf die Verfassung.

Anhand der paar-therapeutischen Situation soll geklärt werden, was gemeint ist: Ziel der Therapie ist es, ein wechselseitiges Verstehen der Partner zu ermöglichen (theoretischer Aspekt), damit sie sich besser *auf* die Gestaltung ihres gemeinsamen Lebens verstehen (praktischer Aspekt). Konkret: Es geht zunächst darum, daß der Mann die Frau besser versteht und umgekehrt. Um dies zu ermöglichen, ist beides nötig: Fremdverständnis und Selbstverständnis. Man sollte den Partner besser verstehen. Man sollte aber auch sich besser verstehen. Denn das mehr oder weniger mißlingende Zusammenleben der Partner sollte von allen Beteiligten durchschaut werden, und es kann nur durchschaut werden, wenn man nicht nur den anderen, vielmehr auch sich verstanden hat. Aus diesem Grunde wird man zunächst in Einzelgesprächen beide, nacheinander anregen: (a) sich besser zu verstehen, (b) den anderen besser zu verstehen. Dies kann man erreichen, indem man fragt: Wie ist Ihre Lebenssituation äußerlich? Wie spiegelt sie sich innerlich? Welche Ziele verfolgen Sie nachdrücklich? Welchen Erwartungen von Seiten anderer Personen sind Sie ausgesetzt? Nachdem man im Horizont dieser Fragen von sich selbst ein besseres Verständnis gewonnen hat, geht es nun darum, den Partner, mit dem das Leben schwierig geworden ist, besser zu verstehen. Und dies, indem man wiederum fragt: Wie stellt sich die äußere Lebenssituation Ihres Partners dar? Was glauben Sie, was macht diese Situation mit ihm? Wie ist Ihrem Gefühl zufolge seine innere Befindlichkeit? Welchen Erwartungen ist er, Ihren Vermutungen zufolge, ausgesetzt? Vor allem: Was erwarten Sie von ihm? Und natürlich ist auch die Frage zu stellen: Was glauben Sie, was ist Ihrem Partner wirklich wichtig, welche Lebensziele verfolgt er nachdrücklich? Führt man die Partner zusammen, kann der wechselseitige Verstehensprozeß auf die Weise vertieft werden, daß die Vermutungen über den jeweils anderen dadurch bestätigt, modifiziert oder auch korrigiert werden, daß der Betroffene sich selbst vor dem anderen darstellt; und zwar wiederum im Horizont der vier vorgegebenen Items.

Während man zunächst nur dumpf leidet, weil der Partner dem Bild nicht mehr entspricht, das man von ihm hat, weil er nicht mehr tut, was man von ihm erwartet, versteht man nun plötzlich. Das aber heißt: Der ichfixierte Blick wird gelöst. Die monoperspektivische Erstarrung wird verflüssigt. Die verfahrene Situation wird aus einer Fülle von Perspektiven wahrgenommen und besser verstanden. Man entdeckt beispielsweise die Belastungen und Zwänge, die mit einer beruflichen Situation verbunden sind (äußere Befindlichkeit). Man versteht die damit einhergehende Niedergeschlagenheit, Lust- und Antriebslosigkeit (innere Befindlichkeit). Man begreift den Erwartungsdruck und die Erwartungsvielfalt, die den Partner belasten und versteht seine permanente Übellaunigkeit als Ausdruck dafür, daß er die eigenen Ziele kaum realisieren kann, weil er von Fremderwartungen zerrieben wird. Diesbezügliches Verstehen aber ist notwendige Voraussetzung dafür, daß man sich neu orientiert und das Zusammenleben neu formt.

Das diesbezügliche Gespräch kann im übrigen sehr einfach angeregt werden. Besteht ein Konflikt mit den Kindern, wird man den Vater oder die Mutter fragen: Verstehen Sie Ihren Sohn, Ihre Tochter? Kennen Sie ihre Lebenssituation wirklich? Wissen Sie, wie sie sich zu Hause, in der Schule, in der Gruppe Gleichaltriger fühlen? Was die Bezugspersonen von ihnen erwarten? Was sie selbst für Lebenspläne haben? Wie sie mit Erwartungsdruck umgehen? Wissen Sie, mit welchen Grundproblemen sich Menschen in dieser Lebensphase abmühen? Wie man ihnen helfen kann? Wie man eine tragfähige Beziehung ermöglicht, ohne ein Kind zu verweichlichen, ohne es zu überfordern?

Es gehört zu den mühevollsten Aufgaben des psychotherapeutischen Gesprächs, die einmal tief eingeschliffenen Weisen des Hinblickens und Wahrnehmens zu korrigieren, Monoperspektivität in Multiperspektivität zu verwandeln. Entschließt sich der Patient unter dem Druck des Therapeuten dazu, dann leistet er nicht selten innere Schwerstarbeit. Es muß jedoch bezweifelt werden, daß derartiger Druck langfristig wirksam ist. Zunächst das Vergnügen am Philosophieren zu wecken, um dann die philosophische Kompetenz im Zuge der Lebensbewältigung zu probieren, scheint der bessere Weg. Das Bedürfnis zu verstehen steckt tief in jedem. Zu wissen, was es heißt, zu verstehen, zu wissen worauf es sich richtet, wie es geht, motiviert, es auszuprobieren. Das Erlebnis, daß eine Fülle von Konflikten – zwischen Ehepartnern, zwischen Eltern und Kindern, zwischen Geschwistern, zwischen Kollegen, Vorgesetzen und Untergebenen usf. – schnell aufgelöst oder zumindest gemildert werden kann, wird ein starkes Motiv sein, eine Philosophie des Verstehens ins therapeutische Gespräch zu integrieren. Und auch in dieser Hinsicht ist Wachstum möglich; sowohl im Hinblick auf die Tiefe des Verstehens als auch im Hinblick auf die Vielfalt des Verstehens.

7. Die Beziehungsperspektive

Diese Perspektive ist sowohl in psychotherapeutischer als auch in philosophischer Hinsicht kaum zu überschätzen. Neurotische Störungen entstehen in Sozialzusammenhängen spezifischer Art. Neurotische Störungen vergehen aber auch in spezifischen sozialen Kontexten. Das aber heißt: Störungen entstehen durch eine heillose Weise, miteinander umzugehen. Und Störungen vergehen durch eine heilvolle Art der Beziehungsgestaltung; z.B.

im Zusammenhang einer exzellenten Psychotherapie. Es steht fest, „dass psychische Störungen zu einem wesentlichen Teil als Beziehungsstörungen aufgefasst werden können bzw. aus zwischenmenschlichen Beziehungen entstehen und Psychotherapie daher ebenfalls zu einem wesentlichen Teil als Behandlung von Beziehungsstörungen aufgefasst werden sollte.“[36] Das zum einen. Zum andern steht fest, „dass sich Psychotherapie immer in zwischenmenschlichen Beziehungen abspielt und die Qualität dieser Beziehungen nachweislich einen sehr großen Einfluss auf das Therapieergebnis hat.“[37] Aus diesem Grunde konzentriert sich psychotherapeutische Forschung genau auf dieses Gebiet. Das diesbezüglich leitende Erkenntnisinteresse kann man in die Fragen kleiden: Was muß man tun, um eine optimale therapeutische Beziehung zu ermöglichen? Welches sind die Merkmale einer ebenso tragenden wie fruchtbaren therapeutischen Beziehung?

Im Zusammenhang des philosophischen Gesprächs im Kontext der Therapie geht es nun nicht allein darum, einen optimalen therapeutischen Bezug herzustellen, vielmehr helles Bewußtsein für die Bedeutung von Beziehungen zu schaffen. Anzunehmen ist, daß dies nicht nur etwas zur guten Beziehung zwischen dem Therapeuten und seinem Patienten beiträgt, vielmehr zur diesbezüglichen Achtsamkeit überhaupt. Und darauf kommt es an. Das Philosophieren über die Phänomene Bezogensein, Bezogenheit, Beziehung, Beziehungsgestaltung rückt einen existentiellen Sachverhalt in den Mittelpunkt des Interesses, der ausschlaggebend ist für das Glücken oder auch Verunglücken menschlicher Existenz überhaupt; einmal abgesehen vom Spezi-

---

[36] K. Grawe u.a., a.a.O., S. 776.

[37] A.a.O., S. 781.

alfall gewöhnlichen neurotischen Elends. Existenz, Grundform menschlichen Seins in der Welt, impliziert Bezogensein. Und da dieses in Bezug sein in seiner Formalität inhaltlich nicht festgelegt ist, impliziert Existenz zugleich die Frage nach der inhaltlichen Füllung der jeweiligen Bezüglichkeit. Existenz meint eine spezifische Verfaßtheit. Meint eine besondere Weise, in der Welt zu sein. Nämlich: herausgebrochen zu sein aus der Gesamtheit des Seins. Herauszuragen aus dem Sein. Exzentrisch zu sein. Der Mittelpunkt der Welt und der Mittelpunkt des Menschen fallen nicht zusammen. Der Mensch hat seinen Mittelpunkt nicht in der Welt, vielmehr in sich selbst. Das aber heißt: Er erlebt die Welt und hat die Welt sich gegenüber; und zwar so radikal, daß er nicht nur die transsubjektive Welt sich gegenüber hat, vielmehr auch sich selbst. Und dies, indem er sich selbst zum Gegenstand von Reflexion und Aktion machen kann. Das heißt: sich bedenken und etwas mit sich anfangen kann. Die Existenz kennzeichnende Exzentrizität aber ist der Grund für Verhältnismäßigkeit und hat Verhältnismäßigkeit zur Folge. Das heißt: Die Architektur von Existenz hat eine tragende Säule. Sie trägt den Namen: Verhältnismäßigkeit. Der Mensch ist unter dem Aspekt seiner Essentialität, das im Verhältnis zu sich und zur Welt stehende Wesen. Und leben heißt nichts anderes, als die Notwendigkeit, diese Verhältnisse in aller Freiheit gestalten zu müssen. Darin besteht die Dramatik menschlichen Lebens.

Im Rahmen der Beziehungsperspektive spielt natürlich der Bezug des Menschen zu anderen Menschen die entscheidende Rolle. Auf diese Bezüge zu achten ist deshalb so wichtig, weil allen Grundbedürfnissen, die der Mensch hat, in zwischenmenschlichen Bezügen entsprochen werden kann. Das aber heißt: Die Qualität dieser Bezüge entscheidet über die Lebensqualität eines Menschen; letztlich über das Gelingen oder Mißlingen des Lebens. Aus diesem Grunde ist diesbezügliche Achtsamkeit in nachdrücklicher Weise zu empfehlen. Und natürlich gibt es Qualitäten der Achtsamkeit. Je differenzierter das philosophische Gespräch über das Phänomen menschlicher Relationalität geführt wird, desto differenzierter die Weise, Beziehungen wahrzunehmen; desto differenzierter die Möglichkeit, Beziehungen zu gestalten. Wichtig ist, wie gesagt, die Erkenntnis, daß alle Grundbedürfnisse in interpersonalen Bezügen befriedigt werden können. Will man dies im philosophischen Gespräch nachweisen, dann wird man zeigen, daß das für das Orientierungsbedürfnis (Sinnbedürfnis), das Kontrollbedürfnis, das Selbstwerterhöhungsbedürfnis, das Lustgewinnbedürfnis, das Explorations-, Impressions- und Expressionsbedürfnis gilt und in welcher Hinsicht es gilt.

Im Blick auf das Orientierungsbedürfnis wäre darauf zu verweisen, daß dem Kind zunächst gesagt wird, wozu es da ist, was es tun und lassen soll, was gut, was böse ist. Die zuerst da gewesen sind, sagen es ihm. Aber auch in späteren Lebensphasen, wenn Sinn selbst entdeckt, realisiert und verantwortet werden muß, spielen die anderen eine wichtige Rolle. Ohne sie könnte das Grundmotiv menschlicher Existenz nicht befriedigt werden. Denn: Sinn zu realisieren bedeutet immer, einen ethischen Wert konkret werden zu lassen. Werte sind allgemeine Orientierungsleitlinien des Handelns. Nächstenliebe, Fernstenliebe, persönliche Liebe, Gerechtigkeit, Weisheit, Tapferkeit, Wahrhaftigkeit sind Beispiele dafür. Diese Werte in konkreten Situationen zu verwirklichen bedeutet: Sinn zu realisieren. Das heißt beispielsweise: liebevoll mit einem bestimmten Menschen in einer bestimmten Situation umzugehen. Oder: sich einem bestimmten Menschen gegenüber gerecht zu verhalten. Entscheidend ist die Einsicht, daß die Transformation von Wert in Sinn sich immer auf Menschen bezieht und sich deshalb immer als Beziehungsgestaltung darstellt.

Im Blick auf das Kontrollbedürfnis verhält es sich nicht anders. Kontrolle im Sinne von Bewältigung sinnvoller Projekte muß gelernt werden. Bevor man selber lernt, muß man das Lernen lernen. Man lernt es in zwischenmenschlichen Bezügen funktionaler Art. Das heißt: Man lernt mit anderen und von anderen in alltäglichen Bezügen. Und man lernt in zwischenmenschlichen Bezügen intentionaler Art. Das heißt: durch andere, die aufs Lernen spezialisiert sind und von Berufs wegen das Lernen lehren. Begreift man das Kontrollbedürfnis im Prinzip als Drang, Lebenskompetenz zu erwerben, so ist unmittelbar dies einsichtig: Ohne die anderen ist es nicht möglich.

Auch für alle übrigen Grundbedürfnisse gilt, daß sie nur über die Beziehungsschiene abgedeckt werden können. Dem Selbstwerterhöhungsbedürfnis wird im Prinzip durch Wertschätzung anderer entsprochen. Dies kann in vielfältiger Weise geschehen: durch Lob, Lohn und Belohnung. Aber auch dadurch, daß man die Achtung, die Zuneigung der anderen spürt. Gratifikationen, die man erhält, Preise, die man gewinnt, hervorragende Benotung, die einem zuteil wird, sind äußere Zeichen der Wertschätzung, die das Selbstwertgefühl vor allem in den Epochen des Lebens stärken, in denen man noch nicht genau weiß, was man von sich selbst zu halten hat.

Im Blick auf das Lustgewinnbedürfnis ist der Sachverhalt vollends klar. Auch wenn man den Lustbegriff nicht auf die genitale Lust einschränkt, vielmehr Lust in allen ontologischen Dimensionen verortet, ist unmittelbare oder mittelbare Interpersonalität notwendige Grundlage für das Genießen der verschiedenen Lüste. Will man die Angelegenheit an einer exemplarischen Situation demonstrieren, dann wird man auf die Lust des Mannes an der Frau und auf die Lust der Frau am Mann verweisen. Es ist die delikate Lust am Leib im Zusammenhang des erotisch-sexuellen Spiels. Es ist die Lust an der jeweiligen Atmosphäre, welche sich im Gefühl spiegelt: Es ist wohltuend, in der Nähe des anderen zu sein und in sein Fluidum einzutauchen. Verwiesen sei hier auf den wechselseitigen Austausch der Atmosphären und ihr beglückendes Zusammenspiel. Und es ist die Lust des gedanklichen Austauschs, die Lust am kultivierten Gespräch. Will man das Beispiel für eine Systematik der Lüste fruchtbar machen, so würde man die Lüste in vier Ebenen aufzuspüren unternehmen: auf der leiblichen, der psychischen, der geistigen und der interaktiven Ebene.[38]

Was in dieser Hinsicht die Verstehensperspektive angeht, so ist dies zu sagen: Verstehen ist ein intentionales Geschehen, das sich immer auf Menschen und dasjenige richtet, was sie im Grunde sind und was sie hervorbringen: Texte, Bilder, Geschichte zum Beispiel. Menschen wollen verstehen und Menschen wollen verstanden werden. Das aber heißt: Menschen wollen die Beweggründe und die Handlungsziele derer, die mit ihnen unterwegs sind, verstehen. Und sie wollen den anderen gegenüber als Subjekte erscheinen, die aus guten Gründen gute Ziele verfolgen. Selbst als sinnorientierte Wesen wahrgenommen zu werden und die anderen als sinnorientierte Wesen wahrzunehmen bedeutet, Welt als sinnvoll zu erleben. Demzufolge ist auch das Verstehen auf ein Bedürfnis bezogen, das nur auf interpersonalem Wege befriedigt werden kann.

Zuletzt noch ein Wort zu den Bedürfnissen nach Impression und Expression. Das Impressionsbedürfnis bezieht sich im allgemeinen auf die Notwendigkeit, sich sinnlichen und intelligiblen Reizen auszusetzen. Im Raum völliger Reizlosigkeit herrscht der Tod. Im besonderen bezieht sich das Impressions-

---

38 Vgl. dazu die Ausführungen im Kapitel über die Lebenssteigerungsperspektive S. 492 ff.

bedürfnis auf Sensibilität, d.h. auf die immer weiter zu verfeinernde Fähigkeit, fein zu fühlen. Das Expressionsbedürfnis bezieht sich im allgemeinen auf die Notwendigkeit, sich mitzuteilen, eine Brücke zur Welt zu schlagen, um überhaupt in Kontakt zu sein. Im Raum völliger Kontaktlosigkeit herrscht der Tod. Im besonderen bezieht sich das Bedürfnis, sich auszudrücken auf Expressivität, d.h. auf die Fähigkeit, sich immer differenzierter auszudrücken. Beides, Sensibilität und Expressivität, die Kunst, fein zu fühlen und die Kunst des feinen Ausdrucks lernt man von den anderen und übt man mit den anderen. So wird nun im Blick auf den Gesamtzusammenhang einsichtig, daß die Beziehungsperspektive gerade im Blick auf die Befriedigung der Grundbedürfnisse von exzellenter Bedeutung ist. Wird dies im Zuge des philosophischen Gesprächs dem Patienten deutlich, kann er nicht umhin, eine entsprechende Achtsamkeit zu entwikkeln.

Über das existentielle Phänomen „Beziehung" zu philosophieren bedeutet immer auch, Beziehung in formaler und inhaltlicher Perspektive durchsichtig zu machen. Dies ist möglich, sofern man das Wesen einer Beziehung als Kommunikation versteht. Fragt man einen Menschen, welche Beziehung er zu einem anderen Menschen hat, dann erkundet man im Prinzip zweierlei: die Weise seiner Kommunikation und die Gegenstände der Kommunikation. Kurz: das Wie und das Was. Wenn Menschen in Beziehung miteinander stehen, also miteinander kommunizieren, kann man diesen Vorgang im Horizont zweier Fragen entschlüsseln: Wie gehen Sie miteinander um? Was teilen Sie sich wechselseitig mit? Wichtig ist, daß man den wechselseitigen Austausch nicht auf Rede und Gegenrede reduziert. Dialog findet auf mehreren Ebenen zugleich statt. Dies wird einsichtig, sofern man die fundamentalen Bestimmungsmerkmale von Beziehungen artikuliert. Es handelt sich um die Erscheinung, die Atmosphäre, die Sprache, die Körperbewegung. Auch wenn zwei Menschen sich gegenüber sitzen und kein einziges Wort wechseln, kommunizieren sie miteinander. Sie erscheinen sich wechselseitig. Einer taucht in die feinstoffliche Hülle des anderen ein, wird von seiner Ausstrahlung berührt. Einer nimmt den Körper des anderen in seinen Bewegungen wahr und dechiffriert sie. Das heißt: Er deutet sie. Es geht um die Deutung von Gestik, Mimik, Motorik. Der spezifische Glanz eines Auges sagt manchmal mehr als ein Wort. Die Anmut einer Bewegung, die Tiefe eines Blicks[39], die Abfälligkeit oder Freundlichkeit einer

---

[39] Vgl. zur Tiefe eines Blicks folgende Gedanken: „Nichts vermag uns besser über den Anderen Auskunft zu geben als die *Augen*, die ‚Fenster der Seele'; denn ihre Blicke sind Akte, die so tief aus dem Innern kommen wie kaum noch etwas. Wir sehen, *was* er anblickt und *wie* er es anblickt. Wir stellen nicht nur fest, daß der Blick von innen kommt, wir bemerken auch, aus welcher Tiefe er aufsteigt.

Darum ist der Verliebte für nichts so dankbar wie für einen ersten Blick. Aber es gilt, vorsichtig zu sein. Wenn die Männer die Tiefe *abzuschätzen* wüßten, aus welcher jeweils der Blick der Frau zu ihnen kommt, so bliebe ihnen so mancher Irrtum und Kummer erspart.

Denn es gibt einen ersten Blick, der wie ein Almosen gewährt wird und jene geringe Tiefe hat, deren es bedarf, um eben noch ein Blick zu sein. Aber es gibt auch einen Blick, der aus der tiefsten Tiefe kommt, dessen Wurzeln bis in den Untergrund des weiblichen Seins hinabreichen, einen Blick, der gleichsam mit Algen und Perlen beladen emportaucht und die ganze versunkene und verborgene Landschaft in sich trägt, die das Wesen der Frau ausmacht, wenn sie wahrhaft Frau, das heißt eine tiefgründige Frau ist. Das ist dann der *vollgültige* Blick, der überströmt von dem Wunsche, auch selber gesehen zu werden, während jener andere Blick kraftlos war, eigentlich kaum ein Blick, sondern nur ein Dreinschauen. Wenn der Mann nicht eitel wäre, wenn er nicht jede noch so unzureichende Geste der Frau bereits als einen Liebesbeweis auslegen würde, sondern mit seiner Meinung so lange zurückhielte, bis bei ihr *vollgültige*

Gebärde sprechen eine Sprache, die nicht selten sprechender erlebt wird als klug aneinander gefügte Worte; vor allem auch deshalb, weil Nonverbalität tief ins Gemüt greift.

Erscheinung	→	sinnliche/intelligible Wahrnehmung
Atmosphäre	→	sinnliche/intelligible Wahrnehmung
Bewegung	→	sinnliche/intelligible Wahrnehmung
Sprache	→	intelligible/sinnliche Wahrnehmung[40]

Bestimmungsmerkmale von Beziehung

Auffallend ist im Blick auf die Bestimmungselemente von Beziehung die überragende Bedeutung des Leibes. Erscheinung, Atmosphäre, Bewegung und Sprache sind leiblich vermittelt. Man erscheint in seinem Leib. Und es macht einen Unterschied, ob der Leib alt oder jung, zart oder robust, hinfällig oder vital, von kühler Schönheit oder interessanter Häßlichkeit ist. Der Leib ist von einer Atmosphäre umgeben, strahlt ein Fluidum aus, das blitzartig in die Atmosphäre des anderen eingreift und die Beziehung bestimmt. Es macht einen Unterschied, ob die Grundatmosphäre eines Menschen wohlwollend oder mißgünstig, streng oder sanft, freundlich oder zurückweisend, vital oder zerbrechlich ist. Der atmosphärisch vermittelte Elementarkontakt ent-

---

Gesten in Erscheinung getreten sind, so würde er nicht die peinlichen Überraschungen erleben, die er so oft erlebt." Ortega y Gasset, Ges. Werke Bd. 6, Stuttgart 1996, S. 87 f.

40 Erscheinung, Atmosphäre, Bewegung, Sprache ist immer beides zu eigen: Sinnliches und Intelligibles. Auf sie kann beides gerichtet sein: ein Sinnesorgan und Intelligenz. Erscheinung und Bewegung kann man sehen, aber auch in Worte fassen. Atmosphäre kann man spüren, aber auch beschreiben. Sprache kann man hören, aber auch begreifen und interpretieren.

scheidet immer über die Qualität einer Beziehung noch ehe irgendein Wort ausgetauscht ist. Und obwohl es sich bzgl. der Atmosphäre gleichsam um das „feinstoffliche Kleid“ handelt, das einen Leib umgibt, kann man es nicht wechseln, wie man Kleider wechselt. Das heißt: Man kann sich Atmosphäre nicht einfach zulegen, man kann sie nicht einfach ablegen. Gespieltes Wohlwollen, gespielte Sanftmut, vorgetäuschte Freundlichkeit, vorgetäuschte Vitalität wären die Folgen. Durchsichtig für jedermann. Will man seine Atmosphäre verändern, muß man verändern, worin sie gründet: die Wert-Überzeugungen, die einen bestimmen, die man für gültig gesetzt hat. Ein Mensch, der seine Lust daran hat, Menschen zu fördern, wird die Atmosphäre des Wohlwollens um sich verbreiten. Ein Mensch, dem die Lust des rücksichtslosen Überholens alles bedeutet, auf welchen Bahnen und Laufbahnen auch immer, wird die Atmosphäre der Mißgunst um sich verbreiten. Was durchschaut werden muß, ist die Korrelation von Wert-Orientierung und Atmosphäre. Ausstrahlung ist gleichsam das psychisch-geistige Emanat der Wertorientierung.

Das dritte Bestimmungsmerkmal von Beziehung betrifft die Bewegung des Leibes. Sie ist äußerlich. Wie ein Mensch liegt, sitzt, steht oder geht kann man beobachten. Wie ein Mensch seine mimische Muskulatur bewegt, ist sichtbar. Dasselbe gilt für die Fülle und Art seiner Gesten. Und ganz offensichtlich gibt es einen Zusammenhang zwischen äußeren und inneren Bewegungen. Innerlich erlebt sich der Mensch permanent von Gefühlen bewegt. Die innerliche Bewegung wird in äußerliche Bewegung umgesetzt; überaus deutlich, wenn der Mensch lacht oder weint. Zwischen diesen Extremen ist eine überaus große Fülle bedeutsamer Bewegungen zu beobachten, die auf eine überaus große Fülle von emotionalen Feinheiten, die begrifflich kaum noch zu fassen sind, verweisen. In der zwischenmenschlichen Begegnung wird der jeweils andere permanent als einer wahrgenommen, der sich bewegt, und seine Bewegungen werden permanent bewußt, halbbewußt oder unbewußt dechiffriert. Das heißt: Der Beobachtende schließt von der äußeren Bewegung auf die innere Bewegung. Im ersten Grenzfall: von der Hypermotilität[41] auf ein chaotisch-rasendes Gefühlsleben. Im zweiten Grenzfall: von der völligen Starre des Leibes auf das paradoxe Gefühl der Gefühllosigkeit im Zusammenhang einer melancholia anästhetica. Zwischen diesen Grenzfällen aber gibt es eine große Vielfalt von Gesten und Gebärden, die zum Teil kulturell bedingt sind, zum Teil auf angeborenen Dispositionen beruhen. Alle Menschen verbindende Gefühle werden allerdings mimisch auf dieselbe Weise ausgedrückt: Glück, Überraschung, Angst und Ärger, Ekel, Verachtung und Traurigkeit zum Beispiel.

Das vierte Bestimmungsmerkmal, die Sprache, in anthropologischer Perspektive das Wichtigste, wird hier zuletzt genannt, um die Bedeutung der Leiblichkeit im Kontext der Beziehungsproblematik besonders herauszustellen. Leiblichkeit spielt allerdings auch im Zusammenhang gesprochener Sprache eine wichtige Rolle. Wenn Sprache laut werden soll, muß Leib eingesetzt werden. Wie kompliziert dieser Einsatz ist, kann man von Logopäden lernen. Und auch das gesprochene Wort, das äußerlich ist, hat innenorientierte Verweisfunktion. Diese ist sogar doppelter Natur. Das Wort verweist auf zugehörige Bedeutung. Und es verweist auf ein emotionales Bezugssystem, aus dem heraus ein Wort, ein Satz gesprochen, ein Gedicht vorgetragen, eine Rede gehalten werden. Laut gewordene Sprache ist immer gefühlsunterlegt. Und so ist es nicht erstaunlich, wenn der Mensch in Beziehung nicht nur aufs „Was der Rede", vielmehr auch aufs „Wie

---

[41] Unter Hypermotilität versteht man überschießende Beweglichkeit.

der Rede“ achtet, um gleichsam eine Spur ins Innere des Gesprächspartners zu legen, auf daß er ein Gespür für die Gefühle entwickelt, die der andere spürt. Dabei ist auffallend, daß die allermeisten hochtrainiert sind, den Sachverhalt eines Satzes zu verstehen, aber nicht selten unfähig, die mit kommunizierten Gefühle wahrzunehmen. Offensichtlich überragt die zerebrale Intelligenz bei den meisten die emotionale bei weitem.

Um ein komplexes Phänomen zu verstehen, muß man es zerlegen. Entscheidend ist jedoch die Einsicht, daß und wie die Teile zusammenwirken. Das sich im konkreten Lebensvollzug ereignende Zusammenspiel von Sprache, Bewegung, Atmosphäre und Erscheinung macht die personale Gesamtverfassung eines Menschen aus, die Weise, wie er da ist. Sie ist in allen zwischenmenschlichen Beziehungen deshalb so bedeutsam, weil sie die Substanz von Beziehungen bestimmt und nicht selten massiv ansteckenden Charakter[42] hat. Mutige Menschen ermutigen. Niedergeschlagene Menschen deprimieren. Ein lachender Mensch reizt mitzulachen. Die Frage ist, was machen wir mit Menschen, vor allem mit Nahen und Nächsten, die sich uns gar nicht entziehen können, durch das, was wir sind, durch die spezifische Verfaßtheit unserer Person? Und dies u.U. völlig unbewußt? Was machen andere, mit denen wir unser Leben teilen, auf Gedeih und Verderb mit uns? Wie müßte Beziehung gestaltet werden, daß sie sich lebensfreundlich, lebensfördernd auswirkt? Inzwischen weiß man, daß die Gesprächsmaximen, die ein therapeutisches Gespräch leiten sollten, um eine optimale Beziehung zu gewährleisten, für alle zwischenmenschlichen Beziehungen gelten. Es handelt sich um notwendige Bedingungen,

---

[42] Dieser Sachverhalt muß vor allem Therapeuten bewußt sein, damit sie rechtzeitig innerlich gegensteuern.

die erfüllt sein müssen, damit zwischenmenschliche Kommunikation gelingt. Die Erläuterung dieser Maximen kann anhand folgender Stichworte erfolgen:

Wertschätzung	(W)	→	unbedingter positiver Bezug
Kongruenz	(K)	→	Echtheit
Empathie	(E)	→	Einfühlungsvermögen
Wahrnehmung	(Wa)	→	W/K/E müssen wahrgenommen werden.[43]

Interpretiert man diese Kategorien im Horizont des Patienten, so ist auf folgendes zu verweisen. Patienten wollen von ihrem Therapeuten als wertvolle Menschen wahrgenommen werden. Wertschätzung zeigt sich, vom Therapeuten her gesehen, als positive, warme, akzeptierende Haltung dem Patienten gegenüber. Wertschätzung bedeutet, daß der Therapeut „seinen Klienten als eine Person schätzt … unabhängig davon, wie dieser sich im Moment gerade verhält. Es bedeutet, daß er für seinen Klienten in einer nicht besitzergreifenden Weise Sorge trägt … Was ich beschreibe, ist ein Gefühl, das weder paternalistisch noch sentimental oder oberflächlich sozial und angenehm ist. Es achtet den anderen als eigenständiges Individuum und besitzt ihn

---

[43] Diese Kategorien stammen von C. Rogers, der sich ein Forscherleben lang mit dem Problem der optimalen therapeutischen Beziehung befaßt und in dieser Hinsicht bedeutende Entdeckungen gemacht hat. Er ist der Begründer der klientenzentrierten Psychotherapie, einer hocheffektiven psychotherapeutischen Interventionsform, wie im Zusammenhang der empirischen Psychotherapieforschung nachgewiesen wurde. Vgl. dazu K. Grawe u.a., a.a.O., S. 118-140, bes. S. 135.

nicht. Es ist eine Art von Mögen und Gernhaben, das (sic!) stark ist und das nicht fordert."[44]

Die zweite Therapeutenvariable, die für eine gute Beziehung unabdingbar ist, betrifft das Phänomen der Kongruenz. Der Therapeut soll echt sein. Er ist kongruent, wenn er „ist, was er ist, wenn er in der Beziehung mit seinem Klienten echt und ohne Fassade ist, wenn er offen die Gefühle und Haltungen realisiert, die in dem jeweiligen Moment in ihm fließen."[45] Sich im Sinne von Echtheit zu verhalten bedeutet, „daß die Gefühle, die der Berater erlebt, verfügbar für ihn, für sein Bewußtsein sind; daß er fähig ist, diese Gefühle zu leben, sie in der Beziehung zu sein und sie mitzuteilen, falls es angebracht ist. Es bedeutet, daß er in eine direkte persönliche Begegnung mit seinem Klienten kommt, daß er ihm von-Person-zu-Person begegnet."[46]

Empathie ist das dritte Element, das einen exzellenten therapeutischen Bezug kennzeichnet. Sie wird realisiert, sofern der Therapeut sich ins Bezugssystem der Gefühle und Gedanken, welches die Innenwelt des Klienten prägt, nachhaltig einfühlen kann. Dies geschieht, sofern er in der Lage ist, die Welt gleichsam so wahrzunehmen, wie sie der Klient wahrnimmt: wie der Klient sie sieht, hört, spürt, versteht, interpretiert. Und natürlich ist es wichtig, daß der unbedingte positive Bezug, den der Therapeut zum Klienten hat, die Echtheit, um die der Therapeut

---

[44] Diese, von C. Rogers stammenden Sätze, sind zitiert nach D. Zimmer, Die therapeutische Beziehung, Weinheim 1983, S. 66.

[45] Zit. nach a.a.O., S. 65.

[46] Zit. nach ebd. Zu beachten ist in diesem Zusammenhang noch zweierlei. Zur Echtheit gehört, daß auch negative Gefühle ausgesprochen werden. Zur Echtheit gehört nicht, daß jedes sich zufällig einstellende Gefühl mitgeteilt wird, vielmehr nur sich immer wieder und nachdrücklich einstellende Gefühlskonfigurationen.

sich bemüht, und das Einfühlungsvermögen, das er aufbringt, auch vom Klienten wahrgenommen werden.[47] Inzwischen weiß man, daß die aufgezeigten Therapeutenvariablen nicht nur für die therapeutische Beziehung, vielmehr für alle zwischenmenschlichen Bezüge, sollen sie gelingen, unabdingbar sind. Aus diesem Grunde sollte man sie niemandem vorenthalten. Das philosophische Gespräch über die Beziehungsperspektive wird den Patienten motivieren, auf die wichtigsten Beziehungen, die er hat, zu achten: zum Beispiel auf die Beziehung zu seinem Ehepartner, zu seinen Kindern, zu Kollegen, Vorgesetzten oder Untergebenen, Freunden, Verwandten und Bekannten. Die Qualität seines Lebens hängt im Prinzip an der Qualität dieser Beziehungen. Sie unter dem Aspekt zu prüfen, ob und inwiefern sie unter Berücksichtigung der Maximen der Wertschätzung, Kongruenz und Empathie gepflegt werden, ist ein spannendes Unternehmen.

Will man Kommunikation verstehen, so ist der Blick auf zweierlei zu richten: auf die Beziehungsebene und auf die Inhaltsebene. Kurz: auf das Wie und das Was der Beziehung. Die Gesprächsmaximen der Wertschätzung, Kongruenz, Empathie haben ihre Bedeutung im Zusammenhang der Beziehungsebene und sie sind allgemeingültig. Man kann vorweg sagen, ob sich zwischen zwei Menschen eine gute Beziehung entwickelt; eben in dem Maße, in dem Empathie, Kongruenz und Wertschätzung die Art bestimmen, wie Menschen miteinander umgehen. Es ergibt sich die Frage, ob man auch Inhalte angeben kann, die im Blick auf das Gelingen zwischenmenschlicher Beziehungen von besonderer Bedeutung sind. Zunächst hat es den Anschein, als

[47] Die Gesprächstechnik der Spiegelung von Gefühlen spielt in diesem Zusammenhang die entscheidende Rolle.

sei dies nicht möglich, zumal eine unendliche Fülle von Inhalten zum Thema zwischenmenschlicher Bezüge werden kann. Der eine interessiert sich für naturwissenschaftliche Fragen, der andere für Kunst, ein Dritter für die Frage, wie er sein täglich Brot verdienen soll. Was einen Menschen jedoch gerade interessiert, kann man nicht vorweg wissen. Man muß es erkunden. Daraus ergibt sich die Einsicht, daß man immer dann im Begriff ist, eine gute Beziehung auf inhaltlicher Ebene zu etablieren, wenn man sich an derjenigen Thematik interessiert zeigt, die den Partner interessiert. Wenn es sich dabei um ein gemeinsames Interesse handelt, ist dies für eine Beziehung in inhaltlicher Hinsicht ein Glücksfall. Nicht selten entstehen auf diesem Weg Freundschaften. Und vielleicht ist die Substanz von Freundschaft im Schnittpunkt identischer Interessiertheit zu suchen und zu finden.

Die Vielfalt und Unterschiedlichkeit der Interessen führt zur Notwendigkeit, das spezifische Interesse des jeweiligen Partners zu erkunden, sofern man eine gute Beziehung nicht nur auf formaler, vielmehr auch auf inhaltlicher Ebene etablieren möchte. Aber abgesehen von individueller Interessiertheit gibt es auch eine alle Menschen verbindende essentielle Interessiertheit. Sie bezieht sich auf das Interesse, die wichtigsten Lebensziele, die ein Mensch hat, zu realisieren. Das Interesse an der Verwirklichung von Identitätszielen ist ein anthropologisches Moment, das als solches alle Menschen kennzeichnet. Im Rahmen von Therapie wird diesem Interesse bekanntlich durch das entsprochen, was man komplementäre Beziehungsgestaltung nennt. Sie ist an Inhalten orientiert. Und es spricht nichts dagegen, daß die dieser Beziehungsgestaltung zugrunde liegende Einsicht auch für alltägliche Beziehungen fruchtbar gemacht wird. Die Wahrscheinlichkeit, daß sich Beziehungen hervorragend entwickeln, wenn sich die Partner für ihre jeweiligen Identitätsziele interessieren und sich bei ihrer Realisierung wechselseitig unterstützen, ist sehr groß. Dabei wird zweierlei notwendig: Entdeckung und Förderung. Wenn Väter sich für die Identitätsziele ihrer Töchter und Söhne interessierten und umgekehrt; wenn Männer sich für die Identitätsziele ihrer Frauen interessierten und umgekehrt; wenn Vorgesetzte die Identitätsziele ihrer Untergebenen kennten und umgekehrt; wenn Lehrer die Identitätsziele ihrer Schüler erforschten und umgekehrt; es wäre schon viel gewonnen. Und wenn einer darüber hinaus noch erlebt, daß er in seinen Identitätszielen nicht nur erkannt und verstanden, vielmehr auch gefördert wird, ist das Fundament für eine optimale Beziehung unter inhaltlichem Gesichtspunkt gelegt. Das diesbezügliche Gespräch mit dem Patienten zielt natürlich zum einen auf Einsicht in die hier angeführten Zusammenhänge. Entscheidend aber ist die an den Patienten zu richtende schlichte Frage: Kennen Sie die Identitätsziele derjenigen Menschen, die in Ihrem Leben besonders wichtig sind? Welche Einstellung haben Sie zu diesen Zielen? Ist den betreffenden Menschen bewußt, daß Sie wissen, was ihnen besonders wichtig ist? Erleben die Ihnen nahestehenden Menschen, daß sie von Ihnen bezüglich ihrer lebensthematischen Grundintentionen gefördert werden? Und natürlich ist umgekehrt auch so zu fragen: Wissen die Ihnen nahestehenden Menschen, welche Lebensziele Ihnen besonders am Herzen liegen? Geben Sie sich in dieser Hinsicht in genügendem Maße zu erkennen? Oder sind Ihre Grundintentionen Ihr best gehütetes Geheimnis? Und, sofern nicht, erleben Sie, daß Sie von Ihren Nahen und Nächsten in Ihrer Grundintentionalität nicht nur verstanden, vielmehr auch gefördert werden?

Da es im Kontext der Beziehungsperspektive im Prinzip um das Problem zwischenmenschlicher Kommunikation geht, soll hier abschließend auf ein genial einfaches und einleuchtendes Modell verwiesen werden, das die diesbezügliche wissenschaftliche Diskussion nachhaltig bestimmt. Es handelt sich um das von F. Schulz von Thun erfundene Kommunikationsquadrat.

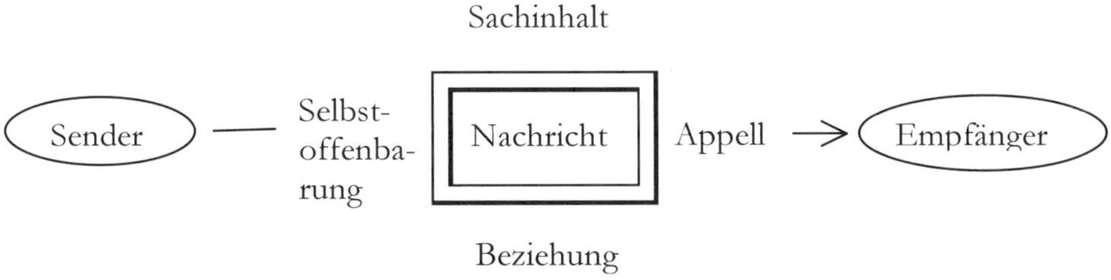

Das Kommunikationsquadrat[48]

Vorausgesetzt ist: Einer (Sender) sagt etwas zu einem anderen (Empfänger). Geschieht dies, wird immer zugleich auf vier Ebenen kommuniziert. Auf der Sachebene: Ich teile *etwas* mit; z.B. die Notwendigkeit, die Identitätsziele nahestehender Personen zu kennen. Auf der Beziehungsebene: indem ich etwas auf eine *bestimmte Weise* mitteile, gestalte ich die Beziehung zu demjenigen, mit dem ich rede. Es macht beispielsweise einen Unterschied, ob ich von oben herab oder partnerschaftlich mit jemandem rede. Auf der Selbstoffenbarungsebene: in der *Weise*, wie ich rede und worüber ich rede, teile ich etwas von mir selbst mit; z.B. meine Sicherheit oder Unsicherheit in der zur Diskussion stehenden Angelegenheit. Und natürlich impliziert die Anrede immer auch einen Appell an den Angeredeten; zumindest den Appell: Hör mir zu, nimm wahr, was ich dir sage, richte dich danach!

An-Rede (ich sage zu jemandem etwas) ist die eine Seite der kommunikationsorientierten Grundsituation, Wahr-Nehmung

---

[48] Vgl. dazu F. Schulz vom Thun, Miteinander reden 1 und 2, Reinbek 1999, S. 30.

(ich höre von jemandem etwas) die andere. Prinzipiell hat der Empfänger die Möglichkeit, die Nachricht in vier Dimensionen zu entschlüsseln.

Was ist das für einer? Was ist mit ihm?

Wie redet der eigentlich mit mir? Wen glaubt er vor sich zu haben?

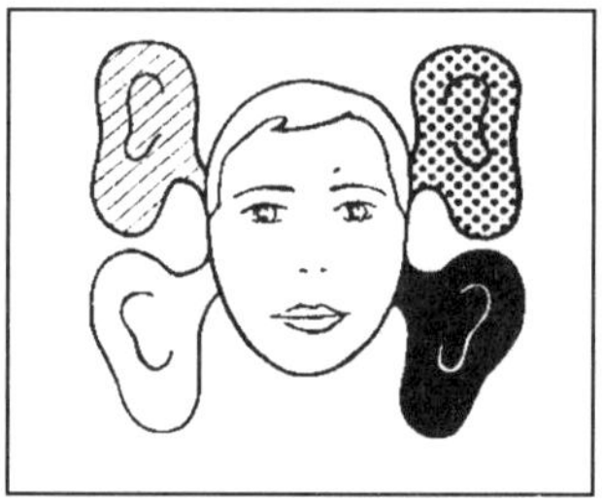

Wie ist der Sachverhalt zu verstehen?

Was soll ich tun, denken, fühlen auf Grund seiner Mitteilung?

Der vierohrige Empfänger[49]

Hört der Empfänger mit dem Sachohr, wird er sein „Hörmerk" auf den Gegenstand richten, von dem die Rede ist. „Sobald er die Nachricht auf die Selbstoffenbarungsseite hin ‚abklopft', ist er personaldiagnostisch tätig (‚Was ist das für eine(r)?' bzw. ‚Was ist im Augenblick los mit ihm/ihr?'). Durch die Beziehungsseite ist der Empfänger persönlich besonders betroffen (‚Wie steht der Sender zu mir, was hält er von mir, wen glaubt er vor sich zu haben, wie fühle ich mich behandelt?'). Die Auswertung der Appellseite schließlich geschieht unter der Fragestellung ‚Wo will er mich hinhaben?' bzw. in Hinblick auf die Informationsnutzung (‚Was sollte ich am besten tun, nachdem ich dies nun weiß?')."[50]

Entscheidend ist die Erkenntnis, daß man immer zugleich auf diesen vier Ebenen – sprechend und hörend – kommuniziert, ob man das nun will oder nicht. Die im Zuge des therapeutischen

---

[49] Vgl. dazu a.a.O., S. 45.

[50] A.a.O., S. 44.

Gesprächs zu fördernde Selbsteinsicht kann unter Berücksichtigung der genannten Erkenntnis durch folgende, an den Patienten zu richtenden Fragen angeregt werden: Ist Ihnen bewußt, daß Sie immer in vier Dimensionen kommunizieren; sowohl als Hörer einer Nachricht, aber auch als Empfänger einer Nachricht? Wissen Sie, welche Dimension des Senders im Vordergrund seines Interesses steht, wenn beispielsweise Ihre Frau, Ihre Tochter oder Ihr Chef mit Ihnen spricht? Angenommen, die Sachdimension steht im Gespräch mit einer Person im Vordergrund Ihres Interesses, ist Ihnen bewußt, *daß* Sie immer zugleich etwas von sich mitteilen, die Beziehung zum Empfänger modulieren und ihm etwas abverlangen? Und ist Ihnen bewußt, *was* Sie von sich mitteilen, wie Sie die Beziehung gestalten und welche Erwartungen Sie an den Gesprächspartner richten?

Im übrigen ist der leitende Gesichtspunkt dieses Kapitels, nämlich die zweite Lebensfunktion unter dem Prinzip des Wachstums, gerade auch im Zusammenhang der Beziehungsperspektive fundamental. Denn: Beziehungen wachsen oder sie gehen zugrunde. Was aber bedeutet Wachstum im Blick auf zwischenmenschliche Beziehungen? Unter quantitativem Aspekt könnte man sagen: Eine Beziehung erhält die Chance zu wachsen, sofern die beteiligten Personen Zeit, u.U. mehr Zeit als bisher investieren; Geld, u.U. auch mehr Geld als bisher investieren. Das aber heißt: sich die Beziehung „etwas kosten lassen“, eben weil sie sie als wertvoll und erhaltenswert erleben. Unter qualitativem Aspekt könnte man Wachstum im Horizont von vier Kategorien entfalten:

Realität	→	wachsende Wahrnehmung des Gelungenen	→	Spiegelung
Problematik	→	wachsende Wahrnehmung der Schwierigkeiten	→	Hilfe

Idealität	→	wachsende Wahrnehmung der Identitätsziele	→	Verwirklichung
Flexibilität	→	wachsende Wahrnehmung der Veränderungen	→	Umstellung

Es ist nicht zu bestreiten, daß der Mensch auch aus den Ressourcen lebt, die er sich im Rückblick und Vorblick erschließt. Er ist u.a. auch ein Wesen der Erinnerung und der Planung. Und sich zu erinnern, was im je eigenen Leben gut war, und vorwegzunehmen, was noch alles gut werden könnte, vitalisiert, schafft Lebenskraft und Mut zum Leben. Aber der Mensch lebt nicht nur rückwärtsgewandt und vorwärtsgewandt. Er lebt je jetzt. Aus diesem Grunde ist es in psychohygienischer Perspektive wichtig, daß er sein Leben auch im jeweiligen Augenblick als lebenswert erlebt. In diesem Zusammenhang kann eine Beziehung sehr hilfreich sein, sofern der jeweilige Partner die Realität dessen, mit dem er unterwegs ist, in differenzierter Weise und in wachsendem Maße unter dem Aspekt des Gelingens wahrnimmt und zurückspiegelt. Konkret: Ich sage den Menschen, mit denen ich in diesem Leben unterwegs bin, was ich gut an ihnen finde, was ich schön an ihnen finde, was in meinen Augen an ihrem Leben rundherum gelungen, ja bewundernswert ist. Und natürlich kann der Blick, der das Glücken wahrnimmt und festhält, geschärft werden. Diesbezügliche Schärfung aber bedeutet Wachstum.

Leben ist zwischen den Polen des Glückens und Verunglükkens ausgebreitet. Und natürlich kann es hilfreich sein, wenn in Beziehungen die jeweiligen Schwierigkeiten und Probleme, mit denen die Partner sich abmühen, differenziert wahrgenommen werden. Gelegentlich ist unmittelbare Hilfe nicht möglich. So manches Problem muß die Bezugsperson selbst lösen, so schwierig es ist und im Prozeß der Lösung wachsen. Als mittelbare Hilfe kann es erlebt werden, wenn der Partner die Lebensschwierigkeit einfach nur versteht und sein Verständnis artikuliert. Aber nicht nur das diesbezügliche Verständnis kann wachsen. Wenn Hilfe möglich ist, sollte über die bestmögliche Hilfestellung nachgedacht und sie sollte auch angeboten werden; mag es sich nun um Probleme im Beruf, in der Familie oder um Probleme handeln, die der Partner mit sich selbst hat. Hilfestellung zu verfeinern bedeutet immer auch Wachstum.

Und wenn es nun das Grundanliegen eines jeden ist, seine Identitätsziele zu verwirklichen, wird Hilfestellung in dieser Hinsicht vom betroffenen Menschen als besonders bedeutsam erlebt. Die diesbezügliche Hilfe trägt im psychotherapeutischen Feld den Namen: komplementäre Beziehungsgestaltung. Sie sollte unter keinen Umständen auf psychotherapeutische Intervention beschränkt bleiben, vielmehr in allen zwischenmenschlichen Bezügen, vor allem auch in pädagogischen und partnerschaftlichen Kontexten zum Zuge kommen. Den Jugendlichen, den jungen Erwachsenen, den Partner, die Partnerin immer genauer unter dem Aspekt ihrer Identitätsziele wahrzunehmen und immer bessere Wege entdecken zu lassen, die zu den Identitätszielen führen, bedeutet Wachstum.

Zuletzt sei darauf verwiesen, daß eine Fülle von Beziehungsschwierigkeiten darauf beruhen, daß man nicht rechtzeitig wahrnimmt, daß sich im Laufe der Zeit sowohl die Lebensauffassungen als auch die Vorstellungen bzgl. der Lebensgestaltung eines Menschen ändern. Und es kann sein, daß die Änderungen nicht wahrgenommen werden.

8. Die Ausdrucks- und Wahrnehmungsperspektive

Auch diese beiden Perspektiven beziehen sich auf zwei Grundbedürfnisse des Menschen: das Expressionsbedürfnis und das

Impressionsbedürfnis.[51] Auch hier handelt es sich um fundamentale Perspektiven der Psychotherapie, welche philosophisch entschlüsselt werden sollen. Sie philosophisch zu entschlüsseln aber bedeutet, wie gesagt: in ihnen Grundprozesse, Grundfiguren, Grundbedingungen menschlicher Existenz zu entdecken und aufzuzeigen.

Als Mensch zu leben heißt: sich auszudrücken. In philosophischer Prägnanz ist derselbe Sachverhalt so zu fassen: Existenz ist im Prinzip Ausdruck. Die Fähigkeit und Notwendigkeit, sich auszudrücken, kennzeichnen den Menschen. Nur ein Wesen, das im Verhältnis zu sich selbst im Sinne eines Innen- und Außenverhältnisses lebt, kann *sich* ausdrücken. Die anderen Phänomene in den einzelnen Dimensionen der Wirklichkeit machen weder Eindruck noch drücken sie sich aus. Gebirge, stellvertretend für die anorganische Dimension, Pflanzen, Repräsentanten der anorganisch-organischen Dimension, Tiere, Vertreter der anorganisch-organisch-psychischen Dimension drücken *sich* nicht aus. Und sie machen auch keinen Eindruck. Vielmehr ist es der Mensch, der in der Begegnung mit einem Phänomen der Natur sich beeindrucken läßt. Genauer: Es zuläßt bzw. bewirkt, daß er beeindruckt wird.[52] Die Notwendigkeit sich auszudrücken gründet im Zwang, aus dem Material des Lebens etwas zu machen. Dabei genügt es dem Menschen nicht, *irgend etwas* aus seinem Leben zu machen. Er will vielmehr *etwas* aus seinem Leben machen. Irgend etwas aus dem Leben zu machen impliziert die

---

51 Vgl. dazu S. 114 ff.

52 Es ist üblich, aber ungenau zu sagen: „Diese Landschaft, dieser Berg, dieser Stern beeindrucken mich." Richtig wäre es zu sagen: „Ich lasse mich von diesen Erscheinungen der Natur beeindrucken." Der Mensch ist nicht nur Objekt, vielmehr auch Subjekt des Eindrucks.

Gleichgültigkeit gegen das Was. Dem ist nicht so. Der Mensch will vielmehr *etwas* aus seinem Leben machen, das aber heißt: Er will etwas Besonders aus seinem Leben machen. Dies ereignet sich, sofern er dem Material seines Lebens eine Gestalt gibt, die ihn in seiner Unverwechselbarkeit zum Ausdruck bringt und mit der er einverstanden ist. Die Notwendigkeit sich auszudrücken gründet aber auch in der Not der Verborgenheit und in der Lust, sich zu erschließen. Der Mensch ist vor anderen und vor sich selbst verborgen. Bilder, die er imaginiert, Ideen, die er reflektiert, Gefühle, die seine Befindlichkeit bestimmen, Intentionen, die er hegt, sind innerlich. Solange sie innerlich bleiben, sind sie den anderen verschlossen. In seiner Verschlossenheit ist der Mensch zugleich für sich und einsam. Will er die Einsamkeit durchbrechen, muß er sich einem anderen erschließen, indem er sich zum Ausdruck bringt. Seine inneren Bilder, seine Gedanken, sein Lebensgefühl, das, was er vorhat, mitteilen, um auf diese Weise Anteil zu geben an sich. Dabei geht es immer um das Entbergen von Verborgenem. Um das Sehen-lassen von Unsichtbarem. Um das Hören-lassen von Ungehörtem. Ums Teilnehmen-lassen von Ungeteiltem. Um die Verwandlung von Einsamkeit in Gemeinsamkeit.

Sich auszudrücken hat allerdings nicht nur den Sinn, die jeweilige Einsamkeit zu durchbrechen, indem man sich zu verstehen gibt. Sich auszudrücken hat vor allem den Sinn, sich selbst zu verstehen und die Wahrheit über sich selbst zu erfahren. Mach dir nicht nur bewußt, was du vorgehabt hast, was du gegenwärtig vorhast, aus dem Material deines Lebens zu machen. Mach dir vor allem bewußt, was du tatsächlich aus deinem Leben gemacht hast, machst und zu machen im Begriff bist und du wirst in der Lage sein, dich selbst zu verstehen. Soll heißen: die

Wahrheit über dich selbst zu erfahren. In Analogie zu einer berühmte Definition[53] soll Wahrheit hier als Übereinstimmung von Bestimmung und Ausdruck (adäquatio rei et expressionis) begriffen werden. Sache des Menschen ist es, seine Bestimmung zu entdecken und auszudrücken. Den Entwurf zu entdecken, der ihm zugrunde liegt und ihn auszudrücken. Nicht nur sprachliche Gebilde können wahr sein, sofern eine Korrespondenz zwischen Zeichen und Bezeichnetem, zwischen signum und res, zwischen Wort und Sache bzw. Sätzen und Sachverhalten herrscht. Auch das Gebilde eines Menschenlebens kann in größerem oder mindergroßem Maße wahr sein. Je genauer sich jemand in der Tiefe seiner selbst wahrnimmt und je präziser er sich in der Gestaltung seines Lebens zum Ausdruck bringt, desto wahrer lebt er. Die Wahrheit eines Menschenlebens hängt demzufolge an der Erkenntnis seiner Bestimmung und am Ausdruck dessen, wozu er bestimmt ist. Die vollkommene Persönlichkeit zeichnet sich dadurch aus, daß sie den Entwurf ihrer selbst ungebrochen lebt, d.h. zum Ausdruck bringt; in philosophischer Sprache: daß sie das ihr zugrunde liegende Essentialbild rein und klar in Existenz übersetzt. Dies ist unter den Bedingungen des geschichtlichen Lebens dem Menschen, der nicht zugleich Gott ist, nicht möglich. „Es gehört zum Wesen des Ideals, daß es sich nicht verwirklichen läßt; seine Rolle besteht darin, daß es sich jenseits der Wirklichkeit erhebt und sie symbolisch beeinflußt wie die Ge-

---

[53] „Diese im Alltag wie auch in der Geschichte der Philosophie wohl verbreitetste Wahrheitauffassung besagt, daß Wahrheit in einer Übereinstimmung (Korrespondenz) zwischen einem geistigen oder sprachlichen Gegenstand (z.B. Vorstellung, Urteil, Satz) und (einem Teil) der Wirklichkeit besteht. Klassischer Ausdruck dafür ist die scholastische Formulierung ‚veritas est adaequatio rei et intellectus'." P. Prechtl, u.a., Metzler Philosophie Lexikon, Stuttgart 1999, S. 649.

stirne den Kurs des Schiffs. Norden und Süden sind keine Häfen, in denen man anlaufen kann, sie sind Fixpunkte, welche Wege festlegen und Richtungen geben."[54] Was dem Menschen möglich ist, ist die punktuelle, die fragmentarische Übersetzung von Essenz in Existenz. Dabei ist die Einsicht wichtig, daß es nicht die Bestimmung des Menschen ist, universale ethische Prinzipien zu realisieren, dies vielmehr in seiner je eigenen Weise zu tun. „Voll und ganz wollen kann ich nur das, was als Bestreben meiner gesamten individuellen Persönlichkeit in mir lebendig ist"[55] schreibt Ortega y Gasset und fährt fort: „Wir haben vorhin gesehen, daß es im Antlitz des Individuums einen Plan und dessen mehr oder minder vollkommene Verwirklichung gibt. Dasselbe scheint mir auf dem Gebiet der Ethik zu existieren: ich sehe jeden Menschen, der mir begegnet, gleichsam von seinem idealen ethischen Schattenriß umgeben: er verdeutlicht, was sein individueller Charakter im Falle der Vollkommenheit wäre. Einige von uns erreichen in ihrem Handeln diese Grenze ihrer Möglichkeit vollauf; gewöhnlich aber weichen wir durch ein Zuviel oder ein Zuwenig von ihr ab. Wie oft beobachten wir uns doch dabei, daß wir wünschen, irgendeiner unserer Mitmenschen möge dies oder jenes tun, weil wir eigentümlich klar erkennen, daß er dadurch seine Persönlichkeit vervollkommnen könnte. Messen wir also einen jeden nur an ihm selbst, messen wir, was er wirklich ist, an dem, was er seiner Anlage nach sein könnte. Werde, der du bist! das ist der richtige Imperativ."[56] Der Mensch soll gut sein, aber er soll es auf *seine* Weise sein. Der Mensch soll gut handeln, aber auf seine Art. Das aber heißt, nur

---

[54] J. Ortega y Gasset, Gesammelte Werke, Bd. 1, Stuttgart 1996, S. 298.
[55] A.a.O., S. 27.
[56] Ebd.

das Prinzip seines Handelns soll verallgemeinerbar sein. Der Prozeß seines Handelns soll seine unverwechselbare Handschrift tragen. Im Lebensprozeß aber bringt sich der Mensch potentiell in seiner Unverwechselbarkeit und Einzigartigkeit zum Ausdruck.

Die Wahrheit eines Satzes besteht in der Korrespondenz zwischen den grammatisch richtig aneinander gefügten Worten und den Sachverhalten, die sie spiegeln. In Analogie dazu besteht die Wahrheit eines individuellen Lebens in der Übereinstimmung zwischen dem Urbild, das ihm zugrunde liegt, und dem Ausdruck dieses Urbilds im Prozeß der aktuellen Lebensgestaltung. Urbild[57] ist das reine, unverfälschte Bild, das einen Imperativ in sich trägt; nämlich: es möglichst klar aus dem Innenraum der Subjektivität in den geschichtlich-biographischen Außenraum zu übersetzen. Es dort möglichst prägnant auszudrücken. Der Mensch hatte die teuflische Möglichkeit, seine urbildliche Bestimmung zu übersehen und irgend etwas aus seinem Leben zu machen. Er kann das Grundgebot menschlicher Existenz überhören: „Du sollst *dich* machen, dein allerpersönlichstes Schicksal“[58], „denn Leben ist gerade der unerbittliche Zwang, sich zu bestimmen, sich in ein einmaliges konkretes Schicksal einzupassen, es hinzunehmen, das heißt, sich zu entschließen, es zu sein. Unsere Aufgabe ist, ob wir wollen oder nicht, die Verwirkli-

---

57 „Als Grundbedeutung der betonten Vorsilbe ‚Ur‘ … vermutet Grimm ‚hinauf, hinaus‘, die bewegung aus einem inneren, von der tiefe in die höhe bezeichnend‘ … Philosophisch wichtig und fruchtbar wird die Vorsilbe ‚ur-‘ in der Bedeutung ‚des ersten, anfänglich vorhandenen, ursprünglichen, unabgeleiteten, originalen, primitiven, unverfälschten, reinen‘.“ J. Ritter, u.a. (Hrsg.), Historisches Wörterbuch der Philosophie Bd. 11, Darmstadt 2001, Sp. 354.

58 J. Ortega y Gasset, Gesammelte Werke Bd. 3, Stuttgart 1996, S. 292.

chung unserer ‚Person', unserer Berufung, unseres vitalen Programms, unserer ‚Entelechie'."[59] Es gilt, *sich* auszudrücken. Ausserdem gilt es zu erkennen, daß das Leben des Menschen im Prinzip Drama ist, nicht Entwicklung. Pflanzen entwickeln sich relativ zur Gesamtheit des genetischen Materials, das sie in sich tragen. Wäre das Prinzip menschlicher Existenz Entwicklung, würde sich jeder in Übereinstimmung mit seiner Bestimmung Zug um Zug zum Ausdruck bringen. Und dies notwendigerweise. Existenz wäre problemlos. Nun ist Existenz im Prinzip Drama, nicht Entwicklung. Das heißt: Auseinandersetzung mit der jeweiligen Bestimmung. Man kann sie entdecken wollen oder auch nicht. Man kann sie entdecken oder auch nicht. Man kann sich, nachdem sie entdeckt ist, nach ihr richten oder auch nicht. Man kann den zentralen Beweggrund von Existenz darin sehen, den Entwurf, der einem zugrunde liegt, möglichst genau in der Lebensführung und Lebensgestaltung auszudrücken oder auch nicht. Der Mensch hat die Freiheit, ein entfremdetes Leben zu führen. Treue zu sich selbst ist nicht selbstverständlich. Allerdings hat Treulosigkeit ihren Preis. Sie spiegelt sich innerseelisch als das Gefühl der Entfremdung, der Zerrissenheit, der Angst, Leben zu verfehlen.

Natürlich kann der Mensch, der über kein zentrales Lebensthema verfügt, Lust am Ausdruck um des Ausdrucks willen gewinnen. Es ist ihm gleichgültig, was er zum Ausdruck bringt: reizvoll sollte es sein, schön sollte es sein, auffallend sollte es sein. Auf diese Weise entwickelt sich ein Ästhetizismus, gepaart mit Substanzlosigkeit. Was man ausdrückt ist reizvoll, vielleicht sogar schön, aber bedeutungslos. Es entbehrt der Tiefe, des Grundes, der Unbedingtheit. Ganze Kulturen können ästhetizi-

[59] A.a.O., S. 291.

stischer Substanzlosigkeit anheimfallen, nicht nur einzelne Individuen. Dies geschieht jeweils im Zuge fortschreitender „Ent-Sinnlichung" des Lebens, wenn die Person weder im Blick auf sich selbst noch im Blick auf die Kultur einen unbedingten „zugrunde-liegenden" Sinn entdecken kann. Dagegen ist geltend zu machen, daß dies die zentrale Thematik menschlicher Existenz ist: *sich* in der Weise der Lebensgestaltung immer präziser, immer prägnanter zum Ausdruck zu bringen. Oder anders: immer treffender, immer genauer denjenigen zum Ausdruck zu bringen, der man im Grunde seiner selbst ist; und dies im Sinne des uralten Imperativs: Werde, der du bist[60]! Dazu steht dem Menschen im Prinzip zweierlei zu Gebote: das Sagen und das Machen. Die ungeheure Fülle der Ausdrucksgebilde kann nicht darüber hinwegtäuschen, daß sie sich immer auf ein Machen oder Sagen zurückführen lassen. Der Mensch bringt sich zum einen dadurch zum Ausdruck, ob er etwas sagt – also auch im Schweigen –, was er sagt, und wie er es sagt. Und er bringt sich zum anderen dadurch zum Ausdruck, ob er etwas macht – also auch im Verzicht aufs Machen –, was er macht und wie er es macht. In beiden Fällen geht es um Formung. Im ersten Falle um Sprachformung und im zweiten Falle um Formung von Materie. In beiden Fällen geht es auch um Kommunikation: Ich sage *dir* etwas von mir und ich mache etwas für dich. Die Sprach-Werke – Gedichte, Romane, naturwissenschaftliche Erkenntnisse, philosophische Einsichten – sind jeweils auch für andere da. Ebenso verhält es sich mit den Material-Werken. Ge-

---

[60] Diesen in seiner Kürze und Tiefe brillanten Satz hat der im Altertum hoch gerühmte Dichter und Musiker Pindaros (518 – 446 v. Chr.), soweit man weiß, zuerst formuliert.

räte, Werke der bildenden Kunst, Ballett, Musik[61] wollen gebraucht, wahrgenommen, genossen werden. Ob der Gebrauch Freude macht, die Wahrnehmung reizvoll ist und ob es wirklich etwas zu genießen gibt, hängt daran, ob der Ausdruck geglückt ist. Allgemein ist die Erfahrung, daß es mit großer Mühe verbunden ist, sich vollendet auszudrücken. Es ereignet sich immer ein Kampf um die beste Form: um die Richtigkeit des Ausdrucks, die Wahrheit, die Klarheit, die Reinheit, die Genauigkeit, die Schönheit. Es geht um Prägnanz, d.h. um die Fähigkeit, mit wenigen Mitteln „viel" zu sagen; soll heißen: existentiell Bedeutsames zum Ausdruck zu bringen. Allerdings korrespondiert der Mühe, sofern sie zu einer Form führt, der gegenüber man das Gefühl entwickelt, sie sei gelungen, ein besonderes Glücksgefühl. Und sicher bemächtigt sich des Menschen das wunderbare Phänomen des Glücks gerade in den Momenten seines Lebens, in denen es ihm gelingt, in völliger Übereinstimmung mit sich selbst zu sein und zu handeln. Denn „jeder ist, ‚was er werden muß', wenn er es auch vielleicht niemals wird."[62]

Derselbe Sachverhalt wird im übrigen im Zusammenhang der materialen Wertethik unter dem Stichwort des Persönlichkeitswertes verhandelt.[63] Aufgabe des Menschen ist es nicht alleine, in der Weise der Lebensgestaltung die Fülle der Werte zu verwirklichen. Es ist vielmehr seine Aufgabe, dies in *seiner* Weise zu tun, um sich so in einzigartiger und unverwechselbarer Art zum Ausdruck zu bringen. Es wird angenommen, daß der empiri-

---

[61] Das Material des Balletts sind Körper unter dem Aspekt ihrer Beweglichkeit. Das Material der Musik sind die Töne unter dem Aspekt ihrer Abfolge.

[62] J. Ortega y Gasset, a.a.O. S. 279.

[63] Vgl. dazu N. Hartmann, Ethik, Berlin 1962, S. 509-532.

schen Person der Wertecharakter der Persönlichkeit zugrunde liegt.[64] Dieser hat ideales Sein und stellt so das Maß dar, an dem sich die Person messen wird, sofern sie sich zur Persönlichkeit entwickeln will. Entscheidend ist der ethische Gedanke, daß der Mensch nicht nur dazu bestimmt ist, zu tun, wozu alle aufgerufen sind, nämlich die alle Menschen miteinander verbindenden Wertideen – das Gute, Liebe, Gerechtigkeit, Treue, Tapferkeit u.a. – aus der Idealität in die Realität zu transformieren, dies vielmehr auf ihre ureigenste Weise zu tun. Während alle übrigen Werte zu realisieren allen aufgetragen ist, ist die Verwirklichung des jeweiligen Persönlichkeitswertes jeweils nur einem einzigen aufgegeben. In Abgrenzung vom kategorischen Imperativ I. Kants wird darauf verwiesen, daß sich das Handeln nicht ausschließlich an verallgemeinerbaren Prinzipien zu orientieren habe, daß es vielmehr immer auch die Note der Unverwechselbarkeit und Einzigartigkeit tragen müsse. „Das Gesetz würde dann lauten: Handle so, daß die Maxime deines Willens niemals restlos Prinzip einer allgemeinen Gesetzgebung werden könnte. Man könnte auch so sagen: Handle niemals bloß schematisch nach

---

[64] „Wie alle Werte, so ist auch dieser unabhängig von der Wirklichkeit, hat ideales Ansichsein. Der Persönlichkeitswert kann also mit der realen Persönlichkeit nicht zusammenfallen. Er muß etwas sein, was dieser gegenüber konstant besteht, was den Wechsel ihres empirischen Seins nicht mitmacht, worauf sie aber als auf ein Seinsollendes ebenso eindeutig bezogen bleibt, wie alles menschlich-wirkliche Verhalten auf die allgemeinen sittlichen Werte.
Von allen bisherigen Werten unterscheidet sich der Persönlichkeitswert radikal dadurch, daß er nicht einheitlich für viele Personen bestimmend ist, kein allgemeiner Wert. Seine Sollensforderung wendet sich nur an eine einzige Person: nur sie soll ‚so' sein." N. Hartmann, a.a.O., S. 509 f.

allgemeinen, sondern immer zugleich nach den individuellen Werten, unter denen dein persönliches Wesen steht."[65]

Im Blick auf das Phänomen des Ausdrucks wurde bisher dies aufgewiesen: Ausdruck gründet in der Notwendigkeit, immerzu immer irgend etwas aus seinem Leben zu machen; in der sich immer wieder einstellenden Notwendigkeit, die je eigene Verborgenheit und Einsamkeit dadurch zu überwinden, daß man sich einem anderen erschließt; im Willen, über sich die Wahrheit zu erfahren und im Willen, der zentralen Aufgabe des Lebens gerecht zu werden: sich, d.h. den je eigenen Lebensentwurf, immer deutlicher zum Ausdruck zu bringen. Darüber hinaus ist jedoch noch auf ein Phänomen zu verweisen, das sich in Reinkultur in modernen Überflußgesellschaften ereignet: nämlich die jeden Menschen bewegende Sinnfrage dadurch zu lösen, daß man aus seinem Leben das Projekt des schönen Lebens zu machen unternimmt.[66] Dahinter steht der Wille, die äußere Lebenssituation durch den Konsum von hochästhetisierten Waren und Dienstleistungen so zu gestalten, daß sie möglichst positiv erlebt wird. Der Sinn des Lebens wird in diesem Zusammenhang innenorientiert konstruiert. Man will sein Leben als schön, interessant, angenehm, ja faszinierend erleben und versucht, dies dadurch zu erreichen, daß man die äußere Situation entsprechend gestaltet und ihr somit einen Ausdruck verleiht, der sich im Innern der Person möglichst reizvoll spiegeln soll. Es geht um Management der Subjektivität im Mittel des beglückenden Erlebnisses. In modernen Überflußgesellschaften ereignet sich dieses Management im Zusammenspiel von Erlebnisanbietern und Erlebniskonsumenten. Der Konsum von Dienstleistungen und Waren

[65] A.a.O., S. 524.

[66] Vgl. dazu G. Schulze, Die Erlebnisgesellschaft, Frankfurt a.M. 2000.

orientiert sich nicht mehr vorrangig an Nützlichkeit, Funktionalität und am Gebrauchswert, vielmehr am Erlebnis, das mit dem Konsum sich einzustellen versprochen und erhofft wird. Um die entsprechende Hoffnung und so Kauflust zu wecken, werden die Waren immer schöner verpackt und die Dienstleistungen immer schöner offeriert. Der Trend zu hoher und höchster Ästhetisierung von Dienstleistungen und Waren ist unverkennbar. G. Schulze, der im Zusammenhang seiner kultursoziologischen Analysen den Begriff der Erlebnisgesellschaft geprägt und gefüllt hat, geht nun allerdings nicht davon aus, daß die bundesrepublikanische Gesellschaft als solche Erlebnisgesellschaft sei. Ihm zufolge handelt es sich vielmehr um eine Kategorie prozessualer und komparativer Art. Das heißt: Unsere Gesellschaft ist im Begriff, sich immer deutlicher zur Erlebnisgesellschaft zu entwikkeln und hat im Vergleich mit der Situation vor fünfzig Jahren ganz deutlich Züge einer Erlebnisgesellschaft ausgebildet; und zwar überall dort, wo nicht mehr Mangel, vielmehr Überfluß das Problem ist, nicht mehr Versorgung, sondern Entsorgung, nicht mehr, ob etwas angeboten wird, vielmehr die Fülle des Angebots und die damit verbundene Qual der Wahl. Erlebnisorientierung muß man sich leisten können. Sie beginnt sich immer dann zu entwickeln, wenn die Befriedigung der vitalen Grundbedürfnisse kein Problem mehr darstellt, Mangelgesellschaften sich in Überflußgesellschaften verwandeln. Menschen drücken sich nicht nur dadurch aus, daß sie etwas von sich mitteilen – einen Gedanken, der sie bewegt, ein Gefühl, das sie hegen –, sie drücken sich vielmehr auch dadurch aus, daß und wie sie ihre Umgebung gestalten und wie sie ihr Leben im Sinne eines schönen Lebens führen. Ausdruck wäre in diesem Zusammenhang als erlebnisorientiertes Arrangement im Blick auf die jeweilige Lebensumgebung und Lebensführung zu verstehen. Die Umgebung erlebnisorientiert zu arrangieren kann sich beispielsweise auf das

Haus beziehen, das man von einem Stararchitekten mit allem ausgesuchtem Komfort versehen läßt. Die Lebensführung erlebnisorientiert zu arrangieren kann sich auf den exquisiten Stil beziehen, in diesem häuslichen Ambiente den Alltag zu bewältigen, Gäste zu bewirten, Feste zu feiern, mit Menschen umzugehen, Kontakt zu pflegen usf. Die Umgebung erlebnisorientiert auszustaffieren – sozusagen die nächste Umgebung – kann sich in der Weise zeigen, wie sich eine Frau kleidet, in der Mode, in der sie sich entzückend vorkommt und von der sie annimmt, daß sie mit und in ihr einen überwältigenden Eindruck macht. Die Lebensführung erlebnisorientiert einzurichten könnte im Blick auf dieselbe Person bedeuten, daß sie klassische Konzerte besucht, gelegentlich ein Museum, eine Oper oder ein Theaterstück, sofern sie dem Niveaumilieu angehört. Ziel der Erlebnisorientierung ist es immer, die Umgebung so zu gestalten und das Leben so zu führen, daß es als schön, reizend, interessant, kurz: als beglückend und in diesem Sinne als sinnvoll erlebt wird. Das Besondere dieser Orientierung liegt darin, daß die jeden Menschen bewegende Frage nach dem Sinn seines Lebens innenorientiert gelöst wird. Erlebnisorientierung wird zur existentiellen Grundorientierung. „Erlebnisansprüche wandern von der Peripherie ins Zentrum der persönlichen Werte; sie werden zum Maßstab über Wert und Unwert des Lebens schlechthin und definieren den Sinn des Lebens.“[67]

Im Blick auf die nun zu behandelnde Wahrnehmungsperspektive stellt sich der Sachverhalt so dar: Das Problem der Erlebnisorientierung ist im Grunde ein Wahrnehmungsproblem. Dem Leben wird eine Gestalt verliehen, die im Subjekt einen so positiven Eindruck hinterlassen soll, daß dieser sich zu einem

---

[67] A.a.O., S. 59.

beglückenden Erlebnis verdichtet. Der erlebnisorientierte Mensch möchte sein Leben als eines wahrnehmen, das in ihm das Gefühl der Beglückung auslöst. Er ist davon überzeugt, daß sich dieses Gefühl einstellt, sofern er seine Umgebung in spezifischer Weise arrangiert, glückversprechende Waren und Dienstleistungen konsumiert und glückversprechende Werte im Zusammenhang eines spezifischen milieugebundenen Lebensstils[68] realisiert. Im Prinzip geht es darum, den äußeren Verhältnissen einen Ausdruck zu verleihen, der einen beglückenden Eindruck im Subjekt hinterläßt. Entscheidend ist jedoch die Einsicht, daß beglückende Erlebnisse erst entstehen, sofern das Subjekt die äußeren Verhältnisse entsprechend verarbeitet. Schön verpackte Waren und Dienstleistungen versprechen zwar schöne Erlebnisse, aber sie liefern das Erlebnis nicht mit. Oder anders: Erleben muß man schon selber. Dem beglückenden Erlebnis ist jeweils eine entsprechende Verarbeitung vorgeschaltet. Die eigentliche

[68] In einer Gesellschaft, in der alle das Projekt des schönen Lebens und in dieser Hinsicht ihr ganz individuelles Vergnügen verfolgen, ergibt sich das kultursoziologische Problem, ob eine derartige Sozietät nicht in unzählige Individuen zerfällt. G. Schulze kann jedoch zeigen, daß sich auch in einer erlebnisorientierten Gesellschaft soziale Milieus herausbilden, die durch gemeinsame Merkmale ihres Lebensstils gekennzeichnet sind. Er unterscheidet fünf Milieus, die den Sinn des Lebens mit einem spezifischen Erlebnis verbinden: Im Zusammenhang des Niveaumilieus handelt es sich um das Erstreben und Erleben von Rang. Im Zusammenhang des Harmoniemilieus um das Erstreben und Erleben von Geborgenheit. Im Zusammenhang des Integrationsmilieus um das Erstreben und Erleben von Konformität. Im Zusammenhang des Selbstverwirklichungsmilieus um das Erstreben und Erleben der optimalen Entfaltung der je eigenen Individualität und im Zusammenhang des Unterhaltungsmilieus das Erstreben und Erleben von psychophysischer Stimulation. Vgl. dazu a.a.O., S. 277-331.

Problematik der Erlebnisorientierung liegt in der Ungewißheit der jeweiligen Verarbeitung im Sinne von Glück intendierender Wahrnehmung. Nicht selten sind Menschen am Ziel ihrer Träume in einen Zustand innerer Resignation trotz äußerer Erfüllung verfallen. Nun haben sie, was sie sich immer gewünscht: das Haus ihrer Träume, die Position ihrer Träume, den Partner ihrer Träume. Sie nehmen sie wahr. Aber die Wahrnehmung löst das Gefühl des Glücks nicht aus. Sie empfinden alles als überflüssig, fad und entbehrlich. Ein Erlebnis stellt sich ein, aber nicht das erhoffte.

Einseitige Erlebnisorientierung ist Ausdruck eines anthropologischen Mißverständnisses. Glück in der Weise eines Erlebnisses kann man nicht erzwingen. Es stellt sich ein. Es bedarf des echten Grundes. Dann ereignet es sich u.U. im Sinne eines epiphänomenalen Geschehens. Der echte Grund kann auf Dauer nicht in der Ästhetik des Konsums und in der Ästhetik eines besonderen Lebensstils gefunden werden. Der einseitig innenorientierte Wille, sich gut zu fühlen, widerspricht sinnvoller Lebensführung. Will der Mensch sein Leben so führen, daß es gelingt, muß er es dialektisch führen. Das aber heißt: Die Verengung der Lebensführung auf ein Management der Subjektivität, mit dem Ziel, Glück zu erleben oder sich zumindest wohlzufühlen, muß aufgebrochen werden. Der Mensch ist nicht nur dafür verantwortlich, den Bezug zu sich selbst in erfreulicher Weise zu pflegen. Er steht vielmehr immer zugleich im Bezug zu den anderen, im Bezug zur Natur, im Bezug zur künstlichen Welt im Sinne von Kultur und Zivilisation. Will er sein Leben als gelingend erleben, dann muß er dem anthropologischen Prinzip der Selbst-Transzendenz genügen: weg von sich, hin zur Welt in ihrem vorgegebenen Aufforderungscharakter. Der Mensch ist nicht nur Ek-sistenz und als solche aus der Totalität des Seienden herausgebrochen. Er ist vielmehr auch In-sistenz und somit

mit allem, was ist, verbunden. Die Welten, in denen er steht, mit denen er zutiefst verzahnt ist, sind Natur und Kultur, ist die Welt als zerbrechlicher Verbund eines natürlichen und künstlichen Kosmos. In diesen Verbund ist der Mensch hinein verzahnt. Ist die Erde als biotischer Lebensraum in Vergiftung begriffen, ist der kulturell-zivilisatorische Kosmos aufgrund seiner interkulturellen Konflikte lebensfeindlich – man denke beispielsweise an die Terrorkatastrophen, die sich allenthalben ereignen –, dann wird sich dies auch intrapsychisch, d.h. in der Seele des Individuums spiegeln. Oder anders: Der Versuch, sich aus den Konflikten, der Unordnung, der Zerstörung der Welt dadurch herauszuhalten, daß man in privatistischer Weise erlebnisorientiert lebt, ist zum Scheitern verurteilt. Der Mensch ist offensichtlich herausgefordert, die Welt in doppelter Weise wahrzunehmen sowohl unter dem Aspekt des Glückens als auch unter dem Aspekt des Verunglückens. Unter dem Aspekt ihres Reizes, ihrer Schönheit, aber auch unter dem Aspekt ihrer Häßlichkeit und Widerwärtigkeit. Unter dem Aspekt dessen, was sinnwidrigerweise der Fall des Lebens ist, und was sinnvollerweise der Fall des Lebens sein sollte und sein könnte. Das Projekt des schönen Lebens ist, gerade auch unter psychohygienischer Perspektive durch das Projekt des sinnvollen Lebens auszubalancieren. Und es sollte nicht der Fehler unterlaufen, Erlebnisorientierung mit Sinnorientierung zu identifizieren.

Hinter der Wahrnehmungsperspektive steht u.E. ein Grundbedürfnis: das Bedürfnis nach Impression. Menschen sind, um leben zu können, darauf angewiesen, permanent sinnliche und intelligible Eindrücke zu empfangen. Drosselt man den Zustrom der Eindrücke völlig, kommt Leben langfristig zum Erliegen. Demzufolge liegt es nicht im Ermessen des Subjekts, ob es Eindrücke empfangen will oder nicht. Der Empfang ist notwendig. Frei ist die Weise des Empfangens. In dieser Hinsicht kommt die Wahrnehmungsperspektive ins Spiel des Gedankens: als eine Grundfigur menschlicher Lebensgestaltung. Der Mensch ist in der Lage, sofern er über die entsprechenden Mittel verfügt, das Projekt des schönen Lebens sich vorzunehmen; d.h. sein Leben sich so einzurichten, daß er es nach Möglichkeit nur noch als beglückendes wahrnimmt. Glück ist allerdings auf dem Wege der Einengung der Wahrnehmung nicht zu erreichen. Die problematischen, dunklen Seiten des Lebens dadurch aus dem Bewußtsein zu drängen, daß man permanent eine beglückende Erlebniswelt zu inszenieren versucht, ist mit einem enormen Kraftaufwand verbunden und in psychohygienischer Perspektive kontraproduktiv. Leben kann nur gelingen, sofern alle existentiell bedeutsamen Aspekte der Wirklichkeit dem Bewußtsein zugänglich werden; nicht nur die hellen, vielmehr auch die dunklen und umgekehrt. Wahrnehmung sollte immer doppelt ausgerichtet sein. Es geht um die Wahrnehmung der Welt unter dem Aspekt ihrer beglückenden Erscheinungen. Es geht aber auch um die Wahrnehmung der Welt unter dem Aspekt ihrer häßlichen Verhältnisse. Und in Korrespondenz dazu geht es um die Wahrnehmung der Welt unter dem Aspekt des schönen Erlebnisses einerseits *und* um die Wahrnehmung der Welt unter dem Aspekt mühevoller Aufgaben andererseits. Die Welt stellt sich gleichsam als doppelte Herausforderung dar. Sie fordert uns heraus, sie in vitaler und vitalisierender Weise im Hinblick auf ihre Schönheit, ihr Geheimnis, ihre Vielfalt an Formen und Farben, an Kulturen und Menschen, an beglückenden Möglichkeiten, Leben zu verstehen und zu gestalten, wahrzunehmen: Wahr-nehmung des Positiven, Spiegelung des Positiven im beglückenden Erlebnis! Und sie fordert uns heraus, sie unter dem Aspekt ihrer vielfältigen Gefährdungen wahrzunehmen und im Mittel mühevoller Arbeit gegenzusteuern: Wahrnehmung des Negativen, Negation des Negativen! Der Mensch sollte beides können: sich zu vergnügen *und* zu arbeiten. Aber er sollte es lernen, sich richtig zu vergnügen; nämlich so, daß er nicht die Augen vor den dunklen Seiten des Lebens verschließen muß. Und er sollte es lernen, richtig zu arbeiten; nämlich so, daß Arbeit nicht zum Selbstzweck wird, vielmehr immer wieder ins Fest einmündet. Soll heißen: in die Vergewisserung, daß Leben trotz allem gelingt.[69] Ganz offensichtlich besteht ein Verweisungszusammenhang zwischen der Wahrnehmung der Welt im Horizont ihrer Schönheit einerseits, ihrer Häßlichkeit andererseits; im Horizont ihres Vermögens, Leben auf grausame Weise zu zerstören einerseits, auf delikateste Weise zu ermöglichen andererseits. Der Verweisungszusammenhang ist psychohygienischer Natur. Entwickelt der Mensch, trotz allem, Liebe zum Leben, so wird er zugleich widerstandsfähig gegenüber den dämonischen Seiten der Existenz. Und seine Widerstandsfähigkeit wächst im Maße seiner Liebe. Und umgekehrt: Je mehr sich ein Mensch im Kampf gegen die Häßlichkeiten der Welt – in Form aller moralischen, physischen und metaphysischen Übel[70] – engagiert, desto mehr ist er darauf angewiesen, das Leben auch unter dem Aspekt des Glückens in lebendiger und verlebendigender Weise wahrzunehmen.

9. Die Lebenssteigerungsperspektive

Dem Grundbedürfnis nach Lustgewinn und Schmerzvermeidung[71] korrespondiert in psychotherapeutischer und philosophi-

---

[69] Vgl. S. 567 ff.

[70] Vgl. dazu W. Härle, Dogmatik, Berlin 1995, S. 444 ff.

[71] Vgl. S. 95 ff.

scher Hinsicht das, was man – prägnant, aber etwas ungelenk – Lebenssteigerungsperspektive nennen könnte. Existenz impliziert den Komparativ ihrer selbst. Wer lebt, spürt immer wieder den Impuls, besser zu leben. Leben ist steigerungsfähig. Lebenslust ist vor allem Steigerungslust. Bedenkt man das Phänomen im praktisch-philosophischen Zusammenhang, dann geht es um den gekonnten Umgang mit der Lust. Nicht selten wird der Begriff der Lust auf Sexuallust eingeschränkt. Dagegen ist schon Widerspruch erhoben worden.[72] Allein schon die in der Sprache aufbewahrte Weisheit zeigt an, daß es eine Fülle von Lüsten gibt. Schließlich hat der Mensch nicht nur Lust auf Sex. Er hat vielmehr auch Lust auf eine bestimmte Speise.[73] Lust ins Theater oder in die Oper zu gehen. Lust mit jemandem ein Gespräch zu führen. Lust zu tanzen. Lust zu reisen, Lust, einen schweren Weg für ein wichtiges Ziel zu gehen. In bestimmten Situationen hat er auch die geradezu paradoxe Lust, eine Fülle von Unlust auf sich zu nehmen, um der Lust willen, etwas Sinnvolles zu erreichen. Alle kreativen Tätigkeiten in Wissenschaft, Kunst, Wirtschaft und Politik sind mit erheblichen Frustrationen verbunden. Der psychisch vitale Mensch nimmt sie auf sich. Sein höchstes Ziel ist nicht gleichbleibendes Wohlbefinden. Die Kreativität seines Schaffens und die Originalität dessen, was er schafft, machen ihm Lust; eine Lust, die ihn freisetzt, ein erhebliches Maß an Frustration auszuhalten.

---

[72] Vgl. S. 141 ff.

[73] Natürlich kann man die Lust als Impuls auf etwas, das Lust macht, von demjenigen unterscheiden, von dem man sich Lust verspricht. Hat jemand Lust auf eine bestimmte Speise, dann nimmt er in gewisser Weise die Lust des Essens, ohne zu essen, vorweg, um danach das Essen noch einmal zu genießen. Beides ist mit Lust verbunden: sowohl die Vorstellung als auch die Realisierung der Vorstellung.

Leben heißt umgehen. Wer lebt, pflegt Umgang. Umgang mit sich selbst. Umgang mit anderen. Umgang mit Dingen. Umgang mit Institutionen. Der Umgang kann unerfreulich, anstrengend, frustrierend sein. Er kann auch lustvoll sein. Der Umgang mit sich selbst im Sinne eines erfreulichen Selbstmanagements kann Lebenslust freisetzen. Lust entsteht immer dann, wenn das Subjekt den Umgang, den es pflegt, in gekonnter Weise pflegt. Wenn es den Umgang mit einer wichtigen Bezugsperson, den Umgang mit einer Sache, den Umgang mit einer Institution beherrscht. Den Umgang zu beherrschen bedeutet, die Ziele, die sich ein Subjekt im Blick auf seinen Umgang gesetzt hat, möglichst elegant zu erreichen. Vom vollendeten Umgang verspricht sich der Mensch die höchste Lust. Während Schmerz vom Subjekt als Imperativ der Überwindung seiner selbst aufgefaßt wird, wird Lust als Imperativ der Auskostung, eventuell auch der Steigerung ihrer selbst erlebt. Lust ist Wohlbefinden in gesteigerter Form, welches zu weiterer Steigerung reizt, und zwar in allen ontologischen Dimensionen. Um sich eine Vorstellung von der dimensionalen Verortung und der Vielfalt der Lüste zu machen, kann man zunächst zwischen den Lüsten des Geistes und den Lüsten des Leibes unterscheiden; und dies unter den Aspekten von Produktivität und Rezeptivität. Die Lust zu denken stellt sich nicht nur ein, sofern man einen originellen, existentiell bedeutsamen Gedanken hervorbringt. Sie stellt sich auch ein, sofern mir ein anderer einen derartigen Gedanken nahebringt. Prinzipiell ist das Denken mit Lust verbunden, sofern es sich durch Klarheit, Stimmigkeit, Strenge auszeichnet und in einer sprachlichen Form vorgeführt wird, die in ihrer Originalität reizt und in ihrer Emotionalität berührt. Daher ist es nicht von ungefähr, daß die Formulierung eines Essays – bei aller Schwierigkeit – und die Rezeption eines Essays mit besonderer Lust verbunden sind. Die brillante Formulierung im Mittel der Begriffe spielt mit der Formulierung origineller Bilder zusammen, welche den Sachverhalt nicht nur dem Intellekt, vielmehr auch dem Gefühl und der lebhaften Vorstellung erschließen.[74] Es entsteht Sprache, die trifft; bei aller Intellektualität mitten ins Herz. Die Lust des Denkens kann sich natürlich auch dadurch einstellen, daß etwas Wichtiges erkannt, etwas existentiell Bedeutsames verstanden, schwierige Zusammenhänge durchschaut, intellektuelle Barrieren überwunden wurden. Zu erkennen, zu verstehen, was der Fall ist, ist mit Lust verbunden. Das Erkennen zu erweitern, das Verständnis zu vertiefen kann mit Steigerung entsprechender Lust verbunden sein. Aber nicht nur zu erkennen, was der Fall ist, macht Lust. Zu erkennen, was der Fall sinnvollerweise sein könnte und sein sollte, macht u.U. ebensoviel, wenn nicht größere Lust. Es handelt sich um utopisches Denken. Als politische Utopie durchschaut es die aktuelle gesellschaftliche Realität auf die in ihr verborgenen guten Möglichkeiten hin, die sinnvollerweise zum Wohle aller verwirklicht werden sollten. Als durchschauendes Denken ist es völlig realitätsorientiert. Der politischen Utopie kann man die künstlerische Utopie gegenüberstellen. Sie zeigt sich im bildhaft-anschaulichen Denken, welches völlig neue Aspekte der Realität oder die Realität im Horizont ihrer wesentlichen Gesichtspunkte in origineller Weise zum Ausdruck bringt. Sowohl im Falle der politischen als auch im Falle künstlerischer Utopie spielt Phantasie die entscheidende Rolle. Und natürlich ist es mit Lust verbunden, die Muskeln der Vorstellungskraft, der Einbildung, der Erfindungsgabe und des Einfallsreichtums spielen zu lassen.

---

[74] Vgl. dazu W. Schmid, Philosophie der Lebenskunst, Frankfurt a.M. 1998, S. 333.

Auch die Lüste des Leibes sind nicht von vornherein identisch mit Sexuallust. Und auch sie können unter den Aspekten von Produktivität und Rezeptivität differenziert werden. Wer lange ans Bett gefesselt war, empfindet die Lust der Bewegung und ihre schrittweise Steigerung besonders nachhaltig. Bewegung im Sinne einer produktiven Ausdrucksweise des Leibes zeigt sich nicht nur im einfachen Gehen. Wie unglaublich steigerungsfähig die Bewegungs- und damit zugleich die Ausdrucksfähigkeit des menschlichen Leibes ist, zeigt die Entwicklung bestimmter Kunst- und Sportarten. Man werfe einen Blick auf den modernen Tanz eines Spitzenballets oder vergleiche den Eistanz der fünfziger Jahre mit dem allermodernsten. Es geht hier jedoch nicht vorrangig um artistische, sportliche und künstlerische Spitzenleistung im Blick auf Bewegung und Beweglichkeit und ihre höchst raffinierten Formen. Es geht um die Einsicht, daß die Bewegung des Leibes, in welchen Zusammenhängen auch immer, Lust bereitet und, in welchem Rahmen auch immer, steigerungsfähig ist, sofern man übt.

Den Lüsten der leiborientierten Bewegung unter dem Aspekt der Produktivität kann man die Lüste der Einverleibung unter dem Aspekt der Rezeptivität gegenüberstellen. In diesem Zusammenhang spielt die sinnliche Wahrnehmung die entscheidende Rolle. An die vielfältigen Lüste des Schmeckens, des Riechens, des Sehens, des Hörens und Tastens ist hier zu erinnern und an die ungeheure Vielfalt der diesbezüglichen Verfeinerung und Steigerung, welche angesichts der brutalen Not eines erheblichen Teils der Menschheit gelegentlich fast schon etwas Obszönes an sich hat. Man denke an die Vielfalt der Speisen und ihre raffinierte Zubereitung in den Spitzenrestaurants der Welt. Man denke an den Kosmos der Düfte, an die Welt der Klänge und ihre nie endende Abwandlung und an alle anderen sinnlichen Genüsse. Sie bereiten Lust und, sofern man sie steigert, immer größere.

Dennoch sind wir noch keineswegs ans Ende der Möglichkeiten, Leben zu steigern, angelangt. Die angeführten Lüste des Leibes mag man noch als einfache Lüste begreifen. Ebenso die Lüste des Geistes. Es gibt sehr viel umfassendere Lüste. Sie entstehen immer dann, wenn alle existentiellen Dimensionen zusammenspielen. Und natürlich ist hier an das klassische Beispiel der Liebe zwischen Mann und Frau zu erinnern. Sie kommt immer dann zu ihrer Erfüllung, wenn die Lust am beseelten Leib und die Lust am beseelten Geist, die Lust an der individuellen Erscheinung eines beseelten Leibes und Geistes von Mann oder Frau zusammenspielen. Dieses Zusammenspiel kann in unendlich vielen Variationen inszeniert werden. Das Raffinement diesbezüglicher Inszenierung zeigt sich vor allem als Lust an der Lust des Partners bzw. der Partnerin. Als Spiel von Nähe und Distanz, von Andeutung und Entzug. Als frivoles Spiel von Direktheit, welches sich selbst jedoch rechtzeitig immer wieder zurücknimmt. Als Begrenzung und Maß, um die Sehnsucht aufrechtzuerhalten. Es zeigt sich auch in der Differenziertheit diesbezüglicher Vorbereitung, in der das Gespräch als sublime Weise, jemandem nah und immer näher zu kommen, eine wichtige Rolle spielt. Und es zeigt sich in der Weise, wie Menschen ihr intimes Zusammensein ausklingen lassen, ohne sich angesichts des Sachverhaltes zu verletzen, daß jeder aus dem Zustand größtmöglicher Nähe in die Einsamkeit mit sich selbst zurückschwingen muß.

Natürlich kann man behaupten, Lust sei, in welcher Form auch immer, selbstzweckhaft. Aber sie ist in den Lebensprozeß eingeordnet. In ihm spielt nicht nur Lust eine Rolle. Es gibt Autoren, die Lust als wichtiges funktionales Element im Prozeß des Lebens verstehen und sie als Widerspiel zur Sorge menschlicher

Existenz begreifen.[75] Sorge ist mit Spannung verbunden. Permanente Spannung ist nicht aushaltbar. Aus diesem Grunde ist Entspannung in schöner Regelmäßigkeit angezeigt. Dafür zu sorgen ist, paradox formuliert, die Sorge der Lust. Dies ist *eine* Möglichkeit, die Funktion der Lüste einsichtig zu machen.

Deutlicher wird die Funktion von Lust im Blick auf das Phänomen der Arbeit, welches das Phänomen der Sorge impliziert. Arbeit im Sinne eines zielgerichteten Einwirkungsprozesses zwischen Mensch und Natur unter Verwendung selbstgeschaffener Werkzeuge ist immer mit Mühe verbunden und impliziert immer Diszipliniertheit. Arbeit, gleichgültig ob Handarbeit oder geistige Arbeit will beherrschen: Die Materie oder den Stoff, aus dem die Gedanken sind. Ununterbrochene Diszipliniertheit führt zu Überdiszipliniertheit. Sie führt in der Welt des Geistes zur schematischen Reproduktion fremder Gedanken, letztlich zu Einfallslosigkeit; in der Welt der Technik, in der Natur in Zivilisationsprodukte verwandelt wird, zum Mangel an Originalität und Kreativität, zu Dutzendware. Menschen, die in völlig überzogener Weise diszipliniert leben, haben natürlich ein diesbezügliches Motiv. Sie wollen den Erfolg erzwingen. Die ihnen eigene Haltung führt jedoch dazu, daß sie mit der Zeit zwanghaft, formalistisch, starr, unlebendig werden. Die sie kennzeichnende enterotisierende Überdiszipliniertheit führt zu einer unkreativen Schematisierung des Lebens, die weder den schöpferischen Einfall noch den beglückenden Zufall zuläßt. Auch hier drängt sich wieder die Einsicht auf: Soll Leben richtig geführt werden, dann muß es dialektisch geführt werden. Die Kunst besteht in der Integration des Gegensätzlichen. In unserem Falle geht es um die disziplinierte Lebensführung. Ohne sie wird nichts erreicht.

---

75 Vgl. W. Schmid, Philosophie der Lebenskunst, Frankfurt/M., S. 333 ff.

Und es geht um die schöpferische Unterbrechung der Disziplin im Mittel des Genießens. Wer fähig ist, das Leben immer wieder auch in vollen Zügen zu genießen, spürt Lebensfreude, Lebenskraft, ja gesteigerte Lebendigkeit zum einen und die Auflösung der Tendenz, Leben formalistisch zu führen zum anderen. Wenn es gut geht, bestärken sich Genuß und Disziplin wechselseitig. Geschieht dies, dann führt Disziplin zu größerer Intensität des Genießens und größere Intensität des Genießens zu schöpferischer Disziplin. Zu einem optimalen Management der Subjektivität gehört aus diesem Grunde auch ein optimales Management des Genusses. Dieses stellt sich als Übung, Inszenierung, Askese und Differenzierung dar. Wer ein Gespräch so führen will, daß es ihm und seinem Dialogpartner zum Genuß wird, muß das Denken, die Formulierung der Gedanken, die partnerorientierte Präsentation der eigenen Gedanken, die schnelle Auffassung fremder Gedanken und eine möglichst originelle Weise auf sie einzugehen, üben. Auch was die sinnliche Wahrnehmung angeht, ist Übung angezeigt. Sinne sind trainierbar. Der Dirigent eines Spitzenorchesters hört ein symphonisches Werk völlig anders als der musikalisch ungebildete Laie. Was der eine als undifferenziertes Chaos von Schallwellen erlebt, nimmt der andere als filigranes Zusammenspiel von originell aufeinander abgestimmten Tonfolgen wahr. Differenzierte Situationen des Genießens setzen mehrdimensionale Geübtheit voraus. Die Mehrdimensionalität führt zur Intensivierung des Genusses, vor allem dann, wenn die einzelnen Dimensionen so aufeinander bezogen sind, daß man von einer guten Inszenierung sprechen kann. Das Musiktheater beispielsweise verspricht vor allem dann großen Genuß, wenn die Kunst der Melodie mit der Kunst des Gedankens, mit der Kunst einer spannungsvollen Handlung, mit der Kunst eines formal und inhaltlich ansprechenden Bühnenbildes zusammenwirken; und dies alles im Zauber einer alltagsenthobenen Atmosphäre. Ein anderes Beispiel hochdifferenzierten Genusses betrifft die in einem anderen Zusammenhang schon einmal angesprochene Tischgemeinschaft.[76] Es ist reizvoll, sich die Fülle der möglichen Genüsse sinnlicher und intelligibler Art bewußt zu machen, die immer dann möglich wird, wenn Menschen an einem schön gedeckten Tisch in heiterer Atmosphäre miteinander essen, trinken, reden und nachhaltiges Interesse aneinander zeigen. Noch reizvoller ist es, das eilige Hinunterwürgen einer Wurstsemmel zur möglichst schnellen Dämpfung von Hungergefühlen im Stehen vor dem Kühlschrank gelegentlich durch die angedeutete ebenso kultivierte wie großzügige Inszenierung zu ersetzen. Aber nicht nur Übung und Inszenierung spielen im Zusammenhang des genußorientierten Managements eine wichtige Rolle. Askese und Differenzierung wären ebenfalls noch zu erwähnen; die Differenzierung eigentlich vor der Inszenierung, die Askese danach. Differenzierung ereignet sich im unterscheidenden Bewußtsein. Im Blick auf eine komplexere Situation des Genießens ist es sehr wichtig, sich die einzelnen Dimensionen der Lust und ihre genußvolle Aneignung bewußt zu machen. Denn erfahrungsgemäß sollten sie zusammenstimmen. Fällt nur eine einzige aus, entsteht ein allgemeines Mißvergnügen. Es ist *nichts* mehr zu genießen. Man imaginiere eine Opernaufführung mit einer internationalen Starbesetzung auf der Bühne und im Orchestergraben, in deren Verlauf nur ein einziger einige Male einen halben Ton zu tief singt. Im übrigen plädiere ich nicht, wie so mancher Leser vermuten mag, für die möglichst ununterbrochene Inszenierung komplexer Genußsituationen. Ganz im Gegenteil. Zeit ist es, dies zu üben: das Geringe möglichst intensiv zu genießen. Und es wird immer wieder Zeit, sich schöpferische

---

[76] Vgl. dazu S. 53 ff.

Unterbrechungen nicht nur im Blick auf die Arbeit, vielmehr auch im Blick auf ebenso lustvolle wie genußvolle Perioden zu leisten. Wer nicht möchte, daß die Lüste schal werden, muß immer wieder zum Asketen werden. Wer möchte, daß das Geniessen verschiedener Lüste Erlebnis bleibt und nicht zur Routine grauer Alltäglichkeit verkommt, muß sich der Lüste von Zeit zu Zeit enthalten. Im Blick auf die sinnlichen Lüste mag dies unmittelbar einleuchten. Im Blick auf die Lüste des Geistes gilt dasselbe Gesetz. Die mit harter Arbeit verbundene, niemals zu Ende kommende Aneignung der geistigen Welt mag als Folie dienen, auf der das Erlebnis geistiger Lüste in seiner jeweiligen Erlebnishaftigkeit erst bewußt werden kann.

10. Zusammenfassung im Blick auf die psychotherapeutische Situation

Im Rahmen dieses Kapitels standen vorrangig die das psychotherapeutische Feld strukturierenden Perspektiven, welche man auch als die das psychotherapeutische Gebäude tragenden Stützpfeiler betrachten kann, zur Debatte. Nimmt man die in Kapitel VI abgehandelte Klärungsperspektive hinzu, dann ist in therapeutisch-beraterischer Hinsicht noch folgendes anzumerken: Mit dem Patienten über das Thema der Identität[77] zu philosophieren, kann für die Ausbildung eines biophilen Lebensverständnisses und die Entwicklung einer bestmöglichen Lebensqualität entscheidend sein. Schon die Frage, von welchen Wertvorstellungen die Weise des Patienten, mit anderen Menschen zu kommunizie-

[77] Vgl. dazu S. 309 ff., bes. S. 310. Dort wurden der Klärungsperspektive sieben Lebensfelder zugeordnet und sieben Formen der Identität.

ren, geleitet wird – mit seinen Kindern, mit seinem Partner oder seiner Partnerin, seinen Kollegen usf. – kann dazu führen, starre, tote, kontraproduktive Identität als solche zu erkennen und dadurch zu verlebendigen, daß lebensfreundliche, den jeweiligen Partner angemessene Weisen zu kommunizieren probiert, eingeübt und etabliert werden. Und natürlich schaffen die Fragen, welche Bildungsgüter einem Menschen wichtig sind und aus welchen Grunde, was und wie er konsumiert und wie er sein Konsumverhalten beurteilt, welchen Sinn er mit seiner beruflichen Arbeit sowohl im Blick auf die Inhaltsebene als auch im Blick auf die Beziehungsebene verbindet, von welchen weltanschaulich-religiösen Vorstellungen er sich leiten läßt und wie sie sein Leben beeinflussen, mit welchen Inhalten er seine Freizeit füllt, was sie ihm bedeuten und ob Variationen denkbar sind, an welchem Ort er lebt und an welchem er leben möchte, weil er damit die Hoffnung verbindet, in einen optimal anregenden Lebenskontext zu geraten ein sehr hohes und außerordentlich differenziertes Bewußtsein der jeweiligen Lebenssituation. Identitäten können starr geworden sein. Dann gilt es, sie weiterzuentwickeln. Identitäten können höchst lebendig sein. Dann gilt es, sich dessen so nachhaltig bewußt zu werden, daß sich das tragende Gefühl der Erfüllung und dadurch Vitalisierung der Person einstellt. Vor allem aber gilt es einzusehen, daß man durch die jeweilige Identität mit der sozialen Umwelt verbunden ist, von ihr „identifiziert" werden kann und für sie bedeutsam wird. Auf soziale Bedeutsamkeit kann kein menschliches Wesen verzichten, will es nicht in die gefährliche psychische Mißbefindlichkeit existentieller Frustration verfallen. Sinnvoll leben heißt vor allem und vorrangig: sozial bedeutsam zu sein. Im übrigen ist die psychotherapeutische Bedeutung sämtlicher Fundamentalperspektiven unmittelbar einsichtig zu machen, wenn man sie logotherapeutisch buchstabiert und interpretiert. Wenn Viktor Frankl recht hat – und alle einschlägigen empirischen Untersuchungen zur Sache weisen darauf hin[78] –, dann ist die Grundmotivation menschlicher Existenz am Willen zum Sinn festzumachen. Oder anders: Der Mensch will sein Leben so führen, daß er es als sinnvoll erlebt und sein Leben für andere sinnvoll ist, also etwas zur Erfüllung fremden Lebens beiträgt. Dies ist sein zentrales Interesse. An der Entfaltung dieses Interesses hängt das Glücken seiner Existenz und in psychohygienischer Perspektive seine Lebensqualität, sein seelisches Wohlbefinden, langfristig auch seine seelische Gesundheit. Interessant und psychotherapeutisch bedeutsam ist nun der Sachverhalt, daß es in allen Perspektiven im Grunde um die Sinnfrage geht. Zunächst ist in diesem Zusammenhang darauf aufmerksam zu machen, daß alle Perspektiven in Grundbedürfnissen wurzeln. Es wird kaum jemand bestreiten, daß die Erfüllung von Grundbedürfnissen sinnvoll ist, zumal die Nichterfüllung zum Verderben menschlicher Existenz führt. Sodann ist der Zusammenhang zwischen dem Willen zum Sinn und den psychotherapeutischen Fundamentalperspektiven im einzelnen aufzuzeigen. Im Blick auf die Klärungsperspektive ist der aufzuzeigende Sachverhalt unmittelbar einsichtig, weil es dort ja um die Entdeckung sinnvoller Lebensziele im Rahmen des Orientierungsbedürfnisses, das Frankl Sinnbedürfnis nennt, geht bzw. um die Vermeidung von existentieller Orientierungs- und Ziellosigkeit. Aber auch im Blick auf die anderen Perspektiven geht es um die Realisierung von Sinn. Probleme zu bewältigen, Störungen zu beheben, die Kompetenz zu entwickeln, die einmal entdeckten guten Ziele auch zu realisie-

[78] Vgl. dazu beispielsweise P. Becker, Sinnfindung als zentrale Komponente seelischer Gesundheit, in: A. Längle (Hrsg.), Wege zum Sinn, München 1985, S. 186 ff.

ren, es zu lernen, problematische Situationen zu beherrschen, Kontrollverlust zu vermeiden sind Angelegenheiten, die im Rahmen der Problembewältigungsperspektive verhandelt werden. Wer wollte bestreiten, daß die Erarbeitung entsprechender Kompetenzen eine Weise ist, Sinn zu realisieren. Im Rahmen der Beziehungsperspektive geht es um die Entdeckung der Bedingungen für einen optimalen zwischenmenschlichen Umgang und darum, Einsamkeit und unproduktives Für-sich-Sein zu vermeiden. Ob Menschen ihr Leben als sinnvoll erleben, hängt zu einem großen Teil an den interpersonalen Beziehungen: an der Art und Weise, wie sie miteinander umgehen und an den Lebensthemen, die sie miteinander behandeln. Und da Grundbedürfnisse zum allergrößten Teil über gute zwischenmenschliche Beziehungsgestaltung befriedigt werden, ist die Beziehungsperspektive bzgl. der Realisation von Sinn von besonderer Bedeutung. Die Ressourcenperspektive einzunehmen bedeutet, all das an guten Fähigkeiten und Möglichkeiten wahrzunehmen und zu aktivieren, was eine Lebenssituation birgt. Was aber bedeutet es, den positiven Möglichkeitsraum eines Menschen, also seine Ressourcen auszuloten und für die Lebensführung fruchtbar zu machen? Es bedeutet, die inneren und äußeren Hilfsmittel zu entdecken und zu aktivieren, die geeignet sind, Leben sinnzentriert zu gestalten! Und dasselbe gilt für alle anderen Perspektiven: Schmerz und sinnlose Frustration zu vermeiden, die geistigen und sinnlichen Lüste zu steigern und immer differenzierter zu genießen, um unter den unvermeidlichen Lasten des Lebens nicht zu zerbrechen, ist sinnvoll. Genau dies wird im Zusammenhang der Lebenssteigerungsperspektive thematisiert. Vermeidbare Ignoranz zu meiden, die vorgegebene Außenwelt und die einem anheimgegebene Innenwelt zu erkunden und zu verstehen, wird als sinnvoll erlebt; vor allem auch deshalb, weil vorerst Unvertrautes vertraut, weil aus Distanz Nähe wird, weil Neugierde und der

Wille zu wissen befriedigt werden. Genau dies aber wird im Rahmen der Erkenntnisperspektive, welche im Explorationsbedürfnis gründet, zum Thema. Das Verschlossen-Sein in sich aufzuheben und *sich* zum Ausdruck zu bringen, wird als sinnvoll erlebt; vor allem dann, wenn die Medien des Ausdrucks immer virtuoser gebraucht werden und mit der unendlichen Fülle der Ausdrucksformen immer differenzierter gespielt wird. Im Zusammenhang der Diskussion über die Ausdrucksperspektive wird genau dies verhandelt. Bleibt zuletzt noch die Wahrnehmungsperspektive. Geistige, sinnliche Apathie zu vermeiden, die Welt draußen und drinnen sinnlich und intellektuell zu spiegeln, einer Fülle geistiger und sinnlicher Eindrücke ausgesetzt zu sein, auf sie emotional, sinnlich und sprachlich zu reagieren macht die Lebendigkeit des Lebens aus. Genau dies wird als sinnvoll erlebt und im Rahmen der Wahrnehmungsperspektive verhandelt.

Kapitel VIII

Der Mensch als religiöse Existenz in philosophischer, theologischer und psychotherapeutischer Perspektive

1. Das Problem der Religiosität

Es ist umstritten, ob der Mensch als Mensch religiös ist. Der diesbezügliche Streit dreht sich um die Frage, ob Religiosität ein Strukturmoment menschlicher Existenz darstellt. Als solches würde es alle Menschen kennzeichnen und miteinander verbinden. Es könnte auch sein, daß Religiosität kein anthropologisches, vielmehr ein biographisch-zufälliges Phänomen ist. Dieser Anschauung zufolge gibt es Menschen, die im Laufe ihres Lebens religiös geworden sind. Sie sind einer bestimmten Religion begegnet, haben sich das Lebens- und Weltverständnis dieser Religion angeeignet. Nehmen am Kult dieser Religion teil und sind nun, im Sinne angeeigneter Religion, religiös; besser: religiös geworden. Der geschichtliche Zufall hat sie religiös werden lassen. Und natürlich kann es, in dieser Perspektive, auch geschehen, daß ein Mensch keiner Religion begegnet oder die Begegnung mit Religion auf Grund seines dezidiert atheistischen Standpunktes ablehnt. Wer wollte es wagen, zu behaupten, er sei dennoch religiös?

Genau dieses Wagnis wird hier eingegangen. Die Entscheidung darüber, ob der Mensch als Mensch religiös ist, also notwendigerweise oder möglicherweise im Laufe seines Lebens religiös wird, also zufällig, hängt an der Beantwortung einer Frage.

Die Frage lautet: Ist Religiosität Ausdruck der Begegnung des Subjektes mit objektiver Religion?[1] Oder: Ist Religiosität Ausdruck der Begegnung des Subjekts mit sich selbst in seiner Tiefe? Nimmt man den ersten Fall an, so ist Religiosität zufällig. Nimmt man den zweiten Fall an, so ist Religiosität notwendig, folglich ein Strukturelement von Existenz. Dieser Auffassung zufolge ist jeder Mensch religiös, gleichgültig, ob er sich als Protestant, Hindu, Katholik, Agnostiker, Atheist oder Nihilist versteht. Ich votiere für die zweite Auffassung und erkläre, was für sie spricht.

Entscheidend ist in diesem Zusammenhang die Einsicht, daß der Begegnung des Menschen mit sich selbst in seiner Tiefe zwar nicht der zeitliche, aber der sachliche Vorrang gebührt. Der Mensch könnte die Bedeutung der Begegnung mit objektiver Religion gar nicht ermessen, wenn sich nicht zuvor Begegnung mit sich selbst in einem bestimmten Sinne ereignet hätte. Zugespitzt formuliert sollte man sagen: Wirklich Begegnung mit objektiver Religion ist gar nicht möglich, sofern der Mensch sich selbst in der Tiefe seiner selbst noch gar nicht begegnet ist. Die Begegnung des Menschen mit sich selbst in seiner je eigenen Tiefe nenne ich existentielle Selbstbegegnung. Aus ihr entspringt die Erkenntnis existentieller Fraglichkeit und die Erkenntnis des Ungleichgewichts von Frage und Antwort.[2] Zentrum existentieller Fraglichkeit ist der Sachverhalt, daß der Mensch nicht vor-

---

1 Unter objektiver Religion ist die Gesamtheit der vorgegebenen Erscheinungsformen einer Religion zu verstehen: ihre heiligen Schriften, ihr Kult, die von ihr geforderten Verhaltensregeln zum Beispiel.

2 Der Mensch hat immer mehr Fragen als Antworten; vor allem im Feld existentieller Bedeutsamkeit. Grundsätzlich gilt: Je existentiell bedeutsamer die Fragen sind, die der Mensch stellt, desto unsicherer sind die Antworten, die er sich selbst zu geben in der Lage ist.

rangig existentielle Fragen stellt, vielmehr als existentielle Frage „konstruiert" ist, nämlich als Frage nach der Bestimmung seines Lebens und nach der Möglichkeit, dieser Bestimmung gerecht zu werden. Kurz: als Frage nach dem Glücken seiner Existenz. Diese Frage *ist* er. Diese Frage stellt er nicht gleich. Aber in Übergangs- und Grenzsituationen stellt ihn das Leben in der Weise, daß er die Frage, die er „ist", auch zu stellen sich genötigt sieht. Und erst, wenn er im Bewußtsein dieser Frage lebt, kann er in der Begegnung mit objektiver Religion die Bedeutung dieser Begegnung ermessen. Sie liegt darin, daß er auf die zentrale Frage seiner Existenz Antwort erhält.

Der Mensch hat viele Interessen. Sie sind mit den verschiedenen Rollen verbunden, die er spielt; als Arbeitnehmer z.B., als Kind zweier Eltern, als Vater oder als Mutter von Kindern, als Intimpartner oder als Staatsbürger. Mit all diesen Rollen und ihrem Spiel sind spezifische Interessen verbunden. Angesichts der Fülle diesbezüglicher Interessen, die auf einer Linie liegen und so nebeneinander angeordnet erscheinen, ergibt sich die Frage nach einem übergeordnetem zentralen Interesse. Kein Mensch gibt sich damit zufrieden, lediglich eine gute Mutter, ein reizvoller Partner, ein zuverlässiger Arbeiter oder ein gewissenhafter Staatsbürger zu sein. Der Mensch ist mehr als die Summen seiner Rollenspiele, auch mehr als das Zusammenspiel aller sozial definierten Spiele. Der Mensch ist im Prinzip riskierte Existenz. Wird er sich dessen bewußt, erlebt er sich als Existenz in Frageform. Wie lauten die Fragen, die sein Sein konstituieren, die er „ist"? Sie lauten so: Was ist meine Bestimmung? Wer bin ich? Wer sollte ich sein? Was muß ich tun, damit mein Leben gelingt? Lange bevor der Mensch diese existentiellen Grundfragen stellt, ist er identisch mit der Fraglichkeit dieser Fragen. Das ihn markierende Zusammenwirken von Leib, Seele und Geist zeigt sich als existentielle Fraglichkeit in besagtem Sinne. Man könnte auch formulieren: Die Essenz menschlicher Existenz ist Verlangen, ist Sehnsucht, auf die Fundamentalfrage, die man gleichsam *ist*, Antwort zu erhalten. A. Augustinus, der große Theologe der alten Kirche, hat diesen Sachverhalt in den unvergleichlich schönen Satz gegossen: Tu nos fecisti ad te et cor nostrum inquietum est, donec requiescat in te.[3]

Der Mensch ist im Prinzip relationale Existenz. Er ist nicht nur „gemacht", vielmehr auf den Grund des Seins hin „gemacht". Als unruhige Existenz „verkörpert" er die Frage nach der Überwindung seiner Ruhelosigkeit. Die Unruhe gründet nicht in partieller Unfähigkeit, irgendeine soziale Rolle gekonnt zu spielen. Die Unruhe gründet in der Sorge, das Leben im ganzen zu verfehlen. Und sie gründet in der Ahnung, daß der Mensch von sich aus nicht in der Lage ist, das je eigene Leben als Ganzes gelingen zu lassen. Darüber hinaus gründet sie in der Einsicht, daß nur diejenige Macht, welche der Grund von allem, was ist, ist, Garant dafür sein kann, daß die Unruhe des Herzens in die Ruhe seiner Erfüllung überführt wird. Die Religiosität menschlicher Existenz aber zeigt sich, so gesehen, in der „Unruhe des Herzens" und im Verlangen nach demjenigen, der letztlich Ruhe gewährt. Da alle Menschen diese Unruhe existentiell fundamentaler Art spüren und dieses Verlangen hegen, ist der Mensch als solcher religiös, ganz gleichgültig, wie er diese Unruhe bewältigt, wie er diesem Verlangen genügt.

---

[3] Du hast uns auf Dich hin geschaffen und unser Herz ist unruhig, bis es ruht in Dir. A. Augustinus, Confessiones, Buch 1, Kap. 1, § 1.

2. Das philosophische Interesse an Religion

Die Grundambition dieser Abhandlung ist es, philosophisches Denken für Therapie und Beratung fruchtbar zu machen. In dieser Hinsicht stellt sich die Frage, ob Religion und Religiosität im Sinne von angeeigneter Religion in diesem Zusammenhang stimmigerweise überhaupt thematisiert werden sollte. In der Antike war theologisches Denken ein wichtiger Teil des philosophischen Denkens. Dies gilt, angefangen bei den Vorsokratikern, über Platon und Aristoteles bis hin zu den Stoikern, Neupythagoräern und Neuplatonikern. Die theologische Thematik war für diese Philosophen so wichtig, weil sie prinzipiell dachten, d.h. am Ursprung von allem was ist interessiert. Sie suchten nicht nur die Erscheinungen der Welt im Netz ihrer Gedanken einzufangen, vielmehr auch einen Grund der vielfältigen Erscheinungen; nicht nur die vorgegebene Wirklichkeit, vielmehr auch den Grund der Wirklichkeit.[4] In der Neuzeit hat sich das für die Antike völlig selbstverständliche Ineinander von philosophischer und theologischer Reflexion aufgelöst. Das Motiv lag vor allem in der Erkenntnis, daß der Grund von allem, was ist, welchen

---

[4] „Die griechischen Denker von den Vorsokratikern bis zu den Stoikern und Neuplatonikern versuchten, die ihnen als Mythologie begegnende Theologie rational zu disziplinieren, unter die Norm des Gottesgeziemenden (theoprepés) zu zwingen – durchaus in der Absicht, den Mythos nicht zu eliminieren, sondern zu interpretieren und die mythologische Kunde vom allwaltenden Göttlichen mit der Frage nach dem letzten Ursprung und bleibenden Bestimmungsgrund alles Werdens und Vergehens, mithin mit der Frage nach dem Sein bzw. nach dem ‚Guten', das noch ‚jenseits des Seins' ist, zu vereinen." J. Ritter/K. Gründer. Hist. Wörterbuch der Philosophie Bd. 10, Artikel „Theologie", Darmstadt 1998, Sp. 1081.

Theologie in der Chiffre „Gott“ begreift, der Vernunft nicht so gegeben ist wie die Erscheinungen der Welt. Wenn man Gott als die alles umfassende Wirklichkeit denkt, die ihrerseits von keiner Wirklichkeit mehr umfaßt wird, dann handelt es sich um eine Wirklichkeit, die nicht objektivierbar ist. Als nicht-objektivierbare kann der Mensch über diese Wirklichkeit, also im Mittel der Vernunft, nichts aussagen. Dies leuchtet unmittelbar ein, sofern man die Mitte der Argumentation, nämlich die Interpretation Gottes als „alles umfassende Wirklichkeit“ in bildhafte Rede übersetzt. Das Bild, das sich anbietet, ist das Symbol des Kreises. Versteht man Gott als den Kreis, der alles umfängt, dann befindet sich alles, was ist – Mensch, Erde, Universum – innerhalb des Kreises. Im Kreis zu sein aber bedeutet, umfangen zu sein, verbunden, eingebunden zu sein. In der Situation des Verbunden- und Umfangenseins ist es nicht möglich, den Kreis zum Gegenstand der Erkenntnis zu machen. Erkenntnis setzt die Trennung vom Objekt der Erkenntnis voraus; setzt das voraus, was man in der Philosophie die Subjekt-Objekt-Differenz nennt. Wollte der Mensch Gott erkennen, müßte er ihm als Gegenstand gegeben sein. Gott aber ist keine Gegebenheit. Hätte der Mensch die Möglichkeit, aus dem Kreis herauszutreten, wäre die Situation der Subjekt-Objekt-Differenz gegeben. Da ist der Gegenstand meiner Erkenntnis. Da bin ich. In der Situation des Getrenntseins zwischen erkennendem Subjekt und zu erkennendem Objekt kann sich der Vorgang des Erkennens ereignen. Es handelt sich allerdings in diesem Falle um eine unmögliche Möglichkeit. Denn: Sobald der Mensch aus dem Kreis, nämlich aus der alles umfassenden Wirklichkeit, heraustritt, ist diese Wirklichkeit nicht mehr „alles umfassend“. In diesem Falle wäre Gott nicht mehr Gott. Die Schlußfolgerung ist klar: Gott ist keine Gegebenheit. Gott ist nicht objektivierbar. Gott ist kein Gegenstand der erkennenden Vernunft. Wer Gott erkennen will, kann dies nur, sofern sich Gott von sich aus zu erkennen gibt. Theologie bringt diesen Vorgang, in dem sich Gott von sich aus zu erkennen gibt, im Begriff der Offenbarung auf den Begriff.[5] Das Instrument der Erkenntnis im Rahmen der Philosophie ist Vernunft. Das Instrument der Erkenntnis im Rahmen der Theologie ist Offenbarung. So gesehen ist es durchaus verständlich, wenn sich die Wege von Philosophie und Theologie in der Neuzeit getrennt haben. Die Trennung hat ihren tiefsten Grund in der radikalen Verschiedenheit der Erkenntnisquellen.

Nun ist allerdings eine wichtige Unterscheidung zu treffen, nämlich zwischen der Frage nach Gott und der Frage nach der Möglichkeit der Erkenntnis Gottes. Die Frage nach Gott stellt jeder Mensch, gerade auch der philosophierende. Die je eigene Situation als Frage zu begreifen, als Frage, wie er sein Leben verstehen (theoretischer Aspekt) und bestehen (praktischer Aspekt) will, ist Kennung von Existenz und Kennung ihrer philosophischen Substanz.[6] Diese Frage mag zunächst nicht als Frage nach Gott imponieren, aber sie mündet – immer weiter vorangetrieben – mit Sicherheit in die Frage nach Gott. Dies leuchtet ein,

---

[5] In der Perspektive christlicher Theologie gibt sich Gott in einem Menschen, in Jesus Christus zu erkennen: (a) in dem, was er den Menschen verspricht und (b) was er vom Menschen verlangt. Man vergleiche die Ankündigung des Reiches Gottes und die Forderung der Gottes- und Nächstenliebe und denke an die Gleichnisreden. (c) In dem, was er tut. Man denke an die im NT bezeugten Wunder, die zeigen, daß Gott den Menschen in allen ontologischen Dimensionen als bedrohte Existenz wahrnimmt und sich um ihn sorgt: bedroht von Hunger, Krankheit, sozialer Isolation, Orientierungslosigkeit zum Beispiel. (d) In dem, was die Menschen ihm antun. Man erinnere sich der Passion. Und (e) in dem, was von Gott her an ihm sich ereignet. Man denke an die prinzipielle Überwindung des Todes in der Auferweckung des Gekreuzigten.

[6] Vgl. dazu S. 135 ff.

sofern man sich klar macht, was es heißt, sich bzw. sein Leben zu verstehen. Der Wille, sein Leben zu verstehen, zeigt sich als Wille, den aktuellen und potentiellen Sinnzusammenhang, in dem sich das je eigene Leben ereignet, wahrzunehmen.[7] Die Entdeckung von und die Verwirklichung von Sinn ereignet sich immer in Sinnzusammenhängen. Das aber heißt: Die jeweilige Entdeckung und Verwirklichung ist relativ zum Kontext, in dem Sinn realisiert wird. An der Wahl des Kontextes, seiner Weite oder Enge, hängt die Art der Sinnentdeckung. Es macht einen Unterschied, ob ich ein Ereignis im Horizont eines Moments, unter dem Gesichtspunkt der Ewigkeit beurteile oder in einem mittelfristigen Sinnzusammenhang. Entscheidend ist jedoch die Einsicht, daß der Mensch das zur radikalen Transzendenz seiner selbst fähige Wesen ist. Betrachtet er sein Leben in den Anfängen noch in vergleichsweise überschaubaren Zusammenhängen, z.B. im Lebenszusammenhang seiner Familie, so betrachtet er es in den mittleren Jahren u.U. im binnengesellschaftlichen, später im weltgesellschaftlichen Kontext, um eines Tages auch diese Perspektive in der Frage zu überschreiten, ob es einen *alles* übergreifenden Kontext gibt, in dem alles, was ist, zu verstehen ist und in dessen Horizont alles, was ist, einen letztgültigen Sinn erhält. Der Mensch, als das zu radikaler Transzendenz seiner selbst bestimmte Wesen, ist, so gesehen, das weltüberschreitende und somit gottoffene Wesen.[8]

---

[7] Der Wille, sein Leben neu zu verstehen, führt u.U. zu einer neuen Lebenspraxis, indem man einen neuen Lebenszusammenhang, in dem sich das je eigene Leben essentiellerweise ereignen könnte, herzustellen unternimmt.

[8] Die Gottoffenheit gründet in der Fähigkeit des Menschen zu radikaler Transzendenz. Sie zeigt sich darin, alle bedingten Sinnzusammenhänge auf einen unbedingten Sinnzusammenhang hin zu überschreiten. Der

Ist dem so, dann kommt Gott in jedem Menschenleben vor, nämlich in Form der Sinnfrage, die, ausdauernd gestellt, in die Gottesfrage mündet. Der Mensch ist unter dem Aspekt seiner Essentialität das sinnorientierte Wesen. Zentraler Beweggrund seines Lebens ist der Wille zum Sinn. Das Prinzip der Seele ist, moderner Psychologie zufolge, Intentionalität; d.h. Absichtlichkeit, Zielorientiertheit. Das kling neutral, kann so aber nicht gemeint sein, weil der Mensch nicht in der Lage ist, absichtlich etwas Absurdes zu erstreben. Intentionalität ist aus diesem Grunde nur als sinnorientierte Absichtlichkeit zu begreifen. Kurz: als Sinnorientiertheit. Das Verlangen und die Sehnsucht, das je eigene Leben als sinnvoll zu erleben, wird allerdings nicht selten vom Leben hintertrieben. Folgende Erfahrung spielen in diesem Zusammenhang eine wichtige Rolle. Das Bewußtsein der Tödlichkeit des Lebens. Das Bewußtsein, in Schuld verstrickt zu leben und sich immer wieder in Schuld zu verstricken. Das Bewußtsein des Elends, das sich darin zeigt, keine Wahl zu haben und deshalb Leben im eigentlichen Sinne nicht gestalten zu können, weil die meiste Lebenszeit zur Aufrechterhaltung der physischen Existenz verbraucht wird. Es geht in diesem Falle immer nur um die mühsame Befriedigung der vitalen Grundbedürfnisse: sich und die Seinen zu ernähren, zu kleiden, ihnen ein Dach zu schaffen und sich gesund zu erhalten. Hunger, Hauslosigkeit,

---

Überschritt manifestiert sich als Frage nach dem Sinngrund; also nach einem Sinn, über den hinaus „größerer“ Sinn – existentiell bedeutsamerer Sinn – nicht gedacht werden kann. Das Ausgerichtet- und Hingeordnetsein auf einen letztbedeutsamen Sinngrund, das menschliche Existenz kennzeichnet, bedeutet nicht, daß der Mensch tatsächlich auch nach ihm fragt, nach ihm verlangt; auch wenn es kaum vorstellbar ist, daß er dies niemals im Verlauf seines Lebens tut, auch nicht in Grenzsituationen und an Knotenpunkten seines Lebens.

Krankheit sind die Übel, die es in diesem Zusammenhang zu benennen gilt. Im Prinzip könnte man zwischen existentieller und schicksalsorientierter Problematik differenzieren. Die existentielle trägt diesen Namen, weil sie Stigma menschlicher Existenz ist, also jeden Menschen betrifft. Auf Angst, Schuld, Endlichkeit, Entfremdung, Unvollkommenheit, Wachstumshemmung und den Zweifel am Sinn des Lebens ist hier zu verweisen. Im Gegensatz dazu hat die schicksalsbezogene Problematik exklusiven Charakter. Nicht alle sind betroffen. Manche sind es. Man denke an eine bestimmte Krankheit, an Behinderung, Sucht, Suizidgefährdung, Arbeitslosigkeit, Heimatlosigkeit, Beziehungsprobleme, familiäre Probleme, Berufsprobleme zum Beispiel. Nimmt man die epochaltypischen Schlüsselprobleme[9] noch hinzu, dann ist es kaum verwunderlich, wenn der Mensch nach Sinn in aller Sinnlosigkeit und trotz aller Widersinnigkeit fragt, also nach einem übergreifenden letzten oder tiefsten Sinn. Fragt er jedoch so, dann fragt er nach Gott. Ganz offensichtlich kommt Gott im Leben des Menschen als Frage nach einem letztgültigen Sinn vor. Individuell gewendet: als Frage nach dem Gelingen der je eigenen Existenz, trotz allem.

3. Zwei Grundweisen, in denen Gott beim philosophierenden Menschen vorkommt

Man könnte die eine Weise, in der Gott im Leben des Menschen vorkommt, die problemorientierte Weise nennen. Die ihr zugrunde liegende existentielle Figur hat, abstrakt gesprochen, fol-

---

[9] Es handelt sich um die alle Menschen miteinander verbindenden Probleme; z.B. die ökologischen.

gende Gestalt: Wahrnehmung des Negativen (des Widersinnigen)/Negation des Negativen (des Widersinnigen). Leider erfreut sich diese Figur im modernen gesellschaftlichen Kontext fast ausschließlicher Beliebtheit. Sie ist allerdings einseitig und führt zu einer unproduktiven Lebensauffassung und Lebensgestaltung. Wer Leben vorrangig als Set und als Folge von Problemen erfaßt, die es zu lösen gilt, wird ihm nicht gerecht. Leben will nicht nur verändert, umgearbeitet werden, damit künftig etwas Lebensdienliches entsteht. Leben will in seiner aktuellen Sinnhaftigkeit je jetzt wahrgenommen werden und so immer schon lebensdienlich wirken. Sinntheoretisch kann man den Sachverhalt so erklären: Es gibt zwei fundamentale Möglichkeiten, sinnvoll zu leben: indem man etwas Sinnvolles erstrebt, oder indem man etwas Sinnvolles genießt. Ein Mensch, der ein faszinierendes Ziel verfolgt, kann das Leben nicht als sinnlos erleben. Ebensowenig ein Mensch, der etwas Sinnvolles erlebt. Sinn wird demzufolge im wesentlichen auf zwei Wegen realisiert: teleologisch und kontemplativ. Im ersten Falle entdeckt das Subjekt eine gute Möglichkeit, die Wirklichkeit werden soll. Soll diese Möglichkeit Wirklichkeit werden, muß ein Teil der Wirklichkeit so umgearbeitet werden, daß in Zukunft eine neue, lebensdienliche und so sinnvolle Wirklichkeit entstanden sein wird. Das Prinzip dieses Sinnverwirklichungsprozesses ist Arbeit im Sinne von Pro-duktivität. Und dies im ursprünglichen Sinne des Wortes: Aus der aktuellen Realität wird eine neue sinnvolle Realität gleichsam herausgeführt. Die diesen Sinnverwirklichungsvorgang kennzeichnende Zeitform ist die Zukunft. Es handelt sich um die problemorientierte Weise, mit dem Leben umzugehen. Die aktuelle Wirklichkeit ist anstößig. Sie könnte besser sein als sie ist. Man denkt sie anders, als sie sich darstellt. Ist dieses Denken radikal, setzt man der aktuellen Wirklichkeit den Entwurf einer besseren Wirklichkeit entgegen und unternimmt den Versuch, diesen Entwurf durchzusetzen. Ganz ohne Zweifel hat diese Weise, Sinn zu verwirklichen, ihr Recht. Das utopische Denken zu üben, also zu entdecken, was sinnvollerweise der Fall sein sollte, aber noch nicht der Fall ist, und es gegen widerwärtige Umstände durchzusetzen, ist Ausdruck der Würde menschlicher Existenz.[10]

Allerdings entdeckt man im Blick auf die Geschichte der Menschheit und im Blick auf das je eigene Leben die Grenzen des problemorientierten Umgangs mit der Wirklichkeit. Der Mensch ist offensichtlich nicht in der Lage, seine Welt so umzuarbeiten, daß sie ein für alle Male lebensdienlich wird und bleibt. Der guten Intention, der Welt im ganzen oder wenigstens dem Weltausschnitt, den zu verantworten einem Menschen anvertraut ist, ein lebensfreundliches Gesicht zu verleihen, steht eine Fülle von Problemen entgegen. Diese Fülle betrifft natürlich nicht allein den einzelnen geschichtlichen Arbeiter. Diese Fülle betrifft politische Eliten, die Macht haben, gesellschaftliche Gruppen, die über Einfluß verfügen, ganze Völker, die über ökonomische Mittel im Sinne von Veränderungspotentialen verfügen. Um das Problem bewußt und durchsichtig zu machen, sei auf den einfachen Fall des vereinzelten geschichtlichen Subjekts verwiesen. Es kann sein, daß der einzelne Probleme, die zu lösen dringend nötig wären, gar nicht wahrnimmt. Es kann auch sein, daß der einzelne einen sehr scharfen Blick für eine problematische Situation hat, aber keine Kompetenz, sie zu verändern. Darüber hinaus kann es sein, daß jemand über eine ausgezeichnete Gabe

---

[10] Einseitig in dieser Figur Leben zu gestalten führt jedoch dazu, daß Leben niemals heute, immer nur morgen oder übermorgen stattfindet. Aus diesem Grunde ist die an der Zukunft orientierte teleologische Weise, Leben sinnvoll zu gestalten, durch die kontemplative auszubalancieren.

verfügt, die Realität auf die in ihr gefangenen guten Möglichkeiten hin zu durchschauen, aber keine Macht, sie aus ihrer Gefangenschaft zu erlösen. Noch komplizierter wird die Lage, wenn die Möglichkeit, in der die aktuelle Wirklichkeit überholt werden soll, zunächst als unzweideutig gut erscheint, im Zuge ihrer Realisierung jedoch unvorhergesehene Folgeprobleme auftreten; man denke an eine Fülle technischer, gentechnischer, medizinischer, pharmakologischer Erfindungen und ihre zweideutigen Folgeerscheinungen. Oder man denke an Gesellschaftsentwürfe mit pseudoreligiösem Charakter, die nichts Geringeres als die Erlösung der Menschheit versprechen und am Ende nichts als Elend und die Vernichtung von Millionen hinterlassen. Die Größe menschlichen Elends, sei es das vergangene, sei es das aktuelle, ist nicht faßbar. Die Meditation des Elends und das Bewußtsein, daß der Mensch so viel Gutes will und so viel Dämonisches gebiert, führt zur Erkenntnis der tiefen, nicht zu begreifenden Zweideutigkeit und Abgründigkeit menschlicher Existenz. Genau diese Erkenntnis aber führt auch zur quälenden Vermutung, daß der Mensch letztlich nicht in der Lage ist, die Welt in eine unzweideutig gute Verfassung zu bringen. Soll diese Erkenntnis nicht zur Verzweiflung führen, setzt sie die Frage und das Verlangen nach einer Macht aus sich heraus, die dieses todbedrohte Leben durch ein todüberlegenes Leben zu überwinden vermag. Wobei die Bedrohung durch den Tod die äusserste, aber nicht die einzige Bedrohung darstellt. Zerstückelung, Entfremdung, Zweideutigkeit, Fragmenthaftigkeit stellen weitere Bedrohungen dar. Die Frage nach ihrer endgültigen Überwindung zielt auf Gott. Zumindest so kommt Gott beim philosophierenden Menschen vor. Das zum einen.

Die problemorientierte Weise, mit Leben umzugehen, ist notwendig, aber nicht hinreichend für ein im Rahmen menschlicher Möglichkeiten gelingendes Leben. Diese Weise muß durch eine gegenläufige Art, Leben zu führen, ausbalanciert werden: die sinnorientierte Weise im engeren Sinne. Die problemorientierte Weise ist teleologisch. Ihr Ausgangspunkt ist die Entdeckung einer problematischen Situation und der Wille, diese Situation im Horizont einer guten Möglichkeit so umzuarbeiten, daß etwas Sinnvolles entsteht. Am Ende des Vorgangs steht der verwirklichte Sinn. Dagegen ist die sinnorientierte Weise kontemplativ. Sie stellt sich als Kontemplation immer schon vorhandener, Sinn eröffnender Phänomene dar. Das Prinzip der Problemorientierung ist Arbeit. Das Prinzip der Sinnorientierung, wie sie hier verstanden wird, ist Genuß auf der Basis von Achtsamkeit. Stellt man beide Orientierungen schematisch dar, so ergibt sich folgendes Schaubild:

Problemorientierung → teleologisch → Arbeit (Ziel: Sinn) → zukunftsorientiert

Sinnorientierung → kontemplativ → Genuß (Ursprung: Sinn) → gegenwartsorientiert

Wohl jeder Mensch kann von Augenblicken, von Minuten oder auch Stunden in seinem Leben berichten, in denen er kein Ziel verfolgt, sie aber dennoch als zutiefst sinnvoll erlebt hat. Das Gefühl der Erfüllung muß dabei von nichts Vorgegebenem herrühren. Man freut sich einfach zu sein, da zu sein, lebendig zu sein: eine vitale Freude, die vor allem Kinder immer wieder überfällt, aber nicht nur. Das Gefühl der Erfüllung kann aber auch von etwas herrühren, das nachhaltig berührt. Auch dieses

Etwas muß nichts Exorbitantes, also etwas von der herkömmlichen Bahn Abweichendes sein. Es kann, in der Perspektive des gewöhnlichen Auges, durchaus auch etwas Unscheinbares, Alltägliches, u.U. auch etwas sein, was in unserem Leben immer schon da war, das wir immer schon gesehen, aber nie wahrgenommen haben. Plötzlich sehen wir es in einer neuen Hinsicht, nehmen es wirklich wahr und sind entzückt. Viele Menschen berichten von Naturerlebnissen, Kunsterlebnissen, Liebeserlebnissen in diesem Zusammenhang. Eine Erscheinung der Natur, ein Bild, einen Menschen, den man liebt, durch Kontemplation zu erschließen, heißt: sie in ihrer unaussprechlichen Einmaligkeit und Tiefe zu erfassen. Im Akt der Kontemplation hat man zum Beispiel eine Landschaft, in der man sich befindet, nicht mehr gegenüber. Man ist in sie versunken. Im Akt der Kontemplation ist einem ein faszinierendes Gemälde nicht mehr Gegenstand kunsttheoretischer Reflexion. Man ist in es versunken. Ist einem eine berührende Person nicht mehr Objekt der Einschätzung. Man ist in sie versunken. Versunken zu sein bedeutet, eine Erscheinung von innen her zu sehen. Eine Erscheinung von außen zu sehen ist perspektivisch und somit relativ. Eine Erscheinung von innen her zu sehen, im Verbundensein, ist panoramisch. Steht man der Erscheinung gegenüber, kann sie befragt, in ihrer Struktur rekonstruiert, analysiert werden. Ist man versunken, erschließt sich einem die Erscheinung, wie sie sich von sich aus erschließen möchte. In der Situation der Subjekt-Objekt-Differenz holt das Subjekt das Objekt seiner Erkenntnis im Horizont von Intentionen, die auf das Objekt gerichtet werden, ein. In der Situation der Versunkenheit ist es umgekehrt. Das Objekt verliert seinen Charakter Objekt, also Gegen-stand zu sein. Es holt mich im Horizont dessen ein, was es mir sagen will. Betrifft mich von sich aus.

Sinnerfahrung macht man demzufolge nicht allein dadurch, daß man sich Ziele setzt und Ziele verfolgt, also im Wege der Produktivität, vielmehr auch dadurch, daß man Sinn eröffnende Situationen genießt, also im Wege der Rezeptivität. Allerdings: Wer sich ein Ziel setzt, schafft sich ein Problem. Denn: Ein Ziel will verfolgt werden. Ein Ziel will erreicht sein. Die Differenz zwischen dem, was der Fall ist, und dem, was der Fall sein sollte, ist der Grund des Problems. Und ganz offensichtlich gehört es zur Existenzform des Menschen, sich selbst im angegebenen Sinne Probleme zu schaffen. Das heißt: den Versuch zu unternehmen, die jeweilige Lebenssituation zu verlassen, indem man sie in der Idee vom besseren Leben überholt und die Idee gegen den Widerstand der Verhältnisse durchsetzt. Lebt man jedoch vorrangig oder ausschließlich in dieser Attitüde, verkommt das Leben in einseitiger Weise zu Arbeit, Mühsal und Sorge. Deshalb muß es der Mensch lernen, durch die momentorientierte Sinnorientierung der zukunftsorientierten Problemorientierung ein Gewicht entgegenzusetzen. Soll Leben glücken, muß es dialektisch geführt werden; allein schon aus psychohygienischen Gründen.

Allerdings: Ausbalanciert zu leben will gelernt sein. Dazu gehört zunächst natürlich die helle Bewußtheit des Sachverhaltes und die Kenntnis der diesbezüglichen Widerwärtigkeiten. Sie kommen vor allem von einer Gesellschaft, die im Mittel widersprüchlicher Plausibilitäten zu einem krankmachenden Lebensstil verführt. Auf der einen Seite treibt sie an, verleitet Menschen zu immer schnellerem Leben. Geschwindigkeit und Steigerung der Geschwindigkeit werden zur Lebensmaxime. Es geht darum, schneller zu sein als die anderen. Schneller Chancen zu erkennen. Schneller Ziele zu erreichen. Schneller zu arbeiten. Schneller zu produzieren. Auf der anderen Seite treibt sie Menschen zu erlebnisorientierter Lebensgestaltung an. Der Mensch soll, im Sinne totaler Ästhetisierung, sein Leben als Projekt verstehen, im Vollzug dessen es gilt, „schön" zu leben. Das Mittel dazu ist das schöne Erlebnis, vermittelt durch den Konsum schön und schöner verpackter Waren und schön und schöner offerierter Dienstleistungen. Da der Reiz des Konsums mit der Zeit nachläßt, ergibt sich das Problem, wie man ihn zurückgewinnen und erhalten kann. Zwei außerordentlich beliebte Holzwege bieten sich an. Zum einen kann man den Zeittakt des Konsumierens erhöhen. Man wird dann in immer kürzeren Intervallen immer mehr konsumieren. Zum anderen kann man, wie schon gezeigt[11], die Erlebnisse qualitativ steigern, um den Kick zu erhöhen. Beide Strategien führen zunächst zu Erlebnismüdigkeit. Dann zu Erlebnisunfähigkeit. Dann zu Genußunfähigkeit. Zuletzt zum Gefühl, Leben sei absolut sinnlos. Ganz offensichtlich entspricht es der Natur des Menschen, sein Leben nicht nur dialektisch zu führen, vielmehr auch, Maß zu halten. Eine kluge Strategie, Erlebnisfähigkeit zu erhalten oder sogar zu steigern, trägt daher nicht selten den Namen: Verzicht; zumindest zeitweise, zumindest teilweise. Im Zusammenhang der am erfüllenden Moment orientierten Sinnerschließung geht es allerdings nur selten um die Kontemplation eines Konsumgutes oder einer Dienstleistung. Vielmehr geht es um die Einsicht, daß Sinn nicht nur erstrebt wird als eine Angelegenheit der Zukunft je und je; daß Sinn vielmehr immer schon gegeben ist, entdeckt, wahrgenommen werden will. Was es in dieser Hinsicht zu entwickeln gilt, ist Achtsamkeit und Kontemplation. Die Stille einer herbstlichen Stunde wahr-zunehmen und sich in sie zu versenken. Die Reinheit, Helligkeit und Offenheit eines jugendlichen Gesichtes

---

[11] Vgl. dazu S. 271 ff.

wahrzunehmen und sich berühren zu lassen. Die Eleganz einer tänzerischen Bewegung oder einer musikalischen Figur wahrzunehmen und sich beeindrucken zu lassen. Die Farb-, Form- und Aussagestimmigkeit eines großen Gemäldes klar zu erkennen und zu spüren und sich in das Zusammenspiel von Form, Farbe, Linie und Bedeutung zu versenken. Den mit einer Handlung verbundenen Mut, die mit einer Handlung verbundene Liebe, das mit einer Handlung verbundene Wohlwollen wahrzunehmen und sich dieser Werte und ihrer Äußerung besinnlich zu vergewissern. Darum geht es. Die Prägnanz des Ausdrucks im Zusammenhang eines literarischen oder philosophischen Textes, die Wahrheit eines Gedichtes, das raffinierte Ineinander von bildhaftem und bildlich treffendem Ausdruck im Rahmen eines großen Essays wahrzunehmen und sich das kunstvolle Sprachgebilde meditierend anzueignen. Darum geht es. Die Reihe der Beispiele könnte verlängert werden. Je sinnfühliger ein Mensch ist, desto länger wird die Reihe. Wo aber kommt Gott in dieser Hinsicht in der Gedankenwelt des philosophierenden Menschen vor? Ganz offensichtlich immer dann, wenn der Mensch der Spur einer beeindruckenden, sinnfälligen Erscheinung folgt. Wenn er ihrem Verweischarakter nachspürt. Wie ist das zu verstehen?

Man kann der Spur einer solchen Erscheinung gleichsam rückwärts und aufwärts folgen. Die aufgezeigten Höhenerlebnisse, in denen sich das Leben in höchst verdichteter Form von seiner schönsten, besten und reizvollsten Seite zeigt, fordern natürlich die Frage nach ihrem Grund, nach ihrem Woher heraus. Und da sie immer ein Moment der Unbedingtheit in sich tragen, setzt diese Frage die Ahnung des Grundes aus sich heraus, den Theologie im Gottesbegriff zum Bewußtsein bringt. Soviel zum rückwärts- oder kausal orientierten Verweischarakter. Was aber ist zum „aufwärts“ orientierten Verweischarakter zu sagen? Spitzenerlebnisse der angedeuteten Art erinnert sich der Mensch potentiell ein Leben lang. Dennoch besteht die Gefahr, daß sie im Zuge grauer Alltäglichkeit, vor allem aber unter der Wirkung von Schicksalsschlägen ihren Glanz verlieren. Die Erfahrung der Endlichkeit von allem, was ist, die Erfahrung der Fragmenthaftigkeit des je eigenen Lebens, die Unfähigkeit, den je eigenen, guten Lebensentwurf ganz umzusetzen und das damit verbundene Erlebnis der Zerstückelung führen u.U. dazu, Spitzenerlebnisse der angeführten Art herabzumindern, zumindest zu relativieren. Dieser Gefahr ist zu entgehen, sofern man sich dieser Erlebnisse dadurch dauerhaft vergewissert, daß man sie in ihrer Symbolhaftigkeit wahrnimmt. Symbole verweisen mit sinnlichen Mitteln auf etwas, was sinnlich nicht faßbar ist. Theologische Symbole verweisen mit bedingten Mitteln auf Unbedingtes. Das Moment der Unbedingtheit in Höhenerlebnissen mag dazu berechtigen, sie in ihrem Verweischarakter zu verstehen. Die in diesem Zusammenhang gemachten Sinnerfahrungen, mögen sie noch so beeindruckend sein, sind doch immer nur punktueller Art. Im Bilde gesprochen: Sie sind gleichsam wie Pfeile, die in vertikaler Richtung aus der Transzendenz in die Horizontale des Lebensprozesses einschlagen. Wird der Mensch getroffen, wird er für einen Augenblick der Ewigkeit vom Grund alles Seienden verzaubert. Kurz: Es gilt, Sinn eröffnende Spitzenerlebnisse in ihrer Verweisfunktion zu begreifen. Worauf verweisen sie? Aufs Unbedingte. Auf eine letzt bedeutsame Wirklichkeit.

4. Die dritte Grundfunktion des Lebens: Selbst-Transzendierung mit dem Ziel: das Unbedingte

Die erste Grundfunktion des Lebens wird im Zusammenhang der Lebensphilosophie P. Tillichs im Begriff der Selbst-Integration auf den Begriff gebracht. Ihr Ziel ist die Etablierung eines Personzentrums, das den Menschen zu Moralität und Kognition freisetzt. Nur ein Wesen, das „ich“ sagt und sich als „ich“ in seinem Für-sich-Sein erlebt, erlebt die anderen im Gegenüber und in ihrem Für-sich-Sein und muß sich fragen, wie es sich zu den anderen in Beziehung setzen will und soll, wie es diese Beziehung gestalten soll und will. Das zentrale Thema, das im Rahmen der ersten Lebensfunktion verhandelt wird, ist demzufolge das Thema der Moralität. Grundlage der Moralität aber ist die im Menschen, relativ zu anderen Lebewesen, in höchstem Maße ausgebildete Zentriertheit in Form von Ichhaftigkeit.

Die zweite Grundfunktion des Lebens verbindet Tillich mit dem Begriff des Sich-Schaffens. Ziel des Sich-Schaffens ist die Kreation von Kultur in all ihren Ausprägungen. Der Mensch ist das Wesen, das, um leben zu können, immerzu Natürliches in Lebensdienliches umarbeiten muß, um leben zu können. Das zentrale Thema, das im Zusammenhang der zweiten Lebensfunktion behandelt wird, ist demzufolge Kultur. Prinzip von Kultur aber ist die alles Leben bestimmende Notwendigkeit zu wachsen, welche sich beim Menschen darin zeigt, daß er im Mittel subjektiven Geistes objektiven Geist hervorbringt.

Die dritte Grundfunktion des Lebens, welche sich voll ausgeprägt nur beim Menschen findet, zeigt sich als Wille, alles, was ist, auf seinen Grund hin zu überschreiten, um das zu erfahren und zu erkennen, was durch nichts mehr bedingt ist, eben weil es allem, was bedingt ist, zugrunde liegt. Es handelt sich um den Willen, das Seiende auf das ihm zugrundeliegende Sein zu überschreiten, um in Berührung mit dem Sein-Selbst zu kommen. Ist die die erste Lebensfunktion kennzeichnende Bewegung die Kreisbewegung mit dem Ziel, Zentriertheit zu ermöglichen, die die zweite Lebensfunktion markierende Bewegung die horizontale Bewegung, mit dem Ziel, Wachstum zu ermöglichen, so ist die die dritte Lebensfunktion bestimmende Bewegung die vertikale Bewegung, mit dem Ziel, das Heilige wahrzunehmen.[12]

---

[12] Besonders reizvoll ist der Gedanke, den drei Lebensfunktionen jeweils eine bedeutende psychotherapeutische Schule zuzuordnen und die Erkenntnis, daß sich die Entwicklung der Lebensfunktionen in der Entwicklung der modernen Psychotherapie spiegelt. Diese beginnt mit S. Freud und der von ihm entwickelten Psychoanalyse. Ihm zufolge ist der neurotische Mensch ichschwach. Das Ich ist gleichsam „eingeklemmt" zwischen den widersprüchlichen Anforderungen des Über-Ichs und des Es. Ziel der Therapie ist es, so mit dem Patienten zu kommunizieren, daß ihm der unbewußte Grund seiner Ich-Schwäche bewußt wird (kognitiver Aspekt) und sein Ich auf diesem Wege so stark wird, daß es uneingeschränkte Regulationskompetenz (moralischer Aspekt) gewinnt, soll heißen: fähig ist, unter Berücksichtigung der äußeren Situation die Ansprüche des Über-Ichs – Erfüllung der Pflicht – für eine angemessene Zeit abzuweisen, um den Ansprüchen des Es – sich der Lust angstfrei hinzugeben – zu genügen. Und umgekehrt: auch fähig ist, die Ansprüche des Es für eine angemessene Zeit abzuweisen, um den Ansprüchen des Über-Ichs zu genügen. Demzufolge geht es im Sinne der *ersten Lebensfunktion* um die Etablierung eines Personzentrums, das den Menschen zu Kognition und Moralität freisetzt.

Das Grundinteresse, das im Rahmen der klientenzentrierten Psychotherapie, die vor allem mit dem Namen C. Rogers verbunden ist, verfolgt wird, ist die Entwicklung der Persönlichkeit im Sinne inneren Wachstums. Der neurotische Mensch ist der sich selbst entfremdete, wachstumsunfähige Mensch. Entscheidend ist, daß das Subjekt seine je eigenen Fähigkeiten erkennt und sie möglichst umfassend verwirklicht. Geschieht dies, so entsteht im Sinne der *zweiten Lebensfunktion* Kultur auf der Basis persönlichen Wachstums.

Logotherapie und Transpersonale Psychotherapie spiegeln die *dritte Lebensfunktion* wider. Die Logotherapie, indem sie den Menschen unter dem Aspekt seiner Essentialität als sinnorientiertes Wesen versteht und davon auszugehen ist, daß die Sinnfrage mit der Gottesfrage zwar nicht identisch ist, aber, sofern man sie immer weiter vorantreibt, in die Gottesfra-

Um im Detail zu verstehen, was mit der dritten Lebensfunktion gemeint ist, muß man nach dem Prinzip und dem Prozeß fragen, die der Selbst-Transzendierung zugrunde liegen. Das Prinzip ist der Schritt. Der Prozeß ist die Reise, über die hinaus eine größere Reise nicht gedacht und unternommen werden kann. Zunächst einige Überlegungen zum Prinzip.

Wer reist, geht einen mehr oder weniger langen Weg, der sich aus vielen einzelnen Wegen zusammenfügt: geraden, weniger geraden, verschlungenen. Die Wege, die sich der Mensch bahnt, stellen sich als Abfolge von Schritten dar. So gesehen ist das Prinzip der Reise: der Schritt. Das dem Begriff der Transzendierung zugrunde liegende lateinische Wort verweist genau auf diesen Sachverhalt. Transcendere heißt überschreiten und hinüberschreiten. Im Vorgang des Überschreitens kommt vorrangig das Subjekt in den Blick, das sich von sich selbst wegwendet. Im Vorgang des Hinüberschreitens kommt vorrangig das Ziel zur Sprache, das im Schreiten erreicht werden soll. Demzufolge umfaßt der Schritt jeweils eine doppelte Bewegung: weg von mir, hin zu dir. Weg von mir, hin zu etwas. Der Schritt ist das Grundelement und in diesem Sinne das Prinzip[13] der Reise.

---

ge mündet. So ist es nicht von ungefähr, daß der Begründer der Logotherapie, Viktor Frankl, u.a. auch ein theologisches Buch mit dem Titel „Der unbewußte Gott" verfaßt hat. Noch deutlicher ist der theologische Bezug, im Sinne der *dritten Lebensfunktion*, bei der Transpersonalen Psychotherapie, z.B. vertreten von K. von Graf Dürckheim, der den Menschen über sein weltliches Sein hinaus im Sinne der dritten Lebensfunktion als spirituelles Wesen begreift, das dazu bestimmt ist, aus der Verbindung mit der Dimension des Göttlichen sein Leben zu gestalten. Das Welt-Ich muß im Wesens-Ich transzendiert werden, will der Mensch zu seiner Erfüllung kommen.

[13] Prinzip im Sinne von Anfang, Ursprung, Grundlage.

Um zu verstehen, was es heißt, eine einfache Reise oder auch, im Sinne der Selbst-Transzendierung eine Reise zu tun, über die hinaus eine größere Reise nicht gedacht werden kann, muß man verstanden haben, was es heißt, einen Schritt zu tun. Eine einfache Übung, die in körperorientierten Therapien immer wieder gemacht wird, kann dabei helfen. Es handelt sich um die Übung des langsamen Schritts. Es geht darum, nur einen einzigen Schritt zu tun. Dies jedoch extrem langsam und unter der Maßgabe, daß derjenige, der den Schritt tut, in höchster Konzentration darauf achtet und wahrnimmt, was äußerlich geschieht, und was sich in ihm ereignet, während er den Schritt tut. Zunächst steht er mit seinen beiden Beinen fest und sicher auf der Erde. Bevor er anhebt, den Schritt zu tun, wird er sich überlegen, in welche Richtung er gehen will. Dann wird er einen seiner beiden Füße anheben und spüren, daß nur noch einer trägt. Daß er unsicher wird, um Balance ringen muß. Kraft für beides braucht, die Balance zu halten und den Schritt voranzutreiben. Je weiter sich der den Schritt beginnende Fuß vorwärts bewegt, desto unsicherer wird das Stehen im zurückbleibenden Fuß. Kurzfristige Sicherheit wird erreicht, sobald der schreitende Fuß sein Ziel erreicht hat. Es ist gleichsam die Sicherheit des Spagats, die darin ihren Grund hat, daß ein Fuß angekommen und der andere noch gar nicht fortgekommen ist, daß beide Füße im Moment Grund unter sich haben. Allerdings ist diese Sicherheit vorübergehender Natur, denn nun wird der zurückbleibende Fuß nachgeholt. Der schon angekommene muß Kraft aufwenden, um am Ort seiner Ankunft nicht zu kippen. Der ganze Körper muß Kraft aufwenden, um den Schritt zu vollenden. Ist dies geschehen, tritt das Gefühl der Ruhe und Entspannung und Sicherheit ein. Nun steht man an einem neuen Ort. Sieht die Welt aus einer neuen Perspektive. Man muß sich überlegen, ob es gut ist, dort hingekommen zu sein und wohin man den nächsten Schritt lenken will.

Was besagt die Anatomie des Schritts in anthropologischer Perspektive? An einem Ort zu stehen, bevor man den Schritt tut, ist mit dem Gefühl der Sicherheit, Überschaubarkeit und Beherrschbarkeit der Lage verbunden. Bleibt man stehen, geschieht nichts Neues. Alles bleibt beim alten. Langfristig stellen sich Langeweile ein (negativer Aspekt) und die Lust, den Aufbruch zu wagen (positiver Aspekt). Die Angst, den falschen Schritt zu tun, also in eine falsche Richtung zu gehen, und die Ungewißheit, was einen erwartet, sofern man den Schritt getan haben wird, nötigen den Menschen, noch am angestammten Ort über den „guten" Schritt, also über den Schritt in die richtige Richtung nachzudenken. Bevor das äußere Geschehen des Aufbruchs anhebt, ringt der Mensch um Orientierung. Aufbruch beginnt im Geist. Der Mensch will nicht irgendwohin kommen. Den Schritt, der zu nichts führt, will er nicht tun. Der Beweggrund des Schritts liegt in der Hoffnung, an einen Ort zu kommen, der, im weitesten Sinne des Wortes, besser ist als der Ort des Ausgangs: schöner, reizvoller, lebensdienlicher. Absolute Sicherheit, daß der Schritt auch dorthin führt, gibt es nicht. Aber die Verheißung, an einen besseren Ort zu kommen, ist mit so großer Lust verbunden, daß die Angst, nicht anzukommen, wo man ankommen möchte, kompensiert werden kann. Und mit einem Bein gleichsam noch am alten Ort zu stehen, also die rückwärtige Verbundenheit gibt Sicherheit; allerdings eine rasch vorübergehende. Im übrigen erfordert der Gesamtvorgang des Schreitens nicht nur Mut, sich auf Neues einzulassen und Neugierde, vielmehr auch Kraft, den Schritt zurückzulegen und die Fähigkeit, in der Bewegung das Gleichgewicht zu halten; d.h. sich den Erfordernissen der Wegbewältigung anzupassen. Am neuen Ort, in neugewonnener Sicherheit zu verweilen, um auszuruhen und wieder aufzubrechen, sobald das verweilende Ausruhen in Langeweile ausartet, liegt in der Logik des Sachverhalts.

Die Anatomie des Schritts verweist im übrigen auf vier grundlegende Merkmale von Existenz: auf die Versuchung, am angestammten Ort zu verharren, den Aufbruch zu verweigern, aus Angst vor dem Ungewissen. Aus Angst, das Leben nicht zu steigern, vielmehr zu mindern. Das zum einen. Auf die Notwendigkeit zur Orientierung im Sinne der Vergewisserung, ein sinnvolles Ziel zu imaginieren. Das zum anderen. Auf die Kompetenz, einen Weg auch zu „können"; d.h. über die Fähigkeit zu verfügen, zu „laufen" und Hindernisse professionell zu überwinden. Das zum dritten. Zuletzt verweist die Anatomie des Schritts auf die Frage nach der Vitalität, einen Weg auch durchzuhalten.

Nun geht es in unserem Zusammenhang nicht nur ums Prinzip, vielmehr auch um den Pro-zeß. Nicht nur um den Schritt, vielmehr um die Reihung der Schritte, ums Schreiten im Sinne des Transzendierens. Vier Dimensionen sind es, in denen sich der Vorgang des Transzendierens ereignet:

- in der räumlichen Dimension
- in der zeitlichen Dimension
- in der sinnlichen Dimension
- in der kognitiven Dimension.

In den Dimensionen von Raum und Zeit spielt das Reisen die entscheidende Rolle. In fremde Länder zu reisen bedeutet, Räume zu durchqueren. In die Vergangenheit zu reisen, in die Zukunft zu reisen bedeutet, Zeiten zu durchqueren. Der Schritt in die Vergangenheit hat die Form der Erinnerung. Sie kann sich als gedankliche Wiederholung eines vergangenen Ereignisses, als Bewußtmachung verdrängter Ereignisse, als persönlich angefertigte Biographie, als Tagebuch oder als professionell angefertigtes Geschichtswerk darstellen. Der Schritt in die Zukunft äußert sich als gelassene oder weniger gelassene Frage nach dem, was uns bevorsteht, als Erwartung oder stellt sich in Form von Planung, Zielsetzung, utopischem Denken dar. Angelegt ist das Transzendieren schon in der sinnlichen Dimension. Zu sehen bedeutet, einen optischen Reiz, der von einem Objekt außerhalb meiner selbst ausgeht, wahrzunehmen. Zu hören bedeutet, einen akustischen Reiz zu verarbeiten, der von einem Objekt jenseits meiner selbst stammt. Im Hören, Sehen, Riechen, Spüren geht es immer um „etwas" außerhalb meiner selbst, das ich sinnlich erfasse. Allerdings wird das sinnliche Erfassen zu einem Transzendieren im menschlichen Sinne erst, wenn die Objekte des Spürens, Riechens, Sehens und Hörens auch benannt werden; also erst im Zusammenspiel sinnlichen und kognitiven Transzendierens. An dieser Stelle ist im übrigen der Vorgang des Kommunizierens zu erwähnen, weil er insofern eine besonders dichte Weise des Transzendierens darstellt, als in ihm alle aufgeführten Dimensionen zusammenspielen. Mit jemand zu kommunizieren bedeutet: zu ihm hinüberzugehen, sich an seinen Ort zu begeben (räumlicher Aspekt). Ihm meine Gegenwart zu schenken (zeitlicher Aspekt). Ihn zu hören, zu sehen (sinnlicher Aspekt). Ihn anzusprechen und, was er sehen und hören lässt, zu verstehen (kognitiver Aspekt). So gesehen ist das Phänomen des Transzendierens kein Nebenaspekt von Existenz, vielmehr anthropologische Grundbestimmung. Man könnte vom homo transcendens sprechen. Entscheidend ist in unserem Zusammenhang allerdings nun die Radikalität des dem Menschen möglichen Transzendierens. Dabei kann man zwischen naivem und reflektiertem Transzendieren unterscheiden. In beiden Fällen geht es um die Erkenntnis und die Überwindung von Grenzen. Was heißt das im Blick auf die vier genannten Dimensionen: die räumliche, die zeitliche, die sinnliche, die kognitive Dimension.

Naives Transzendieren im Blick auf den Raum ereignet sich als Entdeckung der Welt auf der Basis von Notwendigkeit oder Wissensdurst. Auf der Suche nach Lebensräumen waren die Menschen seit Urzeiten unterwegs, haben ihre angestammten Plätze verlassen, um Leben ermöglichende Gegenden zu finden. Man denke an die zahlreichen Völkerwanderungen, die bis in die Moderne hinein andauern. Aber nicht allein die Not, vielmehr auch die Gier nach Gold, die Lust am fernen Land und der Wille zu wissen, treiben Menschen an, räumliche Grenzen zu übersteigen. Man denke an das Zeitalter der Entdeckungen und seine Galeonsfigur Christoph Kolumbus. Und daran, daß nun, da die Welt entdeckt ist, der Weltraum von Menschen entdeckt wird; und dies mit einem grandiosen technischen Aufwand. Immer weiter in den Raum hinauszuschreiten – erst zu Fuß, dann zu Pferd, dann mit dem Schiff, zuletzt mit dem Raumschiff – ist eine naive Form des Transzendierens, auch wenn es in technischer Hinsicht noch so schwierig sein mag. Die kindlich-unbefangene Lust zur Erkundung der Welt, der Wille, die Grenzen des Erfahrbaren auszudehnen, sind die Kräfte, die dieser Form des Transzendierens zugrundeliegen. – Reflektiertes Transzendieren im Blick auf den Raum ereignet sich, sobald man erkennt, daß unser Wissen bzgl. des Raumes begrenzt ist und der Wille entsteht, die Grenzen zu überschreiten. Dies ereignet sich, wenn man fragt, was das Wesen des Raumes sei, was man unter Räumlichkeit zu verstehen habe, ob Raum lediglich Voraussetzung für die Anordnung und Ausdehnung von Gegenständen, also gleichsam „Behälter“ aller Dinge und Grundlage für ihre Bewegung sei. Was es in psychologischer Perspektive mit dem Bewußtsein und mit Raumerleben auf sich habe, wie sich das Erlebnis von Räumen darstellt und wie es sich auf das Verhalten von Menschen und die Gestaltung ihrer interpersonalen Bezüge auswirke. Inwiefern Raum als reine Form der Anschauung und als subjektive Bedingung jeder Erfahrung zu verstehen sei. Und natürlich ist in diesem Zusammenhang auch die Frage zu erwähnen – die seit alters als metaphysische Frage begriffen wurde, inzwischen aber als Frage im Kontext empirischer Wissenschaft behandelt wird –, ob der Raum endlich oder unendlich, begrenzt oder unbegrenzt sei.

Das Transzendieren im Blick auf die Zeit hat eine völlig andere Form; auch das naive. Das hängt damit zusammen, daß uns die Räume in anderer Weise zur Verfügung stehen als die Zeiten. Die Räume stehen uns prinzipiell jederzeit offen, die Zeiten nur teilweise. Die Vergangenheit ist als solche dem menschlichen Zugriff entzogen. Natürlich hätte man den gestrigen Tag auch anders gestalten können. Aber die Gestalt, die man ihm gegeben hat, behält er. Unwiderruflich. Ähnlich verhält es sich mit der Zukunft. Man sagt, sie stünde uns offen. Tatsächlich gilt dies nur in eingeschränktem Maße. Was uns offen steht, sind die Pläne, die wir mit ihr vorhaben. Wir schmieden sie, aber je jetzt. Die Zukunft als Handlungsdimension steht nicht zur Verfügung. Sie ist noch nicht da. Weil dies so ist, verbinden wir mit ihr die Hoffnung und gute Wünsche. Wir wünschen uns und allen anderen alles Gute *vor* dem neuen Jahr für das neue Jahr. Ob es eintritt, ob wir das Gute dann auch gegen alle Widerstände durchsetzen, müssen wir erst erweisen. Was uns wirklich offensteht, ist der jeweilige Schnittpunkt, in dem sich Vergangenheit und Zukunft treffen. Die naiven Weisen, mit den Zeiten, die uns nicht völlig zur Verfügung stehen, umzugehen, sind, wie gesagt, Erinnerung und Erwartung. Auch in diesem Zusammenhang geht es um die Überschreitung von Grenzen. Der je gegenwärtige Moment trennt uns vom Vergangenen einerseits, vom Zukünftigen andererseits. Die Trennlinie in beiden Richtungen zu überschreiten bedeutet, sie zu transzendieren. Wir tun dies, indem wir Vergangenes vergegenwärtigen, Zukünftiges imaginieren. Die einfachste und wichtigste Form der vergangenheitsorientierten Weise der Vergegenwärtigung ist die Erinnerung. Sie stellt sich als bildhafte oder gedankliche Wiederholung dessen dar, was war. Ist sie intensiv, werden zusammen mit den Gedanken und Bildern auch die mit ihnen verbunden Atmosphären und die an sie gebundenen Gefühle erinnert; d.h. wieder gespürt. Erinnerung ist lebensnotwendig. Sich des Guten und dessen zu erinnern, was reizvoll, lustvoll war, was gelungen ist, vitalisiert. Macht Mut zum Leben. Sich der Erfahrungen zu erinnern, die man im Zusammenhang schwieriger Situationen gemacht hat, ist notwendig, um Zukunft nicht durch die Wiederholung von Fehlern zu belasten. Und natürlich können Erinnerung und Erwartung eher im mittleren Bereich von aktiv und passiv angesiedelt sein. Dann läßt man die mit Vergangenheit verbundenen Bilder und die mit Zukunft verknüpften Vorstellungen in der Haltung der Unabsichtlichkeit gleichsam tagträumerisch vor dem inneren Auge Revue passieren. Erinnerung kann sich aber auch in höchster Absichtlichkeit z.B. im Rahmen einer Psychoanalyse, ereignen; vor allem dann, wenn Szenen der Vergangenheit partiell verdrängt wurden, und die an sie gebundenen, frei flottierenden Emotionen zu neurotischer Symptomatik führen und Leben einschränken. Und dasselbe gilt im Vorgriff auf die Zukunft. Dann wird aus schlichter Erwartung der feste Vorsatz, den morgigen Tag sinnvoll zu gestalten. Manche wollen sogar aus ihrem ganzen Leben ein Kunstwerk machen. – Reflektiertes Transzendieren im Blick auf die Zeit ereignet sich, sofern man sich bewußt wird, daß unser Wissen bezüglich dessen, was Zeit ihrem Wesen nach ist, begrenzt ist und wir die Absicht verfolgen, die Grenzen zu überschreiten. Folgende Fragen werden in diesem Zusammenhang zu erörtern sein: Ist Zeit etwas Objektiv-Reales oder existiert sie nur im Erleben des Menschen? Kann man eine absolute Zeit annehmen und wie verhält sie sich zur erlebten Zeit? Was bedeutet es im transzendental-erkennistheoretischen Kontext, Zeit als reine Form der Anschauung zu begreifen? Und natürlich wird man auch über die Zeitlichkeit menschlicher Existenz nachdenken, also über den Sachverhalt, daß der Mensch Zeit hat, zu sich selbst zu kommen. Soll heißen: in der Zukunft die Möglichkeit zu ergreifen, sich unter dem Aspekt seiner Essentialität zu realisieren, also wesentlich zu werden, das zu werden, wozu er bestimmt ist. In der Gegenwart die Möglichkeit zu ergreifen, den Prozeß, wesentlich zu werden, in Gang zu setzen und zu unterhalten. Und im Blick auf die Vergangenheit sich immer wieder bewußt zu werden, wie es mit diesem Prozeß bisher steht. Das Vorankommen und Zurückfallen sind in dieser Hinsicht Thema.

Naives und reflektiertes Transzendieren spielen auch in den Dimensionen sinnlicher und kognitiver Wahrnehmung ein Rolle. Die ursprünglichen Instrumente des Transzendierens sind die Sinne. Demzufolge ist Sinnlichkeit ein anderer Ausdruck für Transzendenzfähigkeit. Im Mittel meiner Sinnlichkeit überschreite ich mich selbst. Zwei Richtungen des Überschreitens sind denkbar: in die vorgegebene Welt hinein (transsubjektiv) und in die anheimgegebene Welt hinein (intrasubjektiv). Im ersten Falle bin ich an den Erscheinungen interessiert, die draußen sind. Im zweiten Falle an den Erscheinungen, die drinnen sind. Im ersten Falle frage ich: Was geht draußen vor? Im zweiten Falle frage ich: Was geht in mir vor? Im ersten Falle höre ich, sehe ich, rieche ich im eigentlichen Sinne, was draußen vorgeht. Im zweiten Falle höre ich, sehe ich, was in mir vorgeht. Allerdings handelt es sich um ein Hören oder Sehen im uneigentlichen, im übertragenen Sinne. Im eigentlichen Sinne ist es ein Spüren, ein Fühlen, ein sinnliches Gewahrwerden seiner selbst.

Die Eigenart des sinnlichen Transzendierens besteht nun darin, daß es sich nicht allein als Überstieg vom sinnlich-wahrnehmenden Subjekt zum Objekt, vielmehr zugleich immer auch als sinnliche Vergegenwärtigung des Objekts im Subjekt darstellt. Demzufolge ist das Wesen dieses Transzendierens eine doppelte, gleichzeitige Bewegung, die allerdings nur nacheinander benannt werden kann: vom Subjekt her zum Objekt hin und vom Objekt her zum Subjekt hin. Der Gegenstand des Sehens wird nicht nur gesehen (Transzendenz nach außen), er erscheint auch (Transzendenz nach innen). Dabei ist die Weise des Erscheinens relativ zum aktivierten Sinn. Ein und derselbe Gegenstand wird anders aufgefaßt und erlebt, je nachdem, ob ich ihn sehe, höre, rieche oder ertaste. Naives sinnliches Erfassen nimmt das Objekt so hin, wie es sich eben zeigt und sinnlich verarbeitet wird: Wie ich es sinnlich wahrnehme, so ist es. Jedoch schon der schlichte Sachverhalt, daß die sinnliche Vergegenwärtigung ein und desselben Gegenstandes ganz verschieden ausfallen kann, unterläuft die diesbezügliche Naivität. Die Dinge sind uns nicht an sich gegeben, vielmehr als sinnlich Verarbeitete. Ihr Gegebensein ist relativ zu einem der fünf Sinne, über die der Mensch verfügt. Kommt dieser Gedanke ins Spiel, dann verwandelt sich naives Transzendieren in der Dimension der sinnlichen Wahrnehmung in reflektiertes Transzendieren.

Und ebenso verhält es sich in der letzten Dimension, die hier zu erwähnen ist, der kognitiven. Man kann die Grenze des Wissens immer weiter hinausschieben, den aktuellen Wissenstand transzendieren, indem man immer neue Phänomene entdeckt und benennt, sie aus der Gesamtheit dessen, was ist, herausgreift, indem man sie – im ursprünglichen Sinne des Wortes – dadurch de-finiert, daß man ihnen Begriffe zuordnet, sie eben begrifflich spiegelt (naive Form der Kognition). Die Frage ist nur, ob und wie es möglich ist, die transsubjektive Wirklichkeit im Mittel kognitiver Subjektivität zu erkennen, und was es heißt, zu erkennen. Konkret: Wenn es richtig ist, daß das menschliche

Gehirn die materielle Basis der Erkenntnisprozesse darstellt, dann ist anzunehmen, daß alle unsere Erkenntnisse relativ zu den Möglichkeiten und spezifischen Auffassungsformen desjenigen Instrumentes sind, das unsere Kognition ermöglicht. Kurz: Hätten wir ein anderes Gehirn, hätten wir andere Erkenntnisse. Es ergibt sich die Frage, was dafür spricht, daß sowohl die angeborenen als auch die erworbenen Strukturen der Erkenntnis, den Erkenntnisobjekten – also der transsubjektiven Welt – entsprechen. Und wenn es tatsächlich so sein sollte, daß menschliche Erkenntnisprozesse die transsubjektive Welt „realistisch" im Sinne von wirklichkeitsentsprechend spiegeln, dann muß man fragen, worin dieser Sachverhalt gründet, welche Umstände ihn wahrscheinlich machen. Eine einigermaßen einleuchtende Antwort auf dieses Problem gibt die evolutionäre Erkenntnistheorie: „Organe und Verhalten eines jeden Lebewesens dienen seiner Auseinandersetzung mit der Umwelt. Insbesondere kann das Gehirn als ein Organ zur Verarbeitung von Reizen und zur Steuerung physiologischer und psychologischer Vorgänge, vor allem zur Erkenntnisgewinnung, angesehen werden. Seine Strukturen unterliegen dann – soweit sie genetisch bedingt sind – der biologischen Evolution. Mutation und Selektion erzwingen dabei eine Anpassung der Erkenntnisstrukturen an die realen Strukturen. Die dabei entstehende partielle Isomorphie[14] erstreckt sich vor allem auf die grundlegenden und konstanten Umweltbedingungen, wenn sie zum Überleben wichtig sind. Die Anpassung

---

[14] Isomorphie bedeutet wörtlich: Gleichgestaltetheit. Es wird angenommen, daß das Erkenntnisinstrument (Gehirn) im Prinzip „von gleicher Gestalt" ist wie die Erkenntnisobjekte (Welt). Der Philosoph spricht in diesem Zusammenhang von der Identität der subjektiven und objektiven Vernunftstruktur alles Seienden.

braucht allerdings nicht ideal zu sein. Daraus erklären sich zwanglos die Leistungen und Beschränkungen unseres Erkenntnisapparates".[15]

Es ist klar: In dem Moment, da man im Rahmen von Erkenntnisprozessen nicht mehr allein aufs Objekt der Erkenntnis blickt, vielmehr das Erkennen selbst zum Gegenstand der Erkenntnis macht und entdeckt, daß jede Erkenntnis relativ zum Instrument des Erkennens und relativ zum Gebrauch dieses Instrumentes ist, wird aus naiver Kognition reflektierte. Der Prozeß des Transzendierens ereignet sich in dieser Ebene dadurch, daß auch hier die anfänglichen Grenzen der Erkenntnis überschritten werden. Erkennen wird selbst zum Gegenstand der Erkenntnis.

Zusammenfassend ist dies zusagen: Alles Transzendieren beginnt mit einem ersten Schritt in den Raum, in die Dimensionen der Zeit, in die Welt der sinnlich erfahrbaren Erscheinungen, in die Welt der Erkenntnis und des Erkennens. Es wird immer weiter vorangetrieben und zeigt sich zuletzt in unüberbietbarer Radikalität. Ist dieser Punkt erreicht, dann stellt der Mensch die Frage, warum und wozu überhaupt etwas ist und nicht Nichts. Er fragt nach dem, was jenseits der Grenzen von Raum und Zeit liegt, was jenseits dessen existiert, was sich unserem sinnlichen und kognitivem Wahrnehmen erschließt. Er fragt nach dem, was allem, was ist, zugrunde liegt, was die Totalität des Seienden übersteigt. Er fragt nach dem, was die Philosophie das Sein-Selbst, das Unbedingte, das alles Umgreifende, das Absolute nennt. Er fragt nach dem, was die Philosophie das Vollkommene im Sinne des Zusammenspiels des unüberbietbar Guten, Schönen, Erhabenen und Lebendigen begreift. Als höchstes

---

[15] G. Vollmer, Evolutionäre Erkenntnistheorie, Stuttgart 1981, S. 188.

Gut. Als höchstes Sein. Als das, was allem gegenüber das absolut Transzendente ist. Er fragt, theologisch formuliert, nach Gott.

5. Die ontologische Polarität von Freiheit und Schicksal

Der Mensch hat die Freiheit, sein endliches Schicksal auf ein unendlich Absolutes hin zu transzendieren. In diesem Akt der radikalen Transzendierung durchstößt er die immanenten Gegebenheiten in vertikaler Richtung auf eine unendliche Nicht-Gegebenheit, aufs Unbedingte hin. „Das Leben ist bis zu einem gewissen Grade frei von sich selbst, d.h. von der totalen Gebundenheit an seine Endlichkeit. Die vertikale Linie, die die Selbst-Transzendierung symbolisiert, durchstößt sowohl die Kreislinie der Zentriertheit als auch die horizontale Linie des Wachstums.“[16] Durch die Entschlüsselung der ontologischen Polarität von Freiheit und Schicksal kommt dasjenige noch einmal unter einer neuen Perspektive zu begrifflicher Klarheit, was mit der dritten Lebensfunktion im Sinne von Selbst-Transzendierung gemeint ist. Denn: Die Polarität von Freiheit und Schicksal ist die Voraussetzung dafür, daß sich radikale Selbst-Transzendierung[17] ereignen kann. Um dies zu verstehen, gilt es, viererlei zu klären: die Begriffe des Schicksals, der Freiheit, das Zusammen-

---

16 P. Tillich, Systematische Theologie Bd. 3, Stuttgart 1966, S. 107.

17 „Das Leben ist durch die ihm eigene Natur beides: Es ist *in* sich und *über* sich hinaus, und diese Situation wird offenbar in der Funktion der Selbst-Transzendierung. Diese Erhebung des Lebens über sich selbst wird nur in der Dimension des Geistes sichtbar, und zwar als die Erfahrung des ‚Heiligen‘. Als Analogie dazu findet sich in den nicht-menschlichen Bereichen der Drang des Lebens zu seiner höchstmöglichen Sublimierung.“ A.a.O., S. 44.

spiel von Freiheit und Schicksal und den Bezug der Selbst-Transzendierung zu der hier zur Debatte stehenden ontologischen Polarität. Die Gesamtheit der Bestimmungsmerkmale, welche für die Existenz eines Menschen konstitutiv sind und die er sich nicht selbst verdankt, sind Schicksal. Dabei sind verschiedene Dimensionen des Geschicks zu unterscheiden[18]: das temporale Geschick, das soziale, das biotische, das psychische, das geistige. Die Zeit, in die ein Mensch hineingeboren wird, die Familie, die Leib-Seele-Geist-Organisation in ihrer besonderen Art von Möglichkeiten und potentiellen Fähigkeiten, welche in biologischen, psychologischen und noologischen Begriffen zu fassen sind, sind gemeint. Kurz: das temporale, soziale und genetische Geschick für sich und ihrem Zusammenwirken. Soviel zum Begriff des Schicksals. Auch Freiheit ist ein konstitutives Bestimmungsmerkmal menschlicher Existenz. Sie hat ihren Grund in der Relationalität von Existenz. Ein Wesensmerkmal des Menschen ist es, im Verhältnis zu sich selbst und zu seiner Welt zu leben. Freiheit zeigt sich in der Fähigkeit, sich der Schicksalhaftigkeit seiner Existenz bewußt zu sein und auf der Basis von Erwägung, Entscheidung und Verantwortung[19] aus dem je eigenen Schicksal etwas zu machen, soll heißen: Schicksal zu gestalten. So gesehen ist Freiheit auf Schicksal bezogen und umgekehrt. Es gibt keine Freiheit ohne Schicksal. Und es sollte kein Schicksal ohne Freiheit geben. Das aber heißt: Soll menschliches Leben gelingen, muß die Polarität gewahrt bleiben. Wird sie gewahrt, wird der Mensch, auch wenn ihm ein extrem widriges Schicksal beschieden ist, nicht permanent die unbeantwort-

---

18 Natürlich sind auch Grundbefindlichkeiten Schicksal. Vgl. dazu S. 143 ff.

19 Vgl. dazu P. Tillich, Systematische Theologie Bd. 1, Stuttgart 1956, S. 216 f.

bare Frage stellen, warum ausgerechnet ihn dieser Schlag des Schicksals treffen mußte. Er wird vielmehr eines Tages Größe zeigen und fragen, wie er seinem Leben trotz allem eine sinnvolle Gestalt geben könne. Es geht um die Entdeckung der Freiräume im Gefängnis des Schicksals. Ist der Mensch nicht in der Lage, die Polarität von Schicksal und Freiheit zu wahren, zerbricht die Polarität, dann entartet Freiheit in eine willkürliche Lebensführung und Schicksal in eine deterministische Lebensauffassung. Der in willkürlicher Lebensführung befangene Mensch glaubt, sich alles leisten zu können, ohne Rücksicht auf die schicksalsvermittelten Bedingungen seiner Lebenssituation, z.B. ohne Rücksicht auf seine körperliche Verfassung, ohne Berücksichtigung seiner ökonomischen Lage, ohne Rücksicht auf nahe Personen. Der deterministischer Lebensauffassung verfallene Mensch dagegen wird vom Gefühl beherrscht, nichts wirklich frei bestimmen zu können. Er verwirft die Möglichkeit, auf der Basis von Erwägung und Verantwortung unter Berücksichtigung schicksalhafter Gegebenheiten frei entscheiden zu können. Während der der Willkür verfallene Mensch seinen Handlungsspielraum völlig überschätzt, zeichnet sich der dem Determinismus ausgelieferte dadurch aus, daß er den Spielraum der Freiheit kaum erlebt und ihn aus diesem Grunde völlig unterschätzt.

Im Zuge des philosophisch-therapeutischen Gesprächs kommt es nicht nur darauf an, dem Patienten die philosophische Figur der ontologischen Polarität von Freiheit und Schicksal durchsichtig zu machen, vielmehr auch darauf, die diesbezüglichen Erkenntnisse existentiell bedeutsam werden zu lassen. Dies geschieht dadurch, daß er angeleitet wird, beides präzise wahrzunehmen: sein Leben unter dem Aspekt seiner Schicksalhaftigkeit und sein Leben unter dem Aspekt seiner freien Formbarkeit und Gestaltbarkeit. Dabei ist es wichtig, daß Freiheit nicht nur eingesehen, daß Freiräume nicht nur entdeckt, daß Freiheit vielmehr eingeübt wird. Dies geschieht dadurch, daß der Patient es lernt, sich Ziele zu setzen, indem er weniger gute Ziele verwirft, gute Ziele in Erwägung zieht, sich für die besten Ziele entscheidet und sie Zug um Zug zu verwirklichen unternimmt. Im Rahmen dieses Prozesses greifen die Vorgänge des Erwägens, Entscheidens und Verantwortens ineinander. Demzufolge zeigt sich Freiheit im Gewand einer spezifisch strukturierten Handlungsform des Menschen. Im Akt des Erwägens vergleicht der Mensch Argumente und prüft die Qualität der Motive. Im Vorgang des Wägens ist zwischen Wägendem und zu Erwägendem zu unterscheiden. Der Unterschied macht die Freiheit des Menschen aus; denn in der Unterschiedenheit ist der Erwägende mit den zu erwägenden Motiven und Argumenten nicht identisch, vielmehr frei von ihnen und natürlich auch frei für sie.

Der Prozeß des Erwägens wird dadurch beendet, daß die Person den Konkurrenzkampf der Motive entscheidet. Entscheidung aber ist immer Entscheidung für eine reale Möglichkeit und Entscheidung gegen eine andere reale Möglichkeit, welche gerade aufgrund ihrer potentiellen Realisierbarkeit ausgeschieden werden muß. „Die Person, die das ‚Scheiden' vornimmt, muß über dem stehen, was von ihr ausgeschieden wird."[20] Aber gerade der Sachverhalt des „Darüberstehens" demonstriert die Freiheit des Menschen. Das Personzentrum des Menschen wird verschiedener, realisierbarer Möglichkeiten gewahr, für oder gegen die es sich entscheiden kann. Aber es herrscht keine Identität zwischen einer bestimmten Möglichkeit und dem Personzentrum. Diesem Umstand verdankt der Mensch seine Freiheit.

Auch die Verantwortlichkeit ist ein Element der Freiheit. Das Spezifikum menschlicher Verantwortung liegt in ihrer Nicht-

---

[20] Ebd.

Delegierbarkeit. Die Verantwortung trage jeweils ich selbst. Die Person ist nicht vertretbar, weil ihre Entscheidungen durch die Gesamtheit ihres je eigenen Seins und nicht durch etwas, dieser Gesamtheit des Seins gegenüber Transzendentes determiniert sind. Freiheit impliziert demzufolge die Würde der Nicht-Vertretbarkeit. Dadurch aber, daß der Mensch in diesem Sinne nicht vertreten werden kann, ist er frei von fremder Bevormundung und frei zur Selbstverantwortung.

Wichtig ist, daß sich das philosophische Gespräch im Kontext der Therapie nicht vorrangig auf der Metaebene bewegt, indem man beispielsweise lediglich erklärt, was ontologische Polaritäten bedeuten. Entscheidend ist vielmehr der existentielle Rückbezug. Der Patient soll seine konkrete Lebenssituation möglichst genau in den Blick nehmen und sie im Horizont der ontologischen Polaritäten untersuchen. Dies geschieht dadurch, daß er vom Therapeuten angeregt wird, mit ihm ein Gespräch zu führen, in dem dies eingeübt wird: die verschiedenen Möglichkeiten der Lebensführung zu erwägen. Und dies nach dem Leitspruch: „Prüfet aber alles, und das Gute behaltet".[21] Erwägen hat mit Wiegen zu tun. Im Gespräch werden die Möglichkeiten der Wahl gleichsam gewogen und dies in der Absicht, die besten ausfindig zu machen und sich für sie zu entscheiden. In psychohygienischer Perspektive ist es wichtig, sorgfältig abzuwägen – zumal bei existentiell bedeutsamen Angelegenheiten: der Berufswahl, der Partnerwahl z.B. –, darüber aber das rechtzeitige Entscheiden nicht zu vergessen. Lang andauernde Schwebezustände aufgrund einer Unentschiedenheit, die zur Dauerpose geronnen ist, schaden der Seele. Besser ist es, gelegentlich einmal falsch zu entscheiden und die Entscheidung zu revidieren,

---

[21] 1. Thess. 5, 21.

als unentschieden zu bleiben.[22] Das philosophische Gespräch in diesem Zusammenhang ist allerdings erst dann als geglückt zu betrachten, wenn der Patient umsetzt, wozu er sich entschieden hat. Und dies im Wissen, daß er seine Entscheidung und die ihr entsprechende Handlungsfolge selbst verantworten muß. Dies kann er, wenn er einsieht, daß es nicht nur eine Last ist, sein Leben selbst zu verantworten, daß vielmehr die Würde des je eigenen Lebens an der Selbstverantwortlichkeit hängt. Einem Patienten die Verantwortung abzunehmen bedeutet: ihn seiner Würde zu berauben.

Nachdem die die ontologische Polarität von Freiheit und Schicksal konstituierenden Begriffe und ihr Zusammenspiel geklärt sind, bleibt die Frage nach dem Zusammenhang dieser Polarität mit der dritten Lebensfunktion: der Selbst-Transzendierung. In aller Kürze könnte man den Zusammenhang so zum Ausdruck bringen: Der Mensch ist das Wesen, das frei ist, sein Schicksal so radikal zu überschreiten, daß er vom Bedingten zum Unbedingten gelangt. Die Bewegung vom Vorläufigen zum Endgültigen, von der Schöpfung zum Schöpfer, von der Immanenz zur Transzendenz in nicht überbietbarer Form, von der Welt zu Gott – diese Bewegung kann sich ganz verschieden äussern:

---

[22] Darüber ist nicht zu vergessen, daß Menschen gelegentlich in extrem komplizierte Lebenssituationen verstrickt sind, die zu entscheiden sie auch längere Zeit verständlicherweise nicht die Kraft finden oder die zu entscheiden sie eine Möglichkeit nicht sehen. In diesem Falle ist es gut, sich für eine angemessene Zeit bewußt *nicht* zu entscheiden. Dies entlastet in vielen Fällen. Die Entlastung bewirkt nicht selten, daß man doch noch rechtzeitig die Kraft findet, eine optimale Entscheidung zu treffen. Trotz allem.

- als Frage nach dem Grund des Seienden
- als Verlangen nach dem Grund des Seienden
- als Betroffenheit durch den Grund des Seienden
- als Hinweis auf den Grund des Seienden.

Jeder, der die Nichtigkeit und vermeintliche Sinnlosigkeit seines Lebens spürt, stellt die Frage, ob sein Leben und ob Leben überhaupt nichtig und sinnlos sei und ob es eine Macht gäbe, die dem Leben im Ganzen und je meinem Leben die Nichtigkeit nehmen und Sinn verleihen könne. Die Frage kann sich zum Verlangen steigern, die Sinn eröffnende Tiefe des Lebens zu erleben. Dem Verlangen wird immer wieder dadurch entsprochen, daß sich der Grund des Seienden (apersonal formuliert) oder daß sich Gott (personal formuliert) als die das gesamte Universum aus sich heraussetzende, die Welt und den Menschen erhaltende, den Menschen und den Prozeß der Geschichte erfüllende Macht zu erkennen gibt. Was sich auf der Seite Gottes als ein „Sich-zu-erkennen-Geben" darstellt, wird auf der Seite des Menschen als existentielle Betroffenheit erlebt. Sie resultiert aus der erfahrungsorientierten Erkenntnis bzw. der erkennenden Erfahrung, daß Leben trotz aller vordergründigen Widersinnigkeit sinnvoll ist und wird. Und natürlich wird der von der wichtigsten Erfahrung seines Lebens Betroffene immer in irgendeiner Art zu einem Hinweisenden. In der Weise, wie er da ist, in dem, was er sagt, was er tut, wie er sein Leben versteht und gestaltet verweist er – zumindest partiell, zumindest immer wieder – auf den Sinn, der ihm „aufgegangen" ist. Kurz: Die Freiheit des Menschen zeigt sich in einem tiefsten Sinne als Frage nach dem Grund des Seienden. Als Verlangen nach der alles bestimmenden Wirklichkeit. Als Betroffen-Sein durch diejenige Wirklichkeit, die allem, was lebt, ein erfüllendes Ziel gibt. Sie zeigt sich darin, daß die Betroffenen so mit den anderen umgehen, daß auch sie in den Zustand des erlösenden Betroffen-Seins hineingleiten.

Mit dem Patienten zu philosophieren kann auch bedeuten, mit ihm ein Gespräch über Selbst-Transzendierung im Bereich des Geistes, also über seine religiösen Vorstellungen zu sprechen. Dabei geht es nicht um Mission im Sinne der vom Therapeuten vertretenen Religion. Es geht vielmehr darum, die den Patienten bestimmenden religiösen Vorstellungen in dessen helles Bewußtsein zu rücken. Dies ist nötig, weil religiöse Vorstellungen Auslegungen menschlicher Existenz darstellen, die auf die existentiell bedeutsamsten Fragestellungen Antwort geben. Dies zum einen. Zum anderen wirken sich religiöse Antworten, die man für sich gültig gesetzt hat, sehr nachhaltig auf das Lebensgefühl, auf die Lebenseinstellung, auf das Lebensverständnis im allgemeinen, auf die Haltung in Krisen- und Umbruchszeiten, auf die Verhaltensdispositionen, auf die Fähigkeit, Leben vorrangig als problemorientiert oder vorrangig als sinnorientiert wahrzunehmen, aus; und natürlich infolgedessen auch auf die Führung des Lebens. Wenn jedoch eine Disziplin für die Thematik der Lebensführung seit der Antike zuständig, erfahren und kompetent ist, dann ist es die praktische Philosophie. Jeder Mensch bildet Maximen der Lebensführung aus. Darin zeigt sich, daß jeder Philosoph ist. Maximen der Lebensführung gründen immer in einem Lebens- und Weltverständnis und sind als solche zentrales Thema der Philosophie. Dabei ist es nicht das Ziel des philosophischen Gesprächs, die Richtigkeit religiöser Vorstellungen herauszustellen. Die Aufgabe des Therapeuten ist es vielmehr, so mit dem Patienten zu sprechen, daß er den Zusammenhang zwischen seinen religiösen Gedanken und der Art seiner Lebensführung erkennt. Bekanntlich gibt es einen Zusammenhang zwischen den Gedanken, die wir hegen, den Gefühlen, die uns begleiten, und dem, was wir aus dem Material des Lebens machen. Als Leitspruch könnte man formulieren: Wie du denkst, so fühlst du dich. Wie du dich fühlst, so handelst du. Die an den Patienten zu richtende Frage bzgl. seiner religiösen Vorstellungen lautet: Sind diese Vorstellungen lebensfreundlich? Was machen diese Vorstellungen mit dir? Wie wirken sie sich auf dein Leben aus? Willst du das?

6. Religion als Verständnis menschlicher Existenz vor Gott am Beispiel christlicher Religion

Um Leben zu bewältigen, muß jeweils zweierlei geschehen. Man muß es verstehen (theoretischer Aspekt) und man muß es bestehen (praktischer Aspekt). Entscheidend ist die Einsicht, daß beide Aspekte zusammenspielen. Leben zu bestehen setzt ein angemessenes Lebensverständnis voraus. Leben zu verstehen ist eine notwendige Voraussetzung dafür, daß man es auch besteht. Bevor sich die philosophische und theologische Frage auftut, wie das Leben im ganzen zu verstehen und zu bestehen sei, stellt sich die Frage im Blick auf partielle Lebensbereiche oder auch Lebenssituationen. Niemand wird beruflichen Anforderungen gewachsen sein, wenn er die Materie seines Berufs nicht oder nur in unzureichendem Maße verstanden hat. Niemand wird seiner Rolle als Staatsbürger gewachsen sein, wenn er das politische System, die es konstituierenden Institutionen und die ihnen korrespondierenden Funktionen nicht verstanden hat. Und ebenso verhält es sich im persönlichen Bereich. Niemand wird seine Kinder gut erziehen und mit seinem Intimpartner ein erfreuliches Zusammenleben ermöglichen, der nicht über ein Mindestmaß an pädagogischen Kenntnissen verfügt bzw. versteht, wie Frauen kommunizieren, wie Männer kommunizieren und wie man mit den diesbezüglichen Unterschieden in konstruktiver Weise umgeht.

Der Mensch ist nun allerdings nicht nur in Teilbereiche zurück- und eingebunden und in dieser Hinsicht relationale Existenz: Existenz in Beziehung. Die religiöse Seite seiner Existenz veranlaßt ihn vielmehr, zumindest auch wahr-zunehmen, daß er gleichsam als Frage nach demjenigen „konstruiert" ist, das allen Teilbereichen seines Lebens zugrunde liegt. Und natürlich wird er die Frage, die er ist, die gleichsam einen wesentlichen Aspekt seines Seins ausmacht, auch stellen, sofern ihn das Leben dazu nötigt: normalerweise in Grenzsituationen der Tiefe und der Höhe. Stellt er die Frage nicht nur, bemüht er sich vielmehr auch, Antwort zu erhalten, dann wird er sich mit der Religion seines Kulturkreises, mit Religionen überhaupt in Beziehung setzen müssen. „Eine Herleitung des Wortes (scil. Religion) aus religari, zurückbinden, deutet an, daß in der Religion der Bezug hergestellt wird an eine ‚andere Wirklichkeit (oder eine andere Seite dieser Wirklichkeit), deren Wirkung auf die gegebene Lebenswirklichkeit … als etwas Entscheidendes angesehen wird' … Diese andere Dimension wird in der Religion bezeichnet als Gott oder das Heilige, philosophisch eher als Transzendenz oder das Absolute; die Erfahrung von ihr verleiht dem Objekt, an dem sie sich entzündet, Heiligkeit. Ihre Wirkung auf den Menschen im Hinblick auf die empirische Wirklichkeit beschreiben die Religionen als Heil, Erlösung, Erwachen, Befreiung. Für den Religiösen ist Religion Bezugspunkt seines Welt- und Selbstverständnisses, geprägt von dem sich in ihr zeigenden umfassenden Zugang zur Wirklichkeit".[23]

Das, was hier ganz allgemein über Religion gesagt wird, trifft auch für die christliche Religion zu. Auch für sie gilt, daß sie

---

[23] P. Prechtl u.a., Metzler-Philosophie-Lexikon, Artikel: Religion, Stuttgart 1999, S. 506.

demjenigen, der sich an sie bindet, ein umfassendes Gottesverständnis, Weltverständnis, Lebensverständnis und Selbstverständnis, welches man zusammenfassend auf den Begriff des Wirklichkeitsverständnisses[24] bringen kann, vermittelt. Das Besondere dieses Wirklichkeitsverständnisses besteht darin,

---

[24] Natürlich stellt sich hier die Frage, wie dieses Wirklichkeitsverständnis zustande kommt. Zunächst ist wichtig festzuhalten, daß es sich – in der Perspektive des Glaubens – um ein von Gott ausgehendes Erschliessungsgeschehen handelt, das als solches Offenbarungscharakter hat. Das heißt, es handelt sich um die Vermittlung von Einsichten, die zwar von der Vernunft nachvollzogen und als durch und durch sinnvoll anerkannt werden können, die sich der Mensch auf der Basis seiner Vernunft jedoch nicht selber zu erarbeiten in der Lage ist. *Eine* Möglichkeit, die Entstehung dieses Wirklichkeitsverständnisses nachzuvollziehen, ist gegeben, sofern man den diesbezüglichen Erschließungsprozeß im Mittel der begrifflichen Figur von *Eindruck und Ausdruck* einsichtig macht. Am Anfang steht Gott, der Menschen in der Weise beeindruckt, daß sie ihn als den Schöpfer von Welt und Mensch und durch ihn ihre Bestimmung in der Welt erkennen. Die so von Gott *beeindruckten* Menschen verarbeiten diesen Eindruck und bringen den verarbeiteten Eindruck in Form von Einsichten zum *Ausdruck*. Die Motivation dazu liegt im Sachverhalt, daß sie etwas erkannt haben, was für sie von grund-legender existentieller Bedeutung ist. Sie erfahren sich von derjenigen Macht betroffen, die über Sein und Nicht-Sein, Sinn und Widersinn ihrer Existenz entscheidet. Weil dies so ist, hat dieses Betroffensein unbedingten Charakter und impliziert deshalb die Notwendigkeit, den Inhalt dieses Betroffenseins *auszudrücken*. Einmal, um sich selbst der Substanz des Betroffenseins zu vergewissern. Zum andern, um das weiterzusagen und kommunikabel zu machen, was man im Blick auf das Leben eines jeden Menschen als grundlegend und somit als daseinskonstitutiv erkannt hat. Das diesbezügliche Ausdrücken erfolgte zunächst mündlich, später wurde es schriftlich fixiert. Es entstand ein Text. Damit aber ist der Prozeß von Eindruck und Ausdruck nicht zu Ende. Denn die Auseinandersetzung mit den Texten – gleichgültig, ob sie nun kindlich-unbefangen gelesen oder mit

- daß es auf die existentiell wichtigsten Fragen, welche der Mensch stellen kann, Antwort gibt;
- daß es sich um Antworten handelt, die sich der Mensch im Mittel seiner Vernunft nicht zu geben vermag;
- daß die Antworten Offenbarungscharakter haben: also im Blick auf die Wirklichkeit etwas sehen lassen, was die Wirklichkeit von sich aus nicht preis gibt. Und dies im Blick auf den Ursprung von Welt und Mensch; im Blick auf die Bewältigung der negativen Merkmale von Existenz: Entfremdung, Endlichkeit, Übel, Tod; im Blick auf die Sinnhaftigkeit und Widersinnigkeit des Lebens; im Blick auf die Vollendung und Erfüllung von Mensch und Welt;
- daß im Rahmen dieses Wirklichkeitsverständnisses Existenz als etwas Sinnvolles erscheint und so dem Sinnverlangen des Menschen durch und durch entsprochen und deshalb dem

---

den Mitteln der historisch-kritischen Forschung regelgeleitet analysiert werden – macht natürlich sowohl auf den naiven als auch auf den wissenschaftlich gebildeten Leser Eindruck, der wiederum verarbeitet und ausgedrückt werden will. Und dies ereignet sich durch die Geschichte hindurch bis auf den heutigen Tag. Und natürlich ist es auch heute möglich, daß die von den biblischen Texten Beeindruckten nicht nur die zeitgebundenen Ausrucksmedien in ihrer historischen Bedingtheit zur Kenntnis nehmen, vielmehr auch in ihrer Unbedingtheit. Dies geschieht, wenn die Texte in ihrer symbolischen Substanz wahrgenommen werden, also erkannt wird, daß sie mit bedingten Mitteln auf Unbedingtes, nämlich auf Gott selbst verweisen und ihn vergegenwärtigen. Die bedingten Mittel sind die Sprache, die Wahrnehmungsweisen, die existentiellen Interessen der Menschen, die sich von Gott beeindrucken lassen und ihn eben mit diesen Mitteln zum Ausdruck bringen. Die Mittel sind relativ. Worauf sie verweisen, ist absolut. Dies zu erkennen ist dem Menschen von sich aus nicht möglich. Der Ermöglichungsgrund ist der Geist Gottes selbst. So die theologische Perspektive.

Menschen Mut zum Leben gemacht wird und ihn motiviert, sein Leben nicht nur in Sinn eröffnenden Horizonten zu verstehen, vielmehr es auch entsprechend sinnvoll zu gestalten.

Die existentiell wichtigsten Fragen, die Menschen stellen, die sie sich selbst auf der Basis ihrer Vernunft nicht beantworten können, lauten: Woher komme ich erstlich? Warum ist menschliche Existenz so problematisch? Wie kann mein Leben trotz allem gelingen? Wohin führt mich mein Weg letztlich? Die theologischen Antworten auf diese fundamentalen Fragen haben Offenbarungscharakter.[25] Offenbarung ist ein Erschließungsgeschehen. Im Vorgang der Offenbarung erschließt Gott sich dem Menschen. Demzufolge ist dieses Geschehen triadisch strukturiert. Gott selbst ist es, der dieses Geschehen in Gang setzt (Subjekt der Offenbarung). Und das, was er im Zuge dieses Erschließungsgeschehens vermittelt, ist die Erkenntnis der Beziehung, die er zum Menschen hat. Kurz: Er vermittelt *sich selbst* (Gegenstand der Offenbarung). Adressat dieser Vermittlung aber ist der Mensch. Ihm gilt dieses Erschließungsgeschehen (Ziel der Offenbarung). Das, was erschlossen wird, kann im wesentlichen als Antwort auf die vier genannten existentiellen Fundamentalfragen verstanden werden und wird im Zusammenhang Systematischer Theologie in folgenden theologischen Reflexionszusammenhängen behandelt: der Schöpfungslehre, der Lehre von der Sünde, der Lehre von der Rettung des Menschen und der Lehre von der Vollendung des Menschen und der Welt.[26] Rekonstruiert man den Gedankengang in Kürze, dann ergibt sich folgendes Schema:

---

[25] Vgl. zum Begriff der Offenbarung W. Härle, Dogmatik, Berlin 1995, S. 81 ff.

[26] Vgl. dazu a.a.O., S. 409 ff., 457 ff., 493 ff., 600 ff.

Frage		**Antwort**		**Grund-thematik**
Woher komme ich erstlich?	→	Schöpfungslehre (Kosmologie)	→	Ursprung
Warum ist Existenz so problematisch?	→	Sündenlehre (Hamartiologie)	→	Entfremdung
Wie kann mein Leben trotz allem gelingen?	→	Rettungslehre (Soteriologie)	→	Erfüllung
Wohin führt mein Weg letztlich?	→	Vollendungslehre (Eschatologie)	→	Vollendung

- Woher komme ich erstlich? Was ist meine Bestimmung?

Die systematische Entfaltung der Lehre von der Schöpfung im Zusammenhang theologischer Reflexion geschieht immer im Rückblick auf diejenigen Texte des Alten und Neuen Testaments, die Schöpfungsaussagen enthalten. Die wichtigsten Texte im AT finden sich in den ersten beiden Kapiteln der Bibel.[27] Entscheidend ist die Erkenntnis, daß es sich im Prinzip um keine naturwissenschaftlichen Texte handelt, auch wenn naturwissenschaftliche Einsichten der damaligen Zeit als Material für theologische Aussagen genutzt werden. Dies leuchtet unmittelbar ein, wenn man weiß, daß in den ersten beiden Kapiteln der Bibel zwei völlig verschiedene Schöpfungsberichte hintereinandergestellt werden, Berichte, die von völlig verschiedenen Auto-

[27] Vgl. vor allem den priesterlichen Schöpfungsbericht im Alten Testament, Gen 1,1-2,4a und den jahwistischen Schöpfungsbericht in Gen 2,4b-25.

ren aus völlig verschiedenen Zeiten verfaßt wurden.[28] Die Fülle der Unterschiede kann hier nicht dargestellt werden. Dazu nur soviel: Die Ursituation im ersten Bericht ist das Chaos, das allmählich in Kosmos, also in eine geordnete Schöpfung verwandelt wird. „Die Erde war wüst und leer, und es war finster auf der Tiefe; und der Geist Gottes schwebte auf dem Wasser.“[29] Dann schafft Gott das Licht, Himmel und Erde, Pflanzen, Sonne, Mond und Sterne, Tiere und zuletzt den Menschen. Im zweiten Schöpfungsbericht ist die Ausgangssituation Wüste: „Und all die Sträucher auf dem Felde waren noch nicht auf Erden, und all das Kraut auf dem Felde war noch nicht gewachsen.“[30] In diese Situation hinein schafft Gott zuerst den Menschen: „Da machte Gott der Herr den Menschen aus Erde vom Acker und blies ihm den Odem des Lebens in seine Nase und so ward der Mensch ein lebendiges Wesen.[31] Und nun verwandelt Gott die Wüste um den Menschen herum schrittweise in eine Oase mit Wasser, mit Bäumen, mit Feldtieren und Vögeln, damit der Mensch leben kann. Der Sachverhalt, daß zwei völlig verschiedene Schöpfungsberichte unmittelbar hintereinander gestellt werden, zeigt deutlich, daß diejenigen, die diese Texte aneinandergefügt haben, keine naturwissenschaftlichen Erkenntnisse vermitteln wollten. Denn jeder, der diese Schöpfungsberichte als naturwissenschaftliche Texte mißversteht, wie es in der gesamten abendländischen Geschichte der Fall war und bis auf den heutigen Tag der Fall

---

28 Vgl. dzu Gen 1,1-2,4a mit Gen 2,4b-25.
29 Gen 1,2.
30 Gen 2,5.
31 Gen 2,7.

ist, stellt natürlich die Frage: Wie war es denn nun eigentlich? So oder so?[32]

Um welche Art von Texten handelt es sich? Ganz offensichtlich um bekenntnishafte Texte, in denen Menschen, von Gott, dem Grund alles Seienden, berührt, den Ursprung von Welt und Mensch und die ihnen von Gott zugeteilte Bestimmung in der Welt – einmal eher begrifflich, ein andermal eher bildhaft – spiegeln. Demzufolge handelt es sich im Prinzip nicht um naturwissenschaftliche, vielmehr um existentiell bedeutsame Texte, in denen die Beziehung, die Gott zum Menschen hat, reflektiert

---

32 Um die Zuständigkeiten von Theologie und Naturwissenschaft auseinanderzuhalten, hat man von seiten der Theologie folgende Unterscheidung getroffen: „Die Schöpfung ist der *innere Grund* der Weltentstehung. Dabei verstehe ich … unter einem *inneren* Grund das Motiv, also den Beweggrund, der zugleich das Ziel und die Absicht angibt. Dem gegenüber umfaßt der ‚äußere Grund' das, was zur Verwirklichung des inneren Grundes erforderlich ist … Die – naturwissenschaftlich mehr oder weniger vollständig erklärbare – Weltentstehung ist der äußere Grund der Schöpfung; die Schöpfung hingegen ist der innere Grund der Weltentstehung. Was ist damit gewonnen?
Der Gewinn einer solchen Verhältnisbestimmung bestünde darin, daß die Schöpfungslehre weder mit der naturwissenschaftlichen Welterklärung auf eine Ebene oder unter eine Kategorie gebracht würde (sei es als Bestätigung, als Ergänzung oder als Widerspruch), noch daß beides als beziehungsloses Nebeneinander gedacht würde … So verstanden steht die Schöpfungsaussage weder *neben* der naturwissenschaftlichen Erklärung noch *gegen* sie, sondern bezieht sich auf sie, indem sie diese in einer bestimmten Weise *interpretiert.* Wenn das Geschaffensein des naturwissenschaftlich Erforschbaren und Erklärbaren dessen *inneren* Grund bezeichnet, dann bezieht sich die Schöpfungsaussage immer auch, ja entscheidend, auf die *Bestimmung* des Geschaffenen, also auf das, *als was* es von Gott gewollt und gemeint ist, und damit auf das Ziel, auf das hin es unterwegs ist." W. Härle, a.a.O., S. 419. 420.

wird; und dies in der Absicht, sich seines Ursprungs, seiner Bestimmung und seines Lebens zu vergewissern. Demzufolge versteht nur derjenige die Texte richtig, der ihre theologische Substanz rekonstruiert und sie als Glaubensbekenntnisse begreift.

Die wichtigsten Aussagen der Schöpfungsberichte könnte man so zusammenfassen:

- der Mensch ist kein Zufall der Materie, vielmehr von Gott gewollt. Die Urbeziehung, die für ihn daseinskonstitutiv ist, ist die Beziehung zu Gott;
- er ist es, der die Welt durch sein Wort aus dem Nichts[33] geschaffen hat und sie dem Menschen als Lebensraum zur Verfügung stellt;
- er ist es, der dem Menschen seine Schöpfung anvertraut, – und Gott der Herr nahm den Menschen und setzte ihn in den Garten Eden, daß er ihn bebaute und bewahrte"[34] – und zwar als einen Lebensraum anvertraut, der deshalb der Bewahrung wert ist, weil er gut ist. Sechsmal heißt es, daß das Geschaffene gut ist und insgesamt, daß es sehr gut ist: „Und Gott sah an alles, was er gemacht hatte, und siehe, es war sehr gut."[35]
- er ist es, der dafür sorgt, daß der Mensch seinem Herrschaftsauftrag – „seid fruchtbar und mehret euch und füllet die Erde und machet sie euch untertan und herrschet"[36] über die Tiere – nicht mißbrauchen *muß* und dies,
- indem er dem Menschen eine heilsame Bestimmung zuteil werden läßt, nämlich die Bestimmung zur Gottesebenbild-

---

33 Vgl. dazu beispielsweise den Satz: „Und Gott sprach: Es werde Licht! Und es ward Licht." Gen 1,3.

34 Gen 2,15.

35 Gen 1,31.

36 Gen 1,28.

> lichkeit: „Und Gott schuf den Menschen zu seinem Bilde, zum Bilde Gottes schuf er ihn; und schuf sie als Mann und Frau."[37]

Natürlich kann man das Besondere am Menschen durch Vergleich mit allen anderen Lebewesen zum Vorschein bringen; und dies im Horizont von Übereinstimmung und Unterschied. Ganz offensichtlich ist der Mensch in seiner Körperlichkeit, Lebendigkeit, Beseeltheit und Empfindungsfähigkeit mit allen anderen Lebewesen verbunden. Zugleich aber ist er als vernunftbegabtes Wesen, das über Sprache verfügt, von allen anderen Lebewesen verschieden. Dabei zeigt sich das Spezifische seiner Existenz nicht in abstrakter Rationalität, vielmehr gerade in der Verbindung und im Zusammenwirken von Rationalität und „Animalität". Der Mensch ist immer beides zugleich: naturverbunden und geistverbunden. Allerdings ist die Fähigkeit, als vernunftbegabtes Wesen sprechen zu können, Begriffe bilden zu können, sinnvolle Aussagen machen zu können, Schlüsse ziehen zu können und auf diese Weise erkennen und kommunizieren zu können rein formaler Natur. Es stellt sich die Frage, wozu er diese Fähigkeiten gebraucht. Ganz offensichtlich ist Rationalität keine Garantie für Humanität. Wäre dies der Fall, würde der Steigerung von Rationalität die Steigerung von Humanität jeweils folgen. Es ergibt sich die Frage nach der Bestimmung des Menschen angesichts seiner im Vergleich mit den anderen Lebewesen besonderen Ausstattung. Genau auf diese Frage gibt die theologische Aussage von der Gottesebenbildlichkeit[38] des Menschen Antwort. Sie stellt die zentrale Aussage der theologischen Anthropo-

---

[37] Gen 1,27.

[38] Vgl. dazu im AT Gen 1, 26-27; 5,1-2; 9,6. Die Spiegelung dieses alttestamentlichen Theologems findet sich im NT 1. Kor 11,7. Kol 3,10. Jak 3,9.

logie dar und hat die Eigenart, den Menschen bezüglich seiner Bestimmung von allen anderen Lebewesen zu unterscheiden und ihn zugleich zu allen anderen Lebewesen in Beziehung zu setzen. Bevor ich auf die zentrale Bedeutung der Gottesebenbildlichkeit zu sprechen komme, ist ein häufig anzutreffendes Mißverständnis auszuräumen. „Es ist nicht *etwas* am Menschen, das ihn zu einem Bild Gottes macht – sei es die körperliche Gestalt, der aufrechte Gang, die Geistnatur, die Ansprechbarkeit, die Zweigeschlechtlichkeit oder der Herrschaftsauftrag –, sondern gemeint ist die Existenz im Gegenüber und in Beziehung zu Gott insgesamt, die seine Erschaffung und Bestimmung zum Bild Gottes ausmacht."[39] Da Gott keine Gestalt im anthropomorphen Sinne hat, kann sich die Gottesebenbildlichkeit nicht auf das Abbild oder die Nachbildung einer vorgegebenen äußeren Gestalt beziehen. Worauf sie sich bezieht, ist das Wesen Gottes. Was aber ist das Wesen Gottes? Zweierlei ist in dieser Hinsicht zu nennen: Gott ist Geist und Gott ist Liebe. Mit den Worten der Bibel: „Gott ist Liebe; und wer in der Liebe bleibt, der bleibt in Gott und Gott in ihm."[40] Der Mensch ist „als *geistbegabtes* oder als *liebendes* Wesen ein Ebenbild Gottes … ‚Ebenbild' heißt dabei: eine gelebte Veranschaulichung, eine Darstellung, ja eine Verwirklichungsform des Wesens Gottes."[41] Der Mensch ist dies, sofern er sich selbst in seiner Geistbegabtheit als ein zur Liebe bestimmtes Wesen versteht und realisiert. Es handelt sich folglich in der Gottesebenbildlichkeit um die zentrale Bestimmung des Menschen, welche in einer doppelten Entsprechung erfüllt wird. In der Entsprechung zum Wesen Gottes, welche

---

[39] W. Härle, a.a.O., S. 435.

[40] 1. Joh 4,16.

[41] W. Härle, a.a.O., S. 436.

sich sowohl in der Beziehung zur Schöpfung als auch zum Mitmenschen spiegeln soll. Diese Spiegelung ereignet sich immer dann, wenn sich der Mensch mit den Geschöpfen und seinesgleichen in Liebe verbunden weiß und eine Rationalität an den Tag legt, deren Substanz Humanität ist. Humanität aber bedeutet „die Fähigkeit, einander von Angesicht zu Angesicht zu begegnen, im Angesicht des anderen die (unausgesprochene) Bitte um Schutz, Vertrauen und Zuwendung wahrzunehmen, angeredet zu werden und darauf in Freiheit zu antworten."[42]

- Warum ist menschliche Existenz so problematisch?

Die christlich-theologische Antwort lautet: weil der Mensch durch eine Macht bestimmt wird, die seine Bestimmung – nämlich zur Gottesebenbildlichkeit – durchkreuzt. Diese Macht trägt den Namen: Sünde. Leider handelt es sich um einen Begriff und Sachverhalt, der im allgemeinen Sprachgebrauch der modernen Welt durch Verharmlosung, Ethisierung, Ironisierung und Banalisierung zur Karikatur seiner selbst herunterstilisiert und der Lächerlichkeit preisgegeben wurde. Und vielleicht ist dieser Vorgang nicht von ungefähr. Es könnte sein, daß gerade auch der moderne Mensch angesichts innerer Zerrissenheit eine Ahnung seiner Verlorenheit und Heillosigkeit hat, die im Begriff der Sünde auf den Begriff kommt. Vielleicht ist die Banalisierung des Begriffs als hilfloser Versuch zu werten, den Ernst, der mit dem Phänomen der Sünde verbunden ist, abzuwehren. Und vielleicht ist es tatsächlich so, daß das Bewußtsein der Sünde nur von ihrer Überwindung her aushaltbar ist.

---

[42] A.a.O., S. 432.

Im Alten Testament und Neuen Testament gibt es im ganzen sechs Begriffe[43] für das, was man in der deutschen Sprache mit Sünde bezeichnet. Sie sind innerlich verwandt und verweisen auf den Sachverhalt, daß der Mensch ein zielorientiertes, wegorientiertes Wesen ist, das als solches nicht nur nach seiner diesbezüglichen Bestimmung fragt, vielmehr auch eine letztgültige Bestimmung hat. Seine Bestimmung ist es, in der Gemeinschaft mit Gott zu leben und aus dieser Verbundenheit mit Gott, die Beziehung zur Welt und den Menschen, mit denen man unterwegs ist, zu gestalten. Im Begriff der Gottesebenbildlichkeit kommt die Bestimmung des Menschen inhaltlich zur Sprache. Die Liebe, die der Mensch in Verbundenheit mit Gott erfährt, wird sich und soll sich in den zwischenmenschlichen Bindungen und im Bezug zur Welt spiegeln. Sünde zeigt sich nun darin, daß der Mensch seine grund-legende Bestimmung verfehlt, nämlich die Bestimmung zur Liebe. „Wenn dies die Bestimmung des menschlichen Lebens ist und wenn Sünde Verfehlung der Bestimmung des menschlichen Lebens ist, dann ist Sünde ihrem Wesen nach stets Verfehlung der Liebe.“[44] Es gibt kein engeres Verhältnis, als das zwischen dem Schöpfer und seinem Geschöpf. Ausgerechnet dieses Verhältnis ist im Falle des Menschen gestört. Wozu der Mensch zuerst, zutiefst und zuletzt gehört, ist ihm fremd. Aus diesem Grunde und in dieser Hinsicht hat man Sünde auch als Entfremdung des Menschen von Gott interpretiert, aus der die Entfremdung des Menschen vom Menschen erfolgt. Aus der ursprünglichen Sünde, der Entfremdung vom Grund, folgt die individuelle oder persongebundene Sünde, die sich in all den Übeln zeigt, die der Mensch sich und dem

[43] Vgl. dazu a.a.O., S. 457-461.

[44] A.a.O., S. 466.

Mitmenschen zufügt. Wichtig ist hier wieder die Einsicht, daß das Sein im Sinne des Verbunden-Seins Vorrang vor dem Handeln hat. Aus dem Verbunden-Sein mit Gott folgt, daß Menschen immer wieder frei werden, liebevoll zu handeln. Aus dem Entfremdet-Sein von Gott folgt, daß der Mensch sich selbst fremd wird und so in den Zustand von Heillosigkeit, Verlorenheit, innerer Zerrissenheit gerät und u.U. nicht mehr fähig ist, seine Bestimmung zu verwirklichen. Das aber heißt: Er ist verloren.

Sich selbst als jemanden zu erfassen, der unter der Macht der Sünde steht, ist der Vernunft nicht möglich. Dieser Sachverhalt muß dem Menschen von derjenigen Macht erschlossen werden, die in der Theologie die „alles bestimmende Wirklichkeit“ genannt wird. Diejenige Wirklichkeit, die alles was ist, ins Sein ruft, erhält, ihm Sinn verleiht und allem was ist, ein letztes Ziel vermittelt. Entscheidend ist hier im übrigen die Einsicht, daß es sich auch in diesem theologischen Reflexionszusammenhang um ein Wirklichkeitsverständnis handelt, das den Menschen, der es für sich gültig setzt, nachhaltig beeinflußt: sein Selbstverständnis, sein Lebensgefühl, seine Verhaltensdispositionen und sein konkretes Handeln und die Bedeutung, die er seinem Handeln beimißt.

- Wie kann mein Leben trotz allem gelingen?

Es gibt kein Leben, das in so vielfältiger und so nachhaltiger Weise bedroht ist, wie das Leben des Menschen. Das hängt zum einen an der Vielschichtigkeit, zum andern an der Bewußtheit menschlicher Existenz. Der Mensch ist in allen Dimensionen seines Lebens bedroht und er weiß es auch: in der somatischen durch abertausende von Krankheiten, in der psychischen durch eine Vielfalt neurotischer, psychosomatischer und psychotischer

Störungen, in der geistigen durch eine unübersehbare Fülle von Formen der Desorientiertheit und Formen falscher Orientierung. Dazu kommen die Bedrohungen von außen: durch die Natur und die üblen gesellschaftlichen, zivilisatorischen und geschichtlichen Umstände. Weil der Mensch in allen Dimensionen des Seins verunglücken kann, und ihm das Verunglücken der anderen permanent durch die Massenmedien vor Augen geführt wird und zwar als eines, das auch ihn jederzeit treffen kann und ihn eines fremden Tages auch trifft, ist die Frage nach dem Glücken des Lebens trotz allem die zentrale Frage und damit die zentrale Thematik des Menschen.

Dieses Thema wird von jedem Menschen unter zwei Aspekten durchgespielt: unter einem negativen und einem positiven. Im ersten Falle geht es um Vermeidung. Im zweiten Falle geht es um Erfüllung. Im ersten Falle geht es darum, mögliche Störungen in allen Dimensionen zu verhindern oder aktuelle Störungen aufzuheben. Im zweiten Falle geht es darum, Ziele, die man sich setzt, auch durchzusetzen. Das Glücken des Lebens hängt an beidem: an der Vermeidung bzw. Behebung des Negativen und an der Erfüllung des Positiven in Form von Zielen, die ja als bewußt gewählte dem Wählenden immer positiv erscheinen. Der Mensch, motiviert durch den Willen zum Sinn, will, daß sein Leben gelingt. Und natürlich gelingt ihm immer etwas. Vieles, was ihm gelingt, nimmt er unter dem Aspekt des Gelingens gar nicht mehr wahr. Es ist selbstverständlich geworden. Erst, wenn er sich ein Bein bricht, entwickelt er ein Gefühl für das Glück mühelosen Gehens. Erst, wenn seine Augen nachlassen, ein Gefühl für das Glück des scharfen Sehens. Erst, wenn die Gelenke unter Gicht und Arthrose schmerzen, ein Gefühl für das Glück der Schmerzlosigkeit. Bewußt wird ihm das Gelingen, sofern er ein heiß ersehntes Ziel erreicht. Und manchmal freut er sich darüber, manchmal sogar ungestüm, sofern ihn die Melancholie der

Erfüllung nicht überfällt, was immer dann geschieht, wenn man ein Ziel übermäßig lange, unter Einsatz völlig überzogener Mittel verfolgt hat, und am Ende spürt, daß das Ziel nicht so wichtig war, wie es einem am Anfang erschien. Und natürlich gehört, ebenso wie das Gelingen, das Scheitern zum Leben. Bevor etwas gelingt, ist es meist hundert Mal mißlungen. Vor dem Glücken liegt die Mühe des Versuchs.

Blickt der Mensch auf sein Leben zurück, erscheint es ihm wie eine verschlungene Reihe von Versuchen und Irrtümern. Er hat zu leben versucht. Er hat sich geirrt. Das Leben hat nicht gehalten, was es versprach. Er hat es noch einmal anders versucht. Nun ist etwas geglückt. Man muß nicht sehr genau hinsehen, um zu entdecken, daß das Gelingen niemals von Dauer war, daß das Glücken, mag es sich noch so oft eingestellt haben, den Charakter des Punktuellen, des Fragmentarischen hat. Mit dem Bewußtsein der Fragmenthaftigkeit ist aber für den reifen Menschen ein gewisser, nie völlig aufzuhebender Schmerz verbunden. Natürlich gehört es zur Reife eines Menschen, sich im Verlauf seines Lebens mit der Punktualität des Glücks auszusöhnen, vor allem auch im Blick auf den Sachverhalt, daß permanentes Glück wohl nicht mehr als Glück erlebt werden kann. Dennoch trägt menschliches Leben den Komparativ seiner selbst als Fundamentalmotiv in sich. Leben will gesteigert werden, sei es „nach oben“, sei es „nach unten“. Es gibt immer etwas zu verbessern. Der Mensch will länger leben, mehr verdienen, sich gesünder fühlen, schöner wohnen, mehr verreisen, mehr erleben, noch mehr wissen usf. Steigerung „nach oben“! Wenn er alles hat, was das Herz begehrt, und all die Habe sein Leben verkompliziert und Zeit raubt, sehnt er sich nach Vereinfachung. „Einfach leben“ – in der Doppelbedeutung des Wortes – wird zur Sehnsucht eines übersatten Herzens. In der Minderung wird die Steigerung der Lebensqualität erahnt. Es handelt sich gleichsam um Steigerung „nach unten", um Steigerung in der Attitüde der Negation. Gleichgültig, in welche Richtung sich Steigerung entwickelt, das mit ihr und durch sie intendierte Glück bleibt punktuell. Angesichts dieses Sachverhalts drängt sich dem Menschen die Frage auf, ob alle Momente des Glükkens und Mißglückens zusammengenommen am Ende eine Lebensarchitektur ergeben, von der man sagen kann: Sie ist gelungen. Mit dieser außerordentlich bedeutsamen Frage, die Mitte menschlicher Existenz betreffend, hat es auch die Theologie zu tun. Sie lautet dort: Was muß geschehen, daß das Leben in all seiner Fragmenthaftigkeit letztlich dennoch gelingt, ganz wird, heil wird, seiner Erfüllung zumindest entgegengeht? Die überraschende Antwort lautet: Der Mensch ist von sich aus nicht in der Lage, das Fragment seines Lebens in eine ganze, heile, vollendete Gestalt zu überführen. Vollendung und Erfüllung werden von Gott gewährt. Der von dieser Aussage berührte und ihr vertrauende Mensch geht nicht nur auf die Erfüllung seines Lebens zu, er kommt gleichsam von der verheißenen und geglaubten Vollendung seines Lebens her. Er kann die Fragmenthaftigkeit seines Lebens annehmen, weil er weiß, daß ihm die Sorge um die Vollendung des Stückwerks abgenommen ist. Und nicht nur die Sorge um die erfüllende Vollendung und vollendete Erfüllung des eigenen individuellen Lebens und der Leben der anderen, vielmehr auch die Sorge um die Vollendung und Erfüllung der Welt in ihrer Naturhaftigkeit und Geschichtlichkeit. In welchem theologischen Symbol kommt diese große Hoffnung und grandiose Verheißung zur Sprache? Es ist das Symbol des Reiches Gottes, welches das Zentrum der Predigt Jesu bildet: „Und er sprach: Die Zeit ist erfüllt, das Reich Gottes ist nahe herbeige-

kommen. Ändert euern Sinn und glaubt an das Evangelium."[45]
Will man verstehen, was Reich Gottes bedeutet, dann ist folgendes zu beachten:

- Reich Gottes ist kein Herrschaftsgebiet, vielmehr ein Geschehen. Gott ist es, der seine Herrschaft über die Welt beginnen läßt und dereinst vollendet.
- Das vollendete Reich Gottes wird ein Reich des Friedens, der Freude, der Gerechtigkeit und Erfüllung sein.
- Der Prozeß des Reiches Gottes hat im Lebenslauf Jesu Christi bereits begonnen. Sich in ihn einzugliedern ist jeder Mensch eingeladen.
- Im Geschehen des Reiches Gottes zu sein und in ihm zu wirken, bedeutet, in Entsprechung mit dem Sein Jesu Christi zu sein und in Entsprechung mit ihm Leben zu gestalten.
- Das besondere Sein Jesu Christi ist relationaler Art. Es ist unauflösliches Verbundensein mit dem Grund des Seienden, mit Gott. „Ich und der Vater sind eins."[46]
- Das Reich Gottes, das im Lebensprozeß Jesu Christi bereits begonnen hat, kommt vor allem in den Gleichnissen vom Himmelreich, in den Wundergeschichten, in Jesu zwischenmenschlichem Umgang und in Kreuz und Auferstehung zum Ausdruck.
- Die Gleichnisse zeigen den Heilswillen Gottes. Gott will, daß die Entfremdung zwischen ihm und dem Menschen überwunden wird. Er will, daß das Leben eines jeden Menschen zu seiner Erfüllung kommt. Und er will dies vor allem für die-

---

[45] Mk 1,15. Vgl. zur Ankündigung des Reiches Gottes auch Mt 20,1-16; 11,4-6; 5,3-12; Lk 17,20-21.

[46] Joh 10,30. Vgl. dazu Joh 5,23; 14,10; 16,28; 16,32; 17,21.

jenigen, die sich in dieser Welt verloren vorkommen.[47] Die Liebe zum Verlorenen ist ein besonders berührender Zug, der in den Gleichnissen immer wieder aufscheint. Der Vater sieht den „verlorenen" Sohn. Sein Anblick schmerzt ihn.[48] Er läuft ihm entgegen. Er nimmt ihn vorbehaltlos auf und drückt die Freude darüber, daß sein Sohn nach Hause gekommen ist, darin aus, daß er für ihn ein Fest veranstaltet.

- Der Anfang des Reiches Gottes kommt auch in den Wundererzählungen zum Ausdruck. Sie zeigen, daß Gott in Jesus Christus bekümmert ist über das menschliche Leid in der Welt, und zwar in allen Dimensionen. In der somatischen Dimension, indem er Krankheit heilt und Hunger stillt.[49] In der psychischen Dimension, indem er Besessene von dämonischen Mächten befreit.[50] In der geistigen Dimension, indem er Verstehen ermöglicht.[51] In der sozialen Dimension, indem er Vereinsamte aus ihrer Isolation befreit.[52] In der naturalen Dimension, indem er die tödliche Macht der Natur bricht.[53]
- Außerdem kommt das Reich Gottes in der Weise zum Ausdruck, wie er mit Menschen umgeht. Im Blick auf die Ehe-

---

47 Vgl. dazu Lk 15,1-32; 18,1-14; 19,1-10.

48 M. Luther übersetzt unübertroffen: „Es jammerte sein." Hier wird die im Urtext aufscheinende psychosomatische Reaktion hervorragend wiedergegeben.

49 Vgl. dazu z.B. die Heilung des Blinden Mk 10,46-52 und die Speisung der Fünftausend Joh 6,1-13.

50 Vgl. dazu die Heilung des besessenen Geraseners Mk 5,1-20.

51 Vgl. dazu das Wunder der Epiphanie, das die Bedeutung Jesu offenbart und das Pfingstwunder, in dessen Verlauf Verstehen und Verständnis ermöglicht werden.

52 Vgl. dazu die Heilung am Teich Bethesda Joh 5,1-8; vor allem das bittere Wort des Kranken: „Herr, ich habe keinen Menschen." Ebd. V. 7.

53 Vgl. dazu die Stillung des Sturmes Mt 8,23-27.

brecherin sagt er: „Wer unter euch ohne Sünde ist, der werfe den ersten Stein auf sie.“[54] Zu Zachäus, dem ausgestoßenen Ausbeuter, der auf dem Baum saß, sagt er: „Zachäus, komm schnell herunter, denn heute muß ich in deinem Hause einkehren.“[55] Im Blick auf die Kleinen sagt er den Großen: „Lasset die Kinder zu mir kommen und wehret ihnen nicht; denn ihnen gehört das Reich Gottes.“[56]

- Zuletzt sei hier auf Kreuz und Auferstehung als Elemente des beginnenden Reiches Gottes verwiesen, die Signets des christlichen Glaubens. Sofern von Jesus Christus zurecht behauptet wird, er sei wahrer Gott und wahrer Mensch, leidet Gott selbst in diesem Menschen. Er verharrt nicht in seiner Herrlichkeit, wendet sich vielmehr dem Menschen zu. Er liefert sich den dämonischen Tiefen menschlicher Existenz aus. Diese Passion ist facettenreich: Sie zeigt sich in der Ohnmacht den Mächtigen gegenüber. In der Erfahrung, auch von den Nächsten verlassen zu sein. Im üblen Erlebnis, verraten zu werden. In psychischer und körperlicher Qual und in der Angst, der Sinn der je eigenen Sendung könne durchkreuzt sein.
- Aber gerade der so Gequälte bleibt der Vernichtung nicht überlassen. Gott selbst ist es, der ihn ins Leben ruft. Allerdings nicht in ein Leben, das noch einmal vom Tod bedroht sein wird, vielmehr in das unüberbietbare Leben Gottes. Das aus der jüdischen Apokalyptik stammende Symbol der Totenauferweckung bedeutet, auf Jesus bezogen, daß in diesem einen die Macht des Todes durchbrochen ist, daß in diesem ei-

---

[54] Joh 8,7.

[55] Lk 19,5.

[56] Mk 10,14.

nen der endzeitliche Prozeß der Totenauferweckung bereits begonnen hat, und daß das Leben und Wirken dieses einen, das Menschen durchkreuzt haben, von Gott bestätigt wird. Dabei ist entscheidend, daß das apokalyptische Interpretament der Totenauferweckung niemals exklusiv zu verstehen ist. Sie kann niemals einem einzigen gelten. Wenn sie sich zunächst an einem einzigen ereignet, dann ist sie als Beginn eines Prozesses zu verstehen, der sich an allen ereignen wird. In paulinischer Sprache: „Nun aber ist Christus von den Toten auferweckt worden als der Erste der Entschlafenen."[57]

Im Blick auf das Grundanliegen dieser Arbeit ist die Einsicht wichtig, daß auch hinter diesen theologischen Gedanken ein Wirklichkeitsverständnis aufscheint, das den Menschen, der sich mit ihm identifiziert, zutiefst prägt. Die Prägung wird sich auf sein Selbstverständnis, auf sein Weltverständnis, auf seine emotionale Welt, auf seine Verhaltensdispositionen und sein konkretes Verhalten erstrecken. Das aber heißt, es betrifft ihn ganz und gar: in den Dimensionen der Vernunft, des Willens und des Gefühls und im differenzierten Zusammenspiel dieser drei Ebenen. Aus diesem Grunde ist es wichtig, im Rahmen des philosophisch-therapeutischen Gesprächs die Religiosität des Klienten zu thematisieren.

- Wohin führt der Weg letztlich?

Diese Frage behandeln Theologen im Rahmen von den letzten Dingen (Eschatologie). Wenn Gott die alles bestimmende Wirklichkeit ist und sein Wesen als Liebe verstanden werden muß, dann wird er seine Schöpfung und seine Geschöpfe letztendlich

---

[57] 1. Kor 15,20.

in einen Zustand erfüllter Vollendung bzw. vollendeter Erfüllung verwandeln. Liebe will das Beste für den geliebten Menschen. Aus diesem Grunde kann der Heilswille Gottes „nicht endgültig nur fragmentarisch und bruchstückhaft verwirklicht werden, sondern es ist Bestandteil christlicher Hoffnung, daß die Begrenzungen, die aus der Endlichkeit der Welt, aus der Freiheit des Menschen und aus der Realität des Leidens resultieren, schließlich und endlich *durch Gott überwunden werden*."[58] Zwar hat, in der Perspektive des Glaubens, der Prozeß des Reiches Gottes im Lebensprozeß Jesu Christi bereits begonnen. Es handelt sich um einen höchst bedeutsamen, aber, relativ zur Weltgeschichte, kleinen Vorgang. Nur wenige Menschen wurden erreicht und nicht alle haben sich gewinnen lassen. Die Macht der Sünde wurde durchbrochen, aber nicht beseitigt. Ebenso verhält es sich mit der Macht des Bösen. Die Macht des Todes wurde zwar prinzipiell überwunden, aber nur exemplarisch, nur an einem. Das Himmelreich hat gleichsam zu wachsen erst begonnen. In der Sprache des Neuen Testamentes: „Wem wollen wir das Reich Gottes vergleichen, und durch welches Gleichnis wollen wir es abbilden? Es ist wie ein Senfkorn: Wenn es gesät wird aufs Land, so ist's das kleinste unter allen Samen auf Erden; und wenn es gesät ist, so geht es auf und wird größer als alle Sträucher und treibt große Zweige, so daß die Vögel unter dem Himmel unter seinem Schatten wohnen können."[59] Wie aber kann sich der Mensch das Reich der vollendeten Erfüllung vorstellen? Der Theologe wird in diesem Zusammenhang sehr behutsam formulieren, da es sich um eine noch ausstehende Wirklichkeit handelt, die niemand erfahren hat, und die sich unserem

---

58 W. Härle, a.a.O., S. 603.

59 Mk 4,30-32.

Erfahrungs- und Erkenntnisvermögen entzieht. Die in diesem Zusammenhang einzig angemessene Redeweise ist metaphorischer Art. Mit Hilfe von Bildern verweist die Bibel auf die Wirklichkeit der Vollendung, in der „Gott wird abwischen alle Tränen von ihren Augen, und der Tod wird nicht mehr sein, noch Leid noch Geschrei noch Schmerz wird mehr sein."[60] Das wichtigste Bild in diesem Zusammenhang ist das der Tischgemeinschaft in Form eines Festmahles oder eines Hochzeitsmahles. Angelegt ist dieses Bild für das vollendete Himmelreich schon im Alten Testament. Bei Jesaja heißt es: „Und der Herr Zebaoth wird auf diesem Berge allen Völkern ein fettes Mahl machen, ein Mahl von reinem Wein, von Fett, von Mark, von Wein, darin keine Hefe ist … Er wird den Tod verschlingen auf ewig. Und Gott der Herr wird die Tränen von allen Angesichtern abwischen und wird aufheben die Schmach seines Volks in allen Landen; denn der Herr hat's gesagt. Zu der Zeit wird man sagen: ‚Siehe das ist unser Gott, auf den wir hofften, daß er uns helfe. Das ist der Herr, auf den wir hofften; laßt uns jubeln und fröhlich sein über sein Heil'".[61] Das Bild der Tischgemeinschaft ist aus zwei Gründen besonders wichtig und aufschlußreich. Zum einen, weil es Anhalt an den Lebensumständen Jesu hat. Seine Tischgemeinschaft mit den Verlorenen verweist im kleinen auf das Reich der Vollendung und vergegenwärtigt es. Zum andern ist das Bild auch substantiell wichtig. Denn in der Tischgemeinschaft spielen alle wesentlichen Dimensionen menschlicher Existenz eine Rolle.[62] Hier wird der Mensch in seiner körperlichen Bedürftigkeit wahrgenommen. Man stillt dort Hunger und Durst. Hier wird

---

[60] Off 21,4.

[61] Jes 25,6-9. Vgl. dazu im NT Mt 14,15-21; 22,1-14; 25, 1-13.

[62] Vgl. S. 53 ff.

man in seiner psychischen Bedürftigkeit ernst genommen. Man sorgt füreinander, man ist sich nahe, man freut sich aneinander. Dort wird den Menschen in ihrer geistigen Bedürftigkeit entsprochen. Man spricht miteinander, vielleicht philosophiert man sogar miteinander, man unterhält sich über die Merkwürdigkeiten dieses Lebens. Und indem man das alles miteinander tut, wird der Sozialität, dem Bedürfnis, zusammen zu sein, entsprochen. Dies mag ein Hinweis darauf sein, daß auch im Reich der Vollendung die Leiblichkeit in verwandelter Form Wirklichkeit ist.

An diesem Reich teilzunehmen wird der Mensch von Gott, wie er sich in Jesus Christus vermittelt, eingeladen. An ihm teilzunehmen ist im Glauben schon jetzt möglich. Und diese Teilnahme wird sich durch den Tod hindurchhalten, insofern sich Auferweckung an allen Toten ereignen soll, so wie sie sich an Jesus Christus als erstem ereignet hat. Dabei spielt die platonische Vorstellung der Trennung der unsterblichen Seele vom sterblichen Leib im biblischen Kontext kaum eine Rolle. Sterben und Tod werden radikal gedacht. Der Mensch stirbt ganz, als beseelter und durchgeistigter Leib. Geht man von dem aus, was man „Ganztod“ genannt hat, so ergibt sich allerdings die Frage, worin die Kontinuität zwischen dem irdischen Menschen hier, der gestorben ist, und dem Menschen dort, der von Gott auferweckt werden wird, bestehen soll.[63] Der Leib ist es nicht. Die Seele ist es auch nicht. Was ist es dann? Ganz offensichtlich

---

63 Im Rahmen der platonischen Vorstellung ist das Problem der Kontinuität gelöst. Die unsterbliche Seele ist das, was sich qua definitionem durch den Tod hindurchhält: eben, weil sie Lebensprinzip ist. Die Schwierigkeit der platonischen Vorstellung besteht darin, daß sie Seele und Leib in radikaler Weise voneinander trennt. Es ergibt sich die Frage: Ist Seele als leiblose Substanz denkbar?

kann Kontinuität in diesem Falle nur durch Gott selbst gewahrt werden, indem er den Menschen, der nun tot ist, neu schafft. Da aber alles darauf ankommt, daß es sich bei diesem Schöpfungsakt nicht um die Erschaffung irgendeines Menschen, vielmehr darum handelt, die Identität zwischen einem bestimmten Menschen, der einst gelebt hat und nun tot ist, zu wahren, ergibt sich die Frage, wie diese Identität am besten gedacht werden kann. Der Gedanke, daß der Mensch in seiner Tiefe von Gott entworfen und zur Gottesebenbildlichkeit bestimmt ist, also dazu bestimmt ist, diesen Entwurf in der Weise der Lebensgestaltung zu verwirklichen, kann hier weiterhelfen. Die Identität wahrende Neuschöpfung eines Menschen würde dann bedeuten, diesen Entwurf, soweit er im Leben eines Menschen bereits realisiert wurde, als das zu begreifen, was durch den Tod hindurchgehalten wird. Das zum einen. Zum andern würde Identität wahrende Neuschöpfung aber auch bedeuten, daß Gott den Menschen seinem Entwurf gemäß vollendet. Ihn also so schafft, wie er eigentlich sein sollte bzw. wie er ursprünglich von Gott gemeint ist.[64] Entscheidend ist in diesem Zusammenhang der Gedanke, daß der Mensch im Tod als beziehungslos gedacht werden muß. Das Prinzip seiner Lebendigkeit ist Relationalität, also in Beziehung zu sein und Beziehung zu gestalten. Die Tödlichkeit des Todes aber besteht gerade in der Unfähigkeit, von sich aus in Beziehung zu sein und Beziehung von sich aus zu formen. Tröstlich ist jedoch der Gedanke, daß Gott die Beziehung zu jedem Menschen, gerade auch durch den Tod hindurch, aufrecht hält. In dieser Beziehung *bleibt* der Mensch. Und er bleibt nicht

[64] Wenn der dem Menschen zugrunde liegende Entwurf das ist, woran sich der Akt der Neuschöpfung orientiert, dann gibt es auch das nicht, was man „Ganztod“ genannt hat.

nur, er wird vielmehr im Prozeß der Neuschöpfung zu einer erfüllten Gestalt. Im Bild gesprochen: Das Fragment seines Lebens wird ganz und heil.

Vier existentielle Grundfragen wurden hier in einem theologischen Horizont durchbuchstabiert: Woher komme ich erstlich? Warum ist Existenz so problematisch? Wie kann mein Leben trotz allem gelingen? Wohin führt der Weg letztlich? Läßt sich der Mensch von den theologischen Antworten auf diese Fragen berühren, setzt er sie gar für sich gültig, dann führt dieser Vorgang zu einem Lebens- und Wirklichkeitsverständnis, die das Lebensgefühl, die Verhaltensdispositionen und die Weisen der Lebensgestaltung eines Menschen zutiefst prägen. Im Falle christlichen Lebensverständnisses ist beeindruckend, daß alle theologischen Interpretamente menschlicher Existenz Sinn eröffnende Interpretamente sind. Damit entsprechen sie der Grundmotivation menschlichen Lebens, nämlich dem Willen zum Sinn. Sich als Geschöpf Gottes zu verstehen, dessen Wesen Liebe ist, macht Sinn. Seine Bestimmung in der Gottesebenbildlichkeit wahrzunehmen, also im je eigenen Leben in Entsprechung zum liebevollen Handeln Gottes zu handeln macht Sinn. Eine tragfähige Erklärung für die grundlegende Verkehrtheit menschlicher Existenz aufgrund der Entfremdung von Gott und Mensch zu gewinnen macht Sinn. Sich in den beginnenden Prozeß des Reiches Gottes einzugliedern und die Vollendung des je eigenen Lebens nicht von sich, vielmehr von Gott her zu erwarten macht Sinn. Macht Sinn, weil es Mut zum Leben macht. Macht Sinn, weil man der Versuchung zum Perfektionismus und der Versuchung zum heillosen Versuch der Selbsterlösung durch Leistung entgeht. Wer die Punktualität des Gelingens annehmen, sich mit der Fragmenthaftigkeit seiner Existenz aussöhnen kann, weil er davon überzeugt ist, daß Gott das Fragment seines Lebens vollenden und sein Leben zu seiner Erfüllung bringen wird, erfährt

Sinn. Und er wird nicht, wie oft und zu Unrecht vermutet wurde, die Hände in den Schoß legen. Da Glaube sich in der Liebe realisiert, wird er sich an der Veränderung der Welt zum Guten beteiligen, zumindest immer wieder. Und er wird dies erfinderisch tun. Und er wird dies gelassen tun, weil er tut, was in seiner Macht liegt, und nicht zu tun versucht, was nicht in seiner Macht liegt. Kurz: Sich als Geschöpf Gottes zu verstehen und um seinen Ursprung zu wissen, sich als Sünder zu verstehen und um die Entfremdung von Gott und Mensch zu wissen, sich in den Prozeß des Reiches Gottes einzugliedern und um die schon jetzt mögliche Erfüllung des Lebens zu wissen und in der Gewißheit zu leben, daß alles Leben seiner Vollendung entgegengeht, sind Sinn eröffnende Weisen, Leben zu verstehen und tatkräftig zu bestehen.

Was hat dies alles mit dem philosophisch-therapeutischen Gespräch zu tun? Mit dem Patienten zu philosophieren hat den Sinn, das Welt- und Selbstverständnis, welches sich in Lebenszielen, vielleicht sogar in einem konsistenten Lebensentwurf niederschlägt, zu hinterfragen, eventuell zu modifizieren, zu korrigieren oder sogar zu ersetzen. Lebensziele und Lebensentwürfe wurzeln in Lebensphilosophien. Lebensentwürfe und Lebensziele wurzeln u.U. aber auch in religiös fundierten Wirklichkeitsverständnissen. Sie beeinflussen das Erleben und das Verhalten eines Menschen u.U. noch nachhaltiger als ein philosophisch begründeter Lebensentwurf. Deshalb sollte sich das Philosophieren mit dem Patienten auch auf seine Religiosität erstrecken. Dabei geht es nicht darum, den Patienten für die religiöse Vorstellung seines Therapeuten einzunehmen. Es geht vielmehr darum, die religiösen Wurzeln eines Wirklichkeitsverständnisses ins helle Bewußtsein zu rücken, aufzuzeigen, daß auch religiöse Vorstellungen zur Art beitragen, wie sich ein Mensch fühlt, was er über sich und die Welt denkt, was er von sich hält und wie er sich tatsächlich verhält. Religiöse Vorstellungen machen etwas mit dem Menschen, der sie hegt. Das gleiche gilt für philosophische Vorstellungen. Der Patient soll entdecken, was sie mit ihm machen. Wenn er es weiß, soll er sich eine ganz einfache Frage stellen: Willst du das?

7. Meditation, Spiritualität und das philosophische Gespräch

Die Fülle der Meditationsformen und die Buntheit der Meditationsszene mögen zur Annahme verleiten, bei Meditation handle es sich um besonders exquisite, höchst verschiedene und raffinierte Psychotechniken. Der Schein trügt. Meditation ist im Grunde etwas sehr Einfaches und gehört zu jedem gesunden Leben hinzu.[65] Man beobachte ein spielendes Kind. Es ist völlig gegenwärtig. Es ist hellwach, hochkonzentriert und still. Damit erfüllt es die Grundprinzipien der Meditation. Völlig gegenwärtig zu sein bedeutet, dem Augenblick je jetzt hingegeben zu sein. Nicht selten leben Menschen in einseitiger Weise rückwärts orientiert. Sie lassen sich von ihrer Vergangenheit einholen, vor allem von den dunklen Seiten ihrer Vergangenheit. Sie imaginieren, was nicht gelungen ist, was problematisch ist, was angst gemacht hat, wovor sie sich hüten sollten. Wenn sie hochneurotisch sind, stehen sie noch dazu unter dem Zwang, die Fehler der Vergangenheit zu wiederholen. Die Vergangenheit wirft einen

---

65 Vgl. dazu W. Kurz, Meditation, in: G. Adam u.a., Methodisches Kompendium für den Religionsunterricht, Göttingen 1993, S. 350 ff. Ders., Meditation als Dimension religiöser Erziehung, in: Ders., Suche nach Sinn, Würzburg 1991, S. 220 ff.

dunklen Schatten über ihr Leben, von dem sie sich nicht lösen können. Sie stehen nicht in ausgeglichener Weise auf ihren Füssen. Sie stehen vielmehr auf ihren Fersen. Sie lassen sich nach hinten ziehen. Sie haben die Tendenz, auf den Rücken zu fallen. Sie sind in einseitiger Weise vergangenheitsorientiert.

Das Prinzip des völligen Gegenwärtigseins kann auch gegenteilig unterlaufen werden. Der gehetzte Mensch der Moderne läßt sich nicht selten nach vorne ziehen. Seine Tendenz, immer mehr in immer kürzeren Zeitintervallen zu erledigen, macht ihn in überzogener Weise besorgt um die Zukunft. Seine Gedanken kreisen um alles, was noch nicht erledigt ist und was möglichst schnell erledigt werden sollte. Und eines Tages erlebt er, daß sich dieses sorgende Kreisen um morgen verselbständigt hat und er völlig unfähig geworden ist, es zu durchbrechen. Er kreist, ob er will oder nicht. Auch er steht nicht mehr ausgeglichen auf seinen zwei Füßen. Er steht auf den Zehen. Immer nach vorne geneigt. Immer auf dem Sprung. Seine Tendenz, auf das Gesicht zu fallen, ist unübersehbar. Er ist einseitig zukunftsorientiert.

Natürlich gehören der Blick zurück und der Blick nach vorne zum Leben des Menschen hinzu. Die Fähigkeit, sich zu erinnern, die Fähigkeit, die Zukunft in Ziel und Plan vorwegzunehmen, zählt zu den Besonderheiten menschlicher Existenz. Gesunde Vorwärts- und Rückwärtsorientierung zeichnen sich jedoch dadurch aus, daß sie den Menschen zu völliger Gegenwärtigkeit immer wieder freisetzen und ihn nicht daran hindern. Soll Leben gelingen, dann muß es unter Berücksichtigung zurückliegender Erfahrungen und vorausliegender Zielvorstellungen je jetzt gestaltet werden: in der Haltung völliger Gegenwärtigkeit.

Hellwach zu sein ist das zweite Prinzip der Meditation. Nicht selten sind Menschen überspannt oder unterspannt, überdreht oder todmüde. Die Überspannung kann viele Gründe haben: überzogene Leistungsorientierung. Die Tendenz, allen Anforderungen zu entsprechen. Es allen recht zu machen. Ehrgeiz, Aufstiegsorientierung, der Wille, jede Konkurrenz auszuschalten. Ebenso verhält es sich mit unnatürlicher Müdigkeit. Auch sie kann viele Gründe haben. Menschen, die sich falsche oder überzogen hochgesteckte Ziele setzen, resignieren. Resignation schlägt um in Müdigkeit. Menschen, die fremdbestimmt sind, an ihrem eigenen Lebensentwurf vorbeizuleben sich gezwungen fühlen, resignieren und werden eines Tages ihres Lebens überdrüssig. Überdruß spiegelt sich in Müdigkeit. Menschen, die ein Lebensthema haben, das sie fasziniert, das ihnen sinnvoll erscheint und das auch Bedeutung für das Leben anderer Menschen hat, sind hellwach. Faszination spiegelt sich intrapsychisch immer in Wachheit, also in einem Zustand, der genau in der Mitte zwischen neurotischer Überdrehtheit und neurotischer Müdigkeit angesiedelt ist.

Das dritte Prinzip der Meditation ist Konzentration bzw. Leere. An dieser Stelle scheiden sich die großen Szenen der Meditation. Westliche Meditation ist am Prinzip der Konzentration orientiert, östliche Meditation am Prinzip der Leere; jedenfalls in idealtypischer Perspektive.[66] Im Westen geht es um die Meditation von Gegenständen, die allerdings im Zuge der Meditation den Charakter der Gegenständlichkeit verlieren und inständlich werden. Man meditiert einen bedeutenden Ausschnitt der Realität. Das können ein wichtiges Wort oder ein wichtiger Satz sein. Das können ein Bild oder eine Szene einer heiligen Schrift sein. Das können ein Symbol – eine Schale, ein Licht, ein Ring, ein Kreis –, es können auch technische Gegenstände in ihrer Symbolhaftigkeit sein, z.B. Brücken. Es kann aber auch ein Mensch,

---

[66] Es gibt auch im Westen objektlose Meditation, z.B. bei Meister Eckehart und im Osten objektorientierte Meditation, z.B. im Hinduismus.

der mir anvertraut ist, ein Objekt der Natur, das mir bedeutsam ist, sein. Es kann im Grunde alles sein, was existentiell relevant ist. Entscheidend ist, daß ich mich in den Gegenstand vertiefe, d.h. so in ihn eindringe, daß er mir in seiner Ganzheit und von innen her aufgeht und gerade dadurch seine Gegen-ständlichkeit verliert. Einen Text zu meditieren – z.B. den johanneischen Satz: „Ich bin der Weg und die Wahrheit und das Leben"[67] – bedeutet, ihn in sich „hineinwandern" zu lassen, sich von ihm berühren zu lassen, zu spüren, was er mit einem macht. Welche Gefühle, Gedanken, Assoziationen er spontan in einem auslöst. Das Gegenteil zur Meditation wäre die Analyse dieses Satzes. Mittel der Analyse ist die Frage. Zu fragen, welche Bedeutung dieser Satz im johanneischen Text hat, woher die Ich-bin-Worte bei Johannes stammen, welchen Wahrheitsbegriff der vierte Evangelist hat, wären Fragen analytischer Art. Das Prinzip der Analyse ist Distanz. Im Mittel der Frage rücke ich das zu analysierende Objekt in die Distanz. Prinzip der Meditation ist Nähe. Im Vorgang der Meditation hebe ich die Distanz zum Meditationsobjekt auf. Ich nehme es in seiner Ganzheit, seiner Einzigartigkeit und Unverwechselbarkeit wahr. Meditation ist an Individualität orientiert. Im übrigen geht es niemals darum, analytisches Verstehen gegen meditatives Verstehen auszuspielen. Beide Weisen des wahrnehmenden Verstehens und verstehenden Wahrnehmens gehören zusammen und ergänzen sich wechselseitig. Analyse ist am Detail orientiert. Meditation an der Ganzheit. Analyse ist an der Gliederung eines Phänomens orientiert. Meditation am Zusammenspiel aller Glieder. Im mittelalterlichen Latein konnte der Begriff der meditatio durch den Begriff der ruminatio ersetzt werden. Wörtlich bedeutet ruminatio: wiederkäu-

---

[67] Joh 14,6.

en. Damit wird ein wichtiger Aspekt meditativer Prozesse zum Ausdruck gebracht. Der Gegenstand der Meditation unterliegt gleichsam einer Einverleibung. Er wird so lange „wiedergekäut", bis er in Fleisch und Blut übergegangen ist. In philosophischer Perspektive würde man sagen: Es handelt sich um die nachdrückliche Aufhebung der Subjekt-Objekt-Differenz. Diese hat zur Folge, daß sich im Vorgang der Meditation eine sehr hohe objektorientierte Erlebnisdichte und Erlebnistiefe ereignen kann.

Im Gegensatz zur westlichen ist östliche Meditation objektlos. Das heißt: Der in der Weise des Ostens meditierende Mensch ist, wie im Westen, völlig gegenwärtig, hellwach und, im Gegensatz zum Westen, darum bemüht, gedankenlos zu werden. Er erschließt sich der Leere. Natürlich ist es mit gewissen Schwierigkeiten verbunden, hellwach, völlig gegenwärtig zu sein und gleichzeitig nichts zu denken. Das Problem liegt vor allem darin, daß der Wille, nichts zu denken, kontraproduktiv ist. Unternimmt man den Versuch, den Gedankenfluß mit Gewalt zu unterdrücken, dann ereignet sich das, was Buddha so zum Ausdruck gebracht haben soll: Die Gedanken springen durch das Gehirn wie Affen durch den Dschungel. Aus diesem Grunde sollten die Gedanken nicht unterdrückt, sie sollten vielmehr vergleichgültigt werden. Es geht um die Einübung einer spezifischen Haltung, in der man Gedanken-losigkeit nicht erzeugt, schon gar nicht erzwingt, vielmehr empfängt. Man schaut auf seine Gedanken gleichsam wie auf die Wolken im Gebirge: Sie kommen und vergehen. Erlebt man ihr Kommen als gleichgültig und letztlich auch ihr Vergehen, dann vergehen sie. Und eines guten Tages erlebt man, daß sich zum Zustand völliger Gegenwärtigkeit und Wachheit der Zustand völliger Gedanken-losigkeit gesellt hat. Der Durchbruch ist gelungen. Der Zustand wird sich nun wieder, dann immer öfter und schneller einstellen. Hier geht es nun nicht vorrangig um Techniken der Meditation, vielmehr um Prinzipien.[68] Es tut der Seele des Menschen gut, immer wieder alle Gedanken, alles Denken loszulassen; vor allem auch deshalb, weil sich so in nachhaltiger Weise die Präzision des Denkens und die Konzentrationsfähigkeit steigern lassen. Dies kommt unmittelbar an den Tag, sofern man östliche und westliche Meditation miteinander kombiniert und das übt, was man integrierte Meditation nennen könnte. Sie ereignet sich, sofern man zunächst völlig gegenwärtig und hellwach die Leere sich ereignen läßt, um nach einer gewissen Zeit – nach einer Viertelstunde z.B. – einen Gegenstand zu meditieren oder um einfach in hochmeditativer Form eine bestimmte Arbeit zu beginnen. In diesem Falle macht man die zunächst überraschende Erfahrung, daß sich das Denken nach einer Zeit meditativer Gedanken-losigkeit sehr viel präziser und produktiver ereignet.

An dieser Stelle ist vor einem gravierenden Mißverständnis zu warnen. Es mag bisher so aussehen, als handle es sich im Zusammenhang der Meditation um eine Übung, mit dem Ziel der Optimierung von Konzentrations- und Denkfähigkeit. Berücksichtigt man dazu noch den Sachverhalt, daß Meditation keineswegs ausschließlich eine geistig-psychische, vielmehr immer auch eine körperliche Übung ist, die sich nachweislich sehr positiv auf die psychische Gesundheit[69] eines Menschen auswirkt, dann kann man leicht dem Glauben anheimfallen, Meditation sei eine Technik allgemeiner Lebensoptimierung. Ganz ohne Zweifel ist Meditation die einfachste, preiswerteste und effektivste Form

68 Vgl. zu Prinzipien und Techniken der Meditation vor allem folgende ausgezeichnete Veröffentlichungen: K. Graf von Dürckheim, Meditieren – wozu und wie, Freiburg i.Br. 1981. K. Tilmann, Führung zur Meditation 1, Zürich 1981.

69 Vgl. dazu K. Grawe u.a., Psychotherapie im Wandel, Göttingen 1994, S. 618-626, bes. S. 625.

psychisch-geistige Gesundheit zu erhalten und zu erhöhen. Aus diesem Grunde wird sie immer öfter von Psychotherapeuten und Ärzten verschrieben oder auch vermittelt. Geschieht dies, dann ereignet sich Säkularisierung eines seinem Wesen nach spirituellen Lebensprozesses. Was hier zu sagen ist, kann man mit folgendem Vorgang vergleichen: Ein Kruzifixus, der sich tausend Jahre lang in einer romanischen Kirche befand, wird in ein modernes Museum verlegt und dem kunstbeflissenen Publikum zur Schau gestellt. Was geschieht hier? Aus einem Kultobjekt, das seine Bedeutung im Vollzug des Gottesdienstes hatte, wird ein Kunstobjekt, das nun vorrangig als ästhetischer Gegenstand wahrgenommen wird. Etwas Geistliches wird verweltlicht. Ein seinem Wesen nach spirituelles Phänomen wird säkularisiert. Ähnliches ereignet sich nicht selten im Blick auf die Meditation. Nutzt man sie vorrangig zur Optimierung der Konzentrations- und Arbeitsfähigkeit und zur Erhöhung psychischer Belastbarkeit, dann löst man sie aus ihrem spirituellen Grund. Genau dies sollte nicht geschehen.

Meditation ist zwar, wie man zu Recht erkannt hat, „Einübung in das richtige Menschsein“[70], aber zum richtigen Menschsein gehört auch die Besinnung auf den Grund des Menschseins, auf seine Tiefe. Meditation ist zunächst und zuerst eine spirituelle Übung. Ihr Hauptziel ist es, dem Menschen eine leiblich-seelisch-geistige Verfassung zu ermöglichen, in der er offen wird für den Grund des Seins; apersonal formuliert. Offen wird, von Gott berührt, von ihm angesprochen zu werden; personal formuliert. Wohlgemerkt: Es geht niemals darum, im Mittel der Meditation Gotteserlebnisse, Gottes- oder Transzendenzerfahrungen zu erzeugen. Es geht um die Ermöglichung einer

---

[70] K. Tilmann, a.a.O., S. 23.

personalen Gesamtverfassung, die sich durch Offenheit für den Grund, für die Tiefe des Seins auszeichnet. Nimmt man der Meditation diese Dimension, so raubt man ihr die Substanz.

Diese Offenheit für den Grund des Seins ereignet sich in der Stille. Damit sind wir beim vierten Prinzip der Meditation. „Es lebt im Menschen ein geheimes Wissen darum, daß die rechte Stille, nach der die Seele sich sehnt, mehr ist als nur das wohltuende Fehlen von Lärm, mehr auch als ein bloßes Gegengewicht an Ruhe gegen Unruhe und Überforderung seines Leibes, auch mehr als die bloße Voraussetzung alles Lebens im Geiste oder als die Bedingung seelischer Gesundheit. Es ist ein Wissen, daß echte Stille grundsätzlich mehr ist als die Voraussetzung oder Bedingung glückhaften Lebens, daß sie vielmehr gleichbedeutend ist mit der Erfahrung sich erfüllenden Lebens selbst! Auch in unserer Zeit ist die Urerfahrung des Menschen noch nicht vollends verschüttet, daß er immer, wo er wahrhaft glücklich ist, still wird, und daß umgekehrt dort, wo er vermag, wahrhaft stille zu werden, das wahre Glück ihm erst aufgeht."[71] Dabei geht es nicht um die äußere Stille, vielmehr um die innere Stille. Der Mensch kann, sofern er geübt ist, völlig stille werden und stille sein mitten im Lärm. Und er kann umgekehrt innerlich voller Lärm sein mitten in einem stillen Raum. Wird er innerlich still, kommt er sich selbst nahe. In der Stille entdeckt er, wer er im Grunde ist und wozu er im Grunde da ist.

Die psychohygienische Wirksamkeit der Meditation hängt ganz offensichtlich damit zusammen, daß es sich um eine Übung handelt, an der alle Dimensionen menschlicher Existenz beteiligt sind: Geist, Seele und der Leib. Natürlich kann man, sofern man

---

[71] K. Graf von Dürckheim, Japan und die Kultur der Stille, München 1981, S. 9.

ans Bett gefesselt ist, auch im Liegen meditieren oder, sofern man orthopädische Probleme hat, auf einem Stuhl. Dennoch gibt es Körperhaltungen, die sich besonders bewährt haben. Im Fersensitz zu meditieren ist gut, im aufrechten Stehen, u.U. mit erhobenen Händen zu meditieren, ist gut. Im halben oder ganzen Lotussitz zu meditieren ist sehr gut, sofern man über die erforderliche körperliche Flexibilität verfügt. Die Haltungen sind immer dann besonders geeignet, wenn sie äußerlich abbilden, was sich innerlich ereignen soll. Man imaginiere einen Mönch im Lotussitz. Er „verkörpert" das Zusammenspiel von Erdachse und Geistachse. Wenn der Mensch liegt, ist eine größtmögliche Fläche seines Körpers mit der Erde verbunden. Er befindet sich so in der Erdachse. Wenn der Mensch steht, bedecken nur die Füße den Boden und er ist hochaufgerichtet zum Himmel hin. Er befindet sich in seiner Geistachse. Der im Lotussitz Sitzende liegt und steht gleichzeitig. Sein Unterleib liegt gleichsam auf der Erde, breit und tief verwurzelt. Sein Oberleib steht gleichsam nach oben aufgerichtet. Entscheidend ist jedoch das Zusammenspiel von Erdachse und Geistachse, wie es im Meditationssitz zum Ausdruck kommt. Der Meditierende ist da: in völliger Leibes-, Seelen- und Geistesgegenwart und bildet in seiner Körperhaltung das heilsame Zusammenwirken von „Bauch" und „Kopf" ab. Damit wird zweierlei verhindert: eine kopflose Vitalität, aber auch eine herzlose Kopflastigkeit. Intelligibilität und Vitalität sollen sich nicht gegenseitig ausspielen, vielmehr zusammenspielen. Was äußerlich im Sitzen abgebildet wird, soll sich dem Innern, der Geistseele einbilden. Und umgekehrt: Die im Geist des Menschen wurzelnden Grundorientierungen sollen in der Gebärde des Körpers zum Ausdruck kommen. Aus diesem Grund meditiert man auch nicht mit geschlossenen, vielmehr mit offene Augen. Denn der Kontakt zur Welt draußen soll nicht verlorengehen, vielmehr verbessert werden. Aus diesem Grunde meditiert man auch nicht mit geschlossenen, vielmehr mit offenen Händen und überhaupt in der Haltung der Offenheit und Empfänglichkeit. Denn darauf kommt es an: offen zu werden und empfänglich zu sein für das, was das Leben letztlich trägt. Kurz: empfänglich und offen zu sein für die Tiefe. Dazu gehört auch Flexibilität. Wer einen Meditierenden anstößt, wird spüren, daß er nicht starr, gleichsam festgenagelt sitzt, vielmehr tief verwurzelt und biegsam wie die Bäume. Greift der Sturm in ihr Geäst, bewegen sie sich aus ihrer Mitte heraus. Läßt er nach, schwingen sie gelassen in ihre Mitte zurück. Nur die starren Bäume brechen. Ähnlich verhält es sich mit einem Meditierenden. In der Biegsamkeit des Sitzens bildet er gleichsam eine wichtige Existenzmöglichkeit ab: sich berühren zu lassen von den Kräften draußen, aber auch immer wieder zurückzuschwingen in die je eigene Mitte, die ihren Halt in der Tiefe hat.

Im Blick auf den Körper spielt natürlich auch das Atmen eine wichtige Rolle. Im Atmen erfährt der Mensch seine Beweglichkeit und Lebendigkeit am unmittelbarsten. An ihm erfährt er auch die Grundweisen, in der Welt zu sein: nämlich Aktivität, Passivität und Medialität. Man kann bewußt aus- und einatmen (aktiv). Oder der Atmen vollzieht sich an einem, wie es normalerweise der Fall ist (passiv). Oder man kann, sozusagen in der Mitte zwischen Tätigsein und Erleiden den Atem geschehen lassen (medial). Es handelt sich gleichsam um die Verschränkung von Aktivität und Passivität. Im „Lassen“ liegt das aktive Element, im „Geschehen“ das passive. Im Blick auf das Atmen im Zusammenhang des Meditierens ist es wichtig, den Atem nicht zu steuern, vielmehr einfach zu spüren, wie „Es“ atmet bzw. das Atmen geschehen zu lassen. Dieser Hinweis ist vor allem dann bedeutsam, wenn man mit der sogenannten Atemformel arbeitet, d.h. im doppelten Schwung des Ausatmens zwei Teile der Formel imaginiert: sich loslassen, sich niederlassen. Im Stillstand der Atmung sich den dritten Teil der Formel vorstellt: eins werden und im Einatmen den vierten Teil innerlich anschaulich macht: neu werden. Diese Formel stammt von K. Graf von Dürckheim. Seine Absicht war es, das ostasiatische Verständnis dessen, was im Atmen geschieht, in begrifflicher Form dem westlichen Menschen zu erschließen. Dabei ist wichtig zu erkennen, daß es keine allgemein verbindliche Bedeutung der Formel gibt. Entscheidend ist die individuelle Interpretation. Jeder muß im Blick auf seine persönliche Lebenssituation entdecken, was es für ihn jetzt heißt und worin die Notwendigkeit jetzt besteht, sich loszulassen, sich niederzulassen, eins zu werden und neu zu werden. Dabei kann die Formel in dreifacher Hinsicht durchbuchstabiert werden. Man kann sich fragen, was die Formel für den Körper, was sie für die Seele, was sie für den Geist bedeutet. Sich körperlich loszulassen ist etwas anderes als sich psychisch oder geistig loszulassen. Sich körperlich loszulassen kann Entspannung bedeuten. Sich psychisch loszulassen kann bedeuten: eine Furcht aufzugeben. Sich geistig loszulassen kann bedeuten: auf eine Fehlorientierung zu verzichten, einen Irrtum zuzugeben beispielsweise. Und natürlich ist es spannend zu entdecken, was es im Blick auf die ganz unverwechselbare objektive und subjektive Lebenssituation eines Menschen in körperlicher, seelischer und geistiger Hinsicht bedeuten mag, sich loszulassen, sich niederzulassen, eins zu werden oder neu zu werden. Eine schematische Zusammenfassung der möglichen Aspekte könnte folgendermaßen aussehen:

Sich loslassen	→	körperlich	→	seelisch	→	geistig
Sich niederlassen	→	körperlich	→	seelisch	→	geistig
Eins werden	→	körperlich	→	seelisch	→	geistig
Neu werden	→	körperlich	→	seelisch	→	geistig

Angesichts der Fülle von Bedeutungsvarianten und der Parallelisierung von Atmung und Bedeutung ist die Gefahr, den Atem zu steuern, groß. Genau das sollte nicht geschehen. Aus diesem Grunde wird man sich zunächst nur auf *einen* Teil der Formel konzentrieren im Blick auf *eine* Dimension, die im Moment von besonderer existentieller Bedeutung ist. Dann kann sich die imaginative Parallelisierung von Atmung und Formel ohne jede Hektik und ohne Steuerung des Atems ereignen. Man kann das Atmen ebenso wie seine Bedeutung an sich geschehen lassen.

An diesem Punkt ist auf ein weiteres Mißverständnis hinzuweisen. Manche meinen, meditieren könne man nur in der Zurückgezogenheit, in der Stille, am besten in der Stille eines Klosters oder an einem vom Trubel der Welt weit abgelegenen Ort. Dem ist entgegenzuhalten, daß es in der Meditation um den Gewinn einer inneren Lebensform geht, die sich in allen Lebenslagen bewähren soll. Es geht nicht um exquisite Erlebnisse an exquisiten Plätzen. Richtig ist, daß man z.B. in der Stille eines klösterlichen Meditationsraumes, fernab von alltäglichen Verpflichtungen und Beanspruchungen, das Meditieren unter den besten Bedingungen erlernen, besser: wieder erlernen kann. Dort ist es am einfachsten. Dort begreift man vielleicht am schnellsten, worum es geht. Dort gerät man u.U. sehr viel zügiger in die Lebenshaltung, die gemeint ist. Entscheidend ist jedoch, daß man die meditative Haltung für deren Entwicklung der monastische Raum die besten Bedingungen bereithält, auf alle oder doch zumindest auf möglichst viele Lebensvollzüge überträgt. Dabei geht es nicht ausschließlich um differenzierte Verrichtungen, es geht um alle, auch um die einfachen. Man kann in meditativer Weise Ordnung in einem Raum schaffen, für Reinheit sorgen, sich waschen, kochen, essen und trinken. Man kann es auch gehetzt und dekonzentriert. Dasselbe gilt für vielschichtige Verrichtungen. Einen Brief, einen Aufsatz, ein Buch zu schreiben, eine Klasse zu unterrichten, eine Vorlesung zu halten, sich an einer Diskussion zu beteiligen, ein technisches Gerät zu reparieren, ein Pferd zu reiten, ein Plädoyer zu halten, einen Lauf zu absolvieren, ein Flugzeug zu lenken, einen Menschen zu operieren, ein Instrument zu spielen ist in den unterschiedlichsten inneren Haltungen möglich. Entscheidend ist, daß das Subjekt das, was es tut, in meditativer Haltung tut: völlig gegenwärtig, hellwach, hochkonzentriert und aus großer innerer Stille heraus. Und dies alles um der jeweiligen Tätigkeit selbst willen, nicht auf permanenter Lauer, *sich* darzustellen. Oder: halbkonzentriert, teilweise mit gestern oder morgen beschäftigt, darum bemüht, Frustrationsgefühle wegzuschieben oder zu kompensieren. Zusammenfassend kann man sagen, Meditation „ist ein Vorgang der Vertiefung, der Verinnerlichung, der Sammlung, der inneren Verfeinerung und zugleich der Kräftigung, der Bewußtseinserweiterung, Durchseelung, Durchklärung, Verwurzelung, Verwandlung, Erneuerung, Reifung und Erfüllung."[72] Es handelt sich um die Einübung ins richtige Menschsein bzw. um die Ausübung des richtigen Menschseins.

Dies alles hat nun auch sehr viel mit dem philosophischen Gespräch im Zusammenhang von Beratung, Therapie und Seelsorge zu tun. Wenn es in diesem Zusammenhang im Prinzip darum geht, zu entdecken, wer man im Grunde ist und wie die je eigene Bestimmung in den vielfältigen Lebensbezügen und Lebenssituationen zu verwirklichen sei, dann ist dies nur in meditativer Haltung möglich. Denn: Die Entdeckung der je eigenen Tiefe – man könnte auch von der Entdeckung der je eigenen Mitte sprechen – ist Meditation. Im Blick auf das philosophische Gespräch kann es aus diesem Grunde sehr fruchtbar sein, dem

---

[72] K. Tilmann, a.a.O., S. 47.

Patienten folgende Fragen zu stellen: Erinnern Sie sich an Situationen, die Sie in meditativer Weise durchlebt und bewältigt haben? Was hindert Sie, immer wieder in völliger Weise dazusein und Ihre Aufgaben völlig gegenwärtig, hellwach und gesammelt zu verrichten? Kennen Sie den Zustand innerer Stille, aus der heraus man sehr gelassen, kreativ und höchst wirkungsvoll handelt? Was müssen Sie unternehmen, damit sich an Ihnen diese Stille ereignet? Was hindert Sie, das Meditieren, das man immer schon gekonnt hat, wieder zu lernen? Zunächst vielleicht unter den einfachsten Bedingungen: an einem stillen, abgelegenen Ort unter der Anleitung eines Menschen, der Stille ausstrahlt? Und vielleicht ist es gut, den Patienten im Hinweis auf folgende Szene nachdenklich zu machen: Als der Philosoph von Sendai, Satomi Takahashi, gefragt wurde: „Was ist Reife? – da schwieg er und sagte dann ruhig und lächelnd: ‚Die breite Stille'."[73]

---

[73] K. Graf von Dürckheim, a.a.O., S. 71.

Anhang

Die Leitbegriffe und Denkfiguren systematisch zusammengestellt

Denkfigur 1
Die Grundbedürfnisse des Menschen

Das Sinnbedürfnis	Das Bindungsbedürfnis
Das Kontrollbedürfnis	Das Selbstwerterhöhungsbedürfnis
Das Lustgewinnbedürfnis	Das Impressionsbedürfnis
Das Explorationsbedürfnis	Das Expressionsbedürfnis

Der Mensch ist im Prinzip sinnorientierte Existenz. Der Wille, Leben sinnvoll zu führen, ist als die zentrale Motivation der Lebensführung anzusehen. Dieser Wille kommt darin zum Ausdruck, daß der Mensch sich Ziele setzt, die dem Prozeß seines Lebens Energie, Richtung und somit Orientierung verleihen. Aus diesem Grunde spricht man im Rahmen der wissenschaftlichen Psychologie auch vom **Bedürfnis nach Orientierung**. Der Mensch will allerdings nicht nur wertvolle Ziele, die sein Leben leiten sollen, entdecken. Er hat auch das Bedürfnis, über die Kompetenz zu verfügen, die Ziele, die er sich gesetzt hat, gegen alle Widerstände zu verwirklichen. Dieses Bedürfnis heißt in wissenschaftlicher Sprache **Kontrollbedürfnis**.

Auch das **Bedürfnis, Lust zu gewinnen** und Schmerz zu vermeiden zählt zu den Grundbedürfnissen. Hat der Mensch dem Schmerz gegenüber die Tendenz der Abwehr, so hegt er der Lust gegenüber die Tendenz des Aufnehmens und Geniessens. Es geht um den Genuß des Angenehmen bzgl. eines Innenzustandes. Dabei ist zu beachten, daß es nicht nur sinnliche

Lust – Lüste des Leibes –, vielmehr auch intelligible Lust – Lüste des Geistes - gibt; man denke z.B. an die Lust eines Denkens, das sich durch Klarheit, Stimmigkeit und Strenge auszeichnet.

Das **Explorationsbedürfnis** zeigt sich als Strebung, zunächst die Außenwelt, später auch die Innenwelt zu erkunden. Das ihm zugrunde liegende Interesse ist es, wahrzunehmen, zu erkennen, zu wissen, was der Fall des Lebens ist und ihn zu verstehen. Einmal, um das Lebensdienliche, welches sich draußen in der Welt befindet – z.B. die Quellen der Lust –, in den subjektiven Verfügungsbereich zu überführen. Zum anderen, um die zweckfreie Neugierde im Sinne der interesselosen Entbergung des Verborgenen zu befriedigen. Man kann Außenexploration von Innenexploration unterscheiden. Sie zeigt sich als Wahrnehmung von Vernunft, Gefühl und Wille und sucht das Denken, Fühlen und Wollen zu verstehen. Das **Bindungsbedürfnis** hat seinen Grund im Sachverhalt, daß Leben in radikaler Vereinzelung nicht möglich ist. Der Mensch ist im Prinzip kommunikative Existenz. Er bindet sich, um zu nehmen, was er zur Erhaltung seines Lebens benötigt. Und er bindet sich, um zu geben, was andere zur Erhaltung ihre Lebens benötigen. Ziel der Bindung ist es, den Schrecken der Vereinzelung zu überwinden. Im sehr frühen Lebensalter ist Bindung an eine Person mit hoher Lebenskompetenz vor allem zur Bewältigung der Angst vor der Welt nötig. Eine Schutz, Sicherheit- und Trost bietende Person macht dem Kind Mut, sich in die Welt hineinzuwagen. In dieser Hinsicht führt rechte Bindung immer zur Entbindung.

Ziel des Menschen, der sein **Selbstwerterhöhungsbedürfnis** befriedigt, ist es, ein positives Selbstbild zu erlangen. Die Steigerung des Selbstwertgefühls betrifft das Innenverhältnis des Subjekts: der Mensch will *sich* als wertvoll und somit als gut erleben und sich entsprechend fühlen. Das Erlebnis, ein wertvoller und in diesem Sinne liebenswerter Mensch zu sein, muß jedoch hergestellt werden. In der Kindheit kann es nur dadurch hergestellt werden, daß dem jungen Menschen Wertschätzung entgegengebracht wird. Je reifer ein Mensch desto wichtiger wird für ihn die Selbstbewertung. Dabei ist zu beachten, daß man ein positives Selbstbild nicht nur durch Erinnerung dessen, was man gut gemacht hat, durch die Planung einer guten Zukunft, durch die einem entgegengebrachte Wertschätzung, vielmehr vor allem durch gute Lebensführung je jetzt erreicht.

Das Bedürfnis, sich beeindrucken zu lassen, kann man **Impressionsbedürfnis** nennen; das Bedürfnis, sich auszudrücken **Expressionsbedürfnis**. Der Mensch muß, um leben zu können, permanent sinnliche und sprachliche Eindrücke empfangen. Voraussetzungen dafür, daß das Impressionsbedürfnis befriedigt wird, ist sinnliche und intelligible Offenheit: Durchs Sehen, Hören z.B. einerseits, durchs Verstehen dessen, was beispielsweise ein Sprachgebilde meint, andererseits. Voraussetzung dafür, daß das Expressionsbedürfnis befriedigt wird, ist, daß das Subjekt über Ausdrucksmittel verfügt: übers Sagen, Tönen, Machen, Bewegen. Voraussetzung dafür, daß das Impressionsbedürfnis befriedigt wird, daß man Wort-Sprache, Ton-Sprache, Produkt-Sprache, Körper-Sprache versteht. Das Motiv, sich beeindrukken zu lassen, liegt im Bedürfnis, am anderen teilzunehmen. Das Motiv, sich auszudrücken im Bedürfnis an *sich* teilzugeben, sich den anderen zu erschließen. Dieses wechselseitige Teilnehmen und Teilgeben hat seinen Grund in der wechselseitigen Verschlossenheit, welche zur Erschlossenheit werden will. Der tiefste Grund für das Bedürfnis zur Expression liegt jedoch darin, der zu werden, der man in der Tiefe seiner Seele ist; d.h. zu seiner Wahrheit zu finden.

Denkfigur 2
Zehn Grundbefindlichkeiten

Endlich-Sein	In-der-Welt-Sein
Für-sich-Sein	Fragment-Sein
Körper-Haben	Im-Konflikt-Sein
Leib-Sein	Gestimmt-Sein
Entfremdet-Sein	Bewußt-Sein

Grundbefindlichkeiten sind gleichsam Konstruktionsprinzipien menschlicher Existenz. Sie geben Antwort auf die Frage, was es im Prinzip heißt, Mensch zu sein. Das **Endlich-Sein** bezieht sich auf den Sachverhalt, daß dem Menschen Zeit gegeben, daß sie aber begrenzt ist, Tag für Tag knapper und deshalb wertvoller wird. Angesichts der Endlichkeit ist der Mensch herausgefordert, das Beste aus seinem Leben zu machen, je jetzt. Entdeckt sich der Mensch in seinem **Für-sich-Sein**, dann entdeckt er sich in seiner Unvertretbarkeit und im Gegenüber zur Innen- und Außenwelt: im Gegenüber zu sich, zu den anderen, zur Natur, zur Kultur. Da dieses Sein im Gegenüber als In-Beziehung-Sein erfahren wird, ergibt sich die Frage, wie Beziehungen gestaltet werden sollen, um als glückende Beziehungen erlebt zu werden. Die Weise des Menschen, dazusein, ist oszillierender Natur. Ist der Mensch einfach da, befindet er sich im **Leib-Sein**. Ist er zweifach da, befindet er sich im **Körper-Haben**: wenn ihn Schmerzen plagen, wenn er sich trainiert, wenn er sich objektiviert, sich zum Instrument der Lebensbewältigung macht zum Beispiel. Entscheidend ist, daß der Mensch in der Balance von Leib-Sein und Körper-Haben lebt. Eine weitere Grundbefindlichkeit kommt im **Entfremdet-Sein** auf den Begriff. Entfremdung kann sich sowohl auf die Wahrnehmung und die Verfassung der subjektiven und transsubjektiven Situation beziehen.

Nimmt der Mensch die Signale seines Körper, seiner Gefühle, seine mentalen Bedürfnisse nicht mehr wahr, nimmt er die anderen und das andere nicht mehr oder in verzerrter Weise wahr, dann ist er sowohl der Innen- als auch der Außenwelt gegenüber entfremdet. Aber auch auf der Basis realitätsgerechter Wahrnehmung kann sich Entfremdung ereignen: z.B. wenn die objektive Lebenssituation der Vorstellung vom guten Leben völlig widerspricht; z.B. wenn äußere oder innere Not herrschen. Partielle Entfremdung gehört zu jedem Leben hinzu. Sie wirkt gleichsam als Energie und Motiv zur Überwindung ihrer selbst. Was das **In-der-Welt-Sein** betrifft, so handelt es sich um die allgemeinste Grundbefindlichkeit. Ihrer wird sich der Mensch im Verlauf seines Lebens schrittweise bewußt. Ist sie ins helle Bewußtsein gedrungen, so lebt der Mensch in der Selbst-Welt-Polarität, welche sich als kognitive und pragmatische Polarität darstellt. Das heißt: Sowohl die Innen- als auch die Außenwelt gehen dem Subjekt auf als etwas, das es zu verstehen und zu gestalten gilt, um in rechter Weise in der Welt zu sein.

Leben bedeutet die Sehnsucht ganz zu werden und die Erfahrung, **Fragment zu bleiben**, ein Leben lang. Natürlich gibt es Grade der Fragmenthaftigkeit. Hat der Mensch keine lebensthematische Mitte, von der her er sein Leben versteht und formt, dann gerät er in den Zustand der Zersplitterung, welche eine gesteigerte Form des Fragment-Seins darstellt. Aber auch, wenn er über einen stimmigen Lebensentwurf verfügt, wird er erfahren, daß er ihn jeweils nur fragmentarisch verwirklichen kann. Die reine, ungebrochene Übersetzung von Essentialität in Existenz ist nicht möglich. Entscheidend ist, daß der Mensch sich soweit übersetzt, daß in der Architektur seines Lebens derjenige zumindest transparent wird, der er „im Grunde“ ist.

Ein weiteres fundamentales Konstruktionsprinzip menschlicher Existenz kann man so formulieren: **Im-Konflikt-Sein.** Dabei ist zwischen intrapsychischen und interpersonalen Konflikten zu unterscheiden, also zwischen innerseelischen und zwischenmenschlichen. In beiden Fällen geht es jedoch um den Widerstreit von Werten. Einmal um sich ausschließende Werte in der Seele eines Menschen, Werte, die in der Dimension des Es oder in der Dimension der Über-Ich angesiedelt sind. Zum anderen, um gegensätzlich Wertvorstellungen zweier Personen, von denen eine beansprucht, daß sich die andere ihrer Wertvorstellung beugt. Intersubjektives und intrasubjektives Konfliktmanagement zählt zu den wichtigsten Lebenskompetenzen und entscheidet darüber, ob Leben als gelingend erlebt wird.

Menschliche Lebensprozesse sind umhüllt von Affektivität. Eine besondere Form der Affektivität kommt im **Gestimmt-Sein** zur Sprache. Es handelt sich um ein Lebensgefühl, das an die Seele des Menschen gebunden erscheint und als Grundstimmung zu identifizieren ist, sofern es nicht wechselt, wie die flüchtigen Gefühle, vielmehr dauert. Es gibt Menschen heiterer Grundstimmung. Es gibt Menschen trauriger Grundstimmung. Wichtig ist die Einsicht, daß Grundstimmung Ausdruck von Lebenserfahrung und der daraus resultierenden Lebens- und Weltanschauung ist. Verändern sich diese, ändert sich u.U. auch die Grundstimmung.

Bewußt-Sein wird hier als Gewahr-Sein seiner selbst und der Welt verstanden, welches sich sprachlich spiegelt und so zum Ausdruck kommt. So gesehen zeigt sich Bewußt-Sein als Verhältnismäßigkeit. Im Zusammenhang geschichtlichen Bewußt-Seins entwickelt der Mensch ein Verhältnis zur Vergangenheit im Modus des Erinnerns. Im Rahmen des aktuellen Bewußt-Seins entwickelt der Mensch ein Verhältnis zu bedeutsamen Ereignissen und Erscheinungen je jetzt im Modus der Achtsamkeit. Und im Zusammenhang des utopischen Bewußt-Seins entdeckt der Mensch die gute Möglichkeit und setzt sich zu ihr im Modus des Wünschens in Beziehung. Im übrigen werden erst durch das Bewußt-Sein alle genannten Grundbefindlichkeiten als solche und als je meine erkannt. Soll heißen: als Konstruktionsprinzipien, die meine Existenz bestimmen und mit denen sich auseinanderzusetzen notwendig ist, sofern man sich verstehen will.

Denkfigur 3
Der Schema-Begriff

Die Ziel-Komponente
Die Handlungs-Komponente
Die Kognitions-Komponente
Die Emotions-Komponente

Das psychologische Konstrukt „Schema" verweist auf eine Grundform psychischer Aktivität. Der Mensch bildet im Verlauf seines Lebens eine Reihe von Schemata aus, um seine (Grund)bedürfnisse zu befriedigen. Während die Grundbedürfnisse anthropologisch-ontologischer Natur sind, also Bestimmungsmerkmale, die alle Menschen kennzeichnen, sind Schemata anthropologisch-biographischer Natur. Schemata bilden sich lebensgeschichtlich heraus. Mit ihrer Hilfe unternimmt es der Mensch, im Material seiner einmaligen Lebenssituation auf ganz individuelle Weise seinen Bedürfnissen gerecht zu werden. An der Spitze der oben angegebenen Bauelemente eines Schemas steht die **Ziel-Komponente**. Sie besagt, welche Ziele ein Mensch im Prozeß der Befriedigung von Grundbedürfnissen verfolgt. Die **Handlungs-Komponente** besagt, welche spezifischen Wege er einschlägt, um seine Ziele zu erreichen. Die **Kognitions-Komponente** hebt auf den Sachverhalt ab, daß sich Menschen nicht einfach Ziele setzen und zielgerechte Wege gehe, vielmehr ihre Ziele und Wege begründen, erklären und rechtfertigen. Im Zusammenhang der Kognitions-Komponente kommt demzufolge die einen Menschen bestimmende Lebensphilosophie und Moralität zur Sprache. Und schließlich ist mit einem Schema die **Emotions-Komponente** verbunden. Sie bewertet die schemageleiteten Prozesse und liefert die Energie, um Ziele durchzusetzen.

Denkfigur 4

Intentionale Schemata (positive Schemata)
Vermeidungsschemata (negative Schemata)

Wichtig ist die Unterscheidung von **positiven** (motivationalen) und **negativen Schemata**. Im ersten Fall will das Subjekt etwas Positives erreichen, im zweiten Fall etwas Negatives vermeiden. Deshalb spricht man auch von Vermeidungsschemata. Die Unterscheidung ist im psychotherapeutischen Kontext deshalb so wichtig, weil neurotisch gestörte Personen vorrangig von Vermeidungsschemata bestimmt werden.

Denkfigur 5

Die Differenz von Essenz und Existenz

Zur Existenz gehört die schmerzliche Erfahrung des Unterschieds zwischen dem, was der Fall des Lebens ist und was der Fall des Lebens sinnvollerweise sein könnte und sollte. Zur Existenz gehört aber auch die Lust, die Realität auf die in ihr gefangen gehaltenen guten Möglichkeiten hin zu durchschauen und sie aus dem Gefängnis der Verhältnisse zu befreien. Sowohl Schmerz als auch Lust motivieren den Menschen, das Essentielle

– die gute Möglichkeit, das gute Ziel, den guten Lebensentwurf – in Existenz zu überführen; soll heißen: das Gute zu verwirklichen. Voraussetzung dafür ist die Entdeckung der guten Möglichkeit angesichts der Fülle von Möglichkeiten. Voraussetzung für diese Voraussetzung aber ist: ein Kriterium für das, was gut ist, und die Fähigkeit, abzuwägen, welche Möglichkeit in einer bestimmten Situation die beste ist unter der Bedingung von Wahlfreiheit.

Denkfigur 6

Die sechs Stufen der Moralität nach L. Kohlberg

Gut ist, was mir nützt Gut ist, was mir und dir nützt	präkonventionelle Moral
Gut ist, was in meiner Familie als gut gilt Gut ist, was die soziale Ordnung vorschreibt	konventionelle Moral
Gut ist, was im Rahmen gesellschaftlicher Verträge Recht ist Gut ist, was universale ethische Prinzipien vorschreiben	postkonventionelle Moral

Denkfigur 7

Die Grundperspektiven menschlicher Existenz

Die Selbstverwirklichungsperspektive
Die Sinnverwirklichungsperspektive

Es gibt psychotherapeutische Schulen, welche die Bestimmung des Menschen in der Selbstverwirklichung sehen und die Verfehlung seiner Bestimmung darin, daß der Mensch die je eigenen Fähigkeiten nicht oder in nicht hinreichendem Maße entdeckt und realisiert; z.B. die klientenzentrierte Psychotherapie nach C. Rogers. Es gibt andere psychotherapeutische Schulen, die die Bestimmung des Menschen in der Sinnverwirklichung sehen, also darin, daß der Mensch den Aufforderungscharakter der jeweils vorgegebenen Lebenssituation und die in ihr liegenden Sinnmöglichkeiten wahrnimmt und verwirklicht; z.B. die Logotherapie V. Frankls. Ganz ohne Zweifel gehören beide Aspekte, die an den spezifischen Fähigkeiten interessierte Innenorientierung und die an der Verantwortung für eine spezifische Lebenslage interessierte Außenorientierung, wie die beiden Seiten einer Medaille zusammen. Innenorientierung zielt auf Entfaltung der Subjektivität. Außenorientierung zielt auf Verantwortung der objektiven Verhältnisse in der Attitüde der Hingabe. Man kann sich jedoch nicht hingeben, wenn man nichts hinzugeben hat. Und umgekehrt: Fähigkeiten zu kultivieren, ohne sie für die sinnvolle, verantwortlich Lebensgestaltung einzusetzen, ist absurd.

Denkfigur 8
Die Grundfunktionen des Lebens

Die erste Grundfunktion des Lebens: Selbst-Integration mit dem Ziel: Zentrierung als Basis der Moralität
Die zweite Grundfunktion des Lebens: Wachstum mit dem Ziel: Kultur
Die dritte Grundfunktion des Lebens: Selbst-Transzendierung mit dem Ziel: das Unbedingte als Zentrum von Religion.

Denkfigur 9

Die ontologischen Polaritäten

Die ontologische Polarität von Individualisation und Partizipation
Die ontologische Polarität von Dynamik und Form
Die ontologische Polarität von Freiheit und Schicksal

Ontologische Polaritäten sind Fundamentalmerkmale des Seins, die sich in allen ontologisch faßbaren Dimensionen ereignen; in der menschlichen Dimension, die hier angesprochen ist, am ausgeprägtsten. **Individualisation** ist derjenige Prozeß, in dessen Verlauf der Mensch er selbst wird; d.h. sich in seiner Einmaligkeit, Unverwechselbarkeit und Einzigartigkeit in der Weise seines Lebensverständnisses und in der Art seiner Lebensgestaltung darstellt. **Partizipation** ist derjenige Prozeß, in dessen Verlauf der Mensch fähig wird, an der Welt teilzunehmen. Von Polarität spricht man, weil Individualisation und Partizipation im Sinne eines wechselseitigen Bedingungsverhältnisses aufeinander bezogen sind. Nur derjenige der ein Individuum geworden ist, kann wirklich partizipieren. Denn: Wenn alle Menschen gleich wären, wären sie füreinander bedeutungslos. Und nur derjenige, der teilnimmt, kann sein unverwechselbares Gesicht entwickeln, indem er sich von demjenigen, an dem er teilnimmt, abhebt.

Die ontologische Polarität von **Dynamik und Form** verweist auf den Sachverhalt, daß alles, was ist, Form hat. Sein ist an Form gebunden. Demzufolge ist Formverlust Seinsverlust. So gesehen ist die Unterscheidung von Form und Inhalt widersinnig. Notwendig ist vielmehr die Identifikation von Inhalt und Form: der Inhalt einer Skulptur ist, beispielsweise, ihre Form. Wichtig ist nun die Einsicht, daß allen Formen eine Seinsmacht innewohnt, welche man die „Unruhe des Seins“ nennen könnte.

Sie hat die Tendenz, aus dem, was ist, immer wieder Neues zu schaffen und kommt im Begriff der Dynamik auf den Begriff. Welten entstehen, Welten vergehen. Alles Sein ist dem Werden unterworfen. Der Sachverhalt wird anschaulich, sofern man die ontologische Polarität von Dynamik und Form im Blick auf menschliche Existenz demonstriert. In der anthropologischen Dimension stellt sich diese philosophische Figur als Polarität von Vitalität (Dynamik) und Intentionalität (Form) dar. Wenn Menschen sich Ziele setzten, dann intendieren sie eine andere Lebensform. Was sie intendieren, „steckt" gleichsam in ihren aktuellen Lebensumständen als gute Möglichkeit. Das Ziel schwebt dem Subjekt somit in der Weise der Essentialität und Potentialität vor: als gute, neue, mögliche und somit sinn-volle Lebensform. Um diese Wirklichkeit werden zu lassen, bedarf es allerdings des energievollen Handelns, um das Vorschweben konkret werden zu lassen: der Vitalität. Gerade im Blick auf die Polarität von Dynamik und Form kommt der Mensch insofern als sinnorientierte Existenz zur Sprache, als das, was er intendiert, das Sinn- und Wertvolle ist.

Das dritte fundamentale Strukturelement von Existenz ist die ontologische Polarität von **Freiheit und Schicksal**. Im eigentlichen Sinne wird nur der Mensch von dieser Polarität bestimmt. Schicksal ist die Gesamtheit der Bestimmungsmerkmale naturhafter, persönlicher und geschichtlicher Art, welche einer Person geschehen. Dabei ist zu beachten, daß nicht nur der Körper, den man hat, die Begabungen, über die man verfügt, die Familie, aus der man stammt, die Epoche, in der man lebt, die mehr oder weniger glücklichen Umstände, in denen man existiert, Schicksal sind, vielmehr auch die Gesamtheit der jemals getroffenen Entscheidungen, welche, nachdem sie in Freiheit getroffen waren, zu einem wesentlichen Bestimmungselement des je eigenen Lebens wurden. Für das Glücken des Lebens ist die richtige Einstellung zum Schicksal entscheidend. Wer seinem Schicksal ausschließlich in der Weise des Erleidens begegnet, begegnet ihm falsch. Er begegnet ihm richtig, sofern er sein Schicksal als Material der Freiheit erlebt und es so verarbeitet, daß er den bestmöglichen Lebensentwurf aus dem Material des Schicksals – gleichsam wie der Bildhauer die Skulptur aus dem Marmorblock – herausschlägt; d.h. in immer präziserer Weise verwirklicht.

Denkfigur 10

Das Systemmodell des Menschen von P. Becker

Vgl. dazu das Schaubild S. 232.

Das diesem Modell zugrundeliegende Urgestein ist die Instanzenlehre S. Freuds. Dasjenige, was Freud unter dem Ich versteht, scheint durch das hindurch, was Becker als Steuerungszentrale begreift. In der unteren Reihe von Teilsystemen wird dasjenige transparent, was Freud im Kürzel Es begreift, und in der oberen Reihe von Teilsystemen wird das durchsichtig, was Freud im Zusammenhang des Über-Ichs diskutiert.

System 0: Aufgabe des **Steuerungssystems** ist es, unter formalem Gesichtspunkt, die Informationsregler (in den dunkel schraffierten Kästen angezeigt) zu bedienen, um das Zusammenspiel der acht Subsysteme zu koordinieren. Inhaltlich geht es im Prinzip darum, wahrzunehmen, was der Fall ist, was der Fall sein sollte und die Differenz auszugleichen; soll heißen: gemäß dem Sachverhalt, daß das Prinzip der Seele Intentionalität ist, sinnvolle Ziele zu setzen und durchzusetzen. Um dies zu erreichen, gilt es, ein diesbezügliches optimales Zusammenwirken der Teilsysteme zu betreiben.

System 1: **Angeborene Bedürfnisse** sind: das Sinnbedürfnis, Kontrollbedürfnis, Bindungsbedürfnis, Explorationsbedürfnis, Selbstwerterhöhungsbedürfnis.

System 2: Es gibt Emotionen, die unmittelbar nach der Geburt eines Kindes auftreten und andere, die als Ergebnis persönlicher und kognitiver Reifung angesehen werden können. **Angeborene Emotionen** sind z.B.: Interesse, Freude, Überraschung, Kummer, Furcht, Ärger, Traurigkeit, Wut, Ekel. Sinn des Systems ist es, spüren zu lassen, ob die angeborenen Bedürfnisse und die erworbenen Sollwerte (System 5) befriedigt sind, zur diesbezüglichen Befriedigung zu motivieren und die erforderlichen Handlungen mit Energie zu versehen.

System 3: Grundfunktion des **perzeptorischen Systems** ist es, über die Sinne Informationen im Blick auf die Außen- und Innenwelt zu sammeln, auszuwählen und zu interpretieren: übers Sehen, Hören, Riechen, Schmecken, über die Empfindung der Haut und der inneren Organe. In Kooperation mit dem Simulator geht es über die sinnliche Wahrnehmung hinaus, um intelligible Wahrnehmung im Sinne sprachlicher Spiegelung: Ich sehe ein Ding nicht nur, ich benenne es auch.

System 4: Aufgaben des **effektorischen Systems** sind die direkte und indirekte Einwirkung auf die Welt draußen. Direkte Einwirkung liegt vor, wenn sich der Mensch zielgerichtet bewegt: z.B. in der Welt der Arbeit, wenn er ein Haus baut. In der Welt des Sports, wenn er versucht, ein Tor zu schießen. In der Welt der Kunst, wenn er Klavier spielt. Indirekte Einwirkung liegt vor, wenn der Mensch im Mittel von Sprache, Mimik und Gestik kommuniziert. Da sinnvolle Einwirkung nur auf der Basis von Information möglich ist, kann man die beiden Systeme (3 und 4) in ihrem dichten Zusammenwirken als *ein* System, als sensumotorisches System begreifen.

System 5: Das **System erworbener Sollwerte** ist für menschliche Existenz zentral. Es zeigt, daß der Mensch nicht allein ein Wesen der Natur, vielmehr auch ein geistig-soziales Wesen ist. Im Rahmen dieses Systems bildet er zum einen Ziele aus, die sein Leben leiten sollen, mit denen er den Sinn seines Lebens verbindet: Identitätsziele im Sinne von Projekten hoher und höchster Priorität. Zum andern eignet er sich die Wertvorstellungen seines gesellschaftlichen Umfeldes an, zumal das je eigene Ich-Ideal nur im gesellschaftlichen Kontext zu realisieren ist, der diesbezüglich berücksichtigt werden muß.

System 7: Unter formalem Aspekt handelt es sich beim **System kognitiver Strukturen** um das Gedächtnis, welches den Menschen zur Erinnerung und Planung freisetzt (vgl. System 8). In inhaltlicher Perspektive geht es um die sinnvolle Anordnung von Wissensbeständen, welche zur Ausbildung einer Realitätstheorie im Sinne eines Selbstmodells und Weltmodells führt. Alles, was der Mensch von sich und der Welt zu wissen meint, fließt in die Realitätstheorie ein.

System 6: Das **System erworbener Emotionen** entwickelt sich im Zuge fortschreitender kognitiver und sozialer Reife und hat den Sinn, Ist-Sollwert-Differenzen zwischen System 5 und 7 wahrzunehmen. Aufgrund der Tätigkeit von System 7 weiß der Mensch, was der Fall seines Lebens ist. Aufgrund der Tätigkeit von System 5 weiß der Mensch, was der Fall seines Lebens sinnvollerweise sein sollte. System 6 macht die Differenz spürbar, motiviert das Subjekt, die Differenz zu überwinden und liefert die dazu nötige Energie.

System 8: Das **System kognitiver Operationen** hat die Aufgabe, die Phänomene der Außen- und Innenwelt sprachlich und bildlich auf der inneren Bühne des Subjekts zu vergegenwärtigen und sie in vielfältiger Weise in Beziehung zu setzen. Denken im weitesten Sinne des Wortes ist der Vorgang, der gemeint ist, im

Sinne von Planung, Erinnerung, Voraussehen, Urteilen, Entscheiden, Problemlösen und innerem Probehandeln. Da im Zusammenhang von System 7 und 8 die Welt draußen innerseelisch gespiegelt bzw. Möglichkeiten innerseelisch probeweise inszeniert werden, faßt man beide Systeme im Begriff des Simulators zu einem System zusammen.

Denkfigur 11
Die Detailperspektiven der Psychotherapie

Die Klärungsperspektive	→	Orientierungsbedürfnis
Die Problembewältigungsperspektive (Störungsperspektive)	→	Kontrollbedürfnis
Die Beziehungsperspektive	→	Bindungsbedürfnis
Die Ressourcenperspektive	→	Selbstwerterhöhungs-bedürfnis
Die Lebenssteigerungsperspektive	→	Lustgewinnbedürfnis
Die Erkenntnisperspektive	→	Explorationsbedürfnis
Die Wahrnehmungsperspektive	→	Impressionsbedürfnis
Die Ausdrucksperspektive	→	Expressionsbedürfnis

Die an Grundbedürfnissen orientierten acht Perspektiven stellen gleichsam die Stützpfeiler dar, die das „Haus der Psychotherapie“ tragen. Im Rahmen der **Klärungsperspektive** geht es um die Frage, welche Ziele ein Klient sinnvollerweise verfolgen sollte, um auf diese Weise seinem Leben Orientierung zu geben. Im Rahmen der **Problembewältigungsperspektive** (Störungsperspektive) geht es um die Frage, auf welche Art und Weise ein

Mensch diejenigen Kompetenzen erwerben kann, die nötig sind, um eine problematische Lebenssituation zu bewältigen bzw. eine psychische Störung zu beseitigen, um so wieder Kontrolle über sein Leben zu erlangen. Im Rahmen der **Beziehungsperspektive** richtet der Therapeut sein Augenmerk auf den Sachverhalt, daß psychische Störungen vielfach durch gestörte Beziehungen entstehen und durch die Etablierung, Gestaltung und Pflege heilsamer Beziehungen vergehen. Demzufolge geht es um die Frage, wodurch sich eine optimale therapeutische Beziehung auszeichnet und wie man sie realisieren kann, um so dem Bindungsbedürfnis in lebensfreundlicher Weise zu genügen. Im Zusammenhang der **Ressourcenperspektive** geht es um die Wahrnehmung und Aktivierung von positiven Fähigkeiten und Möglichkeiten des Patienten, um in ihm die Energie und Kompetenz freizusetzen, die nötig ist, um mit schwierigen Lebenssituationen fertig zu werden. Gelingt dies, so wird dem Bedürfnis des Patienten nach Selbstwerterhöhung entsprochen. Innere Ressourcen sind z.B. die Begabungen eines Menschen, äußere z.B. gute Freunde, finanzielle Mittel u.a. Wenn sich dem Helfer die Frage stellt, *was* zu verändern ist, ist die Problemperspektive angezeigt. Wenn es jedoch um die Frage geht, *wie* ein Problem am besten zu lösen ist, muß er die Ressourcenperspektive einnehmen. Denn die Ressourcen sind es, aus denen der Patient die Kraft schöpft und ihm die Möglichkeit zugespielt wird, Leben zu meistern. Im Kontext der **Lebenssteigerungsperspektive** geht es um den Sachverhalt, daß menschliches Leben als Imperativ der Steigerung seiner selbst erlebt wird. Demzufolge geht es um den gekonnten Umgang mit Lust in all ihren Varianten und um die Möglichkeit ihrer quantitativen und qualitativen Erhöhung, um den libidinösen Bedürfnissen sinnlicher und geistiger Art zu entsprechen. Die **Erkenntnisperspektive**, welche im Bedürfnis nach Exploration gründet, ist als weiterer Stützpfeiler der psychotherapeutischen Architektur anzusehen. Das ihr zugrunde liegende Interesse ist es zu wissen und zu verstehen, was der Fall des Lebens ist. Dabei geht es im Prinzip darum, den Sinn von Sprache, von Handlungen und Ereignissen zu verstehen, um sich aufs Leben zu verstehen. Zuletzt ist hier auf die **Wahrnehmungs- und Ausdrucksperspektive** zu verweisen, welche im Impressions- und Expressionsbedürfnis wurzeln. Im Zusammenhang dieser Perspektiven geht es um die Notwendigkeit und Art von Mitteilung und Verobjektivierung seiner selbst. Der Mensch als Subjekt ist für sich und einsam. Um sich selbst zu vergewissern, was in ihm steckt, und es andere wissen zu lassen, muß er *sich* ausdrücken. Um sich zu vergewissern, was in anderen steckt, muß er wahrnehmen, was und wie der andere sich zum Ausdruck bringt. Im Ausdruck meiner selbst kommt heraus, wer ich bin. Entscheidend ist, daß man wird, der man wirklich ist. Existenz ist das Wechselspiel von Eindruck und Ausdruck. Menschen müssen und wollen etwas aus ihrem Leben machen. Da menschliches Leben nicht notwendiger Entwicklung gehorcht, vielmehr frei inszeniertes Drama ist, geht es jeweils darum, sich in der je eigenen Unverwechselbarkeit zum Ausdruck zu bringen; im Prinzip durchs Sagen und durchs Machen. Allerdings hängt das, was man sagt und macht, an dem, was man in der Welt wahrnimmt; an Glückendem und Verunglückendem. Dabei ist Wahrnehmung der Welt unter dem Aspekt des Guten wichtig, um Kraft zu entwickeln, das Ungute soweit zu ertragen wie nötig und ihm soweit wie möglich gegenzusteuern.

Denkfigur 12
Das Rubikon-Modell

Intentionsbildung	**Intentionsrealisierung**
Wünschen, Wählen	Handeln, Können
Klärungsperspektive	Problembewältigungsperspektive

Eine historische Erinnerung – Cäsar diesseits des Rubikons, Cäsar jenseits des Rubikons – wird zur psychologischen Metapher und Möglichkeit, die psychotherapeutischen Schulen in zwei große Gruppen einzuteilen. Diesseits des Rubikons hat Cäsar über seine politischen Ziele nachgedacht, jenseits hat er sie realisiert. Psychotherapeutische Schulen, die patientenadäquate Ziele erarbeiten, befinden sich gleichsam diesseits des Rubikons. Psychotherapeutische Schulen, die Kompetenz vermitteln, um vorgegebene Ziele zu realisieren, befinden sich jenseits des Rubikons. Kurz: Links geht es ums Was des Wollens, rechts ums Daß des Könnens.

Denkfigur 13
Die wichtigsten Lebensfelder

Feld		**Tätigkeit**		**Identität**
Mitmenschen	→	kommunizieren	→	kommunikative Identität
Kulturgüter	→	lernen	→	bildungsorientierte Identität

Konsumgüter	→	verbrauchen	→	verbrauchsorientierte Identität
Berufe	→	arbeiten	→	professionsorientierte Identität
Weltanschauungen	→	interpretieren	→	religiöse Identität
Lebensformen	→	gestalten	→	stilistische Identität
Umgebungen	→	wohnen	→	topographische Identität

Denkfigur 14
Fundamentale Lebensformen

Wohnen	→	die Wohnung
Lernen	→	die Schule
Schaffen	→	die Werkstatt
Tauschen	→	der Laden
Verwalten	→	das Büro
Produzieren	→	die Fabrik
Aufführen	→	das Theater

Denkfigur 15
Die Grundfigur des künstlichen Kosmos

Theorie	Kognitiver Kosmos	→	Wissenschaft	→	Symbol: Buch	Künstlicher Kosmos
	Ästhetischer Kosmos	→	Kunst	→	Symbol: Bild	
Praxis	Technischer Kosmos	→	Dingwelt	→	Symbol: Gerät	
	Sozialer Kosmos	→	Gesellschaft	→	Symbol: Lebensform	

Denkfigur 16

Die Bereiche, auf die sich Verstehen bezieht

Verstehen von	→	Sprache	→	das Gemeinte	Sinn
Verstehen von	→	Handlung	→	die Intention	
Verstehen von	→	Erlebnisausdruck	→	die Bedeutung	
Verstehen von	→	Ereignissen	→	das Erstrebte/Erreichte	
				das Bewirkte	

Denkfigur 17

Die Determinanten optimaler Kommunikation

Wertschätzung	(W)	→	unbedingter positiver Bezug
Kongruenz	(K)	→	Echtheit
Empathie	(E)	→	Einfühlungsvermögen
Wahrnehmung	(Wa)	→	W/K/E müssen wahrgenommen werden.

Denkfigur 18

Das Kommunikationsquadrat

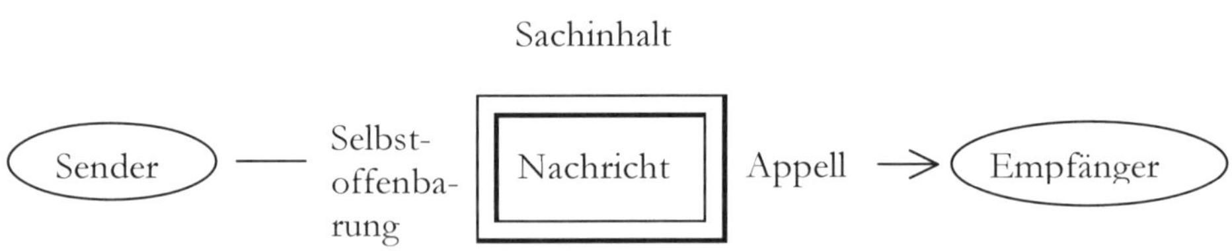

Jeder Satz, den jemand zu jemandem spricht, ist vom Angesprochenen in viererlei Hinsicht zu entschlüsseln bzw. teilt dem

Angesprochenen Viererlei mit: etwas zur Sache, über die gesprochen wird (Sachinhalt). Etwas über die Person, die spricht (Selbstoffenbarung). Etwas über die Relation von Sender und Empfänger (Beziehung). Etwas über die vom Sender ausgehende, den Empfänger meinende Beanspruchung (Appell).

Denkfigur 19
Dimensionen des Wachstums

Realität	→	wachsende Wahrnehmung des Gelungenen	→	Spiegelung
Problematik	→	wachsende Wahrnehmung der Schwierigkeiten	→	Hilfe
Idealität	→	wachsende Wahrnehmung der Identitätsziele	→	Verwirklichung
Flexibilität	→	wachsende Wahrnehmung der Veränderungen	→	Umstellung

Beziehungen müssen wachsen, oder sie gehen zugrunde. Wachstum kann sich darin zeigen, daß man es lernt, in wachsendem Maße die vergangene, gegenwärtige und vor einem liegende Wirklichkeit unter dem Aspekt dessen, was gelungen ist bzw. was alles noch gelingen kann, wahrzunehmen und das Wahrgenommene dem Partner sagt. Wachstum kann sich auch darin äußern, daß man die Lebensschwierigkeiten, die dem anderen zu schaffen machen, immer genauer wahrnimmt und hilft. Außerdem darin, daß man die Identitätsziele des Partners erkennt und ihn bei der Realisierung derselben unterstützt; und auch darin, daß man die sich im Fortgang des Lebens verändernden Lebensziele des Partners wahrnimmt und sich konstruktiv darauf einstellt.

Denkfigur 20
Grundorientierungen

Problemorientierung → teleologisch → Arbeit (Ziel: Sinn) → zukunftsorientiert
Sinnorientierung → kontemplativ → Genuß (Ursprung: Sinn) → gegenwartsorientiert

Im Zusammenhang der **Problemorientierung** stellt sich die jeweilige Lebenssituation als eine dar, die so umgearbeitet werden muß, daß die sinnvollen Möglichkeiten, die in ihr enthalten sind, verwirklicht werden. Sinn wird als zukünftig gedacht. Im Zusammenhang der **Sinnorientierung** stellt sich die jeweilige Lebenssituation als eine dar, die voller Sinn ist. Ihn wahrzunehmen und zu genießen gilt es. Sinn wird präsentisch gedacht. Im ersten Falle gilt es, Sinn zu realisieren. Im zweiten Falle gilt es, achtsam zu sein.

Denkfigur 21
Dimensionen des Transzendierens

In der räumlichen Dimension → Räumlichkeit
In der zeitlichen Dimension → Zeitlichkeit
In der sinnlichen Dimension → Sinnlichkeit
In der kognitiven Dimension → Erkenntnisfähigkeit

Zu den existentiellen Grundbewegungen zählt das Transzendieren, das Hinübergehen. Vorausgesetzt ist die Differenz von hier und dort. Das „Dort“ im Raum ist der andere Ort. Man muß reisen, um zu ihm zu gelangen. Das „Dort“ in der Zeit ist die Zeit, die war oder die Zeit, die sein wird. Man muß sich erinnern oder planen, um zu vergangner oder künftiger Zeit zu gelangen. Auch die Dinge sind, relativ zum Subjekt, das hier ist, dort. Im Wege der Sinnlichkeit kommen sie z.B. in Form eines auditiven oder visuellen Abbildes von dort nach hier. Im Wege der Kognitivität kommen sie im Mittel begrifflicher Abbildung von dort nach hier.

Denkfigur 22

Die systematisch-theologischen Grundthemen

Frage		**Antwort**		**Grundthematik**
Woher komme ich erstlich?	→	Schöpfungslehre (Kosmologie)	→	Ursprung
Warum ist Existenz so problematisch?	→	Sündenlehre (Hamartiologie)	→	Entfremdung
Wie kann mein Leben trotz allem gelingen?	→	Rettungslehre (Soteriologie)	→	Erfüllung
Wohin führt mein Weg letztlich?	→	Vollendungslehre (Eschatologie)	→	Vollendung

Denkfigur 23

Die Dimensionen der Atemformel

Sich loslassen	→	körperlich	→	seelisch	→	geistig
Sich niederlassen	→	körperlich	→	seelisch	→	geistig
Eins werden	→	körperlich	→	seelisch	→	geistig
Neu werden	→	körperlich	→	seelisch	→	geistig

Literaturverzeichnis

Augustinus, A., Bekenntnisse, München 1960.

Becker, P., Psychologie der seelischen Gesundheit Bd. 1, Göttingen 1982.

Becker, P., Sinnfindung als zentrale Komponente seelischer Gesundheit, in: A. Längle (Hrsg.), Wege zum Sinn, München 1985.

Becker, P., Psychologie der seelischen Gesundheit Bd. 2, Göttingen 1986.

Becker, P., / Minsel, B., Psychologie der seelischen Gesundheit Bd. 2, Göttingen 1986.

Becker, P., Seelische Gesundheit und Verhaltenskontrolle, Göttingen 1995.

Bichsel, P., Schulmeistereien, Frankfurt a.M. 1989.

Bowlby, J., Bindung: Historische Wurzeln, theoretische Konzepte und klinische Relevanz, in: G. Spangler u.a. (Hrsg.), Die Bindungstheorie: Grundlagen, Forschung und Anwendung, Stuttgart 1995.

Csikszentmihalyi, M., Flow: Das Geheimnis des Glücks, Stuttgart 1993.

Deutsches Inst. für Fernstudien an der Univ. Tübingen (Hrsg.), Funkkolleg: Der Mensch, Studienbrief 1, Hemsbach 1982.

Drosdowski, G., u.a. (Hrsg.), Duden-Etymologie, Mannheim 1963.

Dürckheim, K. Graf von, Japan und die Kultur der Stille, München 1981.

Dürckheim, K. Graf von, Meditieren – wozu und wie, Freiburg i.Br. 1981.

Frankl, V.E., Ärztliche Seelsorge, Wien 1971.

Frankl, V.E., Der Wille zum Sinn – Ausgewählte Vorträge über Logotherapie, Bern 1972.

Frankl, V.E., Theorie und Therapie der Neurosen, München 1975.

Frankl, V.E., ... trotzdem ja zum Leben sagen – Ein Psychologe erlebt das Konzentrationslager, München 1979.

Gehlen, A., Der Mensch, Frankfurt a.M. 1966.

Grawe, K., / Donati, R., / Bernauer, F., Psychotherapie im Wandel – Von der Konfession zur Profession, Göttingen 1994.

Grawe, K., Psychologische Therapie, Göttingen 1998.

Härle, W., Dogmatik, Berlin 1995.

Hartmann, N., Ethik, Berlin 1962.

Hellbrück, J. /Fischer, M., Umweltpsychologie, Göttingen 1999.

Hesse, H., Das Glasperlenspiel, Zürich 1963.

Hoffmann, S.O. / Hochapfel, G., Einführung in die Neurosenlehre und Psychosomatische Medizin, Stuttgart 1984.

Höhler, G. / Koch, M., Der veruntreute Sündenfall, Stuttgart 1998.

Hossenfelder, M., Antike Glückslehren, Stuttgart 1996.

Kant, I., Kritik der praktischen Vernunft [1788], hrsg. von Vorländer, K., Hamburg 1990.

Kohlberg, L., Kognitive Entwicklung und moralische Erziehung, in: Mauermann, L. u.a., Der Erziehungsauftrag der Schule, Donauwörth 1978.

Kurz, W., Meditation, in: G. Adam u.a. (Hrsg.), Methodisches Kompendium für den Religionsunterricht, Göttingen 1993.

Kurz, W., Suche nach Sinn, Würzburg 1991.

Kurz, W., Sinn und Atmosphäre. Vom Heil und Unheil, das „in der Luft“ liegt, in: Seidel, M. (Hrsg.), Die Kunst, sinnvoll zu leben, Tübingen 1996.

Kurz, W., Meditation als Dimension religiöser Erziehung, in: Ders., Suche nach Sinn, Würzburg 1991.

Kurz, W., Sinn und Atmosphäre. Vom Heil und Unheil, das „in der Luft“ liegt, in: Seidel, M. (Hrsg.), Die Kunst, sinnvoll zu leben, Tübingen 1996.

Lersch, Ph., Aufbau der Person, München 1962.

Meister Eckehart, Deutsche Predigten und Traktate, München 1963.

Mikunda, Chr., Der verbotene Ort oder die inszenierte Verführung, Düsseldorf 1998.

Mikunda, Chr., Marketing spüren, Frankfurt/Wien 2002.

Müller, G. (Hrsg.), Theologische Realenzyklopädie Bd. 33, Berlin 2002.

Neusüss, A., Utopie – Begriff und Phänomen des Utopischen, Neuwied 1968.

Nhat Hanh, T., Das Wunder der Achtsamkeit, Zürich 1988.

Nietzsche, F., Die Geburt der Tragödie aus dem Geiste der Musik, Stuttgart 1955.

Nipkow, K.E., Grundformen der Religionspädagogik Bd. 1, Gütersloh 1975.

Ortega y Gasset, J., Ges. Werke Bd. 1, Stuttgart 1996.

Ortega y Gasset, J., Ges. Werke Bd. 3, Stuttgart 1996.

Ortega y Gasset, J., Ges. Werke Bd. 6, Stuttgart 1996.

Pascal, B., Pensées – Über die Religion und über einige andere Gegenstände, Heidelberg 1978.

Prechtl, P. u.a., Metzler Philosophie Lexikon, Stuttgart 1999.

Revensdorf, D., Psychotherapeutische Verfahren 3, Stuttgart 1993.

Riemann, F., Grundformen der Angst, München 1989.

Rilke, R.M., Briefe an einen jungen Dichter, Frankfurt a. M. 1987.

Ritter, J. / Gründer, K., Hist. Wörterbuch der Philosophie, Darmstadt 1998.

Schenk-Danzinger, L., Entwicklungspsychologie, Wien 1991.

Schischkoff, G. (Hrsg.), Philosophisches Wörterbuch, Stuttgart 1965.

Schmid, W., Philosophie der Lebenskunst, Frankfurt a.M. 1998.

Schulz von Thun, F., Miteinander reden 1 und 2, Reinbek 1999.

Schulze, G., Die Erlebnisgesellschaft – Kultursoziologie der Gegenwart, Frankfurt a. M. 1992.

Schweitzer, F., Postmoderner Lebenszyklus und Religion, Gütersloh 2003.

Strauss, B. / Schmidt, S., Die Bindungstheorie und ihre Relevanz für die Psychotherapie, in: Psychotherapeut 42, 1997.

Tellenbach, H., Geschmack und Atmosphäre, Salzburg 1968.

Tillich, P., Systematische Theologie Bd. 1, Stuttgart 1956.

Tillich, P., Gesammelte Werke Bd. 3, Stuttgart 1965.

Tillich, P., Systematische Theologie Bd. 3, Stuttgart 1966.

Tilmann, K., Führung zur Meditation 1, Zürich 1981.

Vollmer, G., Evolutionäre Erkenntnistheorie, Stuttgart 1981.

Weltgesundheitsorganisation, Internationale Klassifikation psychische Störungen – ICD 10, Bern 2000.

Zimmer, D., Die therapeutische Beziehung, Weinheim 1983.

W. Kurz/F. Sedlak (Hrsg.),
Kompendium der Logotherapie und Existenzanalyse
2. Aufl., Tübingen 2005

Geb., 794 S., zu bestellen per Fax +49/07071/551069

Dr. Dr. F. Sedlak, Wien, und Univ.-Prof. Dr. W. Kurz, Tübingen, haben das Kompendium der Logotherapie und Existenzanalyse herausgegeben. Im Rahmen dieses Werkes werden die logotherapeutischen Erkenntnisse in kompakter und systematischer Form rekonstruiert, der aktuelle logotherapeutische Forschungsstand durchsichtig gemacht und die Bedeutung der Logotherapie im Zusammenhang von Psychotherapie, Allgemeinmedizin, Psychiatrie, Psychologie, Beratung, Seelsorge, Pädagogik, Religionspädagogik und Soziologie dargestellt.

Aufbau des Werkes

III. Psychotherapie / Methoden

IV. Beratung / Methoden

V. Seelsorge

VI. Allgemeinpädagogik / Heilpädagogik / Religionspädagogik

Boglarka Hadinger